オスマン外交のヨーロッパ化

—片務主義外交から双務主義外交への転換—

尾髙晋己

溪水社
2010

本書を，亡き父秋雄，母嘉子にささげる。

はしがき

本書は，序，第1部4章，第2部2章，結語，資料から構成される。

序では，まずヨーロッパ国家系が誕生するころ，複数の伝統的な国際システムが存在し，1453–1856年の約4世紀におけるオスマン帝国とヨーロッパ国家系の国際関係史は，四つの時代にすなわち片務主義外交前期（1453–1699年），片務主義外交後期，双務主義外交の企ての時期（1793–1821年），双務主義外交の達成の時期に分かれるというヒュレウィッツ説を紹介した。トルコ人の研究によれば，片務主義外交前期と18世紀の時期を比較して，オスマン帝国がヨーロッパの主な国のなかでもっとも多くの条約を締結した件数が増えたのはロシアである。つぎにイスラームの世界観にもとづいたオスマン帝国の外交原則として重要な「不対等性の原則」を主にとりあげ，君主の称号や外交儀礼に現れたその特徴を指摘した。本書では，18世紀末のロシア＝オスマン関係を基軸に「不対等性の原則」などにもとづく伝統的なオスマン外交のヨーロッパ化の過程を，講和交渉・講和条約の書式・内容から明らかにする。

第1部第1章では従来オスマン帝国とヨーロッパの国際関係史において転機となったジトヴァトロク条約（1606年）をとりあげた。オスマン語史料により，オーストリアからオスマン帝国へ送られる「贈り物」という言葉（pişkeş）には献上の意味が含まれていることを，さらにオーストリアの君主の称号は「ウィーンの王」から「オーストリアのチャサル（皇帝）」に変化したことを実証した。通説ほど劇的ではないが，オーストリアとの関係において相対的にオスマン帝国の地位が低下したことを指摘した。

第2章第1節では，第一次ロシア＝オスマン戦争（1768–1774年）の経過とフォクシャン・ブカレスト講和交渉の過程をたどった。交渉においてロシア・オスマン両国の間で解決がもっとも困難であったのは，クリム＝ハーン国の独立の問題であった。だがロシア側の巧妙な外交手腕により，オスマン帝国は条件付でこの問題を認めた。この条件は，オスマン帝国がヨーロッパ的な国家の独立の概念に十分慣れていなかったことを示していることを指摘した。

第2節では，第一次ロシア＝オスマン戦争（1768–1774年）に終止符を打ったキュチュク＝カイナルジャ条約文を紹介し，両国にとりイタリア語条約文については従来マルテンス編纂の条約集に収録されているものしか知られていなかった。本書ではデーヴィソンの研究に依拠しながら，イタリアの文書館に保管されている同時代人の手によるイタリア語の条約文がもっとも信頼できる史料であることを指摘した。

第3節では，本条約の書式と主な内容を扱った。ベオグラード条約（1739年）に対するロシアの受諾書の訳語として批准 tasdik という言葉が初めて使用された。18世紀までの「条約」ahdname はスルターンから「恵与した ihsan oldu」あるいは「与えられた virildi」であったが，本条約文においてスルターンは，「誓約し，受諾し，完全に批准した ‘ahd u misak u tamamen tasdik ideriz ki」のであった。また内容が近代的な意味での双務的かつ互恵的となっていることが，本条約文の大きな特徴であることを指摘した。たとえば具体的には第11条をとりあげて，ロシアにおけるオスマン商人に，ロシア人と同じ通商上の特権を認めている点を一事例としてあげた。さらに第18条は「(クリム＝ハーン国の西の境界線にあたる）ブク川とドニエプル川との間の地域はロシア領となる」ことを規定しており，国境画定の方法として川（一本の国境線）を採用していることは，近代的・ヨーロッパ的な外交の方法とみなされることを指摘した。

第4節では，本条約の第13条をとりあげた。本条項では，「ロシア君主に今後，全ロシア（人）のパーディシャーという称号を使用すること」がうたわれている。ヨーロッパの国際関係史のなかでオスマン語史料においてパーディシャーという称号はオスマン帝国の君主のみに使用される称号であった。しかしフランス・オーストリアの君主についでロシアの君主にこの称号がオスマン語史料において使用された。ロシアの君主には最初チャル，ベオグラード条約以後インパラトールであり，ヤシ条約（1792年）

のなかでは，パーディシャーという称号が使用された。以後ヨーロッパ国家系を構成する五大国について，第一次オスマン＝エジプト戦争（1831–33年），第二次オスマン＝エジプト戦争（1839–40年），クリミア戦争（1853–56年）に終止符を打った諸条約ではパーディシャーという称号の拡大化が見られた。

第５節では，本条約の第７条および第14条をとりあげ，オスマン帝国領内のキリスト教徒の保護権がロシアに与えられたという通説に対してオスマン語・ロシア語・イタリア語の三種類の条約文を詳細に比較検討してみて，ロシアに与えられた保護権はイスタンブルに建立を許された特殊な一つの教会の保護権であることを実証した。

第３章では，「オスマン帝国とロシアの通商・航海条約（1783年）」をとりあげ，これまで見られなかったほどに内容が互恵的・双務的になっていることを実証した。

キュチュク＝カイナルジャ条約においてオスマン帝国は，ロシアにフランス・オーストリアについでキリスト教徒の保護権を，また君主の称号としてパーディシャーの使用を，さらに「オスマン帝国とロシアの通商・航海条約」では英仏並みの通商上の特権を与えた。これらのことは，相対的にオスマン帝国の地位が低下すること，つまり不対等性の原則の崩壊につながることを指摘した。

第４章第１節では，第二次ロシア＝オスマン戦争（1787–1792年）の経過と講和交渉をとりあげた。オスマン帝国はイスラーム国家であり，原則としてキリスト教国家との同盟をイスラーム法上認めていないが，今回の戦争ではスウェーデンやプロイセンと同盟を結んだ。イスラーム法の監視役ともいうべきシェイヒュルイスラームがハディースに依拠して同盟の合法性を主張したこと，同盟条約の内容が双務的であることは，オスマン外交のヨーロッパ化の見地から大きな出来事であったことを指摘した。

第２節では，ロシアとの間で結ばれたヤシ条約をオスマン語史料にもとづきながら紹介した。オスマン帝国とロシアの黒海北西岸における国境は，ドニエストル川になった。このことは少なくとも法律上，国家主権の概念が確立していたことを物語るものであり，したがってオスマン外交のヨーロッパ化の一里塚と言える。また批准の手続きおよび批准に要する期間が具体的に数字で明示され，また「スルターンにより批准された」という文言が条約文に挿入されていることは，ベオグラード条約以降に見られる現象であり，近代国際法的な批准の概念の現われでもある。また両国が交換する贈り物には pişkeş ではなくて hediye という一般的な贈り物を意味する言葉が使用されて，さらに内容が双務的になっていることは，オスマン帝国の伝統的な外交原則の崩壊につながることを指摘した。

第2部第1章では，セリム3世（在位1798–1807年）の外交政策をとりあげた。1793年に彼はヨーロッパへ初めて常駐使節の派遣を企てた。この企ては片務主義外交から双務主義外交への変容における転機であるが，財政難のために1800年から原則としてギリシア人通訳を代理大使に置き換える方針に切り替え，また大国ロシアには派遣されなかった。だが，イスタンブル在住の外国人使節の諸経費についてはすべてにおいてオスマン政府による支払い（片務主義外交の表れと考えられる）を一部改訂した。

第2章では，カンポ＝フォルミオの和約（1797年10月）以後における対ロシア政策の変化を扱った。オスマン帝国の伝統的な外交政策は親仏・反露であった。だが，カンポ＝フォルミオの和約を結んだ結果，フランスはオスマン帝国とじかに国境を接することになった。フランスの東地中海方面への進出に脅威を感じたロシアのパーヴェル1世は，同年末にイスタンブルにおいてオスマン帝国の書記官長とロシア使節の第一回の会談において，ロシア皇帝は従来の敵対的な対オスマン政策を変更し，友好的な姿勢をとることを伝えた。他方，オスマン帝国はこの時点ではまだフランスの側圧を感じていなかった。

しかし翌年トゥーロン港における遠征準備，さらにマルタ島占領の知らせがイスタンブルに届き，オスマン側はフランスの行動に一抹の不安を覚えた。この時期イスタンブルでは対仏同盟条約にむけて，書記官長とロシア使節との間で何回となく会談がもたれた。1798年7月にボナパルトの軍がエジプトに上陸し，各地を占領したという情報がイスタンブルに届くにいたって，オスマン側はフランスの脅威を初めて実感したようである。さらにアブキール湾の戦いで英軍に敗北したことが一大転機となって，ついに伝統的な外交政策を捨て，フランスに宣戦布告をするにいたった。その後，オスマン帝国はロシア・イギリスと共同軍事行動を展開した。イスタンブルにおいては交渉が進み，ロシア・オスマン両国の支援の具体的な問題が討議され，翌年1月3日に対仏ロシア＝オスマン同盟条約が調印された。

ヒュレウィッツが1961年に，ヨーロッパ国家系の発展の見地からオスマン外交のヨーロッパ化の研究の重要性を指摘した。以来わが国はいうまでもなく，トルコおよび欧米においてオスマン外交史は研究の遅れた分野であることに変わりはない。とりわけ18世紀末のロシア＝オスマン関係史の研究は内外ともに皆無に近い状況である。トルコ人研究者クラトの「トルコとロシア」（通史）やキョセの「キュチュク＝カイナルジャ条約」（1997年，学位論文，アンカラ，2006年刊行）があるぐらいである。後者は，約400頁のうち約3割が戦争の経過，残りの大半が1774年以後のクリム＝ハーン国におけるロシア・オスマンの葛藤とロシアによるクリム＝ハーン国侵入・併合を扱っている。構成からも理解されるように，キョセにとって黒海北岸の大半を占めるクリム＝ハーン国の喪失が大きな問題であった。トルコ人であり，多くのオスマン語の一次史料を使っている点は十分評価されるが，基本文献であるソレルの研究書やデーヴィソンの論文をはじめヨーロッパの文献などはすべてトルコ語訳を使用している。またキュチュク＝カイナルジャ条約については，オスマン語史料しか使用していない。

本書では，不対等性の原則にもとづいた伝統的な片務主義外交が，とりわけ18世紀末ロシアとの関係史を軸にいかにして双務主義外交へ変容するか，講和交渉・講和条約の内容や書式の点から，その過程を明らかにすることに努めた。オスマン帝国がヨーロッパ国家系と深くかかわっていることを考慮に入れれば，さらに伝統的な片務主義外交の特徴を明らかにすることができれば，キリスト教的・ヨーロッパ的なヨーロッパ国家系の変質の一端が明らかになろう。

ロシア＝オスマン関係を基軸に「オスマン外交のヨーロッパ化」を扱いながら，筆者の力不足のためにロシア語の文献・史料を十分使用できなかったのが今後の課題として残された。

レスミ・ワースフ・エンヴェリー・ジェウデト・アースムなどの同時代のオスマンの歴史家の史書を使用したが，事実関係を追うことに時間をとられて，彼らがオスマン外交の変容にどのような意識を抱いていたか，意識の変化にまで掘り下げて史料を読むことはできなかった。これも今後の課題である。

本書は，「オスマン外交のヨーロッパ化」というテーマに取り組んだ研究書である。広領域のゆえに粗雑でまとまりのない内容になったのではないかと危惧しているが，先学諸氏の温かい御教示・御叱正を切願する次第である。

目　次

はしがき …………………………………………………………… i
凡　　例 …………………………………………………………… xiii
略語一覧 …………………………………………………………… xiv

序

第1節　オスマン帝国とヨーロッパ国家系の関係 ……………… 3
1　オスマン帝国とヨーロッパ国家系とのかかわりについて …… 3
2　オスマン帝国とヨーロッパとの国際関係の時代区分 ………… 6

第2節　イスラームの世界観 ……………………………………… 16
1　「イスラームの家」dâr al-islâm と「戦争の家」dâr al-ḥarb …… 16
2　ムスタミン ……………………………………………………… 18
3　ズィンミー ……………………………………………………… 19

第3節　オスマン帝国の外交方式と外交原則 …………………… 22
1　不対等性の原則 ………………………………………………… 22
2　占有物保留（ラテン語では uti possidetis, オスマン語では
　　ʻalâ hâlihi）の原則 …………………………………………… 23
3　国境画定の方法 ………………………………………………… 24
4　書記官長レイス＝エフェンディ reis efendi,
　　レイスユルキュッターブ reisü'l-küttâb ……………………… 25
5　通訳（ドラゴマン doragomann，テルジュマン tercüman）………… 26
6　「条約」文書の種類 …………………………………………… 27

第１部　片務主義外交

第１章　片務主義外交前期
——ジトヴァトロク条約（1606年）について——………… 35
1　ジトヴァトロク条約締結までのハプスブルク＝オスマン関係… 35
2　ジトヴァトロク条約についての学説…………………………… 41
3　Bayerle, G. 発見の史料………………………………………… 46

第２章　片務主義外交後期
——第一次ロシア＝オスマン戦争（1768〜1774年）——…… 73

第１節　戦争の経過と講和交渉……………………………………… 73
1　戦争の勃発 ………………………………………………… 73
2　戦争の経過 ………………………………………………… 79
3　イエルギョギイ休戦条約 ………………………………… 93
4　フォクシャン Fokşan 交渉 ……………………………… 96
5　ブカレスト Bükreş 交渉 ………………………………… 100
6　戦争再開 …………………………………………………… 106
7　キュチュク＝カイナルジャ交渉 ………………………… 110
結　　び ………………………………………………………… 111

第２節　キュチュク＝カイナルジャ条約（1774年）について … 127
1　オスマン語条約文………………………………………… 127
2　イタリア語条約文………………………………………… 128
3　ロシア語条約文…………………………………………… 131
4　仏語訳の条約文…………………………………………… 132
5　英語訳条約文……………………………………………… 134
6　独語訳条約文……………………………………………… 135

7　その他 …… 136
結　び …… 136

第3節　キュチュク＝カイナルジャ条約の書式と主な条項…… 141

第4節　キュチュク＝カイナルジャ条約の第13条についての一考察 …… 147
1　オスマン帝国の外交原則 …… 148
2　ヨーロッパの諸君主への称号 …… 149
3　第13条の内容 …… 150
4　18世紀のヨーロッパの国際関係とロシアの台頭 …… 150
5　オスマン語史料において使用されたロシア君主の称号の事例 …… 152
結　び …… 155

第5節　キュチュク＝カイナルジャ条約の第7条及び第14条に見られるオスマン領内のキリスト教徒に対するロシアの保護権について …… 163
1　第7条・第14条についての研究史 …… 163
2　第7条の内容 …… 171
3　第14条の内容 …… 173
4　なぜ拡大解釈が生まれたのか …… 176
5　フランスに与えられたキリスト教徒（教会）の保護権 …… 180
6　オーストリアに与えられた保護権 …… 181
結　び …… 181

第3章　オスマン帝国とロシアの通商・航海条約（1783）について …… 187
1　締結にいたる過程 …… 188
2　条約文の形式的特徴 …… 189
3　条約文の内容上の特徴 …… 191

結　び……………………………………………………… 197

第4章　片務主義外交後期
——第二次ロシア＝オスマン戦争（1787〜1792年）——… 201

第1節　戦争の経過と講和交渉………………………………… 201
1　戦争の勃発 ……………………………………………… 201
2　1787〜1788年の戦い…………………………………… 204
3　1789年の戦争と外交…………………………………… 207
4　1789〜1790年の国内情勢……………………………… 211
5　プロイセンとの同盟（1790年）……………………… 213
6　1790年のオスマン帝国の内外の情勢………………… 216
7　ライヘンバッハ協約（1790年）……………………… 219
8　1790〜1791年の講和交渉 ……………………………… 223
9　1790〜1791年の戦い…………………………………… 224
10　1791年の戦いとオーストリアとの講和交渉 ………… 227
11　ヤシ交渉 ………………………………………………… 230
結　び……………………………………………………… 235

第2節　ヤシ条約（1792年）について ……………………… 246
1　条約文の内容……………………………………………… 246
結　び……………………………………………………… 253

第2部　双務主義外交への転換

第1章　セリム3世（在位1798〜1807年）の外交改革 ………… 259
1　最初の常駐使節派遣……………………………………… 259
2　第二代英国大使イスマイル＝フェルフ＝エフェンディ …… 263
3　フランスへの常駐使節の派遣…………………………… 265
4　プロイセンへの常駐使節派遣…………………………… 271

5　オーストリアへの常駐使節派遣……………………………… 272
6　常駐使節の補充…………………………………………………… 273
7　大使館員の給与と諸手当 ……………………………………… 274
8　イスタンブルにおける在外公館への，オスマン政府による
　補助金の打ち切り ………………………………………………… 275
結　び …………………………………………………………………… 276

第2章　カンポ＝フォルミオの和約（1797年10月）以後
　における対ロシア政策の変化……………………… 283
1　フランス革命の展開…………………………………………… 283
2　フランス革命へのオスマンの対応…………………………… 284
3　カンポ＝フォルミオの和約（1797年10月17日）と
　オスマン帝国……………………………………………………… 286
4　ロシア使節コチュベイと書記官長メフメット＝ラーシド＝エフェ
　ンディ Mehmet Râşid Efendi との会談（ヒジュラ暦1212年
　ジェマズィエルアヒル月15日，西暦1797年12月5日）……… 290
5　書記官長アティフ＝エフェンディの覚書…………………… 293
6　ボナパルトのエジプト侵略（1798年5月）………………… 294
7　パリ駐在アリー大使とタレーラン ………………………… 295
8　書記官長アティフ＝エフェンディとフランス代理大使
　ルフィンとの会談………………………………………………… 296
9　アリー大使とタレーランの会談（1798年7月21日）………… 298
10　フランス軍のエジプト侵略，帝都に伝わる ……………… 299
11　フランスへの最初の対抗策………………………………… 300
12　フランスと国交断絶 ………………………………………… 302
13　フランスへの宣戦布告 ……………………………………… 303
14　オスマンの書記官長とイギリス・ロシア両国使節との会談
　（1798年9月10日）……………………………………………… 306
15　オスマンの書記官長とロシア使節との会談
　（1798年9月24日，9月27日）………………………………… 306

16　オスマンの書記官長とロシア使節との会談
（1798年10月1日，10月4日）…… 307
17　対仏ロシア＝オスマン同盟条約
（ヒジュラ暦1213年レジェブ月26日，西暦1799年1月3日）… 307
結　び …… 313

結　語 …… 319

資　料

I　イスタンブル駐在ロシア使節とオスマンの書記官長
との会談（1797年12月4～5日）…… 327
転写相違対照表 …… 332

II　イスタンブル駐在ロシア使節およびイギリス使節と
オスマンの書記官長との会談（1798年9月10日）…… 353

III　イスタンブル駐在ロシア使節とオスマンの書記官長
との会談（1798年9月24日，9月27日）…… 388

IV　イスタンブル駐在ロシア使節とオスマンの書記官長
との会談（1798年10月1日，10月4日）…… 419

地名表記 …… 478
地　図 …… 481

史料及び参考文献 …… 487
あとがき …… 499
トルコ語要旨 …… 505
索　引 …… 511

凡　例

1．日付けはすべてグレゴリ暦で表記する。オスマン語史料については，ヒジュラ暦とグレゴリ暦を併記する。

2．固有名詞の表記は原則として原音に従う。すでに定着しているものについては，『岩波西洋人名辞典』『朝日＝タイムズ世界歴史地図』による。

略語一覧

ArchOtt	*Archivum Ottomanicum*
BSOAS	*Bulletin of the School of Oriental and African Studies*
Cevdet^{2}	Ahmet Cevdet Paşa, *Târîh-i Cevdet: Tertib-i Cedid*, 2nd., 12 vols., İstanbul, 1885–6.
CTS	Parry, C., ed., *Consolidated Treaty Series*, vol. 45, London, 1969.
Danişmend,	Danişmend, İ. H., *İzahlı Osmanlı Tarihi Kronolojisi*, 5 vols., İstanbul, 1971.
DED	Düvel-i Ecnebiye Defterleri
EHR	*English Historical Review*
EI	*Encyclopedia of Islam*, ed. Th. Houtsma eh. Houtsma et al., 8 vols., and Supplement, Leiden,1913–36., 1987^{2}.
EI^{2}	*Encyclopedia of Islam*, New Edition, ed. H. A. R. Gibb, B. Lewis et al., Leiden, 1960–2002.
Erim	N. Erim, *Devletlerarası Hukuku ve Siyasi Tarih Metinleri*, Ankara, 1953.
GOR	von Hammer-Purgstall, *Geschichte des Osmanischen Reiches*, 10 vols., Pest, 1827–35, Graz, 1963^{2}.
HH	Hatt-ı Hümâyûn
Hulâsat	Ahmed Resmi, *Hulâsat ül-İ'tibar*, İstanbul, 1869.
Hurewitz, *The Middle East and North Africa,*	*The Middle East and North Africa in World Politics: A Documentary Record, vol. 1, European Expansion, 1535–1914* compiled, translated and edited by J. C. Hurewitz, Princeton, 1956, New Haven and London, 1975^{2}.
İA	*İslam Ansiklopedisi*, Türkiye Cumhurıyeti Maarif Vekaleti, İstanbul, 1965–86.
IHR	*The International History Review*
JAOS	*Journal of American Oriental Society*
JWH	*Journal of World History*
Martens	*Recueil des principaux traités de 1761 à 1801*, 7 vols., Göttingen, 1791–1801.

Martens^{2}	*Recueil de traités d'alliance, de paix, etc., de 1761 à 1808*, 8 vols., Göttingen, 1817–1835.
Mehâsin (1804)	Ahmed Vâsıf, *Mehâsinü'l-Âsâr ve Hakâikü'l Ahbâr*, İstanbul, 1804.
Mehâsin (İlgürel)	Ahmed Vâsıf, *Mehâsinü'l-Âsâr ve Hakâikü'l Ahbâr*, ed. M. İlgürel, İstanbul, 1978.
MEJ	*The Middle East Journal*
Muʿâhedât Mecmûʿası,	Mesut Paşa, ed., *Muʿâhedât Mecmûʿası*, 5 vols., İstanbul, 1876–82.
NCMH	*The New Cambridge Modern History*, vol. 9, edited by C. W. Crawley, Cambridge U.P., 1965, 1980^{2}.
NHD	Name-i Hümâyûn Defterleri
Noradounghian	Noradounghian, *Recucuil d'actes internationaux de l'empire ottoman*, 4 vols, Paris, 1897–1903, Nendeln/Liechtenstein, 1978^{2}.
OM	Mehmed Tahir Bursalı, *Osmanlı Müellifleri*, 3 vols., İstanbul, 1914–23.
OT III/I	Uzunçarşılı İ. H., *Osmanlı Tarihi*, III/I, Ankara, 1973.
OT IV/I	Uzunçarşılı İ. H., *Osmanlı Tarihi*, IV/I, Ankara, 1978.
OT V	Karal E. Z., *Osmanlı Tarihi*, V, Ankara, 1947.
OT VI	Karal E. Z., *Osmanlı Tarihi*, VI, Ankara, 1976.
OTAM	*Osmanlı Tarih Araştırma ve Uygulama Merkezi Dergisi*
Pakalın	Mehmet Zeki Pakalın, *Osmanlı Tarih Deyimleri ve Terimleri Sözlüğü*, 3 vols., İstanbul, 1946–55.
SO	Memed Süreyya, *Sicilli-i Osmaniye*, 4 vols., İstanbul, 1890–93, Gregg International Publishers Limited, 1971^{2}.
TÇK	Yücel Dağlı-Cumhure Üçer, *Tarih Çevirme Kılavuzu*, 5 vols., Ankara, 1997.
Testa	Baron Ignatz de Testa, ed., *Recueil des traités de la Porte Ottoman avec les puissances étrangères depuis 1536*, 11 vols., Paris, 1864–1911.
Zinkeisen	Johann wilhelm Zinkeisen, *Geschichte des Osmanishen Reiches in Europa*, 7 vols., Hamburg, 1840, Gotha, 1854–63.

オスマン外交のヨーロッパ化

—片務主義外交から双務主義外交への転換—

序

第1節　オスマン帝国とヨーロッパ国家系の関係

1　オスマン帝国とヨーロッパ国家系とのかかわりについて

ローマ教皇を頂点に置いた中世キリスト教的ヨーロッパの国際秩序が崩壊していくなかで，国家主権をもった複数の国家が誕生し，これらの国家によって近代ヨーロッパの国際秩序（ヨーロッパ国家系と略す）が徐々に形成されていく。

ヨーロッパ国家系は地理的には西欧という空間に，宗教的にはキリスト教諸国家の間に樹立されたという二つの特徴をもっている。これまでヨーロッパ国家系は，現在の世界的国際秩序へと単純に膨張していったと考えられてきた。しかしヒュレウィッツ[(1)]はヨーロッパ国家系が形成される頃，非ヨーロッパ地域には前近代的で伝統的な国際秩序が複数存在し，ヨーロッパ国家系が伝統的な国際秩序と接触し，ついには前者が後者を包摂していったと主張する。非ヨーロッパ地域のなかで最初にヨーロッパ国家系へ組みこまれたのはスンナ派イスラーム教を国教とするオスマン帝国である。さらに相互に常駐の外交使節を派遣するという近代ヨーロッパの外交方式（恒常外交）を非ヨーロッパ地域のなかで最初に採用したのもオスマン帝国である。ヨーロッパ国家系が非ヨーロッパ地域の非キリスト教諸国家を組みこんでいく過程は，ヨーロッパ国家系の変質，換言すればヨーロッパ国家系の「脱キリスト教化」と「脱ヨーロッパ化」の過程を意味する。

オスマン帝国がヨーロッパとの完全な外交的相互主義（双務主義あるいは互恵主義）を実現したことは，ヨーロッパ国家系の世界国家系への転換における重大な一歩であり，他方，オスマン帝国のヨーロッパ化における重要な一歩でもある。

したがって，オスマン帝国とヨーロッパとの国際関係史の研究はきわめて重要な意味をもっていると言える。

しかし，ヒュレウィッツは『イスラーム辞典』（旧版[2]）にはオスマン外交の項目はないし，オスマン外交史の研究は重要な外交上の出来事を扱った個別研究に限られ，オスマン外交を体系的に扱った研究は皆無に近いと主張する。このような状況は『イスラーム辞典』（新版[3]）が刊行中の現在においても大きく変化しているとはいいがたい。オスマン帝国とヨーロッパの国際関係史を扱った研究はあまりにも少ない。少し古くなったが，また1700年までしか扱っていないこと，ヨーロッパ側の史料のみしか使用していないということの二つの制約はあるものの，ドローシの研究書[4]が見られる程度である。オスマン帝国とヨーロッパとの国際関係を「東方問題」という視角から扱った研究は若干存在する。代表的なものとしてはドリオー[5]やマリオットの著書[6]がある。前者はビザンツ帝国の末期，ラテン帝国の頃から19世紀までを記述している。後者はバルカン半島におけるオスマン人の征服から第一次世界大戦頃までを扱っている。マリオットの著書には修正されるべき点はあるが，「東方問題」の古典的名著としての価値はまだある。比較的最近の研究成果をとり入れた，同じような視角から叙述したものとしてアンダーソンの著書[7]がある。

ヒュレウィッツによるとヨーロッパ国家系が形成される頃，非ヨーロッパ地域には前近代的な伝統的な国際秩序が四つ存在した。すなわちオスマン帝国，ペルシア，中国，日本を中心にした伝統的な国際秩序で，ヨーロッパ国家系はこれらと並立し，19世紀末にはこれらを完全に包摂してしまう。

ヒュレウィッツの見解の一つの大きな特色は，国家と世界との間に複数の国際システム（国際秩序）が存在していると考える点である。

帝国主義時代に成立したグローバルな世界は，前近代的な国際システムを破砕してその上に建設されたものである。しかし従来の研究者はヨーロッパ国家系が「本来が特殊的ヨーロッパ的であるはずの本質を見失い，それ自身を普遍的全人類的なもの」と誤認するようになった。したがって16，17，18世紀のヨーロッパ国家系とアジア諸地域の諸国家との関係を考察する場合，ヨーロッパ国家系に対向する複数の国際システムが存在しなかったかのように16，17，18世紀の国際政治史が取り扱われてきた。ヒュレウィッツは16，17，18世紀のヨーロッパ国家系と前近代的な伝統的な国際秩序の関係について再検討する必要性を強く訴えている。

ヒュレウィッツがヨーロッパ国家系の発展においてオスマン帝国の参入を重視していることは既述したが，彼はオスマン帝国がヨーロッパ国家系に組みこまれた時期について三つの視点を提示している。

(A)　オスマン帝国は1856年のパリ条約の第7条（オスマン政府はヨーロッパの公共の法とシステムの利益に参入することを許される）——オスマン帝国の全権代表アリー＝パシャ外相の提案——によって示唆されているように，1856年までヨーロッパ国家系に加入していなかったと見るか。

(B)　オスマン帝国は少なくとも1699年のカルロヴィッツ条約の時期からすでにヨーロッパ国家系のルールによって拘束されていたと見るか。カルロヴィッツ条約においてオスマン帝国は初めて国境地帯ではなくて，一本の国境線——国家主権の概念が根底に存在している——によって国境を画定する方法を知った(8)。

(C)　オスマン帝国は，ヨーロッパ国家系のそもそもの発端からヨーロッパの勢力均衡——強大化するハプスブルク王家とフランス王家の対立においてフランスと軍事協力をした——に影響を及ぼしており，そしてすくなくともその限りにおいてヨーロッパ国家系の誕生以来限定された参加者と見るか。

従来の研究者は(A)，(B)，(C)のいずれかの立場をとったが，ヒュレウィッツは(A)，(B)，(C)の視点は長い変化の過程のそれぞれの時期において矛盾なく成立すると論ずる。ヒュレウィッツの見解の第2の特色はこの点にある。

2　オスマン帝国とヨーロッパとの国際関係の時代区分

ヒュレウィッツはコンスタンティノープルの陥落（1453年）からクリミア戦争を終結させたパリ講和条約（1856年）にいたるまでの約400年間の国際関係史を次のように区分する。

〔1〕片務主義外交の時代（前期）

〔2〕片務主義外交の時代（後期）

〔3〕双務主義外交の企ての時代

〔4〕双務主義外交の達成の時代

〔1〕と〔2〕の分岐点はカルロヴィッツ条約（1699年），〔2〕と〔3〕の境界は常駐使節の派遣の企て（1793年），〔3〕と〔4〕の転換期はオスマン帝国からギリシアが独立戦争を開始したとき（1821年）である。〔1〕の時代はオスマン帝国の国力がヨーロッパのそれよりも名実ともに優位にあり，不対等性の原則に基づく伝統的な外交方式によってヨーロッパの外交問題を処理した。しかしカルロヴィッツ条約（1699年）以後ヨーロッパとオスマン帝国の力関係は逆転し，オスマン帝国は敗北によって蒙った損失をすこしでも少なくするためにヨーロッパの諸国家（イギリス，オランダ，フランス）に講和交渉の調停[9]を依頼するようになった。さらに，時にはヨーロッパの国と同盟を結んで自国の国益を維持しようとする場合もみられた[10]。他方，カルロヴィッツ講和交渉以後，書記官長がオスマン側の講和交渉の代表団に必ずといってよいほど参加するようになる。〔1〕の時代からヨーロッパの諸国家はイスタンブルへ常駐の外交使節を置いたが[11]，他方オスマン帝国は特使しか送らなかった[12]。この片務主義外交の時代には，講和交渉の基本的考え（原則）[13]，公文書でのヨーロッパの諸君主に対して使用する称号[14]，ヨーロッパの使節がスルタンに謁見する方法[15]，ヨーロッパの使節がイスタンブル滞在中に要する経費をオスマン政府が負担することなどにおいてオスマンの伝統的な外交に固有な特徴が顕著に見られる。だが〔3〕の時代になるとオスマン帝国はこれまで

の外交方針を変えてロンドン，ウィーン，ベルリン，パリの四都市へ常駐の外交使節を派遣するようになった[16]。この企てはギリシア独立戦争勃発のために中断を余儀なくされた。〔4〕の時代になると上述の四都市以外にロシア（1857年），アメリカ（1867年）など多くの都市へ常駐の使節が送られ，また在外公館と本国とのコミュニケーションを統括するために外務省が設置され[17]，オスマン人にヨーロッパの言語[18]を習得させるための機関（翻訳局）[19]が創設（1833年）されてオスマン外交のヨーロッパ化がますます進められていった。このことは，18世紀以前には西欧の言語を習得しようとしたムスリムの学者や文学者が一人も存在していないこと，また異教徒の言語を習得することに軽蔑的な態度をとってきたムスリムにとっては画期的な出来事といわざるをえない[20]。

講和交渉や締結された条約文の内容の観点からオスマン帝国の外交のヨーロッパ化を論ずるにおいて，ヨーロッパの主な諸国家との外交関係を同時に扱うことは筆者の力量をはるかに超えている。では既述したように1793年がオスマン外交のヨーロッパ化の転機であることを考慮にいれたうえで，まずどの国との国際関係を重視して考察すればよいのであろうか。そのさい，〔1〕の時代と18世紀にオスマン帝国がヨーロッパ諸国と締結した条約の件数を比較することが一つの示唆を与えているように考えられる。オスマン人の研究書[21]を手がかりにすると次のような傾向が見られる。即ちイギリスとフランスはかなり減少し，オーストリアはほぼ同数（23～25件）で，ロシアは3件から約10倍に増加していることが窺える。ロシアの場合そのうちの約半数が18世紀末に結ばれている[22]。英仏と違いオーストリアとロシア両国は，はやくからオスマン帝国と国境を接していた。18世紀末にオスマン帝国はヨーロッパの諸国家と比較してロシアと外交上密接な関係にあったことがわかる。以上の考察からロシア＝オスマン関係史をまず研究することが必要であろう。ロシア＝オスマン関係の一大転機となったといわれている1774年条約から1799年の対仏ロシア＝オスマン防御同盟条約にいたる約25年間にわたって，ほぼ同じ時代に生きたオスマン人ワースフ（？～1806年）[23]，レスミ（1700～1783年）[24]，エンヴェリー（1734（36）～1794（96）年）[25]，ジェウデト（1822～1895年）[26]の年代記や史書，さらにイスタンブル総理府文書館所蔵の「諸外国台帳[27]」，「親書台帳[28]」，「勅書[29]」を利用してオスマン側の立場から講和交渉の経過を検証し，条約文の内容の分析によって，伝統的なオスマン外交のヨーロッパ化の一端を明らかにしていくことが可能となる。

この時期のロシア＝オスマン関係史を扱った基本文献[30]は皆無に近いけれども，通史的ではあるが，重要なオスマン語の根本史料を明示しているクラトの研究[31]がある。オスマン語史料は使用せずヨーロッパ側の史料に基づきロシアの対外膨張の視角からロシア＝オスマン関係を扱った Uebersberger[32]や Nolde（1876～1948年[33]）の研究がある。最近，ロシア＝オスマン関係史のシンポジウムがトルコで開催された[34]。

注

（1） Hurewitz, J. C., Ottoman Diplomacy and the European State System, *MEJ*, vol. 25 (1961) pp. 141–152. (Hurewitz, *MEJ*, vol. 25 (1961) と略す)

——, The Europeanization of the Ottoman Diplomacy; The Conversion from Unilateralism to Reciprocity in the Nineteenth Century, *Belleten*, 25 (1961) pp. 455–466. (*Belleten*, 25 (1961) と略す)

両論文とも内容は同じである。これらの論文を発表したとき，ヒュレウィッツはコロンビア大学の行政学の教授であった。彼には16世紀から第二次世界大戦末にいたる期間の中東および北アフリカに関する 3 巻からなる膨大な史料集 *The Middle East and North Africa in World Politics, A Documentary Record.* がある。第 1 巻が小論とかかわる。*European Expansion, 1535–1914*, New Haven / London, 1956, 1975^2. (以下 Hurewitz, *the Middle East and North Africa* と略す。) 184件の史料が収録されている。

中山治一「オットマン外交とヨーロッパ国家系」『愛知学院大学文学部紀要』第10号（1980年），119～128頁。

最近ヌーリ＝ユルドセヴ編集のオスマンの外交史に関する論文集が刊行

された。第一章は理論面を残りは事例研究である。

ユルドセヴは，オスマン帝国とヨーロッパの外交に関する伝統的な見解（ヒュレウィッツ，アンダーソン，ナフなどの欧米の研究者）を批判している。つまり両者の間には絶え間ない戦争状態が続き，18世紀末までオスマン帝国の外交は片務主義的であった。

彼によれば，オスマン帝国はイスラーム法のみならず法令（カーヌーン＝ナーメ）にもとづいて支配し，オスマン人はいわゆる現実政策に従った。すなわちオスマン帝国はオーソドックスなイスラーム国家ではなかった。オスマン帝国は多くの要素に由来する帝国的システムであり，イスラームはそのなかの一つであった。オスマン帝国のスルタンは，イスラームのパーディシャーと言及されるだけでなく，Sultan-ı İklim-i Rum（ローマの地の皇帝）とも呼ばれた。コンスタンティノープルの陥落によってオスマン帝国は，帝国的システムになったと考えることは妥当である。オスマン帝国は，帝国的システムとして18世紀まで対等性の概念を認めなかった。他方，ヨーロッパは19世紀末までイスタンブルを除く非ヨーロッパ世界に常駐使節を一切送らなかった。オスマン帝国は，ヨーロッパへしばしば特使を送った。たとえばオスマン帝国は1384～1600年にヴェネツィアに145名の特使を送り，彼らの任期は数年続いた。したがってオスマン帝国とヨーロッパとの間の外交は，事実上恒常的であったといっても誤りではないだろう。また双務主義の原理は，オスマン帝国によって厳守された。すなわちアフドナーメ（カピチュレーション）の許与の際に，自己の商人のために双務的な権利を含むことを強く要求した。

Ottoman Diplomacy—Conventional or Unconventional? Edited by A. Nuri Yurdusev, New York, 2004, pp. 5–35.

（2） *Encyclopedia of Islam*, ed. Th. Houtsma et al., 8 vols., and Supplement, Leiden, 1913–36. Leiden / New York / Kobenhavn / Köln, 1987[2]

（3） *Encyclopedia of Islam*: New Edition, ed. H. A. R. Gibb, B. Lewis et al., Leiden, 1986–2002.

（4） Dorothy, V. M., *Europe and the Turk, A. Pattern of Alliances 1350–1700*, Liverpool U. P., 1954.

（5） Driault, E., *La question d'orient, depuis ses origines jusqu'à nos jours, Paris*, 1898. フュアト＝キョプリュリュによるオスマン語訳『セリム3世とナポレオン』(İstanbul, 1911–) がある。

（6） Marriot, J. A. R., *The Eastern Question, An Historical Study in European Diplomacy*, Oxford, 1917.

（7） Anderson, M. S., *The Eastern Question 1774–1923, A Study in International Relations*, London, 1966. アンダーソンはロンドン大学国際関係史の教授であった。彼には中東とヨーロッパとの間に結ばれた条約集（抜粋）*The Great Powers and the Near East 1774–1923*, London (以下 Anderson, *The Great Powers* と略す), 1970, New York, 1971[2] がある。

（8） Abou-El-Haj, R. A., The Formal Closure of the Ottoman Frontier in Europe; 1699–1703, *JAOS*, 89 (1969), pp. 467–475.

（9） この頃の大使は講和の調停により両交戦国からかなりの報酬を得たようである。1774年のロシア・オスマン交渉に調停者として参加できなかったイスタンブル駐在のイギリス大使 John Murray はひどく残念がっていたようである。またヤシ講和交渉に調停者としてイスタンブル駐在のイギリス大使 Sir Robert Ainsle は呼ばれなかったので約 3 万ポンドを儲けそこなったと不満を述べている。Anderson M. S., *The Rise of Modern Diplomacy 1450–1919*, London / New York 1993, pp. 52–53.

(10) たとえばプロイセン＝オスマン同盟については Beydilli, K., *1790 Osmanlı-Prusya İttifakı* (『オスマン＝プロイセン同盟　1790年』), İstanbul, 1984. 著者は1942年にイスタンブルに生まれる。イスタンブル大学で学んだあとミュンヘン大学へ留学し，Babinger F. の後継者 Kissling H. J. の指導のもと「16世紀のポーランド＝オスマン関係史」で学位を得た。現在イスタンブル大学文学部歴史学科の教授である。彼にはオスマンとヨーロッパとの国際関係を扱った多くの著書がある。

(11) ヴェネツィアは1454年から，その後，16世紀初頭以降フランス，オーストリア，イギリス，オランダ（1612年），ロシア（1700年）がそれぞれ常駐使節をイスタンブルへ送っている。Spuler, B., Die Europäische Diplomatie in Konstantinopel bis zum Frieden von Belglad (1739), *Jahrbücher für Kultur und Geschichte der Slaven* (1935), pp. 55–56, p. 346.

(12) オスマン帝国の外交使節については Unat, F. R., *Osmanlı Sefirleri ve Sefaretnameleri*, (『オスマン朝の外交使節たちと「使節の書」』)（以下 Unat と略す），Ankara, 1968. 帰国後，使節が作成する『使節の書』は赴任先の国の大使に写しが一部わたされる慣行があった。たとえば1721年にパリから帰国したメフメット＝サイド＝エフェンディ Mehmed Said Efendi は『使節の書』の写しをイスタンブル駐在のフランス大使に送った。『使節の書』では使節がかかわった交渉やヨーロッパの政治についてほとんどふれられていないが，18世紀中葉以後『使節の書』の質的向上が見られたとルイスは推察している。Lewis, B., *The Muslm Discovery of Europe*, New York / London, 1982, p. 116. 18世紀中葉から末にかけてロシアへ送られた使節が書いた『使節の書』のなかで以下のものは刊行されている。Aktepe, M., *Mehmed Emni Beyefendi'nin Rusya Sefareti ve Sefaretnamesi*（『メフメット＝エムニ＝ベイエフェンディのロシア使節と使節の書』），Ankara, 1974. Unat, F. R., kırım Tarihi veya Necati Efendi'nin Rusya Sefaretnamesi（「クリムの歴史，ネジァティ＝エフェンディのロシア使節の書」），*Tarih Vesikalar*（Yeni Seri）（『史料紹介』），2, p. 15, pp. 222–240. Unat, F. R., Şehdi Osman Efendi Sefaretnamesi（「オスマン＝エフェンディの使節の書」），*Tarih Vesikalar*（『史料紹介』），1/l, pp. 66–80, 1/2, pp. 156–159, 1/3, pp. 232–240, 1/4, pp. 303–320, 1/5, pp. 390–400. 17世紀の期間，西欧でも使節は母国の君主の偉大さや豊かさを誇示するためにものものしく，ぎょうぎょうしく相手国の首都に入城した。東欧では18世紀末でもこのような慣行が見られた。その一例としてキュチュク＝カイナルジャ条約（1774年）の批准書を交換するために送られたロシア・オスマン両国の大使の事例がある。Anderson, M. S., *The Rise of Modern Diplomacy 1450–1919*, London / New York, 1993, p. 56. Itzkowitz N. and Mote M., tr., *Mubadele, An Ottoman-Russian Exchange of Ambassadors*, Chicago / London, 1970, pp. 91–95, 157–162.

(13)　講和交渉の原則として“uti possidetis ('alâ hâlihi)”（占有物保留）が採用された。15世紀末にはこの原則が適用されていたようである。Abou-El-Haj, R. A., Ottoman Attitudes Toward Peace Making: The Karlowitz Case, *Der Islam*, 51 (1974), p. 133. Abou-El-Haj, R. A., Ottoman Diplomacy at Karlowitz, *JAOS*, 87 (1967), p. 133. Menage, Seven Ottoman Documents, in Stern, S. M. (ed.), *Documents from Islamic Chanceries*, Oxford, 1965, pp. 82–83, 102. 1698年4月4日付けオーストリアの大臣Kinsky伯のイスタンブル駐在のイギリス大使パジェットPagetにあてた手紙のなかで“uti possidetis ita possideatis”という表記が見られる。Popovic, R. M., *Der Friede von Karlowitz*, Leipzig, 1893, p. 40.

(14)　公文書においてヨーロッパの諸君主に対してBeyとかKıralという称号が使用された。たとえばオーストリアの君主カール5世に対しては“sen ki İspanya vilayetlerinin kıralı Karlosun”（「おまえはスペイン諸州の王カルロス」，

vilayetler はオスマン帝国の地方行政の諸州にあたる）という表現が見られる。Schaendlinger, A. C., *Die Schreiben Süleymāns des Prächtigen an Karl V., Ferdinand I. und Maximilian II. aus dem Hauŝ-*, Hofund Staatsarchiv zu Wien, Wien, 1983, p. 12.（以下 Schaendlinger と略す）

(15) 詳細については Uzunçarşlı, İ. H., *Osmanlı Devletinin Merkez ve Bahriye Teşkilatı*, Ankara, 1948, pp. 289–317. たとえばヨーロッパの使節はヨーロッパ風の服の上にオスマン風のカフタン kaftan（長衣）を着用することを命ぜられた。オーストリアの使節はすくなくとも1719年までこの慣行をまもり続けた。Anderson. *The Rise of Modern Doplomacy*, p. 72.

(16) Kuran, E., *Avrupa'da Osmanlı İkamet Elçlikleriin Kuruluşu ve İlk Elçlerin Siyasi Faaliyetleri 1793–1821*（『ヨーロッパにおけるオスマンの常駐使節職の設置と最初の使節の政治的活動　1793–1821年』）（以下 kuran と略す）, Ankara, 1968. 4都市のなかで最初に送られた初代駐英大使の書記官については，Yalınçıkaya, M. A., Mahmud Raif Efendi as the chief secretary of Yusuf Agâh Efendi, the first permanent Ottoman-Turkish ambassador to London (1793–1797), *Osmanlı Tarih Araştırma ve Uygulama Merkezi Dergisi* (『オスマン史研究紀要』), 5 (1994), pp. 385–434.

(17) 1836年3月11日に最後の書記官長メフメット＝アキプ Mehmet Akip が初代の外相となった。Danişmend, İ. H., *İzahlı Osmanlı Tarihi Kronolojisi*（『オスマン史の詳細な年表』), vol. 5, pp. 356–358.

(18) キュチュク＝カイナルジャ条約（1774年）のフランス語訳はロシアでおこなわれ，それがヨーロッパの言語に翻訳された。換言すれば当時のヨーロッパではフランス語が外交上の言語として定着していたことを示している。Martens, *Recueil de traités d'alliance, de paix, etc., de 1761 à 1808*, 8 vols., Göttingen, 1817–1835, vol. 2, p. 386. Davison, H. R., "Russian Skill and Turkish Imbecility", The Treaty of Kuchuk Kainardji Reconsidered, *Slavic Review*, 35 / 3, (1976), p. 476. 1809年イスタンブル駐在のイギリス大使は本国の外相カニング Canning に対して「当地では英語を話せずフランス語しか理解できない通訳をオスマン政府は雇っているので，フランス語で交渉しなければならない」と不満を伝えている。ルイスは，オスマン帝国においてフランス語の重要性がましたことを，18世紀に士官学校でフランス語を話す教官が雇用されたことにあると推察している。Lewis, *The Muslim Discovery of Europe*, New York and London, 1982.（以下 Lewis, *The Muslim Discovery* と略す）p. 85.

(19)　翻訳局については，Bilim, C., Tercüme odası（「翻訳局」), *OTAM*（『オスマン史研究紀要』), 1 (1990), pp. 29–43.

(20)　Lewis, *The Muslim Discovery*, p. 81.

(21)　Ekrem, R., *Osmanli Muahedeleri ve Kapitülâsiyonlar 1300–1920 ve Lozan Muahedesi 24 Temmuz 1923*（『オスマン朝の諸条約とカピチュレーションおよびローザンヌ条約（1923年7月24日)』, İstanbul, 1934. セリム3世の外交改革については，Naff, T., Reform and the Conduct of Ottoman Diplomacy in the Reign of Selim III 1789–1807, *JAOS*, 83 (1963) pp. 295–315.（以下 Naff, Reform and the Conduct of Ottoman Diplomacy と略す）

(22)　ほぼ同じような傾向はオスマン帝国の法律顧問を務めた Noradounghian の著作からも見られる。Noradounghian, G. E., *Recueil d'actes internationaux de l'empire ottoman*, vol. 1, 1897, Paris, 1978², Nendeln / Liechtenstein, Vol. 1, pp. 15–80. vol. 2, 1900, Paris, 1978², Nendeln / Liechtenstein, pp. XI–XV.（以下 Noradounghian と略す）

(23)　Ahmed Vâsıf, *Mehâsin ül-Âsâr ve Hakâik ül-Ahbâr*（『諸作品の精華と諸事件の本質』), İstanbul, 1804.

——, *Mehâsinü'l-Âsâr ve Hakâik ü'l-Ahbâr, ed*. İlgurel M., İstanbul, 1978. 前者は1752～1774年を，後者は1783～1787年を扱っている。ワースフは1771年にロシア軍の捕虜となってからロシア・オスマン間の前線で使節としての役割を果たした。

(24)　Ahmed Resmi, *Hulâsat ül-I'tibar*（『考察の要約』), İstanbul, 1869. 本書は1768～1774年のロシア＝オスマン関係を扱っている。著者はキュチュク＝カイナルジャでの講和交渉にオスマン側の首席代表として参加した。

(25)　Sadullah Enverî Efendi, *Târîh-i Enverî*（『エンヴェリーの歴史』), UNV.（イスタンブル大学総合図書館), No. T5994, 5995。この写本は永田雄三氏によってマイクロフィルムのかたちで東洋文庫におさめられた。エンヴェリーは1769～1794年の期間，5回修史官に任命された。1783年9月にワースフが修史官となってからエンヴェリーが死去する1794年までこの2人が修史官の地位をめぐって争った。

(26)　Ahmed Cevded Paşa, *Târîh-i Cevdet*（『ジェウデトの歴史』)：Tertib-i Cedit（新版）12 vols., İstanbul, 1885–6,（以下 Cevdet と略す）本書は1774～1826年の出来事を記述している。著者は1855～1866年の期間，修史官を務めた。

(27)　Düvel-i Ecnebiye Defterleri, 国別，年代順に整理されている。121冊の台

帳があり，ロシアの条約については83/1に，1701年から1833年まで266件の条約文の写しがおさめられている。（以下 DED と略す）

(28)　Name-i Hümâyûn Defterleri, 16冊あり，1699年から1918年までを含み，5,575件の文書がおさめられている。一部は電子コピーで複写したものを製本してある。複写が鮮明でなく読みづらい部分や頁数のナンバーが正確でない所もある。（以下 NHD と略す）

(29)　Hatt-ı Hümâyûn, 32冊のローマ字で表記したカタログがあり，1713年から1858年までを扱っている。18世紀末オスマン帝国の書記官長とイスタンブル駐在のロシア使節との間で行われた会談についての情報はこの史料から得られる。（以下 HH と略す）

(30)　バヤジト2世から第一次世界大戦までのロシア・オスマン関係の通史としては Ayverdi,S., *Türk-Rus Münasebetleri ve Muharebeleri*,（『ロシア＝オスマン関係およびロシア＝オスマン戦争』), İstanbul, 1970. ロシア＝オスマン交渉史を開始からピョートル大帝の時期までを扱いオスマン語史料を紹介したものとして Duran,T.,Türk-Rus Münasebetlerinin Başlaması（「ロシア＝オスマン関係の開始」), *Belgelerle Türk Tarih Dergisi*（『トルコ史紀要』), vol. 3, pp. 43–49, vol. 4, pp. 39–44, vol. 5, pp. 31–36, vol. 6, pp. 40–43. T. Duran, Türk-Rus Münasebetleri（「ロシア＝オスマン関係」), *Belgelerle Türk Tarih Dergisi*（『トルコ史紀要』), vol. 7, pp. 53–56, vol. 8, pp. 42–46, vol. 9, pp. 57–62, vol. 10, pp. 39–42, vol. 11, pp. 46–48, vol. 12, pp. 52–56. フランス革命期から第二次世界大戦の緒戦までのオスマンとロシアおよびイギリスとの関係を扱ったものとして，Bucak, N. S., *Türk-Rus-İngiliz Münasebetleri 1791–1941*（『トルコ＝ロシア＝イギリス関係史　1791–1941』), İstanbul, 1946. がある。

(31)　*Türkiye ve Rusya—XVIII. Yüzyıl sonundan Kurtuluş Savaşına kadar Türk-Rus İlişkleri*（1798–1919)（『オスマンとロシア——18世紀末から解放戦争までのロシア＝オスマン関係史1798–1919年』), Ankara, 1970.（以下 Kurat, *Türkiye ve Rusya* と略す）クラト（1903〜1971年）は1903年4月22日にロシアで生まれ高校まではロシアで教育をうけた。1924年11月にイスタンブルに移り，フュアト＝キョプリュリュのもとで勉学し，1928年5月にイスタンブル大学文学部歴史学科を卒業した。1929年にドイツにわたり1933年7月ハンブルク大学で「ビザンツ史について」学位を得た。1937年2月スウェーデンの国立文書館を中心にヨーロッパ各国の文書館にて研究する。1938年7月に帰国。1941年にアンカラ大学言語・歴史・地理学部の助教授に，1944年に同学部ロシア語・ロシア文学の教授となり，1953～54年同学部長となった。

(32) Uebersberger, H., *Russlands Orientpolitik in der letzen zwei Jahrhunderten*, vol. 1, Stuttgart, 1913. ヤシ条約（1792年）までを扱っているが，全頁（約400頁）のおよそ半分は1700～1739年（ベオグラード条約）の期間，約四分の一はキュチュク＝カイナルジャ条約（1774年）までの期間について記述している。

(33) Nolde, B., *La formation de l'empire russe*, 2 vols., Paris, 1952. 第2巻の全頁（約390頁）のおよそ半分を18世紀の黒海地域における諸事件の記述にさいている。

(34) シンポジウムの成果は，*Türk-Rus İlişkilerinde 500 Yıl 1491–1992*, Ankara, 1999. という形で公刊された。本シンポジウムは1992年12月12日～14日にアンカラにおいて開催された。21編の論文が収録されている。18世紀に関する論文は1編のみで，しかも18世紀初頭を扱っている。ロシア＝オスマン関係史の一大転機となったキュチュク＝カイナルジャ条約に関する論考は1編も見られない。

第2節　イスラームの世界観

西欧世界は何世紀もの間，世界を区分する多くの方法を工夫してきた。たとえばギリシア人からみた世界は自民族（ヘレネス）と異民族（バルバロイ，野蛮人），またユダヤ人はユダヤ人とジェンタイル（異邦人）とから成ると考えていた。

世界を多くの国や国家に分けることは，とりわけ近代西欧の自己認識および忠誠を定義することにおいてきわめて重要であるが，イスラーム世界では相対的にわずかな重要性をもっているにすぎない。領土上の名称はほとんど意義をもっていないので，多くの国々は明確な国名を欠いてさえいる。イスラーム世界が分裂している状況のなかで近代諸国家の国名のかなり多くは，新たに創造されたものである。そのなかにはシリア・パレスチナ・リビアのように古典古代の名称に由来し，またイラク・チュニジアのように中世の地方の名称に由来したり，さらにはパキスタンのようにまったく新たに創造されたものもある。アラビアやトルコはその国の古さや，さらにその民族が示す古さにもかかわらず，近代になって西欧から導入されたものである。アラビア語にはアラビアにあたる領土上の言葉はまったくなく，アラブ人の土地とかあるいはアラブ人の半島というような特殊な表現様式を使用せざるをえない。トルコという名称は西欧人によって何世紀もの間使用されていたが，王朝名あるいは地域名によって以前に呼ばれた国を示すために20世紀になって初めてトルコ語のなかにとりいれられた(1)。

1　「イスラームの家」dâr al-islâm と「戦争の家」dâr al-ḥarb

イスラーム教徒（ムスリム）の考えでは，世界は基本的には「イスラームの家」と「戦争の家」から成り立っている。前者は，イスラーム法（シャリーア）が支配的となる地域であり，後者は世界から前者を除いた地域となる。理論上,「イスラームの家」は，唯一の支配者に導かれ統治される単一の国家である。「イスラームの家」を構成するのは，ムスリムだけではなくイスラームの支配を受け入れた非ムスリムも含まれる。ムスリムは原理上「イスラームの家」以外その存在を認めず,「戦争の家」に住む非ムスリムはやがてイスラームに改宗するか，あるいはイスラームの支配を受け入れるであろうと考えた。さもなければその非ムスリムはムスリムのジハード（いわゆる聖戦）の対象となる。もっともジハードの原義は「努力する」であって，武力を用いた戦いだけではなく，平和的な布教活動をも示す。いずれにしても「イスラームの家」と世界を一体化することが，ムスリム全員に課された義務である。

イスラームの古典的な法学者の考えでは,「イスラームの家」と「戦争の家」との間の戦争状態は，必然的に存在するものであって，この状態は全人類の改宗か服従によってのみ終止符が打たれるものである。したがって「イスラームの家」と「戦争の家」に存在する諸国家との間には，講和条約は理論上ありえなかった。この戦争はイスラームの勝利によってのみ終わるものである。だがこの戦争はやむをえない理由のために中断されることはあった。イスラームの法律家によれば，このような休戦は暫定的にのみ存在するものであり，休戦期間は10年を超えないという点において意見の一致をみる。とにかく一方的にムスリムによってなされる休戦は拒否されるが，ムスリムはイスラーム法にのっとって敵対関係の再開以前に敵にしかるべき通告をしなければならない。

ジハードに関する法律は，アラブ軍が東西へと進撃し，またイスラームの最終的で普遍的な勝利が不可避だけではなくて，差し迫っていることを疑うべき理由がまったくないようにみえたイスラームの最初の1世紀半の間，その古典的な形態を容認した。つまりイスラームの理論と現実は，イスラームの最初の1世紀半の間うまくかみあっていた。だがその後，現実と理論とは乖離するようになった。ヒジュラ暦の第1世紀，第2世紀には原理上も現実面において存在したイスラームの単一の普遍的な国家は，比較的小規模な諸国家に分裂した。

「戦争の家」と「イスラームの家」との間に中間的な位置をもつものとして「休戦の家」もしくは「契約の家」(ダール＝アル＝スルフあるいはダール＝アル＝アフド)(2)の存在を認める法律家もいた。これは，ムスリムの宗主権を認めて，貢租を支払うが，自身の政治形態で多少の自治を保有する契約上の関係を「イスラームの家」と結んだ若干の非ムスリム諸国家からなった。贈り物を貢租とみなすことで，ムスリムの支配者およびその法律顧問たちは契約（アフド）の範囲を拡大でき，政治的・軍事的・通商的諸問題に関して非ムスリム勢力との広範囲なさまざまな取り決めを扱うことができた。

2　ムスタミン

戦争の家からやってくる非ムスリム（ハルビー）は，ムスリムの世界を訪問することができ，そのさいアマーン(3)と呼ばれる安全通行保証権が与えられる。イスラームの法律家によれば，自由な成人の男性のムスリムなら誰でも，1人あるいは数人にアマーンを与えることができた。イスラーム国家の支配者は，都市もしくは支配者の臣民あるいは商社といった大きな存在に対して集団的なアマーンを与えることができた。アマーンを許与する慣行はイスラーム国家とキリスト教国家との間の通商的・外交的関係の発展を大いに容易なものとし，またイスラームの都市に常駐するヨーロッパ商人社会の発展のためにイスラーム法的な枠組みを提供した。アマーンを得たハルビーは，法律上ムスタミンと呼ばれ，後になってカピチュレーションの諸特権の受益者となった。ムスタミンは，イスラーム国家に永住するムスリムとは異なり，いわゆる外国人として扱われ，イスラーム国家の法ではなくて，母国の法の適用を受けた。アマーンの期間は原則として1年間であるが，更新は可能であった。

3　ズィンミー

もちろんムスリムは異教徒としてひとまとめにされた集団のなかに重要な区分があることを認めている。それらの一つは啓示宗教をもっている人々とそうでない人々との間の区分であった。多神教徒や偶像崇拝者の選択は明白であった。すなわちイスラームに改宗するかそれとも死をかけてムスリムと戦うかのいずれかを選ぶのである。だが，啓示宗教の信者すなわち「啓典」の保持者には，イスラームに改宗するか，それとも死をかけてムスリムと戦うか以外に第三の選択肢があった。つまり貢租を支払い，イスラームの支配を受け入れ，一定の制約の下自治を行うことができた。彼らはイスラーム国家から寛容と保護を得ることができた。その結果生ずる関係は，アラビア語でジンマと呼ばれる契約によって規制された。この恩恵を受けるものは，アフル＝アル＝ジンマ（契約の民）あるいはもっと簡単にズィンミー(4)として知られている。これは，イスラーム国家の臣民となったユダヤ教徒やキリスト教徒などに通例適用される用語である。ジンマの規則によれば，彼らはイスラームがゆるぎないものであることとムスリムの優位とを明白に認めるならば，自己の宗教的儀式を執り行うこと，自身の礼拝の場所をもつこと，多くの点において自己の諸問題を処理することが許された。彼らの法的差別の大半は，実際的・実用的性格よりむしろ社会的・象徴的性格をもっていた。彼らに課された唯一の経済的負担は，国庫収入にかかわるものであった。この制度はイランやビザンツから継承したものであるといわれている。彼らは，とりわけズィンミーの成年男子に課されたジズヤ(5)として知られている人頭税を支払わねばならなかった。前近代において宗教による差別が厳しかったヨーロッパと比較するとイスラームの支配はかなり寛大なものであったといえる。たとえばレコンキスタの過程のなかで迫害を受けた多くのユダヤ人はオスマン帝国の大都市に亡命し，彼らのもっている技術を伝えたことはよく知られている。現代の基準からすれば完全な平等でないことは言うまでもない。換言すればムスリム優位下の共存システムが存在したのである。

注

(1) Lewis, B. *The Muslim Discovery of Europe*, pp. 59–60.

(2) オスマンのスルターンが従属するキリスト教徒の君主に許与した多くの「条約」アフドナーメから，一方で平和と安全の要求のために，他方でスルターンのアフド＝ワ＝アマーンの許与のために，キリスト教徒の君主が服従し，毎年貢租を支払うことは，アフド締結の不可欠な要点であることがわかる。アフドナーメのなかで，従属する君主は「スルターンの敵の敵，スルターンの友の友」であるべきことがしばしば明記されている。これらの諸条件以外に，さらに毎年スルターンへ人質を送ること，スルターンの遠征の際に兵士を提供することが，通例課された。スルターンはアフドナーメのなかで，従属する君主の内外の敵からの保護と，彼の国の宗教・法律・慣習に敬意を払うこと，オスマン人の役人による内政干渉の禁止とを約束している。だが，彼がスルターンへの義務を履行しなければ，彼は反乱者であり，彼の土地は「戦争の家」と呼ばれる。「イスラームの家」の拡大の第一歩は，年払いの貢租を通例課することであり，このことによってオスマンの征服の大半は遂行された。
EI[2]., s. v. “DĀR AL-‘AHD”

(3) アマーンを得た人は，法律上ムスタミンと呼ばれる。アマーンという言葉は，「コーラン」には見られないが，「コーラン」の「またもし誰か多神教徒がお前に保護をもとめて来たら，保護を与えておいてアッラーの御言葉をきかせ，それから安全な場所に送り届けてやるがよい」(『コーラン』，岩波文庫（上)，251頁）に由来するといわれている。マーリク派・ハンバル派の法学者によれば，思慮分別がつく年齢に達しておれば，未成年でもアマーンを許与することが許されている。逆にムスリムに与えられるものは，アマーンではなくて，idhn（許可）と呼ばれている。個人へのアマーン許与は，ウマイヤ朝末期（723～726年）以降，立証される。旅行者や商人の集団に対して許与された厳密なもっとも古いアマーン許与の事例は，エジプトのムスリムの行政官とヌビア族 Bedja との間に結ばれた条約のなかに含まれている。12世紀以降，地中海通商の増大と一致して，アマーンの制度にキリスト教国家とイスラーム勢力との間で結ばれる条約がとってかわった。*EI*[1], *EI*[2]., s. v. “AMĀN.”

（4）　ズィンミーのなかにはキリスト教徒・ユダヤ教徒以外にサービ教徒を含む見解もある。ズィンミーは既存の教会を再建・修理することは許されるが，新たに教会を建立することはできない。*EI*[2]., s. v. “DHIMMA.”

（5）　心身健全で自由な身分のズィンミーの成年男子だけに課された。貨幣で徴収され，納税者の社会的地位や財産に応じて3段階に分けられていた。ジズヤは，コーランの第9章第29節「アッラーも最後の日も信じようとせず，アッラーと使徒の禁じたものを禁断とせず，また聖典を頂戴した身でありながら真理の宗教を信奉もせぬ，そういう人々に対しては，先方が進んで貢税を差し出し，平身低頭して来るまで，あくまで戦い続けるがよい」（『コーラン』，岩波文庫，（上）254～255頁）に見られる。ウマイヤ朝の行政用語ではジズヤとハラージュは区別がなかったが，ウマル2世（在位718～720年）のとき，人頭税はジズヤ，地租はハラージュという用語の区別が確立した。

第3節　オスマン帝国の外交方式と外交原則

1　不対等性の原則

前節で考察したように理論上「イスラームの家」は,「戦争の家」を究極的には包摂するものであるから,「戦争の家」にいかなる強大な国家が存在しょうとも「イスラームの家」に併合されることになる。したがって「戦争の家」にいかなる強大な国家が存在しても「イスラームの家」との対等な関係は許されない。すなわち両者の間には不対等性の原則が存在したのである。そのことは,イスラーム的世界秩序観そのものに由来していた[(1)]。オスマン帝国は,最後で最大のイスラーム国家である。オスマン帝国が全盛期をむかえる16世紀中葉以降,ヨーロッパではいわゆる完全な国家主権をもった国民国家が多く存在した。これらの国家は——経済上・軍事上・政治上の力の差はあっても——完全な国家主権をもっている点において外交上対等であった。しかしオスマン人はそれらの国民国家をひとまとめにして「戦争の家」と呼んだのである。どうしても区別をしなければならない場合には,たとえば「イギリスの異教徒」「フランスの異教徒」と呼んで区別した。しかも相手を軽蔑するような言葉を韻を踏んで付け加えた。たとえばİngiliz dinsiz（インギリズ＝ディンスィズ,信仰心のないイギリス人）のように[(2)]。

オスマン帝国の場合,ヨーロッパの諸君主に対する親書のなかで使用した称号に不対等性の原則がみてとれる。そのことは,16世紀の西欧キリスト教世界において最強で,オスマン帝国の最大の強敵であったハプスブルク家の君主への親書における書式と称号の用法にもうかがわれる。1547付けのカール5世に対する親書のなかで,スレイマン大帝は,自らは,「余は,諸スルターンのスルターン,諸君主のあかし,地上における神の影,地中海と黒海とルメリ（バルカン）とアナドルとルームとカラマンとエルズルムとディヤルバクルとクルディスタンとアレッポとイェルサレムとすべてのアラブ諸地方とバグダードとバスラとアデンとイェメンの諸国とタタールとキプチャクのステップの諸地域とブダ・ペストとそれに属する諸地方と，さらにまたわが剣をもって獲得された，多くの諸国のパーディシャーにしてスルターンである。スルターン＝セリム＝シャー＝ハーンの息子，スルターン＝スレイマン＝シャーである」と名のりながら，カール5世に対しては，「その方，スペインの王（クラール），カルロ（カール）以下のことを知れ……」(3)と呼びかけていた。ヨーロッパ最強の君主カール5世に対するスレイマン大帝の対応が如実に現れている。

不対等性の原則は外交儀礼にも見られた。西欧キリスト教世界の諸国からの使節は，オスマン帝国の礼装である，カフタンと呼ばれる長衣をまとい，スルターンの前に平伏して，接吻することを要求された。このような儀礼は，オスマン帝国が興隆期にあった，15世紀中葉以降，徐々に体系化され，現実の力関係における優位を背景として，16世紀を通じて，励行された。東西の力関係が変化し始めた17世紀にはいったのちも，このようなスタイルは，ほぼ遵守され，漸く17世紀後半から18世紀にかけての力関係の決定的な逆転の過程の中で，しだいに紛争の原因ともなっていった(4)。

2　占有物保留（ラテン語では uti possidetis, オスマン語では ʿalâ hâlihi）の原則

オスマン帝国の講和交渉の際に採用された原則である。この原則によれば，軍事占領した領土は，講和条約締結後，その軍隊が帰属する国家の支配下に置かれるという考えである。したがってオスマン帝国が戦勝している限り，自動的にオスマン帝国の領土は拡大されることになる。逆にオスマン帝国が敗戦すれば，オスマン帝国は自領をいわゆる交渉することなく喪失することになる。オスマン帝国がヨーロッパに対して力関係の点で優位にあるかぎり，この原則はオスマン帝国に有利に作用することになる。

しかし力関係が逆転し始めると，この原則はオスマン帝国に不利に作用し，そこでヨーロッパの調停を求めることになる。換言すればヨーロッパが劣等の地位にあるという伝統的な世界観をオスマン帝国が放棄し始めた一つの現れである(5)。カルロヴィッツ講和交渉（1698～1699年）を契機にオスマン帝国とヨーロッパの力関係が逆転すると，戦争での損害を少しでも軽減しようとオスマン帝国はヨーロッパの国々に調停をあおぐようになる。18世紀になるとヨーロッパの国々による調停は，一般化するようになる。たとえばオーストリアとのパッサロヴィッツ講和交渉（1718年）ではイギリス大使サットン Sutton とオランダ大使 Colijerが(6)，オーストリアおよびロシアとのベオグラード講和交渉（1739年）ではフランス大使ヴィルヌーヴ Villeneuve(7)がそれぞれ調停を企てた。

3　国境画定の方法

従来の説にしたがえば，カルロヴィッツ条約（1699年）以前は「国境地帯」frontier で，18世紀以降になると「一本の国境線」boundary で国境が画定された(8)。しかしこの点について最近ポーランド人の研究者が，カルロヴィッツ講和後の境界画定書作成は16世紀にすでに見られ，17世紀にはポーランドとの間でなんども境界画定が繰り返されたことを明らかにしているが(9)，ただちに全面的に信頼するには史料の裏づけが十分とは思えない。「一本の国境線」boundary で国境を画定する方法が実施される根底には，国家主権の概念の法的な確立化が不可欠となる。1687年，1689年になってもクリム＝タタールはロシアを脅かす存在であり(10)，両者間に「国境線」が確立していたとは信じがたい。また西欧と同じ速度で東欧において国家主権の概念が法律上確立していたとはにわかに信じがたい(11)。

4　書記官長レイス＝エフェンディ reis efendi, レイスユルキュッターブ reisü'l-küttâb

書記官長[12]は，制度上は大宰相に付随し，字義通り本来は書類の整理・保管に従事する比較的地位の低い官職である。異教徒であるフランスとの最初の条約交渉にも，最初のヨーロッパの大使がイスタンブルに赴任したときにも，大宰相が交渉を進め，書記官長は記録を保管するだけであった。だが，17世紀後半にオスマン帝国の事実上の政治の中心がスルターンの宮廷から大宰相府に移り，また外交問題が増加・複雑化するにつれて，外交問題は書記官長の仕事となった。

さてカルロヴィッツ講和交渉においては，書記官長ラーミ＝メフメット＝エフェンディ Râmi Mehmed Efendi が首席代表として出席し任務を上首尾に終えたことが，後の講和交渉の首席代表として出席する先例となった[13][14]。書記官長もしくは元書記官長がカルロヴィッツ講和交渉以後，オスマン側の講和の代表者として出席することが慣例化する。

しかしながら書記官長は大宰相の付属物にすぎず，また各行政機関の権限の範囲が明確ではないので，外交政策の決定・実施において書記官長は無視されることがしばしばあった。スルターンは外交政策の決定に際して，西欧に見られる外務省は存在しないので，寵臣や大宰相あるいは書記官長と協議することがあった。大宰相が弱い場合，強い書記官長が外交政策を左右できるのであった[15]。書記官長は，ヨーロッパの政治情勢だけでなく，諸国家の位置も知らないことがあるので，御前会議付の通訳に依存せざるを得なかった。さらに書記官長はオスマン帝国の官僚機構に固有な悪習（無能力者の任命・陰謀・政治的対立による解任）のために，自己の職務を十分遂行できず解任されるケースも見られた[16]。

ボナパルトがイタリア侵略を行った1797年の夏ころ，書記官長職に就いていたムスタファ＝ラシフ＝エフェンディ Mustafa Râşih Efendi は，複雑な外交関係はいうまでもなく政治問題全体を理解できない無能な人物であった。彼は政治的党派によってもてあそばれる妥協の候補者として選ばれた。

5　通訳[17]（ドラゴマン doragomann，テルジュマン tercüman）

オスマン人と外国使節との交渉は，非ムスリムの通訳を介して行われた。オスマン人がヨーロッパの言語の使用を拒んだことは，オスマンの片務主義外交の一つの現れである。

オスマン帝国の御前会議付の通訳の地位は，最初軽視されていたが，対外関係が複雑になるにつれて高まった。17世紀の中葉までドラゴマンは，一般に改宗したユダヤ人を含むヨーロッパ人であった。だが，その後外交問題が量的に増えるにつれて，このようにその場しのぎ的な方法では，ドラゴマンの補充は困難になってきた。そこでオスマン政府は，イスタンブルのファナル地区に住む富裕なギリシア人，いわゆるファナリオットから定期的にドラゴマンを補充する方法に切り替えた。ファナリオットは，師弟をとりわけイタリアの大学に留学させ，西欧の言語の習得に努めた。帰朝後は父親の指示で通商業務に携わり，一人前の商人となっていった。オスマン政府が目をつけたのは，このギリシア人であった。オスマン政府はカルロヴィッツ講和交渉に際して Alexander Mavrokordatos の巧みな働きの結果として，ドラゴマンの能力の十分な価値を知るようになった[18]。彼らはまたセリム3世の治世にオスマン帝国に伝播してくる新しい西欧の理念を理解することができた。だが，ルイスは，「ギリシア正教会はそのような理念に反対し，富裕な保守的なギリシア人もまた既存のオスマン帝国の秩序にとって危険であると認め，自分たちがかなりの利害関係をもっている体制を最初は維持することをむしろ選んだ」[19]と指摘している。このドラゴマンのポストは少数のギリシア人の名門によって独占された[20]。オスマン人が西欧の言語に対する偏見を克服し，オスマン人を通訳として雇用し，書記官長職が外相職へと発展的に解消した1836年以降になっても，ファナリオットは海外での外交官や外務省の重要なポストを占めた[21]。

通訳は，イスタンブル駐在の外国使節と接触できたので，他に有力な情報収集手段を欠いていたオスマン帝国にとってヨーロッパに関する情報の重要な入手源であった。通訳は外国語で書かれたあらゆる文書に目を通すことができ，そのなかに書かれた重要・秘密事項さえも知りえたので，オスマン帝国の外交政策に大きな影響力を与えることができる存在であった。

6　「条約」文書の種類

オスマン帝国が対外関係を律する際に用いた「条約」文書は，アフドナーメ ʻAhdnâme[22] と呼ばれ，大きく二つに分類される。一つは，ヨーロッパでカピチュレーション Capitulation と呼ばれ，スルターンが諸君主に与えた恩恵的諸特権を記した文書であり，いま一つは戦争終結後に締結された講和文書である。

前者についてはイタリアの都市国家を除いて，国民国家としては1536年にオスマン帝国と伝統的にもっとも友好的であるフランスに与えられたものが一番古いとされてきた[23]。しかし現代ではそれは締結されず1569年に許与されたものが，史料的に信頼できる一番古いものとされている。オスマン帝国と友好関係にあるイギリス・オランダにも，1580年，1612年に与えられた。ヨーロッパ諸国間での激しい通商戦争の結果，「最恵国」という言葉がカピチュレーションに現れ始めた[24]。

カピチュレーションは，スルターンとの主権の対等性をヨーロッパの君主に与えないことで西欧キリスト教世界に対するオスマンの劣等視を反映している。カピチュレーションは，元来「無敵なスルターンの恩恵的立場から」キリスト教徒たちに，「誠実な友好と平和の保障」を条件に通商上の諸特権が与えられた。このことは，カピチュレーション（アフドナーメ）の冒頭で強調された[25]。だが見返りにオスマン商人が相手国において同様な諸特権があたえられなかったことは片務的といわざるをえない。カピチュレーションの被授与者が，いつこの約束を侵したかを判断する権利は，スルターンの側にあった。またカピチュレーションの諸特権は，つぎの後継者のスルターンによって確認されなければその効力を失うのである。つまりカピチュレーションの有効期間は，それを許与したスルターンの在位期間である。したがってカピチュレーションは，対等な国家主権を前提にした双務的・互恵的な条約ではなくて，片務的な特権許与の「条約」といえる(26)。

17世紀，18世紀に東地中海の通商をめぐるヨーロッパの争いの結果，カピチュレーションを許与される国家の数が増加——少なくとも6ヵ国——しただけではなく，あらゆる「条約」に「最恵国」の条項が見られるようになった(27)。

だが，1718年以降になるとヨーロッパの国々は，カピチュレーションを要求し，諸特権を指示し，しばしばこれを悪用した。たとえばオスマン帝国領内の非ムスリムであるズィンミーへ保護・特権を許与するベラートberât(28)(特許状の意味）の乱売があげられる。カピチュレーションを許与された国の大使や領事には，ベラートを交付する権限が与えられていた。ベラートにより，ドラゴマンやオスマン帝国内の公館で勤務するズィンミーなどに免税の特権が与えられ，さらに彼らに大使や領事が帰属する国の法が適用（つまりオスマン帝国の法が適用されず，外国人扱いされることを意味する）される。これらのベラートが使節によって違法に大量に売却された。たとえば18世紀末までにオーストリアだけでモルダビアにおいて20万件，ワラキアで6万件のベラートが交付された。このようにしてベラートにより授与された特権が世襲化し，レヴァント階級とよばれるグループが生まれた(29)。スルターンがカピチュレーションの諸特権を一方的に変更・撤回できたのは過去のことになった。またオスマン帝国がバルカン半島から撤退し，ヨーロッパの外交上の支持を必要とした1683年以降，カピチュレーションの新しい特権は相互的な政治的支持の獲得とひきかえに許与された(30)。カピチュレーションは原則的にオスマン帝国の帝都で交付された。

この種のアフドナーメの有効期間は，相手のキリスト教国の地位により異なっていた。オスマン帝国に貢納する藩属国ドブロヴニクやワラキア，モルダビア，和平期間に貢納をおこなったビザンツやヴェネツィアなどは早くも15世紀に永久期間（スルターンの在位期間）の特権を与えられた。16世紀から17世紀初めにかけて授与されたフランスやイギリス，オランダといった西欧諸国も友好国とみなされ，スルターンの在位期間における特権が最初から保障された(31)。

松井氏は，Kołodziejczykの研究に依拠していると推察されるが，「ハンガリーやハプスブルク帝国，ポーランド，ロシアとの関係は全く異なった。講和期限をみると，17世紀後半まではイスラーム法における停戦上限10年で，スルターンの在位期間の講和がなるのは18世紀半ばのことである。」と論じているが，オーストリア（ハプスブルク帝国）との間で結ばれたカルロヴィッツ条約（1699年），パッサロヴィッツ条約（1718年）やベオグラード条約（1739年）の有効期間（休戦期間）は，オスマン語史料によればそれぞれ25年，24年，27年となっている(32)。これらは正式な「条約」アフドナーメではなくテメッスク文書であるかもしれないが，有効期間は10年をはるかに超えていること，有効期間がスルターンの在位期間になっても10年より長いか短いかは別問題であろう(33)。有効期間がスルターンの在位期間になることは，10年より長いという証明にはならないと考えられる。

他方，講和は一般に辺境地帯で行われた。この交渉で作成される文書はテメッスクとして呼ばれる条約草案であり，文書を正当化するスルターンの花押を欠き，代表者の署名のみが記された。Kołodziejczykは，このテメッスク文書が，正式な「条約」文書アフドナーメと混同されてきた重要な例としてジトヴァトロク条約およびカルロヴィッツ条約をあげている(34)。また，ルイスは，ヨーロッパとの国際関係のなかでオスマン帝国の衰退を明確に示したのは，1606年11月にオーストリアとの間に結ばれたジトヴァトロク条約であることを指摘している。初めて「ウィーンの王」と帝都で一方的に指示された休戦条約ではなくて，辺境地帯で交渉し，「ローマの皇帝」と同意をみた条約である。ついにスルターンは，ハプスブルクの君主に皇帝の称号を与えることを認め，対等なるものとして扱うことに同意した(35)。

注

（1） 鈴木董，『イスラームの家からバベルの塔へ』，リブロポート，1993年，15〜44頁。

（2） B. Lewis. *The Muslim Discovery*, p. 174.

（3） Schaendlinger, A. C., p. 14.

（4） Uzunçarşılı, *Osmanlı Devletinin Mewrkez*, pp. 289–317.

（5） Naff, T., Ottoman Diplomatic Relations with Europe in *Studide in Eighteenth Century Islamic History* edited by Naff, T., and Owen, R., Southern Illinois University Press, 1977, p. 97.（以下 Naff, Ottoman Diplomatic Relations と略す）; Marriott, p. 135.; U. Heyd, The Latter Ottoman Empire in Rumelia and Anatolia in *The Cambridge History of Islam* edited by P. M. Holt et al., Vol. 1, Cambridge, 1970, p. 356.

他方，オスマンは1745年にオーストリア継承戦争の際に調停を企てようとしたことで，ヨーロッパの外交官の間にセンセーションをまきおこした。

（6） *A History of the Ottoman Empire to 1730*, Chapters by Parry, V. J., and Others edited by Cook, M. A., Cambridge, 1976, p. 213. 今回の講和交渉をすすめるに際しても，占有物保留の原則が採用された。

（7） *Osmanlı Tarihi*, IV/1, pp. 288–289, p. 294.

（8） Abou-el-Haj, R. A., The Formal Closure of the Ottoman Frontier in Europe: 1699–1703, *JAOS*, 89 (1969), pp. 467–475.

（9） Kołodziejczyk, D., *Ottoman-Polish diplomatic Relations (15th–18th Century):* An Annotated Edition of Ahdnames and Other Documents, Leiden, 2000. pp. 57–59.

（10） Fisher, A. W., *The Crimean Tatars*, California, 1987, p. 50.

（11） 『講座岩波世界史』，第14巻，1969年，36〜37頁。

（12） *EI*^{2}., s.v. “RE’ĪS ÜL-KÜTTĀB”, *İA*., s.v. “RE’ĪS ÜL-KÜTTÂB”

（13） Ahıshalı, R., *Osmanlı Devlet Teşkilatında Reisülküttablık*, İstanbul, 2001, p. 215.

(14)　北方戦争に巻き込まれて行ったロシアとの最終的な講和交渉は，書記官長のアブドュルケリム＝エフェンディAbdülkerim Efendiとニシャンジュ＝イブラヒム＝アガNişancı İbrahim Ağaが代表として任命された。また1720年にロシアとの条約更新の交渉の代表には書記官長のウチャンバルル＝メフメット＝エフェンディÜçanbarlı Mehmed Efendiが代表として任命された。Ahıshalı, p. 215, n. 379. 1739年のオーストリアとの講和交渉には，書記官長のカマルザーデ＝ハジュ＝ムスタファ＝エフェンディKamar-zâde Hacı-Mustafa Efendiが参加した。*Osmanlı Tarihi*, IV/1, p. 289. Danişmend, vol. 5, p. 341.

(15)　たとえばメフメット＝ラーシド＝エフェンディMehmet Râşid Efendiがあげられる。彼は三度書記官長職に就いた。一回目は1787年7月12日～1788年10月，二回目は1792年9月6日～1794年8月20日，三回目は1797年8月18日～1798年3月3日（死去）。彼の経歴については，ʻÂsım, vol. 1, pp. 256–257.

(16)　ナフは，1797年に4人が解任されたとしているが，2人の誤りである。Naff, T., Reform and the conduct of Ottoman diplomacy in the Reign of Selim III, *JAOS*, 83 (1963), p. 297（以下Naff, Reform and the conduct of Ottoman diplomacyと略す）; Danişmend, Vol. 5, p. 351.

(17)　*EI*[2]., s.v. "TARDJUMĀN", *İA*., s.v. "TERCÜMAN"; G. R. Berridge, Dragomans and Oriental Secretaries in the British Embassy in Istanbul, pp. 151–166. in *Ottoman Diplomacy*, edited by A. Nuri Yurdusev, New York, 2004.

(18)　Naff, Reform and the conduct of Ottoman diplomacy, p. 300.

(19)　B. Lewis, *The Emergence of Modern Turkey*, London, 1968, p. 62.

(20)　Mavrokordatos, Karatzas, Sutsos, Callimakis, Moruzis, Ypsilantisなどである。Naff, Reform and the conduct of Ottoman diplomacy, p. 300.

(21)　Hurewitz, *Belleten*, 25 (1961), pp. 462–463.

(22)　KołodziejczykやTheunissenの研究の邦文での紹介として，松井真子「オスマン帝国外交史研究の動向――「条約」文書の変容を手がかりに――『イスラーム世界』，第63号（2004年），54～64頁。

(23)　1536年のカピチュレーションが成立しなかったことについては，拙論「1535年のカピチュレーションについて」，護雅夫編『内陸アジア・西アジアの社会と文化』山川出版社，1983年，761～776頁を参照。

(24)　*EI*[2]., s. v. "IMTIYĀZĀT."

（25） Naff, Ottoman Diplomatic Relations, p. 98.

（26） *EI*^{2}., s. v. “IMTIYĀZĀT.”; Cevdet, vol. 6, pp. 254–257.; Sousa, N., *The Capitulatory Regime of Turkey*, Baltimore, 1933, pp. 15–42.

（27） Naff, Ottoman Diplomatic Relations, p. 100.

（28） *EI*^{2}., s.v. “BERĀT,”; Sir Hamilton Gibb and Harold Bowen, *Islamic Society and the West*, vol. 1, part 1, Oxford U.P., 1950, 1962^{2}, p. 310.

（29） Uzunçarşılı, *Osmanlı Devletinin Saray Teşkilatı*, Ankara, 1945, p. 237, pp. 279–286; *İA*., s. v. “BERAT.”

（30） Sousa, pp. 66–67; *EI*^{2}., s. v. “IMTIYĀZĀT.”

（31） 松井，57頁。

（32） *Muʿāhedāt Mecmûʿası*, vol. 3, p. 101, p. 111, p. 130.

（33） Khadduri, M., *War and Peace in the Law of Islam*, Baltimore and London, 1955, 1979^{2}, p. 272.

（34） Kołodziejczyk, p. 49, p. 54.

（35） Lewis, *The Emergence*, p. 36.

第1部

片務主義外交

第1章　片務主義外交前期

——ジトヴァトロク条約（1606年）について——

1　ジトヴァトロク(1)条約締結までのハプスブルク＝オスマン関係

スレイマン大帝は即位した翌年（1521年）にベオグラードを占領することで，ドナウ川以北のヨーロッパキリスト教世界に対する攻撃の道を切り開いた。ヨーロッパではこの年に第二次イタリア戦争が始まった。この戦争は基本的にはヨーロッパの覇権獲得をめざすカール5世のハプスブルク帝国とこれを阻止せんとするフランスとの対立を軸に，ヨーロッパの国々が離合集散をくりかえしていずれかの陣営に組みして戦った戦争である。1525年のパヴィアの敗北後，フランスからの援助要請に応じる形でスルターンはハンガリー領内へ進撃した。モハッチの戦い（1526年）でオスマン軍は勝利を博し，やがてハプスブルク軍が占領した北西部を除き，ブダ・ペストを含むハンガリーの大半を占領した。スレイマンはハンガリーの大貴族サポヤイにハンガリーの支配をまかせるかわりに，スルターンの宗主権を認めさせてオスマン軍の大半をハンガリーから撤退させた。かくしてハンガリーは躍進するイスラーム国家のオスマンに対するキリスト教世界の防波堤の役割を果せなくなった。またこの戦いでハンガリー国王が死去したことは，今後ハンガリーの東西に位置する大国のハプスブルクとオスマンとの間にハンガリーの領有をめぐる争いをひきおこすことになった。ちなみにカール5世の弟のオーストリア大公フェルディナントは，ハンガリー王女と結婚していたのである。

翌秋にサポヤイがハンガリー議会からハンガリー王に選出されると，やがてハプスブルク支持派のハンガリー貴族から援助を要請されたフェルディナントはハンガリーに攻め入りサポヤイを破り，年末にはみずからをハンガリー国王と宣言したのである。

サポヤイはハプスブルクのこの攻勢に対してオスマンの支援を得るためにスルターンの宗主権を再確認する約束をかわした。(1528年2月)。同年夏，二度目のハンガリー遠征が始まった。オスマン軍はブダを再占領し，さらにウィーン包囲（1529年）を企てたがカンブレ条約で第二次イタリア戦争が一時休戦したこと，早い冬の到来のために必要物資を確保できなかったことなどのためにこの包囲は失敗した。

しかしフェルディナントが相変らずハンガリー王であることを主張していること，またハプスブルク軍が再度ブダを包囲したことはスルターンに三度目のハンガリー遠征を企てさせた。スレイマンは大軍を率いて，1532年夏にハンガリーを通過し，ウィーンの東南約100キロメートルに位置するラーブRaab川畔のグンシュGunsまで進撃した。今回の遠征がハプスブルクに衝撃を与えたことはたしかであるが，これ以上領土獲得が望めないと確信したスルターンは休戦に同意した（1533年)。その結果フェルディナントはスルターンを「父・宗主権者」として認め，また大宰相を「兄弟」として対等な地位にあることを受け入れた。またフェルディナントはハンガリー北西部以外の地域への支配権要求を放棄して，スルターンへ毎年tribute（貢租）(2)を支払うことになった。やがてオスマン帝国はペルシアと戦争を始めた（同年8月)。

このころハプスブルクとオスマンとの間では第2の戦線が地中海に生れた。1532年からギリシア沿岸及びチュニジアなど北アフリカ沿岸をめぐって両海軍の戦闘が続いた。フランス軍との協力関係の下でオスマン軍がイタリア侵略を企てようとしたその矢先（1536年夏）に，フランスは教皇の圧力で戦闘を中止した。フランスに裏切られ，イタリア侵略を断念したオスマン帝国はエーゲ海における支配権の確立に努め（1537年夏)，また教皇が組織した連合艦隊をプレヴェザで破り（1538年9月)，東地中海の支配権を得ることができた。

その後ボスニア・クロアチアの境界では侵略，その報復のためにハプスブルクとオスマンの関係は緊張していた。サポヤイはオスマンの直接的な占領をおそれ始め，フェルディナントと協定をむすんだ（1538年2月）。その主な内容は，子供のいないサポヤイはハンガリー全土をフェルディナントに遺贈する，他方フェルディナントはオスマンからの攻撃に対してサポヤイに援助を約束するというものであった。その後サポヤイはポーランド王女と結婚し，ヤーノシュ=ジグモンドという男子の誕生をみたが，やがてサポヤイは死去したのである（1540年8月）。この機を利用してハプスブルク軍はハンガリーへ侵略し，ブダを占領した。ハプスブルクの勢力拡大を許せないスルターンは，1541年に大遠征軍をハンガリーへ送り，失地を回復したあとハンガリーの統治方法を変えた。すなわち北西部については従来通り貢租の支払いとひきかえにフェルディナントにその支配を許し，ドナウ川とティサ川との間の低地を含む東部についてはサポヤイの幼児に統治させ，スルターンの属国（トランシルヴァニア公国）とし，中央部はブダ州としてオスマンの直接支配下に置くというものであった。このブダ州はハプスブルクとの境界に位置するために，この州知事には他には見られない特別な地位や権限が与えられた(3)。たとえばこの州知事にはヴェズィール（大臣）という御前会議出席者に等しい地位が，また外国と直接に交渉する権限が与えられたのである。

フェルディナントはスルターンへひきつづき貢租を支払うことを表明したが，新たな十字軍結成に努力し，その結果ヴェネツィア・フランスを除く全ヨーロッパから騎士が参加する大十字軍が組織された。これに対してスレイマンは1543年夏に五回目のハンガリー遠征を企て，ハンガリー・スロバニアに残っているハプスブルクの城塞の多くを占領した。しかしこの時期再度フランスの裏切りにあったこと，クレピーの条約（1544年）によって第二次イタリア戦争が一時休戦したことはスルターンにフェルディナントと休戦条約を結ばせた（1545年11月）。２年後の1547年の条約によってフェルディナントは年に３万ダカットの貢租を支払うことを条件にハンガリーの北西部を領有することになった(4)。

1549年自領へのプロテスタントの勢力拡大をおそれたポーランド王は，

ハプスブルクとあらゆる敵に対して共同行動をとるための同盟をむすんだ。この同盟結成はフェルディナントにポーランドからの反対をおそれることなくトランシルヴァニアへの干渉を可能にさせた。ハプスブルクのトランシルヴァニア占領に対して，スルターンはソコルルが指揮する大遠征軍を送った。1552年夏にオスマン軍はテメシュヴァールをはじめとするトランシルヴァニアの大半を占領し，南トランシルヴァニアにテメシュヴァール州を設置した。他方フェルディナントは北方山岳地帯の数ヵ所の基地だけを領有した。ハプスブルクとの戦いはさらに10年間続いたが，重要な変化は生じなかった。ヤーノシュ＝ジグモンドは再度，オスマンの宗主権の下でトランシルヴァニア公国を支配した。

1555年の条約で断続的に続いていた対ペルシア戦争は終結をみたが，同年のアウグスブルクの宗教和議ではドイツの宗教的内乱に，またカトー＝カンブレジ条約（1559年）によって第二次イタリア戦争に最終的に終止符が打たれ，さらにフランスはその後宗教的内乱に明け暮れたので，オスマンは内政問題の増大化もあってハプスブルクの交渉提案を受け入れて，1562年に条約をむすんだ(5)。この条約は本質的には1547年条約を繰り返しているといわれている。

その後も辺境地帯では侵略・報復，ハプスブルク軍のトランシルヴァニア侵略は絶えなかった。1566年再びスルターンは遠征軍を送り，同年8月シゲトヴァールを，同年9月北ハンガリーにおけるハプスブルク軍最後の拠点Gyulaを占領した。まもなくしてスレイマンは死去し，1568年2月にエディルネ条約がむすばれた。これは基本的には1562年条約をモデルにして作成されたといわれている。

1568年条約はその後，1574年，1583年，1590年にそれぞれ更新されて(6)，ハプスブルク・オスマン両国間には表面上平和が維持された。しかし国境地帯では小ぜり合いは絶えず，両国が完全な平和的な関係にあったという訳ではない。ことに1587年のコパンKoppan，ブダ，カニジェや1588年のスイクシォSziksoの小ぜり合いは両国の不安定な平和を破るほどの危険性があった。

1578年から始まったペルシア戦争が1590年に終結すると，オスマンは再びヨーロッパの問題に目を向けることができた。

さて1593年から始まるハプスブルクとオスマンの戦争の勃発をオスマンの年代記は次のように説明している。真のガージー（イスラームの戦士）ともいうべきボスニア州知事ハサン＝パシャは条約・勅令を無視してハプスブルク領内へ侵入した。1591年，92年にはKulpa川沿岸のSisak（クロアチア）を包囲した。これに対して援軍を得たハプスブルク軍はSisakでオスマン軍を敗走させた。この時にハサン＝パシャを含む約8,000名のオスマン人が死去した(7)。この悲報がイスタンブルに届いた1593年7月4日に大宰相はハプスブルクに対して宣戦布告し，ここに13年間にわたる戦争の幕が切って落された(8)。

たしかに今回の戦争の勃発の直接的契機はクロアチアの事件にあったが，しかしながらハンガリー以外の所で起きた事件と関係なくハプスブルクとオスマンの両国間に武力衝突をひきおこす情勢がハンガリーには存在したようである。たとえば1590–93年にブダ州知事がハプスブルクに出した書簡から，この期間に貢租の遅払いから両国間に戦争勃発の危険性が3回あったことが分かる。またこの時までオスマンはハンガリーを併合できず，ハンガリーにおけるオスマンの経済的基盤は崩壊し，社会的不安があったことも戦争勃発の要因として無視できないであろう(9)。

最初の2年間，軍事行動は決定的なものではなかった。1594年にオスマンの属国であるワラキア・モルダビア・トランシルヴァニアの3公国が宗主国に反旗をひるがえしてハプスブルク側についた。この出来事はオスマン側には大きな痛手ではあったが，この同盟関係はきわめて不安定な基礎の上に築かれていた。というのはたとえばトランシルヴァニアにはワラキア・モルダビアを支配したいという昔からのハンガリーの要求があったし，またハプスブルクにはハンガリー王国の継承者としてトランシルヴァニア支配の要求があったからである。

ハプスブルク軍は北クロアチアにおける最近のオスマンによる征服地の多くを，またドナウ川沿岸のエステルゴム（グラン）を占領（1595年9月）

し，ドナウ川防衛線を破り，ボスニアをおびやかした。ひき続く敗北はついにスルターン＝メフメット3世に戦争の指揮をとらせた。彼は1596年10月にトランシルヴァニアとハプスブルクとを結ぶ連絡線のかなめであるエゲルを占領した。さらにメゼーケレステシュ平原でハプスブルク軍を破った（同年10月下旬）が，この戦いはオスマン側になんら永続的な結果をもたらさなかった。

ワラキアは1599年にトランシルヴァニアを，1600年にはモルダビアを侵略した。しかし1601年にワラキア公が殺害されると，トランシルヴァニアは約4年間ハプスブルクの支配が続いた。

1600年に入るとオスマン側は巻き返しにでた。1600年にカニジェを征服し，1604年にはペストを奪還した。さらに1605年になるとオスマン側に有利な状況が展開した。ハプスブルクの反プロテスタント的宗教政策に不満なトランシルヴァニアはハプスブルクとの同盟関係を解消して，オスマンとの友好関係を回復した。反徒はトランシルヴァニアのボチカイのもとで全ハンガリー及びトランシルヴァニアの自治を要求していた。オスマンは同年夏にボチカイにトランシルヴァニアとハンガリーの王位を約束し，同年10月にはエステルゴムを奪還した。

たしかにハプスブルクの支配に対するトランシルヴァニアの反乱は戦争の流れをオスマン側に有利な方向へ変えたが，1596年以来続いた小アジアの反乱，さらに1603年から始まったペルシアの反攻のためにオスマンはこれ以上戦争を継続できない状態にあった。他方戦闘においてハプスブルク軍が不利な立場にあることは明白となり，イスタンブル同様ウィーンでも平和を求める声が支配的となった。1606年夏，ハプスブルクはトランシルヴァニアとウィーン条約をむすび，ボチカイをトランシルヴァニア公として認め，ハンガリーに宗教的自由を約束した。たび重なる予備交渉のあと，同年秋からオスマンはハプスブルクと正式な交渉を始め，11月にジトヴァトロク条約をむすんだ。

次にこのジトヴァトロク条約の歴史的意義を，トルコ及び欧米の主な研究を紹介しながら考察していく。

2　ジトヴァトロク条約についての学説

(1)　**Marriott**[10]

「皇帝マクシミリアンとオスマン人との間で1569年にむすばれた休戦協定[11]は，語るも不思議なことだが約四分の一世紀の間続いた。しかし支配者の間でむすばれた休戦協定のために人工的な国境の両側の現地の指揮者は正式ではない戦争という気晴しにたえずふけった。しかしながら表面上は1593年まで休戦協定は破られなかったが，その後は13年間にわたる戦争が続いた。オスマン人は輝かしい一大勝利を博したが，戦闘の多くはとりとめのないものであった。モルダビア・ワラキア・トランシルヴァニアの属国の支配者は，彼らの宗主国〔オスマン帝国〕の敵〔ハプスブルク〕と同盟した。戦争は概して明確にハプスブルク側に有利に展開した。オスマン人がドナウ川をこえて拡大できる限界に達していたことは明らかとなった。そこで1606年にジトヴァトロクで講和条約がむすばれた。スルターンはトランシルヴァニアに対する宗主権を捨て，〔皇帝に〕領有が許されたハンガリーの一部について皇帝が〔スルターンへ〕1547年以来支払ってきた年間3万ダカットの貢租を一括支払いとひきかえに放棄した。この時からいずれの側においてもどちらが優位にあるかという問題は存在しなくなった。スルターンと皇帝は正式に対等という関係になった」

（文中の〔　〕の部分は，筆者が補足した。以下同様である。）

(2)　**Lewis**[12]

「16世紀に〔オスマン外交に〕一つの変化が始まった。1529年にオスマン軍はウィーン占領に失敗したあと撤退して，ハンガリーでは長い流血の手づまり状態となった。イスタンブルではヨーロッパ諸国の外交官は通商上・政治上の有利な立場を求めて，長く錯綜した争いを始めた。1535年にスルターンはフランス王と友好・通商条約に調印し，そのなかでキリスト教世界の諸君主のうちでフランス王だけにパーディシャー[13]という主権者の称号を与えた。ジトヴァトロク条約（1606年）のなかでスルターンは，従来オスマン側の記録では「ウィーンの王」として叙述されてきたハプスブルク皇帝にもこれ〔パーディシャーという称号〕を与えた。この条約は，勝利者〔スルターン〕が自己の首都で〔敗北者〕に指示した休戦協定ではなくて，辺境地帯において対等なものの間で交渉してとりきめられた最初の条約であった」

⑶　**Parry**(14)

「講和会議の実際の場所の選定，まして講和条件そのものはオーストリアとオスマン帝国との間の相対的なバランスがスレイマン大帝の黄金時代以来，皇帝にとり有利な方向へ逆にスルターンにとり不利な方向へどれだけ変化したかを明らかにした。従来オーストリアはオスマン政府と協定を締結しようとする場合，イスタンブルへ大使を送ることを余儀なくされた。今となってはもう講和条約の締結は，嘆願する敵に対するスルターンの慈悲と恩恵の行為のあらわれではなくなった。最終的な講和会議はキリスト教徒のコマーロム城塞とムスリムのグラン城塞との間のハンガリーの辺境地帯で，つまり中立地帯のジトヴァトロクで開催された。ここでオスマン人は，直面する小アジアの危険に対する懸念よりも，むしろ1593年に始まった戦争が自分たちにとって事実上敗北という形で終結を迎えていることの承認を反映する諸条件に同意した。皇帝は20万グルデンの贈りものを最後にして，今後スルターンへ貢納しないことになった。したがってスルターンは今後あらゆる外交関係において皇帝に完全な地位と称号を与えるだろう。つまりスルターンは皇帝を自分と対等なものとして受け入れることになった。両者はその時それぞれの支配下にある領土を領有し続けた。オスマン人は1593年に自己の支配に服したハンガリーを領有し続け，今やそれに二つの城塞つまりエゲルとカニジェ――13年間の不屈の戦いの過少な報い――を加えた」

⑷ İnalcık[15]

「ジトヴァトロク条約はオスマンのハンガリー支配の継続を規定し，ハンガリーにオスマンの州を二つ（エゲルとカニジェ）設置した。しかしオスマン人はハプスブルク家の手にわたっていた旧ハンガリー領の一部に対する要求を捨てて，この領土について貢租を受け取ることを放棄した。この条約はしたがって結局〔オスマン帝国のこの領土からの〕撤退に等しいものとなった。スルターンはハプスブルク皇帝にKaiserという自分の称号を与えて，皇帝を自分と対等なものとして認めた。このこととこの条約の有効期間が20年間であるという事実は，オスマン宮廷がスレイマン大帝の時代に進めていた世界の支配権獲得の要求を放棄したことを示した。今回の戦いはオスマン帝国に，自国の弱さとともにハプスブルクの軍事力を示した。戦争中オスマン人は1595年以降，講和交渉を数回企てた。オスマンの衰退の兆しは明らかとなった」

⑸ Dorothy[16]

「1603年にメフメット3世は死去し，14歳の息子のアフメット1世があとをついだ。若きスルターンとその助言者は小アジアの反乱の継続と対ペルシア戦争の再開に直面したので，ヨーロッパの敵との交渉は賢明なように思われた。オスマン人によってハンガリー王位につけられたボチカイは，皇帝の側における自分の地位を確保しておきたかったので，1606年に諸条件の討議をひきうける使節団の派遣を支持した。同年11月にジトヴァトロク講和条約が調印された。この条約についてあらゆる執筆者が指摘しているように，その詳細な諸条項はいつものようにはかないものであり，その大部分は重要ではない。意義深いことは，オスマン政府が屈辱をうけて嘆願するキリスト教徒へ講和に応じてやるという態度を初めて捨てて，皇帝と同じ資格で交渉したという事実である。この条約は1547年以来続いてきた貢納の義務からハプスブルク家を解放した。この条約はヨーロッパの諸国家の間で今やありふれた外交上の慣例にしたがって作成されており，条約の異なった解釈をさける目的で，正確な写しの交換が規定された」

「ジトヴァトロク条約はオスマン史の攻撃的な時代の終末を事実上示している，つまりこの時代以降内紛と衰退が〔オスマン帝国の〕どんな重大な進撃――愛国心を復活させたりあるいは国内のもめごとから注意をそらすことだけを意図するような攻撃的な行動が企てられたが――をも実施不可能にしたと主張する人がいる。〔オスマン帝国から〕帰国した外交官・観察者が差し迫ったオスマン帝国の解体をくり返し予言したにもかかわらず，オスマン帝国はヨーロッパの諸国家に――間接的であっても――ずっと圧力をかけ続けることができた。それ〔オスマン帝国〕との同盟はヨーロッパの勢力均衡維持を願う人々の考慮のなかで一つの要素であり続けた」

⑹　詳説オスマン史[17]

「ジトヴァトロク条約以前，オスマン帝国は講和をむすぶ相手国へ自己の要求を指示し，受け入れさせた。もちろんこの状態はオスマン帝国の強大さから生じる結果であった。16世紀ヨーロッパの最強のキリスト教国家であるハプスブルク帝国ですらオスマン帝国と講和をむすぶとき，前者はできるだけ損失をおさえることに注意を傾けた」

「ジトヴァトロク条約以前の条約文のなかでオスマン政府は相手国を見下げる表現をした。相手国へなにかが認められることは，パーディシャーの相手国への恩恵としてみなされた。実際上，オーストリアと8年ごとに更新された条約のなかでも《常勝のパーディシャーの側から常に敗れているウィーンの異教徒へ恩恵として授与される》といった表現がみられた」

「オスマン帝国が相手国と平等な立場でむすんだ最初の条約が，ジトヴァトロク条約である」

「従来条約交渉にさいしては1名のチャーウシ〔布告官〕，1名のチャーシニギール〔毒味役〕あるいは1名のミュテフェリカがパーディシャーの要求を相手側へ伝えるのであった。しかしこのたびは政府の名において交渉し，署名する権限をもった高級役人から成る代表団が選出され，彼らは交渉のテーブルについた」

「交渉に参加したオスマン側代表者は次の通りである。

アリー＝パシャ（ブダ州知事）

ハビル＝エフェンディ（ブダの裁判官）

ムスタファ＝エフェンディ（ブダの名士）

アフメット＝エフェンディ（アリーの執事）」

「従来の戦争では講和は相手国からオスマン側へ提案されたが，今回の戦争では，両者が講和の道を模索した(18)」

「オスマン帝国はオーストリアから1回だけの条件で20万クルシュを受け取り，貢租の支払いを廃止した」

「今までパーディシャーと同じ地位にあるとみなされていないオーストリアの君主に今後，皇帝の意味で《チャサル çasar》と呼ぶことが受け入れられた。つまりオーストリアの君主がパーディシャーと同じ地位にあるとみなされた」

「以上のことから，この条約はオスマン帝国の優位が終りに近づいたことを示している史料である」

さらに第6条でウィーン条約を認めたことは，のちにオスマンとハプスブルクとの間でトランシルヴァニア問題をひきおこすことになったことを付け加えている。

以上紹介した見解は，ジトヴァトロク条約がハプスブルクに対するオスマンの地位の相対的低下を示している点，両国の国際関係の歴史のなかで一つの転換期であった点において一致をみている。さらに多くの見解は――その理由はことなるが――両国の君主の地位の対等化をもたらしたものとしてこの条約を評価している。

この両君主の対等化という問題は，イスラーム国家のオスマンの外交原則に抵触する重大問題である。というのはイスラームの外交原則は理論上，イスラーム国家と対等な国家の存在を許してはいないからである。多くの研究者が指摘するように両君主の対等化がこの条約によって生じたとするならば，ジトヴァトロク条約はこの両国の国際関係の歴史のなかで無視できない重要な条約となるであろう。

さきに紹介した研究者はジトヴァトロク条約の条約文が一種類しか存在しないという前提のもとで論じていたが，同時代史料を駆使した研究の結果，ラテン語条約文とオスマン語条約文にはちがいがあること，しかもそのくいちがいは不適切な翻訳の結果にのみ帰することはできないこと――二種類の条約文の存在を示唆――を主張するものもいた。ここで紹介したいずれの研究もジトヴァトロク条約についてどの史料を利用したか，その典拠を一切明示していない。では次に最近 G. Bayerle が発見した史料を紹介して行く。

3　Bayerle, G.(19)発見の史料

(1)　史料の性格

Bayerle は発見した史料の一部を，The Compromise at Zsitvatorok, *Archivum Ottomanicum*, VI（1980）〔以下では Compromise と省略する〕のなかで紹介した。以下ではこれにもとづいて彼の発見した史料の性格を述べて行く。

Bayerle はハンガリー国立文書館でジトヴァトロク条約に関する史料を発見した。それは「Fond. P. 108. エステルハージ家文書，Rep. 71. Fasc. 26/a. ハンガリー王のオスマン人に関する文書，1606–29年」として保存されていた。

ハンガリーの名門エステルハージ家出身のエステルハージ＝ミクロシュ伯（1582–1645年）は1625年にハンガリーの副王に選出され，オスマン当局と交渉のさいに利用できる関連の諸条約が必要となった。1629年からしばらくして関連の文書をひとまとめにしておくために Fasc. 26/a. は数百ページから成る分厚い本に製本された。このなかの最初の54ページ（No. 1 から No. 12までの12件の史料を含む）が，ジトヴァトロク条約に関係するものである。

これらの史料は彼によると三種類のグループ――これらを便宜上(A)グループ，(B)グループ，(C)グループと呼ぶ――から成り，(A)及び(B)グループ

の史料はともにジトヴァトロク条約の条約文である。次にNo. 1からNo. 12までの12件の史料を，史料のなかで使用されている言語とグループの種類から分類したものが表Ⅰである。

表　Ⅰ

	(A)	(B)	(C)
ラテン語	No. 1　No. 4	No. 10　No. 11	No. 2
ハンガリー語	No. 5　No. 6 No. 7　No. 12	No. 9	No. 3
オスマン＝トルコ語		No. 8	

(A)グループについて

No. 5，No. 6，No. 7は使用言語がハンガリー語であること，ハプスブルクとトランシルヴァニアの代表者の署名と捺印があることを除けばNo. 1やNo. 4と同一である。このことはハンガリー語の条文がハプスブルクとトランシルヴァニアによって公認された条約文であることを示している。ハプスブルクの代表者モラルトMolartとアルトハンAlthanがハンガリー語に精通していないのに条約の公式の言語としてハンガリー語を優先したことは今日では異常なように思われる。しかしこの種の条約でハンガリー語を公式の言語として採用するこの慣例はこの時代の他の条約にもみられた（たとえば1615年条約(20)）。

No. 12は署名がないことを除けばNo. 5と同一である。

当時の慣行として条約がむすばれると，ただちにラテン語の条約文が印刷され，ヨーロッパの各地へ配布された。No. 1やNo. 4はハプスブルクあるいはヨーロッパ各地へ配布するためのものであったらしい。要するに(A)グループの史料はNo. 5，No. 6，No. 7がオリジナルであってNo. 1とNo. 4はそのラテン語訳であったと考えられる。

(A)グループの史料とその後，印刷された史料との関係は次の通りである。

No. 1 ｝ ―― Knolles, R.,[21] (1621) 抄訳
No. 4 ｝ ―― Noradounghian, G. E.,[22] (1897)
（以下Ⅰの史料と略す）

No. 5
No. 6 ―― Luczenbacher, J.,[23] (1834)
はじめて印刷されたハンガリー語条約文
No. 7
Sinkovics, I., [24] (1968)
最近印刷されたハンガリー語条約文
Compromise pp. 38–41 手書き
（以下Ⅱの史料と略す）
Compromise pp. 18–20 英語訳
No.12
（以下Ⅲの史料と略す）

(B)グループについて

No. 8にはオスマンの代表者のブダ州知事アリー＝パシャとブダ州裁判官ハビル＝エフェンディが署名・捺印している。No. 9はNo. 8のハンガリー語訳で，オスマンの代表者のアラビア語の書体による署名があり，その内容はオスマン語の条約文のNo. 8とほとんど同一である。No. 8とNo. 9の唯一の相違はオスマン語の条約文には省略されているが，ハンガリー語の条約文には条約作成の場所としてアルマーシュAlmásという地名が付け加えられていることである。アルマーシュはドナウ川右岸の，ジトヴァトロクの反対側に位置する村であって，この村には一時期オスマン代表団が滞在したことがる。

No. 10はNo. 8の公式のラテン語訳であり，No. 11はNo. 9のラテン語訳である。このNo.10とNo. 11はともにハプスブルクの代表団の書記官によって自国用のために翻訳されたらしい。

(B)グループの史料とその後印刷された史料との関係は次の通りである。

No. 8 ―― Compromise pp. 42–48
（以下Ⅳの史料と略す）
＼ Fekete, L.,[25] (1932)

No. 9 ―― Podhradczky, J.,[26] (1839)
＼ { Compromise pp. 45–48
（以下Ⅴの史料と略す）
Compromise pp. 21–22 英語訳 }
（以下Ⅵの史料と略す）

No. 10

No. 11

(C)グループについて

No. 2は，トランシルヴァニア公ボチカイ＝イシュトヴァーンの書記官でトランシルヴァニア代表団の書記官であるヤーノシュ＝リマイ János Rimay がラテン語で書いた非公式の文書である。彼はこのなかで二つのグループの条約文の相違を大変詳細に叙述している。

No. 3は交渉の日誌で，署名はない。A. Ipolyi によると，この史料は毎日の交渉の進展状況をボチカイ＝イシュトヴァーンに報告する目的でイレーシャハーズ Illésházy[27]の名においてヤーノシュ＝リマイによって編纂された。日誌はトランシルヴァニアの代表団がジトヴァトロクに到着した10月24日から始まる。日誌は2部に分かれ，第1部は10月30日までの出来事を扱い，その写しはトランシルヴァニア公へ送られた。それから11月10日までを扱っている第2部はボチカイへ送られなかった。ハンガリー語で書かれたNo. 3はCompromise pp. 28–37に，またその英語訳はCompromise pp. 12–17に収録されている。

では次に条約文の検討に移る前に，これらの交渉日誌を抄訳することで交渉過程を概観しておく。

⑵　交渉日誌の抄訳

我々（トランシルヴァニアの代表）はハプスブルク皇帝とオスマン皇帝との間の講和交渉を調停する目的でウイュヴァール Ujvár(28) へ集まった。我々は正式な交渉の場所を討議する目的のために両国の使節の到着をそこで待っていた。

パシャ(29) にはエステルゴム西方32キロメートルの地点に，オーストリア人にはコマーロム東方10キロメートルの地点に野営するようにと説得するのに3週間を要した（我々は両者の中間地点に滞在する）。

10月24日に我々はジトヴァトロクに到着し，ここに1週間滞在する。パシャは5日前に，オーストリア人は3日前に到着した。両者の間隔は16キロメートルであった。

10月29日（日曜日）

パシャはオーストリア人を訪れる。テントの中では一方の側にオーストリア人のモラルト，アルトハンとハンガリー人のヂィオエルヂィ＝トゥルゾー György Thurzó，イシュトゥヴァーンフィ Istvánffy，コロニチュ Kolonics，フィレンツ＝バットフヤーニ Ferenc Batthyányi，クリシェトーフ＝エルドゥオェ Kristóff Erdödy が，向い側にパシャ，ハビル＝エフェンディと我々が着席した。オスマン側の残りの高官はパシャのうしろに着席した。

交渉の冒頭，オスマン側はすでに同意をみている次のことがらの審議を要求した。

① 両国の領土内に城塞を建設することの許可

② オスマン皇帝はハプスブルク皇帝を父と呼び，逆に後者は前者を息子と呼ぶこと(30)

③ 両者は互いを皇帝として対等な関係にあることを認めること

④ 両者は年に1回，適切な贈り物を交換すること

⑤ 今後，敵対行動をやめること

⑥ 商人の安全な国境通過を認めること

⑦ 紛争は共同で裁判し，処理すること

⑧　条約はハプスブルク皇帝とその民，オスマン皇帝とタタールを含むこと

オスマン側はスペイン王もまた，本条約に関与することを求めたが，ハプスブルク側はスペイン王は強大な君主であって我々の手に負えないと答えた。

以上の問題については同意に達し，未解決の問題を討議し始めた。

まずオスマン側は「ハプスブルク側が20万フローリンを支払った後，3年間はなにも支払う必要はない。その後年1回の贈り物の金額について両者は討議する。以前，この点についてカエサル＝ガル(31)と同意に達したし，ガルはアルトハンの同意を得ていた」ことを主張した。

ハプスブルク側はこの点について決して同意していないと反論した。

パシャが「ハプスブルク側は規則正しく年1回の贈り物を送るという戦前の慣例(32)を続けること」を提案すると，

ハプスブルク側は「ローマ皇帝はこのような慣例に終止符を打つだけのために14年間戦争をした。一方的に贈り物を要求することは不当である。しかし互恵的ならばハプスブルク皇帝は贈り物を送る用意がある。さもなければ両皇帝は相手方へなにも送るべきではない」と回答した。

結局，この問題は暗礁にのりあげ，交渉は中断した。しかし我々は翌日交渉のテーブルにつくように両者へ働きかけた。我々はハプスブルク側が大変非妥協的である訳を知っていた。ハプスブルク側はオスマンの国内問題について情報を得ており，さらに戦争が再び生じた場合教皇やイタリアが支援を約束していたからである。またハプスブルク側は交渉が失敗になれば，オスマンへの支払いのためにとってある資金をハイドゥー民(33)を買収するために使用するとおどした。

10月30日（月曜日）

オスマン側は以下の三者択一の提案をした。

①〔ハプスブルク側は〕20万フローリンを支払った後，3年間はなにも支払わない。その後の支払いは討議する。

②〔ハプスブルク側は〕20万フローリンを支払った後，5年間有効の講

和条約をむすぶ。その後，再度交渉する。

③〔ハプスブルク側は〕20万フローリンを支払った後，7年間有効の条約をむすぶ。3年後ハプスブルク側はオスマン皇帝に贈り物を送るが，その金額は決めない。オスマン皇帝もハプスブルク皇帝へ贈り物を送る。

ハプスブルク側は，次の支払いは semel pro semper[(34)]（これを最後として）であらねばならないこと，また条約の有効期間はオスマン側の提案よりももっと長期間であることを回答した。

我々はこの問題は翌日審議することを勧告することで討議を打ち切った。

10月31日（火曜日）

ハプスブルク側のキャンプにて。

ハプスブルク側は，オスマン側が支払い金額を減額し，条約の有効期間をもっと長期化すれば，オスマン側の提案の第3案を受け入れることを決めた。

長い論争のあと有効期間が15年の条約を結ぶことに同意をみた。ハプスブルク側は支払い金額の変更は不可能であること，3年後両皇帝は互恵的・自発的に贈り物を交換することを認めた。

ドナウ川沿岸地域のハンガリー人のディオェルディ＝トゥルゾーとバットフヤーニは講和がむすばれた場合，カニジェ城塞の返還を要求した。

パシャはこの問題は交渉できないと答えた。

11月1日（水曜日）

ハプスブルク側は万聖節を祝った。ハンガリー人はカニジェ城塞の問題を討議するために使者を我々の所へ送った。我々はハンガリー民衆への好意を示すために，ハンガリー人とパシャとの会談にミハーリュ＝ツオボル Mihály Czobor とディオェルディ＝ホフマン György Hoffmann を送り，彼らにハンガリー人の主張を支持する訓令を与えた。

しかしパシャはハンガリー人の要求に激怒して，ハンガリー人が交渉継続を望むならば，二度とカニジェ城塞のことを口にすべきではない。一握りのカニジェ城塞の領土を失うよりもむしろもう10年間戦争する，もう1度この問題がもち上ればすぐにブダへもどる，と回答した。

11月2日（木曜日）

三者の代表が再会した。

ハプスブルク側は相互内政不干渉を提案した。

そのさいパシャは引き続き我々がオスマンの保護を望むか否かを尋ねた。

我々は，以前オスマンから与えられた承認によってハンガリー人はその王〔ハンガリー王〕と講和をむすんだ，その後オスマンの保護は必要ではないだろう，と答えた。

さらにパシャはハンガリー民衆すべてがその王〔ハンガリー王〕と和解したのかどうかを尋ねた。

我々は，Trans-Tibisc(35)地域とトランシルヴァニアはボチカイに与えられること，これらの地域はオスマン皇帝との条約の諸条件をまもり続けること，しかしCis-Tibisc(35)地域はその王〔ハンガリー王〕の支配の継続を選んだこと，を答えねばならなかった。

この時，議論は多少激論となった。パシャはかつてオスマン皇帝に帰属したという理由のためにフイェレク Fülek・セーチェーニュ Szécsény・ノーグラード Nógrád・パラーンク Palánk・ヴァーツ Vác・ヴィシェグラード Visegrád(36)などの城塞の返還を要求した。

他方，モラルトはかつてハプスブルク皇帝に帰属したという理由のためにブダ・エステルゴム・エゲル・カニジェなどの城塞の返還を要求した。

我々はパシャに，上記の城塞は現在ハンガリー人が領有していること，パシャはハンガリー人にはなにも要求しないことを以前彼らに約束していること，ハンガリー人はオスマンの保護を受け入れ，オスマン人によく仕えたのでオスマン人は彼らに領土喪失を強要するより，むしろ報いるべきであること，を説明した。

11月3日（金曜日）

オスマン人は聖日を祝い，全体会議は開催されなかった。

モラルトは使者カエサル＝ガルをパシャのもとへ送って，カニジェ城塞が返還されなければ条約は締結されないであろうことを伝えた。

パシャは自分だけでなく，serdar(37)（司令官）もオーストリア人にオスマンの領土を放棄するという権限をもっていない，とやり返した。それからパシャは使者を我々の所へ送り，ハプスブルクの要求は理解できないこと，を伝えた。

オーストリア人は，カニジェ城塞の喪失はきっとパシャの失脚につながり，さらに戦前スルターンが領有していたあらゆる城塞の返還を要求することはパシャの任務であるということを承知しているにちがいない。

我々は，我々が心から平和を望んでいるか否かを明らかにすべきである。我々はパシャに，平和か戦争かという問題は全く貴下しだいである，と答えた。

パシャは，ハンガリー人の領有している城塞を不当に要求した。

11月4日（土曜日）

我々は使者としてディオェルディ＝ホフマンとガーシュパール＝チュウティ Gáspár Csuti をパシャの所へ送り，力づくでなければ貴下は要求している城塞を手に入れることはできないことを伝えた。

パシャが約束に反して，城塞の返還を要求し続けることを，ハンガリー人は不当と考えた。

パシャは書簡のなかで次のように回答した。

オスマン人はトランシルヴァニアの獲得によっていかにボチカイを助けたかを，サクソン人もまたそれを求めたがオスマン人はいかにしてそれをボチカイに与えたかを明らかにした。にもかかわらずハンガリー人は王〔ハンガリー王〕に Cis-Tibisc の譲渡に同意した。このような事情だからこれらの城塞をハンガリー人にずっと領有させることはできない。カニジェ城塞に関する限り，オーストリア人はこれの返還要求を今まで示唆すらしなかった。我々はオーストリア人に便宜をはかるために毎日数キロメートルを移動することで好意を示してきた。オーストリア人は以前は年1回貢租を支払うことになっていたが，今後オーストリア人はそうすることを強制されず，彼らが望むままに贈り物を送るだけである。オスマン皇帝は，ハプスブルク皇帝の貢納者であるかのようにこれにも報いるだろう。オスマン皇帝は，ハプスブルク皇帝を，父としてかつ皇帝として認めるだろう。これらの譲歩はことごとくオスマン人が和解を求めている証しである。我々は，早期協定成立のためにハンガリー人がオスマン人とオーストリア人の間で調停者として行動することを要求しただけであった。

最後の点にしたがって，我々は正午オーストリア人を訪れてパシャの考えを伝えた。我々は我々のキャンプで開催する交渉に参加する代表者の任命を要求した。彼らはイシュトゥヴァーンフィ，バットフヤーニ，コロニチュを選出した。パシャもまた3人を送った。

我々はカニジェ城塞を要求したが，彼らは諸城塞を要求した。我々は，両者が領土要求をさしひかえなければ交渉は行きづまるであろうという結論を下さねばならなかった。

11月5日（日曜日）

パシャは使者を我々の所へ送った。ハプスブルク側からやがてバットフヤーニ，コロニチュ，ドーツィ Dóczy，ポグラーニュ Pogrányもやって来た。

交渉は少し進展した。オスマン側はヴァーツなどの城塞を要求し，それから多分ヴェズィールのメフメット＝パシャ(38)はそれらをボチカイへ譲渡することを付け加えた。

我々はこれら二つの城塞ですら譲渡を拒否した。無理であることを分らせようと努めたが，オーストリア人はまだカニジェ城塞のことをくり返しのべていた。

11月6日（月曜日）

全員がハプスブルクのキャンプに集まった。

カニジェなどの城塞の問題については論争はまだ続いた。

パシャはオーストリア人が譲歩しないことは不当であること，オスマン人は長い間フュレク Fülek・スゼーチェーニュSzécsény について期待をかけていたことを話した。

アルトハンはこの陳述に異議を申し立て，オスマン人がこれら二つの城塞を要求していたことは事実だが，オーストリア人はそれらの譲渡を決して約束してはいなかったと述べた。パシャはそれが真実であることを認めねばならなかった。アルトハンは，このような約束がかつて存在したことをほのめかすことはオスマン側の不正であること，たとえ条約締結がこのことしだいであるとしてもオーストリア人はこれらの城塞を決して返還しないことを断言した。ハプスブルク側代表団の他のものはアルトハンと全く同意見であることを表明し，その要求は不当であることを付け加えた。これらの城塞は合法的にハンガリー人に帰属した。

この問題が袋小路に入ったことは明白であった。そこで我々はオーストリア人にオーストリア大公[39]と，パシャにはヴェズィール[40]と協議することを勧告した。

11月9日（木曜日）

ハプスブルクの代表団はコマーロムからカニジェ城塞の返還が約束されないと，これ以上の交渉を拒むという警告を送った。

オスマン人はパシャを，オーストリア人の約束にだまされたとか，戦場でも交渉のテーブルでも等しく無能力であったと非難して，彼がブダへもどることで事態はよくなるといった。パシャの使者はこれらの出来事を我々に話した。彼らはまた，ヴァーツとヴィシェグラード以外の城塞に対する要求を捨てる用意があるというパシャの決意を伝えた。さらに必要ならば，オーストリア人がドナウ川へどんな脅威をも及ぼさないようにこれらを破壊するという条件で，パシャはこれら二つの城塞も放棄することを伝えた。しかしカニジェ城塞の返還はパシャの失脚につながることなので不可能であった。

我々は書面でオーストリア人へ新たな譲歩を伝え，交渉の継続を懇願した。その結果オーストリア人は交渉に間に合うように明け方にコマーロムを出発した。我々はオーストリア人にオスマンの譲歩を繰り返して話した。またパシャはこのような事情でカニジェ城塞を放棄できないのでオーストリア人はこれ以上この問題をあくまで主張すべきではないことを強調するためにホフマンとガーシュパールを急行させた。

条約締結はもっぱらこの問題の成り行きしだいであった。かつてこのような法外な要求は交渉を決裂させ，その結果ハンガリーとキリスト教世界全体が苦難をこうむった。多くの城塞は破壊され，数十万の人が死に，巨額の金貨がむだに使用された。この種の非妥協的態度のために我々に多くの苦悩が降りかかった。さらにこの会議に続いて流血や破壊がおこれば，誰に責任があるのか。

オーストリア人は我々の言葉を長く審議してから講和条件に同意をみなかったことの責任が自分たちには断じてないこと，自分たちは一般人のように善意をもったキリスト教徒でもあることを答えた。彼らは合法的にカニジェ城塞を要求した。しかし彼らはほかに頼みの綱がなかったら，それに対する要求を捨てる用意ができていた。

まだヴァーツ城塞は交渉できないが，やがて我々はオーストリア人を訪れた。パシャにヴァーツに関する要求を捨てねばならないこと，ハプスブルクのキャンプで我々に加わること，を伝えた。パシャはオーストリア人へ自分の考えを伝えるために使者を送ったが，しかしオーストリア人はパシャが出席しない場合は交渉を拒否することを伝えた。

そこでパシャが出席し，しばらく論争したあと神の助けを得て，我々は共通の理解に到達するのに成功した。

我々は条約の有効期間を20年間に延ばすことを決めた。ハプスブルク皇帝は最終的な支払いとして20万フローリンを支払う。しかしカニジェ城塞は依然としてオスマンのものである。

みじめなキリスト教徒に望まれた平和を与え給うた御慈悲のために神の御名は永遠に崇められますように。今日すべて問題は片付き，書類に署名・捺印される。ペスト平原でボチカイに王冠が与えられてからまる1年後，同意に達したのは神のおぼし召しであった。

1606年11月10日（金曜日），ジトヴァトロクにて作成。

この交渉日誌から判断する限り，両国の代表者の最大の争点はカニジェ城塞をはじめとする城塞がオスマンあるいはハプスブルクのいずれの側に帰属するかという問題であった。11月6日にはこの問題で交渉は暗礁に乗り上げ，交渉決裂寸前という危機的状況となった。しかし10日には一転して両国の代表は同意にこぎつけることができたのである。

では次にジトヴァトロク条約は一種類しか存在しなかったのか。それとも複数存在したのかという問題を明らかにする見地から(A)・(B)両グループの条約文を比較検討する。

(3)　(A)・(B) 両グループの史料の比較

同グループの史料（条約文）の形式はおおむね前書き（交渉者の氏名・肩書，条約締結に至る過程），本文，むすび（作成の時・所，交渉者の署名・捺印）から成っている。(A)グループの史料についてはⅠ・Ⅱを参考にしつつⅢにもとづきながら，(B)グループの史料についてはⅣ・Ⅴを参考にしつつⅥにもとづきながらそれぞれの形式・内容を比較したのが表Ⅱ・表Ⅲである。

表　Ⅱ

		(A)	(B)
前書	交渉代表者の氏名(41)	ハプスブルクの代表者（モラルト，アルトハン），ハンガリー（王国）の代表者ディオェルディ＝トゥルゾー，イシュトゥヴァーンフィ，コロニチュ，バットフヤーニ，エルドゥオェ），トランシルヴァニアの代表者（イリュエシュハズィ Illyeshazy，パール＝ニュヴアーリ Pál Nyváry，ツオボル，ホフマン）の順序で肩書も併記されている。	オスマン人の代表者アリー＝パシャ（ブダのオスマン皇帝の代理人），ハビル＝エフェンディ（ブダの裁判官(45)）

		(A)	(B)
	交渉に至る過程[43]	「ルドルフ2世と恐れ多いムラト2世[42]及び故メフメット3世の間で平和が破れ，戦いが勃発し，その戦いは恐れ多いオスマン皇帝アフメットの治世まで15年[44]間続いた。両国の君主は民衆のみじめな状態に同情し，かれらに平穏と安堵を与え，兵士を戦いから解放することを願って，和平達成に努力を傾けた」 「わが陛下は上述の代表者を選出し，他方恐れ多いオスマン皇帝アフメットはアリー＝パシャ殿下（ブダの代理人）とハビル＝エフェンディ（ブダの裁判官）を選出した」 「交渉の結果以下の条約の諸条項に同意をみた」	「全知全能の神の恩恵と皇帝陛下の命令によって神聖ローマ皇帝の代表者[46]と交渉し，以下の条約をむすんだ」
	前書における両国君主の称号	ルドルフ2世について 「Holy Roman Emperor, King of Germany, Hungary, Bohemia, Dalmatia, Croatia, Slovenia」 アフメット1世について 「August Turkish Emperor」	ルドルフ2世について 「Holy Roman Emperor[47]」 アフメット1世について 「the Ruler of Mecca the Honored, Medina the Illuminated, Jerusalem the Blessed, of the seven Climes and the inhabited quarter of the earth, magnificent and august Padishah, Sultan son of Sultan[48]」
本文		本文は全15カ条からなり，条項ごとに改行されている。 本文の終りに本条約遵守へのハプスブルク側の誓いの文章がある（オスマン側が違反しないという条件つきではあるが）	本文は17カ条から成り，条項ごとに改行されている[49]。

	(A)	(B)
結び	1606年11月11日 ドナウ川とジトヴァ川の近くのキャンプで作成， 交渉代表者の署名と捺印	1606年11月11日 アルマーシュで作成 交渉代表者の署名（と捺印）

表 III

	(A)	(B)
第1条	使節が両皇帝に送られる時，かれらは互いを父や息子としてそれぞれ認めること。	神聖ローマ皇帝(50)の使節がわが皇帝陛下(51)のオスマン政府の所へ到着する時(52)，また皇帝の公文書がオスマン政府から殿下に送られる時，両君主は息子が父に，父が息子に書くように慈愛深さを表わすこと。
第2条	両者は口頭や文書のなかで，互いを王ではなくて，皇帝と呼ぶこと。	わが皇帝陛下の公文書のなかで，神聖ローマ皇帝は王ではなくて，ローマ皇帝と呼ばれること。
第3条	タタールや他の民衆は本条約に含まれること。本条約の有効期間中，かれらはキリスト教徒の諸国に対して一切の敵対行為をやめること。	神の思し召しによって本条約が効力をもってから，わが皇帝陛下のタタールや他のあらゆる臣民(53)は神聖ローマ皇帝領に対して一切の敵対行為をやめること。
第4条	平和は至る所で，とりわけハンガリーとその地方で，海上・陸上の領土でまもられること。ハプスブルク王家のあらゆる属領は含まれること。スペイン王は望むなら我々から全然反対されずに講和条約を交渉できること。	平和は両皇帝によって彼らの全領土，ハンガリー，海上・陸上の他の属領において維持されること。スペイン王は望むなら支障なく講和条約を交渉できること。

	(A)	(B)
第5条	侵略をやめること。略奪が起これば被害者の側は加害者の側へ伝えるという条件付きで略奪者を逮捕できること。 次に略奪行為のあった当該地域のcaptainが裁判すること。とり返されたものは正統な所有者へもどされること。	今後侵略はやめること。相手側が加害者を逮捕する場合かれらを逮捕する当該地域のcaptainは我々の代理人に伝えること。我々は当該地域へ行き，貴下の代理人と共同で裁判する人物を任命すること(54)。判決が死刑であればその加害者を処刑すること。また鞭打ち刑の判決が下されれば鞭打ち刑に処すること。奪われたものは正統な所有者にもどされること。裁判は両者でこのように実施されること。
第6条	武力とか策略あるいは他のどんな手段によっても城塞を占領しないこと。ウィーン条約のなかでボチカイ公に与えられたものはなんでもこの条約の諸条件にしたがってずっと彼のものであること。	武力とか策略あるいはおどしによって城塞を占領しないこと。もし城塞が占領された場合，それはもとの所有者へ返還されること。ウィーン条約によってボチカイ公に与えられたものはすべてずっと彼の支配下にあること。
第7条	両者は捕虜を釈放すること。捕虜は公平に交換されること。抑留期間中にransom（買いもどし金）の支払いに同意したものは支払うこと。平和時に捕えられたものは，買いもどし金を支払わないで釈放されること。	本講和条約締結以前に捕えられ，抑留期間中に買いもどし金の支払いを約束したものは支払うこと。買いもどし金の支払いを拒否した捕虜は交換される(55)こと。今後だれも捕虜にされないこと。今後捕えられたものは買いもどし金を支払わないで即時釈放され，彼らを捕虜にしたものは処罰される(56)こと。

	(A)	(B)
第8条	国境紛争を解決する全権はディオェル Györ の〔ハンガリー〕王の代理人，Cis-Danubia と Trans-Danubia の captain，クロアチアの総督（Ban），ブダのパシャ――彼は他に比べて優れた裁判権をもつ――に与えられること。違反が余りにも重大ならば，両者はその旨をそれぞれの皇帝に伝えること。	テメシュヴァール・ボスニア・エゲル・カニジェの国境地帯で紛争が生ずれば，ディオェルの〔ハンガリー〕王の代理人，Cis-Danubia の captain，クロアチアの総督（Ban）あるいは他の関係当局に伝えられること。彼らがその問題を改善する気持がなければ，最高の司法的権限をもつブダのパシャに伝えられ，彼が裁判をすること。
第9条	城塞の再建は許されるが，拡張は許されないこと。	既存の城塞の修理は許されるが，新たに城塞を建設することは許されないこと。
第10条	わが方はオスマン皇帝へ贈り物をもたせて使節を送ること。serdar〔大宰相〕閣下はオーストリア大公陛下へ贈り物をもたせて使節を送ること。わが使節がコンスタンティノープルに着くと，恐れ多いオスマン皇帝は数・量ともにかつてないほど多くの贈り物をもたせてプラハへ使節を送ること。	本条約にしたがってわが皇帝陛下に20万フローリンが与えられること。彼らの使節が支払い金額をもって到着すると Serdar〔大宰相〕閣下はふさわしい贈り物をもたせてオーストリア大公殿下(57)のもとへ要人を送ること。使節がわが皇帝陛下の所へ贈り物をもってやって来ると，わが皇帝陛下は神聖ローマ皇帝へ――つねに彼がやっているよう(58)に――ふさわしい贈り物をもたせて高官を送ること。
第11条	神聖ローマ皇帝の使節は約束されたようにコンスタンティノープルへ現金と貴重なもので20万フローリンを届けること(59)。	本条約にしたがって使節は現金と貴重なもので上述の20万フローリンを全額届けること。

<table>
<tr><th></th><th>(A)</th><th colspan="2">(B)</th></tr>
<tr><td>第12条</td><td>本講和条約は翌年の1月1日から20年間効力をもつこと。3年後に両皇帝は贈り物をもたせた使節を互いに送ること。贈り物を送ることは義務づけられないこと。贈り物の金額は明記されず，送り主の好意によってのみ決められること。しかし贈り物はふさわしいものであること。20年間本条約は神聖ローマ皇帝の継承者や合法的なハンガリー王やその親類・子孫によっても遵守されること。同様に恐れ多いオスマン皇帝によっても〔遵守されること〕。</td><td colspan="2">本講和条約はヒジュラ暦1015年第7月1日[60]すなわち西暦1606年11月11日から20年間効力をもつこと。神聖ローマ皇帝は贈り物を届けてから3年間はなにも支払わないこと。その後の贈り物の金額は明記されないこと。それでもなお彼は皇帝にふさわしい贈り物を送ること。神のおぼし召しによって恐れ多いオスマン皇帝[61]，ローマ皇帝あるいはハンガリー王が死去しても本条約は20年間有効であること。将来の君主は断固として本条約を遵守し続けること。</td></tr>
<tr><td>第13条</td><td>我々の支配下にあるヴァーツ城塞について修理は許されるが，拡張は許されないこと。</td><td colspan="2">ヴァーツ城塞について再建は許されるが，拡張は許されないこと。</td></tr>
<tr><td>第14条</td><td>殿下の使節はオスマン政府のもとへ到着すると，皇帝から欲しいものはなんでも要求できること。</td><td colspan="2">神聖ローマ皇帝の使節は，わが恐れ多い皇帝のもとに到着すると，皇帝から欲しいものはなんでも要求できること。</td></tr>
<tr><td rowspan="2">第15条[64]</td><td rowspan="2">フェレク，ソモシュコェ Somoskö，ホローコェ Hollókö，アヤナーツコェ Ajnácskö，デーヴェーニュ Dévény，ケーコオェ Kékkö，スゼーチェーニュ，ヂアマート Gyamaat，パラーンク，ノーグラード，ヴァーツに所属するためにtributeの支払いを免除された村々は，我々が現在占領しているので今後はtributeの支払いに甘んじないこと。
どんなスィパーヒもあるいは他のオスマン人も，征服以来エゲルに</td><td>第15条</td><td>征服以来エゲルにtribute[62]を払ってきた村々は，今後もそうすること。</td></tr>
<tr><td>第16条</td><td>フェレク，スゼーチェーニュ，ノーグラードに所属するが，エゲル，ハトヴァン，ブダ，エステルゴムにtributeを支払った村々は，今後もそうすること。</td></tr>
</table>

	(A)		(B)
第15条	tribute を支払って来た村々の場合を除いて，村々に危害を加えたり tribute の支払いを強制しないこと。エステルゴムについて。戦前エステルゴムがオスマンの支配下にある間，エステルゴムに tribute を支払ったどの村も，今後も支払い続けること。しかしそれ以外の村は tribute を支払わないこと。 　カニジェについて。パシャとバットフヤーニによって共同委員会が任命されること。彼らがこの地域のどの村がオスマン人へ tribute を支払うかを決めること。オスマン領に居住するか，土地を所有する貴族は，taxes や tribute を支払わないこと。過去において彼らは〔ハンガリー〕王に支払わなかったし，現在もオスマン人に支払わないこと。彼らは身体・財産についてともに免税されること。 　オスマン人は彼らの城塞の付近にある村々以外の村を訪れないこと。tribute はオスマン人が徴収するかわりに村の長老が〔徴収して〕オスマン人へわたすこと。村人が taxes の支払いを拒否すれば，オスマン人は〔その旨を〕captain や地主に知らせ，彼らがその問題を処理すること。まだそれでも村人が服従を拒めばその時になってやっとオスマン人は彼らに実力を行使すること。ハンガリー人も同様にすること。	第17条	エステルゴムがローマ皇帝の支配下にある[63]間，エステルゴムに tribute を常に支払った村々は，今後も支払い続けること。両者に tribute を常に支払った村々は，今後もそのように支払い続けること。 　我々がカニジェを征服してからカニジェに tribute を支払って来た村々は，今後も支払い続けること。この地域の係争中の村々の問題は，我々とバットフヤーニの代表者を含む共同委員会が解決すること。従来支払って来た村々は，今後も支払い続けるが，支払いを拒否した村々は，そのままにしておかれること。 　過去に tribute を支払った村々が捨てられ，そのご再び人が住むようになると，その村々は再び将来支払うこと。 　神聖ローマ皇帝に tribute を支払わなかった貴族は，今後も支払わないこと。

第1次史料（No. 1〜No. 12）のレベルで比較できなかったという制約はあるが，以上の簡単な比較検討から以下のことがいえる。

①(A)・(B)両グループの条約文は一見してそれぞれハプスブルク・オスマンの側にたって作成された条約文であることは明白である。しかも(A)・(B)両グループの条約文は一方の代表者だけの署名しかない。つまり一方の代表者だけしか承認していないのである。だが，のちに両国でむすばれた条約文には両国の代表者の署名があると言われている（たとえば，1615年，1616年，1618年，1625年の条約を参照。Compromise p. 11.）。したがって，ジトヴァトロク条約はこの外交慣例から逸脱しているといえよう。

さらに(A)・(B)両グループの条約文の間には相違がみられ，その相違は翻訳の不適さから生じたズレというよりも本質的にことなる二種類の条約文が存在したことを十分推察させる。ハプスブルクの作表者が1608年秋にイスタンブルを訪れて，オスマン側の批准書を手にする時まで両国の関係者はジトヴァトロク条約が二種類存在するとは考えなかったようである。

つまり両国の代表者は，自己が作成した条約文と相手側が作成した条約文とを同一のものとしてみなしたのではないだろうか。そのことは，たとえばオスマンの代表者アリー＝パシャがアルマーシュに交渉関係者を招いて大宴会を開いたことからも窺えるだろう。

交渉過程の日誌から分かるように一時，ハプスブルク・オスマン両国の関係は決裂寸前にまで至った。しかし，トランシルヴァニアの献身的な調停作業によって最悪の事態は免れ，両国は同意にこぎつけることができたのである。オスマン・ハプスブルク・トランシルヴァニアの三国が――理由はことなるが――どうしても戦争の再開を回避しなければならない状況下に置かれていたことは明白である。両国の代表者が承認を与えた条約文（No. 5・No.6・No. 7とNo. 9）の言語，つまりハンガリー語を解し，両国の調停役をひきうけたトランシルヴァニアの代表者がオスマン・ハプスブルクの両国の代表者に相違する二種類の条約文を同一視させることに関与したとは推察されないだろうか。ともかくもジトヴァトロク条約は三国の望み通り，戦争の再開を防ぐことには成功したのである。

②さきに紹介した見解は直接・間接に(A)グループの史料（ハプスブルクの代表者が承認した）を利用したように思われる。(B)グループの史料（オスマンの代表者が承認した）には，「tribute（貢租）の廃止」や「両君主に同一の称号の使用」についての叙述はどこにもないが，しかしこの史料ではハプスブルク皇帝に対して「王」から「皇帝」と呼びかえている。このことはハプスブルク皇帝に対するオスマン皇帝の地位の相対的低下をオスマン側が認めたことの証といえよう。

この史料では条約の有効期間についてイスラーム法が定めている10年以内という期間を超えて20年に長期化していることは，イスラームの外交原則の修正を意味しよう。

また，イスタンブルから遠く離れた辺境地帯でブダ州知事など高級役人が交渉のテーブルについたことはたしかにオスマンの伝統的な外交方式の変化であろう。これらのことがすべてオスマンのハプスブルクに対する地位の相対的低下を表わしていることは明白であるが，しかしオスマン側が承認した条約文には両君主の対等化を示す叙述も，それを示唆する言葉もないのである。要するにジトヴァトロク条約及びその交渉過程から明白なことは，オスマン側がハプスブルクに対する自己の地位の相対的低下を認めたことであって，両君主の対等化までを認めてはいなかったことである。

注

（1）　ジトヴァトロクとはジトヴァ川がドナウ川に合流する地点の小村で，ブダとGyörの間にあるコマーロムの東方16キロメートルの所に位置する。Bayerle, G., The Compromise at Zsivatorok, *Archivum Ottomanicum*, 6 (1980), p. 3.

（2）　tributeは条約文のなかでは，the honorable presentと呼ばれていた。Bayerle, G., *Ottoman Diplomacy in Hungary, Letters from the Pashas of Buda 1590–93*, Bloomington, 1972, p. 3.

（3）　Shaw, S. J., *History of the Ottoman Empire and Modern Turkey*, vol. 1, Cambridge U.P., 1977, p. 102.

（4） Schaendlinger, pp. 14–16.

（5） 1562年条約のオスマン語文については, Schaendlinger, pp. 67–70. を参照。

（6） *Ottoman Diplomacy in Hungary*, p. 4.

（7） *Ottoman Diplomacy in Hungary*, p. 10. しかし OT III/1, p. 90. は死亡者数を18,000名としている。

（8） ハンガリーではこの戦争を「対トルコ15年戦争」と呼んでいる。パムレーニ＝エルヴィン編, 田代文雄・鹿島正裕訳,『ハンガリー史』, 恒文社, 1980年, 184–185頁。

（9） *Ottoman Diplomacy in Hungary*, pp. 9–10.

（10） Marriott, p. 111. 類似した見解にはたとえば, Braudel, F., *La Méditerranée et le Monde méditerranéen à l'epoque de Philippe II*, Paris, 1949, p. 1054; Shaw, p. 188; Schieder Theodor, *Handbuch der europäischen Geschichte*, vol. 3, Stuttgart, 1971, p. 1099. がある。Sugar, P. F., *Southeastern Europe under Ottoman Rule 1354–1804*, University of Washington Press, 1977, p. 196. は, 貢租支払いの廃止はハプスブルクのオスマンへの従属関係を断ったことを指摘してはいるが, それが両君主の対等化をもたらしたとまでは言及していない。

（11） 1568年2月17日の条約ではないだろうか。*Ottoman Diplomacy in Hungary*, p. 3; Inalcık, H., *The Ottoman Empire, The Classical Age 1300–1600*, London, 1973, p. 213.

（12） Lewis, B., *The Middle East and the West*, London, 1964, p. 117.

（13） パーディシャーとはムスリムの君主, ことに広大な版図を領有する皇帝に与えられる称号である。この用語はオスマン帝国の君主の称号のなかで, 主権者であることの資格を示す慣習的な主な称号として使用された。*İA*., s.v. "PÂDİŞAH."

（14） Parry, V. J., The Successors of Sulaiman 1566–1617 in, Cook, M. A., ed., *A History of the Ottoman Empire to 1730. Chapters from The Cambridge History of Islam and The New Cambridge Modern History*, Cambridge U. P., 1976, pp. 120–121.

（15） Inalcık, H., The Heyday and Decline of the Ottoman Empire in *The Cambridge History of Islam* I, London, 1970, p. 341.

（16） Dorothy, V., pp. 185–186.

（17） *Resimli Haritalı Mufassal Osmanlı Tarihi*, vol. 3, İstanbul, 1959, pp. 1717–1722. OT, III/1は交渉方法の変化については言及していない。

(18)　オスマン帝国の大宰相がイギリス国王へ調停を依頼したこともあったといわれている。Vaughan, p. 186. の注。

(19)　Bayerle の最近の研究については本書66頁の注（2）を参照。さらに *Ottoman Tributes in Hungary, According to Sixteenth Century Tapu Registers of Novigrad*, The Hague-Paris, 1973がある。

(20)　当時ハプスブルク・オスマン両国においてラテン語よりハンガリー語の通訳の方がみつけやすかったという事情がある。Compromise, p. 8, *Ottoman Diplomacy in Hungary*, p. 5.

(21)　Knolles, R., *Generall Historie of the Turkes, London*, 1621, pp. 1268–69.

(22)　Noradounghian, G. E., vol. 1, pp. 103–108.

(23)　J. Luczenabacher, A zsitvatoroki békekötés: Magyar nyelv' országos divata, *Tudományár* 3 (1834). pp. 236–242.

(24)　Magyar Történeti Szöveggyüjtemény 11/1: 1526–1790 (et., I. Sinkovics, Budapest, 1968), pp. 368–371.

(25)　L. Fekete, *Türkische Schriften aus dem Archive des Palatins Nikolaus Esterházy: 1606–1645*, Budapest, 1932, pp. 3–7, pp. 207–213.（以下 Fekete と略す）

(26)　J. Podhradczky, A zsitvatoroki békekötés, *Tudománytár*, 6 (1839). pp. 332–338.

(27)　トランシルヴァニアの代表団の一員。ほかに Czobor, Hoffmann, Pál Nyáry らがいる。Compromise, p. 12.

(28)　コマーロムの北にある。

(29)　アリー＝パシャ（ブダ州知事）のこと。以下ではパシャと省略されている。

(30)　アフメット1世（1590–1617），ルドルフ2世（1552–1612）。

(31)　ハプスブルクの使節で，1606年7月25日ブダのパシャを訪問した。Compromise p. 13.

(32)　贈り物は，1568年の条約によるとスルターン及び高官への臨時の贈り物に加えて1年につき3万フローリンであった。Compromise p. 13.

(33)　ティサ地区の匪賊。『ハンガリー史』，187頁。

(34)　ハンガリー語の原文のなかでも，このラテン語の言葉が使用されている。Compromise p. 31.

(35)　ハンガリー語の原文では Tizántúl である。Tiszántúl（ティサ川以東のハンガリーの領土）のことであろう。したがって，Cis-Tibisc 地域はティサ川以西のハンガリーの領土であろう。

(36)　これらの城塞は1593–95年に，ハプスブルクが占領した。Compromise p. 15.

(37)　1605年10月に第4番目の大臣に，1606年5月にハンガリー戦線の司令官になったムラト＝パシャのことであろう。*İA.*, s. v. “MURAD PAŞA.”

(38)　ムラト＝パシャのことではないだろうか。

(39)　のちに神聖ローマ皇帝（1612–19）となるマティアス。

(40)　ムラト＝パシャのことであろう。

(41)　前書の交渉代表者の氏名（肩書）とむすびはラテン語で表記されている。

(42)　ムラト2世の在位期間は1421–51年である。ムラト3世（在位期間1574–95年）の誤りである。

(43)　Ⅰの史料でもやはり「交渉代表者の氏名」と「交渉に至る過程」との間は改行されている。Ⅰの史料は基本的にⅢの史料と形式・内容においてほぼ同一であるが，Ⅰの史料の方がやや詳細である。Ⅰの史料はハプスブルクの批准書であろうか。

(44)　Ⅰの史料でもやはり15年になっている。

(45)　Ⅳの史料および Fekete, p. 3では前書の交渉代表者の氏名（肩書）の部分がない。

(46)　ハプスブルクとハンガリーの代表者の氏名のみが（(A)グループの史料の前書の交渉代表者の順序に従って）記入されている。トランシルヴァニアの代表者の氏名はない。

(47)　Ⅳの史料および Fekete, p. 3では「Romay çasari」である。çasar はハンガリー語起源の言葉で，神聖ローマ帝国の皇帝を意味する（*New Redhouse Turkish-English Dictionary, Istanbul*, 1968.）

Ⅴの史料では「Felseges Romay Csaszar」である。

(48)　Ⅳの史料および Fekete, p. 3では「Mekke-i mükerreme ve Medine-i münevvere ve Kudüs mübarek ve ekalim-i seb’a ve rub’-i meskûn pâdişahı olan devletlü ve azametli pâdişahımız sultan Ahmed han」である。

Ⅴの史料ではⅣの史料のオスマン語文をハンガリー語の書体を使って表記している。つまり

「Mettyey Mwtthyerremenwn ve Mediney Mwneuuerenwn ve Kuddzzi mubarekun ve Ekalimy Szebanun ve Ruby Mesztiunun Padisahi olan deuletli azametli

Padysahumuz Szultan ibni Szultan, Szultan Ahmet Han」である。

(49)　Ⅳの史料および Fekete, pp. 3–6では条項ごとに改行されていない。条項に相当する言葉として madde が使用されている。

(50)，(51)　Ⅳの史料および Fekete, pp. 3–6では両皇帝の称号の使用は，次の通りである。

神聖ローマ皇帝

Nemçe çasarı（オーストリアの皇帝）第1，3，4，11, 14条

Roma(y) çasarı（ローマの皇帝）前書，第2，4，10, 12, 17条

オスマン皇帝

pâdişah（パーディシャー）前書，第1，2，3，4，10, 12, 14条

(52)　Ⅳの史料および Fekete, pp. 3–4ではこの文章は「オーストリア皇帝陛下は使節をわがパーディシャー陛下のもとへ贈り物をもたせて送ること」となっている。

(53)　Ⅳの史料および Fekete, p. 4では asker（兵士）となっている。

(54)　Ⅳの史料および Fekete, p. 4では「こちらからまず mahalle adam が行き，イスラーム法によって裁判されること」となっており，「共同で裁判する」とは明確に述べていない。

(55)　Ⅳの史料および Fekete, p. 4では「同等な捕虜と交換されること」となっている。

(56)　Ⅳの史料および Fekete, p. 5では「両者からも侮辱されること」となっている。

(57)　Ⅳの史料では「ヘルツェゴヴィナの殿下」となっている。

(58)　Ⅳの史料および Fekete, p. 5では「これまでにないほどの敬意を払って」となっている。

(59)　Ⅰの史料では「これを最後にして」という言葉が挿入され，貢租支払いの廃止が明確である。

(60)　ヒジュラ暦1015年第7月1日は，西暦1606年11月2日に当る。結びの作成年月日がⅤ・Ⅵの史料では1606年11月11日であり，またⅣおよび Fekete, p. 5の史料では1015年第7月上旬となっていることから，ヒジュラ暦1015年第7月1日は誤りであろう。正しくは7月10日あるいは7月上旬であろう。

(61)　Ⅳの史料および Fekete, p. 6では「イスラームのパーディシャー」となっている。

(62)　Ⅳの史料および Fekete, p. 6では tribute に当る原語は Vergi（税）である。

(63)　Ⅳの史料では「ローマ皇帝がエステルゴム城塞を占領したとき」となっている。

(64)　第15, 16, 17条の地名は城塞の名称であり，その位置はカニジェを除き大半が北ハンガリーにおけるハプスブルク領ハンガリーとオスマン領との境界に集中している。第15, 16, 17条は国境地帯のどの村がオスマンあるいはハプスブルク領ハンガリーへ納税するかを規定しているが，先例とすべき時期に統一性はない。たとえば下図の通りである。

	(A)	(B)
エ　ゲ　ル	オスマンが征服した年（1596年）	オスマンが征服した年（1596年）
エステルゴム	戦前（1593年以前）	ハプスブルクが征服した年（1595年）
カ　ニ　ジ　ェ	委員会が検討	オスマンが征服した年（1600年）・問題の村については委員会が検討

また第16条は軍事占領地域と徴税範囲の不一致を示していると思われる。

(補注)　Ⅳの史料および Fekete, pp. 3–6ではハプスブルク皇帝からオスマン皇帝へ送られる贈り物には pişkeş という言葉が使用され，逆にオスマン（皇帝）からハプスブルク皇帝へ送られる贈り物には hediye という言葉が使用されている（第1, 10, 11, 12条参照)。例外は第12条にある。Ⅳおよび Fekete, pp. 5–6の史料では「3年後ローマ皇帝は，パーディシャーへ贈り物 hedaya を送る。パーディシャーも贈り物 hediye を送る」となっている。なお hedaya は hediye の複数形である。hediye はアラビア語に由来し，その意味は gift, present である。pişkeş（peşkeş）はペルシア語に由来し，その意味は gift or offering brought to a superior である。

第2章　片務主義外交後期
——第一次ロシア＝オスマン戦争（1768～1774年）——

第1節　戦争の経過と講和交渉

1768年から始まったロシア＝オスマン戦争は，両国が3回の講和交渉のあとキュチュク＝カイナルジャ条約（1774年）を調印することで終結をみた。この条約は，第一次世界大戦勃発までのロシア＝オスマン交渉史を規定する一大転機であったと言われている[(1)]。わが国ではこの時期のロシア＝オスマン交渉史を扱った研究は皆無に近い現状である[(2)]。したがって本節において，まず戦争勃発（1768年）から終結（1774年）までの過程を，主としてオスマン側から跡づけていくことは意義あるものと考える。

1　戦争の勃発

戦争の勃発要因と宣戦布告

今回の戦争の直接的な原因は，ピョートル大帝の外交政策を継承したエカテリーナ2世の攻撃的膨張政策の結果である。すなわちポーランド国王アウグスト3世の死後，1764年にかつての愛人スタニスラフ2世（在位1764～95年）を力づくで王位につけ，ポーランドに対する内政干渉をさらに強化した。つまり彼女はポーランド国内におけるカトリックと非カトリック（ギリシア正教）との対等化を強く求めた。このことは同国南部のバルBarに，ポーランド愛国者の抵抗組織の形成を促し[(3)]，この組織はオスマン帝国に支援を求めた。さらにクリム＝ハーン国とフランス人は[(4)]，オスマン帝国をロシアとの開戦へかきたてた。その結果オスマン帝国は，ついに1768年10月にロシアと開戦したのである。

そのころオスマン帝国では，ムフスィンザーデ＝メフメット＝パシャ

Muhsin-zâde Mehmed Paşaが，第164代の大宰相であった。父及び自身の経歴から[(5)(6)]オスマン軍ならびに辺境に関する正確な情報を入手することができ，国際情勢を冷静に客観的に判断でき，現在は対外戦争ができる状態にないことを理解していた。したがってスルターン＝ムスタファ3世のロシアとの戦争推進政策には反対であった。しかしロシアとの戦争支持者の高まる圧力におされ，「イスラーム法の監視役」ともいうべきシェイヒュルイスラームのハジュ＝ウェリュディン＝エフェンディHacı-Veliyyüddin Efendiは，1768年8月にロシアとの戦争遂行を合法とする「フェトヴァー」（イスラーム法学の権威者が提出した意見）を出した。その結果ついにムフスィンザーデ＝メフメットは解任され[(7)]，シラーフダル＝ハムゼ＝マーヒル＝パシャSilâhdar-Hamze Mâhir Paşaが後任となった[(8)]。フルートA. H. de Grootによると，1768年9月6日にムフスィンザーデ＝メフメットは解任された[(9)]。ダニシメンドによれば，彼の解任の時期は1768年8月7日であった[(10)]。後述するが，ウズンチヤルシュルは，宣戦布告の日を1768年10月11日(木)としている[(11)]。さて御前会議が召集され，辺境地帯でのロシアの軍事行動及びポーランドに対する内政干渉などについて具体的に議論がなされた。

すなわち(1)ロシアはポーランドを保護する口実で派兵していること，(2)ロシアの利益にかなう国王を選出するために，ポーランドへ圧力をかけていること，(3)ポーランドから撤兵するようにロシアへ何度も抗議をしたが受け入れられないこと，(4)ロシア軍はクリム＝ハーン国内のバルタBalta地域にまで亡命者を追跡し，ムスリムを殺害したこと，(5)オズュÖzü川とブクBug川（アクスAksu川）との間の地域に要塞を築いていること，(6)モンテネグロ人・グルジア人・モルダビア人を反乱へと扇動していること，(7)カフカースのカバルタイKabartayで攻撃行動をしていることなどが逐次議論された後，ロシアとの開戦が決定された[(12)]。

この会議の討議をふまえて，大宰相のシラーフダル＝ハムザ＝マーヒルは，イスタンブル駐在ロシア公使オブレスコフを大宰相府に呼び（1768年10月6日(木)）[(13)]，具体的な提案をした。すなわち(1)カトリックとギリシア正教との紛争を口実に侵略したロシア軍の即時徹兵，⑵ポーランドの内政に干渉しないこと，⑶ロシアが上述のことがらを遂行するために，ロシアの同盟国であるデンマーク・プロイセン・イギリス・スウェーデンが保証人となることを伝えた[14]。

他方，ロシア公使オブレスコフは，大宰相の提案に対してつぎのように答えた。

「この問題に回答する権限は私にはない。2ヵ月の時間的猶予がいただけるなら，本国政府に書簡を書き回答することができます」[15]

以前ロシア使節は，尋ねられたときポーランドに7,000名の兵が駐屯していると答えたが，しかしいまや27,000名を超えていることが明らかとなったこと，バルタにおけるムスリムの殺害を認めたことなどのために，ロシア使節はオスマン政府を欺き時間をかせごうとしていると解釈されて，随行員とともにイエディクレ Yedikule（「七つの塔」の意味）に監禁された[16]。

大宰相がロシア公使オブレスコフ Obreskov の回答をスルターンに上奏した翌日（つまり1768年10月8日と推察される）に，シェイヒュルイスラーム，カザスケル（最高位の裁判官）などの高官が御前会議に集まり，翌春軍事行動をおこすことが決定された。

ウズンチヤルシュルによると宣戦布告から9日後，大宰相ハムザは神経症のために解任され[17]，後任としてヤルクチュザーデ＝メフメット＝エミン＝パシャ Yağlıkçı-zâde Mehmet Emin Paşa がついた。1768年10月20日に解任されているので[18]，宣戦布告の時期を1768年10月11日㈫と考えている。

宣戦布告の日から約1ヵ月後，イギリス国王ジョージ3世（在位1760～1820年）[19]から調停を提案する親書（1768年11月12日付け）が届いた。

親書の要旨は以下の通りである。

「オスマンとイギリス両国間の友好関係は，長いこと損なわれることなく守られ持続してきた。この度，イスタンブル駐在の我が使節が，皇帝陛下とロシアの女帝は，平和と友好をこわす戦争で，多くの人々を殺害しようとしていることを知らせてきた……我々の側から平和の放棄や紛争の原因となるものを排除して，友好関係の改善のためにきわめて熱心に適切な調停をするように努力すること，ロシアの女帝は我々の助言によって，イスラーム世界において，ロシア人が与えた損害に対しては適切に賠償すること，今後我々の考えでは，友好的な行動を約束することは疑いのないことなので，スルターンも偏った見解をせず，現在ロシア人のとっている行動を許して，損害の賠償など我々が誠実な保証人となることで，上述の女帝が提案している約束（複数形）を受諾することを願っている。このように友好的な書簡は作成されていた……」(20)

この調停の申出に対してムスタファ3世は，1769年1月4日㈬付けの書簡で回答した。すなわち要旨は，ロシア・オスマン両国間における調停の提案に喜びを表わした後，ロシアは両国間で結ばれた条約を尊重しないで，つまり条約に違反して国境付近に要塞を築き，軍隊を集結させていること，ポーランド王位に王家出身者でない人物を選出するために，ポーランドの自由を侵害し派兵していること，条約に違反した事態に異議を申し立てているにもかかわらず徹兵しないこと，さらに国境付近のバルタに攻撃を加えて約千名のムスリムの男女を殺害したこと，などの理由でもって条約に違反したロシアと，開戦前に和解する討議には参加できないが，このために出された「フェトヴァー」に反した行動は一切とらない旨の内容である(21)。

要するにムスタファ3世は，ジョージ3世の調停の申出を拒絶したのである。

この結果ムスタファ3世は，対ロシア戦争への道を歩むことになる。しかし一部のウレマー（イスラームの学者・宗教指導者層）の戦争反対の行動がなかったなら，戦争開始の決意はさらにはやまっていたと推察される。宣戦布告の日から約1年前，そばにいたオーストリア人の侍医ゴビスGhobisは，ムスタファ3世がロシア人のグルジアやポーランドにおける行動に憤激し，最近ロシアから賄賂を受け取ったことで，ムフティ（イスラーム法の権威者）から解任された若干名のウレマーの反対がなかったなら，もっと早く宣戦布告するものをと語っているのを聞いたからである(22)。

ウズンチヤルシュルによれば，一言でいえば戦争開始において，準備不足であったように推察される。すなわち1736年の戦争とは違ってロシアは，クリム＝ハーン国侵略を可能にするためにクバンKubanとオズュの両河川付近に要塞を築いていたが，オスマンはクリミア方面において，オズュ，ベンデルBender，ホティンHotinの要塞の強化はいうまでもなく，十分な軍隊や食糧さえも用意できてはいなかった。

さてバルの抵抗組織の代表ポトスキーと500名がオスマン帝国に亡命し(23)，封印してある議定書にしたがって自由の確保を望んださいに，イスタンブルの民衆は，ポーランド人の愛国心に対して，少しも援助をおしまないとする意気込みは増し，またイスタンブル駐在のフランス大使ヴェルジェンヌも激励しさらにイスタンブルの民衆は戦争を支持するデモを始めた。

この頃の出来事を目撃した高官で歴史家のアフメット＝レスミ＝エフェンディAhmed Resmi Efendiは，戦争の勃発を以下のように説明している。

アフメット＝レスミは，オスマンの宣戦布告にかんするつぎのような無知を非難した。「無知で敬虔のないならず者（詐欺師）は，（平和を維持するために）この望ましい慣習法を尊重せず，ムスリム以外の他の信徒を絶滅するか，敵に屈辱と限界を知らせることを望んでいる。このように振る舞うことが，ムスリムの義務であると信じ，『行動なくして神の祝福はない。これらの地域は剣によって獲得された。パーディシャーの運はこのうえなく，彼の兵士はよく鍛えられており，その剣は鋭利である。アリストテレスほどの敬虔な大宰相は12,000名の精鋭の兵士を集めた後，一日に

5回彼らとともに礼拝をする。クズルエルマ〔赤いりんごの意味。ムスリムの征服の対象となる都市（地域）を示す言葉である〕[24]。まで進撃できることはなんとありがたいことか。』と語った。このようにおおげさなことを言って，自己の無知をさらけだし安楽椅子に座っている英雄のように，あたかもそのクズルエルマ地域がモルダビア産のアルヤナクエルマ Alyanak elma[25]のごとく安易に食べられると無為にほらをふいている。つまるところ思考能力のない単純な考えをするものが，1768年に始まる対ロシア戦争をたくらんだのである」[26]

「……戦場に敵はいない。包囲すべき要塞もない。そこに3ヵ月で行って3ヵ月で戻ってこれる。このようにして高位が与えられる。兵士は多く国庫は潤沢で絶望感はないと言って戦争へとパーディシャーをかきたてた……大宰相のムフスィンザーデ＝メフメット＝パシャは1737年にベンデルの最高司令官である父アブドゥッラー＝パシャAbdullah Paşaのもとにあって，30年間ロシアの兵法を精査する経験豊かな宰相で，兵士や食糧の状態を入念に調査した上で，この軍事行動はやるべきではないと考え，防衛に注意を払ったのでヒジュラ暦レビュルアヒル月（西暦1768年8月15日～9月12日）に大宰相を解任された。つまり第一にムフスィンザーデ＝メフメット＝パシャのような大宰相が解任されたこと，第二にハムザ＝パシャのように筋の通らない人物が大宰相に登用されたこと，第三にエミン＝パシャ（在職1768年10月20日～1769年8月12日㈯）のように若くみえる人物[27]が大宰相に起用されたこと，第四に不十分で不安定な食糧の供給などは戦争が悪い結果となる兆しであった」[28]と述べている。

今回の戦争においてロシアの最大の目標はクリム＝ハーン国の獲得であった。この住民はかつてのように勇猛果敢ではなくなっていた。17世紀後半にはいるとロシアのオスマン帝国に対する防衛線は完備し，クリム＝タタールは以前のように南ロシアへ侵入して捕虜を獲得し，これを売却し自己の経済的基盤を維持することが困難になった[29]。彼らは，「ときの経過とともにtalganやボザ（キビを発酵させてつくった飲料）のかわりに麻薬・アヘンそれにお茶やコーヒーを飲むことにひたり，怠惰になり弱体化した」[30]。今回ロシアは，クリム＝ハーン国をオスマン帝国から分離させるために平和的手段として，ブロパガンダを巧みに使用した。オスマン帝国から離反する一部のクリム＝タタールの行動にもかかわらず，クリミアの（オスマン帝国の）最高司令官シラーフダル＝イブラヒム＝パシャ Silâhdar İbrahim Paşa は任務の遂行に全力を尽くした。ちなみに当時クリム＝ハーン国の中心はクリミア半島のバフチェサライではなくて，ベンデル付近のカウシャン Kavşan であった[31]。

2　戦争の経過

大宰相にして最高司令官のヤールクジュザーデ＝メフメット＝エミン＝パシャは，1769年3月22日(水)に帝都を発ち，同年5月にドナウ川右岸に位置するイサクチュİsakçı に着いた。この年この地域は干魃に見舞われ，多くの家畜が死んだと言われている[32]。ここで進軍の方向をめぐって軍団の内部で議論された。討議の結果ベンデル Bender[33]へ進軍し，その土地はオズュとホティン[34]の中間に位置するために，両地点へ援軍を送ることが決定された[35]。そこでドナウ川に橋が架けられイサクチュの対岸に位置するカルタル Kartal に渡り，さらにここからプルート川中流左岸のハンテペスィ Hantepesi にたどりついた。ここからモルダビアの中心的な都市ヤシ Jassy までは5時間の行程であった[36]。ハンテペスィには軍隊に必要な穀物が備蓄されていた[37]。

ハンテペスィに軍隊が到着した後，北方のホティンかそれとも東南方のドニエストル川下流左岸のポーランド国境に位置するベンデルに進むべきか再度討議され，結局ベンデル方面に進軍することが決定された。ハンテペスィよりさきには，軍隊への食糧輸送システムが存在していなかったので，軍隊とともに穀物を搬送することが妥当と考えられた[38]。

すでに述べたようにオスマン側が秋に宣戦布告をしたことは，実際の戦闘行為は翌年の春以降におきることを意味し，このことはロシアに戦争の準備をさせる余裕を与えた。つまりエカテリーナ2世は，Gallizin 公（アレクサンドル＝ミハイロビッチ＝ガリツィン）率いる65,000名の兵（9,000名のカザークを含む）から成る第一軍団を，オスマン帝国に近いポーランド領のポドリアに集結させた(39)。ルミャーンツェフ(40)指揮下の第二軍団(30,000名の正規兵と10,000名のカザークそれに20,000名のカルムクから構成された)(41)はドニエプル川とアゾフ海との間の国境地帯を防衛し，かつプルート Prut 条約及びベオグラード条約により破壊させられたアゾフ及びタガンルク Taganruk 要塞の再建が任務であった。ワイマン Weiman 将軍指揮下の11,000名の軍は(42)，ポーランドの抵抗組織の移動を阻止する任務を与えられた。またメデム Medem 将軍は，クバンとカフカース北部のカバルタイ方面へ送られた。さらに Totleben 将軍は，ロシアの支配権を認めている Karthli, Mingrelien, Guriel, Imirette のグルジア人の諸公と協力して，オスマン帝国の東部から侵入してトラブゾンやエルズルム方面へ攻撃を加えるために，カフカースのティフリス Tiflis へ進撃した(43)。

レスミによると，ロシア軍はあちこちに偵察隊を送りこみ，捕虜から敵軍の状況を掌握して夜明けに奇襲攻撃を行う戦術をとった(44)。

他方ロシアは，オスマン帝国を内部問題で混乱させるために，モンテネグロ人を反乱させるべく必要な援助をおしまなかった(45)。

オスマン軍の兵力について現在のところ信頼できる古文書学的研究はなく，研究書により大きく異なりアクサンは80,000～500,000名と推察している(46)。砲についてレスミは，包囲戦を考慮して40～50門の balyemez 砲が送られたが，牽引する家畜が食糧不足のために死に，砲は無用の長物となったと書き留めている(47)。さらにレスミは軍隊の組織について批判的である。すなわち一人の将校に1,000名の兵士が割り当てられたが，実際に従軍したのは500名であった。つまり1,000名の兵は500名の兵を意味した。40日後，500名の内400名は食糧不足のために四散した(48)。将校のもとに集まった兵士は烏合の衆で到底兵士と呼べる存在ではなく，彼等は略奪の限りをつくし通過したあとには廃虚以外なにもなかったと言われる(49)。

1769年の戦争

オスマン軍の本隊が戦線からまだ遠く離れた所に，つまりドナウ川下流付近に駐屯している頃に，ガリツィン公指揮下の30,000名の兵がドニエストル川を越えてホティン要塞を包囲した。しかしロシア軍のこの企ては失敗した。このことは要塞の司令官ヒュセイン＝パシャHüseyin Paşaとポーランドへの奇襲攻撃を望んだ要塞の兵士との意見が合わず反乱がおこり，司令官及び若干名の将校が殺害された。ときに1769年4月のことである。ホティン要塞に新任の司令官が着任するまで一時的に指導者の存在しない状況を好機と考えたガリツィン公は，ドニエストル川を渡り(50)，この要塞を再度包囲した。要塞の兵士が抵抗している頃，テケTeke県総督アバザ＝メフメット＝パシャAbaza Mehmed Paşaの軍が到着し，5時間の戦闘の後，ロシア軍の攻撃から要塞を守った(51)。ロシア軍は攻城戦のための砲がなかったことや食糧不足のために1769年5月5日ドニエストル川を西から東へ渡り撤退した(52)。この頃オスマン軍の本隊は，ドナウ川下流付近のババダウBabadağıに着いた。

1769年6月23日オスマン軍の本隊に随行している外国の使節に，ポーランドに対する軍事行動をとることが通達され，同意が得られた。というのはロシア軍がポーランドで軍事行動を行っていること，ホティンHotinへ向かった兵士の多くが親ロシア派のポーランド人から成っていたことのために，オスマンの軍団内で親ロシア派のポーランド人とロシア軍のいるポーランドに軍事行動をとることが決定されたからである。この決定のためにポーランド独立の支持者でオスマンへ亡命したポトスキーは，オスマン軍のポーランド領に駐屯しているロシア軍への攻撃に対して，オスマン軍へ食糧を供給することを約束した。

大宰相で最高司令官であるメフメット＝エミン＝パシャは，クリム＝ハーンのデウレット＝ギライDevlet Girayとウクライナのロシア軍に対して，とるべき軍事行動について議論した。その結果，ベンデルの司令官で大宰相の地位をめぐって争っているモルドワンジュ＝アリー＝パシャMoldovancı Alî Paşaは，その地位を解任され，ヤシの防衛をまかされた。

アクス Aksu 川（ブク川）とオズュ川の間の地域のロシア軍に対しては，第130代大宰相チョルル＝アリー＝パシャÇorlulu Alî Paşa の娘の息子ケル＝アフメット＝パシャザーデ＝アリー＝パシャKel Ahmed Paşa-zade Alî Paşa が司令官として任命された[53]。モルドワンジュ＝アリー＝パシャの人事異動は軍団内に不満を惹き起こした。

ホティン戦線の司令官アバザ＝メフメット＝パシャAbaza Mehmed Paşa は，ロシア軍の機先を制してドニエストル川を渡り，攻撃に出たが約40門の砲を放置して撤退せざるを得なかった。デウレット＝ギライは，モルドワンジュ＝アリー＝パシャの軍とともにプルート川中流河畔のヤシへ進撃した。ガリツィンはホティンへ奇襲攻撃を仕掛けたが，オスマン軍の進撃を知り慌てふためいて対岸へ撤退したが，ロシア軍は多くの死傷者をだした（1769年7月14日）。この戦いで優れたホティンの防衛者ハサン＝パシャHasan Paşa は戦死し，ホティン防衛の任務はホティン戦線の司令官アバザ＝メフメット＝パシャに委ねられた。このホティンの勝利[54]の結果，スルターン＝ムスタファ3世はモルドワンジュ＝アリー＝パシャを大宰相の候補者と考えた。

大宰相の軍がベンデルに接近したために穀物不足は増し，軍団には飢饉のため困り苦しむことがおきた。この頃ホティン戦線の司令官アバザ＝メフメット＝パシャの軍から，逃亡してきたものたちが伝えたことは，大宰相の軍隊を動揺させ士気を喪失させるものであった。そこで大宰相はドナウ川下流右岸のイブライル İbrail 及びイサクチュから，穀物の調達が可能なホティンより南方のプルート川中流左岸のハンテペスィへ，撤退することが適切と考えた。Sırp-ı cedid 方面の司令官ケル＝アフメット＝パシャザーデ＝アリー＝パシャは，穀物不足と兵士の士気の喪失のために，ベンデル戦線の司令官の地位をやむなく引き受けた。大宰相は1769年7月26日にハンテペスィへ戻った。モルドワンジュ＝アリー＝パシャは，ロシア軍を破った（いわゆるホティンの二回目の勝利とよばれている）。

大宰相のメフメット＝エミン＝パシャは，書記官階層出身者で，戦争経験はなく軍団に祝儀を配り友好的に振る舞ったが，ベンデルの付近まで到着したとき，穀物不足などのために戦争の敗北状態を予測し，大宰相職の辞任を考えた。ムスタファ3世に，ホティンの勝利の吉報及び大宰相がモルドワンジュ＝アリー＝パシャを冷遇しているという情報が伝えられたので，スルターンは大宰相を更迭しモルドワンジュ＝アリー＝パシャを大宰相に任命した（1769年8月12日)。前大宰相メフメット＝エミン＝パシャは，バルカン半島のディメトカ Dimetoka へ流刑されたが，エディルネで絞殺された。

新任の大宰相はホティンの対岸にいるロシア軍を攻撃するために，ドニエストル川に架橋した。秋になり寒くなってきたが，ロシア軍は撤退しなかった。オスマン側にとって不運だったことは，ドニエストル川の水かさが増し橋が流されたことである(55)。多くの兵士が渡河できず戦死した。さらに飢えと寒さのためにロシア軍に包囲されているホティン要塞にとどまりたい兵士はいなかった。オスマン軍はパニック状態になり兵士は四散した(56)。そこで最高司令官モルドワンジュ＝アリー＝パシャは，ホティン要塞の門を開けたままで一路南下した(57)。すなわちハンテペスィへ，ドナウ下流南岸のイサクチュへ，さらに南方のババダウで冬営することを決めた。オスマンの軍団がこのようにホティンからババダウへと撤退し，ロシア軍はホティン要塞を占領してモルダビア・ワラキアへ，さらにドナウ川下流左岸流域へと進撃した。したがってオズュ及びベンデルの両要塞はロシア軍の進撃に対して無防備な状態におかれた。ドニエストル河畔の敗北とホティン要塞を明け渡したことでモルドワンジュ＝アリー＝パシャは大宰相の職を解任され，かわってイヴァズザーデ＝ハリル＝パシャ İvaz-zâde Halil Paşa が大宰相となった(58)。モルドワンジュ＝アリー＝パシャの大宰相在職期間はわずか約4ヵ月であった(59)。

1770年の戦争

新任の最高司令官ハリル＝パシャは，ババダウで冬営した。他方ロシア軍はモルダビア・ワラキアへと南下し，ドナウ川下流右岸（南岸）ルスチュクの対岸に位置するイエルギョギイ Yergöğı まで進撃したが，後退しワラキアの拠点ブカレストにとどまった。この頃デウレット＝ギライにかわってクリム＝ハーン国のハーンとなった[60]カプラン＝ギライ Kaplan Giray 2世は，ババダウでモルダビアを回復するために大宰相ハリル＝パシャと会談してブジャク Bucak（プルート及びドニエストル両河川の下流の間の地域）へ向かった[61]。他方ロシアの司令官ルミャーンツェフは，オスマン軍がモルダビアを獲得したがっていることを知って，全軍を自己の指揮下におき，モルダビア中部プルート川中流左岸のハンテペスィに，防御施設をつくった。カプラン＝ギライ2世は，当初の方針を変更してハンテペスィのロシア軍へと向かった。モルダビア方面の司令官アブディ＝パシャ Abdi Paşa は，大宰相の命令によりハーンを援助するために北進した。ロシア軍は，支援を要請されたオスマン軍のイエニチェリが，ハーン及びアブディ＝パシャの軍と合流するのを阻止するために，背後から後者に奇襲攻撃を加えこれらを破った。こうしてモルダビア回復の希望は失われ，ハーンとアブディ＝パシャは大宰相みずから救援にかけつけてくれることを要求した。

パーニン Panin, Petr Ivanovich 率いるカルムクを含む60,000名のロシア軍は，ベンデル要塞の包囲を企てているとき，モルダビアで冬営したルミャーンツェフは，30,000名の兵を率いドナウ川下流の右岸イサクチュの対岸にあるカルタル Kartal 平原に陣を構えた。大宰相は1770年7月27日金曜日にイサクチュから対岸のカルタルに渡った。こうしてルミャーンツェフ率いるロシア軍は前方から大宰相の軍に，背後からクリム＝オスマン連合軍によって挟撃される状態になった。あたかも1711年ピョートル大帝がプルート河畔で包囲された如く危険な事態に陥った。オスマン側の戦力は，50,000名のクリム軍を含む180,000名であり，兵力の点だけからいえば圧倒的にオスマン側が有利であった。しかしオスマン軍の士気の欠除，さらにロシア軍は，クリム＝ハーン国に対して独立を約束した秘密の協定を結んでいたので，オスマン側にとってクリム軍の軍事力をあてにできないことは，不利な条件であった。有能なロシアの司令官ルミャーンツェフは，この状態と砲兵の優れていることをうまく利用して，オスマン側へ夜襲の手段に出た。翌朝まで8時間続いた激戦の結果，30,000名のロシア軍が180,000名のクリム＝オスマン連合軍を破ったのである。砲や荷馬車は敵の手に渡り，逃げ惑う50,000人が剣で殺され，大宰相はなんとかババダウへ撤退することができた。オスマン側にとってこの再起不能に近い大敗北は，カルタルの惨事と呼ばれている(62)(63)。ときに1770年8月1日水曜日のことであった。この惨事は，ドニエストル川左岸のベンデル要塞，ドニエストル河口右岸のアッケルマン Akkerman 要塞，ドナウ川左岸のキリ Kili，イスマイル İsmail，イブライル İbrail の諸要塞，ワラキアの拠点ブカレスト Bükreş 要塞が次々とロシア軍の手に落ちることとなった。このためオスマン軍は，ドナウ川下流左岸流域から撤退せざるを得なくなった。ちなみにベンデル要塞の陥落は，1770年9月27日木曜日である(64)。このカルタルの敗北によりハリル＝パシャは大宰相を解任され，かわりにモンテネグロの反乱鎮圧に貢献したボスニア州総督シラーフダル＝メフメット＝パシャ Silâhdar Mehmed Paşa が後任となった(65)。パーニン伯のロシア軍は，7月末以来ベンデル要塞を包囲した。しかしペストのために司令官メフメット＝パシャ Mehmed Paşa は病死した(66)。カルタルの敗北後，ロシアの司令官ルミャーンツェフから，ロシアの使節イワン＝ペトロ Iwan Petro がドナウ川を渡る前に，講和を受諾することが適切である旨の提案を，1770年9月16日にオスマンの最高司令官ハリル＝パシャのもとに届けた(67)。オスマン政府は，講和の提案はロシアの弱さのあらわれであると解釈し，さらにプロイセンあるいはオーストリアから調停を受け入れるか選択の最中にあり，結局11月6日にルミャーンツェフに講和の提案を拒否する回答が送られた(68)。レスミもワースフもオスマン政府が講和の機会を失ったことに落胆した。レスミによると，「ルミャーンツェフは講和を切望しており，当時の自惚れたもの（オスマン人）たちは，それには根拠がないと言い，その件は3年前に決着がついていたであろうに。(ロシアが）ひきおこした困難を説明する必要はない。我々は敵と十分には戦っていない。……我々にはイスラーム的情熱がある。この種の無駄話しがよくなされた。……誰々の息子にはイスラーム的情熱があるということは驚くべきことである」[69]と書き留めている。

地中海での戦い

今回のロシア＝オスマン戦争では，これまでに見られなかった海戦が繰り広げられた点は一つの特徴である。ロシアの女帝エカテリーナ2世は，戦争の勃発以前からオスマンの目をそらすために，ギリシア南部のモレア半島において，ギリシア系住民に対する反オスマン運動を扇動した。たとえばマケドニア人でロシアの砲兵の司令官を務めたマウロ＝ミハル＝パパス＝オール Mavro Mihal Papas oğlu[70]がモレア半島へ送られ，Panayoti Benaki（Panajotti Benacki）というギリシア人や Hacı Murad müştear という名のロシアのスパイを通じて，モレア半島東部のマンヤ Manya 地域の住民に対して反乱を計画した。彼らが蜂起すればロシア軍が支援することも，カルマタ Kalmata の Malveziya 主教には保障された。

1769年7月ロシアのバルト海艦隊の第一陣が，クロンシュタット港から地中海へ向けて出帆した。スピリドルフ Spiridof 提督率いるロシア艦隊は7隻のガレオン船，4隻のフリゲート艦，若干の輸送船から成っていた[71]。この頃イギリスとロシアは友好的な関係にあり[72]，ロシア艦隊は途中イギリスに寄港し人員の補充がなされた。第一陣のロシア艦隊が1769年秋に，第二陣のエルフィンストン Elfinston 提督率いる10隻から成るロシア艦隊は1770年4月に，それぞれイギリスの港からジブラルタル海峡に帆走した。ロシア艦隊がバルト海から地中海へ帆走していることが，フランス政府からオスマン政府へ伝えられたが，オスマン政府はこのことを重視しなかった。つまりフランス政府は，ロシア人が大規模な船舶を建造し，海上通商を重視し，オスマン帝国と戦闘が生じたさいに，バルト海 Bahr-i Baltık から大西洋 Bahr-ı Muhit-i Atlası を経由してジブラルタル海峡 Sebte Boğazı を通過して地中海 Akdeniz に現われ，イスラームの島々に打撃を与えようとしている。又ヴェネツィアやイギリス両国から船舶をチャーターし，さらに海に面したキリスト教系の国家から，軍資金と海事学の専門家を調達できることをオスマン政府に通告し，しかるべきときに備えることを警告した[73]。

同時代の歴史家ワースフ Ahmed Vâsif Efendi は，オスマンの高官の態度に批判的である。すなわち「その当時の高官たちは，この憶測は誤りであると主張し，まったく認められないことであるとした。ペテルブルクから地中海へロシアが艦隊を送ることは，とうてい考えられないことで，不可能なこととみなし，議論している人たちの証しをまったくの自惚れにすぎないと拒絶した。突然下賤な敵がイネバフト İnebahtı（レパント）の沖合いに出現し，沿岸のムスリムに恐怖を与えたので……ロシア人が地中海へ艦隊を派遣することを，ばかげたこととしてとりあわなかった人たちは，自身の無知を恥じた」[74]。当時のオスマンの高官は，バルト海と地中海との間にアドリア海が位置すると考えており，ロシア艦隊にアドリア海を通過させたことを，ヴェネツィア使節に不満を表明している[75]。1800年になっても大宰相は，紅海とインド洋がつながっていることを，信じることができなかったようである[76]。イギリス海軍の司令官サー＝シドニー＝スミス Sir Sidney Smith（1764～1840年）が，インド洋と紅海がつながっていることを地図を用いて納得させるために，はかりしれない苦労を味わったと，同時代のオーストリアの歴史家ハンマープルクシュタルは述べている[77]。

ロシア艦隊が地中海に来航したという情報を入手したオスマン人は，アルジェリア州総督であった。彼は27隻から成るロシア艦隊が，ミノルカ島に到着した旨を書簡の形で，後の海軍提督ジェザーイルリ＝ガージー＝ハサン＝パシャ Cezâyirli Pala-bıyık Gâzî Hasan Paşa[78]に伝え，その書簡は大宰相代理に届けられたのである[79]。

ロシア艦隊の最高司令官オルロフ＝アレクセイ＝グリゴリエヴィッチ Orlov Aleksei Grigorievich（1737–1808）も，1770年3月からモレア半島南端のコロン Koron 包囲に参加した。

嵐のためにロシア艦隊は，モレア半島南端の諸港に退避せざるをえなかった。他方マンヤ地域の住民は，このロシア軍の到着を反乱支援の合図と考えて立ち上がった。そこでオルロフ＝アレクセイは当初の計画を変更して軍事行動を始めた(80)。

オルロフ＝アレクセイの兄オルロフ＝グリゴリ＝グリゴリエヴィッチ Orlof Grigori Grigorievich（1734–1783）は，500名のロシア人を率いて上陸し，反乱を起こしている5,000名(81)の Manyalı（マンヤ地域の住民）を援助した。ロシア人と反徒の連合軍は残虐行為を行った。たとえばミスィストゥラ Misistra では，400名のオスマン人が絞殺され，さらに新生児がモスクのミナレット（尖塔）から地上へ投げつけられた(82)。反徒の数が増加した連合軍は，モレア半島中央部に位置するトリポリチェTripoliçe (Tripolizza) へ北進した。

モレア半島の中心トリポリチェに集結したオスマン軍は10,000名，他方反徒はおよそ20,000名を数えた。ハサン＝パシャ指揮下の要塞の防衛軍とオスマン＝アルバニアの援軍は，敵軍に猛攻撃を挑みその結果，敵軍は3,000余名が四散もしくは戦死した。ときに1770年４月19日のことであった(83)。しかし反乱は半島の各地で起きていた。半島北西部に位置するガストン Gaston では，キリスト教徒の攻撃をうけたムスリムは，半島北部のパトラス Patras に撤退し，約20日間敵軍の攻撃と水不足に耐え，のちに援軍の力を得てパトラスの包囲を破りガストンを奪回した。このトリポリチェとパトラスの勝利は，反乱を次第に鎮圧した(84)。

半島の南西部に位置するムドン Mudon には反徒の大半が集結していた。その数はほぼ30,000名にのぼった。ムドン要塞の守備隊は約800名の少数ではあったが，５月まで敵軍の攻撃に必死で耐えた。半島の司令官ムフスィンザーデ＝メフメットは，トリポリチェの勝利の後，チャタルジャル＝アリー＝パシャÇatalcalı Alî Paşa 率いる7,000名の援軍を送った。その結果，反徒は多くの犠牲者を出し慌てふためいて逃げた(85)。

他方，1770年５月にイスタンブルを出帆した10隻のガレオン船を含む20余隻から成るオスマン艦隊は，同月20日にはモレア半島東部の水域に現われた(86)。半島東南部のメネクシェMenekşe 沖で，エルフィンストン率いるロシア艦隊と遭遇したが，決定的な成果を得るには至らなかった。しかしムフスィンザーデ＝メフメットの迅速な行動のために，ロシア軍はモレア半島から1770年6月7日には完全に撤退した。したがって反乱は鎮圧され，ムフスィンザーデ＝メフメットはMora fatihi（「モレア半島の征服者」）と呼ばれた[(87)]。

エーゲ海東部レスボスLesbos島南方，サクズSakız島東方に位置するコユンKoyun諸島沖合いで，1770年7月6日の昼からおよそ2時間ジェザーイルリ＝ハサン＝ベイCezâyirli Hasan Bey率いるオスマン艦隊とスピリドルフ指揮するロシア艦隊は激戦を演じた[(88)]。被弾と火災のために双方は甚大な損害を蒙り，ロードス県総督ジャフエル＝ベイCafer Bey率いるオスマン艦隊は，夕暮れになり周囲が暗くなったのを利用して，コユン諸島の南方に位置するエーゲ海沿岸のチェシメÇeşme湾に避難した。オスマン艦隊は狭い湾に軍事行動がとれないほどに密集して停泊した。ジェザーイルリ＝ハサン＝ベイは，海軍提督ヒュサメッティン＝パシャHüsamettin Paşaに，オスマン艦隊の置かれている危険な状態を進言したが聞き入れられなかった。提督は，チェシメ湾の入り口の北と南に設置されている砲，及び湾の奥にある要塞からロシア軍の攻撃に応戦できると回答した。当時の船舶は木造であること，さらに狭い湾に船舶がひしめき合っていることを考慮に入れるなら，ジェザーイルリ＝ハサン＝ベイの進言は正鵠を得ていると言えよう。オスマン艦隊の現状を観察したイギリスの提督エルフィンストンの助言に従って，ロシア軍は暗闇に乗じて数隻をチェシメ湾に送りオスマン軍に砲撃を続けた。彼の考えは，オスマン軍の注意をそらしている間に，数隻の「焼き打ち船」をチェシメ湾に停泊しているオスマンの船舶に接近させ，一隻の船を燃せば密集している他の船舶も類焼するという一種の陽動作戦であった。この作戦は見事に成功し，海軍提督ヒュサメッティン＝パシャの戦艦がサクズ島へやっとのこと避難しただけで[(89)]，他のすべての船舶は焼失し，ここにオスマン海軍は全滅の危機に陥った。いわゆる「チェシメの惨事」[(90)]と呼ばれる事件が起きた。この勝利のためにアレクセイ＝オルロフ伯は，エカテリーナ2世から「Tscheschmeskji」という異名を与えられた[(91)]。ロシア艦隊はサクズ島へ向かったが，同島の要塞から猛反撃をうけて占領を断念した。この敗北の責任のためにヒュサメッティン＝パシャは海軍提督を解任された。その後をロードスの総督ジャフエル＝ベイ（在職はわずか3カ月）が，ついでジェザーイルリ＝ハサンが後任として選ばれた[92]。

「チェシメの惨事」の後アレクセイ＝オルロフは，ダーダネルス海峡 Çanakkale Boğazı を封鎖するために，同海峡の南端付近にあり同海峡の鍵の役割を果たしているリムニ Limni 島の占領を企てた[93]。ロシア軍は同島に上陸し，要塞を兵糧攻めで60日間包囲した[94]。ついにオスマンの守備隊は，ロシア軍に降伏し，8項目から成る条約に署名した。ことの重大性を知ったジェザーイルリ＝ハサンは，わずかの兵を率いて10月6日朝にリムニ島に着いた。ロシア軍は奇襲攻撃をうける前に包囲を解いた。当時オスマン政府に仕えていたド＝トットは，ジェザーイルリ＝ハサンのこの行動を気違いじみているとみなした。ジェザーイルリ＝ハサンはリムニ島の西南部に位置するモンドロス Mondros 港でロシア軍を破り[95]，ロシア艦隊は撤退せざるをえなかった。ジェザーイルリ＝ハサンは，ロシア軍のダーダネルス海峡への侵入を阻止したことで「ガージー」という称号を与えられ，海軍提督に任じられた。1772年にはロシア艦隊は，エーゲ海南部のパロス Paros 島で越冬した。その後ロシア軍は，シリアのシェイフ＝ザヒル Şeyh Zahir とエジプトのブルト＝カパン＝アリー＝ベイ Bulut Kapan Alî Bey の反乱を利用することを考えて，イスケンデリエ（アレクサンドリア）İskenderiye とハイファ Hayfa 水域に艦隊を派遣した。翌年にはロシア艦隊は，シェイフ＝ザヒルとアリー＝ベイを支援したのでエジプト・パレスティナ・シリアは部分的に反徒の手に落ちた。アリー＝ベイは，エジプトの独立を宣言し，フトベで自己の名前を唱えさせた。

1771年の戦争

今回の戦争においてロシアの最大の目的は，クリム＝ハーン国を占領することであった。オスマン側はクリミア半島と大陸を結ぶウルカプ Ur-kapı（Perekop）地峡に塹壕を掘り，ロシア軍の来襲に備えて防衛の強化をはかった。ロシアは，クリム＝ハーン国の名士に独立を約束して味方につけようとした。戦争が始まると，ドルゴルキ Dolgoruki 率いるロシア軍が送られた。クリミアの司令官イブラヒム＝パシャİbrahim Paşa は4,000名の兵力で防衛をかため，ドルゴルキのロシア軍を破った(96)。ロシアは和戦両様で，つまり軍事行動だけではなくて，プロパガンダによってもクリム＝ハーン国を侵略しょうとした。たとえば「あなたがたは，チンギス＝ハーンの子孫で，独立したハーン国 müstakil bir hanlık を維持していたが，一時期以来オスマン帝国の支配下にある。あなたがたの権利 hakkınız を侵し，総督のようにハーンを任命したり解任したりしている。もし我々とともに行動すれば，あなたがたはかつての独立 istiklal を勝ち取ることを我々は約束する」と言ってクリム＝ハーン国の名士を欺いた(97)。

オスマン政府は，ロシアがカフカース方面で，クリム＝ハーン国の場合と同じような策略を実施に移すのを阻止するために，アゼルバイジャン及びシルワンの君主に，「ロシア人はクリム＝ハーン国の名士に密書を送り，あなたがたはオスマンと我々の戦いに干渉しないで手をひきなさい。そうすれば我々はあなたがたを自由 serbest ve muaf にし，あなたがたの国家は独立国家 başlı başınınz bir devlet となる。ロシアは毎年あなたがたに贈り物 atiyye ihsan（地位の高いものから低いものへ贈られる場合に使用されるアラビア語）を贈ることを約束することを示唆し，愚かな（クリムの）タタールが異教徒の申出を偽りのない真実であるとして，ムスリムの軍が戦闘するとき反抗的になり……独立 serbesti を受諾する……」(98)という内容の密書を送って警告をした。

ロシアは，クリム＝タタール以外のタタールも懐柔しようとした。つまり1770年7月6日にイェディサン Yedisan（ブク川とドニエストル川の両川の下流にはさまれた地域）のノガイ＝タタールは，ロシアと友好条約を結び，「永久的な友好と同盟」の関係に入った(99)。この事実は重要な意味をもった。というのはノガイ＝タタールの領土の位置を考慮に入れると，オスマン帝国とクリム＝ハーン国の両イスラーム国家との間にくさびを打ち込むことを意味したからである。

ロシアと一致をみたクリム＝ハーン国の名士は，ときのハーン，セリム＝ギライ3世 Selim Giray III（在位1770～1771年）を欺いて，クリミア方面の司令官イブラヒム＝パシャの到着を待たずウルカプ地峡へ進んだ。他方ロシア軍はたいした困難もなくウルカプ要塞を陥落させ，さらにクリミア半島内部へと進撃した(100)。ほぼこの頃ケルチ Kerç 海峡をはさんで，クリミア半島の対岸にあるカッファ Kaffa へ4時間の行程にあるタマン Taman 要塞は，陸海から10,000名の敵軍により攻撃をうけ占領された(101)。このような危機的な状況のなかでセリム＝ギライ3世はついにイスタンブルへ亡命した(102)。

ロシア軍がクリム＝ハーン国へ侵入・占領したことと(103)，セリム＝ギライ3世が亡命したことはクリム＝ハーン国にパニック・混乱をもたらした。逃亡できるものは，船に乗りアナトリアの沿岸へ向かった。イエニカレ Yenikale（黒海とアゾフ海をむすぶケルチ海峡に面し，クリミア半島に位置する）の防衛を命ぜられたアバザ＝メフメット＝パシャ Abaza Mehmed Paşa は，タマン要塞の陥落を知り，「120名の兵士を率いて一地域を征服することは，人間の力の及ばないことである」と言って黒海の南岸のシノップ Sinop 港へもどってしまった(104)。

クリミア方面の司令官イブラヒム＝パシャは，ウルカプ要塞が陥落したころカッファ方面へ進撃していた。ロシアがクリム＝ハーン国のカルガイ Kalgay（ハーン位継承者）として宣言したシャーヒン＝ギライ Şâhin Giray は，多くのタタールの兵士を率いてイブラヒム＝パシャの近くにやってきた。彼はロシアとの間に結ばれた条約を宣言し，オスマンの兵士が撤退しない場合には，略奪を行うことを通告した。シャーヒン＝ギライの背信行為に対して，イブラヒム＝パシャはカッファを去らなかったが，タマン方面から到来したロシア軍の捕虜となった(105)。ときに1771年7月13日のことであった。既述したようにセリム＝ギライ3世はイスタンブルへ亡命したが，彼の2人の息子を含む48人のクリム＝ハーン国の代表者はペテルブルクへ向かい女帝に忠誠を誓った(106)。

さてカルタルの敗北後，大宰相となったシラーフダル＝メフメット＝

パシャSilâhdar Mehmet paşaの在職中，オスマン側の戦況はパニックをひきおこす敗北以外のなにものでもなかった。ロシア軍はブカレストとドナウ川の両面から猛攻撃を加えた。オスマン側は前者に対して元大宰相でヴィディン方面の司令官ムフスィンザーデ＝メフメット＝パシャが，後者に対しては大宰相シラーフダル＝メフメット＝パシャがそれぞれ反撃を企てたが失敗し敗北に終った（1771年11月）。ロシア軍は，オスマン軍の司令部があるドナウ川下流南岸のババダウへ進撃した。ババダウでは晩秋のために，オスマン軍は分散しロシア軍に抵抗できる勢力は存在せず，さらに悪いことには病が流行していた。大宰相シラーフダル＝メフメット＝パシャは，ロシア軍の攻撃の前に預言者の旗をもって，4日かけて命からがら南方のパザルジュクPazarcık（Hacıoğlupazarı）へ逃れ，この地をオスマン軍の司令部とした。ババダウを戦わずして放棄したことで，シラーフダル＝メフメット＝パシャは解任されムフスィンザーデ＝メフメット＝パシャが後任として任命された（1771年12月11日）。レスミは，ムフスィンザーデ＝メフメットの片腕となった(107)。

3　イエルギョギイ休戦条約

オーストリアは，1770年にロシアのドナウ川下流への快進撃に脅威を感じ，翌年7月6日にオスマンと一種の秘密同盟条約を締結した(108)。7月25日に分担金がイスタンブルからオーストリアへ送られた(109)。しかしオーストリアはオスマンと違いこの同盟を重視せず，つまり対ロシア外交の切り札としての利用を考え批准をひかえた(110)。

一方，戦争勃発以前にロシアと同盟を結び，ロシアに資金提供をしていたプロイセンは，オーストリア＝オスマン同盟の効力を無にするために名案を考えた。すなわちオーストリア・プロイセン・ロシア三国によるポーランド分割であった。オーストリアはオスマンとの同盟関係にもかかわらずこの分割案を受諾した。すでに戦争でロシアは得るべきものは手に入れていた。しかしまたロシア軍において伝染病による夥しい死者が見られたことは(111)，オスマンと休戦条約を締結させる要因でもあった。

新任の大宰相は，1771年12月にドナウ川下流南岸河畔のパザルジュクで冬営はせず，より以南のシュムヌ Şumunu に司令部をおいた(112)。すでに9月26日にエカテリーナは，ルミャーンツェフに大宰相に対してロシア軍の現状をふまえて，イスタンブル駐在ロシア使節オブレスコフが釈放されるや否や，講和会議の予備交渉を開始する用意がある旨の書簡を書くように訓令を出していた(113)。

ロシアとしては，ポーランドの領土問題が解決されるまで，1770年のドナウ川下流地域への侵略に関するオーストリアの了解を，信じることができなかった。ポーランド分割の計画が，最初の三国同盟条約(114)にいたるはずみがつき始めたのはこのころであった(115)。

オーストリアは，フランス外相ショアズール Choiseul, Duc du の解任（1770年12月）後，ロシア＝オスマン戦争およびポーランドの将来に影響を及ぼすことができた(116)。

オーストリアの宰相カウニッツは1771年中，三つの矛盾する外交政策を遂行した。つまりロシアに対してオーストリア＝オスマン同盟の成立，ロシア・オスマン両国間での調停をプロイセンと協力すること，ロシア・プロイセン両国によるポーランド分割に抵抗することであった(117)。

これら三強国の関係は，1771年中緊張していたが，カウニッツは方針を逆転し，ポーランド分割に参加するためにオスマンとの同盟を破棄した。1771年12月にロシアは，モルダビア・ワラキア両公国をオスマン帝国に返還することにひそかに同意し，他方オーストリアは，ポーランド分割においてロシア・プロイセンに加わることを決めた(118)。カウニッツは1772年4月8日に本国政府は，もはやオーストリア＝オスマン同盟に拘束されなくなった旨を，オスマン政府に伝えるように，イスタンブル駐在の使節（トゥグート Tugut）に訓令を出した(119)。その結果，オーストリア＝オスマン同盟は事実上1772年4月8日現在で消滅したと言える。

ウィーンで1772年2月19日に，ベルリンで同月28日に，サンクト＝ペテルブルクで同年3月5日に調印された宣言は，ポーランド分割の原則を認めるものであった[120]。三国によるポーランド分割条約は，サンクト＝ペテルブルクで1772年7月25日に調印された[121]。

この同盟関係の逆転は，ロシアにモルダビア・ワラキアに対する権利の要求を放棄させ，そのことは，ロシア・オスマン間の講和交渉を現実的なものにした。

オスマン側は，ダーダネルス海峡をロシア艦隊により封鎖され，カフカースやエジプトでは土着の反乱に脅かされ，さらに物資の不足・脱走兵・疫病に悩まされた。

ドナウ川を渡りババダウまで侵略したロシア軍は，1,000名の騎兵を含む6,000名の兵士からなっていた[122]。

ムフスィンザーデを大宰相に任命したことは，ムスタファ3世を軸とする中央政府が講和締結の差し迫った必要性を暗黙に認めたことの証しであろう[123]。

1772年3月に休戦条約締結のための最初の提案が，オスマン側の野営地に届いた。1772年4月8日にオスマン代表団は[124]，イエルギョギイ Yergöğü へ向けて帝都を出発した。4月22日に目的地に到着し，翌23日から交渉が始まった[125]。

オスマン政府は，プロイセン・オーストリアの調停に賛意を示していたので[126]，ロシアとの直接交渉を信頼していなかった[127]。

大宰相は，講和の主な条件として，いつでも戦争が再開できるように準備しておくように指示された。ロシアの代表者として Simlin が参加した[128]。

スルターンとウレマーは，（ロシア側の）講和の主要な条件であるクリム＝ハーン国の独立をすでに拒否しており，この独立を全く受け入れられないと考えていた[129]。

4月中を通じて両者は，3ヵ月間の休戦条約を案出し，1772年5月30日（ヒジュラ暦1186年サフェル月27日）に調印した[130][131]。休戦条約は9ヵ条から成る。

他方オスマン政府は，1772年4月にオーストリアが放棄したことの裏切りで，同盟関係が短命に終わることになったことを十分知っていた[132]。しかしオスマン政府は，交渉にさいしてはオーストリアがオスマンを支援してくれることを期待した[133]。

従ってプロイセンの大使ゼゲリン Zegelin とオーストリアの大使トゥグート Thugut は，オスマン側の使節（首席代表として元書記官長イエニシェヒールリ＝オスマン＝エフェンディ Yenişehirli Osman Efendi[134]，次席代表としてアヤソフィヤのシェイフであるヤスィンジザーデ＝エフェンディ Ayasofya şeyhi Yasinci-zâde Efendi）とともに1772年6月13日に[135]帝都を発ち，1772年7月5日（ヒジュラ暦1186年レビュルアヒル月4日）にシュムヌ前線に着いた[136]。

レスミは，使節団の一行がオスマンの司令部に到着したとき，使節団のあまりの仰々しさをからかい，結局無益に終わる企てに，15～20万クルシュがかかったことに不平をもらした[137]。

ロシア側の使節（首席代表としてエカテリーナの寵臣オルロフ＝グリゴリ，次席代表としてイスタンブル駐在使節オブレスコフ Obreskov）はヤシで待っていた[138]。エカテリーナはオルロフに格段の信頼を置いていた[139]。

4　フォクシャン Fokşan 交渉

オスマンの代表は，1772年8月初旬にフォクシャンに到着した[140]。1772年8月19日にフォクシャンで第一回目の交渉が行われた[141]。ロシアは，プロイセンとオーストリアには講和会議への参加を認めなかった。「わが国家は崇高な国家であるので，他の国の調停を受け入れない。オスマン帝国とわれわれの問題であるから，調停者を交渉には参加させない，自主的に交渉する」[142]とオルロフは述べた。休戦期間は9月21日まで延ばされた[143]。プロイセンの代表は，ロシア代表の調停拒否の提案に黙して語らず，他方オーストリアの代表はポーランド分割が討議されている情報を得ていたので，ロシア代表に異議を唱えないほうが適切と考えて，その提案に反対しなかった[144]。

第二回目の会談でロシアの代表は，以下の条件を提示した。すなわちクリム＝ハーン国の独立，オスマン水域でのロシア商船の自由航行，ロシア商人に最恵国待遇が与えられることを求めた[145]。これに対してオスマン＝エフェンディは反対した。オルロフは「クリム＝ハーン国の独立は，講和のもっとも重要な問題で，この問題が解決されない限り講和を結ぶことは不可能である」と述べた[146]。これに対してオスマン＝エフェンディは，「クリム＝ハーン国の独立の問題は，イスラーム法上妥当ではない，金で解決できると考える」と反論した。20～30日の間に3～4回交渉がもたれた[147]。

また彼は，「クリム＝ハーン国のハーン及びカーディの任命権は，パーディシャーに属すること，戦争賠償金については解決できる可能性があること」を伝えた。しかしハーン及びカーディの任命は，クリム＝ハーン国の独立と相容れない問題であると述べた[148]。

オルロフは，いちはやく講和を締結したかった。というのはロシア本国の宮廷における自己の地位の不安定さを気遣い，できるだけはやく帰国したかったからである[149]。

しかしながら他の問題が解決される前に，クリム＝ハーン国の独立の問題が解決されねばならないことが，ただちに明白となった[150]。オブレスコフとオスマン＝エフェンディとの間の私的な会談を含む一連の会議のあと，交渉は表面上中断した。そこでオルロフは，エカテリーナに交渉は難局に入ったことを伝えた。しかし彼は，実際上ロシア宮廷での女帝の寵臣としての立場が危うくなっていることを知っていた[151]。オスマン＝エフェンディは休戦期間の延長の提案を拒否し，1772年8月末にはオスマンの司令部へもどる準備をした[152]。

約1ヵ月続いた交渉は，なんら進展をみることができず，フォクシャン交渉は暗礁にのりあげた。オスマンの代表団はルスチュク方面へ向かい，オルロフは帝都へ，オブレスコフは陸軍元帥のもとへ戻った[153]。

オスマン＝エフェンディは，オスマン側に有利な条約を結ぶために与えられた訓令を，ロシアの代表者に対して実施することができなかった[154]。

レスミは第一回目の交渉の失敗の責任を，オスマン＝エフェンディの双肩に帰しているが，それは公正であろう。レスミによれば，オスマン＝エフェンディは「修辞学の技術を異常なほど鼻にかけ，無意味な会話をする稀有な人物で，洗練されていない話し好きのためにロシア人たちを説得できず，疲れさせるだけであると考えていた……。ロシア人たちはオスマン＝エフェンディの長い話を羊飼いの笛の音に耳をかたむけるように傾聴した」[155]。オスマン＝エフェンディがロシア人たちに向かって無意味なことを叫んだとき，「ロシア人たちが，もしこの紳士は気が狂っているといえば，それは不当であろう。彼の知性はかつて経験したことのないような知性である」[156]と彼ら（ロシア人たち）は言った。レスミはさらに，オスマン＝エフェンディは，クリム＝ハーン国の独立がシャリーアに反するというウレマーの見解に反対すれば[157]，自己の生命にかかわることを恐れて，無益な交渉を継続していくよりは，パーディシャーに指示をあおぐほうが賢明であると帰朝の道を選んだ[158]。

オルロフとオスマン＝エフェンディが交渉・休戦を放棄したという情報が届いたとき，両陣営には大きな驚きがおきた[159]。

オスマン側でいかなる対処をすべきか議論されているとき，陸軍元帥ルミャーンツェフから対話をつづけることを示唆する書簡が届いた[160]。休戦期間の延長を獲得するためにルミャーンツェフの野営地ルスチュクへワースフが急派された[161]。彼は「貴下のオルロフとわがオスマン＝エフェンディは，ともにきわめて思慮に欠けている。これほど準備をしておきながら両国にとってこの幸おおい講和交渉を停止させた。もっとも適切なことは，まず休戦期間を延長し，別の代表を任命して講和交渉を完了したい」旨の大宰相の手紙を携えた[162]。大宰相代理のレスミはワースフに「10日間でも休戦期間を延期することは有益である。というのはオスマン＝エフェンディが戻ってくることを聞いた兵士の三分の二は逃亡し，残りのものも追随しようとしているからである」[163]と述べた。

途中ワースフは，帰朝してくるオスマン＝エフェンディに，イエルギョギイから3時間の所で遭遇した。オスマン＝エフェンディは「ルミャーンツェフは10日間の休戦を結ばないし，休戦を求めることはオスマン帝国にとり不名誉となる」[164]と述べ，「休戦期間の延長をはかることは，時間・努力の無駄である」とじかにワースフに語った。

ワースフは，オスマン＝エフェンディが同僚に敵意を抱いているという評判を知っていたので，慎重に言葉を選び，「私はあなたと気が合う」と言い，「貴下の命令に従う。もしあなたが行けと言えば私は行く。もしあなたが行くなと言えば私は行かない」と話した[165]。この発言はオスマン＝エフェンディを喜ばせた。彼は交渉期間中の次席使節が，交渉の際にサポートしなかったことについてひどく不満を述べた[166]。

ワースフはこの出会いのあと，ルミャーンツェフの野営地へ向かい，大宰相の書簡を手渡し，直ちに休戦期間の延長を議論した。ワースフは議論すべき諸問題のいくつかについては許可を必要としていること，使節が到着し調停をするには時間が十分ないので，7〜8ヵ月間の休戦を求めた。ルミャーンツェフは，「この件について女帝の裁可をあおぐには40日間が必要であり，40日間の休戦を受諾すること，7〜8ヵ月間の休戦については保障を与えることができること，他方ワースフもまた保障を与えることができる」とのべた[167]。結局40日間の休戦期間の延長を確保した後，ヤシを後にした。このことは両国政府に伝えられ，講和会議の再開を可能にした[168]。

ワースフが，大宰相の司令部があるシュムヌに戻ったとき，オスマン＝エフェンディは彼よりもさきにオスマンの野営地に着いており，「ロシア軍の弱体化した状態，ロシア軍に病気が広がっていること，ルミャーンツェフは5日間の休戦期間を延長する権限をもっていないこと，敵軍はホティンへ逃亡していること」[169]などについて偽りの情報を流していることに気づいた。「人は彼の邪悪を恐れ，やがて帝都に向けて出発することを知っていたので，彼との衝突を避けた」とワースフは書き留めている[170]。

ワースフがルミャーンツェフの野営地で入手した情報を討議するために

会議が開かれ，レスミはこの会議に出席した(171)。

会議の出席者全員は，無為に過ごした期間，体力的に弱くなった兵士の状態を気遣っていた。9月の末となり冬の戦いの時期が到来したときには，大量の兵士の脱走を促すこととなった。1,500名ものイエニチェリが脱走したという情報が伝わった(172)。ルミャーンツェフに彼の提案を受諾する文書が送られた(173)。

冬季に軍団を点検し，来春のロシア軍との激戦に備えるために，6ヵ月間の休戦期間延長を勧告した。カザスケルは，会議の決定を正当化し，出席者全員が署名した文書（huccet）を帝都へ送った(174)。

こうして休戦期間は，1772年9月21日から10月30日まで40日間延長された(175)。大宰相から休戦期間延長を承認する文書がルミャーンツェフに直ちに送られ，他方ルミャーンツェフからも同様な書類が1772年10月6日に届いた(176)。

5　ブカレスト Bükreş 交渉

代表者を選出する会議は，1772年10月7日に開かれた(177)。オスマン側の首席使節として，書記官長アブデュルレザク＝バヒル＝エフェンディ Abdurrezzak Bahir Efendi(178)が，全会一致で選出された。オスマン＝エフェンディがすでに帰朝していたことが論点になったが，ともかくキリスト教徒とこれらの問題を交渉するのは一般的に書記官長であり，彼には大使の資格が与えられた(179)。ワースフは，交渉の書記官として使節団に加わった。通訳として御前会議つき通訳イスケルレト＝エフェンディ İskerlet Efendi が任命された(180)。軍団は資金不足であったのでアブデュルレザク＝エフェンディには，5,000クルシュしか支給されなかった(181)。フォクシャン交渉に参加し，諸経費をあてがわれたオーストリア・プロイセン両国の大使は今回加わらなかった。

アブデュルレザクの一行は，1772年10月22日にオスマン軍の司令部があるシュムヌを発ち，ルスチュクへ向かった。10月27日にはルスチュクに到着し，前線の兵士に休戦を遵守すべしとの通達を送った。そして一行は11月2日にルスチュクを出発し，ボートに乗船してドナウ川の対岸に渡り，4日後ブカレストに着いた(182)。

ロシア側の全権使節は，相変わらずオブレスコフだけであった。ブカレストでの第一回目の交渉は，1772年11月9日に開催された(183)。まず休戦期間の延長が問題となり，結局1773年3月21日まで延長された(184)。休戦の諸条件は，イエルギョギイ休戦条約を再確認した後，大宰相とルミャーンツェフからも承認を得て，前線の兵士に伝えられた(185)。

第二回目の交渉でオブレスコフは，フォクシャン交渉とは違ってクリム＝ハーン国の独立の問題を最後に回し，オスマン帝国から戦争を始めたとして，先に戦争賠償金の問題を議題として出した。だがアブデュルレザクが反論したので，ひとまずとりさげてオブレスコフは他の問題に移った。週に2日続けて交渉をしたが，進展が見られなかった。そこでオブレスコフは，ロシアからの条件を提示した(186)。

1．ワラキア・モルダビアにおいて恩赦が実施されること。
2．グルジアに存在するすべての要塞を，オスマン帝国へ返還すること。当地の住民を捕虜としないこと。
3．ロシア使節は謁見に際して最上の待遇で処されること。
4．大使に仕える通訳などは，ジズヤ（人頭税）などの税を免除されること。
5．通訳の前でキリスト教を捨てて，イスラームに改宗したものは，ロシア大使により再改宗を強制されないこと。
6．大使の財産が略奪された場合，それは返還されること。
7．大小両カバルタは，ロシアに残されること。
8．クリム＝ハーン国のハーンは，自ら選出すること。
9．捕虜は，無償で感謝されるやりかたでもどされること。
10．53年に結ばれた条約(187)は効力を失い今回結ばれる条約の諸条件が，今後原則となること。

数日間議論した後，オブレスコフはクリム＝ハーン国の独立の問題を議題として出した。

オスマン側は次の三条件付でこの問題に同意した(188)。

1．金曜日のフトベに際してスルターンの名前が唱えられること。
2．クリム＝ハーン国の人たちは，ハーンを自ら選出し，これをスルターンが認めること。
3．イスラーム法を実施できるクリム＝ハーン国のウレマーは，カザスケルから辞令が与えられること。

アブデュルレザクがブカレストで交渉を開始しようとしたころ，レスミはロシア軍を破るか，それとも自主的に自領へロシア軍を撤退させるかの可能性について，アブデュルレザクと大宰相のために覚書を書くように促された。覚書は二つのテーマからなっていた。⑴とりわけ衰退期にある国家は，その軍事上・領土上の限界を認識できるほどの思慮分別をもつべきこと，⑵ロシアは地中海・カフカース方面へ拡大しすぎており，結局その償いをすべきだろう。この膨張は住民を不和にし，（ロシア）帝国の最終的な崩壊を招くだろう。従ってアブデュルレザクに講和をかちとるべく努力すべしと激励した(189)。

両国の代表がついに1772年11月に重大な交渉にとりかかったとき，彼らはキュチュク＝カイナルジャ条約の基礎となる多くの条項に同意した。だがクリム＝ハーン国の独立とケルチおよびイエニカレの両要塞をロシアが維持することの二つの問題のために，交渉は暗礁に乗り上げた。アブデュルレザクとオブレスコフは，本国政府に現状を報告するために，40日間交渉の中止に同意した。両者は1773年2月初旬に修正された提案をもって戻った(190)。

オスマン側はクリム＝ハーン国の独立を受諾しないかわりに，賠償金として2,500万クルシュを支払うことにした。オブレスコフは，戦争賠償金の問題はたしかに激論の対象であったが，オスマン側がロシアの保障によるクリム＝ハーン国の独立，ロシア軍が引き続きケルチとイエニカレの両要塞を占領すること，ロシア船舶によるボスフォラス・ダーダネルス両海峡の自由航行の三条件をのめば，戦争賠償金の問題を放棄すると意思表明した[191]。アブデュルレザクは，イスタンブルにおけるこれらの三条件の反応を知っていたので，オブレスコフに「オスマン帝国はこれらの条件を認めようとはしない。（われわれがこれらの条件をのめば）戦争再開は不可避であり，これらの諸条件を受け入れることよりは，むしろわが国家と信仰のために命をささげることのほうが，われわれにとり恩恵（祝福）である」[192]と答えた。

アブデュルレザクは，「オスマン側としては受諾不可能である」と述べて交渉は行き詰った。そこでオスマン側は，金でこの問題を解決しようとした[193]。オブレスコフは，「われわれはクリム＝タタールを独立させると約束したので，この約束を撤回することはできない。戦争賠償金の要求を取り下げること，ロシア軍を現在占領している地中海のオスマン領の島から撤退させること」を主張して，オスマン側の提案を拒否した[194]。レスミはロシアのクリム＝ハーン国の独立に対するロシア側の見解を次のように語っている。「クリム＝タタールが貴国の保護下にある限りわれわれを困らせ，いつもわれわれとオスマン帝国をかき乱す原因となる。貴国がクリム＝ハーン国を要求すれば，われわれは放棄する。というのは放棄しなければ，貴国との誠実で真実な友好関係にとって有利にならないだけではなく，40,000〜50,000名の兵を送って諸要塞を守らなければならないからであり，われわれの利害にふさわしくないからである。われわれは地中海の島や占領地域から撤退する」[195]と。要するにオスマン政府がクリム＝タタールをうまくコントロールできていない状況が根底にある。ロシア代表のこの言葉は真実味がなく，一種の粉塗政策であったことは，やがてロシアがクリム＝ハーン国を軍事力によって併合した事実からも明白である。

さてロシアの代表オブレスコフは，審議に入る前に次の7ヵ条を最後通牒としてアブデュルレザクに提示した[196]。

1．クリム＝ハーン国の独立に対して，ロシアが保証人となることが受け入れられること。イエニカレ・ケルチの両要塞はロシアに残されること。
2．地中海・黒海においてロシアの軍艦・商船が自由に航行できること。
3．クリム＝ハーン国の他の要塞は国内に残されること。
4．ロシアに保護されているモルダビア公 Ligor は帰朝し，公国の支配権は父から息子へと世襲されること。ドブロウニクのようにモルダビア公国は，三分の一の税をイスタンブルへ送ること(197)。
5．ロシアは常駐の外交使節をイスタンブルにおくこと。
6．クルブルン Kılburun 要塞はロシアに譲渡され，オチャコフ要塞は完全に破壊されること。
7．オスマン帝国は，ロシアの君主にパーディシャーという称号を使用することを受け入れること。ロシアにギリシア正教徒の保護権が与えられること(198)。

アブデュルレザクはこの過酷なロシアの提案を拒否したが，オブレスコフのオスマン政府に伝えてほしいという提案に基づき，アタウルラフ＝エフェンディ Ataullah Efendi が，大宰相と協議するためにシュムヌへ送られた。大宰相の主宰する会議のメンバーは，ロシアの本来の目的はイエニカレ・ケルチの両要塞を占領すること，他の諸要求は無益なレトリック（修辞学）であること(199)，クリム＝ハーン国の独立はロシアの侵入よりはましであること，損失は償われるのでさらに10年間戦争するよりも，有益な講和を結ぶことの方が有利であるという見解に到達した(200)。

レスミはつぎのように会議の状況を記録している。「2,500万クルシュについて話すことはたやすいことであるが，支払いをすることは困難なことである。現在ロシアがクリム＝ハーン国を支配していることのために，すでに存在しているもの（損害）よりも，（オスマンへの従属から）クリム＝ハーン国が独立することによって，もっと大きな損害が生じるだろうか。やがて事態はもとの状態にもどるだろう。このドアを閉めてくれ。これほど考慮すべき重大な問題はない。一言で言えば今後10年間戦争を継続するとしても，これよりいいことはない」(201)と出席者は言った。

大宰相は会議の決定を受諾したが，条約の責任を一人でとることをおそれて，会議の結論を帝都におくり御前会議の判断に委ねた。イスタンブルでは，ロシアの諸要求に対する反応はまったく違っていた。提案のどれもが理にかなっているとは考えられなかった。かつての使節オスマン＝エフェンディによって，反対の炎は燃え上がった。彼の言動についてレスミは「オスマン＝エフェンディは，この世における神の災いである」と言った。さらに続けて彼は「オスマン＝エフェンディが『われわれはロシア人を自身の目で見たのである。彼らの脈拍をはかれば，彼らの精神が道理からはずれていることがわかる。この講和に対する根拠がない。彼らの意図は相手を狡猾することである』と語り，彼が美辞麗句を並べ立て，蛇の噛み傷のように帝国の決定をあいまいなものにした」(202)と述べている。

その結果保守的な見解が有力となり，ロシアの要求は拒否され，講和交渉は1773年3月21日に休戦条約の終結とともに終わった(203)。

レスミはまたもや機会が失われたことを後悔した。レスミは，前線の苦悩を決して知らない無知な政治家ほど，イスラームの情熱の力を強調することによって，問題の解決を遅らしたと考えた。「カルタルの敗北に続いて，ロシアの陸軍元帥ルミャーンツェフから提示された講和交渉が認められていたなら，クリム＝ハーン国はロシアに占領されなかったであろうに。またクリム＝ハーン国独立の問題も起きなかっただろうに」(204)とレスミは続けた。「同様にアブデュルレザクが，もっと断固として交渉を継続していたなら，その後2年間の戦争・苦悩・大きな犠牲は回避されたであろうに。事態は機会が到来したとき鋭利な剣のように，決定的に行動できる正直で他人に依存しない司令官や大臣を必要としていた。あらゆる意見を一つにまとめるように注意が払われたとしても，多様な社会において意見の一致をみることはむずかしい。機会がいったん失われると，後悔と神により定められた決定以外何もなかったのである」(205)とレスミは続けて述べている。ワースフもまた深い後悔の念を表明した。レスミもワースフもともに，大宰相を優柔不断と臆病の点で非難した。

6　戦争再開

オスマン人は戦争を再開することになったが，両陣営にとってとりわけドナウ川下流河畔で，再度戦争をしたくはなかった。小康状態にもかかわらず，病気と極度の疲労は，両陣営の兵士の士気をくじき始めていた。ロシア軍はこれまでに30万人以上の兵士を召集していた。さらに1774年末までに，エカテリーナの体制を崩壊させるほどの勢いをみせたプガチョフの反乱がすでにおきていたが，しかしルミャーンツェフの軍は，すでにドナウ川を渡っていた(206)。

ロシア軍は４月末までにババダウ・カラスを，６月中旬にはイブライルに司令部をおきシリストレ Silistre の攻撃に転じた(207)。ロシア軍は６月29日からシリストレを包囲し始め，両軍の間で激戦がおきた(208)。シリストレで敗北したロシア軍は，態勢を立て直してカラス攻撃に転じた（1773年10月29日)。カラス占領に成功したロシア軍は，その後一部は黒海沿岸のヴァルナ Varna へ，残りの軍勢はパザルジュクへと進撃した。

大宰相はシュムヌに落ち着き，講和交渉の決裂に引き続いてドナウ川南岸の防衛を再組織した(209)。大宰相は1773年５月17日にシュムヌ平原へと移動した。

資金と兵士の不足は，イスタンブルで見られる混沌のように，いまやあたりまえのように存在した。ド＝トットは，帝都における破綻した状況と無政府状態に解説を加え，さまざまな軍隊が帝都に駐屯していることは恐怖の源であること，政府はこの状況を打開できないことを書きとどめた(210)。

ムスタファ３世は，「わずかな利益とひきかえに2,500万ポンド」を使ってしまっていた。だが彼は，ド＝トットが新軍を設立できるように，いろいろ工面して125,000ポンドを集めることができた(211)。ド＝トットは，大宰相代理の言葉として「ガラタにはこんなに勇気があり，ドナウ川では臆病がみられることは，オスマン人がヨーロッパ人の帽子を恐れていることだけを示している。われわれは，この混乱を20名のフランス人とともにド＝トットをおくらなければ鎮められないだろう」(212)と引用している。

カラスやパザルジュクでの深刻な敗北にもかかわらず，トルコ人はシリストレで，その年末にはヴァルナでロシア軍を撃退したが，ロシア軍に大打撃を与えるにはいたらなかった。ロシア人にとって，オスマン領内おく深く戦いを進めていくことは，兵力と物資を補充するうえで大きな負担を課せられた。1773年の末，大宰相は自ら行動を起こさずシュムヌにとどまり，他方ルミャーンツェフ率いるロシア軍は，ドナウ川下流の北岸と南岸，つまりイブライルとイスマイルに落ち着いた(213)。

1773年の戦いの惨事は，ムスタファ3世に大きな衝撃を与えたので，病をわずらい最後の1ヵ月は病床に伏し，1774年1月21日に他界した(214)。アブデュルハミト1世即位の知らせは，ルミャーンツェフから再度講和交渉を提案する書簡が，シュムヌに届いた同じ日であった(215)。1774年1月21日のことであった。アブデュルハミト1世は，5歳から43年間ハレムで過ごしたので，統治者としての資格に欠けていた(216)。ルミャーンツェフはブカレスト交渉で同意をみていない諸条項については，相互に理解できるようにして解決をはかることを提案した(217)。さらに彼は，「この問題について調停者をいれないこと，貴下（大宰相）はルスチュクへ，私はイエルギョギイへ向かう」ことを伝えていた。大宰相は，帝都から送られてきた否定的な見解のために，ルミャーンツェフの提案を拒否した(218)。

他方ロシアではプガチョフの反乱が激しくなり，帝都における恐怖が，軍隊を国内の目的（反乱鎮圧）に使うことができるように政府に講和を求めさせた。いまやロシア軍は，どんな条件においても講和を望んでいた(219)。

しかしアブデュルハミト1世は（ロシアの対応を）弱さの兆しとみなし，大宰相に攻撃命令を下し，ド＝トットの新設した砲兵隊（sürat topçuları）を派遣した(220)。この戦争のために約20万の兵が召集された。ババダウではアブデュルレザクが，シュムヌでは大宰相がそれぞれ司令官を務めていた(221)。

総勢46,000名のロシア軍を率いるルミャーンツェフは，ドナウ川を渡り下流南岸方面で軍事行動を展開するべく命令を冬の間に受け取っていた(222)。大宰相はシュムヌで冬営するための，また来春の攻撃をするための準備を企てた(223)。

大宰相は1774年5月30日まで優柔不断でシュムヌにおいてすごした。このときになってやっとシュムヌ平原まで進軍した(224)。

1774年における戦争の重大な対決は，同年6月20日にコズルジャKozlucaで起きた。アブデュルレザクと25,000名率いるイエニチェリの司令官は，14,000名のロシア軍と直面した。アブドゥッラー＝パシャAbudullah Paşa率いるオスマンの前衛部隊がコズルジャから3時間の行程に位置するウサンルUsanlıに派遣されたとき，オスマン軍は罠にかかり待ち伏せにあった。ロシア軍の砲火はとてもすさまじく，オスマン側に多くの死傷者を出した。生き残った者はコズルジャへ逃れた(225)。

コズルジャに駐屯しているオスマンの兵士は，逃げてくる戦友の姿を見て士気を失い，戦場をあとにし，砲・弾薬・食料を捨てた(226)。コズルジャで勝利を得たロシアの司令官スヴォーロフSuvorovは，ド＝トットから新しい青銅の砲25門と軍旗107本を奪った(227)。

ロシア軍は，大宰相のいるシュムヌ要塞のところから，2時間の行程にあるイエニパザルYenipazarに陣を構えた(228)。

大宰相はすでに重病に陥っていたが，1774年6月30日にダーウスタンル＝アリー＝パシャDağıstanlı Alî Paşa率いる12,000名の軍勢とともに，再度ロシア軍と直面した。小規模な500名の騎兵の護衛隊は，ロシア軍と交戦したが，その他のものは成り行きを見届け，そして以前のように逃亡した。だが歩兵は突然の大雨が両軍の行動を阻止するまでロシア軍を追い詰めた。脱走するオスマン兵は自己の野営地を略奪して，帝都へ逃亡した(229)。ロシア軍は1774年6月30日にイエニパザルからシュムヌへと進撃した(230)。

大宰相の司令部があるシュムヌは包囲された。ルミャーンツェフから即時講和会議開催を提案する書簡が届いた。しかしエンヴェリー Sadullah Enverî によれば，通訳がシュムヌを去っていたので，手紙の内容を正しく知ることはできなかったようである[231]。ロシア軍は7月3日シュムヌの三方から攻撃を始めた[232]。同日大宰相はルミャーンツェフの提案を受諾し，休戦を望んだ。そこで大宰相は講和会議のメリットを話しあうために会議を招集した。講和会議の準備をするために50～60日間の休戦期間を要求することが決定された[233]。だがルミャーンツェフは大宰相の提案を拒み，講和交渉のできる人物の派遣を望んだ[234]。オスマンの前線司令部においては，一刻も早く講和を結ぶことが適切と考えられた。首席使節として大宰相代理アフメット＝レスミ＝エフェンディが，次席使節として書記官長イブラヒム＝ムニブ＝エフェンディ İbrahim Munib Efendi がそれぞれ任命された[235]。divân-ı hümâyûnda beylikçi（御前会議の書記官）のメフメット＝エミン＝ナヒフィ Mehmet Emin Nahifi を交渉の書記官として，通訳としてフランス語に堪能な軍団のミキャイルザーデ＝ヨルガギ Mikâil-zâde Yorgaki が任命された[236]。アフメット＝レスミには6,000クルシュ，イブラヒム＝ムニブには5,000クルシュ，首席通訳には100クルシュ，他の者には4,000クルシュ，がそれぞれ経費として支給された[237]。

ロシアの元帥には会議の決定が正しく伝えられた。1774年7月11日までに彼は休戦期間の延長の提案には否定的な回答をよこしたので，大宰相は改めて会議を招集した。ロシア軍は包囲を強めて，散発的な交戦が生じたが，数の上ではオスマン軍はロシア軍より上回っていた。議論は戦争継続の可能性に集中した。全員がコズルジャの死傷者数（今回の戦争のために召集されたものの大半を含んだ）が，きわめて多いことに異口同音であった。オスマン側には防御柵に配置すべく兵士は，7,000～8,000名の歩兵しかなく，弾薬は150カンタール（約8,154キログラム）しか残っていなかった。全員が講和を望んだが，大宰相は躊躇しカザスケルの意見を求めた。彼はブカレスト交渉のさいの諸条件に基づいて，講和条約を締結することが妥当であると考えた。使節団は，翌日つまり1774年7月12日に出発した[238]。

レスミは，不人気な講和条約を調印しなければならなかったことを正当化するために，以下のことを述べねばならなかった。「オスマンの野営地は四方八方から包囲された。敵軍から攻撃をうけたとき裏切った兵士は逃亡しただけではなく，自軍の野営地を略奪した。ロシア軍は，シュムヌのオスマン軍野営地を完全なまでに包囲した。オスマン軍を支援するように命ぜられたタタールはついに現れなかった。至る所で見られた無秩序はさておき，大宰相は病気で指揮をとることができなかった。このような状態においてルミャーンツェフがどのような提案をしようとも，それに反対はできなかった。降伏以外に解決の道はなかった。戦争賠償金の件については，イスタンブル政府は2,000万クルシュまで提案してもよいと許可を与えていた」[239]。

7　キュチュク＝カイナルジャ交渉

1774年7月16日にレスミとイブラヒム＝ムニブは，ロシアの代表者であるニコライ＝レプニン Nikolai Repnin とキュチュク＝カイナルジャで会った[240]。同日，交渉が開始された。レプニンは，イエニカレ・ケルチ・クルブルンの割譲が認められない限り，交渉の進展はありえないことを伝えた。翌17日にルミャーンツェフと会談をもったが，結果は同じであった。御前会議では軍紀の欠如のため，今後の戦争で勝利を得ることができないこと，帝国の各地で見られた飢饉が考慮され，一刻もはやく講和を結ぶことに意見の一致をみた。ロシア側の前提条件を受諾し，他の条項については7時間の議論の末[241]，ブカレスト交渉で確認された原理に基づき，1774年7月21日までに28ヵ条からなるキュチュク＝カイナルジャ条約に調印した[242]。本条約は，戦争賠償金の問題の解決はさておき，ブカレストで行われたアブデュルレザクとオブレスコフとのあいだで，交渉のさいに出された提案を大部分含んでいた。

結　び

(a)「諸外国台帳」に見られるオスマン語条約文では，第1条，第2条という言葉が必ずある。台帳の原本では，本文が黒色であるのに対して各条項は赤色が使用されていた。改行はされていないが，各条項が独立していることは明白である。カルロヴィッツ条約（講和条約，1699年）以降この形式が定着化している。たしかにオスマン外交のヨーロッパ化の一大転機とみなされている1606年のジトヴァトロク条約においても，第1条，第2条という表記は見られた。しかしこの条約文は複数存在し，いずれもオーストリアとオスマン両国の代表者がともに署名した条約文ではなく，一方の当事者しか署名していない前近代的なものである(243)。だが18世紀になると近代的な形式をもったパッサロヴィッツ条約（1718年），ベオグラード条約（1739年）が現れる。条約文の形式面におけるヨーロッパ化の一端と考えられる。『ノラドゥンジアン編纂』のフランス語訳やオスマン語の『諸条約集』（*Muʿâhedât Mecmûʿası*）では改行されている。

(b) いずれの史料においても第28条に，ロシアの代表はロシア語とイタリア語の条約文に，他方オスマンの代表者はオスマン語とイタリア語の条約文にそれぞれ署名・捺印することが明記されている。これはきわめて重要なことである。というのは本条約文の解釈において問題が起きた場合，イタリア語の条約文に基づいて解釈することを明示しているからである。このようなことはやはり従来の条約文においては見られなかったことである。このことも条約文の形式面におけるヨーロッパ化の一端と考えられる。

(c) 今回の講和交渉も，書記官長が交渉の代表者になっている。カルロヴィッツ講和交渉（1698～99年）以後，外交交渉の代表団には，書記官長が必ずといってよいほど参加している。この慣例を今回も踏襲したと考えられる。最後の書記官長は，1832年初代の外相になっている。

(d) 第3条においてクリム＝ハーン国の独立を，両国政府が約束している。その点において内容的には双務的になっている。しかしクリム＝ハーン国内のケルチ・イエニカレなどはロシア軍の占領下に置かれる。ヨーロッパ的・近代的な意味での独立とは，完全な国家主権を認めることである。このことは国家の独立についてのヨーロッパ的・近代的な概念に矛盾する。またクリム＝ハーン国の独立の条件として，オスマン側が提示した三条件は（本稿，102頁），イスラーム的発想に基づくものである。ヨーロッパ的・近代的な意味での独立を考えるならば，ロシアがクリム＝ハーン国の要所を占領することは理解できない。オスマン側がこれらの条件でクリム＝ハーン国を，オスマン帝国につなぎとめることができると考えたとすれば，それは「オスマン外交の愚かさ，ロシア外交のしたたかさ」と言われてもしかたがない。オスマンの代表は，カルロヴィッツ条約で国家主権の概念を教えられたが，まだ十分に認識できていなかったことの証ではないだろうか。

(e)　第11条でオスマン政府は，ロシア商人にオスマン領内で最恵国両国待遇を，逆にロシア政府は，オスマン商人にロシア領内で最恵国待遇をお互いに約束した。1783年にオスマンは，通商・航海条約のなかで，ロシアには英仏並みの通商上の特権を与えている。本条項でロシアは黒海から地中海，地中海から黒海へロシア商船の自由航行が認められ，黒海が「オスマン人の湖」であるという原則は崩壊した。第11条に典型的に見られるように，本条約は内容面で双務的になっている。T. ナフも述べているようにロシアに与えられた諸権利が，双務的・互恵的な条約のなかで具体化された(244)。このことは条約文の内容面におけるヨーロッパ化とみなすことができよう。

(f)　帝都イスタンブルから遠く離れたフォクシャン・ブカレスト・キュチュク＝カイナルジャで3回の講和交渉が行われたことは，基本的には片務主義外交前期には見られなかったことである。カルロヴィッツ講和交渉以降は原則的にこの傾向が見られる(245)。

以上のことから，片務主義外交後期（1699～1792年）の末期に見られた今回の講和交渉および講和条約は，片務主義外交から双務主義外交への転機を示すもの，すなわちオスマン外交のヨーロッパ化の転機であったとみなすことができる。

注

（１）　Hurewitz, *The Middle East and North Africa*, p. 93.

（２）　宮崎英隆「ロシアの黒海進出――ロシア＝オスマン戦争からクチュク・カイナルジ条約へ――」『東海大学教養学部紀要』第17輯（1986年）175–192頁。

（３）　形成の時期についてソレルの底本には明確な記述はないが，英語訳では1768年２月28日となっている。Sorel, A., *The Eastern Question in the Eighteenth Century*, translated by Bramwell, F. C., London, 1898, p. 23.

（４）　イスタンブル駐在のフランス大使ヴェルジェンヌ Vergennes に，外相兼陸相ショアズール Choiseul から300万リーブルが与えられたといわれている。Aksan, V. H., *An Ottoman Statesman in War & Peace Ahmed Resmi Efendi, 1700–1783*, E. J. Brill, 1995, p. 116.（Askan と略す）

（５）　父ムフスィンザーデ＝アブドゥッラ＝パシャMuhsin-zâde Abdullah Paşa は，ベンデル Bender の最高司令官から大宰相になった。Danişmend, vol. 5, p. 57.

（６）　ムフスィンザーデは，ルメリ州及びオズュÖzü の総督から大宰相になった。Danişmend, vol. 5, p. 62.

（７）　ウズンチヤルシュルはムフスィンザーデの解任の理由として，ロシアとの戦争に慎重であることにおいてムフスィンザーデを支持していたシェイヒュルイスラームのハジュ＝ウェリュディン＝エフェンディの逝去をあげている。しかしこれは史実にそぐわない。というのはハジュ＝ウェリュディン＝エフェンディは1768年10月25日に逝去しており，ムフスィンザーデの解任の時期との間にはかなりの時間的ズレがあるからである。Danişmend, vol. 5, p. 143.

（８）　シラーフダル＝ハムザ＝マーヒル＝パシャ就任の時期についても異説がある。ダニシメンドによれば，1768年８月７日㈰。Danişmend, vol. 5, p. 62. ウズンチヤルシュルによれば1768年９月３日㈯。*OT*, IV p. 368.

（９）　*EI*[2]., s. v. “MEḤMED PAS̲H̲A, MUḤSIN-ZĀDE”. レスミは，ヒジュラ暦1182年レビュルアヒル月（西暦1768年８月15日〜９月12日）とし，日にち

までは記載していない。*Hulâsat*, pp. 9, 19. アクサンは，解任の日を1768年9月6日としている。Aksan, p. 122.

(10)　Danişmend, vol. 5, p. 64.

(11)　アクサンは，ワースフの見解を採用して10月4日としている。Aksan, p. 100.

(12)　1768年10月5日(水)に開催されたようである。*OT* IV s. 368.

(13)　ソレルは，ロシア公使オブレスコフとの会談及び決裂，その結果監禁された日を1768年10月6日と考えている。Sorel, A., *La question d'orient au XVIIIe siècle*, Paris, 1878, p. 28; Sorel,（英語訳）, p. 26; Roider, K. A., *Eastern Question 1700–1790*, Princeton U.P. 1982, p. 110.

(14)　*GOR*, vol. 8, p. 313.

(15)　Vâsıf, vol. 1, p. 318.

(16)　*GOR*, vol. 8, p. 314–315; Vâsıf târîhi, vol. 1, p. 318. レスミはロシア使節の監禁とロシアへの宣戦布告が，ヒジュラ暦1182年ジェマズィエルエウェル月25日（西暦1768年10月7日）におきたとしている。*Hulâsat*, p. 20.

(17)　レスミによると，ヒジュラ暦1183年レビュルアヒル月9日（西暦1769年8月12日）に解任され，ヒジュラ暦1183年ジェマズィエルエウェル月10日（西暦1769年9月11日）に処刑された。*Hulâsat*, p. 30.

(18)　Danişmend, vol. 5, p. 63.

(19)　今回のロシア＝オスマン戦争と英国とのかかわりについては，Anderson M. S., Great Britain and the Russo-Turkish War of 1768–74, *EHR*, 69 (1954), pp. 39–58を参照。

(20)　*OT*, IV, p. 371.

(21)　*OT*, IV, p. 371.

(22)　*GOR*, vol. 8, p. 307.

(23)　レスミは300～500名としている。*Hulâsat*, p. 10. 彼等には毎月1,250～1,666クルシュが支給された。レスミは，1710年にスウェーデン国王カール12世のオスマン領内への亡命が戦争をひきおこしたことをひきあいに出しポトスキーPotoski の保護は今回の戦争の勃発の一因になったと指摘している。*Hulâsat*, pp. 11–12.

(24)　クズルエルマについてはEI^2, s. v. "ḲİZİL-ELMA" を参照。

(25)　サクランボ（あんず）のようなりんごの意味。容易に征服できることを文学的に表現していると考えられる。*Tükiyede Halk Ağızından Söz Derleme*

Dergisi, vol. 1, İstanbul, 1939, p. 98.

(26)　*Hulâsat*, p. 3.

(27)　1724年に生まれたので，44～45歳のときに大宰相に就任したと推察される。Danişmend, vol. 5, p. 63.

(28)　*Hulâsat*, pp. 8–9.

(29)　アクサンは，カルロヴィッツ（1699年）によりタタールがロシア領内へ侵略しないこと，さらにタタールはもはやロシアに貢租を要求しないことをオスマン帝国は約束させられたと述べている。イスタンブル条約（1700年）の誤りである。Aksan, p. 117.

(30)　*Hulâsat*, p. 5.

(31)　*OT*, IV, p. 375.

(32)　*Hulâsat*, p. 25.

(33)　商業都市としての隆盛は，14世紀にLvovとクリミア及びアッケルマンとの間で活発な通商がおこなわれた「タタール＝ルート」上に存在したからである。1538年にスレイマン大帝がモルダビアに侵入し，アッケルマン県を創設したとき，この都市のあらたな境界に堅固な要塞の建設を命じた。エウリヤ＝チェレビーは，「ベンデルは北方における帝国の鍵，つまりドニエプルのカザーク要塞である」と述べている。*EI²*., s. v. “BENDER”.

(34)　14世紀中葉から18世紀末までこの都市には要塞があり，バルト海からドニエストル川を経てコンスタンティノープルに至る重要な通商路にあり，かつ商品のかなり重要な集散地であった。1699年にKamanicaを喪失してからは，この都市はオスマン帝国の北方の砦の役割を果たした。*EI²*., s. v. “KHOTIN”, *İA*., s. v. “HOTİN”.

(35)　*OT*, IV, p. 375.

(36)　*OT*, IV, p. 375.

(37)　レスミは，食糧の供給がきわめて劣悪な状態にあったことを次のように語っている。「nüzül emini（兵站総監）は，倉庫に40年このかた眠っている石灰のようになった小麦粉や土の塊のようになった小さいパンを砕き新しい小麦粉に混ぜてパンを製造させた。それは食べられるしろものではなかった。しかし止むを得ず口にした多くの者は死んだ。ハンテペスィには墓碑が次々と建てられた」と。*Hulâsat*, pp. 13–14. レスミはこの問題の一因は，役人による買い占めにあると指摘している。Aksan, p. 141.

(38)　穀物の一部は荷車を牽引する家畜が食べ，一部は御者や泥棒のような従者がかすめた。ベンデルへの道は平坦ではなく，途方もない苦難を味わってやっとたどりついた。ベンデルの住民は「我々には穀物はない。なぜ来たのか」と冷たい態度をとった。*Hulâsat*, pp. 27–28.

(39)　ウンゲルマン Ungermann によれば，60,000の兵，9,000名のカザーク，12ポンド砲120門。Ungermann, R., *Der Russisch-türkische Krieg 1768–1774*, Wien und Leipzig, 1906, pp. 29–31.

(40)　1725年1月15日モスクワで生まれる。1770年7月のドナウ川下流方面の Larga および Kagul の戦いでオスマン軍を撃破した。その功労で元帥に昇進した。エカテリーナは1775年にキュチュク＝カイナルジャの講和交渉の功績に報い，さらに「Zaduaniskii（ドナウ川のかなたの意味）」の称号を与えた。後にロシア科学アカデミーの名誉会員に選出された。1796年12月19日に卒中で他界した。*The Modern Encyclopedia of Russia and Soviet History*, edited by George N. Rhyneand Joseph L. Wieczynski, Academic International Press, 1976, s. v. “Rumiantsev Petralesandrovich.”

(41)　ウンゲルマンによれば，24,000名のカルムク，40,000の兵，48門の砲。Ungermann, pp. 29–32.

(42)　ウンゲルマンによれば，6,000–10,000の兵。Ungermann, pp. 29–32.

(43)　*GOR*, Vol. 8 , p. 334.

(44)　*Hulâsat*, p. 35.

(45)　*OT*, IV, pp. 376–377.

(46)　Aksan, p. 134. ウンゲルマンは，タタールの兵力をふくまないで200,000名と考えている。Ungermann, p. 32.

(47)　*Hulâsat*, p. 10. balyemez 砲については，*EI*²., s. v. “BALYEMEZ” を参照。

(48)　*Hulâsat*, p. 14.

(49)　Aksan, p. 136.

(50)　1769年4月19日。Aksan, p. 144.

(51)　Vâsıf, vol. 2, p. 9.

(52)　Aksan, p. 145.

(53)　ベオグラード条約によってこの土地はロシアへ譲渡され，この地への移住者の大半がセルビア出身者であったので，Sırp-ı cedid（「新しいセルビア人の地」の意味）と呼ばれた。*OT*, IV, p. 378. レスミは Sırp-ı cedid の司令官という表記を使用している。*Hulâsat*, pp. 28–29.

(54)　ダニシメンドによれば，1769年8月12日土曜日。Danişmend, vol. 4, p.

45.
(55)　ダニシメンドによれば，1769年9月16日から17日の夜。Danişmend, vol. 4, p. 46.
(56)　*Hulâsat*, p. 32. オスマン軍は，300門の砲を放置してヒジュラ暦ジェマズィエルエウェル月20日（西暦1769年9月21日木曜日）にホティン要塞を去った。Vâsıf, vol. 2, p. 41.
(57)　ウズンチヤルシュルによれば，1769年9月28日木曜日。*OT*, IV, p. 383. ダニシメンドによれば，同年9月21日木曜日。Danişmend, vol. 4, p. 46.
(58)　ウズンチヤルシュルによれば，1769年12月16日。*OT*, IV, p. 384. ダニシメンドによれば，同年12月12日火曜日。Danişmend, vol. 5, p. 63.
(59)　イヴァズザーデ＝ハリル＝パシャは，第148代大宰相 Hacı-İvaz Mehmet Paşa の息子で，アルバニア人の出身である。Danişmend, vol. 5, p. 63. Halil Paşa の大宰相任命の勅令の写しは，モルドワンジュ＝アリー＝パシャの解任理由の一つとして，多くの資金が送られたがしみったれた性格のために，兵士に分配しなかったことを挙げている。*OT*, IV, pp. 384–385.
(60)　ヒジュラ暦1183年シェウワル月（西暦1770年1月28日～2月25日）。*İA*., s. v. “KAPLAN GİRAY II.”
(61)　1770年3月上旬。*İA*., s. v. “KAPLAN GİRAY II.”
(62)　Danişmend, vol. 4, pp. 50–51.
(63)　ルミャーンツェフは，この勝利以後オスマン側の史料では陸軍元帥という称号のみで一般に呼ばれている。Aksan, p. 127.
(64)　Danişmend, vol. 4, pp. 50–51. カルタルの惨事でオスマンの兵士の三分の一は戦死し，143門の砲と7千台の食糧を搬送する荷車はロシア軍の手に渡った。*OT*, IV, p. 387.
(65)　ウズンチヤルシュルによれば，1770年12月。*OT*, IV, p. 388. ダニシメンドによれば，1770年10月25日木曜日。Danişmend, vol. 5, p. 64.
(66)　*GOR*, vol. 8, pp. 366–367. ワースフは，カルタルの戦いより以前からベンデル要塞は包囲され，カルタルの敗北後も包囲は約3ヵ月続いたと述べている。Vâsıf, vol. 2, pp. 111–112.
(67)　*GOR*, vol. 8, p. 368. Vâsıf, vol. 2, pp. 113–114. *Hulâsat*, p. 43.
(68)　Aksan, p. 154.
(69)　*Hulâsat*, pp. 43–44.
(70)　ハンマープルクシュタルは，Georg Papasoghli と記述している。*GOR*,

vol. 8, p. 355.

(71)　*OT*, IV, p. 392. ハンマープルクシュタルによれば，フリゲート艦12隻，戦艦12隻などから成っていた。*GOR*, vol. 8, p. 355.

(72)　この時期の英国とロシア海軍との関係については，Anderson M. S., Great Britain and the Russian Fleet 1769–70, *Slavonic and East European Review, 31 (1952)*, pp. 148–163を参照。

(73)　Vâsıf, vol. 2, p. 70.

(74)　Vâsıf, vol. 2, pp. 70–71.

(75)　*GOR*, vol. 8, p. 356.

(76)　*GOR*, vol. 8, p. 356.

(77)　*GOR*, vol. 8, p. 356.

(78)　第153代（1770年10月末～1774年2月27日）及び第155代（1774年7月初め～1789年4月20日）海軍提督に就いた後，第182代大宰相（1789年12月3日～1790年3月29／30日）になった。Danişmend, vol. 5, pp. 67, 219–220.

(79)　*OT*, IV, p. 394.

(80)　モレアの総督で元大宰相を務めたムフスィンザーデ＝メフメットの報告によれば，ヒジュラ暦1183年ズイルカデ月第2水曜日（西暦1770年3月7日）にモレア半島南端の諸港に現われたようである。しかしウズンチヤルシュルは，この報告の日付をヒジュラ暦1183年ズイルカデ月7日としているが，この日は西暦1770年3月4日にあたり，報告の内容との間に不一致が見られる。*OT*, IV, p. 394.

(81)　ワースフは60,000名としている。Vâsıf, vol. 2, p. 71.

(82)　*GOR*, vol. 8, pp. 356–357. Vâsıf, vol. 2, p. 71.

(83)　*OT*, IV, s. 396. *GOR*, vol. 8, p. 357. ワースフは，ヒジュラ暦1183年ズイルヒジェ月13日（西暦1770年4月8日）としている。Vâsıf, vol. 2, p. 72.

(84)　*OT*, IV, p. 396.

(85)　*OT*, IV, p. 397. ムドン要塞は，5月29日に包囲攻撃から救われた。*GOR*, vol. 8, p. 358.

(86)　*OT*, IV, p. 397.

(87)　Vâsıf, vol. 2, p. 72. *GOR*, vol. 8, p. 358. モレア半島の反乱については，同地のスレイマン＝ペナフ＝エフェンディSüleyman Penah Efendiの年代記がある。この史料の転写については，Berker, A., Mora İhtilali Tatihçesi veya Penah Ef. necmuası, *Tarih Vesikaları*, vol. 7, pp. 63–80. vol. 8, pp. 153–160. vol. 9, pp. 228–240. vol. 10, pp. 309–320. vol. 11, pp. 385–400. vol. 12, pp. 473–480. を参照。さらにモレア半島の反乱について，Yuzo Nagata, *Muhsin-zade Mehmed Paşa ve Ayanlık Müessesesi*, Tokyo, 1976, pp. 39–66を参照。

（88）　*OT*, IV, p. 399.

（89）　1770年7月7日。*OT*, IV, p. 400.

（90）「チェシメの惨事」については，Oğuz Aydemir and Alî Rıza İşipek, *1770 Çeşme Deniz Savaşı*, Denizler Kitabevi, İstanbul, 2006. を参照。

（91）　*GOR*, vol. 8, p. 358. ハンマープルクシュタルは，このチェシメの敗北をレパントの海戦以後，オスマンの海戦史上最大の敗北と位置づけている。*GOR*, vol. 8, p. 359.

（92）　ウズンチヤルシュルは，ハサン＝パシャHasan Paşaの就任をヒジュラ暦1183年ズイルヒジェ月（西暦1770年4月）としている。Cezâyirli Gâzî Hasan Paşa' ya dair, *Türkiyat Mecmuası*, 7/8(1942), pp. 17–41. この日付は正しくないだろう。「チェシメの惨事」が，1770年7月6日から7日の夜にかけて起きたことに，オスマン側も西欧側の史料も一致している。ワースフは，エグリボズル＝イブラヒム＝パシャEğribozlu İbrahim Paşaが提督の地位を解任されてヒュサメッティン＝パシャが就任した日をEvahir-i Zülhicce（ズイルヒジェ月下旬）とし，「チェシメの惨事」の直後解任されジャフエル＝ベイが起用されたと述べている。Vâsıf, vol. 2, p. 68, p. 83. ハンマープルクシュタルは，ヒュサメッティン＝パシャの解任の日をヒジュラ暦1183年ズイルヒジェ月30日（西暦1770年4月26日）としている。ダニシメンドは，エグリボズル＝イブラヒム＝パシャの解任を1770年4月26日と，ヒュサメッティン＝パシャの就任を1770年4月26日および解任を1770年7月と，ジャフエル＝ベイの就任を1770年7月及び解任を1770年10月末と，ハサン＝パシャの就任を1770年10月末及び解任を1774年2月27日としている。ハサン＝パシャは，1774年7月初め〜1789年4月20日の期間に二度目の提督についている。のちに第182代の大宰相（在職期間1789年12月3日から1790年4月29の夜から30日に逝去するまで）となった。Danişmend, vol. 5, pp. 67, 218–220.

（93）　ヒジュラ暦1184年レビュルエウェル月17日が正確ならば，西暦1770年7月11日にあたる。ウズンチヤルシュルは7月10日としているが，この日付は誤りであろう。*OT*, IV, p. 401. *İA*., s. v. "HASAN PAŞA."

（94）　Vâsıf, vol. 2, p. 118.

(95)　1770年10月22日月曜日。Danişmend, vol. 4, p. 51.

(96)　1770年。*OT*, IV, p. 405.

(97)　*OT*, IV, p. 406; Mustafa Nuri Paşa, *Netaic-ül-vukuat*, vol. 3, İstanbul, 1327, p. 57.

(98)　*OT*, IV, p. 406.

(99)　Fisher, A. W., *The Russian Annexation of the Crimea 1772–83*, Cambridge U.P., 1970, p. 34. ウズンチャルシュルによれば，クリム＝ハーン国のハーンとしてカプラン＝ギライ Kaplan Giray がハーン位につくすこし前にノガイ＝タタールはロシアに従属した。*OT*, IV, p. 407. イナルジクによると，カプラン＝ギライは，ヒジュラ暦1183年シェウワル月（西暦1770年 1 月27日～ 2 月25日）に，ハーン位に就いたとみなしている。*İA*., s. v. "KAPLAN GIRAY." 彼はオスマン政府に軍事援助を要請し，ロシアとカルムクの同盟関係を牽制しようとした。クリミア方面の司令官イブラヒム＝パシャもこの考えに賛成したが，しかしイスタンブルではハーン解任が決定した。同年11月ころまで在位したようである。
*EI*², s. v. "KAPLAN GIRAY."

(100)　1771年 7 月 8 日。*OT*, IV, p. 407. ウルカプに，30,000名のロシア軍と60,000名のノガイ＝タタールが攻撃をしたといわれている。*OT*, IV, p. 407; *GOR*, vol. 8, p. 387; Vâsıf, vol. 2, p. 167.

(101)　Vâsıf, vol. 2, p. 168.

(102)　1771年 8 月 6 日。*OT*, IV, p. 408.

(103)　クリム＝ハーン国がどのような協定を結んでロシアの手に渡ったかについては，クリミア方面の司令官イブラヒム＝パシャの defter emini（主任会計官）であるネジャティ＝エフェンディ Necati Efendi の著作がある。この著作については，Unat F. R., Kırımın Osmanlı idaresinden çıktığı günlere ait bir vesika: Necati Efendi Sefaretname veya Sergüeştnamesi, III. *Tüuk Tarih Kongresi, Kongreye sunulan tebliğler*, Ankara, 1948, pp. 367–374 を参照。

(104)　Vâsıf, vol. 2, p. 168.

(105)　このころ従軍していたワースフは捕虜となり，ペテルブルクで 9 ヵ月過ごした。*EI*²., s. v. "WĀṢIF."

(106)　*GOR*, vol. 8, pp. 387–388. Danişmend, vol. 4, p. 52.

(107)　レスミは，1771年 2 月に大宰相代理に再任されていた。Aksan, p. 156, n. 210.

（108）Köse, O., 1774 Küçük Kaynarca Andlaşması, Ph.D. dissertation, Ondokuz Mayıs Üniversitesi（Samsun, Turkey），1997（Köse, 1997と略す），p. 81; Köse, O., 1774 Küçük Kaynarca Andlaşması, Ankara, 2006（Köse, 2006と略す），p. 56; Roider, p. 117. 1771年7月6〜7日の夜に調印された。Sorel, p. 176; Sorel（英語版）, p. 154.

（109）Köse, 1997, p. 81; Sorel, p. 194; Sorel, p. 168.（英語訳）

（110）Sorel, p. 260; Sorel, p. 225.（英語訳）

（111）伝染病によるロシア人・ポーランド人の死者は16,000名を数えたと言われている。Sorel, p. 126; Sorel, p. 108.（英語訳）同時代ロシアに駐在したプロイセンの外交官は，ロシア軍のおかれた厳しい状況を伝えている。野戦病院の不整備が多くの死者を出した。召集された兵士の半数は，途中で死去するか脱走した。Sorel, p. 202; Sorel, p. 175.（英語訳）キョセは，133,295名が戦争勃発から休戦条約締結の交渉が行われるまでに死去したと指摘している。Köse, 1997, p. 82; Köse, 2006, p. 71.

（112）*OT*, IV. p. 413.

（113）Sorel, p. 124; Sorel, p. 107.（英語訳）

（114）1772年7月，ロシア・プロイセン・オーストリアの間で締結された。

（115）Sorel, pp. 127–128; Sorel, pp. 109–111.（英語訳）

（116）Aksan, p. 155.

（117）Aksan, p. 155.

（118）Roider, p. 126.

（119）Roider, p. 127.

（120）Sorel, p. 233. Sorel, p. 202.（英語訳）

（121）Sorel, p. 252. Sorel, p. 218.（英語訳）

（122）Vâsıf, vol. 2, p. 181.

（123）Aksan, p. 156.

（124）*Hulâsat*, p. 53; Vâsıf, vol. 2, p. 207; Köse, 1997, p. 82; Köse, 2006, p. 71. süvari mukabelecisi（騎兵に関する書類を扱う役人）アブドュルケリム＝エフェンディAbdulkerim Efendi, Divan kesedarı（御前会議の会計官）ドゥリ＝エフェンディDurri Efendi, Divan tercumanı（御前会議の通訳）イスケルレト＝エフェンディİskerlet Efendi。

（125）Köse, 1997, p. 82; Köse, 2006, p. 71.

（126）調停者への経費支払いについては，*GOR*, vol. 8, p. 400.

（127）Roider, pp. 123–130.

（128）Vâsıf, vol. 2, p. 209.

（129）Enverî, pp. 272–273.

（130）*OT*, IV, p. 414. しかし Enverî p. 293. や Vâsıf, vol. 2, pp. 207–208は，1772年 5 月10日（ヒジュラ暦1186年サフェル月 7 日）としている。また Ungermann p. 182は 6 月初旬としている。ハンマープルクシュタル（*GOR* vol. 8, p. 397）やソレル（Sorel, p. 261. Sorel, p. 226（英語訳））は，6 月10日に休戦条約が調印されたとしている。

（131）Enverî, p. 293. ワースフは，休戦期間は10月初旬まで（Vâsıf, vol. 2, p. 209.），キョセは10月下旬まで（Köse, 1997, p. 84; Köse, 2006, p. 73）としている。休戦条約の諸条項については，Vâsıf, vol. 2, pp. 208–209; Köse, 1997, pp. 83–84; Köse, 2006, pp. 73-74. を参照。地中海での戦いについては，Nakşepare (Naksos-Paros) 島の Ose 港でムスタファ＝ベイ Mustafa Bay とスピリドルフ Spiridorf との間で1772年 7 月12日に10ヵ条からなる休戦条約が調印された。休戦期間は，1772年11月12日までである。Köse, 1997, pp. 84–85; Köse, 2006, pp. 73–74.

（132）Aksan, p. 157.

（133）Sorel, p. 261. Sorel, p. 226（英語訳）（1772年 6 月 6 ～ 7 日の夜，トゥグートへのオスマン政府の回答）.

（134）書記官長の在職期間は，1767年10月～1769年 2 月 8 日。Danişmend, vol. 5, pp. 345–346.

（135）Vâsıf, vol. 2, p. 218. キョセは，6 月16日としている。Köse, 1997, p. 86; Köse, 2006, p. 75.

（136）Vâsıf, vol. 2, p. 218. ワースフによれば，調停役のプロイセン・オーストリア両国のイスタンブル駐在大使には，それぞれ経費として25,000クルシュが支払われた。レスミは，15～20万クルシュが支払われたとしている。*Hulâsat*, p. 53.

（137）Aksan, p. 157.

（138）*Hulâsat*, pp. 53–54; Enverî, p. 307; Ungermann, p. 184.

（139）Sorel, p. 263. Sorel, p. 227.（英語訳）

（140）Köse, 1997, p. 86. Köse, 2006, p. 75. ソレルは，1772年 4 月19日としているが，誤りである。Sorel, p. 263. Sorel, p. 227.（英語訳）

（141）ヒジュラ暦，1186年ジェマズィエルエウェル月 9 日。*OT*, IV, p. 424.

Köse, 1997, p. 86; Köse, 2006, p. 76; Ungermann, p. 184.

（142） *Hulâsat*, p. 54. Vâsıf, vol. 2, p. 223.

（143） Enverî, p. 315. Köse, 1997, p. 86; Köse, 2006, p. 76.

（144） Sorel, p. 263. Sorel, p. 227.（英語訳）

（145） Köse, 1997, p. 87; Köse, 2006, p. 77; Ungermann, p. 184.

（146） *Hulâsat*, p. 54.

（147） *Hulâsat*, p. 54.

（148） *OT*, IV, p. 415. *GOR*, vol. 8. p. 404. Köse, 1997, pp. 87–88; Köse, 2006, p. 77.

（149） Sorel, p. 264; Sorel, p. 228.（英語訳）

（150） *Hulâsat*, p. 54.

（151） Aksan, p. 158. n. 219.

（152） Enverî, p. 321. は，オルロフの帰国の出発日を８月26日としている。

（153） Köse, 1997, p. 88; Köse, 2006, pp. 77–78.

（154） Öz Tahsin, Yerköy Mükâlemelerinde Murahhaslar için gönderilen Büyüler, *Türk Tarih Vesikalar*, 2 (1942), p. 102.

（155） *Hulâsat*, pp. 54–55.

（156） *Hulâsat*, p. 55; Vâsıf, vol. 2, p. 225.

（157） *Hulâsat*, pp. 54–55.

（158） *Hulâsat*, p. 55.

（159） Vâsıf, vol. 2, p. 225; *Hulâsat*, pp. 55–56; Enverî, p. 322.

（160） *Hulâsat*, p. 56.

（161） Aksan, p. 158.

（162） *Hulâsat*, p. 56.

（163） Köse, 1997, p. 90; Köse, 2006, p. 79; Vâsıf, vol. 2, p. 226; Ungermann, pp. 184–185; Enverî, pp. 324–325.

（164） Vâsıf, vol. 2, p. 227.

（165） Vâsıf, vol. 2, p. 227.

（166） Vâsıf, vol. 2, p. 227.

（167） Köse, 1997, p. 92; Köse, 2006, p. 80.

（168） Ungermann, p. 185.

（169） Vâsıf, vol. 2, p. 230.

（170） Vâsıf, vol. 2, p. 230.

（171） Aksan, p. 159.

（172）Vâsıf, vol. 2, p. 232.

（173）Vâsıf, vol. 2, p. 232.

（174）エンヴェリーは，1772年9月24日としている。Enverî, pp. 325–326.

（175）Köse, 1997, p. 93; Köse, 2006, p. 81.

（176）Köse, 1997, p. 93, n. 411; Köse, 2006, p. 82.

（177）Akasan, p. 160.

（178）書記官長としての在職期間は，1772年1月21日～1774年6月25日。Danişmend, vol. 5, p. 346.

（179）1772年10月8日。Köse, 1997, p. 93.

（180）Köse, 1997, p. 93, n. 413; Köse, 2006, p. 82.

（181）Enverî, p. 329.

（182）Köse, 1997, p. 94, n. 418; Köse, 2006, p. 88.

（183）Aksan, p. 160. Vâsıf, vol. 2, p. 237. キョセは，11月6日としている。Köse, 1997, p. 94; Köse, 2006, p. 83.

（184）Köse, 1997, p. 94; Köse, 2006, p. 83. ワースフは延長の日をNevruz（3月22日）と呼んでいる。Vâsıf, vol. 2, p. 237. ウンゲルマンは，第一回目の交渉を，1772年11月20日と，休戦の延期日を1773年3月21日としている。Ungermann, p. 184, p. 186.

（185）Köse, 1997, p. 94, n. 421; Köse, 2006, p. 83.

（186）Köse, 1997, pp. 94–95; Köse, 2006, pp. 83–84; Vâsıf, vol. 2, pp. 241–242; *GOR*, vol. 8, p. 410 ff.

（187）ヒジュラ暦52年（1739年）の誤りであろう。キョセも，ベオグラード条約（1739年）とみなしている。Köse, 1997, p. 95; Köse, 2006, pp. 84.

（188）Vâsıf, vol. 2, p. 242.

（189）Aksan, p. 161, n. 233.

（190）Enverî, p. 338; Ungermann, p. 186.

（191）Enverî, p. 338; Ungermann, p. 186.

（192）Enverî, pp. 337–339; Vâsıf, vol. 2, p. 243; Ungermann, p. 186.

（193）約1,670万～約2,080万クルシュを支払う。*Hulâsat*, p. 57.

（194）*Hulâsat*, p. 57.

（195）*Hulâsat*, p. 57.

（196）Köse, 1997, p. 96, n. 426; Köse, 2006, p. 85; Vâsıf, vol. 2, p. 243.

（197）ワースフによれば，3年に1回支払う。Vâsıf, vol. 2, p. 243.

（198）ワースフには，この項目はない。Vâsıf, vol. 2, p. 243.
（199）Vâsıf, vol. 2, p. 243.
（200）Köse, 1997, p. 96; Köse, 2006, p. 85; Vâsıf, vol. 2, pp. 243–244; *Hulâsat*, p. 58.
（201）*Hulâsat*, p. 58; Vâsıf, vol. 2, p. 244.
（202）*Hulâsat*, p. 59; Vâsıf, vol. 2, p. 244. ワースフは，オスマン＝エフェンディはとどめようもなく大声で叫んで皆を納得させたと，書きとどめている。
（203）Ungermann, p. 187.
（204）*Hulâsat*, pp. 61–62; Vâsıf, vol. 2, pp. 245–246.
（205）*Hulâsat*, pp. 61–62; Vâsıf, vol. 2, pp. 245–246
（206）Sorel, p. 285; Sorel p. 245.（英語訳）
（207）Ungermann, p. 193.
（208）Köse, 1997, p. 107; Köse, 2006, p. 96.
（209）Enverî, p. 347.
（210）Aksan, p. 164, n. 243.
（211）Aksan, p. 164, n. 243.
（212）Aksan, p. 164, n. 243.
（213）Ungermann, pp. 193–231.
（214）Köse, 1997, p. 112. n. 492; Köse, 2006, p. 100; *İA.*, s. v. “MUSTAFA III.”
（215）レスミは，ヒジュラ暦1188年ズイルカデ月８日としているが，1187年の誤りである。*Hulâsat*, p. 70.
（216）*İA.*, s. v. “ABDÜLHAMİD I.”
（217）Köse, 1997, p. 113, n. 495; Köse, 2006, p. 101.
（218）*Hulâsat*, p. 71.
（219）Druzhinia, pp. 258–259.
（220）*Hulâsat*, pp. 71–72.
（221）Ungermann, p. 234.
（222）Ungermann, p. 235.
（223）Köse, 1997, p. 113; Köse, 2006, p. 101.
（224）Enverî, p. 418.
（225）Aksan, p. 165, n. 251. *Hulâsat*, pp. 72–74. ウンゲルマンは，オスマン側の死傷者を4,000名と推計している。Ungermann, p. 240. Longworth, 97 によればコズルジャの死傷者を3,000名としている。

（226）*Hulâsat*, pp. 75–76.

（227）Aksan, p. 165. n. 252.

（228）Aksan, p. 165.

（229）Vâsıf, vol. 2, pp. 302–303; *Hulâsat*, p. 76. Köse, 1997, p. 116.

（230）Köse, 1997, p. 116; Köse, 2006, p. 104.

（231）Köse, 1997, p. 116, n. 514; Köse, 2006, p. 104.

（232）Vâsıf, vol. 2, p. 304. Köse, 1997, p. 117, n. 516; Köse, 2006, p. 105.

（233）Vâsıf, vol. 2, p. 305.

（234）Köse, 1997, p. 120; Köse, 2006, pp. 105.

（235）*Hulâsat*, p. 77; Köse, 1997, p. 120, n. 522; Köse, 2006, p. 108.

（236）Köse, 1997, p. 120, n. 523; Köse, 2006, pp. 108.

（237）Aksan, p. 166, n. 255.

（238）Vâsıf, vol. 2, pp. 304–305. レスミは包囲から12日目に出発したと，書きとどめている。*Hulâsat*, p. 79. Enverî, pp. 436, 2–3.

（239）*Hulâsat*, p. 79.

（240）キュチュク＝カイナルジャは，ルミャーンツェフの司令部があるシリストレから4時間の行程の所に位置している。Köse, 1997, p. 120; Köse, 2006, pp. 108–109. ルミャーンツェフが講和交渉の場所としてこの地を選んだのはこの地で戦死したWaysmanを記念したからである。*İA.*, s. v. “KÜÇÜK-KAYNARCA.”

（241）Köse, 1997, p. 121; Köse, 2006, p. 110.

（242）プルート条約締結にあわせて（1774年）7月21日に調印された。Köse, 1997, p. 122; Köse, 2006, p. 110.

（243）本書第1部第1章を参照。

（244）Naff, Ottoman Diplomatic Relations, p. 102.

（245）Lewis, B., *The Middle East and the West*, Weidenfeld and Nicolson, 1964, p. 117.

第２節　キュチュク＝カイナルジャ条約（1774年）について

第28条によれば，ロシアの代表者は，ロシア語およびイタリア語の条約文に，他方，オスマンの交渉者は，オスマン語およびイタリア語の条約文にそれぞれ署名した。すなわち本条約についてはロシア語，イタリア語，オスマン語の三種類の言語が公用語であり，またイタリア語条約文にはロシア・オスマン両国の代表者が署名していることは注目すべき事実である。もちろん仏語，英語，独語訳も存在している。本節では六種類の言語で書かれた条約文を言語別に整理，分類しオリジナルな条約文の内容・形態をわれわれに最も正しく伝えてくれる史料がいずれかを検討していく。現在までロシア語，イタリア語，オスマン語で書かれた三種類のオリジナルな条約文はまだ発見されていない。

1　オスマン語条約文

書体の点からアラビア文字あるいはラテン文字で書かれた史料に分かれる。さらに前者は手書きのものと印刷されたものに分かれる。

(a)　アラビア文字の書体

「諸外国台帳」[(1)]（Düvel-i Ecnebiye Defterleri, DEDと略す）の中に「ロシア条約台帳」（Rusya ahidname defteri）83/1がある。本台帳はヒジュラ暦1113～1249年（西暦1701～1833年）の期間をカバーし，266件の条約を含んでいる。139～149頁に1774年の条約文がある。ほぼ同時代人が書き写したものと推察され[(2)]，現在のところ最も信頼性の高いオスマン語史料であるといえる。前文はある。条項ごとに改行はされていないが，第１条とか第２条という語句は赤色で書かれている。hatime（結び）はあるが，追加の

2条は見られない（追加の2条はロシア軍のオスマン領からの撤退とオスマン帝国が支払う戦争賠償金の総額および支払方法について言及している）。

刊本史料は，『諸条約集』（*Muʿâhedât Mecmûʿası*, 5 vols., İstanbul, 1876–1882.）(3)や『ジェウデトの歴史』（*Târîh-i Cevdet*）(4)の中に収録されている。両史料とも前文は省略されている。前者には省略されている hatime（結び）は後者には見られる。後者には追加の2条は要約の形で見られる。両者の間には表現の違いが若干みられる。両者とも条項ごとに改行されている。

歴史家でかつ高官でもあったムスタファ＝ヌリ＝パシャ Mustafa Nuri Paşa（1824〜1890年）の著書 *Netayicüʾl-Vukûât*（『諸事件の結果』，İstanbul, 1877–1909）に掲載されている条約文(5)は，ほとんど『ジェウデトの歴史』のものと同じである。

『諸条約集』や『ジェウデトの歴史』の出典は明かではなく，「諸外国台帳」とたえず比較検討する必要がある。

(b)　ラテン文字の書体（転写）

オスマン人の法学者エリム Erim の著作(6)がある。原則として，彼は，既述した『諸条約集』から，59件の条約文をとりあげ，解説をつけてラテン文字による転写を行っている。転写は必ずしも正確ではない。前文はない。追加の2条はあるが出典は明示されていない。

条約文を要約したものとしてレシャト＝エクレム Reşat Ekrem の著書がある(7)。

2　イタリア語条約文

(a)　マルテンス版

ゲッティンゲン大学の教授 von Martens, G. F., マルテンス(8)が編纂した条約集(9)に収録されている。彼は条約文を1774年の *La Storia dell'Anno* から入手したことを脚注で述べている(10)。しかしどこで入手したかは説明していない。第2版では左の頁にイタリア語の条約文が，右の頁にはロシアで翻訳されたフランス語の条約文が掲載されている。1954年までは「マルテンス版」が唯一のイタリア語条約文であると考えられてきた。ところが1955年にロシアのDruzhinina, E. I., ドルジニナ女史の研究書が出版された。彼女の研究は基本的に同時代のロシア語の写しに依拠している。彼女はロシアの文書館でイタリア語の条約文の写しを発見した(11)。その条約文の第1頁と最後の頁がファクシミリの形で彼女の書物におさめられている（以後このイタリア語の条約文を「ロシア版」と呼ぶ)。「ロシア版」の最後の頁の下の部分にロシアの交渉者ニコライ＝レプニン公とオスマン側の首席代表アフメット＝レスミ＝エフェンディ，次席代表イブラヒム＝ムニブ＝エフェンディの署名が見られる(12)。「マルテンス版」にはこれらの署名はない。「ロシア版」と「マルテンス版」との間には綴の違いや異なった表現が散見され，「ロシア版」の存在は「マルテンス版」がオリジナルな条約文の正確な写しであるか否かについて疑問を抱かせるに十分である。

(b)　ヴェネツィア版

デーヴィソン教授が約10年前にヴェネツィア国立文書館でイタリア語の条約文を発見した。この史料はイスタンブル駐在のヴェネツィア使節Polo Renier ポロ＝レニエル(13)が入手したものである。彼は本条約文がイスタンブルで公開されるとオスマン政府は，ロシアが獲得した諸権利に対しておこる反発を恐れて，秘密にしていたので入手に苦労したようである(14)。当時イスタンブル駐在のオーストリア使節トゥグート（1736年3月31日〜1818年5月28日）は1774年9月3日付けの本国政府宛の書簡のなかで7月に結ばれたカイナルジャ条約が公表されていないことについての不満を述べている(15)。

レニエルは1774年11月3日付けヴェネツィア総督宛の書簡のなかでつぎのように述べている。「ロシア・オスマン間に締結された講和条約を，起草されたのと同じイタリア語で総督殿下に同封し，今送ることができる大きな喜びを味わっている。本条約文はオスマンの記録台帳から得たものである。これを入手するためには，このようなきわめて重要な問題の機密を扱う管理者に賄賂を送ることが必要であった。……殿下はこの文書を入手するために，私がどれほどの努力をはらったかを，またどんな策をめぐらしたかを十分ご想像していただけるでしょう。……殿下は，あらゆる国でこのような性質の文書を入手するためには，金を使わねばならないことをご存じだろう。実際に私が言えることは，他の国の人ならもっと多くの金を使わねばならなかったであろうということである。というのは私は鎖のない金時計1個……金糸のダマスクス織りの衣服2着，金製の皿2枚——私は殿下の承認を得たいが——だけを提供することによって，この文書を入手できたからである」(16)。

この書簡の内容からレニエルは，賄賂を使ってオスマンの高官から1774年条約のオスマン語文をじかに見る機会を得て，それをイタリア語に翻訳し本国へ送ったと推察できる。条約文が公表されていない段階にあって，条約文の内容を知ることがレニエルにとってきわめて重要であったので，条約を締結した人たちの署名や捺印についての説明がなくてもなんら不思議ではない。

今回の講和条約は三回目のキュチュク＝カイナルジャで講和が成立した。これに先だって第1回，第2回の講和交渉が1772～73年にフォクシャンおよびブカレストで行われた。ロシアの全権代表として出席したオブレスコフが彼の通訳Piniピニに原文をイタリア語で書かせ，オスマンの代表にオスマン語訳で伝えたといわれている(17)。ロシア使節の通訳にイタリア語を理解できる人物がいたことは今回の講和条約の公用語としてイタリア語が採用されたことを推察させる。

ヴェネツィア版のイタリア語条約文は19葉から成っている。1葉の大きさは横25.5cm，縦36.2cmである(18)。美しい手書きで，染みや虫食いもほとんどなく保存状態はきわめて良好である。前文はあるが。追加の2条と交渉者の署名は見られない。この「ヴェネツィア版」に，両国の交渉者の署名がないことは公表されていない条約文の内容を本国政府に伝えるときに，敢えて翻訳しなかったのであろう。若干の言葉がとじしろにくいこんで読みづらい。デーヴィソンはこの「ヴェネツィア版」と「ロシア版」はほぼ同一であると推察している(19)。しかし第1頁と最後の頁との比較だけでこのようなことは言えるだろうか。

「マルテンス版」と「ヴェネツィア版」との間には綴の違いのみならず異なった表現が見られる。たとえばその一例としてロシア君主の称号をオスマン語で表記している第13条の一部があげられる。「マルテンス版」では「Temam Bascielerin Padtsciuch」（『マルテンス条約集』，第2版，第2巻，300頁）となっている部分が，「ヴェネツィア版」では「Temamen Russianin Padisciah」（113頁）となっている。アンダーラインの単語は大きく異なる。後者はロシア（人）を意味するが，前者は全く意味不明の言葉である。「マルテンス版」ではなぜこのような意味不明の言葉が使用されたのか理解できない。「マルテンス版」より「ヴェネツィア版」の方がイタリア語のオリジナルな条約文に近いと推察できる。換言すれば「マルテンス版」はオリジナルなイタリア語の条約文の正確な写しとは考えがたい。すなわち現段階ではイタリア語の条約文としては，「ヴェネツィア版」が最も信頼できる史料と言える。なお「ヴェネツィア版」と「ロシア版」の比較検討は今後の課題として残る。

3　ロシア語条約文

(a) 『ロシア帝国法大全』(20)

Polnoe Sobranie Zakonov Rossiiskoi Imperii（*PSZ* と略す），St. Petersburg, 1830–1916, Series 1, vol. 19, no. 14164, pp. 957–967におさめられている。前文はあるが，追加の2条はない。既述のドルジニナ女史の研究書には前文及び追加の2条はある。彼女は *PSZ* と同時代の写しとの間には表現の違いは若干見られるが，条約文の意味を解釈するうえで影響を及ぼすものではないと注釈をつけている。彼女は数種類の古文書を使用しているが，オリジナルなロシア語の条約文の存在については言及していない。

4　仏語訳の条約文

(a)　Martens, vol. 1, pp. 507–522.

デーヴィソンはマルテンスがイタリア語条約文からフランス語に翻訳したと推察している(21)。前文はあるが，追加の2条はない。522頁の左下にロシアの代表者レプニン公と陸軍元帥ルミャーンツェフ伯，同頁の右下にオスマンの代表者で国璽尚書アフメット＝レスミ＝エフェンディと書記官長イブラヒム＝ムニブ，大宰相ムフスィンザーデ＝メフメット＝パシャの捺印があることを示している。

(b)　Martens, vol. 4, pp. 607–638.

デーヴィソンによると606〜607頁に，「本条約文は1775年にロシアで行われた公認のフランス語訳の条約文である」という注がある(22)。

(c)　Martens^2, vol. 2, pp. 286–321.

286頁には，「オリジナルな言語（イタリア語）で書かれた条約文とロシア当局によってフランス語に翻訳された条約文とを並記する」という注がある。左の頁にイタリア語の条約文が，右の頁にフランス語訳の条約文があることを筆者は実際に確認した。このフランス語訳はParry, C., ed., *Consolidated Treaty Series*, vol. 45, London, 1969, pp. 368–385にファクシミリの形で収録されている。

(b)は実際に見ることはできなかったが，大切なことは，(b)と(c)はいずれもロシア政府によっておこなわれたフランス語訳であり，注の内容からすれば(b)と(c)の条約文の内容はほぼ同じものと考えることができる。だが，(a)と(b)・(c)の間には著しい相違が見られる。それはオスマン領に住むキリスト教徒に対するロシア君主の保護権にかかわる条項においてである。第14条に，「……ロシア君主はイスタンブルの一角に一つの教会を建て，この教会にかかわる人たちを保護する権利を持つ……」という文章がある。この教会の種類をめぐって研究者の間においても見解が大きく異なっている。問題になっている部分について，(a)では「église Russe-Grecque」(23)となっている。英語で表記すればRussian-Greek churchとなる。Russian church（ロシア正教会）やGreek church（ギリシア正教会）ならよく知られている言葉である。しかしRussian-Greek churchはなじみのない奇妙な言葉である[(24)]。他方(c)では「une église publique du rit Grec」[(25)]となっている。(a)と(c)は明かに異なっている。

(d)『Noradounghian編纂の条約集』

Noradounghian, G. E., *Recueil d'actes internationaux de l'empire ottoman*, vol. 1[(26)] Paris, 1897, Nendeln/ Liechtenstein, 1978², pp. 319–334.（以下Noradounghianと略す）

編者ノラドゥンジアンはオスマンの法律顧問官を勤めた人物である。前文と追加の2条は見られる。出典は明記されていないが，上述の(a)に類似しているように思われる。(c)とは明かに異なっている。というのは第14条の教会の性格について「l'Église Russo-grecque」と記述されている。(a)の「église Russe-Grecque」に近い表現で，(c)の「une église publique du rit Grec」とはまったく違う表記である。すなわちロシアで翻訳されたフランス語訳とは異なることは明白である。デーヴィソンはイタリア語もしくはオスマン語条約文からの翻訳であろうと推察している[(27)]。だがデーヴィソンがこの見解を明かにしたときには，「ヴェネツィア版」のイタリア語の条約文はまだ発見されてはいなかった。『マルテンス条約集』第1版に収録されているイタリア語の条約文を筆者は確認できなかった。もし『マルテンス条約集』第1版と『マルテンス条約集』第2版に見られるイタリア語条約文が同じであると仮定すれば，イタリア語条約文からの翻訳ではないと考えられる。既に述べた第13条のロシアの君主の称号に関するオスマン語表記について，『マルテンス条約集』第2版に見られるイタリア語条約文では「Temam Bascielerin Padtsciuch」[(28)]となっている。しかし『ノラドゥンジアン編纂の条約集』では「temamen Russielileroun Padischahi」[(29)]となっている。下線部分はとくに異なっているが他の二つの単語も厳密にオスマン語文法の見地からするとズレている。『ジェウデトの歴史』にある該当部分は「tamamen Rusyalıların Padişahı」[(30)]となっており，きわめて類似している。オスマン語史料の「諸外国台帳」や『諸条約集』の場合はやや異なっている。すなわち「tamamen Rusyaların Padişahı」(31)であり，下線部分が異なっているのがわかる。『ノラドゥンジアン編纂の条約集』はイタリア語史料ではなくてオスマン語史料，より正確には『ジェウデトの歴史』からの翻訳ではないかと推察される。

5　英語訳条約文

(a)　イギリスの議会史料(32)

入手できず確認できなかったが，デーヴィソンによればロシアで行われたフランス語訳の条約文からの重訳である。

(b)　『ヒュレウィッツ編纂の条約集』(33)

本条約集に収録されている1774年条約文は，ロシアで作成されたフランス語訳であることは明白である。というのは第14条でロシア君主に保護権が与えられた教会の性格の記述を比較検討すれば明らかである。『ヒュレウィッツ編纂の条約集』に記述されている「a public church of the Greek ritual」(34)は，ロシアでフランス語訳された該当部分「une église publique du rit Grec」とまったくといってよいほど類似している。

(c)　『アンダーソン編纂の条約集』(35)

本書の書名からも明らかなように，本書はキュチュク＝カイナルジャ条約からローザンヌ条約までを扱っている。約180頁の小冊子で，各条約の全文を掲載していない。キュチュク＝カイナルジャ条約は9～14頁に，解説と第3条，第7条，第11条，第13条，第14条，第16条（第1項，第2項，第7項，第9項，第10項），第17条（第1項，第2項，第3項，第4項），第18条，第19条，第20条，第21条が収録されている。本文の出典は明記されてはいないが，ロシアで翻訳されたフランス語訳にもとづいていることは明白である。第14条でロシア君主に保護権が与えられた教会の性格についての記述はつぎのとおりである。「a public church of the Greek ritual」(36)は，『ヒュレウィッツ編纂の条約集』に収録されているものとまったく同じである。追加条項（一部省略）は，すでに述べたドルジニナ女史の研究書の359～360頁からの英語訳である。

(d)『ヴェルナッキー（1887～1973年）編纂の史料集』(37)

本条約文の出典は*PSZ*と明記されている。第3条，第7条，第11条，第16条（第1項，第2項，第4項，第6項，第7項，第8項，第10項），第17条（第1項，第2項，第3項），第18条，第19条，第20条の訳がある。しかしすべてにわたって全訳ではなくて抄訳である。

(e)『イスラエル編纂の条約集』(38)

第1巻，913～929頁に収録されている。前文および追加の2条もある。出典は明記されていないが，序文からフランス語からの翻訳であることは明白である。しかしロシアで行われたフランス語訳でないことは間違いないであろう。というのは第14条のロシア君主に保護権が与えられた教会についての記述は「Russo-Greek Church」(39)であるから。「une église publique du rit Grec」(『マルテンス条約集』，第1版，第4巻。『マルテンス条約集』，第2版，第2巻）からの翻訳ではありえない。さらに第13条のロシア君主のオスマン語表記とを考慮にいれると，『ノラドゥンジアン編纂の条約集』からの翻訳であると考えられる。

6　独語訳条約文

(a)　ウンゲルマンの著書(40)

前文と追加の2条はない。全文29カ条から成っている。他の史料では本文はすべて28ヵ条から成っていた。この違いはすぐに解決される。たとえば『ヒュレウィッツ編纂の条約集』や『イスラエル編纂の条約集』の場合と比較しても明白であるが，ウンゲルマンは第24条を二つに，すなわち第24条と第25条に分けているために全文29ヵ条となっている。

彼によれば出典は*Geschichte des gegenwärtigen Krieges zwischen Russland, Polen und der Ottomanischen Pforte*, 34. Teilである。本文の注の出典の多くは*Geschichte des gegenwärtigen Krieges zwischen Russland, Polen und der*

Ottomanischen Pforte である。この史料が何時，どこで刊行されたのか彼の書物からでは理解できない。第14条でロシアが保護できる教会の表記は「eine öffentliche Kirche sein und die Russisch-Griechische」(41) となっていること，さらに第13条でロシア君主の称号のオスマン語表記が「Temamen Buscielerin Padischah」(42) となっていることを考えあわせると，もとの史料はマルテンスのイタリア語条約文ではないかと推察される。

7　その他(43)

第2条，第3条，第5条，第8条，第11条，第13条，第16条がフランス語訳，ドイツ語訳，英語訳の順番に並記されている。出典は明記されている。英語訳は『ヒュレウィッツ編纂の条約集』や『イスラエル編纂の条約集』が，フランス語訳は『マルテンス条約集』，第2版，第2巻，286～321頁や『ノラドゥンジアン編纂の条約集』などが，ドイツ語訳は *Fortgesetze neue genealogische Nachrichten*, Bd. 158,71:Art. VII, VIII:v. Jasmund, *Aktenstücke zur orientalischen Frage*, Bd. 1,7. が出典である。ドイツ語訳の出典は確認できなかったが，第13条のロシア君主の称号のオスマン語表記，「Temamen Buscielerin Padisciah」から判断すれば，もとの史料はマルテンスのイタリア語条約文ではないかと推察される。

結　び

基本的に入手可能な史料にもとづき，キュチュク＝カイナルジャ条約文を言語別に検討した結果以下のことが言える。現在オリジナルな史料が発見されていないことを考慮に入れると，オスマン語では「諸外国台帳」に，ロシア語では『ロシア帝国法大全』(PSZ) に所収の史料が，イタリア語では「ヴェネツィア版」がそれぞれ最も信頼できる史料とみなすことができる。他方，翻訳については『ノラドゥンジアン編纂の条約集』(フランス語訳) および『イスラエル編纂の条約集』(英語訳) に収録されている史料が，ヨーロッパの言語に翻訳されているもののなかでは一番信頼できる。既述したようにイタリア語条約文については，「ヴェネツィア版」と「ロシア版」を比較検討することが，今後の課題として残されている。

注

（１）　ディーワーン＝ヒュマーユーン divan-ı hümâyûn（御前会議）に属する書記局の一つに協定，条約，交渉の公式の報告書，プロトコール，外国の大使・領事・商人に対する文書を整理・保管する書記局（Âmedî Kalemi アーメデイー＝カレミ）がある。この書記局に保管されている台帳の一つである。国・内容別に整理され，121冊の台帳がトルコ共和国総理府文書館 Başbakanlık Arşivi（イスタンブル）に保管されている。各台帳は年代順に整理されている。最も古いものは1567年のオーストリアのもので，最も新しいものは1913年のプロイセンのものである。*Başbakanlık Osmanlı Arşivi Katalogları Rehberi*, Ankara, 1995, pp. 124–130.

（２）　Davison, R. H., The 'Dosografa' church in the treaty of Kucuk Kaynarca, *BSOAS*, 42 (1979), p. 46.

（３）　オスマン政府によって編纂され５巻から成り，1876〜1882年にイスタンブルで出版された。約220件の条約文および外交文書の写しが，ほぼ年代順，国別に整理されている。第５巻にはオスマン帝国にかかわる国際問題を処理した，多国間に締結された条約文の写しがある。国別ではロシアが最も多く40件（そのうち15件が18世紀に属する），ついでオーストリアが22件，イランとイギリスがそれぞれ13件，ヴェネツィアが８件，フランスが７件，プロイセンとスウェーデンがそれぞれ６件の順となっている。1774年の条約文は，第３巻，254〜275頁に収録され，前文と結び（hatime）はない。

（４）　1774年条約は，第１巻，285〜295頁に収録され，hatime は294〜295頁に見られる。

（５）　第３巻，56〜64頁に収録されている。

（６）　Erim, N., *Devletlerarası Hukuku ve Siyasi Tarih Metinleri*（『国際法と政治史資料集』），Ankara, 1953. 解説は pp. 115–119 に，条約文は pp. 120–135 にある。hatime は『ジェウデトの歴史』からの転写が p. 135 に見られる。

(7) Ekrem, R., *Osmanlı Muahedeleri* は，本条約以外の条約文についてもオスマン側の出典のみならずヨーロッパ側の出典も明記している。

(8) マルテンスは1756年2月22日にハンブルクに生まれ，1784年にゲッティンゲン大学の自然法及び国際法の教授となる。彼の死後，条約編纂事業は弟子たちに引き継がれ，第二次世界大戦終結頃までをカバーする膨大な条約集が生まれた。フランクフルトで1821年2月21日に死去した。*Neue Deutsche Biographie*, Berlin, 1990, vol. 18, pp. 269–271.

(9) 条約文は，第1版の第4巻，606～636頁と第2版の第2巻，286～322頁にある。後者は，Parry, C., ed., *Consolidated Treaty Series*（以下 CTS と略す）, vol. 45, London, 1969, pp. 351～368にファクシミリの形で収録されている。

Martens, *Recueil des principaux traités de 1761 à 1801*, 7 vols., Göttingen, 1791–1801.（以下 Martens と略す）

Martens, *Recueil de traités d'alliance, de paix, etc., de 1761 à 1808*, 8 vols., Göttingen, 1817–1835.（以下 Martens² と略す）

(10) Martens, vol. 4, p. 606.

(11) Druzhinina, E. I., *Kiuchuk-Kainardzhiiskii mir 1774 goda*, Moscow, 1955. ロシア帝国外交政策文書館（Arkhiv Vnesnej Politiki Rossijskoj Imperii）に所蔵されている。整理番号は記されていない。

(12) 彼女は，最後の頁には3人の捺印（赤色）があると注釈している。オスマンの代表者の氏名と肩書きは，Ahmed Resmi Tevkii Murahhas-i evvel, İbrahim Munib Reis'ül-küttab Murahhas-i sani とオスマン語で書かれている。

(13) 在任期間は1770～1774年である。Spular, B., Die Europäische Diplomatie in Konstantinopel bis zum Frieden von Belgrad (1739), *Jahrbücher für Geschichte Ost-Europas* 1 (1936), p. 246.

(14) Davison., R. H, The Treaty of Kuchuk Kaynardia: A note on its Italian Text, *The International History Review*, 10/4(1988), p. 612, pp. 617–620. デーヴィソンは第3条，第7条，第8条，第11条，第14条，第15条，第17条，第23条の8カ条を手書きから活字体に置き換えている。

(15) *GOR*, vol. 8, pp. 581–582. トゥグートの在任期間は1769～1780年である。Spular, B., Die Europäische Diplomatie in Konstantinopel bis zum Frieden von Belgrad (1739), *Jahrbücher für Kultur und Geschichte der Slaven*, 1935, p. 342.

(16) Davison, *The International History Review*, pp. 613–614.

（17） Davison, *The International History Review*, p. 614.
（18） ヴェネツィア文書館の整理番号は，Archivio di Stato, Senato III (Secreta), vol. 216, fos. 109–118. である。
（19） Davison, *The International History Review*, p. 614.
（20） まずニコライ１世の命によりアレクセイ帝の「法典」（1649年）から1825年12月までの法令を45巻に編纂し，1884年までに第２版（1881年２月までの法律６万余を集成）全55巻が，1916年までに第３版（1913年末までの法律４万余を含む）全33巻が刊行された。『新編西洋史辞典』（改訂増補），東京創元社，平成５年，879頁。デーヴィソンは全134巻としている。Davison, R. H., Russian Skill and Turkish Imbecility: The Treaty of Kuchuk Kainardji Reconsidered, *Slavic Review*, 35/3 (1976), p. 469.
（21） Davison, *Slavic Review*, p. 470.
（22） Davison, *Slavic Review*, p. 475.
（23） Martens, vol. 1, p. 511.
（24） オスマン語史料ではたとえば，Dosografa kinisa（Cevdet, vol. 1, p. 362）Rusografa kinisa（DED, 83/1, p. 147.）といった表記が見られる。
（25） Martens[2], vol. 2, p. 301.
（26） 第１巻には47件の条約文や外交文書がある。
（27） Davison, *Slavic Review*, p. 470.
（28） Martens[2], vol. 2, p. 300.
（29） Noradounghian, vol. 1, p. 325.
（30） Cevdet, vol. 1, p. 362.
（31） DED, 83/1, p. 147. *Muʿâhedât Mecmûʾası*, vol. 3, p. 261.
（32） Treaties（Political and Territorial）between Russia and Turkey, 1774–1849, in Great Britain, House of Commons, Sessional Papers, 1854, vol. 72. Davison, *Slavic Review*, p. 476.
（33） Hurewitz, *The Middle East and North Africa*. 1774年条約は92～101頁にある。前文はない。本文28カ条は，注（32）が，追加の２条はNoradounghian, pp. 333–334がそれぞれ出典であることを明記している。92頁。
（34） Hurewitz, *The Middle East and North Africa*, p. 96.
（35） Anderson, *The Great Powers and the Near East, 1774–1923*, London, 1970.
（36） Anderson, *The Great Powers*, p. 11.
（37） Vernadsky, G., *A Source Book for Russian History from early Times to, 1917.*

3 vols., New Haven, 1972, vol. 2, pp. 406–407.

（38） Israel, F. L., ed., *Major Peace Treaties of Modern History, 1648–1967*, 4 vols., New York, 1967.（以下 Israel と略す）

（39） Israel, p. 920.

（40） Ungermann, R., *Der Russisch-tükische Krieg 1768–1774*, Wien und Leipzig, 1906. pp. 252–268. に収録されている。著者は軍人で工兵大隊の大尉を勤めた人物で軍事技術単科大学の教員である。

（41） Ungermann, p. 259.

（42） Ungermann, p. 259.

（43） Grewe, W. G., ed., *Sources Relating to the History of the Law of Nations*, vol. 2. Walter de Gruyter/Berlin/New York, 1988, pp. 374–383.

第3節　キュチュク＝カイナルジャ条約の書式と主な条項

（書式）

Kołodziejczykによれば，taṣdiḳ（批准）という用語は，ベオグラード条約（1739年）に対するロシアの受諾書の訳語として初めて使用された。18世紀におけるオスマンの条約文書は，アフドナーメと呼ばれたが，その文書中の用語にも変化がおこる。従来アフドナーメはスルターンから「恵与したihsân oldı」あるいは「与えられたvirildi」ものであったが，18世紀には「批准されたtaṣdiḳ buyurulmuşdur」ものとなる。キュチュク＝カイナルジャ条約について，スルターンは「誓約し，受諾し，完全に批准した‘ahd u mîsâḳ u tamamen taṣdiḳ iderüz ki」のであった(1)。

キュチュク＝カイナルジャ条約のさまざまな特権は「近代的な意味での双務的かつ互恵的条約の中で具体化された」(2)。

（第11条）(3)

「両帝国の便宜をはかるために，両締結国の船舶は両国の水域を自由に航行できる。オスマン帝国は，ロシア商船に黒海から地中海へ逆に地中海から黒海への自由航行と，これらの海域の沿岸の港湾に入港することを認める。ロシアは通商問題についてはまさしくフランス・イギリスと同様に（オスマン帝国の）友好国であり，ziyâde müsâ‘ade buyurulan milel（最恵諸国）の待遇で通商できる。フランス・イギリス両国などの国々に与えられている諸特権は，ロシア商人・通商に関して，一字一句（lafız belafız）本条項に挿入され，ロシア商人は（フランス・イギリスと同じように）関税を支払ったとき，あらゆる商品を輸出入でき，黒海や他の海に面するあらゆる港において（もちろんイスタンブルは含まれるが），陸揚げすることができる。

両帝国は，前述したようにあらゆる水域で例外なく通商と航行の自由をそれぞれの臣民に与えるが，同時にそれぞれの利害や通商の問題が必要とする限りそれぞれの領内にとどまること許す。両国は，友好的な国の臣民と同じような保護と自由をロシア商人が享受することを約束する(4)。

領事や副領事は，ロシア使節が妥当と判断する場所に領事館を設置できる。領事は他の諸国家(5)の領事が敬意を払われているように処遇されるべきである。

オスマン帝国はこれらの領事や副領事に berâtlı（許可を得たものを意味する）と呼ばれるドラゴマンを与えて，イギリス・フランス・他の国々につかえているひとのように他の領事が享受している特権を享受することを認める。

ロシア帝国は，あらゆる友好的な国が正規の関税を支払って享受しているのと同じ特権や利益を得てオスマンの臣民が，海上同様陸上においても両海峡において自己の通商をおこなうことを認める。航行中に事故がおきた場合，両帝国はもっとも友好的な国に与えられている援助と同じものをそれぞれの相手にしなければならない。必要とされるものは，通常の価格で提供されねばならない。」

本条項では第一に，ロシアに対して英仏並みの通商上の特権，換言すれば最恵国待遇をロシアに認めたことである。第二にロシアにおけるオスマン商人に，ロシアがオスマンで得た通商上の特権と同じものを認めたことである。第一の点はオスマンが，最恵国待遇の国の数を増やしたことになり，第二の点は第11条の内容が片務的ではなく，双務的（互恵的）になっていることを示し，オスマン外交のヨーロッパ化の一端とみることができよう。この第11条にもとづいて1783年ロシアとの間に通商・航海条約が締結された。これまでのカピチュレーションと書式・内容面において大きく変化した。従来のカピチュレーションは，諸特権がただ羅列してあり，条項という言葉は一切使用されていない。最近になってフランスに与えられた1740年のカピチュレーションの場合もそうである(6)。したがってこれより以前の1612年のオランダ，1675年のイギリスの場合は言うまでもない(7)。

だが，1783年の「条約」は第1条から最後の第80条まで必ず条項の文字が見られる。「諸外国台帳」によれば本文（黒色）とは異なり，赤色で記されている。条項がこのように明示されたのは，カピチュレーションでは最初ではないかと推察される。

カピチュレーションは，元来オスマンから一方的にキリスト教徒へ諸特権が恵与された。しかるに1783年「条約」は，ロシアにおけるオスマン商人に対して，ロシア商人がオスマンで享受しているのと同じような特権が与えられている。他方，「最恵国」条項は，たとえば第17条，第20条，第52条，第72条，第80条に見られる。すなわち内容的に双務的（互恵的）になっている以上の二点からこの1783年「条約」は近代的・ヨーロッパ的といえる。

（第３条）(8)

「クリム（Kırım）・ブジャク（Bucak）・クバン（Kuban）・イエディサン（Yeditsan）・Giambouiluc（Geambouiluks）（Canboyluk）・Yeditschkul（Editschkuls）（Yedicкül）のタタールたちはそれぞれいかなる例外もなく，両帝国によってあらゆる国から自由で独立した国家となり，タタールの全会一致によって選出されるチンギス＝ハーンの子孫によって統治されることが認められる。タタールの支配者は自身の法律と慣習にしたがっていかなる外国にも責任をおうことなく統治できる。したがって両帝国は，前述のハーンの選出に，内政干渉すべきではない。だが，両帝国は前述のタタール国家を神だけに依存し自ら統治する他の国と同じ立場にあることを認める。タタールたちはムスリムであり，スルターン陛下はカリフであるので，前述の集団（タタールたち）に約束された国家の独立に損害を与えることなく，信仰の問題をわがスルターン側の権利のために（において）イスラーム法の求めるところによって調整する(9)。ロシアはタタールにケルチ・イエニカレ両要塞を除くあらゆるその周辺地域，ロシア軍がクバン河畔やクリミアで占領したあらゆる港や都市・住宅・土地・港を譲渡する。Berda 川・Kouschi-wode（Kouskajawoda）（Kuçki-vode）川，ドニエプル（Özi）川の間に位置する領土は，ブク川とドニエプル川に挟まれたポーランドの辺境地に位置しているように，オチャコフ要塞とその周辺地域は例外として，かつてのようにオスマン帝国に領有されること。ロシアは，これらの領土から講和条約調印・批准後自軍を撤退させることを約束する。同じようにオスマン帝国は，クリミア・クバン・タマン島(10)に要塞・都市・住宅などを保持するいかなる権利をも放棄することを約束する。またオスマン帝国は，これらの地域に守備隊や他の兵力をもおかないことを，他方タタールにこれらの国家をロシアが行ったように完全に独立した形で譲渡することを約束する。さらにオスマン政府は，将来守備隊や兵力を前述の都市・要塞・土地・住宅に通過させないこと，いかなる口実でも兵力を送り込まないこと，またこれらの国の内部に軍の役人を送り込まないことを厳守する。オスマン帝国は，ロシアが行っているように自由と独立をタタールが享受することを約束する。」

（第18条）(11)

「ドニエプル川河口付近にあるクルブルン Kılburun 要塞およびドニエプル川左岸(12)にそった十分な地域それにアク川とドニエプル川(13)との間の荒地（人の住まない地域）によって囲まれた三角形の土地は，とこしえに紛れもなくロシアの領土である」

注

（1）　Kołodziejczyk, p. 78. DED, 83/1, p. 152.

（2）　*EI*^{2}., s. v. “IMTIYĀZĀT.” Naff, Ottoman Diplomatic Relations, p. 102.

（3）　未刊行のオスマン語文については，DED, 83/1, pp.146–147. 未刊行のイタリア語文については，（ヴェネツィア版）pp. 112–113 オスマン語文については Erim, pp. 125–126. Cevdet, vol. 1, pp. 361–362. *Muʿâhedât Mecmûʿası*, vol. 3, pp. 259–260. ロシア語文については，Druzhinina, pp. 352–353. PSZ, pp. 960–

961. イタリア語文については Martens, pp. 298–300, CTS, pp. 357–358. フランス語文については，Noradounghian, vol. 1. pp. 324–325. Martens, pp. 299–301, CTS, pp. 374–375. 英語訳については，Hurewitz, pp. 95–96. Israel, pp. 918–919.

（4）　Hurewitz, や Israel は，両国がおたがいに約束するとなっている。

（5）　Hurewitz, や Israel は，友好国（friendly powers）としている。

（6）　Erim, 97–114. *Muʿâhedât Mecmûʿası*, vol. 1, pp. 14–35.

（7）　De Groot, A. H., *The Ottoman Empire and the Dutch Republic*, Leiden/Istanbul, 1978, pp. 233–246.

（8）　未刊行のオスマン語文については，DED, 83/1, p. 145 未刊行のイタリア語文については，（ヴェネツィア版）pp. 110–111. オスマン語文については Erim, pp. 122–123. Cevdet, vol. 1, pp. 358–359. *Muʿâhedât Mecmûʿası*, vol. 3, pp. 255–257. ロシア語文については *Druzhinia*, pp. 350–351. *PSZ*, pp. 959–961. イタリア語文については Martens, pp. 290–92, *CTS*, pp. 353–354. フランス語文については，Noradounghian, vol. 1. pp. 321–322. Martens, pp. 291–293, *CTS*, pp. 370–371. 英語訳については，Hurewitz, p. 94. Israel, pp. 915–916.

（9）「条約」文や親書のなかで，オスマンのスルターンの称号の一つとしてカリフという言葉が使用されることはあった。しかしクリム＝タタールは，ムスリムであり，スルターンはカリフであるから，タタールの信仰の問題に関してくちをはさむことができるということは，近代的な独立国家の概念にそぐわないと考えられる。

（10）　Erim, p. 123. *Muʿâhedât Mecmûʿası*, vol. 3, p. 256. Cevdet, vol. 1, p. 359. によれば，Kırım ceziresinde ve Kuban ve Taman ceziresinde（クリムの島とクバンとそれにタマン島）であるが，クリミア（半島）の誤りであろう。

イタリア語文では，in Crimea, in Cuban, e nell'isola di Taman, Martens (292) や *CTS* (354)。

ロシア語文では，в Крыму, на Кубане и на острове Тамане, Druzhinina (351) や *PSZ* (959)。

フランス語文では，dans la Crimee, dans le Kouban et dans l'isle de Taman (Noradounghian, 329) と en Crimee, au Kuban et dans l'isle de Taman (Martens, 293. *CTS*, 371)。

クリム＝ハーン国の独立をうたっているが，クリム領内にロシア軍が駐屯する地域を認めることは，近代的な国家の独立の概念に抵触する。

（11）　未刊行のオスマン語文については，DED, 83/1, p. 149. 未刊行のイタリア語文については，（ヴェネツィア版）p. 115. オスマン語文についてはErim, p. 130. Cevdet, vol. 1, p. 365. *Muʿâhedât Mecmûʿası*, vol. 3, p. 266. ロシア語文については，Druzhinina, p. 355. *PSZ*, p. 963. イタリア語文についてはMartens, p. 306, *CTS*, p. 362. フランス語文については，Noradounghian, vol. 1. p. 328. Martens, p. 307, *CTS*, p. 378. 英語訳については，Hurewitz, pp. 98. Israel, pp. 923–924.

(12)　Israel, on the right bank of the said river

Hurewitz, along the left bank of the Dnieper

Muʿâhedât Mecmûʿası, nehir-i mezburun sol tarafı sahilinde（前述の河川の左岸）

Erim, nehir-i mezburun sol tarafı sahilinde（前述の河川の左岸）

Cevdet, nehir-i mezburun sol tarafı sahilinde（前述の河川の左岸）

Noradounghian, sur la rive gauche dudit fleuve

Martens, le long de la rive gauche du Dnieper

CTS, le long de la rive gauche du Dnieper

Martens, sulla riva sinistra di ditto fiume

CTS, sulla riva sinistra di ditto fiume

(13)　オスマンとロシアの勢力範囲がアク川によって分かれることを示している。河川を国境とする考えは，近代的，ヨーロッパ的といえる。

第4節　キュチュク＝カイナルジャ条約[(1)]の第13条についての一考察

18世紀末のロシア＝オスマン交渉史を通じて，イスラーム法にもとづいた伝統的な外交を実施するオスマン帝国の外交が，いかにしてヨーロッパ化して行くかを明らかにすることが本節の目的である。

ヒュレヴィッツによれば，1453～1792年のオスマン外交は，片務主義外交の時期と規定される[(2)]。この時期に，ヨーロッパはオスマンへ常駐外交使節を送ったが，他方オスマンは，1793年まで常駐外交使節をヨーロッパの首都へ派遣しなかった。この約350年間は，カルロヴィッツ条約（1699年）によって前期と後期に分かれる。前期は，ヨーロッパに対するオスマン優位の時期で，基本的には伝統的なオスマン外交が実施された。これに対して後期は，伝統的なオスマン外交に変化が見られる。すなわちヨーロッパの国々に調停を依頼して，戦争での損失を軽減しようと企てたり，国土保全のためにヨーロッパの国々と同盟を結ぶことをおこなった時期である。この時期においても，オスマン人のヨーロッパの言語に対する軽蔑の姿勢を変えることは決してたやすいことではなかった。本来，オスマン人のインテリにとって，アラビア語やペルシア語を習得することは，異教徒の使用するラテン文字ではなく，ムスリム（イスラーム教徒）にとって神聖なアラビア文字の書体を使用することが必要条件であった。1838年になっても開明的なスルターン＝マフムト2世は，医学校の開校にさいして，学生達にカリキュラムのなかでフランス語をとりいれるために弁明しなければならなかった[(3)]。

さて1774年条約は，第一次世界大戦勃発までのロシア＝オスマン関係史を規定する一大転機であった[(4)]。バーナード＝ルイスによれば1774年条約の第13条について「同時代のロシア人の覚書は，経済的，戦略的，政治的獲得とともに条約の一つの成果であると書き留めている」と述べている(5)。本節の目的は，公用語として用いられたイタリア語，オスマン語，ロシア語の三種類の条約文を比較検討しながら，1774年条約の第13条の歴史的意義を，オスマン外交のヨーロッパ化の見地から明かにすることである。

1　オスマン帝国の外交原則

オスマン帝国はイスラーム国家であり，すべての国家活動はコーランに代表されるイスラーム法にもとづいて実施される。イスラームの世界観によれば，世界は「イスラームの家」と「戦争の家」から成り，終局的には前者が「戦争の家」を組み込み，世界と一体化するまで「イスラームの家」を拡大して行くことが，イスラーム教徒の使命である。「イスラームの家」とは唯一の法，イスラーム法にもとづいて唯一の統治者であるカリフが支配する地域である。近代ヨーロッパ外交史に見られる国民国家や国家主権の概念は存在しない。民族や人種，言語にかかわらずイスラームを信仰するか否か，すなわちムスリムかあるいは非ムスリム（異教徒）であるかが問題となる。「戦争の家」のさまざまな諸国家もしくは諸民族の間で区別することが必要となった場合，ムスリムは「イギリスの異教徒」，「フランスの異教徒」，「ロシアの異教徒」といった表現をする。さらにそれは通例，同音反復や韻の形態をとった呪や侮辱する言葉で，いっそう強められることが多い。たとえば，「İngiliz dinsiz（無信仰のイギリス人）」，「Fransız jansız（活気のないフランス人）」，「Engurus menhus（不吉なハンガリー人）」，「Rus ma'kus（ひねくれたロシア人）」，「Alman biaman（無慈悲なドイツ人）」である(6)。「戦争の家」に存在するいかなる文明や国家も，やがてはイスラーム教徒によって「イスラームの家」に併合される運命にある。従ってムスリムが，「戦争の家」に存在するいかなる文明や国家をも軽視する態度が生じる。換言すれば，異教徒の国家や文化を軽視もしくは蔑視することになる。それゆえヨーロッパとオスマン帝国との間には対等な外交関係は見られず，両者の間には不対等性の原則が存在する。

この不対等性の原則は〈外交交渉の方式〉,〈条約の有効期間〉,〈ヨーロッパの諸君主にたいする称号〉に顕著に見られる。本節ではとりわけ第3の点について考察していく。

親書のなかでオスマンの君主には,「余は…である ben ki」で始まり,「この地上における神の影 zıllu'llahi fi'l-arz」とか,「この地上における諸君主に王冠を授けるもの tac-bahş-ı husrevan-ı ruy-ı zemin」といった言葉,つぎに支配している領土が具体的に述べられ,最後に数世代前からの君主の名称が列挙される[7]。たとえばスレイマン大帝からカール5世に出された書簡からその一例を紹介する。

> 「余はこの地上における神の影である。地中海,黒海,ルメリ,アナトリア,ルーム,カラマン,エルズルム,ディヤールベクル,クルディスタン,ルーリスターン,ペルシア,ズールカードゥル,エジプト,シリア,アレッポ,イェルサレム,全アラビア,バグダード,バスラ,アデン,イェメン,キプチャク草原,ブダの王座およびこれに従う地域,わが剣によって征服された多くの地方のパーディシャー[8]にしてスルターンである。スルターン＝セリム＝シャー＝ハンの息子スルターン＝スレイマーン＝シャーである[9]」

2　ヨーロッパの諸君主への称号

ヨーロッパの諸君主に対して,オスマン帝国の州や県の最高責任者に使用される〈ベイ〉bey,あるいは〈クラール,クラーリチェ〉kıral, kıraliçe 国王（女王）が一般に使われた。ルイスによれば,1535年に,ヨーロッパの諸君主のなかでフランス国王にだけ,パーディシャーという称号が,さらに1606年のジトヴァトロク条約では,これまでたとえば〈ウィーンの国王〉と呼んでいたオーストリアの君主にも,パーディシャーという称号が与えられた[10]。したがって,ジトヴァトロク条約 はオスマン外交にとって重要な転機と考えられてきた。

3　第13条の内容

Martens2に収録されているイタリア語条約文(11)をのぞけば，オスマン語条約文(12)とロシア語条約文(13)のあいだには大きな違いは存在しない。大意は次の通りである。すなわち，「今後，公文書においてロシアの君主にオスマン語で，全ロシア（人）のパーディシャーという称号を使用することをオスマン帝国は約束する」。通説に従って考えるならばフランス，オーストリアについでロシアの君主にもパーディシャーという称号が与えられ，オスマン帝国はヨーロッパの3ヵ国の君主に，ヨーロッパとの国際関係においてオスマン帝国の君主に固有な称号を与えたことになった。君主の称号の見地からするとオスマン帝国はフランス，オーストリア，ロシアと対等になった。換言すればパーディシャーという称号の適用の拡大化（普遍化），不対等性の原則の崩壊化は，すなわちオスマン外交のヨーロッパ化の一つの兆しとみなすことはできないだろうか。

4　18世紀のヨーロッパの国際関係とロシアの台頭

18世紀以前ヨーロッパの国際政治はオーストリアとフランスを軸に展開してきた。だが，18世紀にはいると東欧と西欧に強国が出現してきた。ロシアはオスマン帝国と結んだイスタンブル条約(14)（1700年）によってクリム＝ハーン国からの独立が認められた(15)。その結果，ロシアは弱体化したクリム＝ハーン国に対する貢租支払いの義務から解放され，政治的にも経済的にも名実ともに独立国家となった。今後のロシアの発展を考察する上で，きわめて重要な出来事といわざるをえない。北方戦争（1700～21年）でスウェーデンを破ったロシアはバルト海の支配権を獲得し不凍港を手にいれ，1707年にはカムチャッカを奪って太平洋にまで進出した。このことによって，ロシアは西方の海洋的超大国イギリスに対抗しうる東方の大陸的超大国として国際政治上に決定的な機能をもつようになっていった。他方，海洋的超大国として成長しつつあったイギリスに，フランスの植民地を奪取する機会を提供したのは，オーストリア継承戦争（1740～48年）と七年戦争（1756～63年）であった。

さてピョートル大帝はその治世中，国内では諸改革を国外では度重なる戦争を遂行した人物であることはよく知られている。外交の分野においてもかなりの変化が見られた。ロシアは1701年までにポーランド(16)以外にオランダ，デンマーク，オーストリア，オスマン帝国に常駐の外交使節を送った(17)。1707年にはイギリス，プロイセンへ(18)，1720年にフランスへ(19)，1724年にスペインへ(20)，それぞれ常駐使節を派遣した。しかし彼が死去したとき（1725年初頭）には，12ヵ国の首都に常駐使節が置かれていた(21)。他方ヨーロッパからロシアへ送られた外交使節は，1702年にはわずか4ヵ国にすぎなかった(22)。しかし1719年までに11ヵ国に増えた(23)。つまりピョートル大帝のときにロシアはヨーロッパの国際関係に組み込まれたといえる。このことはロシアが西欧諸国家との密接な関係を重視したことを示すと同時に，ヨーロッパの諸国家がロシアを東欧の強国として無視できない存在であることを意味していると考えられる。ヨーロッパのロシア観の変化，換言すればヨーロッパ国際政治システムにおけるロシアの占める重要な位置が国際的に承認されたことになる。従来ロシアはヨーロッパの国際政治システムの周辺にあって，フランス革命が激しくなる1790年代まで東欧世界と西欧世界とは孤立しているようであった。東欧の三国ロシア，オーストリア，プロイセンは隣国のポーランド(24)とオスマン帝国(25)の領土分割に，他方イギリスとフランスは植民地争奪に注意をむけていた(26)。

ポーランド継承戦争（1733～1739年），オーストリア継承戦争，七年戦争の結果はフランスおよびオーストリアの弱体化とプロイセンの強国化であり，今後ヨーロッパの国際政治システムは超大国としてのイギリスとロシア，プロイセン，フランス，オーストリアの五大強国によって再構成されたのである。

オーストリア継承戦争の期間にロシアは，ヨーロッパ列強にロシアの君主の称号として〈皇帝〉を承認させた。すなわちイギリスとオーストリアは1742年に，フランスは1744年に認めた[27]。

5　オスマン語史料において使用されたロシア君主の称号の事例

ロシア・オスマン間に締結された条約や親書のなかで，どのような称号が，ロシアの君主に使用されたかを検証していく。

(a)　イスタンブル条約（1700年）İstanbul muʿâhedesi

第二次ウィーン包囲（1683年）の失敗の翌年，オーストリアは，オスマンの勢力をバルカン半島から排除するために，ポーランドおよびヴェネツィアとの間に神聖連盟を結成した。その後，ロシアはこの連盟に間接的に参加した。カルロヴィッツの講和交渉では，ロシアだけがオスマン帝国と講和条約を締結できず，２年間有効の休戦協定を結んだ。ピョートルは，まずオスマン帝国と正式に講和条約を結んだ後，バルト海の支配権を獲得するためにスウェーデンと戦うことを考えていた。だが，彼の予想よりもはやく，いわゆる北方戦争が始まり，オスマン帝国に対する諸要求を大幅に縮小して講和を結ばざるをえなかった。

前　　文

Mosko vilâyetlerinin çarı ve cümle Rusun ve ana tabi nice yerlerinin fermân fermâ ve hükümdârı Petros Aleksyevicos[28]

「モスクワ諸州（諸地方）のチャルにして全ロシア人およびこれに従う諸地域の支配者ペトロス＝アレクシエヴィコス（ピョートル大帝）」

第8条

Mosko çarlığı müstaḳil devlet olmağla bu ana değin Kırım hanı ve Kırımluya beher sene verdiği vergiyi vermek gerek güzeşte ve gerek hala ve gerek baʿdeʾl-yevm çarı müşârünileyh ve hallklarının deruhdeleri olmaya[29]

「モスクワ大公国は，独立した国家であるので，これまでクリム＝ハーンやクリム＝タタールへ毎年納めてきた税を，過去，現在，将来にわたって既述のチャルとその人民は支払う義務はない」

(b)　ベオグラード条約（1739年）Belgrad ʻahdnâmesi

イスタンブル駐在のオーストリア使節　タルマン Ludwig von Talman は，Niyamirov で1737年8月にロシア・オスマン間の調停者として行動した。ロシア側から出された五つの講和条件の一つに，ロシアの君主をインパラートル imparator と呼ぶことが含まれていた[30]。

結局，イスタンブル駐在のフランス使節　ヴィルヌーヴ Louis Sauveur, Marquis de Villeneuve の調停の結果，今回のロシア＝オスマン戦争（1736～1739年）はベオグラード条約により終結した。ロシア君主の称号の問題は，第12条でつぎのように述べられている。

第12条

Haşmetlü Mosko çariçesinden imparator elḳābı içün dostane ve ale't-tevâlî müẕakere olunub çariçe-i mûmâileyhânın şân ve miknetine muvâffıḳ ve münâsib olduğu vechle ṭarafeyinin tatyibi ḳarâr virile[31]

「モスクワのチャリチェ[32]（チャルの女性形）に対して，インパラートルという称号を使用するために，友好的で継続した討議がおこなわれ，上述のチャリチェの名誉と威厳にふさわしく両者が善処することが決定されるべし」

(c)　1741年5月付けイヴァン6世あてのマフムト1世の書簡

Rikâb-ı mustetab-i ḥaźret-i cihândârîden hâlâ Moskov çarı olan İvan-ı s̱alis̱e şeref-bahşay-ı sudur olan nâme-i Hümâyûn'ın ṣûretidir[33]

「スルターン陛下からモスクワのチャル，イヴァン3世[34]に送られた親書の写し」

Moskov vilâyetlerinin hâkîmi olan rütbetlü menẕilettlü dostumuz İvan-ı s̱alis̱[35]

「モスクワ諸州（諸地方）の恐れおおいわが友イヴァン 3 世」

(d)　ロシアの君主にインパラートル（インパラートリチェ）imparator (imparatoriçe) 皇帝（女帝）の称号使用に関する条約 Rusya hükümdârlarının imparator ve imparatoriçe ünvânlarının tanımasına mu'âhede（1741年 9 月 7 日[36]）

(e)　1741年10月20～30日付けイヴァンの母后アンナあてのマフムト 1 世の書簡

RTRikâb-ı Hümâyûn-ı ḥażret-i cihândârî cânib-i'inâyet-i câliblerinden devlet-i Rusya imparator İvan-i s̱aliş'in büyük elçisi 'avdetini[37]

「恩恵をもたらすスルターン陛下からロシア皇帝イヴァン 3 世の大使の帰国」

hâlâ devlet-i Rusya imparator olan haşmetlü dostumuz Ivan-ı s̱aliş'in vâlidesi[38]

「ロシア皇帝陛下のわが友イヴァン 3 世の母后」

(f)　1742年 4 ～ 5 月付けエリザヴェータ 1 世（エリザヴェータ＝ペトローヴナのことであろう）あてのマフムト 1 世の書簡

hâlâ memâlik-i Rusya'nın imparatoriçesi ve ana tabi nice yerlerin fermân fermâ ve hükümdârı olan haşmetlü mahabbetlü dostumuz Elizabete-i evvele[39]

「ロシア諸地域の女帝にして彼女に従う諸地方の支配者陛下わが友エリザヴェータ 1 世へ」

(g)　アイナルカワク協約（1779年）Aynalı Kavak 'ahdnâmesi

クリム＝ハーン位をめぐって，ロシアとオスマン帝国両国の間で一触即発の危機がおきたが，イスタンブル駐在のフランス大使がこの紛争を平和的に解決した。その結果，締結されたのが本条約である。

第 5 条第 3 項

Rusyaların pâdişâh ve imparatoriçesi ṭarafindan[40]

「ロシアのパーディシャーにして女帝の側から」〈パーディシャー〉と〈女帝〉が対等に扱われている。

(h)　ヤシ条約（1792年）Yaş ʿahdnâmesi

ポチョムキン（1739年9月24日～1791年10月16日）率いる7万のロシア軍は，1783年に，クリム＝ハーン国を軍事占領した。彼は，総督としてエカテリーナ2世の尽きることのない膨張政策（ビザンツ帝国の復興を意図した「大ギリシア計画」）の遂行に尽力した。ロシアの拡張政策に対して，ついにオスマン帝国はロシアに宣戦布告した（1787年8月13（14）日)。オスマン帝国は，プロイセンおよびスウェーデンと同盟を結んだが，フランス革命の重大性に気付いたヨーロッパ諸国の要請によりロシアと講和条約を結ばざるをえなかった。このヤシ条約の第2条で，オスマン帝国はクリム＝ハーン国のロシアへの併合を正式に承認することになった。

第12条

bilcümle Rusyaların pâdişâh ve imparatoriçe-iʿuẓması cenâblarının daẖi başmurahhası(41)

「全ロシアのパーディシャーにして女帝陛下の首席代表」

結　び

(1)　オスマン語史料ではロシアの君主の称号は çar, imparator (imparatoiçe), pâdişâh (imparator, imparatoiçe) と変化してきたことがわかる。

(2)　通説に従えばヨーロッパ諸国家のなかでフランス，オーストリアについで1774年以後ロシアの君主にもパーディシャーという称号が使用されたことになる。オスマン帝国はキュチュク＝カイナルジャ条約第13条によって称号の点からロシアを対等とみなしたと考えられないだろうか。パーディシャーという称号の使用の拡大化，言いかえればオスマン外交の特徴である不対等性の原則の崩壊，オスマン外交のヨーロッパ化の兆しとみなすことはできないだろうか。

(3)　フランス革命がもたらした混乱に秩序を与えたウィーン会議以後ヨーロッパの五大強国によるいわゆるヨーロッパ協調（Avrupa Uyumu, Concert of Europe）がオスマン帝国の問題（東方問題）を解決した。たとえば第一次オスマン＝エジプト戦争（1831〜33年），第二次オスマン＝エジプト戦争（1839〜40年）に終止符を打った海峡協定やクリミア戦争（1853〜56年）を終結させたパリ条約がその例である。これらの文書のなかで五強国の君主にはどのような称号が使用されているのか。

海峡協定（1841年７月13日）Akdeniz ve Karadeniz Boğazları hakkında Londra muʿâhedesi(42)

前　　文

zat-ı Hilafetsimat-ı Şâhânemizle Haşmetlü Avusturya imparatoru ve padişahı ve Macaristan ve Bohemya kıralı ve Fransa kıralı ve pâdişâhı ve Gran Britanya ve İrlanda Hükumet-i Müctemiası kıralıçesi ve pâdişâhı ve Prusya kıralı ve pâdişâhı ve Rusya impararoru ve padişahı cenâbları meyanında(43)

「わが皇帝陛下とオーストリア皇帝pâdişâh（パーディシャー）ハンガリーおよびボヘミア王，フランス王pâdişâh（パーディシャー），グレートブリテン＝アイルランド女王pâdişâh（パーディシャー），プロイセン王pâdişâh（パーディシャー），ロシア皇帝Padişah（パーディシャー）陛下との間で」

パリ条約（1856年）Paris muʿâhedesi

前　　文

HaşmetIü Avusturya imparatoru ve haşmetIü Fransa imparatoru ve haşmetIü Gran Britanya ve İrlanda kraliçesi ve padişâhı ve haşmetlü Prusya kıralı ve pâdişâhı ve haşmetIü Bütün Rusyaların imparatoru ve haşmetlü Sardenya kıralı ve pâdişâhı ḥażerati ṭarafından taʿyîn kılınan murahhaslar(44)

「オーストリア皇帝陛下，フランス皇帝陛下，グレートブリテン＝アイルランド女王 pâdişâh（パーディシャー）陛下，プロイセン王pâdişâh（パーディシャー）陛下，全ロシアの皇帝陛下，サルディニア王pâdişâh（パーディシャー）陛下から任命された代表者たち」

第1条

「フランス皇帝 pâdişâh（パーディシャー）陛下，グレートブリテン＝アイルランド王，pâdişâh（パーディシャー）陛下，サルディニア王 pâdişâh（パーディシャー）陛下(45)」

第4条

第1条と同じ称号の使用が見られる(46)

第5条

第1条と同じ称号の使用が見られる(47)

オスマン帝国はヨーロッパのすべての国に対してパーディシャーという称号を用いたのではなくて，七年戦争後出現したヨーロッパの五強国（イギリス，ロシア，プロイセン，フランス，オーストリア）の君主に対して使用したように思われる。オスマン帝国はヨーロッパ諸国に対する相対的な地位の低下を認めるものの，五強国とは対等でありたいと思うオスマン側の意向を示していると考えられる。パリ条約(48)(1856年）におけるサルディニア（後のイタリア）の扱いはむしろ例外と考えるべきではないだろうか。

注

（1）　わが国でこの条約を扱った研究は皆無に近く，宮崎英隆，「ロシアの黒海進出――ロシア＝オスマン戦争からクチュク・カイナルジ条約へ――」，『東海大学教養学部紀要』，第17号（1986年），175～192頁がある。主にロシアの研究者ドルジニナ Druzhinina E. I., *Kuchuk-Kainardzhiiskii mir 1774 goda: ego podgotovka i zakliuchenie*, Moscow, 1953の研究を紹介している。女史の著書は，キュチュク＝カイナルジャ条約に関するロシア側からのいまなお基本的研究書としての価値をもっている。

（2）　Hurewitz, *MEJ*, 25 (1961) pp. 141–152.
Hurewitz, *Belleten*, 25 (1961) pp. 455–466.

（3）　Lewis., *The Muslim Discovery*, 1982, pp. 86–87.

（4）　Hurewitz, *The Middle East and North Africa*, p. 93.

（5）　Lewis, *The Muslim Discovery*, p. 206.

（6）　Lewis, *The Muslim Discovery*, pp. 173–174.

（7）　Mübahat S. Kütükoğlu, *Osmanlı Belgelerinin Dili (Dioplomatik)*〔『オスマン朝文書の言語（古文書学）』〕, İstanbul, 1994, s. 148–149. なお本書の批評と紹介については，高松洋一，「ミュバート・S・キュテュクオール著，『オスマン朝文書の言語（古文書学）』」，『東洋学報』，第79巻第1号（1997年），10–17頁を参照。

（8）　パーディシャーという称号は，16世紀初頭には史料に現われるといわれている。*EI*[1]., *EI*[2]., s. v. "PĀDISHĀH."

（9）　Schaendlinger, p. 12. 1547年6月19～28日付けのスレイマン大帝のカール5世の書簡。1547年6月13日にオーストリアとオスマン帝国は講和を結ぶ。この書簡は，オーストリアから派遣された使節の書簡にたいする返書である。「ハンガリーはわが領土であるが，オーストリアの支配下にある領土については毎年3万金貨をオスマン帝国へ支払うこと」が書かれている。⟶カルロヴィッツ条約（1699年）までハンガリー支配の固定化を示している。類例はオランダに1612年に与えられたカピチュレーションのなかにも収録されている De Groot, pp. 233–235に見られる。

（10）　Lewis, *The Middle East and the West*, p. 117.

最近の研究によれば，ジトヴァトロク条約は一種類ではなくて二種類，すなわちハンガリー語とオスマン語史料が基本的史料として存在していることがわかった。これまでの研究はオスマン語史料を使用していなかった。オスマン語史料によれば，オーストリアの君主に対してはパーディシャーではなくて，神聖ローマ皇帝を示すハンガリー語起源のチャサル çasar が，使用された。Bayerle G., The Compromise at Zsitvatorok, *Archivum Ottomanicum*, 6 (1980), pp. 5–53. 本書第1部第1章を参照。オスマン語の刊本史料としては，Fekete L., *Türkische Schriften aus dem Archive des Palatins Nikolaus Esterhazy*, Budapest, 1932, pp. 3–7. がある。ジトヴァトロク条約 が，二種類存在したことについては，Nehring K., *Adam Freiherrn zu Herbersteins Gesandschaftsreise nach Konstantinopel — Ein Beitrag zum Friden von Zsitvatorok (1606)*, München, 1983を参照。

F. Babinger によれば，大宰相クユジュ＝ムラト＝パシャ Kuyucu Murad Paşa（在職　1606年12月11日～1611年8月5日）が，西欧諸国家ととりかわした書簡のなかでオーストリアの君主ルドルフ2世に対してパーディシャーという称号を初めて使用したといわれている。*EL*[2], s.v. "PĀDISHĀH."

しかし17世紀末オスマンの外交官ズルフィキャール＝パシャ Zülfikâr Paşa がウィーンでの交渉をまとめた報告書では，オーストリアの君主にはほとんどチャサルという称号が使用されている。数箇所「ローマ皇帝」Roma imparatorı という称号が見られる。同じ報告書のなかでフランスに対しては1ヵ所「フランスのパーディシャーとオーストリアのチャサルとの間で」França padişâhı ile Nemçe çasarının arasında という用例が見られる。ロシアについても1ヵ所「モスクワ（大公国）のチャサルの大使」Moskov çasarlarının büyükelçileının büyükelçileri という表記が見られる。*Viyana□da Osmanlı Diplomasisi(Zülfikâr Paşa'nın Mükâleme Takrîri) 1688–1692*, Hazırlayan Songül Çolak, Yeditepe Yayınevi, 2007, p. 77, p. 81.

しかしルイスはフランス国王にも，他の君主のようにクラールやベイという称号が使用された史料があると述べている。Lewis B., *The Political Language of Islam*, Chicago/London, 1988, p. 98. 1547年6月19〜28日付けのスレイマン大帝のカール5世への書簡のなかで，カール5世については，İspanya vilayetinin kıralı Karkosın malum ola ki…「スペイン地方（ヴィラーエト，オスマン帝国の地方支配の単位である州）の国王カルロス……のことを知るべし」という表現が見られる。ヨーロッパ最大の版図を領有しているカール5世ですら一地方の国王と呼ばれている。同じ書簡のなかで，フランスの君主はパーディシャーと呼ばれている。Schaendlinger, pp. 12, 14–16.

(11)　アンダーラインの部分のイタリア語は Temam Bascielerin Padtsciuch となっている。Bascie は意味不明の言 葉で，ロシアを意味する言葉とは考えられない。vol. 4, p. 300. ドイツ語訳にも同じような表記が見られる。Ungerman, p. 259. Grewe G. W. (Hg.), *Fontes Historiae Iuries Gentium*, vol. 2, Berlin/New York, 1988, p. 381. しかしヴェネツィアの国立文書館に所蔵されている手書きのイタリア語条約文は，Tamamen Russianin Padisciah となっている。オスマン語文法から考察した場合，属格に対応する i がないこと，ロシア（人）にあたる言葉が単数形であることを除けば，オスマン語条約文およびロシア語条約文とおおきな違いはない。アンダーラインの部分の内容とほぼ同じ意味になっている。Senato, Dispacci Costantinopoli filza 216, p. 113. ヴェネツィアの国立文書館に所蔵されているイタリア語条約文の入手方法については，Davison, *The International History Review*, 10 (1988): 611–621. を参照。第3，第7，第8，第11，第14，第16，第17，第23の9ヵ条を活字体に置き換えている。なぜ Martens[2] のイタリア語条約文が，奇異な言語を使用しているのか理解出来ない。ヴェネツィアの国立文書館所蔵のイタリア語条約文の存在については，Davison デーヴィソン教授から筆者宛の書簡のなかで知った。この場を借りてデーヴィソン教授に謝意を表する。

(12)　tamamen Rusyaların padişahı（全ロシア〈地理的名称〉のパーディシャー）
DED, 83/1, s. 147. *Muʿâhedât Mecmûʿası*, vol. 3, p. 261.
tamamen Rusyaluların padişahı（全ロシア人のパーディシャー）
Cevdet, vol. 1, p. 362.

当時のロシアの西部国境線と東部ポーランドにロシア人が居住している地域が存在したことを考慮に入れるならば〈全ロシア人のパーディシャー〉の方が，〈全ロシア〈地理的名称〉のパーディシャー〉より適用範囲がやや広いように推察される。Gilbert M., *Imperial Russian History Atlas*, London/Henley, 1978, p. 43.

(13)　*PSZ* (vol. 19, no. 14164, pp. 961–962.) 及び Druzhinia (p. 353.) はロシア語の音を用いて表記している。DED や *Muʿâhedât Mecmûʿası* に近い表記である。

(14)　イスタンブル条約については，中山治一，「カルロヴィッツ・イスタンブール諸条約の意義についての一考察」，『愛知学院大学文学部紀要』，第9号，1–14頁。Abou-El-AHaj, The Formal Closure, pp. 467–475.

(15)　DED, 83/1, p. 7.

(16)　1688年に設置された。McKay D., & Scott, H. M., *The Rise of the Great Powers*, London/New York, 1983, 1991[6], p. 204.

(17)　Anderson, *The Rise of Modern Diplomacy*, p. 70.

(18)　Anderson, *The Rise of Modern Diplomacy*, p. 70.

(19)　Anderson, *The Rise of Modern Diplomacy*, p. 70.

(20)　Anderson, *The Rise of Modern Diplomacy*, p. 70.

(21)　Anderson, *The Rise of Modern Diplomacy*, p. 70.

(22)　Anderson, *The Rise of Modern Diplomacy*, p. 71.

(23)　Anderson, *The Rise of Modern Diplomacy*, p. 71.（領事を含む）21名の常駐使節が送られた。McKay & Scott, p. 204.

(24)　第一次ポーランド分割（1772年8月5日）露・晋・墺
第二次ポーランド分割（1793年1月23日）露・晋
第三次ポーランド分割（1795年10月24日）露・晋・墺

(25)　ロシアによるクリム＝ハーン国の併合（1783年4月19日に正式に併合

が宣言された）は七年戦争以後，東南欧におけるもっとも意義深い領土の変更である。ヤシ条約（1792年1月9日）によりオスマン帝国はこの併合をしかたなく承認し，ロシアは黒海北岸を手にいれた。ピルニッツ宣言（1791年8月27日）によりプロイセンとオーストリアはフランス革命に干渉することを表明したが，それは一種の脅しであった。しかしフランス国王ルイ16世の処刑（1793年1月），オーストリアの平和的なレオポルトの死去（1792年3月1日）はヨーロッパを巻き込む戦争をひきおこすことになった。McKay & Scott, pp. 236–237, 277–281.

（26）　McKay & Scott, p. 215.

（27）　『世界歴史体系，ロシア』，第2巻，山川出版社，1994年，47頁。

（28）　DED, p. 4; *Muʿâhedât Mecmûʿası*, vol. 3, p. 210; Erim, p. 40.

（29）　DED, p. 7; *Muʿâhedât Mecmûʿası*, vol. 3, p. 216; Erim, p. 45; Raşid, vol. 2, p. 500.

（30）　*OT*, IV/1, p. 262

（31）　DED, pp. 85–86; *Muʿâhedât Mecmûʿası*, vol. 3, p. 249.

（32）　このときのロシアの君主はアンナ＝イヴァーノヴナ（在位　1730年2月26日頃～1740年10月17日）である。

（33）　NHD, vol. 8 p. 66.

（34）　イヴァン3世（在位　1462～1505年）は誤りで，正しくはイヴァン6世（在位　1740～41年）である。イヴァン6世は1740年8月13日に生まれ，1740年10月28日に即位した。母后アンナ＝レオポルドヴナが幼い皇帝の摂政となった。*Encyclopaedia Britanica*, vol. 12, Chicago, 1970. p. 804. しかし，1741年12月5～6日のクーデタによってイヴァン6世は廃位されて，かわってピョートル大帝の娘であるエリザヴェータ＝ペトローヴナが即位した。*Encyclopaedia Britanica*, vol. 8. Chicago, 1970, p. 288.

（35）　NHD, vol. 8 p. 66; Münir Aktepe, *Mehmed Emni Beyefendi(Paşa)'nın Rusya Sefareti ve Sefaret-namesi*, Ankara, 1974, p. 131.

（36）　Ekrem, *Osmanlı Muahedeleri*, p. 98.

1741年9月9日土曜日に結ばれ，同年11月11～29日にオスマン政府により批准された。ロシア皇帝エカテリーナ1世（エリザヴェータの誤りであろう）は1747年4月10日に更新し，7月22日土曜日に批准した。3カ条からなる。*Muʿâhedât Mecmûʿası*, vol. 3, pp. 202–203.

（37）　NHD, vol. 8, p. 78; Münir Aktepe, *Mehmed Emni Beyefendi(Paşa)'nın Rusya*

Sefareti ve Sefaret-namesi, Ankara, 1974, p. 136.

(38)　NHD, vol. 8, p. 78.

(39)　NHD, vol. 8, p. 98; Münir Aktepe, *Mehmed Emni Beyefendi(Paşa)'nın Rusya Sefareti ve Sefaret-namesi*, Ankara, 1974, p. 142.

(40)　DED, p. 155; Cevdet, vol. 2, p. 332; *Muʿâhedât Mecmûʿası*, vol. 3, p. 280; Erim, p. 154.

(41)　DED, p. 193; Cevdet, vol. 5, p. 338; *Muʿâhedât Mecmûʿası*, vol. 4, p. 13; Erim, p. 194.

(42)　ヒュレウィッツは，この協定のもとになったイギリス，オーストリア，プロイセン，ロシアの間で結ばれたロンドン条約（1840年７月15日）は，オスマン帝国のヨーロッパ国家系への無条件的な参入の開始を示す出来事であったと考えている。Hurewitz, *The Middle East and North African*, pp. 271–272.

(43)　*Muʿâhedât Mecmûʿası*, vol. 4, p. 216; Erim, p. 311.

(44)　*Muʿâhedât Mecmûʿası*, vol. 4, p. 242; Erim, p. 341.

(45)　*Muʿâhedât Mecmûʿası*, vol. 4, p. 246; Erim, pp. 344–345.

(46)　*Muʿâhedât Mecmûʿası*, vol. 4, p. 247; Erim, p. 345.

(47)　*Muʿâhedât Mecmûʿası*, vol. 4, p. 247; Erim, p. 345.

(48)　1856年のパリ講和会議は，オスマン帝国の全権代表アリー＝パシャ外相の提案，すなわち「オスマン政府はヨーロッパの公共の法とシステムの利益に参与することを許される」という条項を採択した。すなわちパリ条約の第７条である。アリー＝パシャがこの時期にこのような条項をパリ条約のなかにもり込むことを主張した真意について，ヒュレウィッツは「第７条の表現は，ヨーロッパ国家系（the European State System）のなかのみならず，排他的な大国だけのクラブ――すなわちヨーロッパ協調（the Concert of Europe）――のなかへもまた，オスマン帝国が仲間入りすることを，婉曲に主張するために用いられることができた」と解釈している。Hurewitz, *Belleten*, 25 (1961), p. 466.

第5節　キュチュク＝カイナルジャ条約の第7条及び第14条に見られるオスマン領内のキリスト教徒に対するロシアの保護権について

キュチュク＝カイナルジャ条約，とりわけ第7条及び第14条は，ロシアの君主にオスマン帝国内のキリスト教徒に対する保護権を与えたとこれまで一般的に考えられてきた。本条約は三つの言語，すなわちロシア語，オスマン語，イタリア語が公用語になっている。しかしこれまでの研究者は，三種類の言語で書かれた条約文を比較検討しなかった。R. H. Davisonデーヴィソンは，初めて三種類の条約文を比較検討して，第7条及び第14条の意義を考察した。本節では，(1)デーヴィソンの研究[(1)]に従って第7条及び第14条についての研究史を整理し，(2)つぎに三種類の条約文を比較検討して第7条及び第14条の内容を吟味し，ロシアがこれらの条項によって何を得たのかを明らかにして，(3)さらにカトリック系の諸国家つまりフランス・オーストリアは1774年以前にどのような保護権を獲得したかを検証することで，ロシアが得た権利の意義を考察する。このようにヨーロッパの諸国家が，オスマン帝国領内のキリスト教徒（教会）になんらかの権利を得たことは，換言すればオスマン帝国に対する内政干渉権を手に入れたことを意味する，かつての片務主義外交前期（1453～1699年）に見られた不対等性の原則（ヨーロッパに対してオスマン帝国が優位にあること）の崩壊を示している。すなわちオスマン外交の変容の兆しと考えることはできないだろうか。

1　第7条・第14条についての研究史

(A)

研究者によりニュアンスの違いはあるが，ギリシア正教会（ギリシア正教徒）に対する保護権（干渉権）をロシアは得たと考える説。年代順に主な研究を以下にかかげる。

(1)　ソレル[2]

オスマン政府は，「キリスト教および，その教会をたえず保護すること」，一般的に言って，「キリスト教の自由な礼拝を少しも妨害しないこと，さらにモルダビア及びワラキア両公国，ギリシア，エーゲ海の島々，グルジア，ミングレリアにおいて，老朽化した教会の修復や新たに教会を建立することに対して，決して妨害しないことを約束した。さらにオスマン政府は，コンスタンティノープルのギリシア正教会およびその聖職者たちのために，ロシアによって行われた抗議を考慮にいれること，さらにモルダビア及びワラキア両公国のために，ロシア使節の手続きを友好的で敬意が払われている国々にふさわしく受け入れることを約束した。

(2)　ソレル[3]

（英語訳）は，フランス語の底本とほぼ同じ内容である。

(3)　ヨルガ[4]

ロシアは，自身のために同じ宗派の信仰者（ロシア正教と近い関係にあるギリシア正教――筆者）すべてに対する保護権を得た。

(4)　ハンマープルクシュタル[5]

オスマン政府にとって最も敵対的なキリスト教国家（ロシア――筆者）が，モルダビア及びワラキア両公国の保護者として，さらにキリスト教の信仰と教会の保護者として認められた。

(5)　ミリウコフ[6]

オスマンの内政に干渉する権利を，ロシアに与えた。すなわちロシアは，スルターンのキリスト教徒臣民の信仰の自由を守り，徴税官の不当な取立てから彼らを守ることが認められた。

(B)

明白な保護権とは言及しないが，スルターンに「抗議する権利」「協議する権利」が与えられたとする説。

⑴　シドニー[(7)]

オスマン帝国は，帝国内のキリスト教徒の権利に敬意を払うことを約束し，かつロシアがオスマン領のキリスト教徒のために，いつでもスルターンに訴えることができることに同意した。

⑵　ヴェルナドスキー[(8)]

原則の問題として，条約の条項のひとつにおいてオスマン政府は，「キリスト教徒および教会の保護」を約束し，一方ロシア使臣は，ギリシア正教会に関する事件について，スルターンと協議する権利が与えられたことは，きわめて重要であった。(原文どおり)

⑶　スタブリアノス[(9)]

信仰に関する諸条項は，ロシアに対してどんな他の外国にも許与されていない，オスマンのキリスト教徒を保護する優先権を与えた。きわめて重要な条項は，「オスマン政府は，キリスト教の信仰と，その教会を常に保護することを約束し，さらにロシア公使の抗議を受け入れる」ことである。

⑷　バーバラ＝ジェラビッチ[(10)]

しかしさらに重要なことは，つぎの以下の条項であった。「オスマン政府はキリスト教の信仰とその教会をたえず保護することを約束する。さらにロシア公使の抗議を受諾する」。この陳述の正確な意味は決して明らかにされなかった。のちになるとロシア使節は，オスマン帝国の内政に干渉する政策を，正統化するものとしてこれを利用することになった。この文章は，オスマン帝国がキリスト教徒臣民の損害になるいかなる手段（措置）を講じることも，ロシアが公に不平を述べることを認めたことは，まったく明らかである。だが，オスマン政府がロシアの助言に従わねばならないかどうかは，明らかではなかった。

⑸　バーバラ＝ジェラビッチ[(11)]

バーバラ＝ジェラビッチは10年後に出版した著書のなかで，以下のように述べている。ロシア軍により占領されたモルダビア及びワラキア両公国は，信仰の自由と良い統治が維持されるという条件で，オスマン政府の支配下に戻され，ロシアはキリスト住民のために干渉する権利を留保した。

これらのロシアが獲得した権利は確かに相当なものであるが，将来にわたって最も意義深い条項は，オスマン帝国のギリシア正教徒の地位にかかわるものであった。ロシアはコンスタンティノープルに一つの教会を建立し，これを管理することを許された。しかしさらに重要なのは以下の条項であった。「オスマン政府は，キリスト教の信仰とその教会を保護することを約束する。さらにロシア公使が新設の教会のためにも，あらゆる場合に抗議することを許す」。このことに「適切な考慮が払われること」が約束された。この陳述の正確な意味は決して明らかにされなかった。のちになるとロシア使節は，オスマン帝国の内政に干渉する政策を正統化するものとしてこれを利用することになった。この文章が，オスマンがキリスト教徒臣民の損害になるいかなる手段（措置）を講じることも，ロシアが公に不平を述べることを認めることはまったく明らかである。だが，オスマン政府がロシアの助言に従わねばならないかどうかは，明らかではなかった。この条項に与えられるべき解釈は，ロシアがバルカン半島のキリスト教徒の唯一の保護者であることの要求を，放棄せざるをえなくなったクリミア戦争以後まで論争点となった。

(6)　フィッシャー[(12)]

将来にとってとくに意義深いのは，第12条（第7条　sic）と第14条である。両条項はあいまいな表現でスルターンは帝国内のキリスト教を保護することを約束している。さらに重要なことはロシアが「隣接する真に友好的な国家として」スルターンにキリスト教徒臣民のために抗議することができ，ベッサラビアと両公国のために弁護することができた。

(7)　ジェマル＝トウキン[(13)]

トルコ人の研究者ジェマルは，信仰にかかわる諸問題として以下の三点をあげている。

1. ロシアはオスマン帝国におけるギリシア正教徒臣民のために，一種の保護権を含む第7条によりキリスト教徒の伝統と教会を守り，ロシア使節にこの教会（複数形）およびそこで働く人について若干の意見を述べることを許し，信頼できる人物であるロシア使節を通じてなされる報告をオスマン政府は受諾すべきである。

2．ロシアの聖職者と他の臣民は，イェルサレムなどの聖地をジズヤ・ハラージュなどの税の支払いを強制されずに自由に巡礼することができる。（第８条）

3．ロシア使節の監督下におくという条件でベイオールに一つの教会を建立できる。

⑻　サウル(14)

他の条項は19世紀の中頃に，問題をひきおこすことになったが，ロシアの支配者は，オスマン帝国のキリスト教徒のために，スルターンに対して嘆願するあいまいな権利を与えられた。

（C）

（A）（B）と類似しているが，この条約のもつあいまいな表現のためにそんなにドグマ的でない見解。

⑴　フローリンスキー(15)

ロシアは，オスマン領のキリスト教徒臣民を保護するというややあいまいな権利を，つまりオスマンの内政に，さらに干渉するにふさわしい口実を，提示している条項を手にいれた。

⑵　セトン＝ワトスン(16)

ロシアはまたスルターンのキリスト教徒住民に対する，あいまいに定義された保護権を得た。

⑶　アンダーソン(17)

ロシアはコンスタンティノープルに，一つのギリシア正教会を建立する権利を与えられた。さらにあいまいで潜在的に危険なフレーズであるが，その教会につかえる人のために抗議する権利を与えられた。

⑷　クラト(18)

この解釈は諸条項の曖昧な（混乱した）表現から生じたものである。

本条約の第7条・第14条の曖昧な表現。

(D)

(A)(B)(C)の見解を採用する研究者のなかには——干渉権があいまいであったり，正確に規定されていようと——条約全体の傾向で一致をみる。つまり「本条約はロシア外交官の巧妙さ，オスマン側のまれに見る愚かさの見本である」と性格づける。

⑴　クラト[19]

この条約は，西洋の研究者も受け入れたように「ロシア外交の巧妙さとオスマン側の軽率さの所産である」。この講和条約に先立つフォクシャン・ブカレスト及びキュチュク＝カイナルジャでの交渉に際しては，ロシア外交の巧妙さが明白に見られたのである。ロシア人は諸条項を分離させること，あいまいな表現を使うことで，オスマンの代表者たちを欺き，オスマン人の軽率さを利用する可能性を見つけた。

⑵　レシャト＝エクレム[20]

すなわち当時のオーストリア使節が述べたように「めったに見られない愚かさ」の結果として，将来オスマンに対してロシアが，さまざまな形で内政干渉を起こすことになり，オスマンをロシアの保護下におく政治的・法律的な文書としてみなされた。

⑶　スタブリアノス[21]

さらに意義深いことは，ロシアをモルダビア・ワラキアの諸特権の保護者，及びオスマン領内のキリスト教徒の信仰の自由の保護者にした条項である。これらの条項はエカテリーナおよびその後継者に外交上の干渉，あるいは軍事的攻撃のための永続的な口実を与えた。コンスタンティノープル駐在のオーストリア使節トゥグート男爵が，本条約をロシア外交官の巧妙さのモデルおよびオスマン側の愚かさのめったにみられない例として，評価したことは驚くことではない。さらに彼は「オスマン帝国は今後ロシアの一地方になる」と付け加えた。また彼は本国政府に「オスマン帝国で現在起こっている出来事は，あらゆる他の国々の政策に，今後最大限の影響力を及ぼし，尽きることのない紛争をひきおこすだろう」と述べている。

⑷　ドリオー[22]

コンスタンティノープル駐在のオーストリア使節トゥグート（のちに帝国の外務書記官となる）はつぎのように書いた。キュチュク＝カイナルジャ条約の諸条項をすべてまとめれば，それはロシア外交官の巧妙さのモデルであり，オスマン交渉者の愚かさのまれにみる例である。本条約を巧みに組み合わせることによって，オスマン帝国は今日からただちにロシアの一地方となる。

⑸　ソレル[23]

トゥグートはつぎのように書いている。「キュチュク＝カイナルジャ条約の全体は，ロシア外交官の巧妙さのモデルであり，オスマン交渉者の愚かさのまれに見る例である」。本条約を巧みに組み合わせることによって，オスマン帝国は今後ロシアの一地方となる。ロシアはオスマン帝国に将来命令することができるので，確実に占領できる時がくるまで，スルターンの名においてしばらくのあいだ統治することで満足するであろう。

⑹　ソレル（英語訳[24]）

フランス語の底本とほぼ同じ内容。

本条約文の性格についてのこのような見解は，ソレルの底本もしくは英語訳に依拠している。

（E）

ロシアには非常に限られた権利だけが与えられたが，しかしロシアは将来この権利に基づいて過大な要求をしようとした。

⑴　ニコラス＝リアサノフスキー[25]

ロシアは，またコンスタンティノープルに一つのギリシア正教会を建立する権利を得た。他方オスマン帝国はキリストの教会を保護すること，帝都に建立される新しい教会のために，ロシアの抗議を受諾することを約束した。キリスト教徒およびその礼拝に関する条項は，オスマン帝国に関するその後のロシアの要求の基礎となった。

(2)　ウエベレウスベルガー(26)

とりわけ将来にとって第7条は重要となる。すなわちオスマン政府は，キリストの信仰とその教会を，常に保護することを約束する。オスマン政府は，ロシア帝国の使節が――機会が生じたときはしばしば――第14条において記された新しく建立される教会，並びにその使用人のために抗議することを許可する。オスマン政府は，これらが隣接する友好的な国の信頼できる人物からのものであることを考慮にいれることを約束する。第14条は以下のごとしである。他の国のように使節の館に建立されている礼拝堂以外に，ガラタ地区のベイオール通りに eine offentliche Kirche vom griechisch-russischen Bekenntnisse（下線部分は正確なドイツ語訳といえる――筆者）を――ロシア使節の保護下におかれ，あらゆる圧力からまぬがれることを――建立することを許す。ソレルが書きとどめているように，これらをオスマンの内政に干渉する権利であると曲解することは，ロシア外交官の功績であった。

(3)　ジョン(27)

この第2の問題点は，のちに大きな論争の種となった。第7条はオスマン政府がキリスト教の信仰とその教会を常に保護することを約束し，かつコンスタンティノープルに建立される一つの新しい教会についてのロシア使節の抗議を，友好的に考慮に入れることを約束していると述べている。ロシア使節の抗議は，その特別な教会の保護のために限られていること，さらにのちになってスルターンのギリシア正教徒すべてを保護するロシアの要求は，いかがわしい（問題である・眉唾めいた）解釈にもとづいていると言う事が主張されてきた。

(4)　テイラー(28)

キュチュク＝カイナルジャ条約の第7条において，オスマン政府はキリストの信仰とその教会を保護することを約束し，さらにコンスタンティノープルに建立される教会に関して抗議する権利をロシア使節に認めている。しかしロシアによる全面的な保護権というものはあきらかに存在しなかった。

⑸　ヒュレウィッツ(29)

ロシアのオスマン領内におけるギリシア正教徒の保護権にたいする要求は――クリミア戦争の直接的な原因の一つであるが，――1774年条約の第7条および第14条のいかがわしい（問題である・眉唾めいた）解釈にもとづいていた。

2　第7条の内容(30)

第7条(31)

イタリア語条約文に基づき和訳する。

「オスマン政府はキリスト教及びその諸教会に確固たる protezione（保護）(32)を与えることを約束する。さらにオスマン政府はロシア ministro（使節，公使）が，以下の第14条で言及されているコンスタンティノープルに建立される一つの教会ならびにその教会に di quei che la servono（仕えるひとたちの）(33)ためいつでも必要なときオスマン政府に対して申し入れをすることを許す。オスマン政府はこれらの申し入れ（抗議）は隣接する正真正銘の友好国の要人からなされるので，これらの抗議を真剣に受諾することを約束する」

「1」デーヴィソンは三種類の条約文を比較検討して以下の2点を問題提起している。もっとも内容に大きな影響を与えるほどの相違ではない。

イタリア語条約文では protezione（protection, defence）という言葉が使用されている。他方，ロシア語条約文では защита（defense, protection），オスマン語条約文では sıyanet（preservation, protection）が見られる。彼によると，sıyanet には himaye（defense）の意味がなく，イタリア語条約文及びロシア語条約文で使用されている言葉の間にはニュアンスの違いがあると主張する。しかしロシア＝オスマン語辞典（1977年）によればオスマン語の sıyanet はロシア語で защита(34)の，またオスマン語の himaye はロシア語

で защита[35]の説明がなされている。さらにオスマン語辞典[36]によると，korumak（defend）の意味がある。またレッドハウスの辞典によると[37]，sıyanet には protecting, protection, preservation の訳が見られる。デーヴィソンが指摘するほどの相違があったとは断定できない。

「2」デーヴィソンは，「教会に仕えるひとたち」のイタリア語の該当する部分 di quei che la servono は，ロシア語条約文の служащимъ（employees）やオスマン語条約文の hademe-si（officials）よりもう少し広い意味であると主張している。しかしオスマン語の場合，kilisa hademesi（kilisa は教会を意味する）という形態をとれば，The priests, deacons, lay—servants of a church[38]という意味になり，イタリア語条約文とオスマン語条約文にそんなにおおきな違いがあるとは考えられない。

「3」デーヴィソンは指摘していないが，「使節」にあたる言葉に違いが見られる。

イタリア語条約文では ministro と，ロシア語条約文では министр（公使）と，オスマン語条約文では elci と表記されている。イタリア語条約文及びロシア語条約文は同じ意味であるが，オスマン語条約文の場合は「公使」よりも広く「使節」にあたる一般的な言葉が使用されている。ちなみにオスマン語では公使の場合は orta elçi が，大使の場合は büyük elçi が使用される。

デーヴィソンが指摘している以下の 2 点については筆者も見解を同じくする。すなわち第 7 条は，オスマンのキリスト教徒臣民への保護権を確かに認めているが，それはオスマン政府による保護権である。この点についてこの条項は明白である。しかしこの条項がロシアに対して，オスマン帝国内のギリシア正教徒のために抗議権を与えていると考えることは大きな飛躍であろう。ロシア使節が抗議できる教会は，第14条で規定されている教会である。

3　第14条の内容

デーヴィソンはイタリア語・ロシア語・オスマン語条約文には差異はなく同じ内容であると述べているが，必ずしもそうとは言えない。

イタリア語条約文に基づき和訳する(39)。
「ロシアは，他の国々に倣って(1) a riserva della Chiesa Domestica
以外に，(2) nelle parte di Galata nella strada detta Bey-Uglu
に，(3) la qual chiesa sara publica, chiamata Russo-Grecaの教会を建立できる。それは，常にロシア使節の保護下におかれ，あらゆる不法行為・妨害から守られるべきである。」

下線部(1)からでは，ロシアが建立できる教会の性格は十分に正確に把握することはできない。デーヴィソンは「Chiesa Domestica」を「Residence Church」と解釈している(40)。該当するオスマン語は，「kilisa-yı mahsusa」で「固有な教会」となりやはり不明瞭である。ところがロシア語では，「кроме домашей в доме министра」（使節の公邸に付随した礼拝堂）と表記され，意味は明白になる。またロシア語文の意味を裏付ける研究も見られ(41)デーヴィソンの解釈は妥当と言える。

つぎに建立される場所についてイタリア語文（下線部(2)）とロシア語文は（в части Галата в улице, Бей-оглу）ほぼ同じ意味になっている。つまり「ガラタ地区(42)のベイオール通り」である。しかしオスマン語文では，Galata tarafından Begoglu nam mahallenin yolunda tariki-i amda（「ガラタ側のベイオール地区の大通り」）となりすこし異なっている。デーヴィソンは指摘していないが，三種類の文章とも「ベイオール通り」のどこなのか明確に記述していない。また教会の建立期限についても明示していない。当時の関係者には，この程度の記述で建立の場所が，どこなのか理解できたのであろうか。

第14条のなかで（あるいは本条約のなかで）最も重要なのが，建立される教会の性格である。この点についてはデーヴィソンの研究が大いに参考になった[(43)]。下線部(3)とロシア語文（публичную грекороссийского исповедания церков）のあいだには大きな差異はない。違いはイタリア語文ではRusso-Grecaとなっているのに対して，ロシア語文ではгрекороссийскогоと表記され，RussoとGrecaが逆転していることである。このこと自体はさしておおきな問題ではない。Russoは英語のRussoにあたり，Grecaは英語のGreekに相当する言葉である。ところがオスマン語文ではラテン文字に転写すると，たとえばDoso-grafa, Duso-grafa, Ruso-grafa, と表記することができる。いずれの転写も意味不明の言葉である。Doso, Duso, Rusoは，イタリア語文のRussoを示しているのではないか。アラビア語の書体で書かれるオスマン語においては，dとrは識別しがたいことがある。当時のオスマン人にとりRusyaはよくしられていた言葉であるが，Russoは既知の言葉ではなかった。従ってdとrが正しく書かれなかったとしてもなんら不思議ではない。同様にアラビア語の書体で書かれるオスマン語においてはfとkが識別しがたいことがよくある。イタリア語のGrecaがgrafaにあたるとおもわれる。イタリア語のcaはkaと発音される。grafaのfaはkaと書かれるべきところであった。Greca（Greek）は当時のオスマン人にとりよく知られている言葉ではなかった。英語のGreekを表す単語はオスマン語ではルームRumであり，オスマン人にとりよく知られている言葉であった。本条約の第16条の第9項でもギリシア正教徒を示す単語としてRumという言葉が使用されている[(44)]。従って，RussoとGreca（Greek）から成る合成語Russo-Grecaという言葉はオスマン人にとりますます意味不明の言葉であったであろう。

Russian Church（ロシア正教会）とGreek Church（ギリシア正教会）は，実在し，しかも前者は後者の傍系であり，基本的にほぼ同一である。だがRusso-Greca教会はこの世には存在しないが，なにか特別の意味をもった教会であることは推察できる。すくなくとも当時のオスマン人にはRusso-Greca教会は聞いたこともない奇異な言葉であろう。したがって既述のような意味不明の言葉がオスマン語史料で書かれたのであろう。従ってロシア使節が保護できる教会は，いわゆるギリシア正教会でないことは明白である。

デーヴィソンはRusso-Greca教会の信者についての明確な規定がないことは，たしかに「曖昧」であることを指摘している。しかし当時の関係者には明確な規定をもうけなくとも理解できたのかもしれない。彼は同時代の外交官で長くイスタンブルに住み，オスマン政府及びヨーロッパ外交界に精通しているスウェーデンの首席通訳・代理大使を務めたドーソンIgnatius Mouradgea D'Ohssonの言葉を，すなわち「本条約はロシア使節に，ロシア国民が利用できる教会をペラ地区（ヨーロッパ人によるベイオールの呼称）に建立する自由を与えている(45)」を引用している。当時ベイオール地区に存在したカトリックの教会は，おもに外国人のためのものであった。彼は同じようにこの教会もロシアの外国人のためのものであったと推察している。ではロシアの外国人とは一体どのような人たちであったのか。彼は本条約第11条で言及されているロシア商人，さらに第8条で述べられている聖地イェルサレムへの巡礼者(46)であったと考えている(47)。

ではこの世に存在しない，意味不明な「Russo-Greca教会」なる言葉をだれが，第14条に入れ込んだのかという疑問が生ずる。エカテリーナの指示によるものではなかったようである。イスタンブル駐在のロシア使節を務めたオブレスコフが，ブカレスト交渉の際に提案したようである。キュチュク＝カイナルジャ条約研究の第一人者ドルジニナ女史Druzhinina, E. I.が，この件に関する史料を発見した。

彼女によるとこの教会は，オブレスコフ自身の考えでブカレスト交渉のさいに提案された。彼の提案に至る経緯はつぎの通りである。すなわちギリシア正教徒のなかにはベイオールの居住地域に自己の教会が存在しないために，ロシア使節公邸に付随した礼拝堂に来て礼拝するものがいた。彼らの多くはロシアの保護下に置かれる教会を設置するようにロシア使節に嘆願した。だが彼らは，その教会はロシア人のためのものでなければ，オスマン政府はロシアが公的に保護する教会の建立を認めないと主張した。

オブレスコフは，この要望を好都合として受け入れた。そこで彼はブカレスト交渉で，聖地イェルサレムを巡礼する「грекороссийской закон（Greco-Russian faith）を告白する聖職者のための教会[48]」という形で提案した。ブカレスト交渉が決裂し，この提案は日の目を見なかったが，キュチュク＝カイナルジャ交渉が再開されたとき，この提案は前回と同じ形で復活した。

4　なぜ拡大解釈が生まれたのか

すでに述べたように本条約の第7条及び第14条を検証した結果，研究史のところでみたような「ギリシア正教徒の保護権」「オスマン帝国に対する内政干渉権」などのような見解を引き出すことは不可能である。ロシアはイスタンブルに建立されるたった一つの「Russo-Greca 教会」の保護権を得ただけである。きわめて制限された権利がロシアに与えられたと言わざるを得ない。ではなぜ内容こそ違え拡大解釈が生まれたのかという疑問が生ずる。デーヴィソンは，その理由として以下のことがらをあげている。

(1)　教会の新設・修復の自由

今回のロシア＝オスマン戦争でロシア軍により占領されたが，条約締結後，条件付（教会の新設・修復の自由に対するオスマン帝国の約束）でオスマン帝国に返還される地域が3ヵ所あった。すなわちドナウ川沿岸のモルダビア・ワラキア両公国（第16条），カフカース山脈以南のグルジア・ミングレリア（第23条），エーゲ海の島々（第17条）である。この三地域のなかでロシアの保護権もしくはオスマン帝国への抗議権が認められているのはモルダビア・ワラキア両公国だけである。しかしたった一つの「Russo-Greca 教会」への保護権とは比較にならないほど重要性をもっていることはいうまでもないだろう[49]。モルダビア・ワラキア両公国に関するロシアの保護権は，誤解や拡大解釈を生む余地はなく，明白である。ところが第7条及び第14条はすでに見たように研究者により解釈が大きく異なり，さらにクリミア戦争勃発に際してロシアが，オスマン帝国のキリスト教徒（ギリシア正教徒）の保護権を得ていることの証拠としてこの条約を持ち出した。

⑵　エカテリーナ女帝の声明

ロシア＝オスマン戦争中，ロシアがオスマン帝国のキリスト教徒を扇動したことは確かである。しかし講和交渉の過程でキリスト教徒の保護権は，クリム＝ハーン国の独立，他の領土や通商問題のようには重要性をもたなかった。批准書が交換された直後の1775年3月に女帝の声明が公表された，それはロシアがオスマン領内のキリスト教徒のために獲得した有利な立場を強調するものであった。すなわち「わが正教はあらゆる抑圧・暴力から守られ，その発生地において今後わが皇帝の保護下にある[(50)]」。条約締結後ロシア・オスマン両国はなかなか条約文を公表しなかった。とりわけ第一回目のフォクシャン交渉に参加し，その後の講和交渉はロシア・オスマンの二国間で，調停者を介さず，直接交渉が行われ，蚊帳の外に置かれたオーストリア使節トゥグートにとっては，どのような内容が盛り込まれたかを一時でもはやく知りたいのと同時に，ロシアが幅広い権限を得たのではないかという懸念があった。彼は本国政府に自己の苛立ちを伝えている。このような状況下におかれたトゥグートにとって，エカテリーナ女帝の声明は彼の懸念を裏付けるように思われたと推察できる。

⑶　ロシアで行われたフランス語訳

当時ヨーロッパの外交界で使用される公用語はフランス語であった。エカテリーナ女帝は，以上の状況を考慮に入れキュチュク＝カイナルジャ条約を公表すべきときがきたと判断して，ロシア語条約文からフランス語訳を命じた[(51)]。とりわけ問題になるのは，第14条で規定されたイスタンブルに建立を認められた教会の性格についての訳である。すなわち，「une église publique du rit Grec」とフランス語訳がなされ，「Russo-Greca」に当たる言葉は見当たらない。文字通り和訳すれば「ギリシア正教の典礼を有する公的な一つの教会」となり，すくなくともロシア語のオリジナルな条約文の正確な翻訳とは言い難い。明確にギリシア正教会とは表現していないが，ギリシア正教会を推察させるに十分な誤解を生む翻訳である。このフランス語訳から英語訳もうまれた。たとえば『ヒュレウィッツ編纂の条約集』に収録されている英語訳は(52)，解説からも明白なようにクリミア戦争期にイギリスの議会に提出された英語訳であり，出典はロシアで企てられたフランス語訳である。当時の政治家やその後の研究者の多くはこれらのフランス語訳もしくは英語訳を利用してきた。

⑷ 歴史家ソレルと歴史家ハンマープルクシュタル及び外交官トゥグートとのかかわり

すでに述べたソレルの著書 *La question d'orient au XVIIIe siècle*（1878）は，本国でも版を重ねただけでなく(53)，他の言語にも翻訳され多くの人々に読まれた。すなわち，英語訳(54)，オスマン語訳(55)，それにポーランド語訳(56)である。

ソレルの底本の文献目録にはハンマープルクシュタルの著書 *Gesschichte des Osmanischen Reiches*（1832年）のフランス語訳 *Histoire de l'Empire Ottoman*（1835～41年）が見られることからも分かるように，史料としてハンマープルクシュタルの著書を使用していた。イスタンブル駐在のオーストリア使節トゥグートの本国政府宛の急送公文書は，ハンマープルクシュタルの著書(57)に収録されている。すでにソレルの著書から引用したトゥグートの言葉は（本書169頁参照），ハンマープルクシュタルのフランス語訳のそれ(58)とほぼ一致している。ハンマープルクシュタル（1774～1856年）はオーストリア人のオリエンタリストで語学研修生としてオスマン帝国に滞在した経験をもち，イスタンブル駐在のオーストリア使節トゥグート（1739～1818年）と懇意な関係にあった。ソレルは「キュチュク＝カイナルジャ条約の不可欠な規定は宗教にかかわることである(59)。」と述べている。トゥグートより1世紀遅れて執筆したソレルはクリミア戦争の原因を考えることはできたが，トゥグートはできなかった。トゥグートは本条約の宗教にかかわる条項が重要であることを知っていたが，彼の主な関心は，オスマン帝国へのロシア軍の差し迫った脅威であった。本条約全体の特徴であるロシア代表者の手腕及びオスマン交渉者の愚かさと，ロシアをオスマン領内のキリスト教徒の保護者にすることとを直接に結びつけたのはほかならぬソレルであった。

ソレルの大きな誤りは，トゥグートの言葉を引用するに際して，トゥグートがキュチュク＝カイナルジャ条約の写しを目にしていなかったことを隠したことである。トゥグートは内容を知らずに推察しただけである。トゥグートは1774年9月3日付けの本国政府宛の急送公文書のなかで，条約文が公開されないことに不満の意を表し，公表遅延の理由を考えて，以下のように述べている。

「それがどうあろうとも，わずかのことしか一般に知られていないことは，以下のことを結論として導きだすに十分である。すなわち本条約全体はロシア外交官の力量のモデルであり，オスマン側交渉者の愚かな行為のまれに見る例である……。（さらに続けて）今やオスマン帝国はロシアの一州のようになった(60)」

ではなにゆえ有能な外交官が読んでもいない条約文についてこのような判断をくだしたのか。トゥグートはフォクシャン交渉には参加したが，ブカレスト交渉には参加を認められなかった。しかし彼はオブレスコフと文通していたようである。彼はロシアの要求とそれに対するオスマン側の態度もうすうす知っていた。だが最終的な結果を知ることができなかったとき，最悪のことを予想した。

「対抗措置を講じなければレヴァントでのカトリックの活動禁止・根絶がおきる。36～48時間以内に帆船により2万の兵をイスタンブルへ送り，ヨーロッパが気づかない内に，ギリシア正教徒の支援を得てこれを占領できる。スルターンはアジアへ逃亡しなければならないだろう。西アナトリア，エーゲ海の島々，アドリア海にいたる西ギリシアは，ギリシア正教徒の助けを得てロシアの軍門に下るだろう。そのときロシアは古代における最大の国家のいずれにも取って代わる超大国となろう(61)」

5　フランスに与えられたキリスト教徒（教会）の保護権

フランスは他の国に先んじて保護権が与えられた。

1569年のカピチュレーションにより「オスマン領へカトリックの宣教師を派遣することが可能となり，フランスの商人・商船は関税を支払わずオスマン領の望む所へいくことができ，他のヨーロッパの商人はフランスの旗を掲げることで同じ権利を許与された。カトリックの司祭は任命のベラート（特許状）を必要とするときフランス使節に頼った。また教会の関係者になにか不満があるとき，フランス使節を通じてオスマン政府へ上奏された(62)」

このようにフランスはオスマン領内において宗教上・通商上・政治上の権利をいちはやく得たのである。

さらに1604年のカピチュレーションでは聖地における優位を得た。

「聖地イェルサレム・ベツレヘムのカトリックの修道士は，過去にあったように当地の教会（複数形）で礼拝を続けることができる。安全に当地に居住でき，困難・妨害をうけることなく往来できる。あらゆる状況下で保護されるべきである(63)」

フランスが最大の特権を得たのは1740年のカピチュレーションである。このなかでフランスは通商上の諸特権に加えて数件の宗教上の特権も得，それらは具体的であり広大なものであった。すなわち「聖地巡礼の自由・聖墓教会の修道士の保護」「フランス人の聖職者や他のヨーロッパの修道士（どのカトリックの宗派に属していようと）は，オスマン帝国の領土において昔そうであったように安楽に住み，自由に礼拝できること」「ガラタにいるフランスのジェスイト及びカプチン修道士たちは，これまでどおり彼らの教会を維持し，焼失した教会は再建できること」「イズミル・シドン・アレクサンドリアにあるフランス人の教会に危害が加えられないこと」「ガラタにあるフランスの病院で福音書を自由に声を出して読むこと[(64)]」などである。

6　オーストリアに与えられた保護権

フランスよりおくれてオーストリアにも保護権があたえられた。

カルロヴィッツ条約（1699年）の第13条に見られる。

「ローマ＝カトリック教会の修道士たちについてのこれまでの条約や栄光ある皇帝たちが下した命令は，今日以降も有効であることをスルターンから繰り返されるべし。つまり慣例にしたがい教会の修復や礼拝が妨害されないこと。神聖なシャリーア（イスラーム法）やスルターンが結んだ条約に反して金銭を要求したり，口実なしに上述の修道士たちがどの教団に属していようと，危害を加えられずにスルターンの保護下で安全であるべし。上述の神聖ローマ皇帝の大使は，修道士たちがイスタンブルに着任したことを，イェルサレムの巡礼地及び若干の地域にある教会に関して委任された事項を上奏すること[(65)]」

結　び

第７条及び第14条によってロシアに与えられた保護権はイスタンブルに建立が認められた，たった一つの「Russo-Greca」教会であり，きわめて限られたものであったことを実証した。権利の範囲が広いか狭いかではなく，保護権がロシアに与えられたこと自体が問題である。ロシア側からすれば，フランス・オーストリアについでオスマン領内のキリスト教徒の保護権を得たことで，ロシアはヨーロッパの強国と肩を並べたとみることができる。このことは，英仏並みの通商上の特権がロシアに与えられた（第11条）ことともかかわる。オスマン側からすれば，オスマン領内のキリスト教徒の保護権をもつ国が増えることは，オスマンへの内政干渉権の拡大化を意味する。換言すれば片務主義外交前期に顕著に見られた，オスマンの伝統的な外交原則である「不対等性の原則」（オスマン帝国がヨーロッパのどの国よりも外交上優位にある）の崩壊の大きな兆しとみなすことはできないだろうか。

注

（1） Davison, R. H., Russian Skill and Turkish Imbecility; The Treaty of Kuchuk Kainardji Reconsidered, *Slavic Review*, 35/3, pp. 465–468.（以下 Slavic Review, と省略する）

（2） Sorel, A., *La question d'orient au XVIII*[e] *siècle*, 1878, Paris, p. 288.

（3） Sorel, A., *The Eastern Question in the Eighteenth Century*, translated by F. C. Bramwell, London, 1898, p. 248.

（4） Jorga, N., *Geschichte des Osmanischen Reichs*, 5 vols, Gotha 1908–13. Frankfurt am Main 1990[2], vol. 4, pp. 511–12.

（5） *GOR*, vol. 8., p. 447.

（6） Miliukov, P., Seignobos, C., and Eisenmann, L., *History of Russia*, tarns. Markmann, C. L., 3 vols, New York, 1968–69, vol. 2, p. 111.

（7） Sydney, H., *Russia; A History*, Philadelphia 1952, p. 125.

（8） ヴェルナドスキー著，坂本是忠・香山陽坪共訳，『ロシア史』，上巻，東和社，昭和28年，134頁。

（9） Stavrianos, L. S., *The Balkans since 1453*, New York, 1958, London, 2000[2], p. 192.

（10） Jelavich, B., *A Century of Russian Foreign Policy, 1814–1914*, Philadelphia, 1964, pp. 20–21.

（11） Jelavich, B., *St. Petersburg and Moscow; Tsarist and Soviet Foreign Policy*, Bloomington, 1974, pp. 20–21.

（12） Fisher, S. N., *The Middle East; A History*, New York, 1959, 1968[2], p. 251.

（13） *İA*., s. v. "KÜÇÜK KAYNARCA."

（14） Saul, N. E., *Russia and the Mediterranean, 1797–1807*, Chicago, 1970, pp. 8–9.

（15） Florinsky, M. T., Russia: *A History and an interpretation*, 2 vols. New York, 1953, 1960[2], Vol. 1, p. 526.

（16） Hugh Seton-watson, *The Russia Empire, 1801–1917*, Oxford, 1967, p. 46.

（17） Anderson, M. S., *The Eastern Question, 1774–1923*, London, 1906, xi.

（18） Kurat, *Türkiye ve Rusya*, pp. 29–30.

（19） Kurat, *Türkiye ve Rusya*, p. 31.

（20） Ekrem, *Osmanlı muahedeleri*, p. 102.

（21） Stavrianos, p. 192.

（22） Driault, E., *La question d'orient*, Paris, 1898, 1921[8], p. 55.

（23） Sorel, p. 291.

（24） Sorel (英語訳), p. 248.

（25） Riasanovsky, N. V., *A History of Russia*, New York, 1963, 1969[2], p. 265.

（26） Uebersberger, H., *Russlands Orientpolitik in den letzen Zwei Jahrhundert*, Stuttgart, 1913, p. 335.

（27） LeDonne, John, P., *The Russian Empire and the World 1700–1917*, Oxford, 1987, p. 106.

（28） Taylor, A. J. P., *The Struggle for Mastery in Europe, 1848–1918*, Oxford, 1954, New York, 1971[2], p. 52.

（29） Hurewitz, *The Middle East and North Africa*, p. 93.

（30） キュチュク＝カイナルジャ条約の条約文の種類と史料の信頼性については，本書第1部第2章第2節を参照。

（31） イタリア語条約文についてはMartens[2], vol. 2, p. 296. 及び「ヴェネツィア版」，111頁を参照。ロシア語条約文については*PSZ*, vol. 19, p. 960. を参照。オスマン語条約文については「諸外国台帳」（DED, 83/1）146頁を参照。

（32） *Slavic Review*, pp. 469–470.

（33） *Slavic Review*, pp. 470–471.

（34） ТУРЕЦКО-РУССКИЙ СЛОВАРЪ, МОСКВА, 1977, p. 775.

（35） ТУРЕЦКО-РУССКИЙ СЛОВАРЪ, p. 408.

（36） Salahi, M., *Kāmûs-ı Osmânî*, İstanbul, 1911, Kısım 4, p. 104によれば，korunmak (defend oneself), korumak (defend, protect) の意味が見られる。Sâmî, Ş., *Kāmûs-ı Türkî*, İstanbul, 1900, p. 844. によると muhafaza (defending, protection, korumak) の意味が見られる。

（37） Redhouse, Sir. J. W., *A Turkish and English Lexicon*, Beirut, 1890, 1974[2], p. 1197.

（38） Redhouse, p. 1568.

(39)　イタリア語条約文については，Martens^2, vol. 2, p. 300及び「ヴェネツィア版」，113頁を参照。ロシア語条約文については，*PSZ*, vol. 19, p. 962頁を参照。オスマン語条約文については，DED, 83/1, p. 147を参照。

(40)　*Slavic Review*, p. 471.

(41)　Epstein, M., *The Early History of the Levant Company*, London, 1908, New York, 1968^2. p. 72. イスタンブルのイギリス大使館のスタッフには，通訳，出納官，preacher（説教師）がいたことを伝えており，大使の公邸には付属した礼拝堂の存在を推察させる。Wood, A. C., The English Embassy at Constantinople 1660–1762, *EHR*, 40 (1940), p. 539. 1611年以降イスタンブル駐在のイギリス大使の公邸には付属した礼拝堂があり大使からサラリーを受け取っている聖職者がいたことを伝えている。1686年フランス大使ジャルダン Girradin の大使館のスタッフは，1名の出納官，2名の書記官，2名の料理長，2名の小姓，4名の男性の召使，24名の従僕，若干名の料理人・聖職者などから構成されていた。Spuler, B., Die Europäische Diplomatie in Konstantinopel bis zum Friden von Belglad (1739), *Jahrbücher für Kultur und Geschichte der Slaven*, 1935, S. 208; Schefer, C., *Mémoires sur L'ambassade de France en Turquie* 1525–1770, par François Emmanuel Guignard, 1735–1821, Comte de Saint-Priest, Ambassadeur de France en Constantinople, Paris, 1877, Amsterdam, 1974^2, p. 240.

(42)　*EI*^{2}, s. v. “ISTANBUL.” 金角湾とボスフォラス海峡に挟まれた地域。

(43)　Davison, R. H., The ‘Dosografa’ Church in the Treaty of Küçük Kaynarca. *BSOAS*. 42/1 (1979). pp. 46–52.

(44)　Rum mezhebinden hıristiyan, DED, 83/1, p. 148. Cristiani della Religione Greca, Martens^2, vol. 2, p. 304.「ヴェネツィア版」114–115頁。

Христиана Греческаго закона, *PSZ*, vol. 19, p. 963.

(45)　*Slavic Review*, pp. 472

(46)　「聖地巡礼の自由」は一進一退の末，18世紀初頭ピョートル大帝の治世にロシアに与えられた。しかし当時聖地を訪れた4人の記録は，ロシア人の巡礼者にはほとんど出会わなかったことを伝えている。彼はギリシア正教徒の保護者として行動した。「聖地管理権の取得」をめぐる紛争は，ローマ＝カトリック教とギリシア正教の両陣営の間で争われた。この問題はクリミア戦争の要因であり軽視されるべきではない。これまでローマ＝カトリック教徒（実際はフランシスコ修道会）の聖職者がこの権利を掌握していた。だが17世紀初めにパレスチナにイエズス会が現れ，さらにCongregatio de propaganda fide（1632年）の創設によりローマ＝カトリック内部の対立が熾烈化した。ローマ＝カトリック教とギリシア正教の両陣営はほぼ10年間にわたる争いのあと，1639年に管理権は後者の手に渡った。以後ルイ14世によるフランス外交の努力の結果，ローマ＝カトリックに管理権が渡る1690年まで聖地管理権はギリシア正教の側にあった。

Sumner, B. H., *Peter the great and the Ottoman Empire*, Oxford, 1949, pp. 26–33.

(47)　*Slavic Review*, p. 472.

(48)　*Slavic Review*, p. 473; Druzhinina, p. 221. 条約草案では第23条に入れられている。Druzhinina, p. 346.

(49)　*Slavic Review*, p. 474. 第16条，第17条，第23条のイタリア語文についてはMartens^2, vol. 2, pp. 302–306, 310.「ヴェネツィア版」113–116頁。ロシア語文については，*PSZ*, pp. 962–964. オスマン語文についてはDED, 83/1, pp. 148–150. を参照。

(50)　Druzhinina, p. 316; Kurat, 30. わが正教とはロシア正教をさすと思われる。ロシア正教がギリシア正教の傍系であることを考えるなら，ギリシア正教を示しているとも解釈される。また発生地は聖地イェルサレムをさしていると考えるのが妥当であろう。

(51)　ロシアで行われたフランス語訳については，Martens^2, vol. 2, pp. 286–321. を参照。

(52)　a public church of the Greek ritual. Hurewitz, *The Middle East and North Africa*, p. 96.

(53)　1902年には第4版が刊行されている。

(54)　1898年に初版が，1969年に再版が刊行されている。

(55)　1911年に刊行されている。

(56)　1905年に刊行されている。

(57)　*GOR*, vol. 8, pp. 577–84; *Histoire de l'Empire Ottoman*, Paris, 1839. İstanbul, 1993–2000^2. vol. 16, pp. 258–264. 筆者は第2版を利用した。

(58)　*Histoire*, vol. 16, p. 262.

(59)　*Sorel*, p. 288.

(60)　*Histoire*, vol. 16, p. 262.

(61)　*GOR*, vol. 8, S. 579.

(62)　Testa, vol. 1, pp. 91–96.

(63)　Noradounghian, vol. 1, p. 95; Testa, vol. 1, p. 141.

(64)　*Muʿâhedât Mecmûʿası*, vol. 1, pp. 15, 21–22; Erim, pp. 97, 102–103.

(65)　*Muʿâhedât Mecmûʿası*, vol. 3, p. 99; Erim, p. 32. パッサロヴィッツ条約（1718年）の第11条にも同じ内容が見られる。*Muʿâhedât Mecmûʿası*, vol. 3, p. 107; Erim, pp. 66–67.

第3章　オスマン帝国とロシアの通商・航海条約（1783）について

オスマン帝国がヨーロッパと締結した「条約」は，一般にアフドナーメ ahdname とよばれている。それは休戦条約・講和条約に相当するものと，後に「カピチュレーション」と呼ばれるものから成っている。基本的に「カピチュレーション」は許与したスルタンの在位中に限り有効であり，ヨーロッパ側はスルタンがかわるごとに更新をする義務があった。またヨーロッパの商人は dostluk ve sadakat üzere（友好と誠意にしたがって）行動するのをやめたか，いつアフドナーメが無効になったかをスルタンが一方的に判断する権限を有していた[(1)]。はやくはヴェネツィアのようなイタリアの都市国家に，やがて少し遅れて国民国家としてのフランス（1569），イギリス（1580），オランダ（1612）に許与された。18世紀に入り，1740年にフランスに対しては更新の不要な広大な特権を含むアフドナーメ（「カピチュレーション」）が与えられた[(2)]。これらアフドナーメは近代的な条約とは異なり「条項」という言葉で特権の内容を明示・区分することはなく，「条項」という言葉は一切使用されず，各種の特権が羅列されているだけである。だが，講和条約に相当するアフドナーメははやくから「条項」という言葉を冒頭において各種の内容が記載されている。たとえばロシア・オスマン関係の点からいえば，イスタンブル条約（1700年）[(3)]やベオグラード条約（1739年）[(4)]があげられる。

本章ではフランス・イギリス・オランダなどに許与されたアフドナーメと比較検討しながら，オスマン外交のヨーロッパ化の見地からオスマン帝国とロシアの通商・航海条約のもつ特徴の一端を明らかにしたい。

1　締結にいたる過程

オスマン帝国とロシアの通商・航海条約（1783）の研究はこれまでほとんど軽視されてきた。たとえば，ロシアとオスマン帝国の関係を扱ったクラト Kurat の書物にも一言も言及されていない。最近ではキョセが，学位論文のなかでわずかにとりあげているにすぎない(5)。したがって小論では彼の研究に依拠しながら締結にいたる過程を簡潔に言及していく。

本条約（アフドナーメ）については，1782年3月初めから約一年間断続的にイスタンブル駐在ロシア大使ブルガーコフ Bulgakof (Bulgakov)(6)とオスマン帝国の書記官長セイッド＝メフメット＝ハイリ＝エフェンディ Seyyid-Mehmet Hayri Efendi(7)，イスタンブルの法官 İstanbul kadısı ムフザーデ＝アフメット＝レスミ＝エフェンディ Mufuzade Ahmed Resmi Efendi, 元大宰相代理 sabik Kethuda ハジュ＝ムスタファ＝エフェンディ Hacı Mustafa Efendi との間で交渉が開始された。

何回も開かれた会談でまず問題となったのは，ロシアの黒海付近から地中海地域へ穀物を輸出する自由である。ロシア側はキュチュク＝カイナルジャ条約のロシア側の批准書（tasdikname）のなかで「穀物輸出の自由」は認められていることを述べるが，書記官長 reis efendi はオスマン語・ロシア語・イタリア語の条約文を尊重していることを主張して反論した。ロシア側の批准書は手元になく，その内容を理解することは困難である。三種類の条約文を比較検討した結果，ロシアの要求を正しいと断言することはむずかしい。

さらに後の交渉でロシア使節は地中海から黒海地域へ輸入するワイン hamr については，1回以上関税を徴収しないことを要求した。すなわち従来は3回徴税されたが，ロシア商人は今後購入したところで税を支払えば，さらに他のところで関税は徴収されない。書記官長は，この件を大宰相に伝えたところ，大宰相は将来問題とならないようにワイン税は百分の三となることを求めた。

その後の交渉においてロシアは，北アフリカの海賊からロシア商船が攻撃されないようにオスマン帝国が保証人となることを要請した。

ロシア側が提案した81ヵ条のうち75ヵ条は受諾できるが，残りの6ヵ条はオスマン政府によって調整され，女帝エカテリーナに伝えられ，ついに1783年6月22日に調印された。

2　条約文の形式的特徴

㈠　条項

全81ヵ条の冒頭には必ず条項（mâdde）という言葉がおかれている。この種のアフドナーメにおいては，従来条項にあたる言葉はおかれず，ヨーロッパの国々に与えられる諸特権が羅列されているだけである。たとえば1612年および1680年におけるオランダへのアフドナーメのオスマン語史料については，やはり条項という言葉が使用されていない(8)。さらに1740年のフランスへのアフドナーメに関するオスマン語史料についても，条項という言葉が使用されていない(9)。しかしフランス語訳されたものについては，条項にあたる言葉がおかれている。たとえば1569年および1740年のフランスへのアフドナーメである(10)。だが，スウェーデン（1737年），シチリア（1740年），プロイセン（1762年），スペイン（1782年），サルディニア（1823年），アメリカ（1830年），ベルギー（1838年），ポルトガル（1843年）のアフドナーメについては条項という言葉がおかれている。1680年のオランダへのアフドナーメには条項という言葉はない。18世紀中葉から形式上の変化が生じたと推察されないだろうか(11)。

この1783年のアフドナーメにおいては，18世紀中葉に見られる変化に従って，条項という言葉が使用されたことはきわめて近代的な形式をとっているといえよう(12)。

㈡　前文

Düvel-i Ecnebiye Defterleri（「諸外国台帳」），83/1, pp. 176–189によれば64

行ある。ジェウデトや（『諸条約集』）には前文がなく比較できない。1612年のオランダへのアフドナーメの場合にはオスマン語史料では16行で，英語訳が約2.5頁である。1569年のフランスへのアフドナーメについては，オスマン語史料を入手できなかったが，フランス語訳の刊本資料では約1頁である。前二者のアフドナーメが交付された時点と，1783年を比較すればオスマン領が縮小していたことは間違いない事実である。1612年のアフドナーメのなかでオスマン帝国の領土として列挙されている多くの地域が，1783年のアフドナーメの中では見られない。つまりカルロヴィッツ条約（1699年）やパッサロヴィッツ条約（1718年）によりオスマン帝国は，とりわけオーストリアに広大な領土を喪失した。反対にわずかではあるが，1612年のアフドナーメに見られない地域が，1783年のアフドナーメのなかに見られるケースもある。1569年のフランスへのアフドナーメや1612年のオランダへのアフドナーメの場合と単純に比較はできないが，1783年のアフドナーメのオスマン語史料は，分量的に前二者と比較して少ないどころかやや多いように推察される。

この前文（および結び）において，イナルジク İnalcık の指摘するように，本条約アフドナーメは，キュチュク＝カイナルジャ条約を補完するものであることが言及されている。たとえば，「Rusya devletiyle Devlet-i ʿAliye beyninde mukaddema Kaynarca’da münʿaḳid ʿahdnamenin on birinci mâddesinde meşrûʿ cümle uhudun bil-tagayyür ve dikkat ile merʿi tuttuğu」（ロシアとオスマン帝国との間で以前，カイナルジャで締結された条約（アフドナーメ）（キュチュク＝カイナルジャ条約のこと）の第11条において合法的なすべての約束を変更することなく注意を払って遵守されることを），さらにこのアフドナーメでは英仏の商人なみにロシアの商人を処遇するための措置がとられている。「ẕikr olunan on birinci mâddenin muḳteżâsınca gerek ahar(?) ticâret ve gerek Rusya tüccârının hakkında işbu mâdde lafız-be-lafız tahrîr olunduğu gibi her dürlü iḥtiyâç ẓuhûrunda Françe ve İngilterelü’nün ve sair milelin şürutları merʿi ü muʿteber tutulub düvel-i meẕkure tüccârının mütemetti oldukları menâfiʿ ve serbestiyat ve muʿâfât ve müsâlimat ile Rusya tüccârı daḫi temettü üzere muʿâhede-i münferide meẕkurenin tanẓîmi lâzım gelmekle.」（既述の第11条の必要とするところに従って他の通商及びロシア商人に関してこの条項が逐語的に書かれているようにあらゆる種類の必要が明白となった場合に，フランスやイギリスなど他の国々の人々（商人）に与えられている諸条件が有効とされて，既述の諸国家の商人が享受している利益・自由・免税・平和によってロシア商人もまた恩恵を得るために既述の別個の条約（muʿâhede）が調整されねばならない）(13)

Düvel-i Ecnebiye Defterleri, 83/1に収録されている条約文は，muʿâhede-i ticâret taṣdîknâmesiという形式をとっている。このことは第一にムアヘデmuʿâhedeという「双務的な条約」の意味をもつ言葉が使用されていること，第二に収録されている条約文は批准書（taṣdîḳnâme）であることから重要な意味をもつと考えられる。

3　条約文の内容上の特徴

㈠　双務的内容(14)

以下の条項に双務的内容が見られる。たとえば第2条，第3条，第4条，第5条，第6条，第7条，第8条，第9条，第10条，第11条，第12条，第14条，第15条，第16条である。

16世紀初頭オスマン帝国とヴェネツィアとの間でかわされたアフドナーメにおいてすでに，たとえば第4条（しけにあい船舶が座礁した場合の対応）第5条（船舶が漂流した場合の対応）第8条（負債は債務者から要求される）第11条（両国の船舶がであった際の対応）は認められていた。

しかし1783年のアフドナーメにおいては，たとえば第2条，第3条はオスマン・ロシア両帝国の商人が相手国に赴き自由に通商できることを規定している。従来見られなかった双務的な内容である。

第2条

「cânibeynden ḳarâr verildiğe ṭarafeyn reʿâyâsı gemileriyle ve sefîneleriyle veyâhûd ʿaraba ve sâir naḳıl ahmâl içün münâsib olan merâkibe ṭarafeyn limanlarına ve mevâḳiʿ şehirlerine her vaktide duḫûl ve icrâyı ticâret ve ittiḫâẕ mesâkîn edebileler. Ve gerek Devlet-i ʿAliye'nin ve gerek Rusya devletinin gemicileri ve yolcuları ve gemileri velev ṭâifesinde ecnebi milletden bir kaç nefer bulunur ise daḫi dostâne ḳabûl olunub gemicileri ve yolcuları ve bir dürlü bahâne ile ḥüsn irâdetlerine muğâyir ṭarafeynden cebren istiḫdâm olunmıyalar. Lâkin bu cümle ile cânibeynin reayâları kendü pâdişâhlarının ḫademeteine müstaḫdim olmak lâzım oldukları taḳdîrde müsteṣnâ olalar. Eğer itbâʿdan veyâhûd melaḫlardan biri bulunduğu hidmetden yahud gemiden firâr eder ise ve temekküne ṭaleb olduğu vilâyetde ağleb olan meẕhebi yʿani memâlik-i islâmiyede din-i islâmî ḳabûl ve Rusya memâlikinde tanaṣṣur etmez ise derhâl red oluna. Kezâlik daḫi ṭarafeyen reʿâyâsı ẕikr olunan maḥallerde şemen haḳiḳiyi baʿde'l-edâ her ne kendülerine lâzım olur ise iştirâsına ve gemilerini ve sefînelerini ve ʿarabalarını taʿmîr ve ḳalâfât etmeke ve maʿişetler içün ve yollar içün lâzım olan ẕahayiri mübâyaa etmelerine ve maḥal-ı meẕkûrede bir dürlü muḫalefet ve tażyik olunmıyarak rey müstakilleriyle ikāmet ve ʿazimet etmeke müstaḳil olalar. Lâkin bulundukları maḥallerde işbu muʿâhede-i ticârete başḳaca tanẓîm olunmamuş keyfiyâtın vuḳʿunda devleteyn memâlikin niẓâmâtı ve ḳavâʿidine bilâtereddüd muvâfaḳḳıyet eyliyeler」

(両者のレアーヤーは船舶あるいは馬車や他の貨物を輸送するために適切な船舶によって，両者の港湾や都市にいつでも入り，商いを行い，居住できる。オスマン帝国およびロシアの船員と旅人や船員の中に外国人が数名いれば友好的に扱われるべし。両者は船員や旅人をよき統治に反して強制的に雇用すべきではない。だが両者のレアーヤーは自身のパーディシャー（君主のこと）の僕として雇用されねばならない場合には例外となるべし。たとえもし部下あるいはmelah（水兵）の誰かが任務もしくは，船舶から逃亡し，定住を望む地域において支配的（有力）となっている信仰，すなわちイスラームの諸国土（memâlik-i islâmiyede）においてはイスラームを受け入れ，ロシアの諸国土（Rusya memâlikinde）においてはキリスト教をうけいれなければ直ちに追放されるべし。同様に両者のレアーヤーは既述の地域で正当な価格を支払った後，彼ら自身にどのようなものが必要であれ，それらを購入することに，船舶や馬車を修理するために，道中必要となる穀物を購入することに，既述の地域で決して強制されず独立した（自由な）判断で滞在すること，また出発することは自由であるべし。だが彼らが居る地域で本通商条約（muʿâhede-i ticâret）が，さらに調整（tanẓim）されない事態が生じた場合に両国の諸国土の法（devleteyn memâlikin niẓâmâtı ve ḳavâʿidine）に躊躇しないで従うべきである。）(15)

第3条

「tüccâr ṭâifesi ve ʿale'l-ıṭlâḳ bilcümle Rusya reʿâyâsı Rusya memâlikinde yedlerine verilen ve mürur kâğıd ile Devlet-i ʿAliye'nin memâlikinde geşt ü güẕâr edebileler. Ve eğer bundan başḳa Rusya elçisi veyâhûd konsolosunun biri mesfûrlar içün veyâhûd ḫassa mesfûrların birisi içün Devlet-i Osmaniye'nin mürûr kâğıdlarını ṭaleb eder ise bu maṣlahataa menṣûb kalmalar ṭarafından bilâteḫîr iʿṭâ olunalar. Ve Rusya reʿâyâsına ziyâde bir nefʿi olmak içün her biri kendü diyârında giydiği elbise ile gitmeke me'zûn olub memâlik-i Devlet-i ʿAliye'de bilâmuḫâlefeten muṣâlihlerini tervîc eyliyeler ve keẕâlik kendülerinden haraç tesmiye olunan vergü ve ahir bir gûne teklif meṭâlibe olunmıya. Ve maʿyetlerinde bulunan emtiʿalarını işbu ʿahdnâme muḳteẓâsınca ḳarâr verilen rüsûm gümrüklerin edâ eyledikden sonra vâliler ve ḳāzîler ve sâir żâbiṭler bilâmuḫâlefeten mürûr u ʿubûrlarına cevâz vereler. Devlet-i ʿAliye reʿâyâsının daḫi Rusya memâlikinde bu gûne emniyetler içün kendülerine ʿumûr-ı ticâretler içün ve yollar içün lâzım olan mürûr kâğıdları ve şehâdetnâmeler iʿṭâ olunub şöyleki Devlet-i ʿAliye'nin tüccâr ve reʿâyâsı maʿiyetinde olan emtialarının taʿrifeler mucibuince taḫṣiṣ olunan rüsumu edâ eyledikden sonra bilâmuḫâlefeten istedikleri maḥallarada râhi olalar」

（すべてのロシアのレアーヤーはロシアの諸国土（Rusya memâlikinde）において手渡された通行証（mürur kağıt）を持参してオスマン帝国の諸国土（Devlet-i ʿAliye'nin memâlikinde）を往来すべし。もしさらにロシア使節や領事の誰かが既述の人のためにあるいは病人のためにオスマン帝国の通行証（mürur kağıt）を要求すれば，関係部局からただちに交付されるべし。ロシアのレアーヤーは，優遇された地位におかれ，各人（her biri）は自身の郷里において身につけている衣服を着用してオスマン帝国へ行くことが許可され，オスマン帝国の諸国土（memâliki Devlet-i ‘Aliye’de）において妨害されることなく平穏を受諾させられること。また彼ら自身からハラジと呼ばれる税（vergü）や他の種類の税（teklif）を要求されるべきでない。持参している商品を本条約の必要とするところにしたがって決定された関税（rüsum gümrük）を支払ったあと，ヴァーリ（知事）やカーディ（裁判官）や他の役人は妨害することなく往来が許されるべし。オスマン帝国のレアーヤーもまたロシアの諸国土（Rusya memâlikinde）においてこの種の安全のために彼ら自身に通商や道中に必要な通行証（mürur kağıdları）や証明書（şehâdetnâme）が交付されるべし。すなわちオスマン帝国の商人やレアーヤーは持参する商品を関税表（tarifeler）にしたがって定められた関税を支払うことに際してなんら妨害をうけることなく，彼らが望むところを旅行できる。）(16)

(イ)　最恵国待遇（most favoured nation）

オスマン語史料には「最恵国待遇」そのものを示す固有な単語は存在しない。

「最恵国待遇」の条項はレヴァント貿易の激しい競争の結果，16世紀末にはイギリスのアフドナーメに現れた。すなわち「Venediklü ve Françalu ve sair dostluk üzere olan kırallara verilen ‘ahdname-i hümâyûnmuzda mesṭûr ve muḳayyed olan ẖuṣuṣular İngilterelü’nün hakkında daẖi muḳarrer olub şer-i ḳavime ve ‘ahdnâme hümâyûnmuzda muẖâlif kimesne mani‘ ve müzâhim olmıya.」(17)（ヴェネツィア人やフランス人や他の友好的な関係にある王たちに与えられた我がスルタンのアフドナーメのなかで書き留められている事柄は，イギリス人に関しても確認され，我がスルタンの人民の聖なる法にさまざまな人が妨害を加えるべきではない。）

ナフ Naff によれば，17世紀，18世紀に東地中海の通商をめぐるヨーロッパの争いの結果，通商上の特権を含むこの種のアフドナーメをオスマン帝国との間で結ぶ国家の数が増加――少なくとも6ヵ国――しただけでなく，この種のあらゆるアフドナーメに「最恵国」の条項が見られるようになったことを指摘している[18]。

1783年のアフドナーメにおいては，最恵国待遇に関する条項はたとえば第17条，第20条，第29条，第52条，第77条，第80条に見られる。

たとえば第17条

「França ve İngiltere ṭâifelerinin cümleden ziyâde ḥaḳlarına müsâʿade oluna geldiğine binaen bunlar misillü bilmüsâvât Rusya ṭâifesi daḫi Devlet-i ʿAliye memâlikinde iʿtibâr olunmak vâcib olmağla Devlet-i ʿAliye gerek ẕikr olunan ve gerek sair müste'min mâlik ḥaḳlarına icrâ olunan cümle müsalimat ve riʿâyet Rusya reʿâyâları hakkına daḫi icrâ ve riʿâyet eylemesini işbu mâdde ile müteaʿhhid olur. Keẕalik bilmukabele Rusya memleletinde Ṛusya devletinin ʿindinde ziyâde dost ve müsâʿade olunan mâlik mütemettiʿ olduḳları müsalimât Devlet-i ʿAliye reʿâyâsı ḥaḳḳına daḫi riʿâyet oluna」[19]

（フランス人やイギリス人の商人のすべてより多くの権限が与えられた結果，彼らと同じようにロシア商人もオスマン帝国の諸国土（Devlet-i ʿAliye'nin memâlikinde）において尊重されねばならない。したがってオスマン帝国は既述のおよび他の外国人の権利のために遂行されているすべての平穏・尊敬をロシア人にも本条項で約束する。また見返りにロシアの国土（Rusya memleketi）においてロシア国家は友好を認められている諸国民が享受している平穏をオスマン帝国のレアーヤーにも尊重する。）

第20条

「Devlet-i ʿAliye muṣâlaha ʿahdnâmesinin on birinci mâddesiyle ve muʿâhedesinin altıncı mâddesiyle kendü memâlikinde Rusya reʿâyâsının icrâ eyledikleri ticâretlerine França ve İngiltere misilü dost ve ḥaḳlarına ziyâde müsʿaade olunan ṭavâifin mütemettiʿ olduḳları menâfiʿ taḫṣiṣ etmek ve mesfûrlardan ẕikr olunan iki ṭâifenin verdikleri rüsûmâtdan gayri resmi muṭâlebe eylememek üzere müteaʿhhid olduğuna binâen işbu mâddede şu vechle mukāvele olındıgına Rusya reʿâyâları Devlet-i ʿAliye memâlikine emtiʿa ve eşyâ götürdüklerinde ve Devlet-i ʿAliye'nin memâlikinden emtiʿa ve eşyâ alub Rusya memleketine götürürdüklerinde ẕikr olunan França ve

İngiltere ṭâifelerinin verdikleri rüsûmâtın ʿaynını edâ edüb yaʿni yüzde üç ve maʿlûm olaki Rusya tüccâr sefâini bir defʿa rüsûm gümrükü edâ eyledikden sonra bir daḫi Devlet-i ʿAliye'nin taht hükûmetinde olan âhar bir maḥallinde edâsına mecbûr olmıyalar. Ve Rusya reʿâyâsının ẕikr olunan iki ṭâifeden verilen rüsûmâtın aynını olmak üzere verecekleri rüsûm ziyâde taṣdîk içün Rusyaluya bilâḥaṣr ve men ola ilâ âhir-e mikyâs olacak ṭâifeteyn merkûmetiyetinin Devlet-i ʿAliye ile olan ʿahdnâmelerinin mevâdâtü'z-ẕikri bu maḥalde derc olunur. Zîrâ Françe ʿahdnamesinde Françe ʿahdnâmesinde Françe tüccârı memâlik-i Devlet-i ʿAliye'ye götürdükleri ve alub götürdükleri emtiʿadan ḳadîmden bu ana değin yüzde beş verüb lâkin Devlet-i ʿAliye'nin ḳadîmî dostlarından olmağla yüzde üç gümrük vermek üzere müceddeden ʿahdnâmelerine ilhâḳ olunmak istidʿâ etmeleriyle ricâları ḥayz-ı ḳabûla vâkiʿ olub vech mesrûh üzere kendülerinden yüdze üçden ziyâde ṭâleb olunmıya. Ve gümürüklerini edâ eylediklerinde memâlik-i Devlet-i ʿAliye'de câri olan nukûd ile ḫazine-i ʿâmireye alınduğu minvâl üzere alunub noḳṣân ve ziyâde talebiyle rencide olunmıyalar deyü meṣṭûr olub ve keẕalik İngiltere ʿahdnâmesinde daḫi Ḥalep ve Mışır ve sâir memâlik-i Osmaniye'nin beldelerinde bulunan İngiltere tüccârı ve İngiltere bayrağı altında gelenler bilâtehlike alış veriş edüb kemâfi's-sâbık emtiʿalarının kıymetlerine naẓaran ancaḳ yüzde üç ḥesabı üzere gümrükünü verüb ziyâde bir aḳçe vermiyeler deyü muharredir ve keẕalik Rusya memâlikine emtiʿa götürecek Devlet-i ʿAliye reʿâyâsı Rusya'da iʿlân olunan taʿrifelere muṭâbaḳat ile Rusya devletinden ziyâde müsâʿade olunan dost ṭavâifin verdikleri rüsûmâtın aynını vereler」

（オスマン帝国は講和条約（musalaha ʿahdnamesi）の第11条と条約（muʿâhedesi）の第 6 条により自身の諸国土（kendi memâliki）におけるロシアのレアーヤーが行う通商に，英仏と同様に友好と諸権利がさらに許可されている（ziyâde müsaade olunan）商人が享受する利益を割りあたえること，既述の両国の商人が支払う税だけでそれ以外の税は要求しないことを約束した。したがって本条項はこのような同意をみた結果，（ロシア商人は）オスマン帝国の諸国土（Devlet-i ʿAliye memâliki）に商品などを輸出する際に，またオスマン帝国の諸国土（Devlet-i ʿAliye memâliki）から商品などをロシアの国土（Rusya memleketi）に輸入する場合に既述の英仏の商人が支払う税と同額を支払う。つまり3パーセントの税を。ロシア商船は1回関税を支払った後，オスマン帝国（Devlet-i ʻAliye）の支配下にある他の地域において支払いを強制されないことを知るべし。ロシアのレアーヤーが既述の二国の商人（英仏のことか？）が支払う税と同額に税の支払いをさらに認めるためにロシア人を厚遇すべし。最後に至るまで既述の両者がオスマン帝国との間で結んだアフドナーメの諸条項がこの場所に挿入されるべし。というのはフランスのアフドナーメにおいてフランス商人はオスマン帝国の諸国土（Devlet-i ʻAliye memâliki）へ（商品）を輸出し，また反対に輸入した商品に関して昔から今日まで百分の五（の関税）を支払ったが，しかしオスマン帝国とは古くからの友好国であるので百分の三の関税とするように最近アフドナーメのなかに加えられることを要求した。その要求はこのましいと受諾されたので，百分の三以上の関税を要求すべきではない。関税を支払う際に，オスマン帝国の諸国土において流通している現金で国庫（ḫazine-i ʻâmire）に徴収され，不足や過剰を要求して苦しめないようにと書かれている。またイギリスのアフドナーメにおいてもアレッポとエジプトや他のオスマン帝国の諸国土（memâliki-i Osmaniye）にいるイギリス商人とイギリス国旗を掲揚して危険なく交易を行い，過去にあったように価格に従って百分の三の割合で関税を支払い，それ以上は1アクチェすら支払わないことが書かれている。またロシアの諸国土（Rusya memâliki）に商品を輸出するオスマン帝国のレアーヤーはロシアにおいて公表されている関税表に従ってロシア国家からさらなる許可が与えられている（ziyâde müsâʻade olunan）友好国の商人が支払う関税と同額のものを支払うべし。）[20]

結　び

1783年のロシアの通商条約（アフドナーメ）は，その形式および内容の点からキュチュク＝カイナルジャ条約締結から対仏ロシア＝オスマン防御同盟条約調印（1799年）――ヨーロッパの勢力均衡システムにオスマン帝国が参入した――にいたる時期におけるオスマン外交のヨーロッパ化の一歩を示す外交文書であったと言える。

注

（1）　*EI*[2], s.v. "IMTIYĀZĀT."

（2）　*Muʿâhedât Mecmûʿası*, vol. 1, pp. 14–35; Testa, vol. 1, pp. 186–210; G. E. Noradounghian, vol. 1, pp. 277–300.

（3）　オスマン語史料については DED, 83/1, pp, 4–9; *Muʿâhedât Mecmûʿası,* vol. 3, pp. 209–219.

（4）　オスマン語史料については DED, 83/1, pp. 82–86; *Muʿâhedât Mecmûʿası*, vol. 3, pp. 244–251.

（5）　Köse, O., 1997, pp. 183–187.

（6）　在任期間は，1781–1787年である。Spuler, B., Die Europäische Diplomatie in Konstantinopel bis zum Frieden von Belgrad (1739), *Jahrbücher für Geschichte Ost-Europas,* I (1936), p. 440; F. R. Unat, *Osmanlı Sefirleri ve Sefaretnameleri,* Ankara, 1968, p. 248.

（7）　任期は1781年11月18日～1783年10月17日である。İ. H. Danişmend, *İzahlı Osmanlı Tarihi Kronojisi*, vol. 5, İstanbul, 1971, p. 348.

（8）　A. H. de Groot, *The Ottoman Empire and the Dutch Republic,* Leiden/Istanbul, 1978, pp. 236–246; *Muʿâhedât Mecmûʿası*, vol. 2, pp. 95–107.

（9）　*Muʿâhedât Mecmûʿası*, vol. 1, pp. 14–35.

（10）　Noradounghian, pp. 90–93, 280–300.

（11）　*Muʿâhedât Mecmûʿası*, vol. 1, pp. 146–157, pp. 83–90, pp. 212–223, pp. 108–115, pp. 180–189, pp. 298–309. vol. 2, pp. 55–60, pp. 2–6, pp. 95–107.

（12）　オスマン語史料については DED, 83/1, pp. 176–189; Cevdet, vol. 2, pp. 369–391; *Muʿâhedât Mecmûʿası*, vol. 3, pp. 285–319.

（13）　DED, 83/1, pp. 175–176; Noradounghian, vol. 1, p. 351.

（14）　すでに16世紀ヴェネツィアとのあいだにかわされたアフドナーメの諸規定のなかで，たとえば両国の船舶が出会ったり，難破した場合とるべき対応が双務的になっている。堀井優「16世紀前半のオスマン帝国とヴェネツィア――アフドナーメ分析を通して――」，『史学雑誌』第103編第1号，34～62頁。

（15）　DED, 83/1, p. 176; Cevdet, vol. 2, pp. 369–370; *Muʿâhedât Mecmûʿası*, vol. 3, pp. 285–286.

（16） DED, 83/1, pp. 176–177; Cevdet, vol. 2, p. 370; *Muʿâhedât Mecmûʿası*, vol. 3, pp. 286–287.

（17） S. A. Skilliter, *William Harborne and the Trade with Turkey 1578–1582*, 1977, Oxford, p. 235.

（18） *Studies in Eighteenth Century Islamic History* edited by T. Naff and R. Owen, 1977, Southern Illinois University Press, p. 100; N. Soussa, *The Capitulatory Regime of Turkey*, The Johns Hopkins Press, 1933, pp. 53–59, pp. 60–63, pp. 64–67.

（19） DED, 83/1, p. 180; Cevdet, vol. 2, p. 375; *Muʿâhedât Mecmûʿası*, vol. 3, p. 294.

（20） DED, 83/1, pp. 180–181; Cevdet, vol. 2, p. 375; *Muʿâhedât Mecmûʿası*, vol. 3, pp. 296–297.

第4章　片務主義外交後期

――第二次ロシア＝オスマン戦争（1787～1792年）――

第1節　戦争の経過と講和交渉

1　戦争の勃発

キュチュク＝カイナルジャ条約で認められたクリム＝ハーン国の独立に違反して，ロシアはクリム＝ハーン国を自己の影響下に置いた。戦争ができる状態にないオスマン政府は，ロシアの既成事実をヒジュラ暦1193年レビュルエウェル月3日（西暦1779年3月21日）にアイナルカワク協約 Aynalı-kavak tenkîhnâmesi(1)で認めざるをえなかった。だが，このことに満足しないロシアの女帝は，さらにヒジュラ暦1197年シャバン月8日（西暦1783年7月9日）にクリム＝ハーン国のロシアへの併合を宣言した(2)。新たな戦争の惨事に躊躇したオスマン政府は，ヒジュラ暦1198年サフェル月14日（西暦1784年1月8日）に「クリム信任状（Kırım senedi）」と呼ばれる3ヵ条から成る協定（muḳāvele）に調印した(3)。

さらにエカテリーナはオスマン領分割に関して遠大な野心を抱いていた。それはいわゆる「ギリシア計画」とよばれるものであり，ロシア＝オーストリア秘密条約（1783年）のなかで具体化された。この条約の狙いは，オスマンをヨーロッパから追い出して，オスマン領を強国間で分割し，ロシアのオスマン領に対する影響力を大いに増大させることであった。すなわちオーストリアは，セルビア・ボスニア・ヘルツェゴヴィナ・ダルマティア沿岸を確保し，ワラキア・モルダビア・ベッサラビアは統一して一つの独立国家に再編成し，ロシアはドニエストル川河畔のホティンおよびドニエプル川とブク川にはさまれた地域を併合し，さらに地中海の島々を占領することであった。イスタンブル・トラキア・マケドニア・ブルガリア・北部ギリシアを統合しビザンツ帝国の復興をはかり，その元首にはエカテリーナの孫コンスタンティンをそえるもので，ロシアのバルカン半島における支配力を一気に高めることになる。イギリスはアメリカの独立の問題に忙殺されており，「七年戦争」でイギリスと植民地争奪戦争に敗北したフランスにも分け前（シリア・エジプト）を与えることで，エカテリーナは自己の野心の達成を図ろうとした[(4)]。この結果，フランスはオスマン帝国とは伝統的に友好的な関係にあったが，1786年オスマン軍の指導にあたっていた将校・技術者を本国へ召還した。さらに翌1787年1月フランス＝ロシア友好・通商条約が締結された[(5)]。

さてドイツの支配権をめぐってオーストリアと争っているプロイセンは，ロシア・オーストリアの侵略からオスマン帝国を守ることによって，ヨーロッパにおける地位を維持しようとする企てのためにイギリスとの同盟締結に向けて接近した。イギリスは，18世紀中葉まではオスマン帝国の領土を犠牲にしたロシアの拡大（膨張）に無関心であったが，だがロシアの拡大に対してオスマン帝国の領土を維持することがいかに自国の利害にとって大きいかを認識し始めた。イギリスは，19世紀においてオスマン帝国の領土保全の擁護者として行動する基盤を形成していった[(6)]。

他方ロシアは，クリム＝ハーン国併合直後カフカースのオスマンの宗主権下にあるグルジア公の保護を口実に派兵した[(7)]。オスマン政府は，黒海の東方に対するロシアの野心をも確信するようになった[(8)]。エカテリーナから黒海北岸地域の再開発を任されたポチョムキンは，黒海艦隊の基地としてクリミア半島南岸にセヴァストーポリ港を，さらにドニエプル川河口付近のケルソン Kherson に物資補給基地をそれぞれ建設した[(9)]。彼によりわずか数年でクリミア半島を中心にした黒海北岸の景観は見違えるようになったと言われる。

クリム＝ハーン国併合から数年が経過した1787年5月にエカテリーナは，オーストリア皇帝ヨゼフ2世や諸外国の大使を同伴してクリミア行幸を大々的に実施した。一行は帝都から陸路キエフへ，そこから水路ケルソンへ向かった。終着点についた人々は，「ビザンティウムに至る道」とギリシア語で刻印されたアーチをくぐって市内に入った。彼らはエカテリーナの真の目標が何であるかをいまやはっきりと理解したのである。セヴァストーポリ港で新設の黒海艦隊を見学して旅は終わった。エカテリーナは，ポチョムキンが彼女の意図するところをよく理解し成果を挙げたことに対して栄誉と報酬を与えた(10)。

キュチュク＝カイナルジャ条約によりロシアは，ブカレスト・ヤシなどに領事館を開設することができたが，これらは反オスマン運動を支持する拠点となった(11)。

このようなロシアの一連の高圧的な行動に対して，オスマン帝国内ではクリム＝ハーン国奪回の要望が高まっていった。だが，オスマン帝国内ではいつどのようなかたちでロシアに対抗すべきか足並みがそろっていなかった。

オスマン帝国の支配者層は二分されていた。一つは海軍提督ジェザーイルリ＝パラブユク＝ガージー＝ハサン＝パシャに率いられた一派で，イギリス・プロイセンからも明確な財政的・軍事的支援の確固たる約束が得られていない現状では，まだロシアとは戦争すべきときではないと主張し，ロシアとの戦争に対して慎重論をとなえていた。いま一つは大宰相コジャ＝ユスフ＝パシャKoca Yusuf Paşaの率いるタカ派で，オスマン帝国の軍事改革は成功しヨーロッパのどの国からの攻撃にも耐えられると唱え，1783年以後エカテリーナの野心が明確化するにつれて，宮廷内で力をもってきた。彼は，オスマン帝国がロシアに対して立ち上がれば，イギリス・プロイセンもオスマン帝国に公然と援助をしてくれると主張した(12)。

1787年の春から夏にかけてオスマン帝国内外の情勢は，タカ派にとって有利に作用するように思われた。第一にオーストリアは，ネーデルラントで反乱がおきたので，ドナウ川を南下する手はずを整えていた自軍を撤退させざるをえなかった。第二にロシアでは，旱魃・飢饉に見舞われ国内の不満が増していた。第三にロシアとの戦争に慎重論を唱える海軍提督ガージー＝ハサン＝パシャが，マムルークの反乱鎮圧のためにエジプトへ送られ，戦争への突入を阻止する人物が帝都にいなくなった。8月には，大宰相はエジプトと両公国駐在のロシア領事が反乱を扇動しているかどで立ち退きを要求し，さらに両海峡を通過するロシア船舶に対して臨検を行うことを命じた。ついにオスマン帝国は，クリミア・グルジアからロシア軍の即時撤退を要求し，1787年8月ロシアに宣戦布告をした(13)。イスタンブル駐在のオーストリア大使 Herbsrt de Rathkeal 男爵やフランス大使 Choiseul-Gouffier が求めたイエディクレに監禁されているロシア使節ブルガーコフと首席通訳 Pizani らの解放要求をオスマン帝国は拒んだ(14)。他方，ロシアは同年9月15日にオスマン帝国に宣戦布告した。同盟国のオーストリアは，オスマン帝国に対して約半年遅れて翌1788年2月9日に宣戦布告をした(15)。

2　1787～1788年の戦い

ドニエストル川とブク川の下流の間にあって，黒海に面しているクルブルン要塞へのオスマン軍の攻撃は，オスマン軍の軍規の欠如とロシア軍の目覚しい軍事作戦の結果，兵力で優るロシア軍に撃退された（ヒジュラ暦1201年末，西暦1787年9月）(16)。しかし一連の艦隊をクルブルンへ送ろうとするロシアの企ては，オスマンの攻撃よりは嵐のために失敗に終わった(17)。ロシアの唯一の同盟国オーストリアは，同年12月に機先を制した。つまり宣戦布告に先立ってベオグラード奇襲攻撃を企てたが，重大なときに協力関係が欠如したために失敗した(18)。

1788年になって両陣営は国内のもめごとのために戦争準備に遅れがみられた。オスマン帝国では大宰相と戦争開始時期や遂行方法をめぐって争っていたガージー＝ハサン＝パシャがエジプトから帰朝した(19)。ロシアにおいては司令官ポチョムキンが優柔不断であったこと，またポチョムキンと指導権を争う指揮官たちは，黒海地域において協力関係を確立できなかったこと，外交面では反ロシア的な目的をもった三国同盟（イギリス・オランダ・プロイセン）が成立（1788年6月13日）したこと，さらにスウェーデンはロシアがオスマン帝国に目を向けた機会をとらえてフィンランドへ奇襲攻撃を加えたことなどが，ロシアの軍事行動にとり不利な要因となった。他方，サヴァ川・ドナウ川・カルパチア山脈を越えて進撃の用意ができていたオーストリア軍は，東方でロシア軍がオスマン軍を牽制できなかったことに失望した[20]。

したがって，夏がほぼ終わるころまで両陣営は指導権を発揮できなかった。6月28日にガージー＝ハサン＝パシャの艦隊は，ブク川河口付近でロシア軍により敗走させられた。だが，ロシアの司令官たちの協力関係の欠如のために，オスマン軍はたいした損害を受けず撤退できた[21]。7月9日にガージー＝ハサン＝パシャは，クルブルン要塞の支援にかけつけたロシア艦隊を，クリミア半島南岸のセヴァストーポリへ追い返した。しかし彼のクルブルン要塞の北西に位置するオチャコフ要塞支援の企てはロシア軍により阻止された[22]。7月末にスウェーデンが戦争から手を引いたのでロシアの最高司令官ポチョムキンは，9月1日にブク川河口付近に位置するオチャコフ要塞の包囲を始め，これを占領した[23]。

1788年夏の戦いの大半は，オーストリアとの間で行われた。オーストリア軍は，夏が来るまでにボスニアに進撃し，ベオグラードまでのサヴァ川流域一帯を完全に支配下に置いた[24]。さらにオーストリア軍は，重大なときにモルダビアの軍政官 Alexander Ipsilanti が大宰相を見捨てたために，たやすくモルダビアの中心的都市ヤシを占領することができた[25]。この結果，オスマン軍本隊とドニエストル川右岸のホティン要塞との連絡は断たれ，コブルク Coburg 元帥率いるオーストリア軍は，長期間にわたる包囲の後，この要塞を占領した[26]。

オスマン軍は東部・西部においてオーストリア軍に手痛い敗北を蒙ったが，中央部では善戦した。三方から，ドナウ川北方のハンガリー東南部バナート地方にいたる関門の役割を果たしているムハディエ Muhadiye を攻撃し，これを占領した。ときにヒジュラ暦1202年ズイルカデ月28日（西暦1788年8月30日）のことであった[27]。バナート地方の拠点テメスヴァル Temesvar の東方に位置するシェベシュ Şebeş へ向かって，オーストリアのヨゼフ2世は8,000名の兵と約500門の砲を率いて進撃した。だがワラキアに駐屯している Fabriz 将軍の救援が不可能になり，ヨゼフ2世は15日間孤軍奮闘したが，命からがら戦場から脱出した。シェベシュの戦いは，オスマン帝国にとって衰退期における輝かしい勝利であった（ヒジュラ暦1202年ズイルヒジェ月19日，西暦1788年9月20日）(28)。

この結果，オスマン帝国はバナート南部全域とオルソヴァ Orsova からベオグラードにいたるドナウ川流域を支配下に置いた。だが，冬の到来のために，オスマン軍はドナウ川を渡って撤退せざるをえなかった(29)。

比較的有利な戦況にもかかわらず，オーストリア・ロシア両国はオスマン帝国と講和を切望していた。オーストリアはネーデルラントの反乱に手をやき，三国同盟（イギリス・オランダ・プロイセン）は反ロシア・反オーストリア的な外交手段を講じようとしていた。したがってオーストリアとロシアは，直接的にはルスチュクにいる大宰相に使節をおくり，間接的にはイスタンブル駐在のフランス大使を通じて講和の提案を申しいれた。だが，両国とも征服地を放棄するつもりはなかったし，他方オスマン帝国のスルターン＝アブデュルハミトはクリム＝ハーン国とオチャコフの返還を強く求めた。スルターンのこの主張の根底には，イスタンブル駐在のイギリス・プロイセン両国大使の後押しが大きくものをいったことは間違いないであろう。プロイセンはオスマン帝国との正式な同盟締結に向けて交渉を始め，スウェーデンもすぐにこれに倣った。このような外交的支援を受けながら，スルターンは領土的野心が満たされない状態で，戦争から手を引くことは馬鹿げていると考えた(30)。

1789年の春にロシア軍は，ワラキアを通過しキリ・イスマイル・イブライルをめざしてドナウ川左岸に進撃する計画をたてていた。他方，オーストリア軍は，ガリシア Galicia から東方へ Sereth 川に沿ってカラスに1個軍隊を送ることでロシアに協力しようとした。またトランシルヴァニアのオーストリア軍は，カルパチア山脈を越えてワラキアに入り，ズィシュトヴ・ルスチュク方面に向かい，ロシア軍を攻撃するために北進するオスマン軍を阻止しようとした。西部では，オーストリア軍の本隊はベオグラードを占領しようとしていた。クロアチアのオーストリア軍は，ボスニアに移動し，サライェヴォSarajevo・ノヴィパザールNovi Pazarへ進撃しようとした。あらゆる戦線での敵軍の迅速な勝利のために，スルターンは自己の決心を再考し，切迫したヨーロッパの問題に対処するため余儀なく講和締結をすることを望んだ(31)。

大宰相は大軍を率いてトランシルヴァニアを突破してカルパチア山脈へと進撃し，オーストリア軍のいかなる攻撃も粉砕しようとした。他方，モルダビアの軍政官Mavrogenyは，ヤシのロシア・オーストリア軍に対してワラキアを北進した。カルパチア山脈の峠は氷と雪で閉ざさされていたので，オーストリアのヨゼフ２世は援軍を送ることができなかった。ヤシは短期間のうちに陥落が確実なように思われた。だが，このときにイスタンブルで新しいスルターンの即位の知らせが届き，オスマン軍は撤退して命令を待った(32)。

3　1789年の戦争と外交

第27代スルターン＝アブデュルハミトは1789年４月６日の夜半に卒中の発作で倒れ，翌朝逝去した。享年68歳であった(33)。同日，第28代スルターン＝セリム３世がただちに即位した。アブデュルハミトは，晩年国政を省みず宮廷での奢侈な生活は民衆の反感をかっていた。他方，セリム３世は，有能で精力的であり，彼の即位は政治家・兵士・民衆・外国の大使からも歓迎された(34)。

セリム３世は即位するとすぐに，全軍をあげてすみやかに敵軍との戦いを再開するべしとの命令を下した(35)。彼は，まず民衆・兵士の士気を高めようとして，クリム＝ハーン国を奪回するまで戦闘を続けるように兵士の勇気を奮い立たせた(36)。さらに必要があれば，陣頭指揮をとるためにドナウ川へ赴くことを決意した。兵士の支持をとりつけるために先帝が廃止していた手当てを定期的に支払い(37)，またウレマーの支持を得るために開明派のセイッド＝メフメット＝キャーミル＝エフェンディSeyyid

Mehmed Kâmil Efendi に代えて，おおかたのウレマーに人気があったが先帝により流刑に処されていたエサットザーデ＝メフメット＝シェリフ＝エフェンディ Es'ad-zâde Mehmed Şerif Efendi をシェイヒュルイスラームの職に就けた。さらに彼は，帝国全土に対して奢侈禁止令を発布した(38)。

セリム3世は，1789年4月20日に，長くオスマン艦隊を指揮してきた「チェシメの英雄」ガージー＝ハサン＝パシャを海軍提督の職から解任した。彼はハリル＝ハミト＝パシャ Halil Hamid Paşa の逝去以来オスマン帝国のなかで改革の指導者であった(39)。ガージー＝ハサン＝パシャは，宣戦布告の時期および1788年の戦争の遂行について，ハリル＝ハミト＝パシャをなんとか排除し翌年徐々に台頭してきた保守的な反改革者の大宰相コジャ＝ユスフ＝パシャを厳しく批判した。大宰相は，オチャコフ救済の失敗のかどでガージー＝ハサン＝パシャを帝都から追放することを決意した(40)。

だが，セリム3世は，ガージー＝ハサン＝パシャは帝国にとってなくてはならないきわめて有能な人物であったので，オチャコフを奪回し，クリミアへ進撃する任務を課してイスマイルの総督兼モルダビア方面の司令官に任命した。他方，大宰相はワラキア・ベオグラードの防衛に精力を傾注するように命令された。さらにクリム＝ハーン国のハーン位継承者メフメット＝カルガ Mehmet Kalga を，クバン川方面の司令官に任じ，ロシア人に対してカフカースのタタールを蜂起させ，クリム＝ハーン国の奪回を目指すオスマン軍を支援する任務を与えた(41)。

4月中旬大宰相の軍は，ワラキアで軍事行動を展開したが，オーストリア・ロシア両軍はさらに増援され，準備が整っていたので初期の勝利を再度得ることはできなかった。カラスを奪回し，モルダビアからロシア軍を排除するというオスマン側の企てはもろくも挫折した(42)。

さてセリム3世は，即位するや否や大宰相コジャ＝ユスフ＝パシャを解任したかった。というのは，彼は，先帝アブデュルハミトのかわりにセリム3世を帝位につけようとしたが失敗に終わったハリル＝ハミト＝パシャの企てに対抗して積極的な役割を果したからである。だが，コジャ

＝ユスフ＝パシャは，バナート戦役で高い軍事的評価を得ており，宮廷・政府・ウレマー層の保守主義者に支持されて，しばらくは彼を敢えて解任しなかったが，しかし解任までに時間はかからなかった。前年の冬に戦争準備を怠ったこと，時間の大半を政治・軍事を省みず妾・友人と過ごしたことなどをならべたて，ついに6月7日にコジャ＝ユスフ＝パシャを解任した。後任にはヴィディン方面司令官ジェナーゼ＝ハサン＝パシャ Cenâze Hasan Paşa を起用し，結局コジャ＝ユスフ＝パシャにはヴィディン方面の司令官のポストを選んだ(43)。

モルダビアに駐屯しているスヴォーロフ Suvorov 指揮下のロシア軍がブカレストを攻撃し，ワラキア全土を占領しようとするコブルク指揮下のオーストリア軍と合体する知らせをうけて大宰相は自己の補助部隊と Mavrogeny の軍を送り，ロシア・オーストリア両軍を分離させようとした。だが，この企ては，スヴォーロフの輝かしい強行軍により失敗した。さらにロシア・オーストリア両軍の奇襲攻撃によって，フォクシャンでオスマン軍は敗北した(44)。フォクシャンの敗北によって，オスマン軍は解体し，脱走・混乱は疫病のごとく広まった。

さしあたりセリム3世は多くの兵士を召集するために必死の努力をした。だが，他方で彼は中立国を通じてなされる講和提案の可能性を初めて考え始めた。しかしクリム＝ハーン国を奪回する以前に講和を結ぶ意図はなかった。敵軍が絶望的な状態に陥るまで戦闘を続けて，自国にとって有利な条件が得られることを望んだ(45)。

ロシア＝オスマン戦争が勃発したとき，反露的態度をとったイギリスとプロイセンはスウェーデンを援助するためにバルト海に艦隊を派遣し，さらに資金援助をすることでロシアに対して戦争をするようにけしかけた。勇気を得たスウェーデンはイスタンブル駐在の使節を通じてオスマン帝国に打診した。つまり陸海からロシアを攻撃しロシアのバルト海艦隊を釘付けにして支援するので，オスマン帝国に年間150万クルシュの経費の負担を求めた。これに対してオスマン帝国は戦争がおきれば要求されている資金を用意することを伝えた。スウェーデンの使節は戦争の期間400万クルシュを，その後10年間150万クルシュが支給されるならばスウェーデンは戦争すると述べた。オスマン帝国がこれを受諾したので，スウェーデンはロシアに対して最後通牒を送ったが，これが拒否されたのでロシアとのあいだに戦端が開かれた(46)。

大宰相の解任から約1ヵ月が経過したころに，セリム3世はスウェーデンと同盟条約（Beykoz ittifâk mu‘ahedesi）を締結することに成功した(47)。オスマン側からは書記官長ラーシド＝エフェンディRâşid Efendiが，他方スウェーデンからはイスタンブル駐在使節Jedar de Hindisatamが代表として出席した(48)。北方からロシアを攻撃するのとひきかえに，オスマン帝国はスウェーデンに対して軍資金を提供し，両国はロシアと単独で講和を締結しないことなどを含む4ヵ条からなる同盟条約に調印した(49)。この同盟条約は，セリム3世に戦闘継続を勧め，プロイセンやイギリスと類似した同盟条約を確保することでこの同盟を強化しようとした。しかしプロイセン・イギリス両国は，オーストリア・ロシア両国とオスマン帝国との戦争でオスマン帝国をある程度支援したが，公式には参戦せず，公然とオスマン帝国に対して援助することを約束しなかった(50)。

セリム3世は同胞の態度に失望したが，スウェーデンとの同盟や（北モルダビアの敵を攻撃するように大宰相に命令するという）プロイセンの約束にかなり勇気づけられた(51)。オスマン軍は，ワラキア・モルダビアを通過し，9月17日にはリムニクRimnik川（フォクシャンのオーストリア軍の野営地の前に存在する最後の障害物）河畔に到着した。だが，再度スヴォーロフ指揮下のロシア軍は土壇場になってオーストリア軍の救援に駆けつけ，オスマン軍は激戦の末敗走した。いわゆるボザBoza（Buza, Martineshti）の敗北である(52)。この敗北の結果，オスマン軍の司令官や兵士の不服従・非能率，さらに軍隊の大半を構成した訓練を受けていない農民・部族は，もっとも簡単な軍事行動すら実施できないことが，またよく訓練のできた統制のとれた同盟軍に匹敵しないことが明らかとなった。ポチョムキンは，スヴォーロフが勝利によって得た名声に嫉妬し，オスマン軍を追撃せずにモルダビアへ戻るように命令をだした(53)。コブルクは，ウィーンから新たな命令を受け取っていなかったのでフォクシャンへ戻った(54)。他方，オスマンの大宰相は，ドナウ川下流のイブライルに戻り，軍の建て直しをはかった。だが，生存者の大半は，大宰相が到着する前にドナウ川を越えて逃亡した。大宰相は断念し身も心も打ちひしがれて，彼らにしたがってドナウ川を渡って南下した(55)。惨事の知らせは，ワラキア・セルビア・ボスニアに残存しているオスマン軍の士気もくじくような影響をおよぼした。いまや敵軍の攻撃に抵抗できる組織化されたオスマン軍は存在しなかった(56)。1ヵ月におよぶオーストリア軍の包囲の結果，ドナウ川防衛線の大要塞ベオグラードは10月8日に陥落した(57)。帝都イスタンブルと進撃してくるオーストリア軍との間には，ニシュNişhだけが重要な要塞として残った。

リムニクの戦いに続いてベオグラード占領の結果，オーストリア・ロシア同盟軍は快進撃した。オスマン軍はドナウ川左岸の陣地を維持することが不可能と考えて，キリ・イスマイル・ヴィディンへ撤退し，ドナウ川防衛線を右岸で維持しようと考えた。ポチョムキンはこの地に自己の司令部をおいた(58)。ポチョムキンは，10月1日にドニエストル川沿岸に到着し，翌11月11日にドニエストル川河口右岸のアッケルマン要塞を，11月14日にドニエストル川下流左岸のベンデル要塞を占領した(59)。現地のオスマンの司令官は兵士・物資の不足，流血を回避したいと願う地元住民の強い要望のために，降伏せざるをえなかったからである。ワラキアではコブルクは，オーストリアの皇帝ヨゼフ2世から直接命令を受け，10月中旬冬営地から出発し，カルパチア山脈を戻って抵抗を受けることなくブカレストを11月9日に再度占領した。他方，オスマンの守備隊は南方へと逃げた(60)。

4　1789〜1790年の国内情勢

1789年の10月および11月を通じてカラス・フォクシャン・リムニク・ベオグラード・ベンデルにおける一連の惨事の知らせは，帝都イスタンブルに最大の危機をもたらした。ワラキアの喪失のために帝都は，穀物の主な供給源を失った。冬が近づくにつれて食料不足は民衆の不満を高め，群衆は店舗や家屋を略奪し放火して不満や不平をあらわにした。大宰相とそのグループの解任を求める声はますます高まった(61)。10月23日に御前会議が開催されたが，スルターンの反対にあい講和の道は閉ざされ，反対にセリム3世は翌年の戦争に備えるべしとの命令を出した(62)。セリム3世は金・銀製品の使用を禁止し，それらを国家へ供出する命令を再三再四出した(63)。そして戦闘可能な男子をいつでも動員できるように命令を出した。11月初めオーストリア軍がニシュに向けて進撃中という情報が伝わり，帝都イスタンブルの秩序の維持を是非とも遂行しなければならない状況にもかかわらず，イエニチェリ約5,000名がソフィアへ送られた(64)。

セリム3世は，政府・軍隊における規律・秩序を回復するための手段を講じた。危機的な時期にベオグラードの支援を阻止するために，オーストリアから賄賂をうけとっていたとうわさされていたルメリの総督アブディ＝パシャAbdi Paşaを代えて，ソフィアの有能な司令官サイド＝アフメット＝パシャSaid Ahmed Paşaを起用した。もっとも重要な人事は，大宰相の交替であった。ハサン＝パシャに替えてチェシメやイスマイルの英雄でフォクシャンの敗北後，ロシア軍に抵抗できた唯一の司令官であるガージー＝ハサン＝パシャを抜擢した(65)。1789年9月23日のイスマイルの勝利は，前線から伝わってくる暗いニュースのなかで唯一明るいニュースであった(66)。

セリム3世は勅令を発布して，そのなかで新任の大宰相にあらゆる問題に対して絶対的な権限を与え，さらになんびとも国政の問題に干渉すべきでなくあるいは，彼が命じることがらに異論をはさむべきでないことを述べた。やがてスルターンと新任の大宰相は人事をめぐって衝突した。それは，新任の大宰相が大提督の地位からギリトリ＝ヒュセイン＝パシャGiritli Hüseyin Paşaを解任し，後任として前大宰相（当時ヴィディンの司令官）ユスフ＝パシャを起用しようとしたときにおきた。しかし新任の大宰相は公然とした争いをさけたが，争いのもっとも重要な点は，戦争の継続か講和締結かをめぐる問題であった。元来戦争推進の保守派には反対であったガージー＝ハサン＝パシャはイスマイルの司令官であったとき，スルターンに軍隊の苦境を詳細に述べ，即時講和締結を強く進言した。大宰相となった今できるだけはやくヨーロッパの提案を受諾するように強く上奏した。彼は，シュムラ Shumla に到着後，ロシアのポチョムキンから戦前の状態にもとづいた講和提案を受諾した。同様な提案はオーストリアのラウドン Loudon 元帥からも送られた。大宰相はポチョムキンとラウドン元帥に使節を送り，自己の責任において講和交渉の開始を述べた(67)。

5　プロイセンとの同盟（1790年）

ヒジュラ暦1203年レビュルエウェル月（西暦1788年12月はじめ）にイスタンブル駐在プロイセン大使ディーツ von Diez は，オスマン帝国に戦争を継続させるために，オスマン帝国に正式な同盟を提案した(68)。もしオスマン帝国がこの同盟提案を妥当と考えるならばプロイセン王の信頼を得るために保証書 sened を提出することをプロイセン使節は求めた。この件について前例がないためにイスタンブルや前線で議論がなされた(69)。ときの大宰相ガージー＝ハサン＝パシャは，海軍提督のときにすでにプロイセンとの同盟を支持していた(70)。ディーツはセリム3世にプロイセンとオーストリアとの戦いは，対オスマン戦線からオーストリア軍を転戦させるであろうことを伝えた。また彼はイギリスとプロイセンとの同盟は，ロシアのバルト海艦隊の地中海への航行をいかに阻止しているかを，さらに最近プロイセンがポーランドから大量の必要物資を購入したために，ロシアの陸軍元帥ルミャーンツェフやモルダビアの司令官スヴォーロフは，新たな戦争に備えて必要物資の調達がいかに困難になったかを指摘することでこの議論を支持した(71)。

プロイセン大使ディーツは，セリム3世にオスマン帝国が同盟締結に同意するならばプロイセンは翌年4月にロシア・オーストリア両国に宣戦布告するであろうこと，クリミア・カフカースならびに今回の戦争で獲得した領土からロシア軍が撤退するまでプロイセンは戦い続けることを約束した。その見返りとして彼はガリシアをポーランドに返還することと，ダンチヒ Danzig やトルン Thorn に対するプロイセンの要求にオスマン帝国が支持してくれることだけを求めた。

イギリスとプロイセンは密接に結ばれていたが，イスタンブル駐在イギリス大使 Sir Robert Ainslie はこれらの交渉について十分な情報を得ていなかった。というのはイギリスは戦争の拡大よりも平和的な手段によって，できるだけ早く対オスマン戦争に終止符を打つことを選んだからである。フランスとスペインの大使は，プロイセンの提案に反対し，セリム 3 世に，ロシア人はポーランド議会を牛耳っていること，スウェーデン国王グスターヴ 3 世はスウェーデン貴族に対する支配力を失っていること，プロイセンはきっとオスマン人を見捨てて自己の野心が満たされるや否やただちに単独講和を結ぶであろうことを伝えた(72)。

1790年 1 月15日にセリム 3 世は御前会議を招集して，プロイセンとの同盟問題を討議させた。彼は異教徒との同盟がシャリーア（イスラーム法）に照らして合法であるか否かという問題だけについて議論することを許した。ウレマーの要人であり修史官を勤めたアタウルラフ＝メフメット＝シャニザーデ Ataullah Mehmed Şani-zâde は，この条約は合法ではないと述べた。シェイヒュルイスラームのハミドザーデ＝ムスタファ＝エフェンディ Hamîd-zâde Mustafa Efendi はこれの合法性を支持するに十分な伝承を探し求めた。セリム 3 世は彼の考えを支援した(73)。

正式な同盟条約はオスマン帝国の代表として書記官長アブドゥッラー＝ベリー＝エフェンディ Abdullah Berrî Efendi，ルメリの大法官ムスタファ＝アスヒル＝エフェンディ Mustafa Ashir Efendi と，プロイセン王の名においてプロイセン大使ディーツが 5 ヵ条からなる同盟条約に調印した（ヒジュラ暦1204年ジェマズィエルエウェル月16日，西暦1790年 2 月 1 日）。

条約の主な内容はつぎの通りである。

第 1 条　ロシア・オーストリア両国の軍隊がドナウ川の右岸へ移動す

ることがあればプロイセンは1790年春にロシア・オーストリア両国へ宣戦布告し，オスマン帝国が有利な講和条約を締結できるまで陸海から支援してイスタンブルの安全を確保すること。オスマン帝国も講和の際に現在はポーランドに属するがオーストリアの占領下にあるガリシアをポーランドに返還させるように努めること。

第3条　オスマン帝国がロシア・オーストリア両国と講和を締結しない限り，プロイセンも講和を締結しないこと。オーストリア・ロシア両国がプロイセン・スウェーデン・ポーランドと講和を締結しない限りオスマン帝国も講和を受諾しないこと。講和締結後プロイセン・スウェーデン・ポーランドにロシア・オーストリア両国が攻撃すればオスマン帝国はこの戦争を自身に企てられたものとみなして両国に戦端をひらくこと。またオスマン帝国・スウェーデン・ポーランドのいずれかにロシア・オーストリア両国が攻撃すればプロイセンも同様に支援すること。

第4条　講和に際してオスマン帝国の支配下にある領土を防衛することをプロイセンは保障し，この保障にイギリス・オランダ・スウェーデン・ポーランドが含まれることを約束すること。講和条約締結後ロシアあるいはオーストリアのいずれかの国がオスマン・プロイセンに戦端を開くことがあれば，プロイセン・オスマン両国は同盟国であるので相互に援助すること。もし講和条約締結以前に攻撃を受けた場合，プロイセン・オスマン両国は相互に支援すること。

本同盟条約は5ヵ月以内にイスタンブルにおいて批准書が交換されること(74)。

このようにプロイセン＝オスマン同盟条約はスウェーデンとの同盟条約と同様に従来見られなかった双務的な義務を課した内容になっており，

批准書の交換の期限および場所を明記していることは伝統的なオスマン外交の変容，換言すればオスマン外交のヨーロッパ化の兆しとみなされる。

セリム3世はただちに条約を批准したが，プロイセンの批准はさまざまな困難と遅延が伴った。プロイセン政府は，ディーツが越権行為をしたという理由で条約の調印後本国へ召還し，後任としてクノーベルスドルフKnobelsdorfを任命した。オスマン帝国の要請にもかかわらずプロイセンの批准は延期された(75)。だが，プロイセンの批准の遅延にもかかわらず帝都イスタンブルでは大きな影響をもたらした。大宰相の野営地ならびにイスタンブル駐在フランス大使の仲介で進められていた講和交渉は延期された(76)。アナトリアやバルカン半島で約20万名の兵士を徴募する命令が出され，数隻の船舶の建造が再開され，セリム3世自身が新たな戦争に備えて，エディルネに向かうという噂が広まっていた(77)。シュムラにいる大宰相に対し，来るべき戦争の準備を命じ，しかし他方で敵を欺く目的でプロイセンとの条約を秘密にして敵の代表と交渉を継続するべく命令が下された(78)。ガージー＝ハサン＝パシャは，2月15日におきたイエニチェリの反乱を鎮圧し，軍隊に規律を与え再組織化する骨の折れる努力をした。

条約が公表されたのは2月22日になってからであった。その後大宰相は自己の講和交渉を中断せざるをえなかった。オーストリア・ロシア両国の代表者はシュムラを去って自己の野営地に戻り，両陣営において戦争準備の勢いが強まった。

6　1790年のオスマン帝国の内外の情勢

大宰相ガージー＝ハサンは，粉砕した軍の再建をはかる努力だけでなく，イスタンブルの政敵からの批判，スルターンとのさまざまな争いから生じる抑圧・不安，それと大宰相に反抗的な兵士が公然と反抗をするために健康を害した。彼はついに心身疲労困憊し，病に倒れ1790年3月24日に悪寒のため病床に臥し5日後逝去した。イスタンブル駐在の英仏両国大使は，前年の敗北のために民衆に対するスケープゴートを提供しようとした政敵もしくはスルターンによって毒殺されたという噂を流した[79]。しかし彼の致命的な病気を目にした大半のオスマンやヨーロッパの観察者は病死であると伝えた。殺害の噂は根も葉もないことであったように思われる[80]。

セリム３世の腹心の部下や大臣は派閥を形成するようになった。すなわち皇太后の代理人ユスフ＝アガーYusuf Ağaのもとに先代より残存しているハレムの関係者や高官たちと，新任のスルターンの腹心の部下キュチュク＝ヒュセイン＝パシャKuçuk Hüseyin Paşaに率いられ，セリム３世の即位とともに政権を掌握したひとたちである。これらの派閥は前世紀に見られたように，原理や政策よりも個人的関係や利害関係に由来しているものであった。各派閥は自己の権力や威信を高める目的で，大宰相位やできるだけ多くの要職・収入を手に入れるために争った。各派閥は，誰が大宰相に選出されようと自己の命令に従う人物であるべきこと，また自己の地位や収入を脅かすほどの精力・権力をもったガージー＝ハサンのような人物が選出されないことを決定する点でのみ結束した。指導者のいない軍隊には活気が見られず，新たな戦争の準備は停止され，国庫には最後の資金も無くなっていた。スルターンはついに決断し，1790年４月16日にルスチュクの無名で無能な総督チェレビザーデ＝シェリフ＝ハサン＝パシャÇelebi-zâde Şerif Hasan Paşaを大宰相に任命した[81]。セリム３世は，ただちに新任の大宰相に対して賄賂と悪政に終止符を打ち，春に行われる戦争の準備をするように厳格な命令を下した[82]。

セリム３世が戦争継続の準備をしている間，ヨーロッパは和平に傾きかけていた。1790年２月20日にオーストリアの皇帝ヨゼフ２世は他界し，有能で聡明な弟レオポルト２世があとを継いだ。オーストリア軍がドナウ川を南下してオスマン領内に進撃すれば，オスマン＝プロイセン同盟のためにオーストリアとプロイセンとの間に戦争がおきることは不可避であった。またハンガリーおよびネーデルラントでは反乱が勃発しそうな情勢にあった。彼はオーストリアが，プロイセンと戦う準備ができていないことを認識した。彼は平和が訪れるならば，同盟国を見捨てる用意ができていた。彼はイギリスとプロイセンは同盟関係にあるが，本質的に違った目的をもっていることにきづいていた。イギリスの主な目的は，ロシアの進撃を阻止することであった。したがってイギリスとオーストリアとのあいだには特別な紛争の種がなかった。プロイセンの敵意は，ロシアに対するよりも主にオーストリアに向けられていた。それゆえレオポルト2世はドイツにおけるプロイセンの台頭に反撃し，同時に戦争を回避する最上の方法はオスマン帝国との和平の同意に達することでイギリスと和解し，公然と侵害せずにロシアとの同盟の影響力を抑えることであると決心した。春の間，彼はこの路線に沿った提案を始め，ヨーロッパ全土において平和的解決は以前よりも目前に迫っているように思われた。

主な交渉はベルリンとウィーンとの間で継続していた。だがプロイセンとオーストリアとの意見は平行線をたどり，交渉は決裂した。プロイセン軍は4月初めにベルリンを去った。いまや東方問題をめぐってヨーロッパ全土が戦争に巻き込まれる緊張状態にあった(83)。

講和交渉が一進一退の間に，交戦国の軍隊は戦場に戻った。大宰相シェリフ＝ハサン＝パシャは，ドナウ川防衛線を強化する目的でヴィディンやニコポリス Nicopolis 方面へ向けてイスタンブルを出発した。大量に敵軍に奪われた武器・弾薬・テント・制服を集める努力は，ガージー＝ハサンの逝去後行われたが派閥間の争いのために成功しなかった。さらにワラキアやエジプトがオスマンの支配からはなれたために，帝都および軍隊は重要な穀物の供給源を喪失した。必要物資を搬送する荷馬車や馬も送られなかった。大宰相のもとへできるだけはやく，バルカン半島の名士のリーダーに派兵するように命令が下された。だが，軍隊は動員されなかった(84)。

セリム3世はイスタンブル駐在のイギリス大使による調停を受諾せず，大宰相の軍を支援するためにアナトリアから大軍を送ろうとした(85)。オーストリアのレオポルト2世は5月中旬にオスマン側のこの行動を察知して，誠意をもって交渉を始めなければドナウ川を渡ると威嚇して，ルスチュクへ進撃するように陸軍元帥コブルクへ命令を下した。だが，彼がドナウ河畔のイエルギョギイに到着したとき，オスマンの守備隊は猛反撃した。ルスチュクからの援軍の到着はオーストリア軍をパニック状態に陥れ，装備や必要物資を残してブカレストへ逃亡した[86]。イエルギョギイの勝利（1790年6月8日）の知らせは，セリム3世に抵抗の決意を固めさせた。だが，オーストリア軍の後衛による強い抵抗のために，オスマン軍は追撃できなかった。

7　ライヘンバッハ協約（1790年）

プロイセン王フリードリヒ＝ヴィルヘルムは，まもなくオーストリアを攻撃するとオスマン帝国に保障を与えた結果，ヨーロッパは東方問題をめぐって全土に戦争がおきるだろうという妄想に脅かされていた。6月27日にフリードリヒ＝ヴィルヘルムの野営地からわずか数マイルの所に位置しているライヘンバッハで，この戦争の可能性を阻止するための会議が開催された。彼はオーストリアに対して計画された進撃を差し控えることに同意した。この会議には，三国同盟の国々とポーランドの代表が参加した。ロシアはオスマン帝国との単独交渉を望み，オスマン政府は会議には招聘されなかった。というのは参加者がオスマン帝国の国益を代表していると考えていたからである。だが，プロイセンは唯一のオスマン帝国の同盟者として，この会議においてスルターンを代表する特別な権利を主張し，セリム3世にヨーロッパ強国の共通の目的を確保するために軍事的努力から外交的努力へ突然変化したことを知らせなかった。

プロイセンはガリシアに対する以前の要求を修正し，ガリシアの一部だけがポーランドに返還されることを要求して会議を始めた。もっともこのことはポーランドがプロイセンにダンチヒとトルンを割譲することへの償いとなるであろうが。プロイセンもまた，オーストリアがその征服地の残りを返還し，プロイセンへのポーランドの割譲に同意する限りオルソヴァ・Turnul・イエルギョギイ・イスライルなどのオスマン領をオーストリアに残すことに同意した。だが，ガリシアのいかなる部分も割譲できないというオーストリアの変わらぬ主張は，会議を中断させ交渉は決裂するように思われた(87)。

このときポーランドで多くの関連する変化が生じた。国会内にはダンチヒとトルンの割譲に反対し，プロイセンが見返りに提供しているガリシアの獲得を拒む一派が台頭した。この集団はイギリス・オランダの力により，プロイセン王フリードリヒ＝ヴィルヘルムに計画をなんとかして断念させようとした。このことにもかかわらずプロイセン王はフランス革命に対してできるだけはやく対仏連合が形成されるために，よりよい時期まで計画を中止し，戦争以前の状態に戻すという原理にもとづいて，全面的な平和を確保する政策を採用することに同意した。なににもまして彼にこの結論を下させたのは，フランス革命の重要性が増してからであった。会議の参加者は，相互の不和を忘れ，フランス革命に対して団結しなければならないことをいまや確信した。戦争以前の状態に戻ることが最善の方策であるように思われた(88)。

ついに7月15日にプロイセン外相ヘルツベルク Hertzberg は，会議の参加者すべてにもっとも受諾されそうな提案を携えてやってきた。それは，最終的な協約の基礎となった。彼は，プロイセン王がポーランドのために割譲要求を思いとどまることを，だがオーストリアがオスマン人のために，ワラキアに対する要求を放棄することを見返りとして求めることを宣言した。7月25日にオーストリアのレオポルト2世から受諾の知らせが届いた。講和は厳密な意味での戦前の状態に戻るという原理において再構築されることになった。ただし彼は今後行われる交渉の過程において，オスマン帝国がオーストリアとの国境の安全をはかるために必要とされるわずかな修正に応じるという自身の希望を表明した。ロシアとオスマン帝国とのあいだで講和が同時に結ばれなければ，ホティン要塞を保有することを付言した。同じ日にプロイセン王は公式に同意を示し，オーストリアが言及した戦前の状態に戻すための修正は，ヨーロッパ強国の仲介によってオスマン帝国が進んで同意するだけであると理解していた。さらにいかにわずかであろうともオスマン帝国の領土を犠牲にして，オーストリアが得ることに対してプロイセンも完全に報われるべきことを述べた。ライヘンバッハで8月5日にこの協約の批准書は交換された。それはプロイセンによる「受諾すべし」との要請を添えてオスマン政府へ送られた(89)。

ライヘンバッハ協約は，ヨーロッパの外交問題における重要な転機となった。オーストリアとプロイセンとのあいだの戦闘，またこれによって東方問題をめぐるヨーロッパ全体を巻き込む戦争は回避された。オーストリアはマリア＝テレジアの逝去（1780年）以来，最大の深刻な危機を乗り切った。三国同盟はいまや革命をおこしているフランスによって課された，新たな諸問題に対抗するために立ち上がりつつあった「ヨーロッパ協調」に吸収された。

他方セリム3世はライヘンバッハ会議についてなにも知らされなかった。彼は敵への新たな共同攻撃のために，プロイセンとスウェーデンの軍事援助に頼り続けた。オスマン艦隊が黒海のカッファKafa沖でロシア艦隊を破ったこと，ガリシアでのもめごとのためにコブルクはトランシルヴァニアへ軍を撤退させたこと，これらの情報はセリム3世の決意を強め，その結果大宰相に8月初めブカレスト方面へ攻撃せよとの命令を下した。同時に彼はイスタンブルや大宰相の野営地で行われている交渉の打ち切りを命じ，オーストリア・ロシア両国の使節は帰国した。大宰相は大軍を率いてドナウ川沿岸のルスチュクやシュムラを防衛しようとした。8月5日に約5万の兵を率いてブカレストに向かって出発した。ドナウ川下流沿岸のイブライル，シリストレ，イスマイル，ヴァルナVarnaの守備隊を支援するために大軍が送られた。8月7日にプロイセンの大使は，1ヵ月前に同盟条約がベルリンで批准されたことをオスマン政府に公式に伝えた。彼はプロイセンの軍事行動がやがて開始されることをスルターンに再び保障した。かつての大宰相コジャ＝ユスフ＝パシャは軍を率いて，ワラキアに駐屯している大宰相を支援するためにヴィディンから北上し，ドナウ川を渡るように命令された(90)。

ライヘンバッハの驚愕する知らせは，オスマンの野営地に8月18日に届いた。ウィーン駐在のプロイセン大使は，大宰相の所にやってきて「ヨーロッパの協調」を伝え，これに従うためにドナウ川を南から北進し，ただちにオーストリアと交渉を開始しなければならないだろうと述べた。8月24日に大宰相の使節は，その知らせをもってイスタンブルに着いた。この知らせにスルターンも大臣も民衆も，異教徒の裏切りに激怒した[(91)]。

セリム3世の直接的な反応は，プロイセンの命令を無視し，オーストリアを攻撃するように命令を下すことであった。セリム3世はオスマン政府の同意を得ずに単独講和を結ばないという約束を侵害したことで，プロイセンを非難する長い演説を御前会議で行った。多くの大臣やウレマーは戦争を強行して継続すれば，現在オーストリアは国内問題で重荷をおっているので今回の戦争で得た征服地やガリシアおよびブコヴィナ Bukovina を返還するだろうと考えた。だが，エカテリーナがスウェーデンと単独講和を結んだという知らせが届いたことは，御前会議を和平支持へと方向転換させた。ついにオスマン政府はライヘンバッハ協約にもとづいてオーストリアと交渉に入ることに同意した。セリム3世は，ロシアのバルト海艦隊が地中海に航行しないようにイギリスとオランダに全力で行使することを要請した。セリム3世は新任のプロイセン大使クノーベルスドルフに，クリミアとオチャコフをロシアに放棄させるためにロシアと戦闘を続けることによって義務を遂行することが期待されていると助言した。この目的を推し進めるためにアフメット＝アズミ＝エフェンディ Ahmed Azmi Efendi を使節としてベルリンへ送った。セリム3世は交渉に入る前にロシア軍にワラキアから撤退するか，あるいは少なくともできる限り早くロシア軍に対して進撃できるように，オーストリアの支配下にあるワラキア地域をオスマン軍が通過できる許可を得るようにコブルクを説得した。だが，プロイセンとオーストリアはともにこれらの要求をはねつけた。両国の目的はフランスに対してオスマン帝国を「ヨーロッパ協調」に組み込むことができるようにオスマン帝国とロシアとの間に講和を確保することであった[(92)]。

8　1790〜1791年の講和交渉

ヒジュラ暦1205年ムハッレム月９日（西暦1790年９月18日）に大宰相とコブルクは，イエルギョギイにおいて９ヵ月間の休戦協定に調印した。正式な講和会議の準備が始まった[93]。戦争以前の状態に戻すという原理にもとづいて講和を結ぶことを打診したが，ポチョムキンから拒絶された。オスマンの本隊は，ルスチュクからロシア軍に対抗するためにシリストレへ向けて進撃した[94]。ライヘンバッハ協約の諸条件をオスマン政府が正式に受諾したことは，イスタンブル駐在のイギリス・オランダ両国大使に伝えられた。彼らは，その結果ライヘンバッハ協約に規定されているように，オスマン人のために調停する目的でプロイセン大使とともに講和会議に出席するように要請された。プロイセンは，「公平無私の当事者」としてこの会議を自領内で開催させることで自己の威信を高めようとした。他方，オーストリアは自国の司令部があるブカレストを望んだ。しかしイスタンブル駐在イギリス大使Sir Robert Ainsileは，オスマン領内の都市を強く主張した。その結果ドナウ川南岸，北ブルガリアに位置するズィシュトヴが講和会議の場所として選ばれた[95]。プロイセンの同盟国であるイギリスとオランダ両国の代表者も参加することになった[96]。実際の交渉は，12月中旬に始まり，翌1791年の冬から春にかけて交渉は続いた[97]。

他方，ロシア，オスマン間の交渉は失敗した。1790年４月にポチョムキンは，ベンデルやアッケルマンが両公国と同様にオスマン帝国に返還されるという条件で講和を提案していた。つまりオスマン政府は自己が望む両公国の君主を任命できるが，いったん任命すると公正な統治をしている限り更迭はできない。オチャコフ要塞は破壊されるだろう。ドニエストル川とブク川との間の地域は，両国の臣民によって占領されず中立地帯となるであろう。ロシアはグルジアに干渉しないこと，カフカースのあらゆる現地の諸公とオスマン政府がどのような協定を結ぼうともこれを尊重することに同意するだろう。戦争賠償金については言及されなかったが，オスマン政府はプロイセンがロシアを攻撃しないように自己の影響力を行使することに同意するだろう。しかしセリム3世は，ヨーロッパに緊張緩和が迫っていることにきづかず，これらの提案をはねつけて，プロイセンとスウェーデンの支援を期待し頼り続けた(98)。オーストリアとの交渉がズィシュトヴで続いている間，戦争は新たな戦線，つまりカフカース方面へと拡大された。

9　1790〜1791年の戦い

キュチュク＝カイナルジャ条約によってオスマン帝国は，カフカース山脈北方のカバルタイ Kabartay 地域をロシアに譲った。ロシアは，グルジア・クリミアへの今後の進撃をたやすくするために黒海北岸全域において軍事力の増強をはかった。オスマン帝国は1787年からロシアに対してダーゲスタン Daghistan，シルカシア，カバルタイの住民を扇動させ，またティフリス Tiflis のハーンを新たな保護者であるロシアに抵抗するように刺激した。ヒジュラ暦1202年ムハッレム月（西暦1787年10月）にトレビゾンド総督キョセ＝ムスタファ＝パシャKöse Mustafa Paşa は，オスマン政府の手先が扇動していたカフカースの諸部族のなかで反乱を支援するために，約1万名の兵を率いてアナパ Anapa へ送られた。このころロシアの関心はバルカン半島に向けられていた。そこで1789年の春までこのオスマンの侵入に対して何の企てもなされなかった。だが，1789年の春にロシアの大軍は，オスマン帝国の軍事基地であるアナパを攻撃するために進撃した。セリム3世は，この攻撃に応えて1790年3月に数百名の援軍と共にバッタル＝ヒュセイン＝パシャBattal Hüseyin Paşa を派遣した。彼はアナパに上陸して，ロシアの攻撃を撃退したが，命令されて反乱をおこしているカバルタイやカフカースの諸部族の支援には失敗した。彼がロシア軍に対してカバルタイの諸部族を救援することを目的に，大軍を率いて8月8日にアナパをいよいよ出発したのは，イスタンブルから再三再四送られてくる命令に応えてのことであったが，彼はロシア軍とまったく戦いたくはなかった。そこで可能な限りゆっくりと進撃したので，9月14日までにはクバン川河畔に到着しなかった。そこで彼はカバルタイの諸公と会い，後者は「われわれには約3万の兵士がいる。貴方がロシア軍を攻撃すればわれわれは参加する」と言った。明らかにバッタル＝ヒュセイン＝パシャは，ロシア軍の司令官と手紙のやりとりをしており，多額の賄賂とひきかえにカバルタイからの協力申し出をはねつけた。そのかわりに彼は約4,000〜5,000名のロシア軍に対してわずかな兵士を送った。ロシア軍本隊はアナパから退却したが，わずかな兵士は粉砕されたが，残ったものは激しく追撃してロシア軍とともにアナパへ退却した。オスマン軍の残りの兵士は，損害を蒙らなかったが，バッタル＝ヒュセイン＝パシャはすでにかわされていた秘密の約束にしたがってロシア軍に降伏した。指導者を欠いたオスマン軍は雲散霧消して逃亡した。

裏切りと惨事の知らせがセリム3世のもとに届いたとき，彼はただちにアナパで指揮をとるためにエルズルム・トレビゾンドの総督サル＝アブドゥッラー＝パシャSarı Abdullah Paşaを送ったが，彼もまた持ち場に行くのに熱心ではなかった。エルズルムからトレビゾンドに向かう途中，当該地域でのさまざまな反乱を鎮めるという口実で可能な限り時間をかせいだ。バッタル＝ヒュセイン＝パシャの脱走・オスマン軍の逃亡，さらに新任の司令官がなかなか現れなかったことは，カフカースの諸部族を不安にさせた。彼らは郷里に戻り，ロシア軍に対する戦闘を完全に放棄した。ロシア軍は1791年初頭再度アナパへ進撃して，ついに長い包囲の後これを占領した。こうしてオスマン人が黒海の北岸・東岸における領土を領有したいと考える希望はついに消えた(99)。

1790年の夏には，ロシア軍は黒海西岸の重要なオスマン領を獲得した。1790年の同盟国の軍事計画によれば，ポチョムキンはイブライルでドナウ川を渡り，黒海沿岸に沿って南進し，他方コブルクはルスチュクでドナウ川を渡り，オスマン軍を挟撃するために東進することになった。だが，オーストリアの背信やポーランドおよびプロイセンとの国境を監視するために大軍を送らねばならなかったために，ポチョムキンは非常に限られた戦争計画しか実施できなかった。オーストリアとオスマン帝国との間で講和が公表されるや否や，コブルクと共同の軍事行動をとるためにワラキアに送られていたスヴォーロフは召還された。彼はそれからカラスを占領し，ポチョムキンの軍が到来したとき彼の進撃を支援するために武装した小型船舶の艦隊を増強するように努めた(100)。大宰相の軍はますます混乱し分散し，夏の大半をイエルギョギイで過ごしていた。彼がシリストレに移動した後，彼の軍隊の残りの少なくとも大半は逃亡し，さらに冬に封土に戻りたい騎兵の強い要求のために解体した。ドナウ川下流に位置するオスマンの主な要塞（キリ・イスマイル）の守備隊も同じ状態であった。その結果，果断なロシアの攻撃に対して防衛する十分な兵士はいなかった(101)。海上においても陸上とほぼ同じように状況は悪かった。7月さらに9月初旬にウシャコーフ Ushakov のセヴァストーポリの小艦隊は，オスマンの黒海艦隊の残存している船舶に決定的な打撃を加えた。その結果オスマン艦隊はボスフォラス海峡へと撤退し，黒海は完全にロシアの支配するところとなった。ロシアのドナウ川艦隊も同じようにドナウ川の覇権を手に入れた。ポチョムキンがドナウ川を渡り，南進したいときはいつでもドナウ川は彼の前に開かれていた(102)。だが，これらの有利な立場にもかかわらず，ポチョムキンは夏の大半をなにもしないで過ごした。彼は，戦争の季節が終わりになりかけたころ，ドナウ川下流デルタ地域に残存しているオスマンの主な要塞を攻撃しこれを占領した。つまりキリ（ヒジュラ暦1205年サフェル月14日，西暦1790年10月23日）(103)，イサクチュİsakçı・トルチュTolçı，イスマイル（ヒジュラ暦1205年レビュルアヒル月16日，西暦1790年12月23日）(104)である。イスマイルは，カラス・ホティン・ベンデル・キリにいたる交通の要所であるのでとりわけ重要であった。またこの地域におけるオスマンの防衛網にとって倉庫の役割を果たした。

イスマイル陥落の知らせは，とりわけヨーロッパを驚かせた。オーストリアが惨事のために，以前と同じような原理（戦争以前の状態に戻す）にもとづいた交渉を断ることを書記官長は懸念して，ズィシュトヴでの交渉を3日間中断した。イスタンブルでは，その知らせはいつものように民衆の暴動を惹き起こし，民衆の感情のスケープゴートとしてあらゆる将校を犠牲にした[105]。1791年2月14日に大宰相シェリフ＝ハサン＝パシャはセリム3世の命によりシュムラで射殺された。2週間後，コジャ＝ユスフ＝パシャは軍隊とウレマーからの強い支持のために二度目の大宰相に起用された。シェリフ＝ハサン＝パシャの仲間は更迭され，彼が追放したウレマーや政治家は名誉を与えられ復職した。さらにムスリム民衆の感情を慰撫するために新任の大宰相は，ワイン・蒸留酒の飲用を禁止し，帝都イスタンブルにおけるすべてのキャバレーを閉鎖した。もっとも彼は命令が実施に移される以前に必要物資を貯えるために1週間の猶予をキリスト教徒に与えることによって彼らへの打撃を軽減しようとしたが[106]。セリム3世は戦争を継続するために必要な支持を得る目的で国内政策の反動的なひとたちに頼った。

10　1791年の戦いとオーストリアとの講和交渉

交渉は1791年2月までズィシュトヴで続いたが，戦争以前の状態に戻すという以前の約束にオーストリアが背いた結果交渉は決裂した。同じときにプロイセンはオスマン帝国とスウェーデンとの同盟を更新する新たな交渉を激励した。オスマン帝国は長期間にわたって支払うことを以前約束した軍資金の残金を，ただちに提供することに同意することとなった。他方，スウェーデンは，ロシアを攻撃する義務を負うこととなった。英国首相小ピットは，自由主義者たちの反対をおさえ交渉においてオスマン帝国を支持し続けた。議会は海軍増強に同意したけれども，小ピットはオーストリアが分裂状態にあるために最後通牒を送らないことを決めた。小ピットは，オスマン帝国をロシアの手に落ちないようにすることは，イギリスにとってどれほど利害があるかを明確に知っていた。だが，世論は彼よりおくれていた。交渉を上首尾な結末にもたらすためにそれほど劇的ではない手段が講じられねばならなかった[107]。

ユスフ＝パシャがシュムラに滞在し砲撃を受けた軍隊の回復を企てよ

うとし，他方スルターンは大臣を急に更迭し国内の秩序を回復しようとしたが無益に終わった。レプニン公率いるロシア軍は1791年早春にオスマン軍を攻撃するために移動した。マチン Machin（イブライルの南西約101マイルのところに位置する）でオスマンの守備隊を敗走させ，ドナウ川と平行して走る山脈の峠をおさえている要所を占領した(108)。オスマン軍には多くの兵士がいたにもかかわらず，ユスフ＝パシャにとって軍隊の士気・規律・訓練が貧弱であったこと，重大な戦争を遂行するために十分な必要物資・弾薬を欠いていたことは明白であった。オスマン軍が新たな陣地に戻らないうちにレプニン公は大胆にもドナウ川を再度渡り，オスマン軍を敗走させた。ギリシアおよびアルバニアの名士テペデレンリ＝アリー＝パシャTepedelenli Alî Paşaの小部隊だけが敵を負かした(109)。だが，交渉の開始が目前に迫っていたので，レプニン公はオスマンの野営地を破壊し，ドナウ川を渡ってもとの陣地に戻ることで満足した。そこで事実上オスマン軍は崩壊した。

主にイギリスとプロイセンとの調停の結果として，オスマン帝国とオーストリアとの間に講和が到来したのはこのころであった。両国は平和を確保し，フランス革命に対して「ヨーロッパ協調」をはかるために，オスマンの代表にオーストリアの諸要求を受諾させた(110)。ヒジュラ暦1205年ズイルヒジェ月4日（西暦1791年8月4日）に調印されたズィシュトヴ条約(111)の基礎は，戦前の状態に復帰することであり，1775年にオーストリアへブコヴィナを割譲することで修正されたベオグラード条約に本質的に復帰することであった。戦争期間中，敵軍を助けた両国の臣民に完全な恩赦が，とりわけオーストリア軍を助けたモンテネグロ・ボスニア・セルビア・ワラキア・モルダビアのキリスト教徒に与えられた。オスマン帝国は，北アフリカの海賊による攻撃からオーストリア船舶を保護し，このような攻撃から生じる損害の賠償を約束し，オスマン帝国領内をオーストリア人が自由に通商・旅行することができ，家畜の群れをトランシルヴァニアから国境を越えてワラキア・モルダビアで自由に放牧することを許した。

見返りにオーストリアは，今回の戦争で征服したあらゆる領土や要塞を，とりわけワラキアやモルダビアの地域を占領したときの状態でオスマン帝国に返還することに同意した。ホティンや周辺地域もまた，オスマン帝国がロシアと講和を結んだ後になってから，ロシア人と同意をみる撤退の条件の下で返還されることになった。そのときまでオーストリアはホティンにとどまる。オーストリアは，ロシアに直接・間接の援助をすることなく，ホティンを中立地帯として維持することを明確に約束した。あらゆる戦争捕虜や奴隷は，身代金の支払いなしに交換されることになった。戦争以前，また戦争期間中，相手国の領土に行き，自己の意思で当地にとどまった臣民は，彼らの同意を得ることなしに送還されることはなかった。両者における侵入は禁止された。第12条は，ベオグラード条約の諸条項を確認し，オスマン領内の祭司や教会員に礼拝し，教会や聖地を維持・修復し，オスマン政府や役人からなんら妨害を受けることなく聖地を巡礼する完全な自由を与えた。この条約締結につづいてイギリス・プロイセン・オランダの使節の調停によって条約が締結された旨を表明する宣言が出された。

同じ日に締結された別の協定では，オスマン政府は Czerna 川が両国の永続的な境界となるようにオルソヴァの町と周辺地域は，オーストリアの領有下にとどまることに同意した。ただしオーストリアはこの協定によって割譲されたどの地域も防衛を強化しないという条件つきではあるが。ドナウ川にうかぶオルソヴァ島の要塞は，ベオグラード条約第5条で規定されているように，両国はこれを要求しないし，利用しない。Unna 川上流左岸に位置する地域は，その西方の源までオーストリアに割譲された。その地域ではオスマン帝国・オーストリア・ダルマティアの境界が集結し，Sterniza はオスマンの支配下に置かれた。オーストリアは，この条約によって割譲された地域のどこにも要塞を建設しないことと，この条約を決定的なものとみなし，今後要求あるいは変更しないことを約束した。批准書は1週間以内に交換され，こうしてオーストリア＝オスマン戦争に終止符が打たれた。両国は物的・人的にきわめて大きな犠牲を払い，崩壊の寸前にまでいたった。セリム3世はただちにエブベキル＝ラティブ＝エフェンディEbubekir Ratib Efendiをウィーンへ使節として送り，両国間に友好的な関係を回復し，対ロシア戦が終結するや否や導入を計画していた改革のために，オーストリアの支援を得るという特別な任務を課した。正確な国境画定に関するさまざまな論争のために，1795年末まで国境画定委員会は作業をした。両国の関係が完全に正常な状態に戻ったのはこの後になってからにすぎなかった。

11　ヤシ交渉

ズィシュトヴ条約が調印される直前にオスマン帝国とロシアとの間で休戦条約は完全な同意をみた(112)。ライヘンバッハ協約締結直後，プロイセン王フリードリヒ＝ヴィルヘルム2世は，オスマン帝国と講和条約を確保するため調停を受諾するようエカテリーナをせきたてた。だが，彼女は外国の干渉を受けることなく敵国と講和条約を締結できるという理由のために，プロイセン王の調停提案を拒絶した。このためにプロイセン王は，ロシアに受諾させるために軍事行動の準備を示唆した。1790年12月ズィシュトヴで講和交渉が継続している間，彼は約90,000名の兵力を結集した。他方，エカテリーナはリヴォニアLivoniaや白ロシアにおいて徴兵することでこの脅威に対抗しようとした。イギリスはプロイセンに完全な支持を与え，他方ロシアにはイギリスの調停を受諾することを要求しないが，オスマン帝国に過度な犠牲を課すような条約は認めないことをエカテリーナに伝えた。イギリスは，厳密な意味での戦前の状態に復帰するという取り決めにもとづいた条約を確保する自己の決意を宣言した。イギリスはスペインとの戦いを終えたばかりだった。イギリス艦隊は必要であればバルト海・地中海で軍事行動をとることができた。1791年2月に三国同盟の諸国家は，エカテリーナに征服地をオスマン帝国に返還させようとするデンマークの調停の申し出を受けた。エカテリーナは，戦前の状態に復帰するという考えを拒絶したけれども，最終的にはデンマークの調停を受諾した。彼女は諸強国が押し付けたがっている諸条件は，自己の帝国の名誉と安全のために受諾しないこと，征服地の大半を返還するが，オチャコフとその周辺地域は保有するという現状維持を修正した条約であれば受諾することを表明した。デンマークは要塞化しないという条件付でオチャコフとドニエストル川までのすべての領土がロシアに与えられることを提案したが，関係当事国はすべてこれに反対した。三国同盟の目的がオスマン帝国の領土を犠牲にして解決をはかることになったので，オスマン帝国はこれらの交渉の期間中は蚊帳の外に置かれた。

5月26日に三国同盟の諸国家は，講和条約を提案した。それによればオチャコフはロシアの辺境の安全のために必要と考えてロシアに割譲される。これらの国はオチャコフを含みブク川とドニエストル川によって囲まれた地域は，独立するという新計画のなかでこのことを考案した。スペインと両シチリア王国はロシア・オスマン帝国間の調停を望んだ。（ヒジュラ暦1205年シェウワル月17日，西暦1791年6月19日）イスタンブルのベベック Bebek でカザスケルのアブドゥッラー＝モラ Abdullah Mollah と書記官長セイッド＝アブドゥッラー＝ビリー＝エフェンディは大使たちと交渉した。この交渉でスペインの大使はロシアの講和条件として(I)オチャコフ要塞とその周辺地域はロシアに譲ること，(II)ドニエストル川をロシア・オスマン間の国境線とすることを，もしオスマン政府がこれらを飲まないならば，オチャコフ要塞を破壊しオズ川およびドニエストル川の河口にいたるまで黒海沿岸に要塞を建設しないことを提示した[113]。またイギリスはドニエストル川をロシア・オスマン間の国境線とすること，4ヵ月間の休戦期間を設定すること，さもなければ講和の問題にかかわらないとオスマン帝国を威嚇したが，オスマン帝国はプロイセンとの同盟に忠実であり，プロイセンとの了解を得る前にこの提案を受諾しなかった。オスマン帝国はプロイセンがロシアと絶対に戦争をするものと考えていた。しかしプロイセンに送られていた使節アフメット＝アズミ＝エフェンディ Ahmed Azmi Efendi に随行していた通訳からのヒジュラ暦1205年ズイルカデ月3日（西暦1791年7月3日）付けの暗号文の「プロイセン王は（ロシアに）戦争しないことが確認された。いまこの件を議論している」という趣旨の手紙が届き，オスマン政府はプロイセンが絶対にロシアを攻撃するという希望が立ち消えた。そこで戦況がおもわしくないことを鑑みて，ロシアとの講和を受諾せざるをえなかった(114)。

大宰相コジャ＝ユスフ＝パシャは，オルソヴァで再度ロシア軍と戦う準備をしていたが軍規の欠如した軍隊で戦闘は不可能であることを理解して和平の道を模索し始めた。ロシアの司令官レプニン公へ「オスマン帝国は戦闘の準備はできているが，これ以上血を流さないために，民衆に安らぎを与えるために講和の用意もできている」という内容の手紙を出した。これに対してレプニン公は大宰相に講和の三条件を，つまりキュチュク＝カイナルジャ条約およびその後締結された条約が効力をもつこと，ワラキア・モルダビア両公国は若干の条件でオスマン帝国に返還されること，さらにドニエストル川をロシア・オスマン両国の国境線とすることを提示した。

7月20日にエカテリーナは自国の辺境が守られないならばオチャコフ要塞の破壊には同意できないと答えたが，ドニエストル川の自由航行には同意すると付言した。調停国とエカテリーナはロシア軍が他のすべての征服地から撤退するという条件付で，ブク川とドニエストル川との間に挟まれた地域をロシアに割譲することに同意したが，オスマン帝国がこの約束を拒めばわれわれはオスマン帝国を見捨てると付け加えた(115)。こうして講和交渉の基礎は築かれ，最終的な会談に入る前にスルターンの同意だけが必要とされた。

イスタンブルではプロイセンが対ロシア攻撃に参加してくれることを期待して，セリム3世は戦争に持ちこたえ続けた。だが，一連の新たな惨事のために7月初旬に不可避のことがらを受け入れざるを得なかった。ライヘンバッハ協約の結果として，プロイセンがオスマン帝国を見捨てたことの知らせはその始まりにすぎなかった。7月5日にセリム3世はイスラームの聖地メッカがワハーブ派により占領・略奪されているという知らせを受け取った。後日この情報は偽りであることがわかった(116)。5日後彼は，前年の秋以来アナパを包囲していたロシア軍がついに４月にこれを占領して，黒海東岸におけるオスマン帝国の足場を排除したことを知った。マチンからの敗北の知らせが届いたことは，忍耐の限界であった。強国が最後通牒を提示する２週間前の７月15日にセリム３世は，ズィシュトヴの彼の代表者たちが，任務を終えるや否やロシアと同様な交渉に着手するように訓令を与えた。彼はただちに大宰相にレプニン公と会談し休戦条約を結ぶように命令を下した。その結果ついにヒジュラ暦ズイルヒジェ月（西暦1791年８月）にロシアと８ヵ月間有効の休戦条約が調印された。交渉は1791年11月初旬に開始され15回の会談がもたれた[117]。エカテリーナは三国同盟からの調停を，オスマン帝国との本質的な講和の準備が西欧諸国の圧力や調停なしに直接に行われることを示そうと土壇場まで隠した[118]。ワースフは前年の大半の期間を大宰相の軍に付き従っていたが，ロシアとの最終的な講和会議の準備に備えて，会談を続けるためにロシアの司令部があるカラスへ送られた。ワースフは国境をドニエストル川まで拡大しようとするロシアの要求を修正させるように努めることを指示されたが，以前調停を行う諸国がこの境界線を認めていたので，この点において完全に失敗した。

セリム３世は誠意を表すために戦争勃発以来，イスタンブルに監禁されている多くのロシア商人を即時解放する命令をだした。今度はロシア側がリムニクの戦いで捕らわれの身となっていたテペデレンリ＝アリー＝パシャの孫，メフメット＝パシャMehmed Paşaを含む多くのムスリムの捕虜を解放した。休戦条約の主な諸条件は，オチャコフやベッサラビアBessarabia全土を含んでロシアの境界をドニエストル川まで拡大するという例外はあるが，キュチュク＝カイナルジャ条約を交渉の原理としてオスマン帝国は受諾することであった。こうしてロシアはオスマン帝国との直接交渉において主な領土上の調整を命じ，実際の講和会議が始まったとき既成事実を調停者に提示できるのであった[119]。

交渉の場所は，ポチョムキンが司令部を置いたヤシに移された。ポチョムキンの逝去に伴う遅れの後，12月１日に交渉は再開された。主な領土上の調整は事前に同意をみていたが，最終的な解決を阻止している戦争賠償金と黒海の東岸・西岸における領土割譲に対するロシアの要求で紛糾し，交渉はだらだらと長く続いた。ついにロシアは戦争賠償金の要求で折れ，他方オスマン帝国は領土割譲の要求を飲んだので同意に達し，ヤシ条約はヒジュラ暦1206年ジェマズィエルエウェル月15日（西暦1792年1月10日）に調印された(120)。

両帝国の間で「永続的で堅固な」平和が樹立された。両国の臣民に大赦が与えられた。相手方に尽くしたために一方から追放・流刑された人々は，望むなら母国に戻ることが許された。キュチュク＝カイナルジャ条約は本条約の基礎をなしており，それは1783年条約により修正されたが，クリム＝ハーン国のロシアへの併合を認め，黒海の北方の両国間の境界としてクバン川を画定し，こうして（カフカース南方の）グルジアに対するロシアの保護権を確認した。カラスで調印された休戦条約にしたがって，ドニエストル川が両国間の永続的な国境として確立された。ロシアはオチャコフならびにブク川とドニエストル川との間に挟まれた地域を得た。やがてオデッサ港がロシア黒海艦隊の基地の中核として建設される。

ロシアはモルダビア・アッケルマン・キリ・イスマイル・ベンデルから5月末までに撤退することに同意した。他方，オスマン帝国はモルダビアに対する以前のあらゆる特権を回復すること，戦争がもたらした損害から立ち直るように当分の間あらゆる税を免除すること，滞納している税あるいは軍税を要求しないことを約束した。さらにオスマン帝国はAhiskaの総督に，自国の臣民がクバン川をこえてティフリスやCarthalinaといったロシア領に侵入させないように命令を下すこと，そのような侵略ならびに地中海を航行するロシア船舶が，北アフリカの海賊から攻撃を受けた場合損害や奪われた戦利品の賠償をすることを約束した。戦争期間中捕らわれた捕虜は，自発的に相手国の市民権あるいは信仰をうけいれたひとたち，つまり新しい国にとどまることを望んだひとたちを除いて交換されることになった。

1ヵ月後，批准書は交換され，戦争は正式に終了した。オスマン帝国はクリム＝ハーン国を奪回するために戦争に突入したが，その目的も達成できずさらにそのかわりにドニエストル川とクバン川まで国境は押し戻された。ロシアはついに黒海沿岸に確実に地歩をきづいた。ケルソンやセヴァストーポリは大海軍基地として確立され，その領土はロシア海軍の支配権の新たな手段としてオデッサの台頭を用意した。ロシアはいまや黒海に注ぐ主な河川の河口を支配した。オスマン帝国は自己の努力よりもフランス革命の恩恵，換言すれば「ヨーロッパ協調」によってより多くの損害から救われた。戦争はオスマン帝国の国力の弱さをすべてのヨーロッパの国々だけでなく，セリム3世とその支持者の多くにも明らかにした。

結　び

今回のロシア＝オスマン戦争の過程をオスマン側の視点から検討した結果，以下の点においてオスマン外交のヨーロッパ化の兆しが見られたことが明らかとなった。

(I)　オスマン帝国はイスラーム国家である。イスラーム国家は原則としてキリスト教国家との同盟をイスラーム法上認めてこなかった。だが，今回スウェーデンとプロイセンとの間で同盟条約が締結され，とりわけプロイセンとの同盟条約の内容は双務的な性格をもっている。イスラーム法の監視役ともいうべきシェイヒュルイスラームがプロイセンとの同盟条約の合法性をいくつかのハディース（預言者ムハンマドの言行録）に依拠して，反対者を論駁した。両同盟条約はその本来の目的を達成できたとはいいがたいが，オスマン帝国が自己の領土保全・国益を守る見地から同盟条約を締結した意義は大きく，これまでのオスマンの外交方針の大きな転換であったとみなすことができる。

(II)　オーストリアおよびロシアとの講和交渉は帝都イスタンブルから遠く離れたズィシュトヴやヤシで行われ，いずれも書記官長が首席代表を務めた。これはカルロヴィッツ講和交渉（1698〜1699年）以降の伝統を踏襲するものであり，また書記官長の外交交渉の担い手としての役割が引き継がれていることを示すものである。最後の書記官長職は初代の外相職へと発展的解消している事実を考え合わせると，書記官長の存在は無視できない。

(Ⅲ)　スウェーデンおよびプロイセンとの同盟条約，ズィシュトヴおよびヤシ条約には批准の手続きおよび批准に要する期間が具体的に数字で明示されている。また「スルターンにより批准された（ṭaraf-ı şâhâneden taṣdîk buyurulmuşdur)」という文言が条約文中に挿入されていることは，1739年のベオグラード条約以降に見られる現象であり，近代国際法的な批准の概念の現われでもある。オスマン外交のヨーロッパ化の兆しの一端とみなすことができよう。

注

（1）　とりわけクリム＝ハーン国のハーン位継承をめぐってロシア・オスマン間に危機的な状況が生じた際に，イスタンブル駐在フランス大使 Francois Emmanuel Guignart, Compte de Saint Priest の調停によりロシア・オスマン間の紛争が平和的に解決された。その結果，オスマン帝国の書記官長アブデュルレザク＝バヒル＝エフェンディ Abdurrezzak Bahir Efendi とイスタンブル駐在ロシア大使 Aleksandr Stachgievic Stachiev との間で締結されたアイナルカワク協約は，キュチュク＝カイナルジャ条約の若干の条項を明確化したものである。つまり主な内容は(Ⅰ)クリム＝ハーン国の完全な独立を明確にすること，オスマン帝国のスルターンはカリフであり，クリム＝ハーン国の住民はムスリムであるのでクリム＝ハーン国のハーンの選出にシャーリーア上の正当性を与えること（第2条），(Ⅱ)本協約の草案 işu bu muʿâhede temessükü の調印から3ヵ月以内にロシア軍はクリムから撤退すること（第3条），(Ⅲ)オスマン帝国は親ロシア派のシャーヒン＝ギライをクリム＝ハーン国のハーンとして受け入れること（第4条），(Ⅳ)ロシア商船は黒海および地中海を自由に航行できること，商船の積載量は英仏並みに1,000キレ（36.5トン）から16,000キレ（584トン）とすること，英仏と同じ額の関税を支払うこと（第6条）ことなどである。第2条の内容はいわゆる国家の独立という近代的な概念に抵触する。協約文から，オスマン側は国家の独立について前近代的な考えをまだもっていたことを示していると推察できる。この協約（アフドナーメ）はヒジュラ暦1193年ジェマズィエルアヒル月20日に「スルターンにより批准された」(ṭaraf-ı şâhâneden taşdîk buyurulmuşdur)。Spular, p. 440, p. 363. アイナルカワク協約文については，Nolde, vol. 2, pp. 135–140; Cevdet, vol. 2, pp. 118–120, 329–335; Noradounghian, vol. 1, pp. 338–344; Jorga, vol. 5, pp. 18–19; *Muʿâhedât Mecmûʿası*, vol. 3, pp. 275–284; *OT*, IV/1, pp. 452–453; Erim, pp. 150–158. ショウは，1783年8月としている。Show, pp. 23–24.

（2）　Danişmend, vol. 4, p. 62. ショウは，1787年8月としている。Show pp. 23–24.

（3）　Danişmend, vol. 4, p. 64. ショウは，アイナルカワク協約と「クリム信任状 (Kırım senedi)」を混同している。Show, p. 24.

（4）　Marriot, pp. 155–156; Jorga, vol. 5, pp. 47–58; Zinkeisen, vol. 6, pp. 407–411. エカテリーナのこの計画は一般に「ギリシア計画」と呼ばれている。邦語訳文献ではあるがこの計画の詳細については，H・カレール＝ダンコース著，志賀亮一訳『エカテリーナ二世』(下)，藤原書店，2004年，497～518頁を参照。また J. T. Alexander, *Catherine the Great, Life and Legend*, Oxford U.P., 1989, pp. 243, 245, 247–250. を参照。

（5）　Show, p. 23.

（6）　Marriot, pp. 161–162; Zinkeisen, vol. 6, pp. 434–435.

（7）　カフカース方面へのエカテリーナの野心（南下政策）については，Pollock, Sean, Empire by Invitation? Russian Empire-Building in the Caucasus in the Reign of Catherine II, Ph.D. dissertation, University of Harvard, 2006. 木村崇・鈴木董・篠野志郎・早坂眞理編『カフカース—— 二つの文明が交差する境界』彩流社，2006年，30～44頁を参照。

（8）　Nolde, vol. 2, pp. 364–387; Cevdet, vol. 2, pp. 215–217, vol. 3, pp. 196–209; Zinkeisen, vol. 6, pp. 529–539.

（9）　Show, p. 24.

(10)　Marriot, p. 157.

(11)　Jorga, vol. 5, pp. 46–47.

(12)　Cevdet, vol. 3, pp. 13–50, 52–65; *OT*, IV/1, pp. 499–503.

(13)　ロシアへの宣戦布告の時期については，ショウは1789年8月14日としているが，1787年の誤りであろう。Show, p. 26. ダニシメンドは，1787年8月13日としている。Danişmend, vol. 4, pp. 64–66. 書記官長はロシア使節と1787年7月27日に会談をもったが，その後シェイヒュルイスラームから対ロシア戦争の合法性を示すフェトヴァーが出され，1787年8月19日までには宣戦布告されたようである。*OT*, IV/1, pp. 504; Cevdet, vol. 4, pp. 25–26.

(14)　Zinkeisen, vol. 6, pp. 630–641; *OT*, IV/1, pp. 505–506.

(15)　Zinkeisen, vol. 6, pp. 644–646; *OT*, IV/1, pp. 522–523. ショウは，1788年2月19日としている。Show, p. 27.

(16)　Cevdet, vol. 4, pp. 26–27; *OT*, IV/1, p. 520; Anderson, *Naval Wars*, pp. 319–320.

(17)　Anderson, *Naval Wars*, p. 322; *OT*, IV/1, pp. 537, n. 1.

(18)　Zinkeisen, vol. 6, pp. 642–643.

(19)　Cevdet, vol. 4, pp. 23–25, 27–32; Enverî, fols. 4b–6b; *EI*^{2}., s. v. "ḤASAN PASHA."

(20)　Show, p. 29.

(21)　Cevdet, vol. 4, pp. 101–102; Anderson, *Naval Wars*, pp. 322–323; *OT*, IV/1, pp. 537–538.

(22)　Cevdet, vol. 4, pp. 42, 102–105; Anderson, *Naval Wars*, pp. 328–332; *OT*, IV/1, p. 538.

(23)　Cevdet, vol. 4, pp. 105–120. ウズンチャルシュルは1789年1月初めとしている。*OT*, IV/1, p. 542; Jorga, vol. 4, pp. 76–77; Zinkeisen, vol. 6, pp. 655–658; Enverî, fols. 94a–97b. ショウは12月17日としている。Show, p. 29.

(24)　Show, p. 30.

(25)　Cevdet, vol. 4, p. 99. ウズンチャルシュルによれば，1788年11月以前と思われる。*OT*, IV/1, p. 537; Enverî, fols. 18a–19b. ショウは，同年4月としている。Show, p. 30.

(26)　Cevdet, vol. 4, p. 100. ウズンチャルシュルによればヤシの北部に位置するホティン要塞は1788年11月に陥落している。*OT*, IV/1, p. 537; Zinkeisen, vol. 6, p. 653. ショウは同年9月19日としている。Show, p. 30.

(27)　*OT*, IV/1, p. 531.

(28)　ダニシメンドは，ヒジュラ暦1202年ズイルヒジェ月20日（西暦1788年9月21日）としている。*OT*, IV/1, pp. 532–534. Danişmend, vol. 4, p. 66.

(29)　Cevdet, vol. 4, pp. 52–72; *OT*, IV/1, p. 535; Enverî, fols. 28a–29b, 30b–32a,

36b–37a, 39b–40b, 43a–47a, 58a–73a.

(30)　Cevdet, vol. 4, pp. 132–185; Zinkeisen, vol. 6, pp. 671–688, 698–721; Enverî, fols. 110a–b.

(31)　Show, p. 32.

(32)　Jorga, vol. 5, p. 78; Enverî, fols. 83a–91a.

(33)　Cevdet, vol. 4, pp. 192–196; *OT*, IV/1, pp. 546–547; Enverî, fols. 91a–b, 98a–99a.

(34)　Jorga, vol. 5, p. 79; Zinkeisen, vol. 6, p. 722n.

(35)　Cevdet, vol. 4, pp. 230–231.

(36)　Cevdet, vol. 4, pp. 298–299; Enverî, fols. 106a–107a.

(37)　Cevdet, vol. 4, p. 231, p. 234; Enverî, fols. 109b–110a.

(38)　Cevdet, vol. 4, p. 220, pp. 255–256.

(39)　Cevdet, vol. 4, pp. 226–228; Enverî, fols. 112a–113a; *İA*., s.v. “SELİM III.”

(40)　Show, p. 34.

(41)　Cevdet, vol. 4, p. 227.

(42)　Cevdet, vol. 4, p. 231; *OT*, IV/1, p. 547; Jorga, vol. 5, pp. 79–80; Enverî, fol. 114a–b.

(43)　Show, pp. 35–36; Danişmend, vol. 4, p. 68.

(44)　ショウは，7月30日朝としている。Show, p. 36. ウズンチャルシュルやダニシメンドは，8月1日としている。Danişmend, vol. 4, p. 68; *OT*, IV/1, pp. 549–550. カラルは1789年7月31日としている。Karal, *OT*, V, p. 15.

(45)　Cevdet, vol. 4, pp. 248–249; Zinkeisen, vol. 6, pp. 726–734; Karal, *OT*, V, p. 19.

(46)　スウェーデンのロシアへの最後通牒にはカレリヤ・フィンランドの返還，クリム＝ハーン国の独立，オスマン帝国の国境が1768年以前の状態にもどるまで戦闘を続けることなどが含まれていた。*OT*, IV/1, p. 544.

(47)　本条約（アフドナーメ）調印の日付については諸説ある。ジェウデトにはヒジュラ暦1203年シェウワル月17日（西暦1789年7月11日）とヒジュラ暦1203年シェウワル月18日（西暦1789年7月12日）が見られる。Cevdet, vol. 4, p. 304, p. 362. 後者は条約文の写しでオスマン側の代表者の名称と肩書きが記載され刊本のうちではもっとも信頼できる史料と推察される。したがって日付は後者のほうが正しいように思われる。*Muʿâhedât Mecmûʿası* には，ジェウデトの後者の日付が見られる。*Muʿâhedât Mecmûʿası*, vol. 1, p.

160. ダニシメンドには前者の日付が見られる。Danişmend, vol. 4, p. 68. ショウは前者の日付を採用している。Show, p. 37.

(48)　オスマン側からはほかにボスフォラス海峡の監督兼コジャエリ Kocaeli 県知事ムスタフア＝パシャMusutafa Paşa, ルメリのカザスケルのハミドザーデ＝ムスタファHamid-zâde Musutafa , 元アナトリアのカザスケルのアブドゥッラーAbdullahが参加した。*OT*, IV/1, p. 546. n. 1.

(49)　第1条はスウェーデンへ支払われる総額（1,000万クルシュ）と支払い方法を示し，第2条ではスウェーデンはロシアと単独で講和を結ばないこと，同様にオスマン帝国も単独でロシアと講和を結ばないことを約束している。第3条は本条約締結後，敵の手にわたった領土は講和会議で返還されるように努力することを両国は約束している。第4条は調印後6ヵ月以内に可能ならもっと早く批准書がイスタンブルで交換されることを述べている。第2条および第3条はスウェーデンとオスマン帝国双方に双務的な義務を課しており，条約文のヨーロッパ化の一端と推察される。Cevdet, vol. 4, pp. 361–362.

ちなみにオスマン側の批准はヒジュラ暦1204年ジェマズィエルアヒル月25日（西暦1790年3月12日）に行われたようであり，「ṭaraf-ı şâhâneden taşdîḳ buyurulmuşdur」（スルターンにより批准された）の文言が見られる。*Muʿâhedât Mecmûʿası*, vol. 1, p. 161. スウェーデンへ支払われる総額についてショウは，832,000クルシュとしているがこれは誤りであろう。ダニシメンドも，1,000万クルシュとしている。Show, p. 37. Danişmend, vol. 4, p. 68.

(50)　Show, p. 37.

(51)　Cevdet, vol. 4, pp. 258, 298–299.

(52)　ショウは，9月21日としている。Show, p. 37. ダニシメンドやカラルは，9月22日としている。Danişmend, IV, p. 69. 戦況については，*OT*, IV/1, pp. 552–555; Karal, *OT*, V, p. 16; Enverî, fols. 169a–171b. エリムは，ボザの敗北後スウェーデンとの同盟締結が加速したとしているが，事実関係が逆である。Erim, p. 160.

(53)　Enverî, fol. 181a–b.

(54)　Show, p. 38.

(55)　Cevdet, vol. 4, p. 267; Enverî, fols. 179–180a, 191a.

(56)　Cevdet, vol. 4, pp. 268–274; Enverî, fols. 180a–184a.

(57)　Cevdet, vol. 4, pp. 244–248; Enverî, fol. 183a–b; *OT*, IV/1, pp. 555;

Danişmend, vol. 4, p. 69

（58）　Cevdet, vol. 4, pp. 272, 279; Enverî, fols. 180a–b, 184a–185a.

（59）　Cevdet, vol. 4, pp. 273–274; Enverî, fols. 184a–185a, 197a–b; *OT*, IV/1, pp. 558–559.

（60）　Cevdet, vol. 4, p. 267.

（61）　Cevdet, vol. 5, p. 4.

（62）　Show, p. 43.

（63）　*İA*, s.v. “SELİM.”

（64）　Enverî, fol. 98a–b.

（65）　ショウは，11月21日としているが誤りであろう。Show, p. 43. ダニシメンドは12月 3 日としている。Danişmend, vol. 4, p. 69.

（66）　Cevdet, vol. 5, p. 4–7; Enverî, fols. 189a–191b; *OT*, IV/1, p. 554.

（67）　Show, pp. 44–45.

（68）　オスマン側の交渉者は書記官長のアブドゥッラー＝ベリー＝エフェンディ Abdullah Berrî Efendi であった。*OT*, IV/1, p. 559; Danişmend, vol. 5. p. 350.

（69）　*OT*, IV/1, p. 560.

（70）　*OT*, IV/1, p. 560.

（71）　*OT*, IV/1, p. 559.

（72）　Show, p. 45. 事実スウェーデンは1790年スペインの調停を受け入れ，ロシアと和解した。*OT*, IV/1, p. 546.

（73）　Show, p. 46. 軍団の法官シャニザーデはキリスト教国家との同盟はイスラームにつまりシャリーア（イスラーム法）に反するとしてこの同盟は合法ではないと判断した。彼はコーランの「これ，信徒のものよ，わしの仇敵でもありお前たちの仇敵でもあるような者どもと仲よしになってはならぬ。」（第60章第 1 節，『コーラン』下巻，岩波文庫，190頁）をその根拠にした。彼の考えに多くのものが支持したがイスラーム法の監視役であるシェイヒュルイスラームのハミドザーデ＝ムスタファ＝エフェンディ は，シャニザーデは敵という言葉を誤って理解している，オスマン国家の利害 menfaat にそうようなかたちでプロイセンとの同盟は締結されたのでこれは合法であると反論した。またハーティブ＝ブン＝アビー＝バルタアがメッカの多神教徒へ神の使徒のことを知らせた手紙のことでムハンマドが尋問したところ，ムハンマドは本人の弁明に理解を示した。しかし一部のものは「彼は似非信者である。かれの首を切らせてくれ」と叫んだ。すると使徒は「彼はバドルの戦い（西暦624年3月，ムハンマドがメッカのクライシュ部族を破った戦い）で奮戦し，すでに神の赦しをえている」と述べた。この伝承を合法性の根拠にしている。牧野信也訳『ハディース』中巻，中央公論社，1994年，79～80頁。さらに反論の根拠としてフナインの戦い（西暦630年1月30日）でメッカの多神教徒であったサフワーン＝イブン＝ウマィがムハンマドに服従し，軍事協力した事例をあげている。Cevdet, vol. 5, pp. 10–12.

(74)　ヒジュラ暦1205年ムハッレム月14日（西暦1790年9月23日）に「スルターンにより批准された」(ṭaraf-ı şâhâneden taṣdîḳ buyrulmuşdur)。オスマン＝プロイセン同盟条約文については，Cevdet, vol. 5, pp. 294–296; *Muʿâhedât Mecmûʿası*, vol. 1, pp. 90–94; Martens, vol. 4, pp. 466–471; Noradounghian, vol. 2, pp. 3–7.

(75)　Zinkeisen, vol. 6, pp. 758–763.

(76)　*OT*, IV/1, p. 562.

(77)　Cevdet, vol. 5, p. 13; Enverî, fols. p. 199a–b.

(78)　Show, p. 47.

(79)　Show, p. 48.

(80)　Cevdet, vol. 5, pp. 13–15; *OT*, IV/2, p. 449; Enverî, fols. 199a–201a.

(81)　Cevdet, vol. 5, pp. 18; Enverî, fols. 203a–205a; *OT*, IV/2, p. 449.

(82)　Enverî, fol. 205a–b; *OT*, IV/2, pp. 450–451.

(83)　Zinkeisen, vol. 6, pp. 763–780.

(84)　Cevdet, vol. 5, pp. 26–27, 36–38; Enverî, fols. 207b–208a, 210a–216a; *OT*, IV/1, pp. 566–567.

(85)　Cevdet, vol. 5, pp. 42–44; Enverî, fols. 217b–220a, 222a, 226a–b, 230a–b.

(86)　Cevdet, vol. 5, pp. 44–45; Enverî, fols. 230b–232a, 233b; *OT*, IV/1, pp. 567–568; Jorga, vol. 4, p. 83.

(87)　Show, p. 53.

(88)　Show, p. 54.

(89)　Testa, vol. 9, pp. 170–180; Cevdet, vol. 5, pp. 48–49; Zinkeisen, vol. 6, pp. 790–794.

(90)　Cevdet, vol. 5, pp. 46–47; Enverî, fols. 233a–b, 234b.

(91)　Show, p. 55.

(92)　Cevdet, vol. 5, pp. 49–51, 65.

（93） Testa, vol. 9, pp. 183–186; *OT*, IV/1, p. 570. ショウは９月17日としている。Show, p. 56.

（94） Cevdet, vol. 5, p. 52; Enverî, fols. 239a–243b.

（95） ズィシュトヴは，ルスチュクとニコポリスの間にありドナウ川右岸に位置する小都市である。*OT*, IV/1, p. 571. n. 1.

（96） *OT*, IV/1, p. 570.

（97） オスマン側の首席代表として書記官長のアブドゥッラー＝ベリー＝エフェンディが，次席代表としてメッカの太守ライフ＝イスマイル＝パシャザーデ＝イスメット＝ベイ Raif İsmail Paşa-zade İsmet Bey が，そのほかに大宰相の秘書メフメット＝ドウッリ＝エフェンディ Mehmet Dürri Efendi や通訳としてモルダビアの軍政官 Kostantin Beyzade Aleksandır が参加した。他方，オーストリア側の代表として元イスタンブル駐在大使 Herbert Ratkal 男爵や Françesko Esterhari dö Şalanta 伯爵，ポーランド公使でプロイセン王の寵臣 Lukezin，イスタンブル駐在大使 Lüzi が出席した。*OT*, IV/1, p. 571.

（98） Cevdet, vol. 5, pp. 52, 61–66; Zinkeisen, vol. 6, pp. 834–835.

（99） Cevdet, vol. 5, pp. 111–127; *OT*, IV/1, pp. 582–584.

（100） Zinkeisen, vol. 6, pp. 794–795.

（101） Cevdet, vol. 5, pp. 67–68; Enverî, fols. 253a, 258a.

（102） Cevdet, vol. 5, pp. 33–35; Anderson, *Naval Wars*, pp. 335–343.

（103） Cevdet, vol. 5, pp. 67–68; *OT*, IV/1, pp. 574–575.

（104） Cevdet, vol. 5, pp. 71–75, 77–79; *OT*, IV/1, p. 576; Enverî, fols. 270a–271a, 272b–276a.

（105） Cevdet, vol. 5, pp. 75–76, 82–90; *OT*, IV/1, pp. 577–578.

（106） *İA*, s.v. “SELİM.”

（107） Show, p. 61.

（108） マチンの陥落をダニシメンドは，1791年７月10日としている。Danişmend, vol. 4, p. 71.

　ショウは，７月８日としている。Show, p. 62. 1791年４月４日以降ロシア軍は包囲したようである。*OT*, IV/1, p. 580.

（109） Cevdet, vol. 5, pp. 107–109; Enverî, fols. 295b–297b.

（110） Cevdet, vol. 5, pp. 56–58, 138–180; *OT*, IV/1, pp. 570–571; Zinkeisen, vol. 6, pp. 806–828; Öz, T., Selim III.’ün Sırkâtibi tarafından tutulan Rûzname, *Tarih Vesika*, 3（1944）, pp. 117–118.

(111)「条約」(アフドナーメ) はヒジュラ暦1205年ズイルヒジェ月12日 (西暦1791年8月12日) に「スルターンにより批准された」(ṭaraf-ı şâhâneden taṣdîḳ buyrulmuşdur)。ズィシュトヴ条約文については, *Muʿâhedât Mecmûʿası*, vol. 3, pp. 156–163. Noradopunghian, vol. 2. pp. 6–13. Cevdet, vol. 5, pp. 315–324. Erim, pp. 167–175. 批准書の交換の手続きと要する期間について「本条約 (アフドナーメ) の正確な写しである一つのオスマン語文にオスマンの代表者が, 広く使用されているフランス語文にオーストリアの代表者がそれぞれ署名し, そのあと高位の調停をする大使を通じて交換されたあと, 締結国の当事者に送られる。したがって署名から40日以内に批准書は両国間で恒久的なものとなる。(第14条)」と記載されている。フランス語が外交上の公用語として使用されていることが明白である。

(112) 8ヵ月間有効の休戦条約がヒジュラ暦1205年ズイルヒジェ月 (西暦1791年8月) に調印された。

すでに1789年にロシアとオスマン帝国は講和の道を模索していたようである。ポチョムキンはヒジュラ暦1204年サフェル月29日 (1789年11月8日) に国際法に違反して監禁されているロシア使節ブルガーコフの解放後, 講和の問題に着手することを大宰相に伝えた。ロシア使節はただちに解放されること, 休戦の問題を討議するために代表者を派遣する旨の手紙をヒジュラ暦レビュルエウェル月3日 (西暦1789年11月21日) に大宰相はポチョムキンに送った。

1790年4月15日付けのポチョムキンの書簡を携えた急使Barucは, 講和の諸条件を大宰相代理・財務長官・書記官長の面前において口頭で伝えた。諸条件は以下の通りである。(1)ベンデル・アッケルマン・オデッサなどは以前のようにオスマン帝国へ返還させること。(2)ワラキア・モルダビア両公国は, オスマン帝国に返還されること。不正が見られない限り軍政官 (voyvoda) は更迭されないこと。オスマン政府は望む軍政官 (voyvoda) を就任させることができること。(3)紛争の種であるオチャコフ要塞は完全に破壊し, 両国は放棄すること。(4)ドニエストル川とブク川の間の三角形の地域を, 両国は放棄すること。(5)チフリスのハーンとグルジアには, ロシアは決して干渉しないこと。(6)ロシアの領事は今後オスマンの臣民ではなく, ロシア人であること。(7)プロセインはロシアと戦争しないこと。(8) 戦争賠償金は, 取り上げないこと (問題としないこと)。

OT, IV/1, p. 585, p. 587, p. 590.

（113） *OT*, IV/1, pp. 598–599.

（114） *OT*, IV/1, p. 589, n. 1.

（115） Show, p. 65.

（116） Öz, T., Selim III.'ün Sırkatibi tarafından tutulan Rûzname, *Tarih Vesika*, 3（1944）, pp. 187–188.

（117） *OT*, IV/1, p. 590.

（118） Cevdet, vol. 5, pp. 130–131; Enverî, fol. 316a.

（119） Cevdet, vol. 5, pp. 269–272; *OT*, IV/1, pp. 585–590.

（120） ヒジュラ暦1206年ジェマズィエルエウェル月25日（西暦1792年1月20日）に「スルターンにより批准された」(ṭaraf-ı şâhâneden taṣdîḳ buyrulmuşdur)。ヤシ条約文については，Cevdet, vol. 5, pp. 330–339; Martens, vol. 5, pp. 291–300; Noradounghian, vol. 2, pp. 16–20; *Muʿâhedât Mecmûʿası*, vol. 4, pp. 4–13; Erim, pp. 181–194. 批准書の交換の場所や期間については，「本条約 muahede は，調印された所で5週間以内に以前の両国の代表者によって批准書が交換されること」（第13条）が明記されている。

第2節　ヤシ条約（1792年）について

18世紀のロシア＝オスマン戦争に終止符を打ったのがヤシ講和条約である。ヤシは黒海の北西部のモルダビア地域の中心的都市で，同地域を南北に流れるプルート川中流右岸に位置する交通の要所でもある。

ヒュレヴィッツ教授の説によれば，オスマン帝国とヨーロッパの国際関係史の時代区分に従うと，1453～1792年は片務主義外交の時代，1793～1821年は双務主義外交の時代になる。もっとも片務主義外交の時代は，1699年のカルロヴィッツ講和条約によって前期と後期にわかれるが。したがってヤシ講和条約が締結された1792年は，片務主義外交の時代の後期末にあたる。18世紀になってからオスマン帝国の伝統的な外交は，変容をとげつつあった。本節の目的はオスマン側のもっとも信頼できる史料 Düvel-i Ecnebiye Deferleri（「諸外国台帳」）83/1 pp.190–193. にもとづきヤシ講和条約の内容を紹介し，さらにオスマン帝国の外交のヨーロッパ化の見地から本条約を検討することである。

1　条約文の内容

（第1条）

両国の間でよくみられたあらゆる種類の敵対行為は，今後消滅し崇高なるオスマンの偉大な王の中の王と，全ロシアのパーディシャーにして女帝及びその後継者たちの間でさらにその臣民たちの間で，あらゆる敵対行為はずっと放棄され永久に忘れ去られるべきである。今後，陸上・海上において永続的な平和が有効となり，堅固な友好と誠実な関係を築き，今日締結された講和条約の諸条件が，この上ない誠意と注意を払って，効力をもつように努めるべきである。決して両者のいずれもが敵対行為や敵対のもとになることを，公然とであれひそかであれ行うべきではない。更新されたこの紛れもない友好関係の求めるところによって，両締結国は例外なく両者の臣民にどのような罪がかけられようと，彼らの容疑は両者から完全に忘れられ赦されるべきである。ガレー船漕ぎの刑に処せられたり監禁されたものは，解放されるべきである。追放されたひとたちは誰でも母国への帰朝を許可されるべきである。かつて享受していた地位（威厳）や財産は講和条約締結後，彼ら自身に返還されるべきである。一方から他方へ損害や危害を加えることは赦されるべきではない。既述の異教徒の誰もが同国人と同じように，母国で有効な法の保護をうけて過ごすことができるように。

（第2条）

ヒジュラ暦1188年ジェマズィエルエウェル月14日，すなわち西暦1774年7月10日(1)に締結された講和条約（muṣâleha‘ahdnâmesi），ヒジュラ暦1193年ジェマズィエルアヒル月20日，すなわち西暦1779年3月10日(2)に締結された説明のための協約（mu‘âhede-i müfessire），ヒジュラ暦1197年レジェブ月21日，すなわち西暦1783年6月10日(3)に締結された通商条約（ticâret mu‘âhedesi），ヒジュラ暦1198年サフェル月15日（西暦1783年12月28日）(4)に締結されたロシアへのクリム＝ハーン国及びタマンの併合ならびにクバン川が国境となることを説明している議定書（mübeyyin senet）は，本条約や以前の議定書で，修正されたり放棄された条項以外のすべての諸条件とともに，本講和条約の必要とするところにしたがって確認する。既述の講和条約や議定書は，侵害されることなく効力をもつ。正しく敬意を払って完全に遂行することを両締結国は約束する。

（第3条）

ドニエストル川が両帝国を分かつ国境線と，永久的に規定する予備条約の第2条にもとづいて，ドニエストル川の右岸に位置する領土は，オスマン帝国に返還されるべし。反対に同河川の左岸に位置する領土は永久にロシア領となるべし。

(第4条)

現在両国の国境について決定された規則・命令のために四つの条件の必要にしたがって，両国の他のすべての境界は，今回の戦争以前がどのような状態であれ，ロシア軍により今回の戦争で侵入されたすべての場所・要塞を，現在の状態でオスマン帝国へ返還すべし。ロシア女帝により占領されたブジャク Bucak 地方，ベンデル，アッケルマン，キリ，イスマイルの諸要塞，すべての kasaba（町）・地域・村落などを，モルダビア地域ならびにその地域にあるすべての都市・家屋などを，オスマン帝国に返還すべし。オスマン帝国もまた上述の地域を，下記の諸条件にしたがって受け入れ，公的に完全に尊重することを約束する。(第1）既に上述の第2条で更新されたヒジュラ暦1188年ジェマズィエルエウェル月14日，すなわち西暦1774年7月10日に締結された条約，ヒジュラ暦1193年ジェマズィエルアヒル月20日，すなわち西暦1779年3月10日に結ばれた説明のための協約(5)，ヒジュラ暦1198年セフェル月15日，すなわち西暦1783年に大宰相によりオスマン帝国の側から出された議定書で，モルダビア・ワラキア両公国の利益について，なにが記述されようと損害を与えることなく効力をもち，最大の注意を払って実施されるべし。(第2）戦前の調査にもとづき，どのような種類であれ現金とものをモルダビア公国から徴収すべきではない。(第3）今回の戦争の全期間中に，決して税は徴収されるべきではない。戦争の期間中蹂躙された多くの損害にしたがって，今後2年間上述のモルダビアは，一切の税を免除されるべし。上述の免税の期間は，批准書が交換されたときから起算すべし。(第4）郷里を捨て他の地域へ行きたいオスマン帝国の臣民たちは，あらゆる財産を持参する自由が認められるべし。彼らは，自己の財産をオスマン帝国の臣民の親族や，自己が望むオスマン帝国の臣民の誰かに与えたり，またその地域の規則にもとづいて上述のひとたちに売却できる。自身の問題を解決するに十分な時間があるように，自由に郷里から搬送するために14ヵ月の猶予が与えられるべし。なおこの猶予の期間は神聖な批准書が交換された日から起算すべし。

（第5条）

現在両国は両締結国の間で誠実と友好の証しとして，平和と友好及び良好な関係を築いている。同意の更新だけでは満足せず，将来のためにも強い平和の結びつきにより，あらゆる種類の紛争や非友好的な関係を，ひきおこす状態を排除しようと努力することは，明らかに求められているので，オスマン帝国は以下のことを約束する。以前に発布した崇高な勅令がこのたび更新されて，ティフリス＝ハーンの支配下にある地域や住民に，アフスカの総督及び国境地帯の将校などは，今後公然とであれ密かであれさらにどのような口実であれ，平和を壊したり不正を行わないこと，良い調和と隣人関係が損なわれないように，上述のアフスカの総督及び国境地帯の将校などに，最も厳格な警告を繰り返し勅令が発布されるべし。

（第6条）

1783年12月28日の全ロシアにクリム＝ハーン国とタマンを併合すること及び，両締結国の間でクバン川を国境と定めることについて，結ばれた補足的な議定書は，他の諸条約とともに本条約の第2条で確認した。その後オスマン帝国は，将来のために，両強国の間に平和と安寧と協調をそこなう，あらゆる口実を排除することを目的として明示するために以下のことを公に約束する。クバン川左岸(6)に居住しているひとたちは，全ロシアの国境を攻撃しないこと，ロシア女帝の臣民及びその家屋や土地を不当に占領しないこと，明らかであれ秘密であれどのような口実でも，ロシア兵士が捕虜の苦しみを味わうことのないように，議定書により禁止・警告すること。また自身の能力・あらゆる機会を使い，この問題においてオスマン帝国から，とにかく厳罰に処せられることを通告される人に最も厳格な勅令が発布され，言及された警告（複数）は，この良き講和が結ばれ批准書が交換された後，その諸地域に宣言されるべし。上述の人たちが，この条約で決定されたために，彼ら自身に既に最も厳格に述べられた警告をも無視して，彼らのうちの誰かが全ロシアの国境を攻撃し，占領・破壊（損害）を企て，家畜などを奪うことを，あるいはロシア人を捕虜にしたために，彼らの不満が公表された場合，直ちに奪取されたものは返還されお互い満足されるべし。あるいは捕われたロシア人をどのような口実の機会も与えず，延期したり躊躇することなく調査して解放し，責務がある損害の賠償をする。そして罪があると非難された人々は，ロシアの国境の将校により任命された役人の前で処罰されるべし。もし予期されない不平（不満）が提示された日から6ヵ月以内に賠償されない場合，オスマン帝国は以下のことを約束する。ロシア皇帝の使節から，覚書が文書で作成されてから1ヵ月以内に，すべての損害・損失は国庫より賠償する。どんな場合でも隣接する国境の安全が損なわれたために，既に取り決められた処罰を，加害者に事実上遅れることなく実施することを。

(第7条)

通商の問題は，両者にとり協調・強い絆であるので，オスマン帝国 Devlet-i Osmaniye はロシア Rusya devleti とこのように誠実と信頼を更新し誠意を表すために，両者の臣民との間で通商を妨害することなく安全に行い，利益がますます増加していくことを希求している。ロシア devlet-i Rusya と締結した通商条約のアルジェリア・チュニジア・トリポリに関する第61条を，本条項とともに基本原則として尊重する。ロシアの臣民 Rusya reʿâyâsı が，アルジェリア・チュニジア・トリポリの海賊に遭遇し，ロシアの商船を拿捕すれば，オスマン帝国 Devlet-i ʿAliye は上述の海賊に自己の権力を行使し捕虜となったロシアの臣民を解放し，拿捕された船舶をもとの所有者に返還して，必要な損害の賠償を行うべし。オスマン帝国から出された勅令を，アルジェリア・チュニジア・トリポリで実施されないことが伝えられたさい，調査後当時のロシア使節 Rusya elçisi あるいは代理大使（公使）maslahatguzar が，オスマン帝国へ文書で伝えたときから2ヵ月，あるいは可能ならばもっとはやく，国庫から補償することをオスマン帝国は約束する。

（第8条）

男性・女性のあらゆる捕虜は，どのような地位・身分であろうとも，両国の領土内に留まる限り，ロシアの善政 hüsn-i iradetleri でキリスト教徒になるムスリムと，やはりオスマン帝国の善政でムスリムになるキリスト教徒以外は，この神聖な条約の批准書が交換されてから，直ちに両者はどのような口実でも交換でもなく無償で解放されるべし。また奴隷として監禁されているすべてのキリスト教徒，すなわちポーランド人・モルダビア人・ワラキア人・モレアのひとたち・アルジェリアの住民・グルジア人などすべてのひとたちは，例外なく無償で，交換でもなく解放されるべし。またこの神聖な講和条約の締結後，なんらかの手段で奴隷として監禁されたロシアの臣民たちは，オスマン帝国にいるかぎり解放されるべし。同様にオスマン帝国の臣民たちについてもまったく同じような手続きに従って行動することをロシアは約束すべし。

（第9条）

現在幸福な講和交渉が完了し，軍備が放棄され野心的な敵対的行動をとらないことが決定されたが，本講和条約締結後，ロシアは本条約について首席代表となる事実上の特別顧問官から，直ちにロシアの陸軍・海軍の司令官へ知らされ，また両国の間に平和と友好が決定したことを，オスマン帝国の大宰相陛下も自国の陸軍・海軍の司令官に伝えられるべし。

（第10条）

両国の間で神聖な講和と誠実をさらに強化し，両国が一致して定めたときに，公式に特命全権大使を派遣し，彼らは国境で同じ様な儀式で迎えられる。オスマン帝国とロシアの双方において，さらに重視されているヨーロッパ諸国家の使節について敬意が払われている慣例の儀式を遵守し，両国家の誠実さの証しとして，上述の使節を通じて両国家の名誉にふさわしい贈り物 hedaya がおくられるべし。

(第11条)

両国の間でこの講和条約の条件が調整され，両者が批准書を交換した後，ロシア女帝の兵士と小艦隊は，オスマン帝国の領土から撤退すべし。兵士と小艦隊のこの種の撤退にさいしても，状況に適さねばならない。従って両締結国が一致してきたるべく1792年5月15日(7)が最終期限となるように議論して定めた約束の日に，ロシアの兵士 Rusya askerleri はドニエストル Turla 川左岸(8)へ完全撤退し，小艦隊はドナウ Tuna川(9)の河口から完全に外へ出帆すべし。だが，ロシア人によって占領され，まだロシア皇帝の兵士が駐屯しており，いずれオスマン帝国へ返還されるこれらの諸要塞および地域についての政府や秩序ははロシア人のもとにあり，全ロシアの兵士が完全に撤退するまで，オスマン帝国側は上述の政府に干渉するべきではない。この地域に駐屯しているロシアの兵士のための食料を調達し，他にも必要なものがあれば用意すること，このことは完全な撤退の日まで実施されるべし。

(第12条)

両者の代表者が本講和条約に調印した後，崇高なるオスマンの偉大な王のなかの王陛下の宰相 ʻAl-i Osman ḥażretlerinin sadrazamları と，全ロシアのパーディシャーにして偉大な女帝陛下 bilcumle Rusyaların pâdişâh ve imparatoriçe-i uẓması の首席代表で事実上の特別顧問によって締結されたこの神聖な講和条約が調整され，両者の文書が代表者の手をへてヤシ Yaş で2週間(10)，可能なら最短の期間で交換されるべし。

(第13条)

現在調印されたこの永続的で神聖な講和条約の諸条件は，崇高なオスマンの偉大な王のなかの王陛下 ʻazametlü şehinşâh-ı ʻAl-i Osman ḥażretleri と，偉大な女帝陛下 imparatoriçe-i uzma cenapları によって署名され，公に批准書により確認された。その批准書がこの神聖な条約の条項を受け入れる場合，調印してから5週間あるいは可能ならもっとはやく，両国の代表者を通じて交換することが必要なので，両者の代表者の署名・捺印をしてお互い交換されるべし。

結　び

(1)　第3条において黒海北岸西部のロシアとオスマン帝国は，ドニエストル川をもって国境線とすることが述べられている。本条約に先立つ1784年の議定書では，黒海北岸東部の両国の国境線は，クバン川とすることがうたわれている。川つまり一本の線で国境を画定する方法は，近代的・ヨーロッパ的である。国家主権の概念が少なくとも法律上確立されていることが前提になる。ロシア・オスマン両国間の国境は，イスタンブル条約（1700年）ではウルカプ要塞からアゾフ要塞にかけての地域を，第1国境地帯（第5条）と，ウルカプ要塞とミユシュ要塞の間の地域を第2の国境地帯（第6条）と，アゾフ要塞からクバン川に向かって10時間の行程の距離にある地域を，第3の国境地帯（第7条）と設定している。これらの条項で両国の間に三つの国境地帯を設定することで国境を画定している。ヨーロッパにおいても中世にはこのような方法が採用された。国境地帯ではなくて，一本の国境線（この場合は河）によって国境を画定することはオスマン帝国の外交のヨーロッパ化の一里塚と推察される。

(2)　第10条において両国の名誉にふさわしい贈り物（hedaya）が交換されるべしとの記述が見られる。本条項で使用されている hedaya と言う言葉はアラビア語起源の hediye の複数形で，贈り物をさす一般的な言葉である。送る側と送られる側にとくに地位の上下関係の意味は含まれていない。しかしたとえば1606年にオーストリアとオスマン帝国との間で結ばれた講和条約のオスマン語史料のなかでは，オスマン帝国からオーストリアへ送られる場合には原則として hediye（hedaya）という言葉が，反対にオーストリアからオスマン帝国へ送られる場合には pişkeş（peşkeş，ペルシア語起源の言葉で，目下のものから目上のものへ献上する意味が含まれている。）という言葉が使用されている。この点については，本書71頁を参照。

さらに第1条及び第12条において，ロシアの君主にパーディシャーという称号が使用されている。オスマン帝国は，ヨーロッパの君主を見下す伝統的な外交原則をとってきたが，フランスを皮切りにパーディシャーという称号をヨーロッパの諸君主に使用するようになった。この点については，本書152–157頁を参照。

以上の2点からオスマン帝国の君主とロシアの君主の地位の対等化，換言すればオスマン帝国の伝統的な外交原則の変容，オスマン外交のヨーロッパ化の兆しがあったとは言えないだろうか。

(3)　捕虜の解放（第8条），大使の交換と接受の形態（第10条），両国の陸海軍の司令官に，平和と友好が樹立されたことについての通告（第9条）などに見られるように，本条約の内容は基本的に，双務的（互恵的）なものであり，かつ対等な外交上の立場にたっていることがわかる。オスマン帝国が結ぶ条約は不対等の外交原則にもとづき，その内容は片務的であった。

注

（1）　*Muʿâhedât Mecmûʿası*, vol. 4, pp. 5–6. Cevdet vol. 5, p. 333. や Erim s.188. もこのヒジュラ暦と西暦を採用している。しかしこのヒジュラ暦が正しいとすれば，西暦は1774年7月23日になる。Hurewitz, vol. 1, p. 107は西暦だけをつまり1774年 7月10/21日と記述している。*TÇK*, vol. 4, p. 607. Noradounghian, vol. 2, p. 17はヒジュラ暦については，Cevdet や Erim と同じであるが，西暦は1774年7月10/21日としている。Danişmend vol. 4, p. 57によればヒジュラ暦1188年ジェマズィエルエウェル月12日（西暦1774年7月

21日）である。

（2） *Muʿâhedât Mecmûʿası*, vol. 4, p. 6; Cevdet vol. 5, p. 333. や Erim p.188. もこのヒジュラ暦と西暦を採用している。しかしこのヒジュラ暦が正しいとすれば，西暦は1779年7月5日になる。*TÇK*, vol. 4, p. 617. Hurewitz, vol. 1, p. 107はヒジュラ暦1193年レビュルエウェル月3日（西暦1779年3月10/21日）と記述している。Noradounghian, vol. 2, p. 17は，Cevdet や Erim と同じであるが，西暦は1779年3月10/21日としている。

（3） *Muʿâhedât Mecmûʿası*, vol. 4, p. 6. Cevdet vol. 5, pp. 333–334. や Erim p.188. もこのヒジュラ暦と西暦を採用している。しかしこのヒジュラ暦が正しいとすれば，西暦は1783年6月22日になる。Hurewitz, vol. 1, p.107はヒジュラ暦1197年レジェブ月21日（西暦1783年6月10/21日）と記述している。ヒジュラ暦から西暦への換算は正しくない。Noradounghian, vol. 2, p.17は，ヒジュラ暦1197年レジェブ月20日（西暦1783年6月10/21日）としている。ヒジュラ暦から西暦への換算は正しい。*TÇK*, vol. 4, p. 626.

（4） *Muʿâhedât Mecmûʿası*, vol. 4, p. 6. Cevdet vol. 5, p. 334. や Erim p.188. もこのヒジュラ暦と西暦を採用している。しかしこのヒジュラ暦が正しいとすれば，西暦は1784年1月9日になる。Hurewitz, vol. 1, p.107は，西暦1783年12月28日 /1784年1月8日と記述している。Noradounghian vol. 2, p.17は，ヒジュラ暦1198年サフェル月15日年（西暦1783年12月28日 /1784年1月8日）としている。ヒジュラ暦から西暦への換算は正しくない。*TÇK*, vol. 4, p. 629.

（5） エリムによると，Aynalı kavak 協約である。彼によればヒジュラ暦は調印した日ではなくて批准書交換の日とみなしている。ダニシメンドは，ヒジュラ暦1193年レビュルエウェル月3日（西暦　1779年3月21日）としている。Danişmend, vol. 4, p. 60–61. Noradounghian, vol. 2, p.18. は，ヒジュラ暦1193年ジェマズィエルアヒル月20日（西暦1779年3月10/21日）としているが，ヒジュラ暦の西暦への換算は正しくない。*TÇK*, vol. 4, p. 617.

（6） *Muʿâhedât Mecmûʿası*, vol. 4, p. 9.　Kuban'ın sol yakasında（クバン川左岸）
Cevdet vol. 5, p. 336.　Kuban'ın sol yakasında（クバン川左岸）
Erim p.190.　Kuban'ın sol yakasında（クバン川左岸）
Noradounghian, vol. 2, p.19.　la rive gauche du Kouban（クバン川左岸）
Hurewitz, vol. 1, p.108.　the right bank of the Kuban（クバン川右岸）

（7） *Muʿâhedât Mecmûʿası*, vol. 4, p. 12.　1792年5月15日

Cevdet vol. 5, p. 338.　1792年5月15日
Erim p. 193.　1792年5月15日
Noradounghian, vol. 2, p. 21　1795年5月15/26日
Hurewitz, vol. 1, p. 109.　1792年5月15/26日

（8）*Muʿâhedât Mecmûʿası*, vol. 4, p. 12 Turla'nın sol yakasına（ドニエストル川左岸）
Cevdet vol. 5, p. 338. nehir-i Turla'nın sol yakasına（ドニエストル川左岸）
Erim p. 193. nehir-i Turla'nın sol yakasına（ドニエストル川左岸）
Noradounghian, vol. 2, p. 21 la rive gauche du Dniester（ドニエストル川左岸）
Hurewitz, vol. 1. p. 109, the right bank of the Dnestr（ドニエストル川右岸）

（9）*Muʿâhedât Mecmûʿası*, vol. 4, p. 12. nehir-i Tuna bogazlaından（ドナウ河口から）
Cevdet vol. 5, p. 238. nehir-i Turla bogazlarından（ドニエストル河口から）
Erim p. 193. nehir-i Tuna bogazlaından（ドナウ河口から）
Noradounghian, vol. 2, p. 21. l'embouchure du Danube（ドナウ河口）
Hurewitz, vol. 1, p.109. the mouth of the Danube（ドナウ河口）

（10）*Muʿâhedât Mecmûʿası*, vol. 4, p. 13.　iki hafta（2週間）
Cevdet vol. 5, p. 338.　Iki hafta（2週間）
Erim p. 194.　iki hafta（2週間）
Noradounghian, vol. 2, p. 21.　quinze jours（2週間）
Hurewitz, vol. 1, p.109.　fifteen days

第２部

双務主義外交への転換

第1章　セリム3世（在位1798〜1807年）の外交改革

カルロヴィッツ条約（1699年）以後，オスマン帝国は軍事的にヨーロッパに対して優勢な立場から守勢に転じた。18世紀においてのオスマン帝国はヨーロッパとの戦いにほとんどいつも敗れ，戦争で蒙った損害を講和交渉によって少しでも軽減しようとした。したがって軍事力が低下したオスマン帝国は，敵国からの脅威を単独では防げず，ヨーロッパに同盟をもとめざるを得なくなり，そのために外交交渉が一層必要になった。また遅れた国家の改革のためにヨーロッパの援助を得て進んだヨーロッパ文明を摂取しなければならかった。そこでヨーロッパの情勢について正確な情報を速やかに入手することが不可欠になったにもかかわらず，従来の情報収集手段ではこの目的に十分適しているとはいえなかった。開明的な君主セリム3世は外交改革に着手したが，彼の改革の主な目的は，オスマン帝国の軍事力の再建であって，外交面を含む他の改革もこの目的達成のためのものであった。本章では彼の外交改革が，オスマン外交のヨーロッパ化の視点からどのような歴史的意義をもったのかを明らかにしたい。

1　最初の常駐使節派遣

オスマン帝国は18世紀末にいたるまで，ヨーロッパに特使を派遣することはあったが，常駐使節を派遣したことはなかった。セリム3世は，ヨーロッパでおきている事件に関して，いち早く情報を入手することが，オスマン帝国の安全にとって不可欠であると感じ，これまでの片務主義外交を断った。ヨーロッパの主な首都に常駐使節を置くことで双務主義外交を企て，1792年にはヨーロッパにできるだけはやく常駐使節を派遣することが決まった。これらの使節は赴任先の諸制度を研究し，「オスマン帝国の役人にとり有用な言語・情報・科学を習得する(1)」ように訓令が与えられた。オスマン帝国の伝統的な外交政策，つまりフランスとは基本的に友好的な関係にあったことを考慮に入れれば，まずパリに最初の常駐使節を送ることが自然であった。しかしこの時期フランスはヨーロッパの国々と戦闘状態にあったので，パリに常駐使節を派遣することは，フランス革命政府をヨーロッパのどの国よりも先んじて承認することになり，オスマン帝国にとって不適切であった。そこでオスマン国家と長く友好的な関係にあったイギリスに最初の常駐使節を送ることが選択された(2)。

だが，常駐使節設置の手続きを，オスマン国家は知らなかった。書記官長はカルロヴィッツ交渉以後，外交交渉の重責をになったが，制度上書記官長は大宰相に従属する存在であった。つまり外交のシステムは，オスマン帝国とヨーロッパでは異なっていた。そこでイスタンブル駐在イギリス大使 Lord Ainslie と，書記官長メフメット＝ラーシド＝エフェンディ Mehmed Raşid Efendi および元ルメリのカザスケルのタタルジュク＝アブドゥッラ＝エフェンディ Tatarcık Abdullah Efendi は1793年7月10日にイスタンブルのベベックにおいて会談をもった(3)。イギリス大使は，「大宰相はイギリス国王と首相に，書記官長は外相にそれぞれ書簡を書くこと」を助言した(4)。

この会談の直後，セリム3世はユスフ＝アーガー＝エフェンディ Yusuf Agah Efendi(5)をイギリス大使として任命した。彼は書記官階層の出身で，書記官長をついで海軍工廠の書記官として勤務した。彼には年俸5万クルシュと旅費手当て1万5千クルシュが支給された。大使には一等書記官としてライフ＝マフムト＝エフェンディ Raif Mahmud Efendi(6)，大使館員 attache としてデルヴィシュ＝アガー Derviş Ağa，二人のギリシア人通訳，一人のオスマンの非ムスリム（領事のような通商の業務を担当）が随行した(7)(8)。

1793年10月中旬ユスフ＝アーガー＝エフェンディは，随行員を伴って，イスタンブルを出発した。同年12月21日にロンドンに着いた。

ユスフ＝アーガー＝エフェンディは，イギリス政府から旅費の支給が提案されても受諾しないように訓令が与えられていた(9)。

別途船便で送られたイギリス政府への贈り物が届いた後，1795年1月29日にユスフ＝アーガー＝エフェンディは国王に謁見を許された。セリム3世からの贈り物とさらに親書を手渡した。ヒジュラ暦1208年サフェル月11日（西暦1793年9月18日）付けの親書のなかで，セリム3世は，両国の友好関係の強化を要望していることを伝え，「昔から両国によって尊重されている条約の成果である通商の増加に重要な注意が払われ，両国の臣民が通商や旅行をすることにこのうえなく便宜がはかられること(10)」のために大使を派遣したわけを知らせた。

ユスフ＝アーガー＝エフェンディのロンドンにおける政治活動として，つぎのことがらが挙げられる。第一として1794年6月10日（あるいは17日）にエーゲ海に浮かぶミクノス Miknos 島沖合いでフランス船舶が，イギリス船舶によって拿捕される事件がおきた。彼は，事件の発生した地点はオスマン帝国の領海 kara suları 内であり，国際法に違反すること，拿捕した船舶の返還を要求することを，本国政府の訓令にしたがってイギリス政府に抗議した。だが，イギリス政府から回答はなかった。しかしこれだけで問題は終わらなかった。1796年初頭イズミル湾付近でフランス戦艦が，イギリスのフリゲート艦一隻を拿捕して，イズミル港へ連行する出来事がおきた。ユスフ＝アーガーは，慎重に行動し，イギリス船舶の拿捕が，オスマン帝国の領海の内か外のどちらでおきたのかを調査している旨を，外相グレンヴィル Grenville に伝えた。1796年9月ユスフ＝アーガーは，ミクノス事件を持ち出し，拿捕されたフランスの商船三隻の損害賠償として20万クルシュの支払いをイギリス政府に求めた。この問題の早期解決と迅速な回答を要求したが，今回も文書による回答を得ることはできなかった。やっと1797年10月7日にイギリス政府の決定が，報告書の形でユスフ＝アーガーに説明された。このなかで，オスマン政府は中立を維持していると主張しているが，実際はそうではなく，イギリスの敵であるフランス船舶を保護していること，イギリスが受けた損害額は問題になっている損害賠償額よりもはるかに大きいことをあげ，したがってオスマン帝国の要求を実施できないことが知らされた。この結果オスマン政府は，フランスへの損害賠償の要求を取り下げた(11)。

第二の任務はヨーロッパの国際関係にかかわることであった。1795年2月18日に英露は防御同盟条約を締結した。ユスフ＝アーガーは，この条約文をイスタンブルへ送った。イスタンブル駐在イギリス大使は，この同盟条約はフランスの攻撃から守る目的で締結され，オスマン帝国に対していかなる攻撃をも含まないことを述べたが，オスマン政府は二つの点で懸念を抱いた。第一はスペインやポルトガル両国は，この同盟条約には含まれていないのに，オスマン帝国は含まれていることである。第二はロシアとアジアの諸国家の間でおきる戦争に，イギリスは同盟国（ロシア）に援助をすることを免れていることである。ユスフ＝アーガーは，本国政府の指示にしたがって，1796年3月3日に外相グレンヴィルと会談した。グレンヴィルは，この同盟条約は，反仏同盟条約であること，スペイン・ポルトガル以外にイタリアも言及されたことに注意を促し，これらの国々は本条約が効力をもつ範囲の中に含まれ，兵力の代わりに資金を提供することが規定されていることを明らかにした。さらにアジアの諸国家という言葉に関して，オスマン帝国はアジアの国家ではなくて，英露防御同盟条約の規定の中にふくまれること，イギリスはオスマン帝国の存続を望んでいることを知らせて回答した。彼は本国政府に会談の模様を伝えるとき，個人的見解を付け加えることを忘れなかった。つまりロシアがオスマン帝国を攻撃した場合，イギリスはロシアを支援しないことは確実であり，反対の場合つまりオスマン帝国がロシアを攻撃した場合，イギリスはロシアを支援することを漠然と説明して，イギリスがロシアにとって真の友人でないことは，オスマン帝国にとって安全であることを述べた(12)。

これらの政治活動以外に，新聞で公表された諸事件を通訳の手を借りて翻訳したものを帝都へ送った。またオスマン軍のヨーロッパ化のために，イギリス人将校をイスタンブルへ送る準備をした。この将校たちのオスマン帝国への旅費として1万クルシュを身銭を切って工面した。後任として

「Süvari mukabelecisi」の資格でイスマイル＝フェルフ＝エフェンディ İsmail Ferruh Efendi(13)が1797年7月23日に到着したので，帰国の途についた(14)。

2　第二代英国大使イスマイル＝フェルフ＝エフェンディ

イスマイル＝フェルフは，1797年7月27日に信任状 ʻitimâdnâmesi をイギリス国王ジョージ3世に献呈した。新任の大使も定期的に新聞に公表された諸事件を本国政府に送った。

1798年中頃ポルトガルのイギリス大使は，イスマイル＝フェルフを訪ねてポルトガルとオスマン帝国との間に友好・通商条約締結の提案をした。オスマン政府からの訓令は，提案を拒否はしないが，いま受諾すべきときではないというものであった。この条約は，オスマン領においてポルトガル商人に通商上の特権を確保することになり，ポルトガルからの要請にもかかわらずオスマン側になんら成果を生まなかった。ついに1799年6月2日にポルトガル大使は，イスマイル＝フェルフを訪れて，本国政府の訓令によりイギリスの調停を仰ぎたい旨を伝えた(15)。英外相グレンヴィルは，1799年6月29日にオスマン大使イスマイル＝フェルフへ公式の覚書を送り，オスマン帝国とポルトガルとの間に友好・通商条約が調印されることで，両国の友人であるイギリスは満足することを伝えた。イスマイル＝フェルフは，グレンヴィルの調停を本国政府に送り，訓令を仰いだ。その結果，オスマン政府はポルトガルとの条約締結は受諾するが，交渉はイスタンブルでおこなわれるのが妥当と考えられるので，ポルトガルの代表者がイスタンブルに送られることをイスマイル＝フェルフに指示した。1799年10月末に，彼はポルトガル使節に本国政府の訓令を伝えたが，結局成果を得るにはいたらなかった(16)。

さらにもっと重大な問題が彼の双肩にかかった。すなわちオスマン帝国はボナパルトが，エジプトを侵略するにおよんでイギリスと対仏同盟条約を締結した。オスマン政府はこの条約により地中海のイギリス艦隊を支援することで利益を得たが，エジプトを敵の侵入から救うことは不可能であった。1799年末大宰相の軍がシナイ Sina 半島まで進撃したことは，ボナパルトの帰朝後，司令官の任にあったクレベールを講和に傾けさせた。フランス軍のエジプトからの撤退に関して交渉がエル＝アリッシュEl-Ariş で行われ，1800年1月24日に調印された(17)。イギリスの司令官シドニ＝スミス Sidney Smith は，このエル＝アリッシュ協定を受諾した(18)。

この結果イスマイル＝フェルフは，エル＝アリッシュ協定をイギリス政府に承認させることが彼の任務となった。外相グレンヴィルとの会談はなかなか実現せず，ついに1800年3月6日に会談をもつことができたが，彼はイギリス政府が承認しないことを知った。グレンヴィルの説明では，イギリス政府はエジプトにいるフランス軍を帰国させずに捕虜とすることを望んでいた(19)。そこでシドニ＝スミスへエル＝アリッシュ協定を承認しないことを伝え，フランス人が捕虜としてロンドンへ送られることを命じた(20)。

これに対してオスマン政府からの指示にもとづいて，イスマイル＝フェルフは覚書をグレンヴィルに渡した。5月13日にグレンヴィルからやっと回答がきた。それによると，イギリスは，エル＝アリッシュ協定を拒否する権限をもっていることを明らかにするとともに，オスマン政府に十分な考慮を払って，前述の協定に反する行動をとらないように司令官に訓令を送ったことを述べた。1800年3月20日にフランス軍がオスマン軍を突如攻撃する事件がおきた(21)。同年6月27日に開催されたグレンヴィルとの会談で，イギリスはエル＝アリッシュ協定の条項に反対の態度をとっていないことを繰り返した(22)。

オスマン政府は，エジプトを奪回するために本国からフランス軍の支援部隊が派遣されないことを願っていた。オスマン側の懸念に配慮して，グレンヴィルは6月27日の会談で，エジプトにフランス軍の支援部隊が到着しないように，地中海艦隊の司令官に命令を出したことをイスマイル＝フェルフに伝えた。

1799年末イスマイル＝フェルフは，グレンヴィルとの非公式の会談で関税収入を担保に，年6パーセントの利率で100万ポンドの外債をもとめたが，結局イギリスの予算が逼迫しているために，この起債の件は水泡に帰した(23)。

1800年7月に3年の任期を終えたイスマイル＝フェルフは，代理大使maslahatgüzâr の資格で通訳の Yanko Aziropolo を後任として帰朝した。

3　フランスへの常駐使節の派遣

フランス革命政府がヨーロッパの国々から承認されたのを受けて，セリム3世は1796年の秋にパリに常駐使節を派遣することを決めた。

セイッド＝アリー＝エフェンディ Seyyid ‘Alî Efendi が「首席会計官」の資格でパリ駐在使節として選ばれた。彼は当時の有力な高官である財務長官オスマン＝エフェンディ Osmann Efendi の伯母の夫である(24)。

1797年3月末に18名の随行員(25)を伴ってイスタンブルから海路マルセイユに，そこから陸路パリへ向かった(26)。パリには同年7月13日についた。翌日彼は，首席通訳コドリカ Codrika をフランス外相ドラクロア Delacroix に送り，公式に到着を伝えた。だがフランス外相がドラクロアからタレーランに交替したので，彼は1797年7月28日に信任状 i‘timâdnâmesi を献呈することが決定した。彼はセリム3世の親書を総裁政府に差し出した。このなかで，セリム3世はフランス＝オスマン両国の友好関係の価値を明らかにし，両国間の通商関係を強化するために常駐使節を送ったことを述べた。

1797年8月20日付けのタレーラン宛の覚書の中で，彼はフランス商人がオスマン領内で得ている特権と同じ権利を，フランス領土にいるオスマン人にも認められることを求めた(27)。彼はフランス＝オスマン通商条約が双務主義（互恵主義）の原則 mütekabillik esası を遵守して更新するために交渉の開始を知らせた。しかしこのことは，カピチュレーションの廃止につながることであり，フランスとしては承服できなかった。そこでタレーランはオスマン大使に通商条約の更新の件については言及せず，「交渉を完全な双務主義（互恵主義）の原則にもとづいて行うことに総裁政府は同意している[28]」ことを伝えた。

それから約2ヵ月して，オスマン大使アリー＝エフェンディはタレーランに呼び出され，フランス＝オスマン友好条約締結の提案がなされた。オーストリアとの間にカンポ＝フォルミオの和約を調印したフランスは，オスマン帝国を自己の側にひきつけておきたかったことは間違いないだろう。オスマン大使アリー＝エフェンディとタレーランとの会談が，1797年10月末に行われたことから推察される[29]。

オスマン帝国としては，フランスと友好条約を締結すればイギリスの怒りを買うことになるだろう。またフランスの提案をはねつけた場合は，カンポ＝フォルミオの和約の結果フランスとアドリア海沿岸やイオニア海で境界を接することになるので攻撃をうけるかもしれない。オスマン政府はこの窮状を打開するために，フランス政府がオスマン大使アリー＝エフェンディに文書で条約の諸条件を伝えて，オスマン政府がその内容を吟味し，パリかイスタンブル[30]で交渉すべきであると考えた。

1798年2月中旬の会談で大使アリー＝エフェンディは，オスマン側の意向をタレーランに伝えた。タレーランはこれを時間稼ぎの手段と判断し怒りを隠さなかったが，総裁政府に伝えると約束した。

タレーランは，イスタンブルで交渉することが妥当である旨を大使アリー＝エフェンディに知らせた。だが新任の大使は派遣せず，首席通訳のルフィン Ruffin を代理大使に任命した。

他方トゥーロン港ではボナパルトが軍隊を大規模に結集しているという情報がパリにも伝わった。そのような状況のなか1798年4月に開催された「五百人会」において，エジプトは植民地に最適な地域であるということが話題となった。危機感を抱いた大使アリー＝エフェンディは，タレーランにことの真相をただした。だが外交的手腕にたけたタレーランは，総裁政府は対オスマン帝国との戦争の意思がないことをきっぱりと明言した[31]。いちどはタレーランの言葉に安堵を覚えた大使アリー＝エフェンディは，5月初旬ボナパルトの一行がトゥーロンを出帆した情報を得て，あらためて不安を抱いた。だが7月初旬ボナパルトがマルタ島を占領したという情報を入手するや彼の懸念は雲散霧消した。

1798年7月中旬にウィーン駐在オスマン大使イブラヒム＝アティフ＝エフェンディİbrahim Atif Efendiから急使が，本国政府からの訓令を携えてアリー＝エフェンディのもとに来た。訓令の内容とは，「フランスによるエジプト遠征の噂があるがその真相を確認せよ」ということであった(32)。

1798年7月21日に訓令に従い，彼はタレーランと約2時間におよぶ会談をした。彼はボナパルトの軍がエジプトを占領する噂にふれ，エジプトはスルターンの領土でありこのことが真実ならオスマン政府は無関心ではいられないと述べた。タレーランはボナパルトの目的は海賊の巣窟であるマルタ島を占領することであり，オスマン政府は喜ばねばならないことを明らかにし，総裁政府はマルタ島以外に目的はないことを公式に表明した。論争の後，タレーランはエジプト占領の噂は根も葉もないことであり有力な新聞で公表することに同意した。

だが，1798年7月1日にボナパルトの軍は，アレクサンドリアに上陸し(33)，アリー＝エフェンディがタレーランと会談を行った翌日カイロに入城した。フランス軍のエジプト上陸の知らせは1798年9月初旬にパリに届いたようである。この件に関するアリー＝エフェンディの事実確認の問い合わせにもかかわらず，タレーランは情報を持ち合わせていないと回答した(34)。しかし9月中旬にはアリー＝エフェンディは，ボナパルト軍のエジプト上陸の真相を確信した。

総裁政府は，ボナパルトの軍がエジプトを攻撃したことからおこりうるオスマン帝国との戦争を回避する目的で，元イスタンブル使節デコルシェDescorschesを再度大使としてイスタンブルに送ることを決定していた。この件をタレーランから1798年10月4日付けの書簡で知ったアリー＝エフェンディは，翌日「総裁政府はエジプトに対してなんらいかがわしい目的を抱いていないことを，タレーランは私になんども繰り返し表明したことを，本国政府に回答して知らせたこと，最近の報告がイスタンブルに届いたころ，フランス軍はアレクサンドリアに上陸した知らせが公然となったことを鑑みて『以前から今までこの種の出来事に関してなんども貴下に尋ねた。だが，偽りの回答ばかりでオスマン政府から決してこのことに関しては適任でない。今後貴下が尋ねたことがらに回答する権限を私には与えられなかった』と言って書簡を締めくくった」(35)

タレーランとアリー＝エフェンディが文通していたとき，フランス軍によるエジプト占領のためにオスマン帝国がフランスに宣戦布告し，代理大使ルフィンがイエディクレに監禁されるのではないかということがパリで話され始めた。アリー＝エフェンディも報復処置として自身も監禁されるのではないかと懸念し，身辺整理をした。

タレーランはイスタンブルでの自国の代理大使の処遇に胸を痛めたが，ただちにオスマン大使に報復処置はとらなかった。タレーランはまたオスマン政府に対する偽りのない友好的な感情を伝えるために，元イスタンブル使節デコルシェが数日ほどでイスタンブルへ出発することを本国政府に伝えてくれるように再度アリー＝エフェンディに要請した(36)。だが，いまやその可能性はまったくなかった。9月初旬以降オスマン帝国は，フランスと戦闘状態にあるという情報が決定的となった。

フランスに宣戦布告をしたこと，およびこの件についてヨーロッパの使節に伝えられたことに関する訓令が，1798年11月1日にアリー＝エフェンディのもとに届いた。帰国命令により11月2日にタレーランと会って，フランスから出国の許可を求めた。総裁政府の回答は遅かった。回答にしたがいアリー＝エフェンディは，文書で11月8日に帰国の件に関する覚書を送った。彼は，スペインのフランス使節を通じて書簡を受け取った。この1798年11月27日付けの書簡で，オスマン使節の帰国に許可が与えられるためには，イスタンブルで監禁されているフランス大使館の関係者の解放が条件であると書かれていた(37)。フランス政府は彼を監禁せず厚遇した。というのは将来両国間で友好関係を樹立するときに役立つと考えたからでる。1799年10月ボナパルトがエジプトから帰国した後，パリで講和交渉の原理が検討され始めた。長い議論の後，彼はタレーランと1801

年10月9日に協定に調印し，オスマン政府もこれを認めた。1799年11月総裁政府から執政政府に変わり，アリー＝エフェンディはボナパルトの反対にあって，アミアンの講和交渉には参加できなかった。講和交渉において活発な役割を果たした首席通訳コドリカが，フランスのスパイとして行動していたことをオスマン政府はきづいたが，アリー＝エフェンディは知らなかったようである。

そこでオスマン政府はフランスとの講和交渉をすすめるために適切な人物を選び，特使としてメフメット＝サイド＝ガーリブ＝エフェンディMehmed Said Gâlib Efendi(38)をパリへ送った。アリー＝エフェンディは，1802年7月16日に帰国の途に着いた(39)。

以後メフメット＝サイド＝ハレト＝エフェンディMehmed Said Halet Efendi（1803～1806年），アブドュルラヒム＝ムヒブ＝エフェンディAbudurrahim Muhib Efendi（1806～1811年）らがあとを継いだ。

メフメット＝サイド＝ハレト＝エフェンディは，1803年7月12日に「首席会計官」の資格で大使として出発した(40)。7月22日にパリに到着し，同月26日にタレーランを表敬訪問した。彼の在任中の最大の問題は，ボナパルトがナポレオン1世と称した結果，ナポレオン帝国Naporeon İmparatorluğuを承認するか否かという問題であった。1804年8月末タレーランは，メフメット＝サイド＝ハレト＝エフェンディとの会談でナポレオン帝国をなぜオスマン政府は承認しないのかと迫った。オスマン大使はこの問題は「諸国家間で承認された後であれば，オスマン政府は決して承認をためらわない(41)」と回答した。その結果タレーランは，再度会談開催の必要性を感じて，1804年10月26日に，「イスタンブルのフランス使節へ急使を派遣して，ナポレオン帝国が3日以内に承認されるようにオスマン政府に要請することを」知らせた。オスマン大使は本国政府へ出した書簡の回答がくるまで急使の派遣をみあわせてほしいと要求し，この要求は受け入れられた。タレーランの高圧的な態度に直面して，これはあきらかに時間稼ぎであったと推察される。

オスマン帝国としては同盟国の英露からの圧力のまえに敢えて承認する

ことは困難であった。1805年1月29日にオスマン大使は，フランス政府に猶予を要請した[42]。ついにタレーランは，1805年3月19日に「ナポレオン帝国がスルターンによって承認されないことは，全ヨーロッパ世界からみれば不名誉なことである。ロシアの攻撃からオスマン帝国を守るという目的のためにセリム3世に親書を書くこと[43]」をナポレオンに伝えた。

3月2日にナポレオンの親書を持った使節が出発したが，1804年12月すでにフランス大使Bruneはイスタンブルをすでに去っていた[44]。

メフメット＝サイド＝ハレト＝エフェンディはフランスを出国する約1年間タレーランと会談せず，隠遁した生活を過ごした。1806年春ころフランスの態度は変化した。というのはオスマン政府がナポレオン帝国を承認しようとしていたからである。だが，彼の後任アブドュルラヒム＝ムヒブ＝エフェンディが，1806年5月20日にパリについたので，メフメット＝サイド＝ハレト＝エフェンディは同年10月帰朝の途に着いた[45]。

アブドュルラヒム＝ムヒブ＝エフェンディは，フランス大使館の通訳Antoine Frachiniを伴って，1806年3月30日にイスタンブルを発ち，海路黒海西岸のヴァルナに行き，そこから陸路パリに向かい，5月20日ころには着いたようである。オスマン政府は，彼はナポレオン帝国を祝賀する特使として派遣したが，しばらくして彼を常駐使節としてパリに滞在させることが適切と考えた。彼は「国璽尚書」の資格で送られた。1806年6月5日に皇帝に親書を献呈した[46]。

さて前年の1805年9月24日に対仏同盟条約が更新された。ナポレオンの両海峡とイスタンブルへの野心がその理由である。9年間有効のこの条約は15ヵ条からなり，そのうち10ヵ条は秘密条項である。この防御同盟条約は，相互に軍隊と資金の援助をすることが基本になっている。

だがロシアとの同盟は長くは続かなかった。つまり1806年12月22日にロシアに宣戦布告がなされた。ナポレオンのヨーロッパでの数々の勝利は，ロシアとイギリスのイスタンブルにおける影響力に衝撃を与え，絶え間ないロシアの脅威に対して勝利するフランスと協力する傾向をオスマン政府に喚起した。ナポレオンは，親ロシア派のモルダビア・ワラキア両公国の君主を解任した。英露両国はこれを条約に反するとして，オスマン政府を威嚇した。だが，オスマン帝国が戦争の準備ができていないことを利用したロシアは，宣戦布告を必要と考えないで6万のロシア軍は，両公国を占領し始めた。12月8日にベンデル，12月16日にホティンの両要塞を明け渡した後，キリやアッケルマンも同じ結果を蒙った。この時点においてオスマン帝国は，ロシアに宣戦布告をした。オスマン史において戦争になった際，敵国の使節がイエディクレに監禁されることが慣例であったが，セリム3世はこの慣例を初めて廃止し，ロシア使節を本国へ送還した(47)。

アブドュルラヒム＝ムヒブ＝エフェンディは，1811年8月21日に秘書のガーリプ＝エフェンディ Gâlib Efendi を代理大使として残しパリを発った。

4　プロイセンへの常駐使節派遣

アリー＝アジズ＝エフェンディ Alî Aziz Efendi は，「アナトリアの会計官」の資格でプロイセン大使として，書記官の役割を果たす息子，二人の通訳や執事とともに1797年6月初旬ベルリンについた際に(48)mihmandar（外国の使節を接受する役人）が任命されておらず，だれの出迎えもなかった。後日プロイセン側が，大使ではなくて公使と考えたので行き違いが生じたことが判明した。1797年6月15日にプロイセン王に謁見し，親書と贈り物を献呈した。

オスマン大使のプロイセンにおける政治活動はよく知られていない。しかしボナパルトがエジプトを占領したので，オスマン政府が公表した（フランスへの宣戦布告を明示した）声明書を，1798年10月11日にプロイセン政府に渡したことは知られている。このことはベルリンでかなり冷ややかに受け取られた。イスラーム哲学に造詣の深いアリー＝アジズ＝エフェンディは，オリエンタリストのディーツと交流をもった(49)。しかし，彼は1798年10月29日に急死した(50)。

3年の任期の半ばで他界したアリー＝アジズ＝エフェンディの後任を送ることをオスマン政府は決めたが，しかし大使の派遣を望まないプロイセン政府の意向を踏まえてKethuda katibi halifeleri（内相の書記官補）のエサド＝エフェンディEsad Efendiを代理大使maslahatgüzarとして任命した[51]。

5　オーストリアへの常駐使節派遣

1797年4月6日にイブラヒム＝アティフ＝エフェンディは「アナトリアの会計官」の資格でオーストリア大使として，ウィーンに向けてイスタンブルを出発した。9月7日には宰相トゥグートに大宰相の書簡を渡し，その6日後，皇帝フランツに親書を献呈した。

イブラヒム＝アティフ＝エフェンディのもっとも重要な政治活動は，対仏ロシア＝オスマン同盟にオーストリアを参加させることであった。この同盟条約ではオーストリアやプロイセンが同盟に参加することが明らかにされていた[52]。本国政府の訓令にしたがい対仏ロシア＝オスマン同盟条約文を宰相トゥグートに手渡して，オーストリアの対仏ロシア＝オスマン同盟への参加を求めた。トゥグートは加盟することを約束した。

この交渉はイスタンブルで行うことをオーストリアは望んでいた。そこでイスタンブル駐在のオーストリア使節ヘルベルトと交渉が企てられたが，まずオーストリアは条約締結のために書記官長に資金提供を提案したので成功しなかった。

だがオスマン政府はオーストリアと対仏同盟を実現する希望を失っていなかった。そこで1800年9月に条約締結の提案を再度繰り返すことをウィーンの使節に命令した。だが宰相トゥグートから明確な回答を得ることはできなかった。オーストリアはオスマン帝国と条約を締結するためには，フランスと講和に傾いているロシアが考えを変えることが必要だとみなした[53]。

やがて1801年2月9日にオーストリアは，フランスとリュネヴィルの講和を結んだ。かくしてオーストリアとオスマン帝国の条約の実現の可能性は完全に消えた(54)。

イブラヒム＝アティフ＝エフェンディは在職中，他の政治上の問題にかかわった。それは，親フランス派とみなされたスウェーデンの使節ドーソンは，ボナパルトのエジプト占領の後，解任されることが必要だとオスマン政府がみなしたことから生じた。イブラヒム＝アティフ＝エフェンディは，1799年初頭にドーソンの解任をウィーンのスウェーデン使節に要求するための訓令を，本国政府から受け取り，事情をスウェーデンの使節に説明した。その結果，ドーソンは解任されて，代理大使がイスタンブルに送られた(55)。

イブラヒム＝アティフ＝エフェンディは，フランスのスパイとして秘密の行動をしていたスペインの代理大使 Bouligny を，公務から遠ざけることで仲介の役割を果たした。1799年末オスマン大使は本国政府の命令を知り，問題の件につき大宰相がスペインの首相に宛てた書簡をスペイン使節に渡した。スペイン政府は Bouligny の解任に同意し，イスタンブルに新任の使節を送ることを決めた。だが，英露両国の使節は，フランスの同盟国であるスペインがイスタンブルに使節を送ることに抵抗した。本国政府はこのような理由のために，ウィーンへ到着した Şövalye Corral をしばらく待たせるようにイブラヒム＝アティフ＝エフェンディに伝えた。彼は訓令にしたがって，任期が終わるまで Şövalye Corral はウィーンで待機させられた(56)。

ウィーンでの3年の任期がきた1800年9月に，イブラヒム＝アティフ＝エフェンディは帰国の許可を得て，後任に通訳の Dibalto を代理大使の資格で残して，帰国の途に着いた。

6　常駐使節の補充

新任の大使や大使館員の若干は，伝統的な教育を受けた官僚，つまりウレマーから選出された。彼らの無能ぶりは，作成する報告書や仕事を処理する方法に非常に早く現れた。たとえばタレーランは，オスマン大使セイッド＝アリー＝エフェンディに不完全な書類を返し正式な書式とはどのようなものであるかを説明し訂正を求めた。オスマンの歴史家アースム＝エフェンディ ʻÂsım Efendi は，パリ駐在のオスマン大使たちについて「大使たちは，オスマン帝国にとって一つの有利なこととひきかえに，それ以上の多くの損失を蒙った。結局のところわれわれの目的は，フランスの政治的野心に仕えることではなかった」と書いた。セリム3世自身，セイッド＝アリー＝エフェンディの報告書に苛立って，欄外に「やつは，なんて馬鹿であろう」と書きとどめた(57)。

7　大使館員の給与と諸手当

大使の報告書から，在外公館が慢性的な財政難に陥っていたことがわかる。たとえばセイッド＝アリー＝エフェンディは，フランス政府から定期的に借金をした。またガーリプ＝エフェンディは，1802年にフランスと講和を結んだ後，帰朝するさいにウィーンで旅費がなくなり，金貸しから借金をせざるをえなかった。というのはオーストリアの大使館は，彼に金を貸す余裕がなかったからである。ハレト＝エフェンディは大使館の赤字を埋め合わせるために教皇庁から借金をした(58)。

大使館の諸経費は予算化されず，給料と手当ての区別は曖昧であった。オスマン政府は，年に4回の支払いを維持しようとしたが，劣悪なコミュニケーションと絶え間ない政治・財政上の非常事態が（不安定な政治・財政上の事態）この努力を無にした。大使館員のなかには，赴任の際に受け取った給与と旅費だけで，その後帰朝するまで一度も受け取っていないものもいた。

大使の給与は，初代イギリス大使となったユスフ＝アーガーの先例にならって，年に5万クルシュに定めようとしたが，情実や影響力などのために失敗した。フランス大使を務めたハレト＝エフェンディは，その後任のムヒブ＝エフェンディよりも年に1万クルシュも多く受け取った。

代理大使（公使）から書記官にいたる大使館員の間で，都市により差異があるだけでなく，地位でも不釣合いが見られた。たとえばイギリス代理大使スィディク＝エフェンディ Sidik Efendi は年に2万クルシュをうけとったが，彼の通訳は2万4千クルシュが支給された。またオーストリアの代理大使は，年に3万クルシュを受け取った(59)。

8　イスタンブルにおける在外公館への，オスマン政府による補助金の打ち切り

セリム3世以前，イスタンブルの在外公館の経費はすべてオスマン政府が支払った。この慣行は，片務主義外交の現われと解釈できる。オスマン政府はオスマン帝国領内における使節の旅費を支払い，イスタンブルと目的地との間を護衛するミフマーンダール mihmândâr と呼ばれる特別の護衛を提供した。これらの支払いは規則正しく定められておらず，使節の地位や使節の本国政府がオスマン政府にどれだけ影響力をおよぼすかなどによって決まった(60)。

他方，講和交渉に応じざるをえなくなったとき，オスマン政府は交渉の経費の一部を負担した。敵の使節を保護し，交渉の調停者に諸経費を支払った。たとえばオーストリアとズィシュトヴ交渉した際に，調停者のプロイセン大使やその書記官にスルターンから金貨が下賜された。

オスマン帝国は衰退期に入り，経済的余裕がないのにもかかわらずヨーロッパの大使館に諸経費を支払い続けた。この慣行は，一つにはオスマン人にとってイスラーム優位の心理的影響，ヨーロッパ人にとってはオスマン帝国への従属のあかしとなった。

1794年6月11日に，セリム3世は勅令を発布して，ヨーロッパの使節に対する旅費や諸経費を支払うという慣行の廃止に踏み切った(61)。しかしヨーロッパ側の根強い抵抗にあい，セリム3世は特命全権大使だけに限り，国境とイスタンブル間の旅費を負担するという妥協を企てた。

結　び

(ア)　3年の任期の満了が近づいたとき，後任の人選がはじまった。大使が急死したベルリンには代理大使がおり，フランスとは戦闘状態にあるのでパリへの大使派遣は考慮されなかった。1800年2月に御前会議においてロンドンとウィーンの大使の後任が決まった。だが，セリム3世は，常駐使節派遣に伴う財政的負担にこれ以上耐えることができない状況を鑑みるものの，しかし在外公館を閉鎖することは得策ではないと判断した。大宰相代理のアブドゥッラ＝パシャAbdullah Paşaの進言を受け入れて，在外公館のギリシア人通訳を代理大使に格上げすることで，この問題を解決しようとした。この制度はギリシア人が独立戦争を始める1821年まで存続した。1821年になってギリシア人の代理大使が，イスタンブルへ故意に誤った情報を送っていることにきづいたマフムト2世（在位1808〜39年）は，常駐使節派遣の廃止を決定した。

(イ)　常駐使節は予想されたほどの成果をあげなかった。その理由としては，選ばれた人たちが外交上の経験に乏しいことがあげられる。渡航以前，彼らの多くは財務畑に勤務していた。1793年から1811年までヨーロッパに送られた常駐使節7名のうちのセイッド＝アリー，イブラヒム＝アティフ＝エフェンディ，メフメット＝サイド＝ハレト＝エフェンディの3名だけが帰朝後，外交活動を続けた。

(ウ)　常駐使節の多くはヨーロッパの言語を解せず，ギリシア人通訳に依存しなければならなかった。したがって極秘事項が外国の外相に漏れ，オスマン使節が外交活動を行う意味がなくなることがあった。

(エ)　使節に随行したムスリムの青年はヨーロッパの言語を習得し，ヨーロッパの新しい思想にふれ，帰朝後，オスマン帝国の西欧派官僚を構成し，オスマン帝国のヨーロッパ化に寄与した(62)。数少ない事例として，初代の英国大使の秘書（書記官）を務めたライフ＝マフムト＝エフェンディやフランスの代理大使を務めたガーリプ＝エフェンディがあげられる(63)。

(オ)　セリム3世の外交改革は，オスマン帝国の基本構造に手をつけるものではなかったし，また制約や欠点が多くみられた。ヨーロッパ国家系を構成するイギリス・フランス・プロイセン・オーストリアには使節が送られたが，ロシアには派遣されなかった。外交官を統括する組織，いわゆる外務省は設置されなかった。つぎのマフムト2世の時代には，前述の4ヵ国に加えてロシア・アメリカなどにも常駐使節が送られ，また外務省も設置された(64)。これらのことはオスマン帝国が，伝統的な片務主義外交から双務主義外交へ移行する転機にあったと推察できないだろうか。

注

（1）　Lewis, *The Emergence*, p. 61; Karal, E. Z., *Selim III.'ün Hatt-ı Hümayunlaı — Nizam-ı Cedit*, Ankara, 1946, p. 79; D'Ohsson, vol. 7, p. 513.

（2）　Cevdet, vol. 6, pp. 88–89; Uzunçarşılı, On dokuzuncu asır başlarına kadar Türk･İngiliz münasebatına dair vesikalar, *Belleten*, 13 (1949), p. 581.

（3）　Naff, Reform and the conduct of Ottoman diplomacy, p. 303

（4）　Naff, Reform and the conduct of Ottoman diplomacy, p. 303, n. 31.

（5）　Unat, pp. 168–178; *SO*, vol. 4, p. 671; *OM*, vol. 3, 190.

（6）　彼は帰国後，要職についた。たとえば1800～1805年の間，書記官長のポストについたが，反動的な兵士によって殺害された。*SO*, vol. 4, pp. 329–330; *OM*, vol. 3, p. 317; Unat, pp. 178–179; Lewis, The Impact of the French Revolution, p. 112.

（7）　Cevdet, vol. 6, p.89; Karal, *Selim III.'ün*, pp.169–176; Uzunçarşılı, *Belleten*, 13 (1949), pp. 584–589.

（8）　ユスフ＝アーガーの大使館は，後の在外公館の見本となった。大使と一等書記官それに大使館員 attache のみが，オスマン人であって，他はギリシア人であった。Naff, Reform and the conduct of Ottoman diplomacy, p. 304.

（9）　Cevdet, vol. 6, p. 128. 外国の使節のオスマン国境からイスタンブルまでの旅費，また帰国する際にイスタンブルからオスマン国境までの旅費は，オスマン政府が負担することになっていた。これは片務主義外交の現われの一つといえる。ヨーロッパには見られないこの種の手当ての支給は，イギリス大使 Lord Ainslie が1794年に離任したときを最後に廃止された。今後，特命全権大使 fevkalade elçilik だけに限定することが決定された。Cevdet, vol. 6, p. 129.

(10)　Kuran, p. 16, n. 12.

(11)　Kuran, pp. 17–18.

(12)　イギリスの代理大使 Spencer Smith は，「彼は，ヨーロッパ人について多少の知識を持ち合わせた博識な中年の人物」と評している。Naff, Reform and the conduct of Ottoman diplomacy, p. 304.

(13)　Kuran, pp. 19–20.

(14)　1797年4月9日にイスタンブルを出発した。Naff, Reform and the conduct of Ottoman diplomacy, p. 304. ユスフ＝アーガーはヒジュラ暦1212–1213年（西暦1798年6月）に帰朝したといわれているが（*SO*, vol. 4, p. 671），これは正しくないであろう。というのは彼は遅くとも1797年秋にはロンドンを離れたことからすると，帰国までにこれほど長い時間を要しなかったとクラン氏は推察している。Kuran, p. 21. n. 29.

(15)　Kuran, pp. 36–37.

(16)　Kuran, p. 37, n. 52. ポルトガルとの友好・通商条約は，1843年に締結された。*Muʿâhedât Mecmûʿası*, vol. 1, pp. 298–308.

(17)　対仏イギリス＝オスマン同盟条約の交渉がイスタンブルで行われているころ，イスマイル＝フェルフはロンドンでこの件に関して何の役割も果たしていなかったとクラン氏は推察している。だが，アブキール湾の戦いでフランス海軍がネルソン提督率いるイギリス艦隊によって敗北を蒙った際に，彼は外相グレンヴィルに1798年10月21日付けの覚書で祝意を表明している。Kuran, p. 38, n. 56.

(18)　Karal, *Fransa-Mısır*, p. 122; Soysal, p. 283.

(19)　Kuran, p. 39, n. 58.

(20)　Karal, *Fransa-Mısır*, p. 128; Soysal, p. 294.

(21)　Karal, *Fransa-Mısır*, p. 128; Soysal, p. 298.

(22)　Kuran, p. 40, n. 63.

(23)　オスマン帝国の最初の外債は，1854年にイギリスから起債された。Karal, *OT*, VI, p. 210.

(24)　Herbette, M., *Une ambassade turque sous la Directoire*, Paris, 1902, p. 11. 財務長官オスマン＝エフェンディは，イギリス駐在大使を務めたユスフ＝アーガー＝エフェンディの兄弟である。

(25)　一等書記官としてアフメット＝エフェンディ Ahmed Efendi，首席通訳コドリカ Codrica を含む二人のギリシア人通訳，イスタンブルのフランス大使館二人の職員，のちにナポレオンの幕僚・師団長となるコランクール Caulaincourt（1772〜1827年）一人の執事などから成った。Herbertte, p. 15. Naff, Reform and the conduct of Ottoman diplomacy, p. 304.

(26)　ナフは，1797年3月23日に出発したとしている。Naff, Reform and the conduct of Ottoman diplomacy, p. 304. だがソイサルは，1797年3月24日としている。Soysal, p. 195.

(27)　Herbette, p. 191.

(28)　Herbette, p. 197.

(29)　Kuran, p. 27, n. 17.

(30)　フランス大使ドゥ＝バエットは，1797年12月17日にイスタンブルで他界したので，イスタンブルで交渉を行う場合，新任の大使の着任をまたねばならなかった。Kuran, p. 27, n. 18.

(31)　Karal, *Fransa-Mısır*, p. 151.

(32)　Karal, *Fransa-Mısır*, p. 68. p. 154.

(33)　ボナパルトの軍がアレクサンドリアを占領したという情報は，1798年7月25日ころオスマン政府に伝わったようである。Karal, *Fransa-Mısır*, p. 74, p. 81.

(34)　Kuran, p. 31, n. 31.

(35)　Herbette, p. 229, n. 1.

(36)　Kuran, p. 32, n. 34.

(37)　Herbette, p. 244. オスマン帝国が外国と戦争をする場合に，相手国の大使はイエディクレに監禁されることが慣例となっていた。しかしこの慣例は代理大使ルフィンが最後に適用されたが，それ以後国際法の規則にしたがって大使の帰国が許可された。

(38)　Unat, 1968, pp. 181–184; *SO*, vol. 3, p. 615; *OM*, vol. 3, p. 114; Cevdet, vol. 7, p. 142.

(39)　Herbette, p. 287. アリー＝エフェンディは5年間パリに滞在したことになる。メフメット＝サイド＝ガーリブ＝エフェンディは，アミアンの和約

（1802年3月27日）の原理にもとづきタレーランと交渉の結果，1802年6月25日にパリ条約に調印した。それによれば，エジプトはオスマン帝国に返還されること，イオニア諸島はロシアの保障のもとにオスマン帝国の保護下におかれる共和国となること，フランス・オスマン両国は相互に領土の保全を約束することが決められた。Soysal, pp. 328–337.

(40)　書記官と複数の通訳と執事，それに一人のデルヴィシュの修道僧が加わった。Kuran, p. 48, n. 4. 彼はカーディ（裁判官）の息子として，1761年ころにイスタンブルで生まれた。ときのシェイヒュルイスラームのシェリフ＝エフェンディŞerif Efendiや高官のもとで書記官として訓練を受けた。ヒジュラ暦1217年ラマダーン月4日（西暦1802年12月29日）にフランス大使として任命された。帰朝後（1806年末）beylikçi vekili（公文書保管所の長官）となり，セリム3世退位後，書記官長となったが，フランス大使に親英的だと非難されて解任されキュタフヤへ流刑された。後に1815年9月10日に国璽尚書となった。*EI*^{2}., s. v. “HALET EFENDI.”

(41)　Kuran, p. 50, n. 12. ナポレオンは，フランス側の要求を貫徹するために，4万フランをオスマン大使に人を介して送った。

(42)　Kuran, p. 50, n. 14.

(43)　Puryear, *Napoleon and the Dardanelles*, Berkeley, 1951, p. 42. オスマン大使メフメット＝サイド＝ハレト＝エフェンディは1804年12月23日に病を患いなかなか回復しなかった。

(44)　Puryear, p. 36, p. 46.

(45)　フランスの代理大使ルフィンと書記官長との会談でメフメット＝サイド＝ハレト＝エフェンディの解任が話しあわれたようである。解任の真の理由は，前任者のセイッド＝アリー＝エフェンディはうまく懐柔できたが，その逆にメフメット＝サイド＝ハレト＝エフェンディはフランスの要求を受け入れることができなかったことである。Kuran, p. 51, n. 17.

(46)　Kuran, p. 53, n. 23.

(47)　Danişmend, vol. 4, pp. 83–84.

(48)　Zinkeisen, vol. 7, p. 18.

(49)　フランス語を，また多少ドイツ語を知っていたようである。Lewis, *The Emergence*, p. 53.

(50)　Zinkeisen, vol. 7, p. 55.

(51)　Cevdet, vol, 6, p. 315.

(52)　同盟条約の第12条に記載されている。*Muʿâhedât Mecmûʿası*, vol. 4, p. 17.

(53)　Zinkeisen, vol. 7, p. 103.

(54)　Sorel, *L'Europe et la Revolution farnçaise*, Paris, 1897. Osnabrück, 1974^2, vol. 6, p. 71.

(55)　Zinkeisen, vol. 7, p. 72.

(56)　Zinkeisen, vol. 7, p. 69.

(57)　Asım, vol. 1, pp. 176–177; Karal, *Fransa-Mısır*, p. 177.

(58)　Naff, Reform and the conduct of Ottoman diplomacy, p. 305, n. 40.

(59)　Naff, Reform and the conduct of Ottoman diplomacy, p. 306, n. 41.

(60)　Naff, Reform and the conduct of Ottoman diplomacy, p. 306, n. 42.

(61)　Naff, Reform and the conduct of Ottoman diplomacy, p. 307.

(62)　Kuran, Türkiyenin batılıllaşmasında Osmanlı daimi elçiliklerinin rolü, *VI. Türk Tarih Kongresi*, Ankara, 20–26 Ekim 1961, Kongreye sunulan bildiriler, Ankara, 1967. p. 489; Lewis, *The Emergence*, p. 61; D'Ohsson, vol. 7, p. 513.

(63)　ライフ＝マフムト＝エフェンディについては，*SO*, vol. 4, pp. 329–330; Cevdet, vol. 7, pp. 5–6; Lewis, The Impact of the French Revolution, p. 112. ガーリプ＝エフェンディについては，Uzunçarşılı, Âmedi Gâlib Efendi'nin Murahhaslığı ve Paris'ten gönderdiği şifreli mektuplar, *Belleten*, 1 (1937), pp. 357–410; *İA* s.v. "GÂLIB PAŞA."

(64)　Hurewitz, *Belleten*, 25 (1961), p. 462.

第2章　カンポ＝フォルミオの和約（1797年10月）以後における対ロシア政策の変化

本章ではカンポ＝フォルミオの和約締結（1797年10月17日）から対仏ロシア＝オスマン同盟条約（1799年1月3日）にいたるオスマン帝国の対ロシア政策の変化を扱う。オスマン帝国の伝統的な外交政策は親仏・反露であったが，この期間に親露・反仏へ変化が見られた。オスマン帝国はイスラーム国家であり，異教徒（キリスト教徒）の国と同盟を締結することはイスラーム法上原則的には許されないが，すでにスウェーデン（1789年）およびプロイセン（1790年）と同盟条約が締結されたことはあった。しかし両同盟条約ともフランス革命という大事件のために本来の目的を達成できず失敗に終わった。今回の対仏ロシア＝オスマン同盟条約の結果，ロシア・オスマン両国はかつてない規模で実際に軍事協力を遂行し，1799年春にヨーロッパで成立した第二次対仏大同盟のさきがけになったといえる。つまりこの同盟条約は，前二者の同盟条約と比較してオスマン史はいうまでもなく，ヨーロッパ国際関係史の見地からもきわめて重要な条約である。そこでこの同盟条約締結にむけてオスマン政府が伝統的な外交政策をなぜこの時期に逆転したのか，その要因と過程を明らかにしたい。オスマン外交史のなかでもロシア＝オスマン関係史の研究はおくれており，クラト Kurat の通史(1)があるぐらいである。

1　フランス革命の展開

ヤシ条約調印（1792年）の前年8月にプロイセンとオーストリアはピルニッツ宣言を出して，フランス革命への干渉を示唆した。1792年11月ジェマップの戦いでフランス軍はオーストリア軍を破り，オーストリア領ネーデルラントの大半を制することが可能となった[2]。翌年1月にルイ16世は，ついに処刑され，2月にイギリスは，プロイセン・オーストリア・オランダ・スペイン・サルディニアと第一次対仏大同盟を結成した。他方フランスは翌月までにイギリス・オランダ・スペインに宣戦布告した。英国の首相小ピットは，フランスのジェマップにおける勝利とこれに続くネーデルラントのたやすい征服に驚いた。その結果フランス革命は，フランスの国内的事件からヨーロッパ全面戦争へと展開した。

ロシアのエカテリーナ2世はフランス革命の勃発に驚き，ルイ16世が処刑された後，フランスとの外交関係を断った[3]。だがこの懸念のためにポーランド問題に注意を傾けることを忘れはしなかった。

フランスは，1793年の国内的危機（ヴァンデの内乱，フェデラリストの反乱，深刻な経済的不振）を乗り切り，めざましい勝利を得て攻撃に転じた。1794年の一連の勝利は，ベルギーにおけるフランスの支配を確立した。1794～95年の冬に，オランダはいとも簡単に占領された[4]。

プロイセンは，フランスと1794年11月に休戦条約を，翌1795年4月にバーゼル講和条約を結び，対仏大同盟から離脱した[5]。同年5月16日にオランダが，7月22日にスペインも講和を結び，それぞれ同盟から離脱した[6]。1795年のなかごろまでにフランスとまだ戦闘している主な国は，オーストリア・イギリス・サルディニアであった[7]。

1795年10月以後，フランスを支配した総裁政府は，南ドイツ・イタリアへ攻撃することでオーストリアを脅かした。1796年3月ボナパルトはイタリア遠征に出発し，破竹の勢いで勝利を得た。彼はサルディニアに講和を結ばせ，イタリアにおけるオーストリアの支配を倒す企てをした。つまり1797年4月にはレオーベンの仮条約を，同年10月17日にカンポ＝フォルミオの和約を締結した。

2　フランス革命へのオスマンの対応[8]

フランス革命がもたらしたヨーロッパの混乱は，オスマン人にとって対岸の火事であり，キリスト教国がともに争っていることは，オスマン帝国にとり有益なことと考えられた。

「オスマン人は，フランス革命をイスラーム国家としてその伝染をのがれているオスマン帝国にとっては，かかわりのないキリスト教世界内部の問題としてとらえた(9)。フランス革命に西欧諸国が夢中になっていることは，オスマン帝国にとって外交上有利な状況であった(10)」

セリム3世の秘書アフメット＝エフェンディAhmed Efendiは「ロシアは，西欧諸国がフランス革命に夢中になっているこの時期を，ポーランド問題を自由に処理できる（第三次ポーランド分割）機会とみなしている。――フランス革命が，オスマン帝国の敵国に梅毒（maraz-ı firenk）のようにひろがり，西欧諸国を互いに戦わせることによりオスマン帝国にとって有益な結果が得られますように(11)」と記述している。

またオスマン帝国内にあって，フランス人による「三色旗」をはじめとするフランス革命のシンボルの使用禁止を求めるオーストリア・プロイセン・ロシアの要求に対して，オスマン政府は曖昧な（歯切れの悪い）回答をした(12)。ある日オーストリアの首席通訳が，書記官長のもとにやってきて不満を述べた際に，書記官長は「われわれは繰り返しあなた方にのべてきた。オスマン帝国はイスラーム国家である。我々はこれらの記章を問題としない。友好国の商人を客人としてみなしている。彼らは好きなものを身につけ，頭に葡萄の入ったかごをのせていても，なぜそんなことをするのかと尋ねることはしない。それはオスマン帝国の義務ではない(13)」と回答した。

しかしオスマン政府は，プロイセンが1795年4月5日バーゼル条約でフランスと講和を結ぶまでは，フランス革命に好意的中立的な態度を堅持しつつも，フランス革命政府を正式に承認することはしなかった。1795年5月4日にプロイセン使節は，オスマン政府にバーゼル条約締結を知らせた(14)。同年6月11日にフランス使節ヴェルニァックVerniacは，大宰相だけに謁見を許され，ここにフランス革命政府は正式に承認されたことになる(15)。慣例にしたがって贈り物がなかなか届かなかったが，ヒジュラ暦1210年シェウワル月18日（西暦1796年4月26日）にセリム3世に謁見を許された[16]。フランス使節ヴェルニァックは，後任のドゥ＝バエットが到着する1796年10月まで任務を果たしその1ヵ月後帰朝した。

正式に公使としてイスタンブルに到来したときから，ヴェルニァックは前任者の方針に従いオスマン帝国に防御同盟条約を提案していた。セリム3世は，「旧敵オーストリア・ロシアから安全が確保されないので，ヨーロッパの勢力均衡 muvâzene-i Avurupa に組み込まれるためにヨーロッパの国々と同盟を結ぶことを望んでいた。しかしこの同盟は，オスマン帝国をただちに戦争に引き込むことになり妥当ではないと判断して，書記官長と交渉させた[17]」交渉の結果，現在ヨーロッパでおきている戦争にオスマン帝国は中立を守ること，フランスが対仏同盟諸国と講和を締結した後，有効となる防御同盟条約をフランス使節に提案した[18]。

長い討議の後，同盟計画が明らかとなった。つまり「両国はおたがいの領土を防衛する目的のために互いの領土の保証人となり，一方がある国から攻撃を受けた場合に，他方はあらゆる手段で支援する。この防御同盟条約の適用範囲はヨーロッパに限定され，ヨーロッパの秩序維持を目指す本条約を尊重する国の参加も許される[19]」この問題をセリム3世は大宰相府において，書記官長を含む高官から成る非公開の会議で，ヒジュラ暦1210年ズイルカデ月12日（西暦1796年5月19日）に審議させた[20]。

3　カンポ＝フォルミオの和約（1797年10月17日）とオスマン帝国

ボナパルトはイタリア遠征に出発する以前には，オスマン帝国に軍事顧問として赴くことを革命政府に提言したこともあった。だが，イタリアでの大勝利の結果これまでの対オスマン政策，つまり対地中海政策を見直す必要性を感じた。つまりイタリア本土よりイオニア海およびエジプトが，フランスにとってきわめて重要であることを認識した。彼はその重要性を1797年8月16日付けの書簡で総裁政府に知らせた。

「コルフ島，ケファロニア Ceohalonia, ザンテ Zante の島々は，われわれにとってイタリア全土よりも一段と重要であります。これらの島々あるいはイタリア全土のいずれかを選択しなければならないとすれば，われわれの通商と豊かさのためにイタリア本土をオーストリアに譲り，われわれがこれらの島を維持することが適切であると考えます。オスマン帝国は日ごとに崩壊に向かっています。われわれがこれらの島を領有することは，オスマン帝国を可能な限り強化するか，もしそれが不可能な場合つまりオスマン帝国が崩壊した場合，その分け前にあずかることができます。イギリスを完全に打破するために，エジプトの占領が必要と感じるときが近い将来やってくるでしょう。日を追って弱体化している広大なオスマン帝国に対して，われわれの中東の通商を維持するために対応策を講じなければなりません(21)」

1797年10月にオーストリアは，単独でフランスとカンポ＝フォルミオの和約(22)を結んだ。その結果オーストリアは同盟国を見捨て，東方での領土上の償いとひきかえに，西欧におけるフランスのさまざまな征服地を承認することに同意した。和約の諸条件によってヴェネツィア共和国はついに崩壊し，その領土は両国の野心を満たすために分割された。オーストリアはイストリア半島・ダルマティア・カッタロ Cattaro 湾・アドリア海の旧ヴェネツィア領に対する支配権を得たが，他方フランスはイオニア諸島（コルフ島，Paxos, サンタ＝マウラ島 Santa Maura, Ithaca, ケファロニア島，ザンテ島，Cerigo）と南アルバニア・北エピルス沿岸に位置する港湾都市（パルガ Parga, プレヴェザ Preveza, Butrinto, Vonitza）を手に入れた。フランスはこうしてオスマン帝国と直接境界を接する隣国としてロシア・オーストリアの仲間入りとなった。この和約は，オスマン帝国が久しく要請していた軍事的保障を提供する機会を与えたが，同時にバルカン半島のオスマン領に非常に近接したところに，フランスの軍事基地の設置を認めることでオスマン帝国に新たな脅威を生み出した。

1768〜74年のロシア＝オスマン戦争の際にロシアの支援を得て，オスマン帝国に反乱をおこしたモレア半島の山岳地帯に住むマンヨ Manyo たちは，このたびフランスに援助を求めた。つまり1797年7月にマンヨの指導者は，ボナパルトのもとへ息子Gligarakiを秘密裏に送りモレア半島へ艦隊を派遣してくれることを要請した[23]。当時ミラノにいたボナパルトは，「古代ギリシアの自由を今日まで堅持しているこのギリシア人に対して，いつでも保護する行動をとる用意がある」という返信を，祖父がギリシア人であるStefanopoliを介して知らせた[24]。だが，まだこの時点でボナパルトは，オスマン帝国との武力衝突を考えてはいなかったようである。Gligarakiからの援助要請の手紙を受け取ったボナパルトは，1798年1月6日に総裁政府に，マンヨと接触する必要性を伝えた[25]。

他方，モレア半島において事実上独立政権を樹立していたヤンヤ総督テペデレンリ＝アリー＝パシャは，イスタンブル駐在フランス使節デコルシェDescorchesと接触をしていた。ついに1797年6月にイタリア戦争の勝利を祝し，友好関係を維持したい旨をボナパルトに伝えた[26]。デコルシェは，テペデレンリ＝アリー＝パシャにイオニア諸島の支配を担っているGentiliにたよること，見返りにフランス軍に食料の供給をする旨の手紙を書いている。このころフランス大使の外交的手腕がものをいって，オスマン政府も可能な限りフランス軍に食料を供給するようにテペデレンリ＝アリー＝パシャに命じている[27]。まだオスマン帝国は，ボナパルトの真の目的が何であるか認識できていなかったようである。ボナパルトはGentiliの慎重な行動は認めながらも，テペデレンリ＝アリー＝パシャをフランスに服従させておき，彼に援助をすることをおしまなかった。事実アリー＝パシャに2隻のフリゲート艦を安価で売却している[28]。だが，テペデレンリ＝アリー＝パシャはフランスと友好関係を保っていたが，ボナパルトがエジプト遠征に向かった機会をとらえて，ダルマティア沿岸からフランス人を追放した。

しかしオスマン政府は，1797年末にフランスがギリシア人の独立を扇動しはじめていることに関するモレア総督ハサン＝パシャHasan Paşaの報告書を受け取った。

「フランスがヴェネツィアを征服した後，オーストリア領と隣接するヴェネツィアの領土はオーストリアへ併合することで（オーストリア）皇帝と協定を結びました。この協定（カンポ＝フォルミオの和約――筆者）にしたがって，オーストリアはフランスが必要なときに要求される軍事力で，支援することを受け入れました。協定の諸原理のうちの一つは，オスマンがかつてヴェネツィアから占領したモレア半島とクレタ島を，フランスが要求できるかということです。現在フランスは，わがオスマン帝国のきわめて誠実な友人であります。しかしコルフ港に多くのフランスの船舶が停泊している以外に，今月15日に13隻の船舶で前述の港に2回，1万2千名の兵士を送ったことが知らされました。この兵士はザンテ，ケファロニアなどの島々に分散していること，現在島々に駐屯している兵士以外に，コルフ島に駐屯している4万の兵士の数はしだいに増加していること，弾薬も絶え間なく搬送されていることを警告いたします[(29)]」

その後ボナパルトが，ギリシア人やアルバニア人を蜂起させようとしている情報は，オスマン政府を一層不安にさせた。ちょうど大使が逝去したころであったために代理大使ルフィンは，オスマン政府の問い合わせに答えて本国政府に1798年1月に事態確認の書簡を出した。フランス外相タレーランは，3月15日付けの回答を送った。そのなかで彼は

「総裁政府は，オスマン政府の権利を侵害するつもりはないこと，それとは反対に両国間の昔からの友好関係を引き続き維持していく所存であること，オスマン政府の権利に鋭敏に敬意をはらうこと，反オスマン運動を企てないこと，および住民を反乱へと扇動しないことに関して，当該の司令官に総裁政府は訓令を出したので書記官長を安堵させるように[(30)]」と知らせていた。

オスマン政府は，カンポ＝フォルミオの和約により，ヴェネツィアが解体されることを認めたくはなかった。この和約が結ばれたことで，2年間続いてきたオスマン＝フランス同盟の締結は水泡に帰した[(31)]。またジェウデトは，カンポ＝フォルミオの和約締結により，ヨーロッパの秩序の崩壊とフランス革命の波及の影響に懸念を抱いていたようである。

「カンポ＝フォルミオの和約によりヴェネツィアは，解体をよぎなくさ

れた。フランス共和国の影響力はヨーロッパに水のようにすみずみまで広まり，革命は至る所へ洪水のごとく襲いかかり始めた(32)」

4　ロシア使節コチュベイ(33)と書記官長メフメット＝ラーシド＝エフェンディ Mehmet Râşid Efendi との会談（ヒジュラ暦1212年ジェマズィエルアヒル月15日，西暦1797年12月5日(34)）

ヤシ条約締結（1792年）以後，ロシア＝オスマン関係は友好的であった。とりわけエカテリーナ2世が逝去（1796年11月17日）し，息子のパーヴェル1世が即位してからロシアの対オスマン政策は大きく変化した。

カンポ＝フォルミオの和約締結から約1ヵ月半後，ロシアからの要請でボスフォラス海峡に面した某所で夜，両者は極秘に会談をおこなった。ロシア皇帝パーヴェル1世から使節に送られたロシア語で書かれた書簡は，通訳を介して書記官長に伝えられたことがオスマン語史料からわかる。会談の記録とはいえ，ロシア側から，一方的にイタリアにおける変化した情勢に関する情報を提供すること，国際情勢の変化の結果，オスマン帝国が影響を受けた場合のとるべき措置に重心が置かれている。

これまで両国は外交上対立関係にあったことを斟酌し，ロシア側は前皇帝エカテリーナ2世の敵対的姿勢から，パーヴェル1世の和解的な態度に変化したことを，オスマン側へ伝えることに神経を使っているのが読み取れる。彼は過去の傲慢で攻撃的な態度を改めて，両国の利害にもとづきオスマン帝国との和解を推し進めた。ロシアのオスマン帝国に対する姿勢は，「オスマン帝国とフランスとの間を疎遠（tebrid）にさせるものではなく，オスマン帝国に対する誠意（ṣafvet ve ḫuluṣ）とヨーロッパの勢力均衡（Avrupa muvâzenesi）を維持したい願望にもとづいている」

イタリアから入手した情報によれば，「ヴェネツィア領をオーストリアと分割したボナパルトは，モレア半島・イオニア諸島・アルバニア沿岸の住民を独立へと扇動し，ギリシア人の国家を樹立することを考えている」

「エカテリーナ2世はオスマン帝国の敵であったが，前任者と異なりパーヴェル１世はオスマン帝国の至福を願う皇帝であり，したがって彼の要求は友のそれとしてうけいれられねばならない」

「ロシア使節は，ボナパルトによるギリシア人の独立国家建設計画は実現困難と認めている。だが慎重にオスマン帝国が，次の措置を講じることが有用であると考えている」

「つまりオスマン帝国のレアーヤー（非ムスリム）は，不当な支配下にあるが，正当な支配が行われればオスマン帝国への絆も増すであろう。したがってオスマン帝国は，この点を考慮に入れて適切な支配をなせねばならない」

「イタリア方面にスパイを送ることによって，フランス人の動向を規則的にしらねばならない」

「パリ駐在の聡明で有能なオスマン使節セイッド＝アリー＝エフェンディを介して，タレーランに金品を贈り，フランスの隠れた政治情勢の情報収集に努めねばならない」

ロシアは和約の結果により生じた東地中海へのフランスの進出に対する懸念，つまりフランスの側圧を鋭敏に感じ取っていた。だが，この時点では，ロシアとはちがいオスマン帝国はまだフランスに対する警戒心を強く意識していなかったようである。

翌年ヒジュラ暦1212年ラマザーン月下旬（西暦1798年３月８日～３月18日）にペテルブルクからの急使がイスタンブルにきてロシア使節に訓令を手渡した。それにもとづきロシア使節は，「ヨーロッパの混沌とした状態およびフランスのよく知られている状態に鑑み，ロシアはこの時期に自身の国の安全のために国境に兵力を移動し，戦争準備に専心することで自衛準備を企てる。毎年訓練のために戦艦を黒海に派遣することによって自衛を成し遂げる。オスマン帝国が友好と相互の防衛を尊重する限り，安全を確保し，損害から自国とオスマン帝国を守るために，ロシア皇帝は軍隊招集に全力を上げる(35)」と述べた。

このころフランスはロシアに対抗するように，オスマン帝国に４万～５万の兵力の援助を行うという噂が流れた。だが書記官長はこの噂を否定し，「オスマン帝国はロシア皇帝の行動に満足しているので，フランスからどのような提案があっても，オスマン政府の問題に適していないので同意できない(36)」と回答した。

カンポ＝フォルミオの和約調印から数ヵ月が経過したこの時点において，少なくとも書記官長はロシアに対する従来の態度をかえつつあったように推察される。

このロシア側の対オスマン政策の変化は，ロシア使節コチュベイが帰国するときにおこなった書記官長との会談からも確認される。

つまり翌年ロシア使節コチュベイは，ヒジュラ暦1212年シェウワル月（西暦1798年3月19～4月16日）に外相に就任するために，帰朝することになり書記官長に別れの挨拶に訪れた際に「ヨーロッパにおける混沌とした状態，諸国家間にみられた勢力均衡の崩壊を考慮に入れて，オスマン帝国とロシアとの間で従来見られた敵対関係は，今後は相互によく理解できる友好関係にならねばならない(37)」と述べた。

ボナパルトがトゥーロン港を出帆し，マルタ島を占領していたころ，イスタンブルではロシアの首席通訳フォントン Fonton が書記官長を訪ね，会談を行っていた。つまりヒジュラ暦1212年ズイルヒジェ月（西暦1798年5月17日～6月14日）のことであった。

彼は，「ロシアは，毎年慣例により軍事演習を開始する目的で非常に多くの艦隊を派遣しようと準備している。この艦隊はクリミア半島の沿岸とオデッサ（Hocabey）の間を往来している。フランスが地中海へ艦隊を派遣することは，ロシア皇帝の知るところであるので，黒海沿岸を防衛する目的で必要なときにオスマン艦隊に加わるために，この艦隊をオスマン帝国へ差し向ける。オスマン領にフランスがなんらかの攻撃を加えることがおきた場合，ロシア皇帝はオスマン帝国と同じ目的を遂行するために使節を任命した(38)」ことを伝えた。

書記官長が「どれほどの艦隊が送られるのか」と尋ねた際に，「12隻の大型船舶と100隻の小艦隊である(39)」と答えた。

この時期においてロシアは，オスマン艦隊と軍事協力する用意があること，またオスマン帝国の書記官長も具体的にロシアの支援の規模を確認していることが分かる。

スルターンへの上奏文のなかで大宰相は「ロシアは一時期以来オスマン帝国に好意をよせていることを伝え，フランスが攻撃した場合自身の国に革命が広がることからまもることに注意を払うことは明白である」と述べた。しかしセリム3世は全面的にはロシアに信頼を置いていないので，前述の上奏文に「わが大臣よ，海峡の要塞の防備を完了したか。大砲や弾薬の準備はできたか。他の必要なことを滞りなく完了せよ[40]」と付け加えた。

だが大宰相はつぎの上奏文で「ロシアとの同盟を考えるべきときが来た」ことを進言した。このような状況のなかで書記官長アティフ＝エフェンディは，ヨーロッパの勢力均衡と対フランス政策について覚書を作成するように指示された。

5　書記官長アティフ＝エフェンディの覚書

「数年来フランスで革命の火が燃え広がっている。革命家は特権や信仰を排除し，平等あるいは共和制を宣言している。他の国々に干渉しないと言いながら，正当な統治者に行動をおこしている。ヨーロッパは混沌としている。一部の国は中立を，他方他の国はフランスと戦争している。しかし参戦した国々はフランスと講和を締結させられている。イギリスとオーストリアだけが残っていたが，後者も講和を結んだ[41]」

「フランスは他国に対する領土的野心はないと主張しているが，これは偽りである。サルディニア王国の一部やオランダを併合している[42]」

「ライン川左岸もフランスは占領した[43]」

「オスマン帝国はフランス革命の勃発以来，中立を堅持してきた。事実フランスには穀物など必要物資が提供された。だが，フランスはヴェネツィアの解体に引き続きイオニア諸島と隣接するアルバニア沿岸を併合し，住民に反オスマンの宣伝活動を始めた[44]」

「どの国の外交政策にも二つの行動原理がある。第一の原理は，変化しない諸条件にもとづいて行動することである。オスマン帝国の場合，ロシアとオーストリアは変わらぬ敵国である。これら両国が強化されることは望むべきことではない。これらの敵国と同盟を結ばねばならない。第二の原理は，変化する諸条件によって行動を調整することである。フランスに対してはこの第二の原理にもとづいて行動し，正常な条件に復帰した際には第一の原理によって外交政策を遂行する(45)」

そこでオスマン帝国は，フランスの同盟国であり，ロシア・オーストリアの敵国という考えを，正常な状態に復帰するまで棚上げしなければならない。こうしてセリム3世を説得する努力が払われた。

この覚書は閣議で討議され，その結果「一方で戦争の準備を行い，他方でわが国の国益と一致する国々と秘密裏に対仏同盟条約を締結しなければならない」という結論に達した。

この時期イスタンブルでは，対仏同盟に向けてイギリス・プロイセン・オーストリアの使節が活発な外交活動を展開していた。書記官長は，オスマン帝国は偽善 ikiyüzlülük を好まないが，事態の必要性により外交の言葉 lisan-ı diplomat を使用するように委任された(46)。

6　ボナパルトのエジプト侵略(47)(1798年5月)

ボナパルトはイタリアから凱旋した1797年12月5日に，タレーランとエジプト遠征について長々と意見交換をし，数ヵ月後トゥーロン港において遠征軍派遣の準備を実施することを胸に抱いていたようである(48)。5月19日に同港を出帆し，エジプトへの途中，マルタ島を占領し（6月12～13日），ロードス島から移住していたヨハネ騎士団を追放した。さらにロシア領事を逮捕した。このボナパルトの行動は，ロシア皇帝パーヴェル1世には侮辱と映った(49)。

1798年7月1日にフランス軍は，アレクサンドリアに上陸した。マムルークの大半は抵抗もせず上エジプトへ逃げた。とどまって戦ったものは，よく訓練ができ規律のとれたフランス軍の歩兵により，ラフマニエRahmaniye（7月13日）やさらにギーザGiza（7月22日）で打ち負かされて敗走した(50)。カイロは抵抗することなく占領された（7月25日）。ボナパルトは短期間のうちにデルタの支配権を強化できた。だが，彼はマムルークがナイル川上流へ移動し南部で新たな勢力を組織できないうちに，彼らを捕らえて全滅させようとする企てにおいて，大した成功をおさめなかった(51)。その結果数回アスワンへ遠征隊が送られた。ボナパルトは上エジプトの確固たる支配権を得ることができなかったし，紅海の港Quesirにもフランスの支配権を樹立できなかった。シリア征服によって側面を強化しようとする彼の企ては，アッカAcre要塞を占領できなかったというこれらの失敗で頂点に達した。こうして東方と遮断されたボナパルトは，アブキール湾の戦いで（1798年8月1日）ネルソンLord Nelsonに敗れ本国から孤立した(52)。遠征隊は徐々にしめつけられるように思われたので，ボナパルトと彼の主な副官は，フランスにおけるより大きな名誉を求めて遠征隊を見捨て（1799年8月22日）部下に最終的な清算をまかせた。

7　パリ駐在アリー大使とタレーラン

1798年4月初めに，アリー大使はトゥーロンでの戦争準備の情報を初めて入手し，同月10日付けの本国政府宛の書簡のなかで，フランスの目的はシチリア島・ジブラルタル海峡にあるとしている(53)。だが，しばらくして4月11日に「五百人会」でエジプト遠征が公然の話題となり，17日には「Ami des Louis誌」でとりあげられ，エジプトはボナパルトを待っていると報じた(54)。アリーは通訳のコドリカをフランス外務省へ送り，事態の真相を確認させた。タレーランは「フランスはオスマン帝国と戦争状態にはなく，そのような目的を持っていないこと，「五百人会」では自由に意見を開陳でき，このような見解が世論でもなければ政府の公式の見解でもないこと(55)」を述べて，通訳を翻弄した。5月11日に，タレーランはイスタンブル駐在フランス代理大使ルフィン(56)に訓令を送り，「エジプトが占領されるまでオスマン政府の注意をほかにそらすようにすること，もしこのことで窮境に陥ればマムルークを処罰し，ひいてはスルターンの権力強化をめざすこと，昔から両国の友好関係は常に維持されており，もし両国間に戦争がおきればオスマン帝国にとってロシアとオーストリアは危険な存在になることをオスマン政府に伝えること[(57)]」を求めた。当時，パリからイスタンブルへ書簡が届くには1ヵ月ないしは1ヵ月半を要したことを考慮に入れれば，ルフィンに訓令が届くころには，ボナパルトがエジプトに上陸できる公算は大きい。タレーランはアリーおよびルフィンを通じて，トゥーロンでの戦争準備の真の目的についてオスマン政府を偽り欺こうとした。

8　書記官長アティフ＝エフェンディとフランス代理大使ルフィンとの会談

4月10日付けのアリーの報告書は5月中旬にイスタンブルに届き，オスマン政府の懸念を増した。大宰相は，その報告書の脇に「トゥーロン港におけるアレクサンドリアにむけての準備は，真実ではなくうわさとしてアリーは書いているが，もうフランス人は信頼できないので，今後細心の注意をはらわねばならない[(58)]」と付け加えた。

6月中旬にオスマン政府の手にわたったと思われる4月21日付けのアリーの報告書のなかで初めてエジプト遠征に触れられているので，さらにオスマン政府の懸念を増すことになった。フランス代理大使ルフィンは，6月1日付けのタレーラン宛の書簡のなかで「オスマン政府は（フランスの行動に）疑念を抱いている……。モレア半島やクレタ島のオスマンの役人は，本国政府にクレタ島・モレア半島・エジプトの占領の可能性について知らせている[(59)]」と伝えた。

ついに書記官長は，6月19日にルフィンを呼びつけ，説明を要請した。彼はまだ5月11日付けのタレーランの訓令を受け取っていなかったが，新聞などからエジプト遠征の可能性は十分ありうると考えていた。3時間におよぶ会談のなかで彼は，本国政府からなんの訓令も受け取っておらず，書記官長の不満に対してタレーランのごとく巧妙に回答するように努めた。つまり彼は「トゥーロン港における準備は何のためなのか情報を持っておりません。私も新聞からその件について知りましたが，真実は分かりません[60]」「私見を申し上げることはできます。フランスとエジプトとの通商の重要性はよく知られています。エジプトにおけるフランス人の通商は，マムルークの不正によってその安全を脅かされています。……したがってフランスは派兵して彼らを排除しようと考えたのです。貴国も以前ガージー＝ハサン＝パシャを討伐のためエジプトへ送ったではありませんか。使節ヴェルニァックのときにもこの苦情を伝えましたが，なんら成果はありませんでした[61]」

「このようなわけでマムルークの横暴を排除し，イギリスのインドにいたる通商路を断ち切る目的で，軍隊を送ることは思いつきますが。エジプトへどのようにして行くのか，また目的地はエジプトなのか。オスマン政府と協議して行動すべきなのか私には分かりません[62]」

このルフィンの発言に怒った書記官長は「エジプトで不正があれば，われわれに相談すべきことだ。オスマン政府は必要な措置を講じている。どの国にも不正はありうる。もし貴国で混乱が見られ，総裁政府に力が無いと言って，オスマン政府がマルセイユに派兵すれば，フランスはこの行為を妥当とみなすか[63]」，さらに「エジプトはわれわれにとって神聖な所である。エジプトへの攻撃はイスラームの信仰への攻撃を意味する。これらを排除することはムスリム地域の義務である[64]」と述べた。

5月11日付けのタレーランの訓令は，6月29日にフランス使節のもとに届いた。大宰相は高官を招集して，4月21日付けのアリーの報告書を読み上げ，ルフィンと書記官長との会談の模様を伝えてフランスの予想される行動を考慮に入れて，エジプト防衛の手段を話し合った。

その結果オスマン政府は急使をパリへ送り，アリーに訓令を指示した。すなわち「トゥーロン港に集められた兵力はエジプト，あるいはモレア半島，クレタ島，キプロス島などのオスマン領に上陸する可能性がある。必要な措置は講じられている。フランスがわが国を攻撃することがあれば，不正なことである。われわれはヨーロッパの戦争に中立を守ってきた(65)」パリには7月20日あるいは21日に届いたと思われる。この訓令が届かないうちに，つまり7月3日付けの書簡でアリーは，「マルタ島がボナパルトによって占領されたこと，彼の真の目的はここにあった」と知らせてきた。アリーはこの時点においてもフランスの真の狙いを理解していなかったようである。

9　アリー大使とタレーランの会談（1798年7月21日）

アリー大使は本国政府からの訓令を受け取るや否や，7月21日にタレーランと会談をもった。パリにはまだその情報は届いていなかったが，ボナパルトはこのころエジプトに到着していた。彼は「ボナパルトの目的は何であるのか。またエジプト遠征がでっち上げならば，新聞でこれを否定すること」を要求した。タレーランは「ボナパルトの戦争目的はマルタ島占領で実現し，このことをオスマン政府は喜ばねばならない」と言った。さらに「たとえばクリム＝ハーン国をロシアから解放するためにフランス軍をイスタンブルへ送るうわさがあるが，これは注目に値することである」と表明した。

事実タレーランは4日後，つまり1798年7月25日に「五百人会」や新聞紙上でエジプト遠征に関するうわさを否定して，アリーを喜ばせた(66)。

タレーランはオスマン大使アリーをうまく説得した。フランスへの宣戦布告（1798年9月12日）やアリーのタレーラン宛の国交断絶を伝える書簡（1798年10月5日付け）の中でこのうそは明らかにされた。

タレーランは，ルフィン宛の7月26日付けの覚書で，「約2時間続いたアリー大使との会談について，貴下に詳細を説明しない。以下のことを知れば十分である。戦争の本当の目的はマルタ島であること，その後決して征服は企てないこと」，「フランスは現在，戦争状態にあることによって，地中海が海賊で満ちている時期に軍事行動をとることは，きわめて当然のことである。会談は相互に友好的に終わり，アリーは満足して去った」「当地でもれ伝わる情報を収集し，それを私に伝えよ。書記官長との会談のさいに問題の件にふれることがあるかもしれないが，その際には私がアリー大使と会談した内容の枠内で行動せよ」と伝えた。さらに追伸として「征服という言葉を神経質に厳格に考えることはない。占領と征服は異なる。マムルークの圧制に対する処罰は征服とはならない。5月11日付けの訓令にしたがって行動せよ(67)」を付け加えた。

5月11日付けの訓令を6月29日に受け取ったフランス代理大使ルフィンは，7月1日付けの回答の中で，「ボナパルトの本当の目的についてオスマン政府に可能な限り沈黙し続けること，5月11日付けの訓令を自己の見解のように伝えること，総裁政府はマムルークをスルターンに従属させる誠実な目的をもっていることを主張すること(68)」を知らせた。

10　フランス軍のエジプト侵略，帝都に伝わる

フランス軍のアレクサンドリア上陸の第一報は，キプロスの長官からフランス領事を通じて入手したものであり，7月10日に帝都へ送られ，同月17日にオスマン政府の手にわたったようである(69)。他方これを目撃したギリシア人がフランス軍から逃れてダーダネルス海峡にいた海軍提督に伝え，ヒジュラ暦サフェル月3日（西暦1798年7月17日）にイスタンブルへこの情報は送られた(70)。この情報は帝都に7月23日ころに届いたようである(71)。フランスとオスマン帝国は古くからの友であり，革命後もとりわけ1795年には革命政府を承認し友好的な関係にあった。しかしいまフランス軍はエジプト占領を企てた。7月末から8月初めに作成されたと考えられている勅令の中で，セリム3世は，「フランスを友人とみなしてきたが，6年間異教徒（フランス人のこと）は，われわれを欺いてきた(72)」と怒りをあらわにした。

しかしセリム3世は，すぐにフランスに宣戦布告することは適当ではないと考えた。なによりもまず戦争準備ができていなかった。またフランス

の敵国と意志の疎通をはかり，オスマン帝国への攻撃の懸念を払拭することが必要であった。同じ勅令の中で彼は「戦争準備は急いで行う必要があるけれども，宣戦布告までにはしばらく時間をかけねばならないと考えている。諸国家と連絡しあって，エジプトの現状が把握された段階で宣戦布告をすればよい。これらは私見であり，宣戦布告といった重要な問題は，御前会議で全会一致を必要とする。宣戦布告を延期するか，または即時宣戦布告するかいずれを選択するにせよ，そのメリットおよびデメリットを協議しなければならないこと(73)」を知らせた。

代理大使ルフィンは，本国政府からの許可が届かない段階で，つまり1798年8月2日に5月11日付けの訓令をオスマン政府に公式に知らせた。

11　フランスへの最初の対抗策

1798年6月19日に書記官長と代理大使ルフィンの会談後，大宰相は会議を招集して以下の見解で同意を得た。すなわち「エジプトは（イスタンブルから）遠方の地にある。（フランス軍が）エジプトに上陸してから軍事援助に赴くことは不可能である。今からカイロ，アレクサンドリア，Dimyat, Resit付近の防備を固めねばならない。だが，この対策にマムルークから疑念を惹き起こす可能性はある。だからまず彼らに，講じるべき対策はフランスに対するものであることが説明されねばならない。明晰な人物を選び，カイロに派遣して，総督をはじめ当局者と会談しなければならない。軍事的な準備は，マムルークにではなくてフランスに対するものであること，これらを確認する目的で，エジプト遠征について書かれた記事が掲載されている新聞をカイロで公表することはできる(74)」

1798年7月1日にフランス軍は，アレクサンドリアに上陸した。エジプト総督もマムルークも何も情報を持ち合わせておらず，防衛の準備はいうまでもなくイスタンブル政府からは何の連絡もなかった。

セリム3世は，7月末ころ大宰相に宛てた勅令の中で，「エジプトの一握りの砂（土）も放棄しないこと，異教徒（フランス人）の策略を信頼するな。艦隊であらゆる援助を行うこと[75]」を知らせた。

セリム3世は，さらにエジプト総督ベキル＝パシャBekir Paşaに宛てた勅令の中で，「シャイフ＝アル＝バラド（「都市の長官」）のイブラヒム＝ベイ Şülbeled İbrahim Bey やアミール＝アル＝ハッジ（「巡礼隊の指導者」）のムラト＝ベイ Murad Bey と協力してフランスの攻撃に抵抗することを命じ，オスマン政府はあらゆる援助を行うこと」を伝え，エーゲ海および地中海の沿岸諸都市に送った多くの命令の中で，「攻撃を受ければ抵抗し，援軍は派遣されること，敵軍の今後の軍事行動に関して情報を入手すればイスタンブル政府に伝えるように[76]」と警告した。

北アフリカの諸公国の海軍もオスマン海軍に合流する通達が出された。

さらにダーダネルス海峡を通過する船舶を臨検することがきまり，その旨がイスタンブルの在外公館に連絡された[77]。

セリム3世は8月初めころ，アナトリアおよびシリアの港湾に，「(われわれは）エジプトを攻撃しているフランス軍と戦闘状態にあること，オスマン帝国の友好国であるイギリスの地中海船舶に必要とされる糧食・水および補給物資がただちに用意されること，イギリス艦隊はオスマン帝国の艦隊としてみなされ厚遇されること[78]」という命令を送った。

ボナパルトはエジプト上陸後，ムスリムの友人であることを示すための宣伝活動を実施するであろうと思われることから生じる影響力を排除するために，オスマン政府はムスリムに以下の警告を発した。

「フランス人は異教徒で，反徒である。神の唯一性および預言者ムハンマドのことを信じない。他の信仰も来世をも否定している。彼らは偽りの信仰を信じているために，教会の財産を没収し，聖職者を略奪した。人類はすべて平等である」

「フランス人は，彼らが構築した世界宗教を受け入れないものには，飢えた犬のように襲いかかり，彼らの信仰や支配制度を破壊した」

「フランス人はうまいことを言って，あなたがたを欺こうとしている。かれらの本当の目的はメッカ・メディナ・カーバ神殿やあらゆるモスクを破壊し，女・子供以外の男性を殺害することである。自身のやり方，自身の信仰を受け入れさせ，イスラームを完全に排除した後，定着したところを支配しようとしている」

「唯一神や預言者ムハンマドを信仰するムスリムは，このような道を誤らせるような異教徒と戦うことは，われわれに課せられた義務である[79]」

12　フランスと国交断絶

フランス軍のエジプト占領にもかかわらず，フランス人が市中を闊歩していることはオスマン人の怒りの火を燃え立たせ，公式な関係を断たねばならない状況になった[80]。そこで8月6日にフランス代理大使を呼びつけて，国民感情の憤りのために事態が収拾されるまで，明確な対策を，つまりフランス大使館と公式な関係を断つことを知らせた。フランス代理大使は，新任の大使が赴任するまでこの決定の延期を要請したが，拒否された[81]。3日後の8月9日にオスマン政府は，イスタンブル在住のフランス人に外出禁止の通達を出した。もちろん代理大使ルフィンは抗議し，オランダとスペインの代理大使がフランスのために善処を要請したが，効果はなかった。いまや代理大使ルフィンは，オランダ使節を通じてオスマン政府と接触することしかできなかった。8月9日にオランダ使節は，書記官長アティフ＝エフェンディおよび宰相 イスメット＝ベイ＝エフェンディ İsmet Bey Efendi と会談をもち，新任のフランス大使が着任するまで公式な関係を断絶しないように要請した。だが，オスマン側はこのことは不可能であること，ムスリムの憤りのためにフランス人が市中を自由に闊歩することは危険なことであり，自宅に留まることで保護されると回答した[82]。

2日後の8月11日に書記官長は，プロイセン使節に戦争準備を隠すために，フランスへの宣戦布告は延期されることを告白した[83]。

8月中旬にパリ駐在アリー使節から7月21日にタレーランと行なった会談の報告がイスタンブルに届いた。アリーはフランス外相タレーランからいかに愚弄されていたか後悔の念をもって観察された。

7月26日にタレーランが代理大使ルフィンに宛てた書簡の中で，「オスマン政府はまだなにも知らないと思う。さらに脚注で，以前に送った書簡の中で明らかにしたように（フランス）艦隊がエジプトへ到着したことや，その結果について情報がない段階でエジプトの占領とか征服に関して議論するな(84)」と述べた。

タレーランはボナパルトから6月10日にマルタ島を占領した際に，ムスリムの捕虜を解放した情報を入手するや否や，大いに喜んで8月20日にアリーにこのことを知らせた。アリーは9月4日付けの書簡でこの件を本国政府に伝えた。アリーがエジプト遠征についてだまされていることに，まだ気づいていないことは，帝都で大いに憤りを惹き起こした。

アリーの報告書に，大宰相は「フランス人はまだアリーを欺こうとしていることは本報告から明白である」と書き添えた。さらにセリム3世は，「この愚か者めが(85)」と書き加えた。

タレーランは，8月3日付けの代理大使ルフィンに宛てた書簡の中で，「イエディクレに監禁されることを恐れるな。オスマン政府はそのような行動をとることができないと考える。われわれには人質（アリー大使）がいるからだ(86)」と知らせた。

13　フランスへの宣戦布告

アブキール湾でネルソン提督率いるイギリス艦隊が，フランス海軍を破ったという情報は1798年8月20日にロードス島の総督からイスタンブル政府に伝えられた(87)。

同年8月23日にオスマン政府は，イスタンブル駐在英国代理大使を介して，ネルソン提督に祝賀と謝意を表明し，ネルソンへ2,000枚の金貨を送った(88)。

イギリスのアブキール湾における勝利は，オスマン帝国のフランスへの宣戦布告を早めさせることとなった。8月31日にイスタンブルでは高官の間で重要な変化がおき，戦時体制に突入することが求められた(89)。

セリム3世は，当時エジプト総督であったとき，フランスの攻撃が予想されたにもかかわらず準備を怠ったかどで，大宰相イゼット＝メフメット＝パシャİzzet Mehmet Paşaとその部下とみなされていたシェイヒュルイスラームのドゥリ－ザーデ＝アリフ＝エフェンディ Dürrî-Zâde Arif Efendiを1798年8月30日に解任した。このような微妙な時期に有能で精力的である人物をトップにそえることが必要と考えられた。そこでシェイヒュルイスラームにはアシル＝エフェンディAşir Efendi を，大宰相にはエルズルムの知事ケルユスフ＝ズィヤウッディン＝パシャKör-Yusuf Zıyâüddin Paşaをそれぞれ抜擢した。

「イスラーム世界の大都市，オスマン帝国，エジプトとその周辺地域から，スルターンたち，パーディシャー（大王）陛下にとってフランスの異教徒を排除するために陸上・海上から（軍を）派遣することは，シャリーア上（イスラーム法上）妥当か」との質問に対して，ヒジュラ暦1213年レビュルエウェル月21日（西暦1798年9月2日）にフランスに対する宣戦布告を正当化するフェトヴァーが出された(90)。

同日代理大使ルフィンは，オスマン政府に呼び出され，フランスがエジプトを侵略したことで平和が崩壊したこと，したがって宣戦布告をフランスに対して宣言せざるを得なくなったことが伝えられた。彼は大使館関係者とともにイエディクレに監禁された(91)。

宣戦布告が出されたころ，宰相イスメット＝ベイ＝エフェンディと書記官長アティフ＝エフェンディは会談し，「オスマン帝国は，イギリス・ロシアの三国とフランスに対抗する共同行動をとること」をスルターンに進言した。ロシアの黒海艦隊が地中海へ南下するために，ボスフォラス海峡に到来したことを，ロシア使節タマラから伝えられた。ヒジュラ暦1213年レビュルエウェル月24日（西暦1798年9月5日）に，ロシアの黒海艦隊はボスフォラス海峡に入り，ビュックデレに投錨した。この艦隊はオスマン艦隊と共同行動をとるために地中海に向かうことについて再三再四，書記官長とロシア使節および提督それに英国代理大使との間で会談がもたれた。9月19日にロシア艦隊は出帆し，ダーダネルス海峡に投錨しているオスマン艦隊と合流し，オスマン艦隊の提督カドリ＝ベイ Kadri Bey の総指揮のもとロシア＝オスマン連合艦隊は，一路イオニア海のコルフ島に向かった(92)。

他方，オスマン政府は，9月12日にフランスへの宣戦布告書を，イスタンブルの在外公館に回状で知らせた。オスマン帝国の正当な戦いを諸国に知らせる一種のプロパガンダの目的を狙っていた(93)。

「これより6年前おきたフランス革命の初期から，大半の国家は対仏同盟を結んだ。しかしオスマン帝国は，フランスとの昔からの友好関係を考慮に入れて中立の道を選んだ。もっとも対仏同盟諸国からオスマン帝国へ同盟参加の要請が繰り返しおこなわれたが」

「戦争期間中，オスマン帝国が中立であったことは，フランスにとって有益であった(94)」

「イタリアにいるフランス軍は，人を迷わせる目的で，バルカン半島やモレア半島それに地中海の島々に策略をもって手先をおくり，陰謀をめぐらすパンフレットを発行することに着手した。さらにボナパルトが，（モレア半島の）マンヤのひとたちに送った文書や他の公表したパンフレットは，陰謀を含んだものであることはよく知られている(95)」

「オスマン政府がフランス軍の司令官や将軍のこの種の行動に対して，総裁政府に苦情を述べるたびに，『わが将軍の行動が友好関係には有益であることに変わりはない。われわれの目的は，昔からオスマン帝国との明らかな友好関係をますます強化することである。』と公式に回答した(96)」

「フランス人によるエジプト攻撃の情報を最初に入手した際に，イスタンブル駐在代理大使ルフィンを会談に招き，一連の事態について尋ねた。『決してそのような情報はない。私見としてフランスが今回の遠征を実現するとすれば，マムルークに復讐し，イギリスのインド通商に損害を与えることであろう』と回答した。このような事態においてもオスマン政府を惑わし続けることで，両国は明白な友好的関係から敵対関係へと変化した。オスマン政府はエジプトの一握りの土地をも割譲することはありえない。このエジプトの地を侵略する敵に対して，イスラーム国家が行動をおこすことは必要である。いかなる理由であれフランスがエジプトを攻撃すれば，オスマン政府はこれを宣戦布告とみなす。もしマムルークを処罰するならば主君であるスルターン政府によって行われるべきであり，フランスのこの内政干渉は国際法に違反する hukuk-ı milel mugayir 事態である。イギリスはオスマン帝国の友人であるので，フランス軍がわが領土を通過してイギリスの通商に損害を与えることに決して同意しない[(97)]」

1798年11月[(98)] 8日に本国政府からアリーに，「オスマン帝国はフランスに宣戦布告したことをフランス政府に伝えて，帰朝すべし」との訓令が送られた。

14　オスマンの書記官長とイギリス・ロシア両国使節との会談（1798年9月10日）

この会談にはロシア提督の見解，ネルソンの書簡も参考にされた。アレクサンドリアおよびコルフ島方面に向けていかに行動するかが議論された[(99)]。

15　オスマンの書記官長とロシア使節との会談（1798年9月24日，9月27日）

この会談では主に対仏ロシア＝オスマン同盟条約の1条，2条，3条，4条，5条，6条，7条，8条，9条について交渉が行われた。つまり「エジプトはオスマン帝国の領土の一部である」「両締結国は相手国の名誉・安全・利益を維持すること」「両国あるいは一方に対して有害な行為が明白となった場合，一方は陸軍・海軍力で援助しなければならないこと」「攻撃をうけた側が支援の形態（物質的・財政的）をきめること，支援の開始時期・支援の方法をいかにするか」「相手国の安全を考慮せずに講和・休戦条約を締結しないこと」などについて議論がかわされた[(100)]。

16　オスマンの書記官長とロシア使節との会談
（1798年10月1日，10月4日）

この会談では主に対仏ロシア＝オスマン同盟条約の第5条，第9条，第10条，第12条，第13条，第14条について交渉が行われた（第9条，第10条の審議が長い）すなわち「支援をうける側が援軍に対していつ，いかなるけ形態で糧食を提供すべきか」「海軍の援軍に対して，いつ，いかなる期間，糧食を提供しなければならないか。修理に必要なものをいずれの価格で提供しなければならないか」「フランスの手に渡ったヴェネツィアの島々の支配形態はいかにあるべきか」「この対仏同盟条約にスウェーデン，オーストリア，イギリス，プロイセンなどが参加するように呼びかけるべきか」「対仏同盟条約の有効期間および更新の是非について」「批准書の交換の時期について」などが議論された(101)。

17　対仏ロシア＝オスマン同盟条約
（ヒジュラ暦1213年レジェブ月26日，西暦1799年1月3日）

ボナパルトの遠征のもっとも直接的な結果は，オスマン帝国をフランスの敵国つまりイギリス・ロシアへと追いやったことであった。フランス軍上陸の知らせは，イスタンブルで戦争を求める圧倒的な民衆の感情を惹き起こした。戦争を認めるフェトヴァーは1798年8月3日にだされたが，大宰相とシェイヒュルイスラームに率いられた御前会議の親仏派は，フランスと外交的に調整して解決することを望んだので，実際にはいかなる宣戦布告もなされなかった。他方，反仏派は，宣戦布告はオスマンの陸軍・海軍の準備ができ，英露両国と同盟が締結されない限り役に立たないということで同意した(102)。オスマン帝国のフランスへの接近は，成功しなかった。アブキール湾におけるネルソンの勝利の知らせが8月14日にイスタンブルに届いたとき，セリム3世は正式に対仏戦争に突入できる状況であると確信した(103)。だが，御前会議のフランス支持派は，オーストリア・スペイン・スウェーデン・オランダの大使の支援を得て当分の間，なんとか宣戦布告を延期しようとした。ついに宣戦布告をしたのは（1798年9月2日），セヴァストーポリからイスタンブルへ艦隊を派遣することで，ロシアが宣戦布告の発布をせまったあとのことにすぎなかった(104)。親仏派の大臣は逮捕され，代わりにウレマーの味方，ケルユスフ＝ズィヤウッディン＝パシャが大宰相に起用され，彼の親友アシル＝エフェンディがシェイヒュルイスラームとなった。イスタンブルではフランス大使とその部下がイエディクレに監禁された。またフランスの商人・顧問官を逮捕し監禁し，オスマン帝国内の彼らの財産を没収する命令が出された。こうしてボナパルトの無分別な冒険は，フランスにとって数世紀にわたって築き上げられてきた中東における地位と優位を犠牲にした。

さいは投げられた。だが，対仏同盟条約が正式に結ばれるまでにはまだ時間がかかった。外交官が交渉している間，地中海地域におけるフランス軍に対して，オスマン軍と共同の海軍遠征隊に参加するために，ロシア軍艦に初めてボスフォラス海峡を通過する許可が与えられた。ウシャコーフの艦隊はイスタンブルの北方15マイルのビュックデレに投錨した。彼は9月5日に軍事的な交渉のためにオスマン政府のところに到来した。議論の要点は，オスマンとロシアの艦隊がいかにして協力すべきか，また彼らの目的がどこなのか，つまりアドリア海・マルタ島あるいはシリアおよびエジプトの沿岸であるのかという緊急な問題であった。この時点におけるロシアの基本的な目的は，フランスのバルカン半島への侵入を阻止することであった。そこでロシアはイオニア諸島からフランス人を追い出し，地中海中央部でフランスの進出をくいとめる行動を優先し，最近アブキール湾で勝利をおさめたイギリス艦隊は，当地でフランス軍を封鎖するだけで十分であろうと彼は述べた。他方，イスタンブル駐在のイギリス大使スペンサー＝スミス Spencer Smith は，この可能性よりもレヴァントにおけるフランスの目的に関心を払っていた。そこで彼らは地中海という広大な海で敵を阻止しようとする不確実な結果のために，沿岸を封鎖することで同盟国としての協調を選んだ。アドリア海での差し迫った危険に，オスマンの代表者たちはロシアの態度に傾き，シリアを防衛しエジプトを奪回するために地上戦を利用しようとした。エジプトおよびシリア沿岸での海戦はもっぱらイギリス艦隊に任され，イスタンブルから送られたオスマン艦隊が増援することになった。ウシャコーフ率いるロシア＝オスマン連合艦隊の本隊はアドリア海の支配権を手に入れ，イオニア諸島からフランス人を追い出すために軍事行動をすることになった。その後連合艦隊は南方でイギリス支援に向かう予定であった(105)。

9月17日にロシア艦隊，翌日提督カドリ＝ベイ率いる約25隻からなるオスマン艦隊がイスタンブルをそれぞれ出帆した。2日後，両艦隊はダーダネルス海峡付近で合流した。10月1日に両艦隊は戦闘を開始するためにロードス島に向かった。同日同じ規模の艦隊が，イギリス艦隊と合流するためにアレクサンドリアに向かった(106)。

タレーランはいまやオスマン帝国が英露と協調しないようにという希望が無くなったことを知った。そこでパスバンオール Pasbanoğlu がオスマン政府を倒して，彼を擁立することを支援しようと考えた。タレーランは，モレア半島やマケドニアに侵入することでこの転覆を果たす用意をした。彼は，ギリシア人とテペデレンリ＝アリーがこの企てを支援してくれることを確信し，彼等の支援を確かなものとするためにただちに手先を派遣した。だが，その前にスルターンがまず動いた。スルターンはヴェズィールの地位にテペデレンリ＝アリーを昇進させ，彼の征服地すべてに対して正式な承認を与え，フランス人からアルバニア沿岸の港を獲得し，さらなる異教徒の侵略からこの沿岸を防衛することを同意させた(107)。セリム3世の命をうけてギリシア正教の総大主教は，フランスの甘言にのらないようにモレア半島の信者に警告し，1770～1772年にロシアの扇動でなされた同じような企てを彼らに明確に思い起こさせた。同時にパスバンオールに対する戦いは終わり，ヴィディンの包囲は解かれた。彼はいまやヴィディンの名望家ならびに総督と正式に任命され，随意に自己の領土を拡大できる機会が与えられた。そこで彼もまたフランスに関するかぎり，中立的な立場におかれた[108]。

9月にテペデレンリ＝アリーはヴィディンから戻るや否や，彼のもとへ送られたフランスの手先を監禁し，Vonitza, Butrinto（9月28日）を，ついでプレヴェザ（10月13日）を占領した。当地のギリシア人の大半は恐れてコルフ島，サンタ＝マウラ島へ逃げた。テペデレンリ＝アリーはついに Suliotes やパルガ Parga の住民をうまく出し抜き封鎖することができた。そこで初めて完全にアルバニア沿岸に支配権を樹立することができた。同時に彼は自己の領土にイオニア諸島を追加したい長年の野心を満たすために動いた。彼はこの目的のために遠征隊をただちに準備し始め，このことを実施するためにスルターンの許可を求めた[109]。

テペデレンリ＝アリーにとり大変残念なことには，ロシア＝オスマン連合艦隊が運悪く到着し，彼の機先を制した。10月1日にダーダネルス海峡を去った後，まず Hydra に到着し，フランス人にたいして抵抗することを要請し，平和が樹立されたあと住民が望む政治形態の確立を約束する宣言が島民に送られた[110]。1797年以来フランスによる島の支配は，住民にとりことのほか有益であった。ヴェネツィア人のもとで横柄な支配を行ってきた土着の貴族政治は，封建制度の廃止，強制労働からの農民の解放，裁判の再組織化，教育の普及といった改革によって危うくなった。だが，フランスの守備隊を維持するためにますます重税を課すことと，改革を導入する横暴な強制的なやりかたは，反フランスのプロパガンダを広める貴族階級だけではなく，庶民の大半をも遠ざけた。連合艦隊が攻撃に転じたとき土着の島民は上陸を支援した。フランスの守備隊は，チェリゴ Cerigo（10月13日），ザンテ島（10月24日），ケファロニア島（10月28日），サンタ＝マウラ島（11月13日），Ithaca（11月15日）でわずかばかりの抵抗をして降伏せざるをえなかった。コルフ島のフランス人は最初の攻撃によく抵抗したが，そのあとで包囲攻撃をうけた。テペデレンリ＝アリーは連合艦隊に先んじて島々を占領できなかったことに失望した。さらに冬から春にかけて行われるコルフ島の包囲攻撃に参加すべしとの要請を受けた。

ヒジュラ暦1213年レビュルアヒル月20日（西暦1798年10月1日）とヒジュラ暦1213年レビュルアヒル月23日（西暦1798年10月4日）にロシア使節とオスマン帝国の書記官長との会談がもたれた(111)。対仏ロシア＝オスマン防御同盟条約が1799年1月3日に調印されていることを考慮に入れるならば，この会談は条約調印の約2ヵ月前におこなわれたことになる。すでに述べたようにロシアとオスマン帝国はこの会談の前月には共同軍事行動をおこしていたのである。この会談は条約調印にむけて大詰めの会談であり，1799年の対仏ロシア＝オスマン防御同盟条約の骨子が議論されたと推察される。すなわち，「ロシア・オスマン両国間においていかなる援助がなされるべきか。つまり兵士あるいは艦隊を送るか，陽動作戦を展開するか，現金で支援するかが問題となった（第5条)。陸軍の兵士や艦隊の船員の糧食はいかにして調達されるべきか。つまり「現物で」か「現金で」調達すべきなのか。オスマン帝国にはない塩漬けの肉・蝋燭・医薬品は「現金で」支給されるべきか。穀物はどこで調達すべきか。ロシア艦隊には，イスタンブルに入港した日から起算して穀物は支給されるべきである。艦隊の修理が必要になった際に，必要物資が「流通価格」で支給されるべきである（第9条および第10条)。戦利品は入手した兵士の手元に残る（第11条)。この同盟に参加を望む国々についてイギリス・プロイセン・オーストリアといった諸強国（ḳavîyü'l-iḳtidâr olan düvvel）を明示し，その他は他の国々（düvel-i saire）を示唆することが話された（第12条)。この同盟条約の有効期間についてロシアは8年を要望した（第13条)。批准書の交換の期間については，ロシア側の要求により2ヵ月と定められた（第14条)」

しかし正式な対仏同盟のための交渉は，イスタンブルでだらだらと続いた。セリム3世はロシアの支配下に完全に陥ることを懸念して，バルカン半島にロシア軍を駐留させる許可を求める要求に抵抗していた。他方，イギリスは中東になんら領土的野心をもっているようにはみえなかったので，セリム3世はイギリスに対するいっそうの信頼感を抱いた。この時点におけるセリム3世の主な努力は，イギリスの同盟国（ロシア）の非常に厳格な支配からセリム3世を守るために，イギリスを含む協定（条約）を締結する方向へ向けられた(112)。セリム3世はこの政策を遂行するにあたり，かつて一時は彼の新軍において専門家として活躍したケーラー将軍General Koehlerの指揮下で，オスマン軍を訓練・指導するために送られたイギリスの小銃隊・砲兵隊・工兵隊将校の任務を受け入れた(113)。ロシアは自己の要求に固執し，セリム3世はそれがまったく受諾不可能であるとした。フランスは，講和が確かなものとならないように，イスタンブル駐在の中立国の友人によって交渉を失敗させようとした。だが無二の結果は，イギリス・ロシア両国大使の不満のはけぐちはフランス人の追放であった(114)。大使アリーはパリにとどまり，他方タレーランは解決（和解）を得るために彼と交渉を開始しようとした。だが，大使アリーは和解をする権限は自分にはないと述べ，立ち去る許可を求めた。一時はなにも起こらなかったが，フランス政府はその要求を拒み，将来有益な接触ができることを期待して戦争の残りの期間彼を快適に（満足して）すごさせた(115)。ロシア軍の配備や使用に対して全面的な支配権をスルターンがもつという条件で，イギリスがセリム3世を説得してロシア軍の提供を受諾させたとき，12月末のイスタンブルでの交渉はついに良い結末を迎えた(116)。1799年1月3日と5日にロシア＝オスマン同盟が，イギリス＝オスマン同盟がそれぞれ調印された。8年の有効期間をもつロシア＝オスマン同盟は，ヤシ条約を確認し，あらゆる敵に対して相互の援助を，またいかなる講和にも相互の同意を規定した。各国は相手国の領土内で軍事行動を展開する兵士や海軍のために，必要物資を提供することになった。各国の戦艦は相手国の水域を自由に航行し完全な援助を与えられることになった。秘密条約のなかでオスマン帝国は，ロシア戦艦が戦時中にかぎり両海峡とオスマン帝国の港を使用することが許されることを明記した。両国は，条約に参加することを要請されることになったイギリスと共同の海上の軍事行動をとることについて協議することに同意した。あらゆる他の国の戦艦はボスフォラス海峡や黒海に入ることはできなかった。ロシアは一度にオスマン帝国がまえもって定めたバルカン半島におけるオスマン軍を支援するために80,000名の軍を派遣することになるだろう。

結　び

カンポ＝フォルミオの和約（1797年）以後，フランスの東地中海への進出に脅威を感じたロシア皇帝パーヴェル1世は，先代のエカテリーナ2世の対オスマン政策を見直し，敵対的態度から友好的なものへと大転換をし，オスマン帝国にフランスの脅威に対抗する措置をとるように働きかけた。他方，オスマン帝国はこの時点ではフランスの側圧を感じていなかった。

だが翌年トゥーロン港における大規模な遠征準備，さらにマルタ島の占領のニュースがイスタンブルに届き，オスマン側はフランス軍の行動に一抹の不安を覚えた。この時期イスタンブルでは対仏同盟条約締結に向けて，ヨーロッパの使節の外交活動が展開され，オスマン帝国の書記官長もロシア使節と何回となく会談をもった。だがまだオスマン帝国の外交政策に変化は見られなかった。1798年7月にボナパルトの軍が，エジプトに上陸し，各地を占領したという情報が帝都に届くにいたって，オスマン側はフランスの脅威を初めて実感したようである。さらにフランス軍が，アブキール湾の戦いで英軍に敗北したことが一大転機となって，ついに伝統的な政策をすて，必ずしもオスマン帝国内部において全会一致は見られなかったが，フランスに宣戦布告するにいたった。その後オスマン帝国は，ロシアおよびイギリスと事実上の共同軍事行動を展開した。他方，帝都ではロシア・イギリスとの交渉が進み，ついに1799年1月3日に対仏ロシア＝オスマン同盟条約が調印されたのである。以上，オスマン側の視点に立ち，18世紀の「第二の外交革命」と呼ばれるオスマン外交の変容における過程の一端を明らかにした。

注

（1）　Kurat, *Türkiye ve Rusya*.
（2）　McKay & Scott, p. 281.
（3）　McKay & Derek, p. 284.
（4）　McKay & Derek, p. 285.
（5）　McKay & Derek, p. 285.
（6）　Soysal, p. 137.
（7）　McKay & Derek, p. 286.
（8）　オスマン人のフランス革命観の変化については，鈴木董，「オスマン帝国とフランス革命」，田中治男・木村雅昭・鈴木董編，『フランス革命と周辺国家』，リブロポート，1992年，80〜99頁を参照。
（9）　オーストリアの敗北は，かつてロシアと同盟してオスマン帝国と戦ったことを記憶しているオスマン人を喜ばせた。Cevdet, vol. 6, p. 190.
（10）　Lewis, The Impact of the French Revolution, p. 119.
（11）　Oz, T., Selim III,'ün Sırkâtibi tarafından tutulan Rûznâme, *Tarih Vesikaları*, 3 (1944), p. 184.
（12）　Zinkeisen, vol. 6, p. 859ff.
（13）　Cevedet, vol. 6, p. 183.
（14）　Soysal, p. 136.
（15）　Cevdet, vol. 6, p. 194.
（16）　Cevdet, vol. 6, p. 200. プロイセンがフランスと講和を結んだという情報が，イスタンブルに伝わった。そこである国がフランス共和国を認めた taşdîk olunmuş ので，いまやオスマン政府がフランス革命政府を認めること taşdîk になんら障害はないと考えられる beis görülmeyüb。フランス公使と，さらにフランス共和国をもオスマン政府は承認した taşdîk buyurulmuşdur。Cevdet, vol. 6, pp. 193–194.
（17）　Cevdet, vol. 6, p. 200.
（18）　Cevdet, vol. 6, p. 200.
（19）　Cevdet, vol. 6, pp. 200–201.
（20）　Cevdet, vol. 6, p. 201.
（21）　Testa, vol. 1, pp. 515–516.
（22）　フランス語の和約文については，『近代国際関係条約資料』第 2 編 1 巻，龍渓書舎，1991年，231～240頁を参照。
(23) Soysal, p. 169.
(24) Testa, vol. 1, p. 514.
(25) Testa, vol. 1, p. 515.
(26) Soysal, p. 170.
(27) Soysal, p. 170.
(28) Soysal, p. 171.
(29) Karal, Yunan Adalarının, p. 113; Karal, *Fransa-Mısır*, p. 57.
(30) Soysal, p. 173.
(31) Soysal, p. 174.
(32) Cevdet, vol. 6, p. 280.
(33) 1768年11月22日に生まれる。1792年10月22日にイスタンブル駐在の公使に任命される。任期は1793年から1796年までである。1798年 Vice Chancellor in the college of Foreign Affairs に任命された。1834年1月13～14日の夜，心不全のためモスクワで他界した。*The Modern Encyclopedia of Russia and Soviet History*, edited by George N., Rhyne and Joseph L. Wieczynski, Academic International Press, 1976, s.v. "Kochubei Viktor Pavlovich. しかし彼は1797年10月～11月に帰朝を予期されたが，年末までイスタンブルに滞在した。Norman E. Saul, *Russia and the Mediterranean*, The University of Chicago Press, 1970, p. 57, n. 17.
(34) Karal, Yunan Adalarının, pp. 117–120. イスタンブル駐在ロシア使節とオスマン帝国の書記官長との第一回会談の詳細については，本書327～352頁を参照。
(35) Cevdet, vol. 6, p. 282.
(36) Cevdet, vol. 6, p. 283.
(37) Cevdet, vol. 6, p. 283.
(38) Cevdet, vol. 6, p. 284.
(39) Cevdet, vol. 6, p. 284.
(40) Cevdet, vol. 6, p. 284.
(41) Cevdet, vol. 6, p. 396.
(42) Cevdet, vol. 6, p. 396.
(43) Cevdet, vol. 6, p. 397.
(44) Cevdet, vol. 6, p. 397.

(45)　Cevdet, vol. 6, pp. 400–401.

(46)　Cevdet, vol. 6, pp. 285–286.

(47)　この事件についての同時代のイスラーム側の史料の翻訳については以下を参照。ジャバルティー著，後藤三男訳注『ボナパルトのエジプト侵略』ごとう書房，1989年。*Napoleon in Egypt Al-Jabarti's Chronicle of the French Occupation*, 1798 translated by S. Moreh, Princeton U.P. 1993.

(48)　Soysal, p. 174.

(49)　パーヴェル1世とヨハネ騎士団との緊密な関係については，Saul, N. E., *Russia and the Mediterranean 1797–1807*, Chicago and London, 1970, pp. 43–46. を参照。

(50)　Show, p. 257.

(51)　Karal, *Fransa-Mısır* , p. 81.

(52)　Show, p. 258.

(53)　Karal, *Fransa-Mısır* , p. 149.

(54)　Herbette, pp. 223–224.

(55)　Soysal, p. 204.

(56)　1742年8月17日にサロニカの首席通訳の息子として生まれ，1824年1月19日にイスタンブルで他界する。1758年イスタンブルの大使館員に，1770年クリミア（クリム）の領事となる。1772年1月イスタンブルの大使館の通訳となる。1795年首席通訳となり，1798年5月9日には代理大使に任命される。J.-L. Bacque-Grammont, S. Kuneralp et F. Hitzel, *Représentants permanents de la France en Turquie(1536–1991) et de la Turquie en France(1797–1991)*, Istanbul–Paris, 1991, pp. 44–45.

(57)　Soysal, p. 205, n. 23.

(58)　Karal, *Fransa-Mısır*, p. 150.

(59)　Testa, vol. 1, p. 537.

(60)　Cevdet, vol. 6, p. 319.

(61)　Cevdet, vol. 6, p. 320.

(62)　Cevdet, vol. 6, pp. 320–321.

(63)　Cevdet, vol. 6, p. 321.

(64)　Cevdet, vol. 6, p. 322.

(65)　Karal, *Fransa-Mısır* , pp. 154–155.

(66)　Karal, *Fransa-Mısır* , p. 84.

（67）　Herbette, pp. 232–233.

（68）　Testa, vol. 1, pp. 539–540.

（69）　Karal, *Fransa-Mısır*, p. 84.

（70）　Cevdet, vol. 6, p. 329

（71）　カラルは７月25日としている。Karal, *Selim III.'ün*, p. 55.

（72）　Karal, *Selim III.'ün*, p. 54.

（73）　Karal, *Selim III.'ün*, p. 54.

（74）　Cevdet, vol. 6, pp. 290–291.

（75）　Karal, *Selim III.'ün*, p. 49.

（76）　Karal, *Selim III.'ün*, pp. 49–50.

（74）　Cevdet, vol. 6, pp. 352–353.

（75）　Karal, *Selim III.'ün*, pp. 52–53.

（79）　Karal, *OT*, V, pp. 39–40.

（80）　フランス人技術者 Le Brun や Benoit はまだオスマン海軍に仕えていたが，他のものは監禁されイギリス人やスウェーデン人がとってかわった。S. J. Show, Selim III and the Ottoman Navy, *Turcica*, vol. 1, p. 222.

（81）　Cevdet, vol. 6, p. 352.

（82）　Cevdet, vol. 6, p. 352; *Quelques Firmans concernant les relations franco-turques lors de l'expedition de Bonaparte en Égypte* par Kabrda, J., Paris, 1947, p. 26.

（83）　Cevdet, vol. 6, p. 352.

（84）　Soysal, p. 242.

（85）　Karal, *Fransa-Mısır* , pp. 176–177.

（86）　Herbette, pp. 237.

（87）　Karal, *Fransa-Mısır* , p. 93; Kabrda, p. 41.

（88）　Cevdet, vol. 6, p. 355.

（89）　Karal, *Fransa-Mısır*, p. 94.

（90）　Karal, *Fransa-Mısır*, pp. 95–96.

（91）　Cevdet, vol. 6, p. 355.

（92）　Cevdet, vol. 7, pp. 4–5.

（93）　フランスへの宣戦布告書のオスマン語文については，Cevdet, vol. 6, pp. 408–412. をフランス語訳については Testa, vol. 1, pp. 548–553 を参照。

（94）　Cevdet, vol. 6, p. 408.

(95)　Cevdet, vol. 6, p. 409.
(96)　Cevdet, vol. 6, p. 409.
(97)　Cevdet, vol. 6, p. 410.
(98)　1798年11月にイギリス首相小ピットは，第二次対仏大同盟の計画を提案，ロシア皇帝パーヴェル1世が指導的な役割を果たすことを要請した。*NCMH*, p. 256.
(99)　会談の詳細については，本書353～387頁を参照。
(100)　会談の詳細については，本書388～418頁を参照。
(101)　会談の詳細については，本書419～477頁を参照。
(102)　Karal, *Fransa-Mısır*, pp. 98–99; Karal, Yunan Adalarının, pp. 123–124.
(103)　Karal, *Fransa-Mısır*, p. 93; Kabrda, pp. 64–70; ʻÂsım, vol. 1, pp. 70–71.
(104)　Karal, *Fransa-Mısır*, pp. 95–96; Kabrda, pp. 13–14.
(105)　ʻÂsım, vol. 1, pp. 70–75; Hurewitz, J. C., The Background of Russia's Claims to the Turkish Straits: A Reassessment, *Belleten*, 28/3 (1964), pp. 482–483.
(106)　ʻÂsım, vol. 1, p. 71; Anderson, *Naval Wars*, p. 367.
(107)　A. Boppe, *L'Albanie et Napoleon, 1797–1814*, Paris, 1914, pp. 14–15; Jorga, vol. 5, pp. 128–129; Zinkeisen, vol. 7, pp. 6–8.
(108)　Zinkeisen, vol. 7, pp. 239–240.
(109)　Zinkeisen, vol. 7, pp. 184–188.
(110)　Karal, Yunan Adalarının, pp. 100–112.
(111)　会談の詳細については，本書419～477頁を参照。
(112)　Hurewitz, *Belleten*, 28 (1964), p. 479.
(113)　ʻÂsım, vol. 1, p. 67; Zinkeisen, vol. 7, p. 45.
(114)　Zinkeisen, vol. 7, pp. 755–756; Kabrda, pp. 82–85.
(115)　Herbette, pp. 245–257.
(116)　ʻÂsım, vol. 1, p. 62.

結　　語

オスマン帝国は，最後で最大のイスラーム国家である。コンスタンティノープル陥落後，イタリアの諸国家は，オスマン帝国からイスタンブルに常駐使節をおく許可を得た。フランス・イギリス・オランダなどのヨーロッパの諸国家は相次いで常駐使節を送った。だが，オスマン帝国はヨーロッパに特使を派遣することはあったが，18世紀末まで常駐使節を派遣しなかった。ヨーロッパつまり「戦争の家」は，理論上「イスラームの家」に包摂されるというイスラームの世界観にもとづき，ヨーロッパの国々を見下ろす（軽視する）姿勢が，オスマン帝国にはみられた。そのことは，「不対等性の原則」「占有物保留の原則」「外交使節の接受の方法」「講和交渉の方法・場所」などにおいて顕著に現れた。

オスマン帝国とヨーロッパとの国際関係の転機になったのが，通説に従えばオーストリアとの間に結ばれたジトヴァトロク条約（1606年）と言われている。しかし通説ほど劇的なものではなかったが，両者の関係の転機の一里塚になったことは間違いない。カルロヴィッツ条約（1699年）は，一本の国境線によって国境を画定する新しい方法がはじめてオスマン人に教えられた。オスマン人は気づいていなかったようであるが，この国境画定方法の根底には，国家主権の概念の確立がある。

18世紀に入り，オスマン帝国は自己の国益を維持し，戦争で蒙った甚大な損失を軽減するためにヨーロッパの国々に調停を要請したり，同盟を模索するようになる。とりわけイギリス・オランダ・フランスが調停役を引き受けるケースがよく見られる。逆説的に言えば，調停国が存在しない場合オスマン帝国は大きな犠牲を蒙ることになる。第一次ロシア＝オスマン戦争（1768～74年）後の，ロシアとの交渉においては外交上孤立した状況下で行われ，オスマン帝国はかつてないほどの損害を蒙った。それが，キュチュク＝カイナルジャ交渉で決着をみたロシア・オスマン講和交渉の結果である。この条約でロシアに対して英・仏並みの通商上の特権を，またフランス・オーストリアについでオスマン帝国内のキリスト教徒の保護権を，さらにロシアの君主に「パーディシャー」という称号の使用を許可した。これらのことからロシアは，当時のヨーロッパ国家系を構成している強国と肩を並べることができた。他方，オスマン側からすればロシアに各種の特権を与えることによって，相対的にヨーロッパの強国に対して地盤が低下したことを物語っている。ロシア・オスマン両国はクリム＝ハーン国の独立を認めたが，クリム＝ハーン国領内にロシア軍が駐留することに同意したことは，いわゆる近代的な意味での「国家の独立」の概念に抵触する。だが，独立するクリム＝ハーン国とオスマン帝国は，河川で国境を画定したことは近代的である。通商上の特権については，オスマン領内においてロシア人に与えられたのと同じ特権が，ロシア領内におけるオスマン人にも与えられたことは双務的な内容である。これらのことは，オスマン外交の原則の変化を迫るものであり，オスマン帝国の固有で伝統的な前近代的な外交が変容したことをうかがわせる。さらにこの条約は「近代的・双務的な形式」で作成され，内容的にも片務的から双務的なものに変化している。これらの点においてキュチュク＝カイナルジャ条約は，オスマン帝国の伝統的な片務主義的外交から双務主義的外交へと変化する転機であったと推察できる。

第二次ロシア＝オスマン戦争（1787～92年）では，オスマン帝国はロシアだけではなくオーストリアとも戦ったのである。ロシア・オーストリアとの戦いのなかで，オスマン帝国は，スウェーデンおよびプロイセンと同盟を結んだ。戦争の途中にフランス革命が勃発し，徐々に国内的事件からヨーロッパ全体を含む国際的な事件へと変化した。そのような国際的情勢の変化に伴い，オスマン帝国もまたヨーロッパの情勢に無関心でいることはできなかった。スウェーデンおよびプロイセンとの同盟はフランス革命の展開により，本来の目的を達成せず，失敗に終わった。しかしヨーロッパの国と対等の立場に立たないオスマン帝国が国益を維持するために，異教徒（キリスト教徒）の国と同盟を締結したことの意義は大きい。第二次ロシア＝オスマン戦争もまた，イギリス・オランダ・プロイセンの3ヵ国が調停を企てた。戦争終結の翌年つまり1793年，ルイ16世が処刑され，小ピットの提唱によりヨーロッパの国々が対仏同盟を結んだ。

同年オスマン帝国はイギリスを手始めにヨーロッパの国へ常駐使節の派遣を試みた。開明的なセリム3世の外交改革である。これは，オスマン外交がこれまでの片務主義外交から双務主義外交へと変容する一里塚になったといえる。その後，オーストリア・プロイセン・フランスへと派遣された。ロシアを除くヨーロッパ国家系を構成する強国の首都に送られた。常駐使節の派遣の企ては，本来の目的を十分に遂行したとは言いがたい。というのは大使として送られた人々が受けた教育にもその一因があったからである。すなわち彼らは，伝統的な教育を受け，ヨーロッパの言語を習得しているものはほとんどいなかった。したがってあらゆることにおいて大使は，通訳にすべて依存せざるをえなかった。また在外公館を統括する外務省は設置されなかった。ヨーロッパの国々の位置に関する基本的な知識も持ち合わせていないものもいた。だが，セリム3世の改革が，完全に失敗であったとは言い切れない。大使に随行した若き書記官（ムスリムのオスマン人）は，現地でヨーロッパの言語を身につけて新しい思想や理念に接することができた。帰朝後，少数ではあるが，西欧派官僚となり，オスマン帝国のヨーロッパ化に貢献した。

1796年の春にイタリア遠征に向かったボナパルトは，各地で輝かしい勝利をあげた。翌年10月に彼は，オーストリアとの間で，カンポ＝フォルミオの和約を結び，フランスはイオニア諸島やアルバニア沿岸の諸都市を手に入れた。その結果フランスは，ロシアやオーストリアと同じようにオスマン帝国とじかに国境を接することになった。このフランスの東地中海への進出に脅威を感じたロシアのパーヴェル1世は，先代のエカテリーナ2世が採用してきた対オスマン政策を見直し，敵対的態度から友好的態度に変えた。ロシア使節は，同年末イスタンブルでロシアはいまやオスマン帝国の友人であること，オスマン帝国に対するフランスの脅威にオスマン帝国がとるべき対応について書記官長に勧告した。

1798年5月下旬になると準備を進めていたボナパルトは，大艦隊を率いてトゥーロン港を出帆した。翌月中旬にはマルタ島を占領した。タレーランの巧みな対応，パリ駐在オスマン大使の報告にもかかわらず，セリム3世をはじめオスマン側の要人は，ボナパルトのつぎの狙いはオスマン領であることを確信していたようである。7月初めには，フランス軍はアレクサンドリアに上陸し，これを占領し，東進してカイロを7月下旬に占領した。ボナパルトを追走したネルソン提督率いるイギリス艦隊が，アブキール湾でフランス軍を破ったことを契機に，ついにオスマン帝国は9月2日にフランスへ宣戦布告をした。フランスに対して友好的な政策を遂行してきたオスマン帝国の伝統的な外交政策が逆転した。

1797年末以降，イスタンブルにおいてロシア使節とオスマン帝国の書記官長は，ときにはイギリス使節を交えて頻繁に会談をもったようである。オスマン帝国のフランスに対する宣戦布告からほどなくして，ロシア黒海艦隊がボスフォラス海峡に投錨した。それから約2週間してロシア・オスマン両国艦隊は，フランス軍が占領するイオニア諸島にむかった。

他方，イスタンブルにおいてロシア使節と書記官長は会談を継続した。1798年10月初めに両者は，対仏ロシア＝オスマン同盟条約の諸条件をめぐって大詰めの議論をした。たとえば支援の具体的形態，糧食の調達すべき場所，船舶の修理の方法，この同盟にイギリスやプロイセンも参加するように要請することなどが話し合われた。これから約2ヵ月後の1799年1月3日に対仏ロシア＝オスマン同盟条約が，イスタンブルで調印された。更新可能で，8年間の有効期限をもった。

ここにおいてオスマン帝国の伝統的な外交政策である親仏・反露から親露・反仏に転じた。対仏ロシア＝オスマン同盟は，翌年ヨーロッパで結成される第二次対仏大同盟のさきがけとなった。ヨーロッパの同盟システムに非ヨーロッパで，非キリスト教国家としては，オスマン帝国が初めて参加したことは意義深い。このオスマン外交の変化を「18世紀における第二の外交革命」と評価する研究者もいる。

18世紀末のロシア＝オスマン関係を基軸にオスマン外交の変容つまり

片務主義外交から双務主義外交への転換，換言すればオスマン外交のヨーロッパ化を考察してきた。オスマン語史料を基本にヨーロッパ側の史料を利用しながら，オスマン側の立場から論じてきた。筆者の非力のためにロシア語史料・研究書をほとんど利用できなかったが，この点は今後の課題としたい。

資　料

Ⅰ　イスタンブル駐在ロシア使節とオスマンの書記官長との会談（1797年12月4～5日）

1．原文

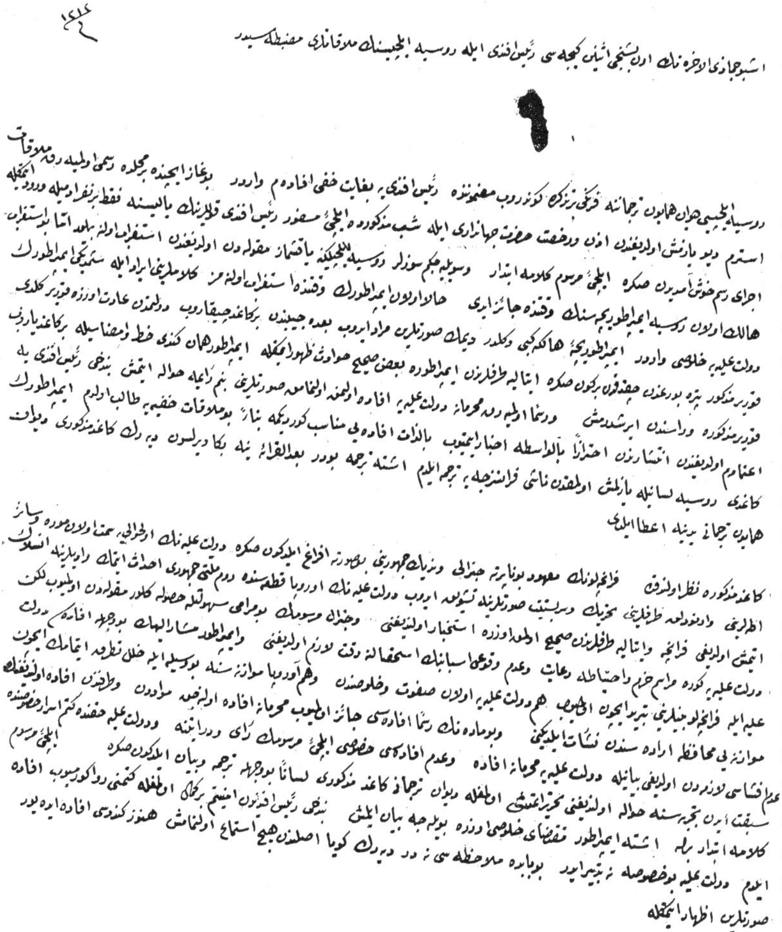

بوماده کرکه استماع اولنمش وغزته‌لرده کورلمش موادّدن ایکن ایلچی مرسومک امور خفیه‌دن اولدرده محفی ملاقات استیوب ایمپراطورینک وکندونک خلوصلرینی
بیان مقدمه‌سیله افاده سنه نظراً ایلچینک بو اسکی وشایع حواداثاتدندر ایمپراطورک شمدی استماع ایلمسی غرابتدندر دینلمک لازم کلدیکی بیلدیرلسه
ایلچی مرسومه حجالت ایراث ایده‌جکنی بیلمیوب اظهار صورت تجاهل اولنسه دولت علیه‌نک غفلته حمل اولنه‌جغنی رئیس افندی ملاحظه ایدوب
ایکیسی اوده‌سی اولدرده جواب ابتدار ایله فرانچه جنرالی مرسومک ارادهٔ صنویه‌سی بو ایدوکنی دولت علیه برقاج ای مقدم مالتزی تحقیقه واسباب تیقظات
استحصاله مبادرت ایتمش اولدیغی هرنقدر درکار ایسه دخی کندی ملکنه راجع مصالحی تحری وتحقیقه دولت علیه‌نک وظیفهٔ لوازمی‌سی اولمغله وظیفه‌سنی
اجرا ایتمش اولور قالدیکه ایمپراطور جنابلرینک ملکنه راجع مواددن دکل ایکن هم تحقیقه وهم خلوصلرینه دولت علیه‌یه افاده‌کم باعث ممنونیت اوروکنده شبهه
یوقدر قالدیکه ایلچی بک مقدمهٔ مجلسده سویلدیکی حکم شئ دوسیه ایلچیلکه باقلماز لکن ایمپراطوریکه هالکه زماننده باقلماز ایدی شمدی بو ایمپراطور
زماننده باقلسون کلاملرینی ایراد ایتمشدی ایلچی بک بوکلامی موافق نفس الامر دوردر دولت علیه دخی بونلره ... اطوارینه نظراً امنیت جائز اولمه‌ماز ایدیکه ... حقنده محبتک بونشو
اولوب ایمدی هرنقدر بوجه ایسه دخی ایمپراطوریکه هالکه نک الحاکم هذه کمال امنیتی درکار ... واجرای مقدماً نه تشبث داعیه‌سنده
عهد ومیثاقده ودوستی ومحبتده کمال ثبات ومتانتی اشعار ایلدیکندن دولت علیه‌نک بومثللو مقاصدی ... جانبنه ایله مخابره
کلهلم جنرال مرسوم مقاصدینه جنرال مرسومک بومثللو مقاصدی ... ضلول وقیدیلم کلیدوه سابعه مابینه قپودانی جانبنه جنرال مرسومک ذاتنه
نزاری اشکاردر بشقه جزیره موره‌ده واقع مابینه رعایاسنی اضلال ... فرانچه جمهورینه باقیدیلمیوب جنرال
ایدوکی مقدما استخبار اولندیغندن بوفساد ... اولدیغی تحقیقه ایلدیکندن اولدخی بوماده‌دن جمهورینی تنزیه ... آنی ترسیه ایدر
اتماز ایلدیکه وحتی قپودان مرسومه یازدیغی مکتوب غزته‌لرده یاصلمش اولدیغی ... افاده اولندقده ... جمهوره بن یازارم
مخصوص مفاسددن اولمغه صورتیله بوطرفده جانب دولت علیه‌دن فرانچه ایلچیسنه پارسده اوولان ایلچیسنه یازمسون ... حزم واحتیاطه رعایةً هرطرفده اسباب
مرسوم بکده جمهوری اصغا ایتمز هنوز رای برآمدر کرم ایدوب دولت علیه بوماده‌یی مع مافیه دولت علیه وارسم ... تثبث باقلمیدیغیندن سررشته
جنرال مرسومه دخی تحریر ایدرم جمهورک بوصورتده رضاسی اولمغه احتمالی یوقدر دیمشیدی ... اولتحقیقنن غیری درلو ...
بصیرت وتیقظی استحصال ایتمشدر فرانچه‌لو طرفندن علناً برمعامله مشاهده ...
ویرلمیه‌رک اقتضا ایدن محلارده انتباه درکاردر ... بوکاد لیل بودرکه ...
ایلچی مرسوم جنرال مرسومک هنوز ... بوجهه ملاحظه‌یه کوره جنرال مرسوم جمهوری وکلمز ... روابط ونظام سابقلرینه خلل کلماملک
مصالحا ساسنده ماتوه قلعه‌سی ... ورین صوبی وراسنده ... ایمپراطوریلر ... والماجیا واستریا والمانیا
واتبالیه‌ده تحدث ایدن جمهورک سرشتیتی مصالحه تصدیقنامه‌لری مبادله اولنمدقچه اعلان اولنمامعه ... جمهوریتلرین وفق الحال
قاکوب وندیکلونک جمهوریت سابقلری نظامی تغییرا ... شروطی ایکی جنرال مرسوم ایتالیه‌ده تحدث ایدن جمهور مذکوره ... ووندیک جمهوریتنک اطوار
ورین صوبی وراسنده سالف الذکر ایمپریوار اصنسی سکنه‌سنه فساد القاسیله طرف طرف سرشتیت علاوه‌لرین اظهار ... ورین صوبی وراسنده اولان
تغییر ومانتوه قلعه‌سی ایتالیه جمهوری اراضیسنه کلید مثابه‌سنده اولمغله آنلره دوزمود ... سرشته طالب اولدیلر نیجه منع اولنور ... حوابی اتباث
اراضی سکنه‌سی نیچون بولیه سوبیت اولدی دیلدکده سرشتیت نوع بشوه بشقه برجیادر ... فرانچه‌لو عدم قبول صورتلرین
ایتمکله نجه بوبوجالکی مشاهده ایدیجک اساس مصالحه تکرار بشقه‌جه مذاکره ایچون پارسه مرخص کوندرمک مراد ایلدکده ... طرفلرندن تنظیمی
اظهار ایتملریله نجه پارس وکلا طوغوت فرانچه‌لونک امور اجنبیه وکیله تحریرات ارسالیله حادثهٔ مذکوره‌یه بیان ... اوسعالحه‌نک تنظیمی بونا پارته
استدعا ایلدکده وکیل مذکور کونردیکی جوابنامه‌ده مواده تعرض ایتمیوب همان تشویق کلدی حالی معلومی اولدی ... قالدیکه جنرال
جنراله مفوض اولمغله اکمل مذاکره اقتضا ایدر مضمونلرینی درج ایلمش ... فرانچه‌لو بیک وکلمدیکی بونلر دخی ظاهر اولیور ... الحالة هذه معلوم اولان صورتله مصالحه قرار ویروب
ایمپریو مصالحه‌سی بشقه‌جه عقد اولنمغه محتاج اولدی اشته جنرال مرسومک فرانچه‌لو بیک ... الحالة هذه نجه مصالحه ختام بولمغله عسکره
مرسومک مابنده قاچ سنه‌دن برو بروبت وغصب اموال وبرسرشتیله التمش بوقدر عسکر وار ... عسکر پارسه کلمک لوزم کلسه
ایش قالمامش اولوب پارسه عودت اقتضا ایدر بوایسه جنرال مرسوم ومدیرین حضره‌نک اشلرینه الویرمز هدایا وتحف وذی قیمت ونقوده مالک اولمغله
بوحالده پارسده برنوع فتنه حدوث ایده‌جکی مدیرین حضره‌نک وجنرال مرسوم ایتالیه‌ده اطراقدن ودیعه ... وکلیدوه مدیرین حضره‌دن برقاچی تبدیل قبول
پارسه عودتنده جمهور طرفندن سؤال وطلب اولنه‌جغی جنرال مرسومک معلوملری اولدیغندن نه ایشلرایسه تقبیح ایتمیوب توافقه ایدیلر
ایدوب شمدی موجود اولان مدیرین حضره ایله جنرال مرسوم بینلری ابوجه اولدیغندن نه ایشلرایسه ... ایش ارار پاپا وسیجلیا تین
بنا علیه اولدخی خاطرنه کلاوی اتیلیدر پارسه عودت ایجاب اتمامک ایچون عسکری اشغال ایدجک ایش ارار ... محافظه ایچون اتمام نطافت الحیل
ممالکنی تخریب ایله سوبیت ایتدکی قصد ایتمیشدی ... محمولدر که آنلر جنرال مرسومک توامنی بیلوب کندی ملکلرینی

ヤシ条約（1792年）締結後，ロシア・オスマンの間に戦争はおきなかった。それどころかオスマン帝国は伝統的な外交政策つまり親仏反露政策を，一時的とはいえ親露反仏政策に変えた。このオスマン帝国の外交政策の変化は，18世紀の「第２の外交革命」(1)と呼ばれることがある。16世紀中葉以後，対立関係にあったロシアとオスマン帝国が，フランスに対して軍事同盟を結んだ（1799年１月３日）。その２日後には，イギリスとオスマン帝国がフランスに対して軍事同盟を結んだ。これらは同年春に，ヨーロッパで結成される第二次対仏大同盟のさきがけとなった。イスタンブル駐在ロシア使節と，オスマンの書記官長とのあいだで，1797年から数回会談が開催されて同盟締結に至っている。

この会談に関するオスマン語史料としては二種類ある。一つはクラトKuratの文献(2)に紹介されているものであり，今一つは筆者の留学中の指導教授カラルE. Z. Karalの論文(3)に省略した形で転写されているものである。1998年８月～９月にかけて，トルコ共和国総理府古文書館と，トプカプ故宮博物館付属図書館での調査の結果，両者は同一のものであることが判明した。すなわちカラル教授が使用した史料の分類番号は古いものであり，史料の整理が進み新しい分類が行われたようである。この調査においては，上記の古文書館副館長ネジャティ＝アクタシュNecati Aktaş及びトプカプ故宮博物館付属図書館長ウルクアルトゥン＝ダーÜlkualtun Dağ女史から，なみなみならぬお世話になったことを，この場を借りて謝意を表する。

注

（１） Thomas Naff, Ottoman Diplomatic Relations with Europe in the Eighteenth Century Patterns and Trends. p. 106. in ed. Thomas Naff and Roger Owen, *Studies in Eighteenth Century Islamic History*, Southern Illinois University Press, 1977.

（２） A. N. Kurat. *Türkiye ve Rusya—XVIII. Yüzyıl Sonundan Kurtuluş Savaşına kadar Türk-Rus İlişikleri (1798–1919)*, Ankara, 1970, pp. 42–43. トルコ共和国総理府古文書館（イスタンブル）所蔵のHatt-ı Hümâyûn（勅令）No. 7173文書の

存在を指摘してはいるが，会談の内容にはほとんど言及していない。また
ラテン文字への転写は全然ない。以下 HH7173と略す。

（3） E. Z. Karal, Yunan Adalarının Fransızlar tarafından işgali ve Osmanlı-Rus münasebatı, *Tarih Semineri Dergisi*, (1937), pp. 117–119. Hazinei evrak S. No. 40, D. No. 2, H. No. 19. 必ずしも転写は正確でなく，かなりの省略がある。以下 Karal と略す。

転写相違対照表

	筆者	Karal
(8)	verâsından	fedasinden
(16)	tatarruk	iras
(24)	eski ve şâyi	şâyi ve eski
(28)	hulûsâne	hulusati
(29)～(30)		
	Rusya elçiliğine	Rusya elçisine
	şimdi bu imperator zamânında	şimdiki zamânında
(32)	dost ve muhabbetde	dost sohbette
(33)	dâi'yesinde	daiyesinin
(34)	izlâl kasdıyla	ihtilal maksadile
	Manya kapudanı Canta	Manye kaptani
(35)	tahakkuk eylediginden	tahkik edildiginden
(36)	mefâsidden	mekasiddan
	cumhurunu	cumhuriyeti
(37)	ısga	isga
(41)～(60)		省略
(61)	'Aliye'ye～vâcibdür	省略
(65)	tanziri	tenfiri
	dedikde	dedikten sonra
(66)～(70)		省略
(71)	elçi-i mersûm～birle	省略
	tahassus	mutecessis
(72)	ci-gûnegi	çünku
(73)	masarife	masraf
(77)～(91)		省略

2．転写

（1）　İşbu Cemaziyü'l-âhire'nin on beşinci i̱şneyn gecesi reis efendi ile Rusya elçisinin mülâkātları mażbatasıdır.

（2）　Rusya elçisi divân-ı hümâyûn tercümanına frengi bir te̱zkire gönderüb mażmununda reis efendiye be-gâyet ẖafi ifâdem vardır. Boğaz içinde bir maḥalde resmi olmıyaraḳ mülâḳāt

（3）　isterim deyü yazmış olduğundan i̱zin ve ruẖṣat ḥażret-i ciḥândârî ile şeb-i me̱zkûrde elçi-i mesfûr reis efendi ḳullarının yalısına fakat bir nefer adamıyla vürûd etmekle

（4）　icrâ-yı resmî ẖoş amedîden sonra elçi-i mersûm kelâma ibtidar ve söyliyeceğim sözler Rusya elçiliğine yaḳışmaz maḳûleden olduğundan istiğrab olunabilür. Ammâ bu istiğrab

（5）　hâlik olan Rusya imparatoriçesinin vaḳtinde câiz idi. Ḥâlâ olan imparatorun vaḳtinde istiğrab olunamaz. Kelâmlarını irâd ile şimidiki imparatorun

（6）　Devlet-i ʿAliye'ye ẖulûṣu vardır. İmparatoriçe-i hâlike gibi değildir demek ṣuretlerin mûrâd edüb baʿdehu ceybinden bir kâğıd çıḳarub devletimden ʿâdet üzere ḳurye geldi.

（7）　ḳurye-i me̱zkûr Peterburg'dan çıḳtıḳdan bir gün sonra İtalya ṭaraflarından imparatora baʿzı ṣaḥiḥ ḥavâdi̱ş ẓuhûr etmekle imparator hemen kendi ẖaṭ ve imżasyıla bir kâğıd yazub

（8）　ḳurye-yi me̱zkûre verâsından erişdirmiş ve resmen olmayaraḳ maḥremâne Devlet-i ʿAliye'ye ifâde olunmaḳ olunmamaḳ ṣûretlereini benim reyime ḥavale etmiş ben daẖi reis efendiye

（9）　iʿtimadım olduğundan intişarından iḥtirâzen bi'l-vâsıta iẖbâr etmeyüb bi̱zẕat ifâdeyi münasib gördüğüme binâen bu mülâḳat-ı ẖafiyeye tâlib oldum. İmparatorun

（10）　kâğıdı Rusya lisânıyla yazılmış olmaḳdan nâşi fransızcaya tercüme eyledim. İşte tercüme budur baʿde'l-kirâ'e yine bana verilsün diyerek kâğıd-ı me̱zkûr ve divân-ı

(11) hümâyûn tercümanı yedine iʿṭâ eyledi.

(12) Kâğıd-ı meẕkûre naẓar olunduḳta Françalu'nun maʿhûd Bonaparta ceneralı Venedik cumhurunu bu ṣûrete ifrâğ eyledikden sonra Devlet-i ʿAliye'nin ol ḥavâliye semt olan Mora ve sâir

(13) aḍalarını ve Arnavudluḳ ṭaraflarını tahrîk ve serbestiyet ṣûretlerine teşviḳ edüb Devlet-i ʿAliye'nin Avrupa kıṭʿasında Rum milleti cumhuru iḥdâs̱ etmek vâdilerine insilak

(14) etmiş olduğu Françe ve İtalya ṭaraflarından ṣaḥîḥ olmaḳ üzere istiḫbâr olunduğu ve ceneral-ı mersûmun bu merâmı sühuletle ḥusûle gelür maḳûleden olmayub lâkin

(15) Devlet-i ʿAliye'ye göre merasim-i ḫurrem ve iḥtiyâṭa riʿâyet ve ʿadem-i vuḳuʿu esbâbının istiḥṣaline diḳkat lâzım olduğunu ve imparator-ı müşarün-ileyhin bu vechile ifâdesi Devlet-i

(16) ʿAliye ile Françalu beynlerini tebrîd içün olmayub hem Devlet-i ʿAliye'ye olan ṣafvet ü ḫulûṣundan ve hem Avrupa muvâzenesine bu vesile ile ḫalel taṭaruḳ etmemek içün

(17) muvâzeneyi muḫâfaẓa irâdesinden neşʾet eylediğini ve bu mâddenin resmen ifâdesi câiz olmayub maḫremâne ifâde olunacaḳ mevâddan ve ṭarafından ifâde olduğundan

(18) ʿadem-i ifşâsı lâzımeden olduğu beyânıyla Devlet-i ʿAliye'ye maḫremâne ifâde ve ʿadem-i ifâdesi ḫuṣûṣu elçi-i mersûmun reʾy ve dirâyetine ve Devlet-i ʿAliye ḥaḳkında ketm ıṣrâr ḫuṣûṣunda

(19) sebḳat eden tecrûbesine ḥavâle olunduğunu taḥrîr etmiş olmağla divân tercümanı kâğıd-ı meẕkûru lisânen bu vechile tercüme ve beyân eyledikden sonra elçi-i mersûm

(20) kelâme ibtidâr birle işte imparator muḳteża-yı ḫulûṣu üzere böylece beyân eylemiş. Ben daḫi reis efendiden emniyetim ber-kemâl olmağla ketmini revâ görmeyüb ifâde

(21) eyledim. Devlet-i ʿAliye bu ḫuṣûṣa ne tedbîr eder bu bâbda mülâḥaẓası nedir diyerek güyâ aṣlından hiç istimâʿ olunmamış henüz kendüsü ifâde ediyor

(22) ṣûretlerin iẓhâr etmekle

(23)　Bu mâdde kerratla istimâʿ olunmuş ve gazetelerde görülmüş mevâddan iken elçi-i mersûmun umur-ı ḫafiyeden olarak maḫfi mülaḳāt isteyüb imparatorunun ve kendünün ḫulûṣlarını
(24)　beyân muḳaddemesiyle ifâdesine naẓazan elçi-i bey bu eski ve şâyiʿ ḥavadiṡatdandır imparatorun şimdi istimâʿ eylemesi garaibdendir denilmek lâzım gelmiş iken böyle denilse
(25)　elçi-i mersûme ḫacâlet iraṡ edeceğini ve denilmeyüb iẓhâr ṣûret tecahül olunsa Devlet-i ʿAliye'nin gafletine ḥaml olunacağını reis efendi mülaḥaẓa edüb
(26)　ikisi ortası olaraḳ cevâba ibtidâr birle Françe cenerâl-ı mersûmun irâde-i menevviyesi bu idüğünü Devlet-i ʿAliye birḳaç ay muḳaddem bi't-taḥarrî taḥḳiḳ ve esbâb-ı teyaḳkuẓun
(27)　istiḥṣâline mübâderet etmiş olduğu her ne ḳadar derkâr ise daḫi kendi mülküne raciʿ meṣâliḥ taḥarri ü taḥḳiḳ Devlet-i ʿAliye'nin vaẓîfe-i lâzımesi olmağla vaẓîfesini
(28)　icra etmiş olur, ḳaldı ki imparator cenablarının mülküne raciʿ mevaddan değil iken hem taḥḳiḳ ve hem ḥulûṣâne Devlet-i ʿAliye'ye ifâdesi baiṡ-i memnûniyet idüğünde şübhe
(29)　yoḳdur. Ḳaldı ki elçi bey muḳaddime-i meclisde söyliyeceğim şey Rusya elçiliğine yaḳışmaz, lâkin imparatoriçe-i hâlike zamânında yaḳışmaz idi, şimdi bu imparator
(30)　zamânında yaḳışır kelâmlarını irad etmiş idi. Elçi beyin bu kelâmı muvâfık-ı nefsü'l-emrdir ve Devlet-i ʿAliye dostluḳ ve muḥâfaẓa-ı ʿahd u peymânda eğerçi ṡâbit ḳadem
(31)　olub ancaḳ her ne ḳadar böyle ise daḫi imparatoriçe-i hâlikenin eṭvârına naẓaran emniyet câiz olamaz idi. Ancaḳ bu imparatorun meslek ü eṭvârı viḳāye-i
(32)　ʿahd u peymânda ve dostu u muḥabbetde kemâl-ı ṡebât ve metânetini işʿâr eylediğinden Devlet-i ʿAliye'nin el-ḥaletü hâzihi kemâl-ı emniyeti derkâr ve Rusya devleti ḥaḳkında muḥabbetinin nev-be-nev
(33)　tezayüdü aşikardır. Gelelim ceneral-ı mersûm maḳaṣıdına ceneral-ı mersûmun bu miṡillü maḳāṣıdı derpîş ve zuʿ munca icrâs-ı muḳaddemâtına

teşebbüs̱ dâiʿyesinde

(34) idüği muḳaddemâ istiḫbar olunduğundan başḳa cezire-i Mora'da vâḳiʿ Manya reʿâyâsını iżlâl ḳaşdıyla geçenlerde sâbıḳ Manya ḳapudanı Canta ile muḫabereye

(35) âğâz eylediği ve ḥatta ḳapudan-ı mersûma yazdığı mektûb gazetelerde başılmış olduğu taḥaḳkuḳ eylediğinden bu fesâd Françe cumhuruna yaḳıştırılamayub ceneral-ı mersûmun ẕâtına

(36) maḫşuş mefâsidden olmaḳ şûretiyle bu ṭarafda cânib-i Devlet-i ʿAliye'den Françe elçisine ifâde olunduḳda ol daḫi bu mâddeden cumhurunu tenẕih ve ceneral-ı

(37) mersûm pek de cumhuru ışgâ etmez ḫod re'y bir âdemdir. Kerem edüb Devlet-i ʿAliye bu mâddeyi Paris'de olan elçisine yazmasun cumhura ben yazarım ânî (anı) terbiye eder.

(38) Ceneral-ı mersûme daḫi taḥrîr ederim. Cumhurun bu şûrete rızâsı olmaḳ iḥtimâlî yoḳdur demişidi. Maʿamafih Devlet-i ʿAliye merasim-i ḫurrem ve iḥtiyâṭa riʿayeten her ṭarafda esbab-ı

(39) başiret ve teyaḳkuẓu istiḥşal etmişdir. Françalu ṭarafından ʿalenen bir muʿâmele müşâhede olunmaḳsızın gayri dürlü tedâbir icrâsına teşebbüs̱ yaḳışmadığından serrişte

(40) verilmiyerek iḳtiẓa eden maḥallerde intibah derkârdır dedi

(41) elçi-i mersûm ceneral-ı mersûmun hod-re'yliğini taşdîḳ ederek benim de mülaḥaẓama göre ceneral-ı mersûm cumhuru değilmiz. Buna delîl budur ki Nemçelü ile muḳaddem aḳd olunan

(42) muşâlaha esâsında Mantova ḳalʿası Nemçelü'de ḳalmaḳ ve Ren şuyu verâsında olan İmparyo arâżîsinin revâbıṭ ve niẓâm-ı sâbıḳlarına ḫalel gelmemek

(43) ve İtalya'da taḥaddüs̱ eden cumhurun serbestiyeti muşâlaha taşdîḳnâmeleri mübâdele olunmadıḳça iʿlan olunmamaḳ ve Dalmaçya ve İstriya ve Almanya eyâletleri Nemçelü'de

(44) ḳalub Venediklü'nun cumhuriyet-i sâbıḳaları niẓâmı tagyîr olunmamaḳ meşrûṭ iken ceneral-ı mersûm İtalya'da taḥaddüs̱ eden cumhur-ı meẕkûrun cumhuriyetlerin defʿaten iʿlân

(45) ve Ren ṣuyu verâsında sâlifü'z-ẕikr İmparyo arâżîsi seknesine fesâd ilḳāsıyla ṭaraf ṭaraf serbestiyet ʿalâmetlerin iẓhâr ve Venedik cumhurunun eṭvâr-ı sâbıḳaların

(46) tagayyür ve Mantova ḳalʿası İtalya cumhuru arâżîsine kilid meşâbesinde olmağla anlara lâzımdır deyü Nemçelü'ye vermekden iʿrâż ve Ren ṣuyu verâsında olan

(47) arâżî sekenesi niçün böyle serbest oldu denildikde, serbestiyet nevʿ-i beşere başḳa bir ḥayatdır. Serbestiyete ṭalib oldular nice menʿ olunurlar cevâbını ityân

(48) etmekle Nemçelü bu ḥalini muşâhede edecek esâs musâlahayı tekrâr başḳaca müẕâkere içün Paris'e muraḫhaṣ göndermek murâd eyledikde Françalu ʿadem-i kabule ṣûretlerin

(49) iẓhâr etmeleriyle Nemçe Baş vekîli Tugut Françalu'nun umûr-ı ecnebiye vekîline taḥrirât irsâliyle ḥâlât-ı meẕkûreyi beyân ve muṣâlaḥanın cumhur ṭaraflarından tanẓîmini

(50) istidʿa eyledikde vekil-i meẕkûr gönderdiği cevâbnâmede mevâdda taʿarruż etmeüb hemen mektûbunuz geldi. Meʾâli maʿlûmumuz oldu. O muṣâlaḥanın tanẓimi Bonaparta

(51) cenerala müfevvaż olmağla anınla müẕâkere iḳtiżâ eder. Mażmûnlarını derc eylemiş olduğuna Nemçelü çâre bulamayub el-ḥaletu hazihi maʿlûm olan ṣûretle muṣâlaḥaya ḳarâr verüb

(52) İmparyo muṣâlaḥası başḳaca ʿaḳd olunmağa muḥtâç oldu. İşte ceneral-ı mersûmun Françalu'yu pek de dinlemediği bundan daḫi ẓâhir olur. Ḳaldı ki ceneral-ı

(53) mersûmun yanında ḳaç seneden berü bir diyet ve gaṣb-ı emvâl ve serbestiyete alışmış bu ḳadar ʿasker var. El-ḥaletü hazihi Nemçe muṣâlaḥası ḫitâm bulmağla ʿaskere

(54) iş ḳalmamış olub Paris'e ʿavdet iḳtiżâ eder. Bu ise ceneral-ı mersûmun ve Müdîrîn-i Ḫamse'nin işlerine elvermez. ʿAsker Paris'e gelmek lâzım gelse

(55) be-herḥal Paris'de bir nevʿ fitne ḥuduş edeceği Müdîrîn-i Ḫamse'nin ve ceneral-ı mersûm İtalya'da eṭrâfdan lâ-yuʿadd hedâyâ ve tuḥaf ve zî-ḳıymet ve nuḳûde mâlik olmağla

(56) Paris'e ʿavdetinde cumhur ṭarafından su'al ve ṭaleb olunacağı ceneral-ı mersûmun maʿlûmları olduğundan ve geçenlerde Müdîrîn-i Ḫamse'den bir ḳaç tebeddül ḳabûl

(57) edüb şimdı mevcûd olan Müdîrîn-i Ḫamse ile ceneral-ı mersûm beynleri eyüce olduğundan ne işler ise taḳbiḥ etmeyüb tevâfuḳ edeyorlar

(58) binaen-ʿaleyh ol daḫi ḫaṭırına geleni işliyor Paris'e ʿavdet icâb etmemek içün ʿasker işgâl edecek iş arar. Papa ve Siçilyâteyn

(59) memâlikini taḥrik ile serbest ettirmeği ḳaṣd etmişdi. Muḥtemeldir ki anlar ceneral-ı mersûmun bu merâmını bilüb kendi mülklerini muḥâfaẓa içün iʿmâl letâifü'l-ḥiyel

(60) ile ceneral-ı mersûmu Devlet-i ʿAliye arâżîsi ifsâdına taḥrik etmiş olalar. ʿAlâ külli't-teḳādir ceneral-ı mersûmun merâmı bu idüğüde şübhe olmamağla Devlet-i

(61) ʿAliye'ye göre ḫurrem ve iḥtiyâṭ vâcibdür vâḳıʿa esbâb-ı teyaḳkuẓun istiḥṣalinde ser-rişte verilmemek lâzım olmağla Devlet-i ʿAliye'nin mesleği güzeldir. Ceneral-ı

(62) mersûmun merâm-ı meẕkûru icrâsı eğerce ṣuʿûbetlüdür ve aḍalar ve sevâḥilden benim istiḫbarma göre Devlet-i ʿAliye reʿâyâsının o maḳûle iżlâle meyilleri

(63) yoḳdur. Lâkin her ne ḳadar böyle ise daḫi gaflet câiz değildir hem ḥaddim olmayarak ve kendimi Devlet-i ʿAliye ḫademesinden bilerek biraz şey söyliyeyim. Devlet-i ʿAliye

(64) böyle vaḳitde ḳużât ve ḥükkâm ve voyvoda miṡillüleri mümkün mertebe meẓâlimden geçirmenin tedbirine baḳsa re'âyâya istimâlet verilmiş olur. Zirâ meẓâlim

(65) tanẓiri mucib idüğü erkân-ı Saltanat-ı Seniyenin maʿlûmları olan ḥâlâtdandır dedikde

(66) reis efendi cevâba ibtidâr birle ceneral-ı mersûmun ʿaynıyla elçi bey dostumuzun dediği mizâcda idüğünü Devlet-i ʿAliye taḥḳiḳ etmiş olmağla elçi bey dostumuz daḫi

(67) bu ifâdeleriyle taṣdiḳ etmiş oldu. Ḳaldı ki refʿ-i meẓâlim ve neşr-i ʿadâlet fi'l-aṣl Devlet-i ʿAliye'nin şiʿarı ve ba-ḫuṣuṣ calis-i evreng-i

(68) salṭanat olan şevketlü mehâbetlü kudretlü veliyy-i ni'metimiz efendimiz ḥażretlerinin dâimâ murâd-ı hümâyûnları olmağla nev-be-nev bu ḫuṣûṣa Devlet-i 'Aliye'nin

(69) iḳdâm ve ihtimâmı derkâr ve bu mevsimlerde bir ḳat daḫi iḳdâm olunmaḳda idüğü bedîdârdır. Bi-mannhu te'âlâ sâye-i inâyet-vâye-i ḥażret-i cihândârîde bi'l-cümle re'âyâ

(70) ve sükkân asude-i mazalle emin ve istiraḥat olurlar, kelâmlarını îrâd eyledikte

(71) elçi-i mersûm ẕikr olunan kelâmları taṣdîḳ ederek bir nev' ifâdeye daḫi mübaderet birle Devlet-i 'Aliye'nin İtalya semtlerinde ve ol ḥudûdlarda ba'zı taḥassüs

(72) ademleri bulunsa ba'zı ḥavâdiṡâtı ve ba-ḫuṣûṣ ceneral-ı mersûmun ci-gûngei (?) ḥarekâtını taḥḳîḳ ve peyderpey Der-i 'Aliye'yi irşâd eder idi. Bundan mâ'adâ Devlet-i

(73) 'Aliye'nin Paris'de olan elçisi 'Ali Efendi istimâ'ma göre dirâyetlüce âdem olmağla ana yazılsa ve bu bâbda biraz masârife bakılmayub iḳtiżâ edenlere

(74) ve ba-husûs Françânun umûr-ı ecnebiye vekîli bir mürtekib ve tama' âdem olmağla ana birer münasebetle aralık aralık akça ve hediyeler verilse Françа'nun kati (?) çok

(75) esrârına taḥṣil-i vuḳûf edebilir idi demekle reis efendi ederiz etmezyiz demeyüb vâḳı'â 'Ali Efendi dirâyet ve dikkat aṣḥâbındandır cevâbıyla iktifâ

(76) eyledi

(77) ba'dehu elçi-i mersûm Vidinlü Pasban Oğlunu su'âl ma'rażında biraz eyyâmdan berü Bâb-ı 'Âli'de bir nev' meşguliyet istimâ' edeyorum, galiba Rumeli ṭaraflarına

(78) dair olmak gerek diyecek reis efendi muḳabele edüb belli bugünlerde öyle iktiza etdi. Vidinlü Pasban Oğlu Osman dedikleri şaḫṣ

(79) iẓhâr-ı bagiyy ve şeḳāvet edüb iẕâlesi vücubiyetine canib-i şerî'at-ı garradan fetâvâ-yı şerîfe ve ocaḳdan maṭrudiyetini muş'ir agavât ve żâbiṭân

(80) ocaḳ ṭaraflarından cevâp verilüb üzerine ʿasâkir taʿyini ittifâk-ârâ-yı erbab-ı şûrâ ile ḳarârgîr olduğundan bir kaç gündür anun tertibât

(81) ve fürûʿâtı tanẓîmiyle iştigâl olunmaḳdadır demekle elçi-i mersûm bunun merâmı nedir su'âlini îrâd eyledikde reis efendi

(82) merâmı cibilletinde merkûz şekāveti iẓḥâr ve eṭrâfda vâḳiʿ baʿzı ḳażalara tasalluṭ etmekdir. Gâh vezâret istidʿâsı ve gâh baʿzı bî-maʿna

(83) teklîflerini dermeyân ederek su-i żamîr olan mefâsidi icrâ dâiyesile iẓḥâr ṭuğyân edüb kaydı görmelikte olmğla bi-mannhu (?) teʿâlâ

(84) ḳarîben sui-şaniʿi mücâzâtına maẓḥar olması mevâhib-i rabbânîyeden memuldur demekle elçi-i mersûm bunun ʿaskeri var mıdır ? Su'âlini îrâd ile Vidinlü

(85) buna tâbi mi değil mi maʿnâlarını murâd etmekle reis efendi muḳābele edüb Vidin ahâlisi şaḳî-i merḳûme tebaʿiyet eder maḳûleden değillerdir

(86) lâkin ḫâricden biraz derbeder maḳûlesi ḥaşerât celbiyle Vidinlü'ye iẓḥâr-ı ṣûret galebe etdiğinden Vidinlü żaruri mütabaʿat ṣûretde gösteriyor

(87) şimdiye dek şâyed kendüye nuṣḥ ve pend ile tenaṣṣuḥ olur deyü aralıkda sukkân-ı memâlik pâzede olmamak için iğmâz olunmuşidi tenaṣṣuḥ olur

(88) maḳûleden olmadığı tebeyyün etdiğinden tedarikâtı görülmek lâzım geldi cevâbını verdikde elçi-i mersûmun bunun celb etdiği ʿasker acabâ çok mıdır

(89) diyecek reis efendi cevâba ibtidâr birle kendüsü karına revâc vermek içün ʿaskerinin çokluğunu işâʿâ eder lâkin ṭaşrada ve yanında

(90) yedi sekiz bin miḳdârı ancaḳ olmaḳ gerek demekle yedi sekiz bin ʿasker vâfir ʿaskerdir ḫayli dağdağa verebilür in-şâ-allâh belâsını

(91) bulur deyüb biraz daḫi meṣâliḥ-i cüz'iyesini söyleyüb iḳtiżâ eden cevâbları verilmekle meclise ḫitâm verildi. Fermân menlehü'l-emridir.

3. 和訳

(1) ジェマズィエルアヒル月15日月曜日夜[1]に行われたロシア使節[2]とオスマンの書記官長[3]とが会談したときの報告である。

（2）　ロシア使節は，御前会議付通訳にヨーロッパ式の覚書を送った。そのなかには，書記官長宛に「極秘の陳述がある。（ボスフォラス）海峡のどこかで非公式の会談を

（3）　求めている」と書いてあった。そこで書記官長は「世界の支配者（スルタン）陛下の許可」iẕin ve ruḫṣat ḥażret-i ciḫândarî を得た。その結果既述の夜に既述（ロシア）の使節は書記官長の館に一人の僕を従えてやって来た。

（4）　歓迎後，既述の使節はにわかに話し始めた。すなわち「私の話すことは，ロシア使節職にふさわしくないゆえに驚かれるかもしれない。だが，この驚きは

（5）　（ロシアの）故女帝〔4〕の治世においては当然のことであった。しかし現在の皇帝〔5〕の治世においては驚きではありえない」と語り続けて「現在の皇帝は

（6）　オスマン帝国 Devlet-i ʻAliye に「誠実さ」huluṣ を抱いており，故女帝とは異なると言わんばかりの様子を示して，その後，懐から一通の「書簡」kâğıd を取り出して，「本国から慣例に従って急使 ḳurye が来た。

（7）　既述の「急使」がペテルブルクを出発してから一日後，イタリア方面から皇帝のもとへ正確な情報が届いた。そこで皇帝はただちに自筆の書簡に署名をして

（8）　既述の「急使」の後から，届けさせた。（書簡の内容について）オスマン帝国に秘密にしておくか否かの判断は，私の裁量に任せられた。私は書記官長を

（9）　信頼しているので，流布しないように慎重をきして，間接的に伝えるのではなく直接話すことが適切と考え，秘密会談を要求したのである。」と（ロシア使節が）述べた。「皇帝の

（10）　書簡はロシア語で書かれていたので，私はフランス語に翻訳した。これが翻訳文である。読んだ後，私に返していただきたい」と言って，既述の書簡を御前

(11)　会議付通訳に手渡した。

(12)　(既述の書簡を照合したところ) 既述の書簡には以下のことか書かれていた。フランスの有名な将軍ボナパルトはヴェネツィア共和国を「このように変えた後」bu surete ifrağ eyledikden sonra[6], オスマン帝国に近い地域, つまりモレア半島や他の

(13)　島々およびアルバニア方面の人たちを「扇動・独立へと駆り立て」tahrîk ve serbestiyet ṣûretlerine teşviḳ edüb, さらにオスマン帝国のバルカン領に「ギリシア人の共和国」Rum milleti cumhurunu を創出することを企てているようである。

(14)　このことはフランスやイタリア方面から正確である旨の情報が得られた。既述の将軍のこの目的はたやすく実現されるものではない。しかるに

(15)　オスマン帝国によれば「快く慎重に処理することを尊重し」merasim-i ḫurrem ü iḥtiyâta riʿâyet, そのような出来事が存在しない理由について情報を得ることに注意が払われねばならない。既述の皇帝のこのような言及はオスマン

(16)　帝国とフランスとの間を「疎遠」tebrîd にさせるためではない。それは, オスマン帝国に対する「誠実さ」ṣafvet ü ḫulûṣ とともに「ヨーロッパの勢力均衡」Avrupa muazenesi に対してこの口実で干渉しないために

(17)　勢力均衡の維持を望むことから生じている。そこでこの問題 (件) を公言することは妥当ではない。極秘に言及される性質のものである。ロシア使節から言及

(18)　するので秘密にしておかねばならない。オスマン帝国へ極秘に言及するか言及しないかの問題は既述の使節の「見識に」re'y ve dirâyetine, またオスマン帝国に (この問題を) 秘密にしておくか否かは,

(19)　これまでの経験に任せられる。そこで御前会議付通訳は既述の書簡を口頭でこのように翻訳し口述した後, 既述の使節は

(20)　皇帝の「誠実さ」の要求するところにしたがって，以下のように述べた。「私の書記官長に対する信頼は完全なものであるので，極秘にしておくことは妥当ではない」と考えて話し

(21)　た。「オスマン帝国はこの問題に対していかなる対策を講じているのか，この件に関する見解はどうなのか」と尋ねて，あたかも根本的なことはなにも聞いてはおらず，彼自身はただそう述べているだけの

(22)　表情を示した。

(23)　この問題は何度も耳にしたし，新聞で掲載されたことなのに，既述の使節は，「秘密の問題として秘密会談を要求し，皇帝と（ロシア使節）自身の（オスマン帝国に対する）「誠実さ」を

(24)　まず述べた。（ロシア）使節の陳述によれば，（ロシア）使節は以前からよく知られているさまざまな出来事を聞いている。皇帝が今耳にしたことは奇妙なことと言わねばならないがこのように言えば

(25)　既述（ロシア）の使節の名誉を汚すこと，言わないで知らないふりをすればオスマン帝国の軽率さに帰されることを書記官長は考えて，

(26)　折衷をとり回答した。すなわちフランスの既述の将軍の根本的な願望はこのことであることをオスマン帝国は数ヵ月前に「調査して」bi't-taḥarrî ve taḥḳiḳ「警戒の手段」esbâb-ı teyaḳkuẓun を

(27)　急遽講じてしまった。このことがいかに明白であろうとも自己の「領土」mülk に関する問題を「調査すること」taḥarrî ve taḥḳiḳ はオスマン帝国の必要な任務であるからそれを

(28)　遂行してしまう。しかるに皇帝の側は自己の「領土」mülk に関する問題ではないのに，「調査」taḥḳiḳ するとともにオスマン帝国に対して「誠意ある言動をする」ḫulûṣâne ことに満足していることに疑いは

(29)　ない。しかし（ロシア）使節は「会談の冒頭で私が話すことがらはロシア使節職にふさわしくない。しかしそのことは故女帝の治世で

は不適切であったが，現在の皇帝

(30) の治世にあっては適切である」と述べた。(ロシア) 使節のこの言葉はものごとの理にかなっている。オスマン帝国は「友好と約束を遵守」dostluḳ ve muḥâfaẓa-ı ʻahd u peymân する。

(31) しかるにいかにそのようであろうとも故女帝のさまざまな「やり方」eṭvâr を考慮に入れると「保障」emniyet はありえなかっただろう。現在の皇帝の「やり方」meslek ü eṭvâr は,

(32) 「約束を遵守」viḳāye-i ʻahd u peymân し，「友好関係」dost ve muḥabbetde の「完全な確立・強化」kemâl-ı s̱ebât ve metâneti を伝えているのでオスマン帝国の現在の「完全な安全」kemâl-ı emniyet は明らかである。「ロシア国家」Rusya devleti に対する「友好関係」muḥabbet が「さらに

(33) 増す」nev-be-nev tezayüd ことは明白である。さて既述の将軍の諸目的に話題を移そう。既述の将軍のこのような諸目的は「彼の考えによれば」derpîş ve zuʻmunca「基本的な諸原理を実施」icrâs-ı muḳaddematına teşebbüs̱ しようとしている

(34) ことは以前から情報を得ている。さらに，モレアの島 cezire-i Mora (sic　モレア半島) にいるマンヤ Manya の住民を誤った方向に導こうとして過日マンヤの元「指導者」kapudan の Canta と連絡を

(35) とり始めたこと，また既述の「指導者」kapudan に書いた書簡が新聞に公表されたことは確認されている。そこで書記官長は，この「陰謀」fesâd はフランス共和国にはふさわしくなく，既述の将軍個人に

(36) 固有な「さまざまな陰謀」mefâsid としてフランス使節に述べた。その際に彼 (フランス使節) も「またこの問題と共和国はかかわりがないこと，既述の

(37) 将軍はきわめて「共和国に従わない信頼できない」人物 cumhur ısgâ etmez hod re'y であること，どうかオスマン帝国はこの問題をパリ駐在の使節〔7〕に書簡を書かないでいただきたいこと，共和国へ

は私が彼を処罰するように書簡を書くこと，

(38)　既述の将軍にも私が書簡を書くこと，共和国はこのような「やり方」に同意するはずがないこと」を（フランス使節は）述べた。さらに彼（フランス使節）は，「しかしオスマン帝国が「快く慎重に処理することに敬意を払って」merasim-i ḫurrem ve iḥtiyâṭa riʿayeten, いたるところに

(39)　警戒の手段を講じたこと，フランス側からは公的に何一つ行動が確認されずに，もはや他のさまざまな手段を企てることは適切ではないこと，だが口実が

(40)　ないにもかかわらず，必要な機会に注意を喚起することは明白であること」を（フランス使節は）言った。

(41)　既述の使節（フランス使節）は，既述の将軍の見解を認めてはいるが，私（フランス使節）の見解によれば既述の将軍はわれわれの国民ではない。このこと（オスマン領の侵略）にとって証は以下の通りである。オーストリアと以前締結された

(42)　「講和条約（の原理）」muṣâlaha esâsı のなかでマントヴァ要塞〔8〕はオーストリアに残すこと，ライン川 Ren suyu の後背地インパルヨ İmparyo 地域左岸〔9〕の

(43)　イタリアに誕生した共和国〔10〕の「独立」serbestiyet は，「講和条約の批准書」muṣâlaha taṣdîknâmeleri が交換されない限り，「独立は宣言されないこと」iʿlan olunmamak, ダルマティア・イストリア・「ドイツの諸地域」Almanya eyâletleri はオーストリアに

(44)　残り，ヴェネツィア共和国のこれまでの支配（形態）が変更されないことが規定されている。しかるに既述の将軍はイタリアに誕生した既述の共和国の共和制を cumhur-ı meẕkûrun cumhuriyetin 突然宣言した。

(45)　ライン川左岸の既述のインパルヨ地域の住民たちに「陰謀を鼓舞して（ボナパルト）」fesâd ilḳāsıyla 各地 ṭaraf ṭaraf で「独立」serbestiyet の兆しが現れた。既述の使節（フランス使節は）ヴェネツィア共和

国の「これまでのやりかた」eṭvâr-ı sâbıḳaların
(46) を変え，マントヴァ要塞はイタリア共和国の領土の錠前にあたるので，彼らにとって必要であると言った。したがってオーストリア人に与えることを差し控えること，ライン川左岸の
(47) 領土の住民たちがなぜこのように「独立した」のか serbest oldu denildikde と尋ねたところ（書記官長がフランス使節に），「独立」serbestiyet は「人類」の nevʿ-i beşre「他（別）の一つの生活（存在）」başḳa bir ḥayat であり，「独立」serbestiyet を彼らは求めたと答えた。そのことを今になってどうして禁止されるのかと（フランス使節は）問いただした。
(48) オーストリア人はこの事態を確認する「（基本的な）講和条約」esâs muṣâlaha を再度さらに交渉するためにパリへ使節の派遣を望んだところ，フランス使節が受諾しないことを
(49) 明らかにした。オーストリアの「宰相」vekîl トゥグートはフランスの「外相」〔11〕umûr-ı ecnebiye vekîli に公式の書簡を送って，既述の局面を知らせ，「講和条約」が（ヴェネツィア）共和国によって調整されることを
(50) 求めた。既述の「外相」は送った回答のなかで諸問題に反論せずただちに貴書簡が届き，書簡の内容をわれわれは知った。例の「講和条約」muṣâlaha の調整はボナパルト
(51) 将軍に委任されているので，彼と交渉しなければならない。その内容に対して，オーストリア（人）はなにもできず，現在しられている方法で，「講和条約」を締結することに決定を下し，
(52) インパルヨに関する「講和条約」は別途締結せねばならない。さて既述の将軍はまさしくフランス人とはみなされないことがこのことからも明らかである。しかるに既述の
(53) 将軍のそばには数年このかた「賠償金」diyet や「財産および独立を強奪する（力づくで得る）」gaṣb-ı emvâl ve serbestiyet ことに慣れたかなり多くの兵士がいる。現在オーストリアとの「講和条約」は

完了しているので，兵士にとって
(54)　問題はなくパリへ帰朝しなければならない。しかしこのことは既述の将軍と「総裁政府」Müdîrîn-i Ḫamse 双方の問題にとってためにならない。兵士がパリに帰朝しなければならないとなると
(55)　パリにおいてある種の反乱がおきることは，「総裁政府」の知るところである。既述の将軍がイタリア各地から「無数の贈り物・貴重品・現金」を lâ-yuʿadd hedâyâ ve tuḥaf ve zî-ḳıymet ve nuḳûde 奪取したので，
(56)　パリに帰朝した際に（フランス）共和国から要求されることは既述の将軍の知るところである。そこで過日，「総裁政府」は数人の首のすえかえ〔12〕を受諾
(57)　したので，現在の「総裁政府」と既述の将軍との関係はかなりよくなっており，総裁政府は（ボナパルトに）対して何も非難せずに従おうとしている。
(58)　したがって彼（ボナパルト）も心に浮かぶことを遂行し，またパリに帰朝する必要がないので兵士の注意をひきつけることを探している。（つまり彼（ボナパルト）はローマ教皇や両シチリア王国の
(59)　「諸国土」memâlik の（住民）を「扇動して独立」taḥrik ile serbest させることを目指したことがある）。多分彼らは（フランス兵士は）既述の将軍のこの目的を知っていて「自己の領土」kendi mülkler を防衛するために「外交上の策略をめぐらして」iʿmâl letâitü'l-hiyet
(60)　既述の将軍がオスマン帝国の領土の（住民）を扇動すれば幸いと願うだろう（フランス兵士は）。この場合に既述の将軍の目的がこれ（オスマン領を侵略する考え）であることに疑いはないのでオスマン
(61)　帝国によれば「好意的かつ慎重に処理すること」ḫurrem ü iḥtiyât が妥当（必要）である。事実警戒の手段を講じることにおいて口実が与えられることは不要なのでオスマン帝国の「やり方」meslek は実にすばらしい。しかし既述の
(62)　将軍の目的を実施することは困難であるが。島々と海岸（複数形）

から私（ロシア使節）が得た情報によれば，オスマン帝国の住民がその種の不正な状態に置かれていることは

(63) ありえない。しかるにいかにそのようであろうと，「不注意」gaflet は許されない。私（ロシア使節）はその権利をもっていない。私自身（ロシア使節）オスマン帝国の僕から聞いて知っておりそのことについて話したい。オスマン帝国は

(64) そのような時に「(裁判官たち)」ḳużât ve ḥükkâm や軍政管 voyvoda などができる限り不正をおかすことのないように対策を講じれば住民は「慰撫され」istimâlet てしまう。というのはロシア使節が，不正が

(65) はびこっていることは，「オスマン政府」Saltanat-ı Seniye の「高官」erkân が把握していることであると言ったから。

(66) 書記官長は答えてロシア使節に，つまり「既述の将軍（ボナパルト）は，我が友貴下（ロシア使節）が述べるような人物であることをオスマン帝国は承知しているので，我が友貴下（ロシア使節）もこの表現を確認している。」述べた。

(67) 「しかるに「不正を一掃し」ref-i meẓâlim,「公正を広める」neşr-i ʿadâlet ことは，元来オスマン帝国の「慣習」siʿar と，とりわけ「主権者の玉座の場所（スルタンの玉座）」calis-i evreng-i salṭanat

(68) である「威厳があり，力強く，わが恩恵の保護者であるスルタン陛下」şevketlü mehâbetlü kudretlü veliyy-i niʿmetimiz efendimiz ḥażretlerinin の変わらない願望であり，常に新しいこの問題にオスマン帝国が

(69) 「努力し，慎重をきする」iḳdâm ve ihtimâm ことは明らかである。このふさわしい時にさらに「努力することは」明白である。「世界を支配する皇帝の恩恵の分け前を施す陛下の保護の下で」sâye-i inâyet-vâye-i ḥażret-i cihândârîde, すべてのレアーヤーと

(70) 住民たちは「安全と安らぎ」を得ることができる」と（書記官長は）言った。

(71) 既述の使節（ロシア使節）は既述のことがらを確認して，ある種の

ことをにわかに話しはじめた。「オスマン帝国とイタリアの隣接地域とその国境地帯に若干の扇動的な
(72)　人たちがいれば若干の事件，とりわけあらゆる既述の将軍の行動（複数形）を調査することによりたえず「オスマン政府」Der-i ʿAliyeに情報を送ることができるはずだった。さらに「オスマン
(73)　帝国」のパリ駐在使節アリー＝エフェンディは私（ロシア使節）が耳にしたところによれば，聡明な人物であるので，彼に書簡を書けばこの問題（件）において生ずる支出をふりかえらず，必要な人物に
(74)　とりわけフランスの「外相」は「賄賂のきく貪欲な人物」mürtekib ve tamaʿ âdemだから，彼に機会があるたびに時々金品を贈れば，フランスの多くの極
(75)　秘事項について情報を得ることができるはずだ」と（ロシア使節は）言った。書記官長は「われわれはそうするともしないともはっきりと言わないで，アリー＝エフェンディは「聡明で慎重な人物」dirâyet ve dikkat aṣḥâbındandırである」と回答することで満足
(76)　した。
(77)　その後，既述の使節（ロシア使節）は「（北西ブルガリアに位置する）ヴィディンのパスバンオール Pasban Oğlu[13]を尋問した折に，しばらく前から「オスマン政府」Bâb-ı ʿâliは多忙であることを私は聞いている。おそらくルメリ方面に
(78)　関することに違いない」と（ロシア使節）言ったさいに，書記官長は，「オスマン政府は明らかにこのごろは多忙にちがいない」と言い返した。ヴィディンのパスバンオールと呼ばれている人物は
(79)　「反乱や山賊行為」iẓhar-ı bagiyy ve şeḳāvetを行っており，彼を「適切に排除すること」iẕâlesi vücdiyetineに対して，「栄光あるシャリーアにもとづいて」canib-i serîʿat-ı garradan,「神聖なフェトヴァー（複数形）」fetvâ-yı şerîfeを出すこと，「軍団からの追放」ocakdan matrudiyetiを知らせる「アガーたちや将校たち」agavât ve żâbiṭânの

(80)　軍団から回答が出され，彼のもとに兵士を派遣することを会議の参加者が全員一致でもって決定され，数日間それの準備

(81)　や軍隊の整備（調整）で（オスマン帝国は）多忙であることを（書記官長は）述べた。既述の使節が「この目的は何か」と尋ねたところ，書記官長は

(82)　「彼の目的の性質から不変の山賊行為を明らかにし，「周辺の諸郡」eṭrâfda vâḳiʿ baʿ zı ḳażalar を攻撃すること，ときには宰相職を要求し，ときには若干の意味のない

(83)　諸提案を提出して，彼は「内的目的」である「さまざまな陰謀」mefâsid を実施するため「反乱をおこし」iẓḥâr ṭuğyân,「破壊しているので」kaydı görmelikte olmağla

(84)　やがて「悪行」sui-ṣaniʿi が「処罰されること」は，「神が望むところ」mevâhib-i rabânîye である」と言った。既述の使節（ロシア使節）はこの兵士は現在もいるのかと尋ね，ヴィディンの住民は

(85)　これ（彼に）に従うのか否かの本質を知ろうとした。それで書記官長は「ヴィディンの住民は既述の反逆者に服従するものではない」と言い返した。

(86)　しかるに外部から若干の「無法者」derbeder が「暴徒」ḥaşerât をひきつれてヴィディンへ出現してそこを制圧するので，ヴィディンの住民はやむなく服従している。

(87)　今までに（オスマン国家および当局が）自身（パスバンオール）へ助言した。そのころ「諸国土の住民たち」sükkân-ı memâlik が「蹂躙されないために」pâzede olmamak için 彼の行動は無視された。彼は助言に耳を傾ける人物では

(88)　ないことが明らかとなる。今準備をしなければならなくなったと回答をしたところ，既述の使節は彼にひきつけられる兵士は多いのかと

(89)　言った。そこで書記官長は彼自身（パスバンオール）の行動（利益）に価値を与えるために（重視するために）兵士たちの数を増すと答

え，しかるに地方で彼のそばには

(90)　7～8,000名いるにちがいないと言った。7～8,000名は多くの兵士であり，いろいろな混乱をおこすかもしれない。大惨事に

(91)　遭遇するかもしれないと言って，「無意味な諸問題」mesâliḥ-i cü'ziyesiniを話し，必要な回答を与え，会談は幕を閉じた。勅令は命令を下す者のものである。

訳注

〔1〕　カラルは西暦1797年12月8日としている。ヒジュラ暦ジェマズィエルアヒル月15日は西暦1797年12月5日（火曜日）である。曜日の違いは12月4日から5日にかけての夜に会談が行われたと推察される。

〔2〕　前任者のVictor Kochubeiは1797年6月に本国へ召還されたが，年末までイスタンブルにとどまった。後任のTomaraは10月にイスタンブルへ赴任を命ぜられたSaul N. E., *Russia and the Mediterranian 1797–1807*, Chicago/London, 1970, p. 54, pp. 57–58, n. 17.

〔3〕　メフメット＝ラーシド＝エフェンディ　在職期間は1797年8月18～1798年3月3日（死去）である。3回在職している。

1回目　1787年12月～1788年10月18日

2回目　1792年9月6日～1794年8月20日

Danişmend İ H., *İzahlı Osmanlı Tarih Kronolojisi*, vol. 5, pp. 349–352.

〔4〕　エカテリーナ2世（在位1762年～1796年11月17日）

〔5〕　パーヴェル1世（在位1796年11月17日～1801年3月24日）

〔6〕　カンポ＝フォルミオの和約（1797年10月17日）の第5条によりフランスがイオニア海に浮かぶヴェネツィア領の島々つまりCorfu, Zante, Cephalonia, Sainte＝Maure Cerigoなどならびに Lodrinno湾以南のアルバニアにあるヴェネツィア領の諸都市Butrinto, Larta, Vonizzaなどを領有することを認めた。『近代国際関係条約集』第2編，第1巻，龍渓書舎，1991年。フランス語文は232頁，英語訳は242頁を参照。他の英語訳についてはFred Israel, *Major Peace Treaties Modern History 1648–1967*, edited by Fred L. Israel, New York, 1967, p. 435を参照。

〔7〕　アリー＝エフェンディ。1797年4月18日にイスタンブルを出発したらし

い。パリには同年7月13日に到着した。彼は初代英国大使ユスフ＝アーガーと兄弟関係にあり財務長官を務めたOsman Efendiオスマン＝エフェンディの叔母の夫である。Erümend Kuran, *Avrupa'da Osmanlı İkamet Elçiliklerinin Kuruluşu ve İlk Elçilerin Siyasi Faaliyetleri, 1793–1821*, Ankara, pp. 25–26.

〔8〕 Mantoue（フランス語），Mantua, Mantu（英語），Mantova（イタリア語）『近代国際関係条約集』第2編，第1巻，233頁，242頁。Fred L. Israel, p. 436.

〔9〕 ライン川左岸の神聖ローマ皇帝領のことであろうか。『近代国際関係条約集』第2編，第1巻，236頁，245頁。Fred Israel, p. 440. *Correspondebce de Napoléon 1er*, 32 vols., 1858–69, Paris, vol. 3, p. 509. カンポ＝フォルミオの和約の結果，ライン川左岸をオーストリアはフランスに譲渡した。*NCMH*, vol. ix, p. 255, p. 388.

〔10〕 ロンバルディア共和国，リグリア共和国，チザルピナ共和国をさしていると思われる。

〔11〕 タレーラン。フランス革命期（1797〜1807年）に外相を務めた。

〔12〕 ボナパルトはオーストリアと1797年4月18日にレオーベンの仮条約を締結した。翌月第一次改選が行われルトゥルヌールは退任した。フリュクチドール＝クーデタ（同年9月）の結果，中央派のカルノーからメルランに交代し，絶対王政派のバルテルミは辞任した。岡本明，『ナポレオン体制への道』，ミネルヴァ書房，1999年，264頁。

〔13〕 *İA* s.v. 'PAZVAND-OĞLU, 'OŞMAN', 1758〜1807年。ヴィディン地域のアーヤーン（名士）。

II　イスタンブル駐在ロシア使節およびイギリス使節とオスマンの書記官長との会談（1798年9月10日）

1．原文

(1) شبو ایکی یوز اون اوچ سنه سی ماه ربیع الاولك یکرمی طقوزنجی کونی بابعالیده حشمت بك افندی ... روسیه ایلچیسی و روسیه امرالی

(2) روسیه وانکلتره ایلچیلریله واقع اولان مذاکره لرینك مضبطه سیدر

(3) یوم مرقومده ترسانه عامره امینی افندی و لیمان رئیسی و ناظری و دولتلو قپودان پاشا حضرتلرینك قپوچوقداری دخی موجود اولدقده ذکر اولنان

(4) روسیه وانکلتره ایلچیلری و روسیه امرالی ایله لدی الملاقات بو طرفدن کلامه آغاز ایله بو جمعیتمز مصلحت خیریه ایچون اولمغله

(5) نیجه فتوحاتی منتج اوله جغنده شبهه یوقدر الحالة هذه اوچ متفق دولتك دونمالری دشمن علیهنه اعمال اولنه جق اولوب سمت حرکتلری

(6) مذاکره اولنمش ایسه دخی قراری بو مجلسه تعلیق اولنمش اولمغله بو کون نتیجه ویریلوب همان ایشه باقلمسی مقتضای مصلحتدندر دینلهرك

(7) مقدمات لازمه بسط اولندقده روسیه ایلچیسی هر خصوص کوزل اولور خصوصا دوستلغی تزاید بولان انکلتره دولتنك ایلچیسی دخی

(8) بو مجلسده برابر بولنمغله باعث محظوظیت اولمشدر بو مصلحتده برکونه ملاحظه فاسده اولمیوب انجق حسن نیت ایله تشبث اولنمشدر وانکلتره دولتی

(9) الیوم فرانجه لو ایله محارب اولوب روسیه دولتی دخی محاربه اوزره اولدیغندن بشقه دولت علیه فرانجه لونك مصره مثلی نا مسبوق

(10) هجومنی مشاهده واعلان حرب ایتمکله دول ثلثه مصلحتی توافق ایدیکنه بناء عون وعنایت حقله بالاتفاق سعی واقدام اولنه رق حسن نتیجه

(11) استحصال اولنه جغی آشکاردر دیمکله بر وجه بالا انکلتره دونماسی آمرالی نلسون دشمنه ظفریاب اولوب ان شا الله تعالی دولت علیه

(12) توافق درکار اولمغله نتیجه سی خیر اوله جغی بی اشتباهدر انکلتره ایلچیسی دخی انکلتره دونماسی فرانجه دونماسنه مظهر اولورلر جوابی ویرلرکه

(13) وروسیه دونمالری دخی قریبا چیقدقده نیجه فتوحاته بو صورتده نکونه رأی اولنور ایسه بنده خاطریمه کلوب

(14) دونماسی قوتی مضمحل ایتمش ایسه دخی بنده اقدکزده کوریله جك ایشلر چوقدر بو صورتده حسنه بی بیان ایلسونلر بزده

(15) افاده والمدیکی مرتبه سعی ایدرم دیدکده بروطرفدن دخی ایلچیلرك خاطرلرینه لابح اولان صورتی

(16) اقتضاسنی افاده ایدوب بو مجلس قراری ویریلور دینلدی

(17) بعده روسیه ایلچیسی کلامه ابتدا ایله انکلتره دونماسی ابوقیرده فرانجه دونماسنی اتلاف ایدوب قوتی منکسر اولدی اسکندریه لیمانی درونده

(18) سفینه لری صغیر وجزئیدر اثنای محاربه ده فرانجه سفینه لرینك درت قطعه سی خلاص اولمش ایسه دخی اسکندریه لیمانه کیره میوب

(19) بر طرفه کتمشدر ولیمان مذکوری محاصره وفرانجه امدادینی قطع ایچون انکلتره امرالی اول طرفده اوچ قپاق قالدیرر ودرت فرقتین جمعا

(20) بش قطعه سفینه براقمغله اندر لیمانی محاصره ایدرلر بو تقدیرجه اسکندریه یه دونما کتمسی عبث ظن اولنور انکلتره دونماسی بانه

(21) براز انجه دونما کوندریلور ایسه اندن اعمال ایدر خالدیکه فرانجه دونماسنك اضمحلالی خبری یاد ابه و اصل اولدقده امداده سعی ایده جکلرنده

(22) شبهه یوقدر بو صورتده روسیه امرالنك ایکی وجه ایله ملاحظه سی اولوب برنجیسی فرانجه امدادی طریقنك قطعی ودیکری ایتالیه دن

بعض محله فرانچه عسکری دوکلرینك منعیدر . دونغمالر بو طرفدن چقرقده نلسونه خبر کوندریلوب موره صولرینه وارلنجیه دك نلسوندن جوابا
ورود ایدر اکر نلسون مصریوللی قطعه تعهد ایدر ایسه کورفزی واول حوالی محافظه سیله اشتغال ووندیك مقاسمه سنه فرانچه
یدینه کچن جزایر نزع اولنور واکر نلسون بنم دونغمام رخنه دار اولمیه جق در ایسه اولمادم اقتضاسنه کوره حرکت قلنور جزایر مذکوره کی
اهالیسی فرانچه لودن متنفر اولوب هجومه فرصت بکلیورلر آنلردن ورود ایدن بعض اخبارك شمدی تفصیلی عبث اولوب حاصلی دونغمالر کوندیکی
اهالی مزبوره فرانچه لوبی دفع ایده جکلرینی بنم وامرالك عندنده بی اشتباهدر بو صورتده دونغمالر اول طرفه کتسه کوزل ایشی کوریلور
وناده سمتنده اولان یرلرك دخی ضبطی اقتضا ایتمکله قره دن عسکر تعیینی لوزمدر آمرال طرفندن دخی عسکر مذکوره دونغمادن اعانت اولنور
بو تقدیرجه دونغمالرك اول صولره ورودینی موره والیسی ناده سمتنه تعیین اولنه جق دولت علیه مأمورینه اخبار ایدوب براً وبحراً
اهتمام ایله اول یرلر دخی اله کتوریلور فقط قورفه نك قلعه سی متینجه اولمغله ضبطی برمقدار صعوبتلو اولوب انکدخی چاره سنه باقیلور
وبو وجهله فرانچه نك مضرتی دفع اولنمش اولور دیدکده
بو طرفدن بو تدبیر کوزلدر لکن بقه لم انکلتره ایلچیسی دوستمز دخی مطالعه سنی بیان ایلسون دینلمکله انکلتره ایلچیسی مرسوم دخی بو رأیی
استحسان ایدرم انجق انکلتره آمرالنك اسکندریه لیمانی طرفنده برافدیغی بری قطعه سفینه نك اولجانبده نقدر اکلنه جکی نا معلومدر
بلکه ایلدن دخی ترمیمی اقتضا ایدوب برطرفه کیدرلر یاخود فورتنه دن متفرق اولورلر اوآرا [illegible] اسکندریه یه وارد
اولور جزایر وندیکك ضبطی هرنقدر اهم ایسه اسکندریه نك نزعی دخی اول قدر الزمدر دیوب انکلتره آمرالی نلسوندن کندویه کلن
کاغد مفهومنی روسیه ایلچیسنه افاده ایله فرانچه نك مصره امدادك قطعیچون اسکندریه نك تخلیصی اقتضا ایدر بو صورتده فقط
دونغماسی ایکی طاقم اولوب بریسی اسکندریه طرفنه وبریسی کورفزی جانبنه کتمك لوزمدر دینلدك روسیه کمیلری کیفیتی روسیه
آمرالندن سؤال وتصحیح ایله وروسیه فرقتینری اسکندریه لیماننده اولان فرانچه سفینه لری احراقنه الویرمز ایسه دخی برقاچی انکلتره سفاینه
اعانة اسکندریه طرفلرینه کتمك اهمدر زیرا بونا پارته نك مرادی امدادکلدیکی کبی قدس شریف جانبلرینه کتمك وبحراً دخی کمیلرینی اعمال
ایتمکدر برتقریب امدادی کلور ایسه مشکل اولور نلسونك بکا تحریرینه کوره برطاقم ابنجه دونغما بولنسه لیمانده اولان فرانچه سفینه لرینك
احراقی ممکن ایمش والیوم اسکندریه ده دخی بیك فرانچه عسکری اولمغله قره دن دخی اون بیك عسکر اولسه براً وبحراً تضییق ایله اسکندریه
تخلیص اولنور بو تقدیرجه اون بیك عسکرك دخی لزومی درکار اولمغله بو وجهله اسکندریه وجزایرك ضبطی خصوصلرنده ایکی ایشی
بردن کورلمش اولور دیدیکنده
بو جانبدن کچن کون انکلتره ایلچیسی دوستمز ایله واقع اولان مکالمه مزده دخی اسکندریه طرفنه برابنجه دونغما اولسه لیمانده بولنان اولان
کمیلری احراق ممکن ایدی وشمدی جریم منللو بعض اوفق قایقلر دخی اولسه اعمال اولنه بیلور دیمشیدی بناءً علیه اشبو اوفق قایقلرك
جمعی واسکندریه طرفنه اولان انکلتره قومندانی ایله بالمخابره ارسالی ایچون جهاد پاشایه ورودس وقبریس طرفلرینه اوامر علیه ارسال
اولندی بوندن نظری قطعه لر الحالة هذه مهیا اولان اون قطعه شالوپه یه برازسفاین علاوه سیله رودس جانبنه کوندریلوب
قومندان مرسوم ایله بالمخابره اقتضاسنه کوره اعمال اولنور دولت علیه وروسیه دونغمالری دخی بوغازدن خروجلرنده نلسونه یازیلوب
مصر طرفنی قطعه معیتنده اولان سفاین کافیمیدر دکلمیدر استعلام اولنه جق اولمغله نلسونك امداده محتاج اولدیغنی اشعار ایدر ایسه
دونغمای همایون باشبوغی وروسیه آمرالی بالمذاکره برازسفاین نلسونه ارسال واکر اسکندریه طرفنه دخی سفینه کوندرلسی
دیرایسه اقتضاسنه کوره حرکت اولنور اسکندریه جانبی دخی بو وجهله تقویه ولیمانده اولان کمیلرك احراقنه تشبث اولنور
دینلمکله روسیه ایلچیسی بو صورتیله دایلر توافق ایدر جنی بزدخی رودس وقبریس وبرشام طرفلرنده دونغمالك برفرقه سی
کشت وکذار ایتسون دیه جکدم دیوب انکلتره ایلچیسی دخی دولت علیه نك کمال غیرت وهمتی استحسان ایدرمکه شالوپه صحبتی
ایکی کون متقدم مکالمه ده کذران ایدوب درحال ظهور ایتمکله بوکون بو طرفه کلور ایکن اورته کوی جیشکاهنده لنکر انداز اولدقلری
مشهودم اولمشدر دیدکده
بو طرفدن دخی دولت علیه نك هر حالده همت کامله سی درکاردر ان شاء الله تعالی بوندن صکره دخی اقدام تام اولنه رق آثار حسنه سی
ظهوری منتظردر الحالة هذه وقتیله جلب ویمکن اولمیوب بران اقدم دشمنك تدمیری اسبابنك استکمالنه باقلمق اهمدر جوابی

ینه روسیه ایلچیسی روسیه دونناسنده بر مقدار قره عسکری موجود اولمغله بر محله چقارلمق اقتضا ایدر ایسه ترسانه امینی افندیدن سؤال اولندقده دونانمای همایونده سرعت طوپلری بولنمق لازم کلور دیدکنه بناءً فقط مهماتی وجهله

(58) ویرلدکدن صکره

(59) دولت علیه دونناسنده سرعت طوپلری بولنمق لازم کلور دیدکنه بناءً روسیه دونناسنده طوپجیلر موجود اولمغله طوپجی لوازمه‌سی اخراجی لوازمه‌دن اولوب روسیه

(60) طوپلری اولمدیغنی افاده ایتمکله ایلچی مرسوم روسیه دونناسنده ونه‌دیک جزایرینه هجوم قره عسکری اخراجی اقتضا ایدر ایسه چقارلمق محله‌ده

(61) عربه‌لریله اون قطعه سرعت طوپی وضعی مقتضی ایدوکنی ونه‌دیک جزایرینه ودونانمایه الوب چقاریله‌جق محله‌ده لدی الحاجه بر مقدار ماضر بضعف

(62) دونناسنده اولنلر قلیل اولمغله بر مقدار اونود عسکری برمحده طورمسی اقتضا ایده‌جکی سؤال اولندقده ایلچی مرسوم قالدیکه جزایر مزبوره‌یه هجوم وعسکر

(63) اخراج اولنمسی ایراد ایتمکدن ناشی بر وطرفدن عسکر مذکورک محده‌ده اول محلی اضبار ایدرم فرانچه‌لو سزه شویله ایتدی بویله ایتدی بزم

(64) اول سواحلی ایوجه بلمم خریطه‌لره باقوب نه طرفدن کمی بنا شورا ایسه مضموننده ونه‌دیکلویه بیاننامه یازیلوب ونشر اولنق وبوطرفده موجود اولان زانطه‌لو

(65) اخراجنده مقدم دول ثلثه طرفندن اوله‌رق دیه رك مواعید درج وتسطیر ایله آلدکمیله توزیع ایله محدنده توسیط اولنه

(66) قطعا ضررمز یوقدر وسزه شویله اعانه مز اولور روسیه آمرالنه التجا استدعاسنده اولمغله اثنای اختلالده فرار ایله‌هر

(67) وکفالونیه‌لونك حبس اولنلردن ماعدالری ونه‌دیک جمهور طرفندن ضابط اولوب المشی اولمغله اقتضا

(68) ونه‌دیک اهالیسی حسب تعلقی مناسبدر وفی الاصل کفالونیه‌ده ونه‌دیک اهالیسنك تحریکی اسبابی قمله زانطه‌لو وکفالونیه‌لونك

(69) الحاله هذه بوطرفده اولان مهندس روسیه طرفنه کتمك نیتنده اولوب انکلتره ایلچیسی دخی بوصورت یعنی اسیرلری استصحاب ایله اجرا ایلدیکی

(70) ابدا ایسه ضابط مرسومك دخی برابر استصحاب اولنور دیدکده تمام بونا پارته‌نك مالطه‌ده بولدیغی اسیرلری اوزره انتخاب اولنمق

(71) کمیلره النوب محدنده حسب اهالی‌یه توسیط اولنمسی وفرانچه‌لویه مائل اولدیغی بولنمغله ابقیلری اولماقی

(72) معامله‌نك عینی اولور لکن بونلرك ایچلرنده براماز مقوله‌سی

(73) اقتضا ایدر دیدی

قرار

(74) بعده دونانمالرك سمت حرکتی خصوصی تکرار دومیان ایله نتیجه تعیین ایتمك اوزره بالوده مذکور صورت مذاکره‌نك خلاصه‌سی

(75) بروطرفدن افاده اولندقده روسیه آمرالی مرسوم کلامه ابتدا ایله کچن کون بو خصوص خصوصنده بیوك دده‌ده واقع اولان

(76) مذاکره مز اوزره ایکی دونانما برابر حرکت وموره صولرینه عزیمت ایله تکتانی ونه‌دیک کورفزی واوالحوالیده کزمك ومخلوطاً

(77) برتلنی دخی دروس جانبلرنده کشت وکذار ایتمك وبوغازدن خروجده مقدم انکلتره آمرالی نلسونه خبر کوندرلوب مصر

(78) بولنی قطعه تعهد ایدرمی ایتمز دیو اکلشلمق وذکر اولنان برقت دونانما کشت وکذار اوزره ایکی دشمن دونناسنه

(79) تصادف ایدر ایسه هجوم ایتمك واکر دشمنه کافی دکل ایسه موره طرفنده اولان ماد البیان تکتان دونانمایه خبر کوندروب

(80) جمله‌سی برده‌ن هجوم ایتمك مناسبدر بوندن ماعدا دونانمای همایون باشبوغنك وقت وحاله کوره حرکت ایتمسنه رخصت

(81) ویرلمك اقتضا ایدر زیرا اقتضا ایدن حرکت بوطرفه یازیلوب خبر وروده تعلیق اولنسه وقت فوت اولور دیدکله

(82) بروجانبدن واقعا باشبوغك تعلیمات قطعیه‌سی اولمق لازم کلور انجق دروس جانبلرینه کیده‌جك سالف الذکر تکتان

(83) دونانماك دشمن کمیلرینه تصادفنده هجومه کافی دکل ایسه موره طرفنده اولان تکتان دونانمایه خبر کوندرلوب انلر دخی

(84) حرکت وعزیمت ایله التحاق ایتملری وقتیله محتاج اولدیغی ظاهر اولمغله بویله اولقده ایسه دشمنه کفایت ایتدیکی حالده الیوم اسکندریه طرفنده اولان انکلتره سفائننك

(85) خبر کوندرلوب انلرك التحاقی قریب جهتیله انسب اولمق کرکدر بوتقدیرجه مادلیان ابجه دونانمانك برقاچ سفینه ایله برابر اسکندریه سمتنه ارسالیله اولجا

(86) اولوب برقطعه انکلتره سفینه‌سی دخی تحت اولدقجه توقتلو بر دونانما اولوب مطلب مذکور دخی حاصل اولمش اولور دینلدکده آمرال مرسوم انکلتره

(87) آمرالی نلسون اسکندریه حالی فرانچه‌نك دونانمای هزیمتی اثناسنده کورمشدر هزیمت مذکوره‌دن صکره بونا پارته اسکندریه‌یه ولیمانه تقویت وبروج طابیه‌لر

(88) انشا وبلکه طوب وضع ایتمك کرکدر بوصورتده کبیر کمیلری دخی قرنغیلن کله اندازلقیله اولطرفه یافلشدرمز دیلوب روسیه ایلچیسی دخی اسکندریه طرفنه برقاچ

(89) کمیله ابجه دونانما ارسالنده آمرال برفائده مشاهده ایده میورم دیور زیرا بونا پارته‌نك اولجهله اسکندریه طرفنه استحکامی وخصوصا لیماننده دونانمه

(90) سفینه‌لرینك سلامتیجون طابیه‌لر یاپمسی محوظدر بوصورتده لیمانه اولان کمیلرك اخراجی ممکن اولمیه‌جغندن بشقه کیده‌جك دونانما بدبوزیلور ایسه

(91) بونا پارته رعونت کسب ایدوب مصر واولحوالی اهالیسی بیننده قیل وقالی موجب اولور قالدیکه اولجانبده دونانما بولنمیه‌جق لیمانده اولان سفائن خروج

(92) ایدر ایسه دخی بأس اولمیوب خارجده اخذ اولنور دیمکله انکلتره ایلچیسی برصورتجه قبول ایتمیوب انکلتره آمرالی ابجه دونانمالك لزومنی یازمشدر وتمام افاده‌لرم

(93) انك تحریرینه مبنیدر آمرال مرسوم هزیمت مذکوره‌دن صکره اون التی کون دخی اولطرفده اکلنوب اهالی وعربان ایله محاربه‌سی اولمغله اولجانبده ایش کوردیکی حکمی

(94) جمله‌سی بویله یازمز ایدی بحر ۴ ابجه دونانما وبر ۴ اون بیك عسکر اولسه اسکندریه ضبط اولنور دیدکده

اسكندريه طرفنه اولان
وارد قدن صكره اسكندريه ... بونلر روسيه بونقدر برجه بونقدر اقتضا ايدر بولنمق كيلر دخى برابر كيدر مزوله كتمك ياللكز
روسيه لر ز شالوپه لر ديرايسه كلور كمكى كيرملك ليمانه ويردبلر استحكام يه اسكندريه
برو طرفدن دخى اينجه دونما يالكز كتمك اوله مز
انكلتره سفاينى قومندانيله محاربه اولنوب قومندان اسكندريه يه استحكام ويردبلر ليمانه كيرملك ممكن
قالدى كه جول عربانك اسكندريه بى تضييق ايلسونلر انكلتره سفاينى قومندانيله محاربه اولنوب
قالوب فقط كميلر اسكندريه طرفنه عزيمت ايله انكلتره كميلريله قوتلو بر دونما اولور قالديكه جول عربانك
بحرا وبرا ماموراولمغله اوزره كلمك اسكندريه طرفنه عسكر مقدارى بيك اون غربده طرابلس اولان قريب مصره اولوب محرر نامه كاغد
روسيه ايلچيسى ذكر اولنان
ونمكله اخذ اولنور
كاغد نامه محرر اولوب مصره قريب اولان طرابلس غربده اون بيك مقدارى عسكر اسكندريه طرفنه
مذكورك دونماى استحبار ايله ارساليله فايقى منزل قومندانه قالوب مجبور اولور ايسه حقيقه كميلرى فرانجه اولان ليمانده
اسكندريه حصر اولنور
نما
انكلتره ايلچيسى قومندان اينجه دو
اسكندريه حصر اولنور ولمانده اولان فرانجه كميلرى حقيقه مجبور اولور ايسه قالوب قومندانه منزل فايقى ارساليله استحبار ايله دونماى مذكورك
قيلقلرك جمله سى دوقسده قالوب قومندانه
لرزه
اينجه دونما وبرابر كيده جك قيلقلرك جمله سى ... دير كوره
روسيه ايلچيسى اسكندريه صو
قالمى منا سبدر ديركوره
واولمديغى حالده روسيه كتمسى
اقتضا ايدر ايسه اسكندريه يه كتمسى ... اولنديغى بنا
ليمان دخى سون
طلب ايتمش اولمغله سواله حاجت اولميوب انانه وقت اولنمبه فى برآن ادم كتمسى لوزمنددر دبيكنه بنا
بلدن ايجابيله ليمانده ياقين
طلب ايتمش اولمغله سواله حاجت اولميوب انانه وقت اولنمبه قى ادم ... سوالى ايراد ايتمك حسبيله
بو موسمده كمى طوره بيلورمى وانجه دونما ليمانه كيدكده فرقتيلر آچقدن طوره بيلور دخى سوالى ايراد ايتمك
بيلوب بو موسمده كمى طوره بيلورمى اينجه دونما ليمانه كيدكده فرقتيلر آچقده طوره بيلورمى ديو صولرده اول ليمانلق اولمغله
ايلك وقتى اولوب ليمانلق اولمغله اول صولرده كمى طوره بيلور دخى بكرمى ميل
سؤاله اينجه دونما شمدى كيدر ايسه بوكونلرده ايلك وقتى ... ليمانه كيره جك اولسه فرقتيلر بش ميل
مقدارى آچقده طوروب اينجه دونماى قوديره مز ... اولديغى منللو عادتا ليمانه كيره جك اولسه فرقتيلر بش ميل
مقدارى آچقده طوروب اينجه دونماى قوديره مز ... وقت آسايشده اولديغى مثللو عادتا ... بولنسه ... هوا ظهور ايدرسه
مقدارى قيى يه يقين بولنسه ... هوا ظهور ايدرسه
مقدارى قيى يه ياقلشه بيلور الحالة هذه ليمانه كيرملك اولميوب واون بش ميل مقدارى آچقده طوروب اينجه دونماى قوديره مز
اول طرفلك موسمى اولوب برآيدن صكره آچقده
ايكى طرفه دخى كيده ميه جكنه مبنى مخاطره دركار اولمغله كميلر يا قلشه مز حاصلى شمديلكده اول طرفلك موسمى اولوب ديو سوال ايلدكده
ايكى طرفه دخى كيده ميه جكنه مبنى مخاطره ... اينجه دونما وبر قاچ فرقتين قاچ كونده كيده بيله جكى سوال ايلدكده
روسيه ايلچيسى بوطرفدن اينجه دونما وبر قاچ ... بيان ايتدكدن صكره
دخى كمى طوره مز ديمكله ... روسيه واردقلرنى بيان ايتدكدن صكره
دخى كمى طوره مز ديمكله يكرمى كونده روسيه ... مقتضى اوغرا ... بريره اولور ايسه كيده دم
ليمان دبيس هوا مساعد اولور ايسه بريره اوغرامقسزين يكرمى كونده روسيه يه طرفه اراده بيورلور ايسه كيده دم
ليمان دبيس هوا مساعد اولور ايسه ... خدمتنى صداقته ... صدقله خدمت ايتمك استرم
مسئول
روسيه امپراطوريچه دولت عليه نك خدمتنه تعيين ايلدى بن صدق ايله خدمت ايتمك استرم ... بشقه برحادثه اولور ايسه
روسيه آمرالى امپراطوريچه دولت عليه نك خدمتنه ... ايتم لكن ايش كوريلوجيكو ... بن اينجه دونمانك يانه بر فرقتين
وسفينه افرازيله اسكندريه سمتنه كوندرمكدن اجتناب ايتم لكن ايش كوريلوجك ... مطالعه اولنمق مهندر بن اينجه دونمانك يانه بر فرقتين
بو خصوصده بنم
وسفينه افرازيله اسكندريه سمتنه كوندرمكدن ... ماده سى دخى مطالعه اولنمق ... اولور ايسه بو خصوصده بنم
بر حالت اولور ايسه بو خصوصده بنم
اولمامق ايچون محاذير سويلنمك لوزم ودشمنه بشقه قوتنه ماده سى دخى كوندريلور لكن برحالت اولور ايسه
اسكندريه طرفنه
اولمامق ايچون محاذير سويلنمك لوزم ... قطعه تعيين بيورلور ايسه كوندريلور ... اسكندريه طرفنه
دولت عليه دونماسندن دخى قاچ قطعه تعيين بيورلور ايسه ... دولت عليه نك دائينه فنوطه دن اسكندريه طرفنه
انكلتره ايلچيسى بو خصوص دولت عليه نك ... اسكندريه ليمانى حصر
ذخيره قروت افراز ايدرم دولت عليه دونماسندن ... اولور ايسه اسكندريه ليمانى حصر
ذخيره قروت افراز ايدرم ... استغنا اولنسون ديدكده
دايمك انضمامى منفهم اولميوب استغنا اولنسون ديدكده قومندان اعمال ايده بيلور ايسه ابدر اولور ايسه اسكندريه ليمانى حصر
صغنورلر ديمكله
دايمك انضمامى منفهم اولميوب ... اولطرفه واردقده قومندان اعمال ايده بيلور ايسه
اينجه دونما كتمسى ... تجربه سنه مبنى استدعا ايدرم اولطرفه ... برشام طرفلرينه كيدوب صغنورلر ديمكله
اينجه دونما كتمسى نلسونك تجربه سنه مبنى ... شالوپه لرطوره مزايسه برشام طرفلرينه كيدوب
وتضييق فائده سى حاصل اولور اكرقوتنه سببيله ... شالوپه لرطوره مز ايسه ... ايسه شالوپه لرطوغرى
وتضييق فائده سى حاصل اولور اكر قوتنه سببيله ... ياننده جكى محل بيرونتدر بويله اولمقده ايسه شالوپه لر طوغرى
قومندانك
ليمان دخى سونده استعلام ايچون شالوپه لر ... انلرك ياننده ... اسكندريه صولرينه واروب آچقده قومندانك
لمغله
ليمان دخى سونده استعلام ايچون شالوپه لر ... ساعتده اسكندريه صولرينه واروب ... روسيه قشلويه جق يرلر او
ده
روسيه كيدوب قومندانك استحبار ايچون بر قرلنغج كوندريلور ايسه يكرمى ... ساعتده اسكندريه ... روسيه قشلويه جق يرلر او
روسيه كيدوب قومندانك استحبار ايچون ... اقتضا ايدر ايسه ... اولمديغى حالده ... دخى روسيه
دونما دخى اقتضا ايدر ايسه روسيه ... عودتنه قدر دونما دخى روسيه
قراغول قايغى بولوب سؤال وعودت ايدر دونما دخى اقتضا ايدر ايسه روسيه ... كوندريلوب عودتنه قدر دونما دخى روسيه
اوطه ده
بر قرلنغج كوندريلوب قومندان مرسوم برقرلنغج ... شمديدن بوطرفدن قومندان مرسومه
سرعت فصلت ايچون شمديدن بوطرفدن قومندان مرسومه بر قرلنغج كوندريلوب
اولطرفده قالورلر ديديكنه بنا ... اولندقدن صكره
روسيه توقيف
اولطرفده قالورلر ديديكنه بنا ... استصواب اولندقدن صكره ... وبوندن بشقه روسيه توقيف
سنبك
واروب اولطرفه خبر ايرشدرمسى استصواب اولندقدن صكره بر قطعه فرقتين وبوندن بشقه روسيه توقيف
روسيه دونما
واروب اولطرفه خبر ايرشدرمسى ... بر قطعه فرقتين حس قپودانك ... روسيه دونما
به
الحاق وروسيه دونما
اون بش قطعه
برو جانبدن الحالة هذه مجهز اولان شالوپه اون قطعه اولوب روس منصرفنى حس قپودانك ذكر اولنان شالوپه لره الحاق وروسيه دونما
نلسونه
برو جانبدن الحالة هذه مجهز اولان شالوپه ... روسيه ... نفرات وضعيله دونادبلوب ... اون بش قطعه
فرانجه مكتوب كيستك نفراتى روسيه مجبوراً قاله قى روسيه نفرات وضعيله دونادبلوب ذكر اولنان ... علاوه اولندقده اون بش قطعه
وبوغازدن خروجلرنده نلسونه
فرانجه مكتوب كيستك نفراتى روسيه ... دولت عليه دونماسندن دخى بروپا ايكى فرقتين علاوه اولندقده
تسيير ايدرلر
آمرالك افاده سى اوزره بو طرفده برفرقتين وبرقروت ودولت عليه دونماسندن دخى ... صولرينه كيدر وبوغازدن خروجلرنده
ل
آمرالك افاده سى اوزره بو طرفده ... دولت عليه وروسيه دونمالرى دخى كورفى صولرينه كيدر تفريق وتسيير ايدرلر
ده
بالغ اولوب اسكندريه ايچون كوندريلور ماعدا دولت عليه وروسيه ... واقتضاسنه كوره سفينه تفريق وتسيير ايدرلر
كوندريلوب عودتنه
بالغ اولوب اسكندريه ايچون كوندريلور ... باشبوغيله آمرال مذاكره ... انكلتره قومندانه ... كوندريلوب عودتنه
بالغ اولوب اسكندريه ايچون كوندريلور ايسه دونماى همايون باشبوغيله آمرال ... انكلتره قومندانه خبر كوندريلوب عودتنه
ديريلوب
خبر كوندريلوب تقويه يه طالب اولور ايسه دونماى همايون ... اولان انكلتره قومندانه
خبر كوندريلوب تقويه يه طالب اولور ايسه ... طرفنده اولان
خبركوندريلوب تقويه يه طالب اولور ايسه دونماى همايون باشبوغيله ... اسكندريه طرفنده اولان ... قرار ديريلوب
واول امرده اينجه دونمانك بوطرفدن حركتندن مقدم بر قرلنغج ايله اسكندريه طرفنده اولان ... حركت اولنور بو بابده قرار ديريلوب
واول امرده اينجه دونمانك بوطرفدن حركتندن مقدم بر قرلنغج ايله جواب كلدكده اقتضاسنه كوره حركت اولنور بو بابده قرار ديريلوب
اينجه دونما وبرابر اولان بيوك سفينه لر دخى روسيه واروب قرلنغج ايله جواب كلدكده اقتضاسنه كوره حركت اولنور

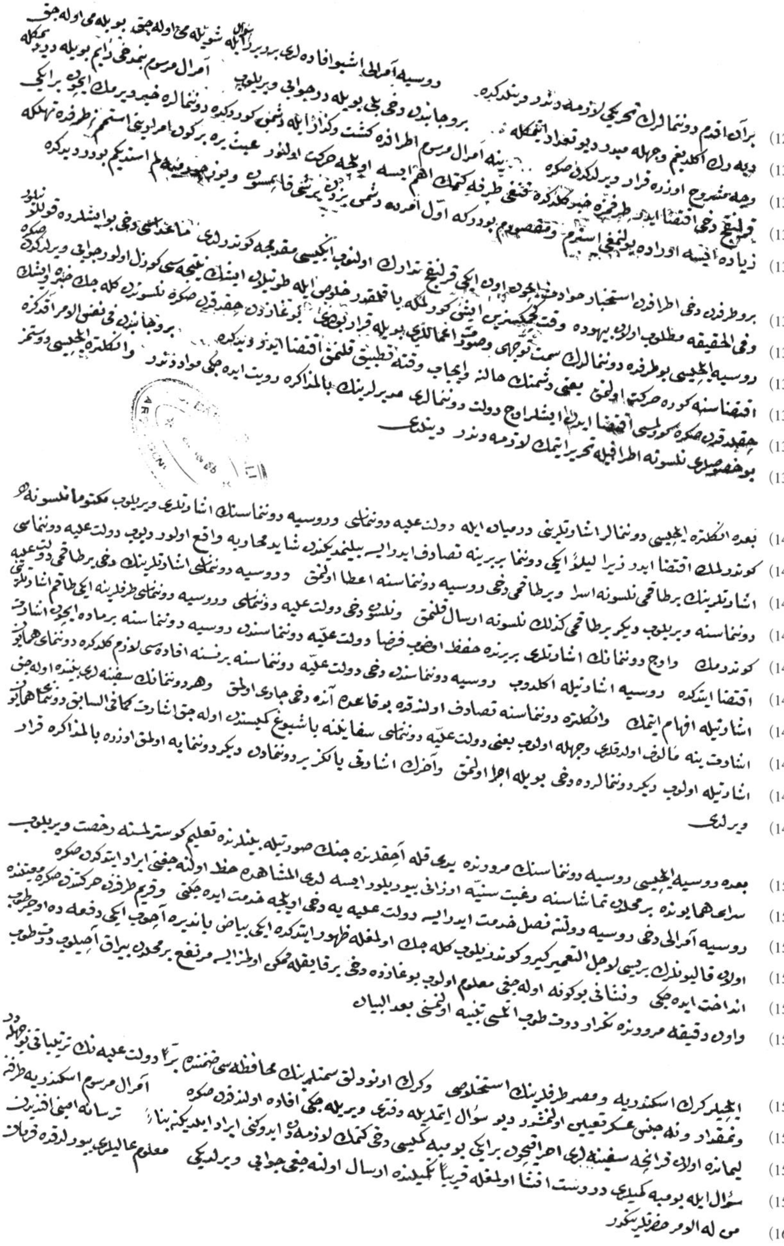

2. 転写

(1) İşbu bin ikiyüz on üç senesi mah-ı Rebiʿü'l-evvel'in yirmi dokuzuncu günü Bebekde ʿİsmet Bey Efendi reis efendi'nin Rusya amirali

(2) Rusya ve İngiltere elçileriyle vâkıʿ olan müẕâkerelerinin mażbaṭasıdır.

(3) Yevm-i merḳûmede tersane-i amire emni efendi ve liman reis ve nâẓarı ve devletlü kapudan paşa ḥażretlerinin kapıçukdarı daḫi mevcûd olarak ẕikr olunan

(4) Rusya ve İngiltere elçileri ve Rusya amirali ile lede'l-mülâkāt berü ṭarafdan kelama ağâz ile bu cemiyetmiz maṣlaḥat-ı ḫayriyye içün olmağla

(5) nice fütûḥâtı müntîc olacağında şübhe yoḳtur. Elhâletü haẕihi üç mübâriz devletin donanması düşman ʿaleyhine iʿmâl olunacak olub semt-i ḥareketleri

(6) müẕâkere olunmuş ise daḫi ḳarârı bu meclise taʿlîk olunmuş olmağla bu gün netice verilüb hemen işe baḳılması muḳuteżâyı maṣlaḥatındır denilerek

(7) muḳaddemât-ı lâzıme basṭ olundukda Rusya elçisi her huṣûṣ güzel olur ḫuṣûṣen dostluğu tezâyüd bulan İngiltere devletinin elçisi daḫi

(8) bu meclisde berâber bulunmağla bâʿis maḥẓûẓiyet olmuşdur. Bu maṣlaḥatda bir gûna mülâhaẓa-ı fâside olmayub ancaḳ ṣıdḳ niyet ile teşebbüs̱ olunmuşdur. Ve İngiltere devleti

(9) elyevm Françalu ile muḥârib olub Rusya devleti daḫi muḥâribe üzere olunduğundan başḳa Devlet-i ʿAliye Françalu'nun Mışır'a mis̱li nâmesbûḳ

(10) hücûmnu müşâhede ve iʿlan-ı ḥarb etmekle düvel s̱elas̱e maṣlaḥatı tevâfûḳ eylediğne binaen ʿavn ve iʿnayet ḥaḳla bil'ittifâḳ saʿy u ikdâm olunarak ḥüsn netice

(11) istiḥṣâl olunacağı âşkârdır demekle berü cânibinden daḫi vâkıʿâ üç devlet bu ḫuṣûṣuda mütefiḳ olub mübâşeretleri ḫulûṣ niyet ile olduğundan

(12) tevâfûk derkâr olmağla neticesi ḫayır olacağı bi-iştibâhdır. İngiltere donanması amirali Nelson düşmana ẓaferyâb olub in-şâ-allâh teʿâlâ Devlet-i ʿAliye

(13) Rusya donanmaları daḫi ḳariben çıkdıkda nice fütûḥâta maẓhar olurlar cevâbıyı verildikde İngiletere elçisi daḫi İngiltere donanması Françа

(14) donanması ḳuvvetini muzʿmaḥil etmiş ise daḫi yine Aḳdenizde görülecek işler çoḳdur. Bu ṣûretde ne gûne re'y olunur ise ben daḫi ḫâṭırıma geleni

(15) ifâde ve elimden geldiği mertebe saʿy ederim dedikde berü ṭarafdan daḫi elçi beyler ḫaṭırlarına lâyih olan suver-i ḥaseneyi beyân eylesinler. Biz daḫi işin

(16) iḳtiżâsını ifâde edüb bu meclisde ḳarâr verilür denildi.

(17) Baʿdehû Rusya elçisi kelâmına ibtidâr ile İngiltere donanması Ebuhur'da Françа donanmasını itilâf edüb ḳuvveti münkesir oldu. İskenderiye limanı derûnunda olan

(18) sefîneleri ṣagîr ve cüz'îdir. Es̱nâ'-yı muḥârebede Françа sefînelerin dört kıtʿası ḫalâṣ olmuş ise daḫi İskenderiye limanına giremeyüb

(19) bir ṭarafa gitmişdir. Ve liman-ı meẕkûru muḥâṣara ve Françа imdâdını katʿ içün İngiltere amirali ol ṭarafda üç ḳapaḳ ḳaldırır ve dört firkateyn ceman

(20) yedi kıtʿa sefîne bırakmağla anlar limanı muḥâṣara ederler. Bu taḳdîrce İskenderiye'ye donanma gitmesi ʿabes ẓan olunur İngiltere donanması yanına

(21) biraz ince donanma gönderilir ise anları iʿmâl eder. Ḳaldı ki Françа donanmasının iżmiḥlâlı ḫaberi Paris'e vâsıl olduḳda imdâde saʿy edeceklerinde

(22) şübhe yoḳdur bu ṣûretde Rusya amiralinin iki vechle mülâḥaẓası olub birisi Françа imdâdı tarîkinin katʿı ve diğeri İtalya'dan

(23) baʿzı maḥalle Françа ʿaskeri dökmelerinin menʿidir. Donanmalar bu ṭarafdan çıḳdıḳda Nelson'a ḫaber gönderilib Mora sularına varılıncayadek Nelson'dan cevâb

(24) vürûd eder. Eğer Nelson Mışır yolunu katʿa taʿahüd eder ise Körfes ve ol ḥavâli muḥâfaẓasıyla iştigâl ve Venedik muḳāsemesinde Françа

(25) yedine geçen cezâir nezʿ olunur. Ve eğer Nelson benim donanmam raḫnedâr oldu der ise ol zamân iḳtiżâsına göre ḥareket ḳılnır cezâir-i meẕkûre

(26) ahâlisi Françalu'dan müteneffir olub hücûma fırṣatbiyetdirler. Anlardan

vürûd eden ba'zı iḫbârın şimdi tafṣîli 'abes olub ḥâṣılı donanmalar göründüğü gibi
(27) ahâli-yi mezbûra Françalu'yu def' edecekleri benim ve amiralin 'indinde bi-iştibâhdır. Bu ṣûretde donanmalar ol ṭarafa gitse güzel iş görülür
(28) Ve Narda semtinde olan yerlerin daḫi żabıṭı iḳtiżâ etmeğle ḳaradan 'asker ta'yîni lâzımdır. Amiral ṭarafından daḫi 'asker-i mezkûre donanmadan i'anet olunur.
(29) Bu taḳdîrce ve donanmaların ol ṣulara vürûdunu Mora valisi Narda semtine ta'yîn olunacaḳ Devlet-i 'Aliye me'mûrine iḫbâr edüb berren ve bahran
(30) ihtimâm ile ol yerler daḫi ele getürülüb faḳaṭ Körfes'nin kal'ası metince olmağla żabṭı bir miḳdâr ṣu'ubetlü olub anın daḫi çâresine baḳılır
(31) ve bu vechle França'nın mażarratı def' olunmuş olur dedikde
(32) berü ṭarafdan bu tedbir güzeldir lâkin baḳalım İngiltere elçisi dostumuz daḫi müṭâlaasını beyân eyleysün denilmekle İngiltere elçisi mersûm daḫi bu re'yi
(33) istiḥsân ederim. Ancaḳ İngiltere amiralinin İskenderiye limanı ṭarafında bıraḳdığı yedi kıṭ'a sefînenin ol cânibde ne ḳadar eğleneceği nâ-ma'lûmdur.
(34) Belki anların daḫi termimi iḳtiżâ edüb bir ṭarafa giderler yâḫûd fırtınadan müteferiḳ olurlar. O aralıḳda França imdâdı İskenderiye'ye vârid
(35) olur. Cezâir-i Venedik'in żabıṭı her neḳadar ehem ise İskenderiye'nin nez'i daḫi olḳadar elzemdir deyüb İngiltere amirali Nelson'dan kendüye gelen
(36) kâğıd mefhûmunu Rusya elçisine ifâde ile França'dan Mışır'a imdâdın kat'ı içün İskenderiye' nin tahlîsi iḳtiżâ eder. Bu ṣûretde devleteyn
(37) donanması iki ṭaḳım olub birisi İskenderiye ṭarafına ve birisi Körfes cânibine gitmek lâzımdır diyerek Rusya gemileri keyfiyetini Rusya
(38) amiralinden su'âl ve taṣḥîḥ ile Rusya firkateynleri İskenderiye limanında olan França sefîneleri iḥrâḳına el vermez ise daḫi bir ḳaçı İngiltere sefâinine
(39) i'aneten İskenderi'ye ṭaraflarına gitmek ehemdir. Zira Bonaparta'nın murâdı imdâd geldiği gibi Ḳuds-ı Şerif câniblerine gitmek ve bahran daḫi gemilerni i'mâl

(40) etmektir. Bir taḳrîb imdâdı gelür ise müşkil olur. Nelson'nın bana taḥrîrine göre bir ṭaḳım ince donanma bulunsa limanda olan Furança sefînelerinin
(41) iḥrâḳı mümkün imiş. Ve elyevm İskenderiye'de dört bin França ʿaskeri olmağla ḳaradan daḫi on bin ʿasker olusa berren ve bahran tażyîḳ ile İskenderiye
(42) taḫlîṣ olunur. Bu taḳdîrce on bin ʿaskerin daḫi lüzumü derkâr olmağla bu vechle İskenderiye ve cezâirin żabṭı ḫuṣûṣlarında iki iş
(43) birden görülmüş olur dedikinde
(44) berü cânibinden geçen gün İngiltere elçisi dostumuz ile vakiʿ olan mükâlememizde daḫi İskenderiye ṭarafında biraz ince donanma olusa liman derûnunda olan
(45) gemileri iḥrâḳ mümkün idi. Ve ḥattâ cerim misllü baʿżı ufaḳ ḳayıḳlar daḫi olsa iʿmal olunabilir demiş idi. Binâen ʿaleyh işbu ufaḳ ḳayıḳların
(46) cemʿi ve İskenderiye ṭarafında olan İngiltere ḳumandanıyla bil-muḫâbere irsâli içün Toprad Paşaya ve Rodos ve Kıbrıs ṭaraflarına evâmir-i ʿaliye irsâl
(47) olundu. Bundan nażarı katʿ ile elḥâletü hazihi müheyyâ olan on kıṭʿa şalupaya biraz sefâin ʿilâvesiyle Rodos cânibine gönderilüb
(48) ḳumandan-ı mersûm ile bil-muḫâbere iḳtiżâsına göre iʿmâl olunur. Devlet-i ʿAliye ve Rusya donanmaları daḫi boğazdan ḫurûclarında Nelson'a yazılıb
(49) Mışır ṭariḳını katʿa maʿyyetinde olan sefâin kâfi midir değilmidir istiʿlâm olunacaḳ olmağla Nelson iḳdâra muḥtâç olduğunu işʿâr eder ise
(50) donanma-yı hümâyûn başbuğu ve Rusya amirali bil-müẕâkere biraz sefâin Nelson'a irsâl ve eğer İskenderiye ṭarafına daḫi sefîne gönderilsün
(51) der ise iḳtiżâsına göre ḥareket olunur. İskenderiye cânibi daḫi bu vechle taḳviye ve limanda olan gemilerin iḥrâḳına teşsbbüṡ olunur
(52) denilmekle Rusya elçisi bu ṣûretle reyʾler tevâfûḳ eder. Ḥattâ ben daḫi Rodos ve Kıbrıs ve Berrüşam ṭaraflarında donanmanın bir firkatası
(53) geşt ü güzâr etsün diyecekdim deyüb İngiltere elçisi daḫi Devlet-i ʿAliye'nin kemâl gayret ve himmetini istiḥsân eder mi ki şalupa sohbeti
(54) iki gün muḳaddem mükâlemede güẕerân edüb derhâl ẓuhûr etmekle bu

gün bu ṭarafa gelür iken Orta köy pişgahında lengerendaz oldukları
(55) meşhûdum olmışdır dedikde
(56) berü ṭarafdan daḫi Devlet-i ʿAliye'nin her ḥâlde himmet kâmilesi derkârdır in-şâ-allâh-ı teʿâlâ bundan sonra daḫi iḳdâm-ı tam olunaraḳ âs̱âr ḥasenesi
(57) żuhûru muntaẓardır. Elḥâletü hazihi vaḳit geçecek mevsimler olmayub bir ân aḳdem düşmanın tedmiri esbâbının istikmâline baḳılmak ehemdir cevâbı
(58) verildikden sonra yine Rusya elçisi Rusya donanmasında bir miḳdâr ḳara ʿaskeri mevcûd olmagla bir maḫalle çıḳarılmaḳ iḳtiżâ eder ise
(59) Devlet-i ʿAliye donanmasında sürʿat ṭoplar bulunmaḳ lâzım gelir dediğine binâen tersane emini efendiden su'âl olunduḳda donanma-yı hümâyûn'da sürʿat
(60) ṭopları olmadığını ifâde etmekle elçi-i mersûm Rusya donanmasında ṭopçular mevcûd olmağla ṭopçu lâzım gelmeyüb faḳaṭ mühimmâtı ve cebehâne
(61) ʿarabalar ile on kıtʿa sürʿat ṭopu vazʿı mukteżi idüğünü ve Venedik cezâyirine hücûmda ḳara ʿaskeri iḫrâcı lâzımeden olub Rusya
(62) donanmasında olanlar ḳalîl olmağla bir miḳdâr Arnavut ʿaskeri bir maḥalde ḥâżır bulunub lede'l-ḥâce donanmaya alunub çıkarılacaḳ maḥalle
(63) iḫrâç olunmasını irâd etmekten nâşi berü ṭarafdan ʿasker mez̠kûrun ne maḥalde ḍurması iḳtiżâ edeceği su'âl olundukda elçi-i mersûm
(64) ol sevâhili eyüce bilmem ḫarîṭalara baḳub ne ṭarafdan gemi yanaşur ise ol maḥalli iḫbâr ederim. Ḳaldı ki cezâyir-i mez̠bûreye hücûm ve ʿasker
(65) iḫrâcından muḳaddem düvel-i s̠elas̠e ṭarafından olaraḳ Venediklü'ye beyânnâme yazılub mażmûnunda Françalu size şöyle etdi böyle etdi bizim
(66) katʿâ żararmız yoḳdır ve size şöyle iʿanemiz olur diyerek mevâʿid derç ü tasṭîr ile neşr olunmaḳ ve bu ṭarafda mevcûd olan Zantelu
(67) ve Kefaloniyalu'nun ḥabs olunanlardan mâʿadâsı Rusya amiraline ilticâ istidʿâsında olmağla anlar gemilere tevzîʿ ile maḥalinde tavsîṭ olunaraḳ
(68) Venedik ahâlisi celb kılınmaḳ münâsibdir. Fil'aṣl Kefaloniya'da Venedik cumhuru ṭarafından żâbiṭ olub es̠nâ-yı iḫtilâlda firâr ile
(69) elḥâletü hâzihi bu ṭarafda olan mühendis Rusya ṭarafına gitmek niyetinde

olub Venedik ahâlisinin taḫrîki esbâbını ḳaleme almış olmağla iḳtiżâ
(70) eder ise żâbiṭ-i mersûm daḫi berâber istiṣḥâb olunur dedikde İngiltere elçisi daḫi bu ṣûret ya'ni Zante'lu ve Kefaloniyalu'nun
(71) gemilere alunub maḥallinde celb-i ahâliye tavsîṭ olunması tamam Bonaparata'nın Malta'da bulduğu esirleri istiṣḥâb ile icrâ eylediği
(72) mu'âmelenin 'aynı olur. Lâkin bunların içlerinde yaramaz maḳûlesi ve Françalu'ya mâil olanları bulunmağla o ḳabilden olmamaḳ üzere intiḥâp olunmaḳ
(73) iḳtiżâ eder dedi.
(74) Ba'dehû donanmaların semt ḥareketi ḫuṣûṣu tekrâr dermeyân ile netice-i ḳarâr ta'yin etmek üzere bâlâda meẕkûr ṣûret müẕâkerenin ḫülâṣası
(75) berü ṭarafdan ifâde olunduḳda Rusya amirali mersûm kelâme ibtidâr ile geçen gün bu ḫuṣûṣu zımnında Büyük Derede vâki' olan
(76) müẕâkeremiz üzere iki donanma berâber ḥareket ve Mora ṣularına 'azimet ile s̱ülüs̱âni Venedik Körfesi ve ol ḥavâlide gezmek ve maḫlûṭan
(77) bir s̱ülüs̱ü daḫi Rodos câniblerinde geşte ü güzâr eylemek ve boğazdan ḫurûcdan muḳaddem İngiltere amirali Nelson'a ḫaber gönderilüb Mışır
(78) yolunu kat'a ta'ahhüd eder mi etmez mi re'yi anlaşılmaḳ ve ẕikr olunan bir s̱ülüs̱ donanma geşt ü güzâr üzere iken düşman donanmasına
(79) teṣâdüf eder ise hücûm etmek ve eğer düşmana kâfi değil ise Mora ṭarafında olan mârrü'l-beyân s̱ülüs̱ân donanmaya ḫaber gönderürüb
(80) cümlesi birden hücûm eylemek münâsibdir. Bundan mâ'adâ donanma-yı hümâyân başbuğunun vaḳit ü ḥâle göre ḥareket etmesine ruḫṣat
(81) verilmek iḳtiżâ eder. Zîrâ iḳtiżâ eden ḥareket bu ṭarafa yazılub ḫaber vürduna ta'lîk olunsa vaḳit mürûr eder demekle
(82) berü cânibden vâḳı'a başbuğun ta'limat-ı kaṭ'iyesi olmaḳ lâzım gelir. Ancaḳ Rodos câniblerine gidecek sâlifü'z-ẕikr s̱ülüs̱
(83) donanmanın düşman gemilerine teṣâdüfünde hücûma kâfi değil ise Mora ṭarafında olan s̱ülüs̱ân donanmaya ḫaber gönderilüb anlar daḫi
(84) ḥareket ü 'azîmet ile iltiḥâḳ etmeleri vaḳta muḥtâç olduğu ẓâhir olmağla böyle olmakdan ise düşmana kifâyet etmediği ḥâlde elyevm İskenderiye ṭarafında olan İngiltere sefâyinine

(85) ḫaber gönderülüb anların iltiḥâḳı ḳurbiyyet cihetiyle enseb olmaḳ gerekdir. Bu taḳdîrce mârrü'l-beyân ince donanmanın bir ḳaç sefîne ile berâber İskenderiye semtine irsâlile ol cânibde

(86) olan yedi ḳıʿta İngiltere sefînesi daḫi mülḥaḳ olduḳda ḳuvvetlü bir donanma olub maṭlûb-ı mezkûr daḫi ḥâṣıl olmuş olur denildikde amiral-i mersûm İngiltere

(87) amirali Nelson İskenderiye ḥâlini Françaʼnun donanması hezimet eṣnâsında görmüşdür hezimet-i mezkûreden sonra Bonaparuta İskenderiyeʼye ve limanına taḳviyyet verüb ṭabyalar

(88) inşâʿ ve belki ṭop havan vazʿ etmek gerekdir. Bu ṣûretde kebîr gemileri daḫi ḳızgın gülle endâḫtıyla ol ṭarafa yaḳlaşdırmaz deyüb Rusya elçisi dahi İskenderiye ṭarafına bir ḳaç

(89) gemiyle ince donanma irsâlinde amiral bir fâide müşâhede edemiyorum diyor. Zîrâ Bonaparutaʼnun ol vechle İskenderiye ṭarafına istiḥkâmı ve ḫuṣûṣa liman derûnunda olan

(90) sefînelerinin selâmet içün ṭabyalar yapması melḥûẓudur. Bu ṣûretde limanda olan gemilerin iḫrâḳı mümkün olmıyacağından başḳa gidecek donanma şâyed bozülür ise

(91) Bonaparuta ruʿûnet kesb edüb Mıṣır ve ol ḥavâlî ahâlisi beyninde ḳıylüḳâli mûcib olur. Ḳaldı ki ol cânibde donanma bulunmayub limanda olan sefâin ḫurûç

(92) eder ise daḫi beʼis olmayub ḫâricde aḫẕ olunur demekle İngiltere elçisi bu ṣûreti ḳabûl etmeyüb İngiltere amirali ince donanmanın lüzumunu yazmışdır benim ifâdelerim

(93) anın taḥrîrine mebnidir. Amiral-i mersûm hezimet-i mezkûreden sonra on altı gün daḫi ol ṭarafda eğlenüb ahâli ve ʿUrbân ile muḫâberesi olmağla ol cânibde iş görüleceğini

(94) bilmese böyle yazmaz idi. Bahran ince donanma ve berren on bin ʿasker olsa İskenderiye żabṭ olunur dedikde

(95) berü ṭarafdan daḫi ince donanma yalınız gitmek olamaz. Berâber kebîr gemiler daḫi bulunmaḳ iḳtiżâ eder. Bu taḳdîrce bunlar Rodosʼa vardıḳdan sonra İskenderiye ṭarafında olan

(96) İngiltere sefâini ḳumandanıyla muḫâbere olunub ḳumandan İskenderiye'ye istiḥkâm verdiler. Limana girmek mümkün değildir der ise şalupalar Rodos'da

(97) ḳalub faḳaṭ gemiler İskenderiye ṭarafına ʿazîmet ile İngiltere gemileriyle kuvvetlü bir donanma olur. Ḳaldı ki çöl ʿUrbân'ının İskenderiye'yi tażyıġı Nelson'un

(98) kâğıdında muḥarrir olub Mıṣır'a ḳarib olan Ṭrabulusgarb'dan on bin miḳdârı ʿasker İskenderiye ṭarafına gelmek üzere me'mûr olmağla berren ü bahran

(99) İskenderiye ḥaṣr olunur ve limanda olan Françа gemileri çıḳmağa mecbûr olur ise aḫẕ olunur denilmekle Rusya elçisi ẕikr olunan

(100) ince donanma ve berâber gidecek firkateynlerin cümlesi Rodos'da ḳalub ḳumandana menzil ḳayığı irsâliyle istihbâr birle donanmayı meẕkûrun

(101) iḳtiżâ eder ise İskenderiye'ye gitmesi ve olmadığı ḥalde Rodos'da ḳalması münâsibdir dedikde İngiltere elçisi ḳumandan ince donanma

(102) ṭaleb etmiş olmağla suʾâla ḥâcet olmayub ifate-i vaḳit olunmayaraḳ bir ân aḳdem gitmesi lâzımdır dediğine binâen Rusya elçisi İskenderiye ṣularında

(103) bu mevsimde gemi ḍurabilür mi ve ince donanma limana gittikde firkateynler açıḳdan ḳorudu mu suʾâlini irâd etmek ḥasebiyle liman reisinden

(104) suʾâl oldunḳda gün geçmeksizin donanma şimdi gider ise bu günlerde Nil'in vaḳti olub limanlıḳ olmağla ol ṣularda gemi ḍurabilür. Ancaḳ yirmi mil

(105) miḳdârı açıḳda ḍurub ince donanmayı korudamaz. Zirâ vaḳt-i asaâyişde olduğu misillü ʿâdeta limana girecek olsa firkateynler beş mil

(106) miḳdarı ḳıyıya yaḳlaşabilür. Elḥâletü hâzihi limana girilmek olmayub ve on beş mil miḳdârı ḳıyıya yaḳın bulunsa bed havâ ẓuhûrunda

(107) iki ṭarafa daḫi gidemiyeceğine mebnî muḫâṭara derkâr olmağla gemiler yaḳlaşamaz. Ḥâṣılı şimdilerde ol ṭarafın mevsimi olub bir aydan sonra açıḳda

(108) daḫi gemi ḍuramaz demekle yine Rusya elçisi bu ṭarafdan ince donanma ve bir kaç firkateyn kaç günde gidebileceğini suʾâl eyledikde

(109) liman reisi havâ müsâʿid olur ise bir yere uğramaḳsızın sekiz günde Rodos'a varacaḳlarını beyân etdikden sonra

(110) Rusya amirali imparator beni Devlet-i ʿAliye'nin ḫiẕmetine taʿyin eyledi ben ṣıḍkla ḫidmet etmek isterim ne ṭarafa irâde buyurur ise giderim

(111) ve sefîne ifrâz ile İskenderiye semtine göndermekden içtinâb etmem. Lâkin iş görülüb görülmeyeceğini bilmediğimden başḳa bir ḥâdiṡe olur ise mes'ul

(112) olmamaḳ içün maḥâẕîr söylenmek lâzım ve düşmandan başḳa fırtına mâddesi daḫi müṭâlaʿa olunmaḳ mühimdir. Ben ince donanmanın yanına bir firkateyn

(113) ve bir ḳorvet ifrâz ederim Devlet-i ʿAliye donanmasından daḫi ḳaç kıtʿa taʿyîn buyurulur ise gönderülür. Lâkin bir ḥâlet olur ise bu ḫuṣûṣuda benim

(114) re'yimin inżımâmı münfehim olmayub istiṡnâ' olunsun dedikde İngiltere elçisi bu ḫuṣûṣ Devlet-i ʿAliye'nin re'yine menûṭdur. Ben İskenderiye ṭarafına

(115) ince donanma gitmesini Nelson'un ṭahrîrine mebnî istiʿdâ ederim. Ol ṭarafa vardıḳda ḳumandan iʿmâl edebilir ise eder olmaz ise İskenderiye limanını ḥaṣr

(116) ve tażyık fâidesi ḥâṣıl olur eğer fırtına sebebiyle ol cânibde şalupalar ḍuramaz ise Berrüşşâm ṭaraflarına gidüb ṣığınırlar demekle

(117) liman reisinden istiʿlâm olunduḳda şalupalar Berrüşşâma gidemez anların yatabileceği maḥall Beyrût'dır böyle olmaḳdan ise şalupalar ḍoğru

(118) Rodos'a gidüb ḳumandandan istiḫbâr içün bir ḳırlangıç gönderilür ise yirmi dört sâʿatda İskenderiye ṣularına varub açıḳda ḳumandanın

(119) ḳarağul ḳayığını bulub su'âl ve ʿavdet eder donanma daḫi iḳtiżâ eder ise Rodos'dan ḳalḳub gider olmadığı ḥâlde Rodos'da ḳışlayacak yerler olmağla

(120) ol ṭarafda ḳalurlar dediğine binâen sürʿat maṣlaḥat içün şimdiden bu ṭarafdan ḳumandan-ı mersûme bir ḳırlangıç gönderilüb ʿavdetine ḳadar donanma daḫi Rodos'a

(121) varub ol ṭarafa ḫaber erişdirmesi istiṣvâb olunduḳdan sonra

(122) berü cânibden elḥâletü hazihi mücehhez olan şalupa on kıtʿa olub Rodos

mutaṣarrıf Hasan ḳapudannın bir kıtʿa firkateyni ve bunadan başḳa Rodos'da tevḳîf olunan

(123) Françe mektub gemisinin neferâtı Rodos'da maḥbusan ḳalarak Rodos'dan neferât vazʿ ile donadulub ẕikr olunan şalupalara ilḥâḳ ve Rusya donanmasından

(124) amiralin ifâdesi üzere bu ṭarafda bir firkateyn ve bir ḳorvet ve Devlet-i ʿAliye donanmasından daḫi bir veyâ iki firkateyn ʿilâve olunduḳda on beş kıtʿaya

(125) bâliğ olub İskenderiye içün gönderülür mâʿadâ Devlet-i ʿAliye ve Rusya donanmaları daḫi Körfes ṣularına gider ve boğazdan ḫurûclarında Nelson'a

(126) ḫaber gönderülüb taḳviyeye ṭaleb olur ise donanma-yı hümâyûn başbuğu ile amiral-i muẕâkere ve iḳtiżâsına göre sefîne tefrîk ü tesyîr ederler

(127) ve evvel emirde ince donanmanın bu ṭarafdan ḥareketinden muḳaddem bir ḳırlangıç ile İskenderiye ṭarafında olan İngiltere ḳumandanına ḫaber gönderülüb ʿavdetinedek

(128) ince donanma ve berâber olan büyük sefîneler daḫi Rodos'a varub ḳırlangıç ile cevâb geldikde iḳtiżâsına göre ḥareket olunur böylece ḳarâr verilib

(129) bir ân aḳdem donanmaların taḥrîki lâzımedendir denildikde Rusya amirali işbu ifâdeleri birer birer suʾâl ile şöylemi olacaḳ böylemi olacaḳ

(130) diyedek anladığım vecihle midir deyü taʿdâd etmekle berü cânibinden daḫi belli böyledir cevâbı verilib amiral-i mersûm benim daḫi re'yim böyledir demekle

(131) vech-i meşruh üzere ḳarâr verildikden sonra yine amiral-i mersûm eṭrâfda geşt ü güzâr ile düşmân gördükde donanmalara ḫaber vermek içün bir iki

(132) ḳırlangıç daḫi iḳtiżâ eder. Ṭarafımıza ḫaber geldikde ḳangı ṭarafa gitmek ehem ise öylece ḥareket olunur. ʿAbes yere bir gün imrârını istemem. Ne ṭarafda tehlike

(133) ziyâde ise orada bulunmağı iseterim ve maḳṣudum budur ki evvel emirde düşmân bizden bir şey ḳapmasın ve yüz çevirmeyelim istediğim budur dedikde

(134) berü ṭarafdan daḫi eṭrâfdan istiḫbâr-ı ḥavâdiṣ içün on iki ḳırlangıç tedârik olunub ikisi muḳaddemece gönderildi. Mâʿadâsı daḫi bu işlere kullanılur

(135) ve fi'l-ḥaḳiḳa maṭlûb olan beyhûde vaḳit geçmeksizin iş görülmeğe baḳılmakdır. Ḫulûṣ ile ṭutılan işin neticesi güzel olur cevâbı verildekden sonra

(136) Rusya elçisi bu ṭarafda donanmaların semt teveccühü ve ṣûret iʿmâlleri böyle ḳarâr buldu. Boğaẓdan çıḳdıḳdan sonra Nelson'dan gelecek ḫaber ve işin

(137) iḳtiżâsına göre ḥareket olunmak yaʿni düşmânın ḥâline ve icâb-ı vaḳte taṭbîk kılınmak iḳtiżâ eder dedikde berü cânibden fî-nefsü'l-emr Aḳdeniz'e

(138) çıḳıldıḳtan sonra görülmesi iḳtiżâ eden işler üç devlet donanmaları müdirlerinin bil-müẕâkere rü'yet edeceği mevâddandır ve İngiltere elçisi dostumuz

(139) bu ḫuṣûṣları Nelson'a eṭrâfıyla taḥrîr etmek lâzimedendır denildi.

(140) Baʿdehû İngiltere elçisi donanmalar işâretlerini dermeyân ile Devlet-i ʿAliye donanması ve Rusya donanmasının işâretleri verilib mektûmen Nelson'a

(141) gönderülmek iḳtiżâ eder. Zirâ leylen iki donanma birbirine teṣâdüf eder ise bilinmediğinden şâyed muḥârebe vâkiʿ olur deyüb Devlet-i ʿAliye donanması

(142) işâretlerinin bir ṭaḳımı Nelson'a isrâ ve bir ṭaḳımı daḫi Rusya donanmasına iʿṭa olunmaḳ ve Rusya donanması işâretlernin daḫi bir ṭaḳım Devlet-i ʿAliye

(143) donanmasına verilib diğer bir ṭaḳımı kezâlik Nelson'a irsâl ḳılınmak ve Nelson daḫi Devlet-i ʿAliye donanması ve Rusya donanması ṭaraflarına iki ṭaḳım işâretlerini

(144) göndermek ve üç donanmanın işâretleri birbirinde ḥıfż olunub faražâ Devlet-i ʿAliye donanmasından Rusya donanmasına bir mâdde içün işâret

(145) iḳtiżâ etdikde Rusya işâretiyle anladub Rusya donanmasından daḫi Devlet-i ʿAliye donanmasına bir nesne ifâdesi lâzım geldikde donanma-yı hümâyûn

(146) işâretiyle ifhâm etmek ve İngiltere donanmasına teṣâdüf olunduḳda bu

kāʿide ânda daḫi cârî olmaḳ ve her donanmanın sefîneleri beyninde olacaḳ
(147) işâret yine me'lûf oldukları vechle olub yaʿni Devlet-i ʿAliye donanması sefâinine başbuğ gemisinden olacak işâret kemâfissâbık donanma-yı hümâyûn
(148) işâretiyle olub diğer donanmalarda daḫi böyle icrâ olunmak ve âhârın işâreti yalınız bir donanmadan diğer donanmaya olmak üzere bil-müẕâkere ḳarâr
(149) verildi.
(150) Baʿdehû Rusya elçisi Rusya donanmasının mürûrunda yedikule açıklarında cenk ṣûretiyle beynlerinde taʿlîm gösterülmesine ruḫṣat verilüb
(151) Sarây-ı Hümâyûnda bir maḥaldan temâşâsına rağbet-i seniyye erzânı buyurulur ise lede'l-müşâhede ḥaẓ olunacağı irâd etdikden sonra
(152) Rusya amirali daḫi Rusya devletine naṣıl ḫidmet eder ise Devlet-i ʿAliye'ye daḫi öylece ḫidmet edeceği ve Ḳırım ṭarafından ḥareketinden sonra maʿiyetinde
(153) olan ḳalyonların birisi lieclü't-taʿmîr gerü gönderülüb gelecek olmağla ẓuhûr etdikde iki beyaż bandıra açub iki defʿa da üçer ṭop
(154) endâḫt edeceği ve nişânı bu güne olacağı maʿlûm olub boğazda daḫi bir ḳayıkla mümkün olamaz ise mürtefiʿ bir maḥaldan bayraḳ açılıb dört ṭop
(155) ve on daḳiḳa mürûrunda tekrâr dört ṭop atılması tenbîh olunmasını baʿde'l-beyân
(156) elçiler gerek İskenderiye ve Mışır ṭaraflarının istiḥlaşı ve gerek Arnavudluk semtlerinin muḥâfaẓası żımınında berren Devlet-i ʿAliye'nin tertibâtı ne vechledir ?
(157) Ve ne miḳdâr ve ne cins ʿasker taʿayîn olunmuşdur deyü su'âl etmeleriyle defteri verileceği ifâde olundukdan sonra amiral-i mersûm İskenderiye ṭarafına
(158) limanda olan França sefîneleri iḥrâḳ içün bir iki yevmiye gemisi daḫi gitmek lâzımeden idüğnü irad eylediğine binâen tersane emini efendiden
(159) su'âl ile yevmiye gemileri derdest inşâ olmağla kariben tekmîlinde irsâl olunacağı cevâbı verildiği maʿlûm-ı ʿâlileri buyuruldukda fermân
(160) min lehe'l-emir ḥaẓretlerinindir

3．和訳

（1）　この書類はヒジュラ暦1213年レビュルエウェル月29日（西暦1798年9月10日）に，ベベックにおいてイスメット＝ベイ＝エフェンディ ʿİsmet Bey Efendi 及び書記官長〔1〕とロシアの提督それに

（2）　イギリス・ロシア両国の大使〔2〕〔3〕との間で行われた会談（交渉）の報告である。

（3）　既述の日に「オスマン帝国海軍工廠の長官」tersane-i amire emni efendi〔4〕，「港湾長」liman reis ve nazarı〔5〕，「海軍提督の副官」kapudan paşa ḥażretlerinin kapıçukadar も出席した。

（4）　英露両国の使節およびロシア提督との交渉の際にこちらの側は切り出して「このわれわれの集まりは幸多きことなので

（5）　どれほどの勝利が得られるかを疑う予知はない。現在戦闘している三国の艦隊が，敵軍に対して向けられるべき軍事行動が

（6）　議論されたなら，その決定はこの会議に付託されてしまうので，今日結論を出して即座に実施に移さねばならない」と述べた。

（7）　「必要な原理」muḳaddemât-ı lâzıme を詳細に述べ，ロシア使節は「あらゆる問題はうまくいっている。とりわけ友好が増した「イギリス国家」İngiltere devleti の使節が

（8）　この会議に同席することは喜びをもたらした。このことにおいて決して不正な考えはなく，ただ誠意をもって企てられた。「イギリス国家」は

（9）　今日，フランスと交戦中であり，「ロシア国家」Rusya devleti も交戦中である以外にオスマン帝国はフランス人による前代未聞の

（10）　攻撃を目撃し，宣戦布告をして三カ国はとるべき「正しい方針」maṣlaḥatı に同意したので，「援助」ʿavn ve iʿanet は「公正に」ḥaḳla「全会一致で」bil’ittifâḳ 努力しよい結果が

（11）　得られることは明白である。」と述べた。つまりこちらの側（オス

マン側）は「事実三国がこの問題において同盟を締結し，誠意をもって着手することに

(12)　同意をみることは明白であり，よい結果が得られることは疑いのないことである。イギリス艦隊の提督ネルソンは，敵軍に勝利をおさめ，オスマン帝国は

(13)　ロシア艦隊もやがて出帆したさいにどれほどの勝利が得られるのかとの」回答を与えた。その際にイギリス使節は「イギリス艦隊がフランス

(14)　艦隊を撃破したなら地中海において役立つことは多くある。この場合にどんな判断が下されようと，私も私の心に浮かんだことを述べ，

(15)　できる限りの努力をする」と語った。その際につまりこちらの側（オスマン側）は「（イギリス・ロシア両国の）使節たちの胸に急に浮かんだことは最後の審判の日に吹く心地よいトランペットの高鳴りでもって（書記官長に）知らせるように。われわれも問題の

(16)　必要とするところを述べて，この交渉によって決定が下される」と語った。

(17)　その後，ロシア使節は口を開いて「イギリス艦隊がアブキール湾でフランス艦隊を撃破し，フランス軍は崩壊した。アレクサンドリア港内に停泊している

(18)　「船舶」（複数形）sefineler は「小型」sagîr ve cüzʿî である。戦争中にフランス船舶のうち4隻は難を逃れたが，アレクサンドリア港内に入港できず，

(19)　ある方向に到来した。（イギリス・オスマン連合軍は）既述の港を包囲し，フランスからの援助を断ち切るためにイギリス提督はその方面に停泊している3隻の kapak kaldırır と4隻の「フリゲート艦」firkateyn〔6〕の，総計

(20)　7隻の船舶を残すことで，（イギリス・オスマン連合軍は）港を封鎖する。この場合にアレクサンドリアに艦隊が向かうことは（ロシア

使節によって）無用と考えられる。イギリス艦隊の脇に
(21) 数隻の「小型艦艇隊」ince donanma〔7〕が送られるならば，（イギリス・オスマン連合軍は）その準備をする。しかるにフランス艦隊の全滅の知らせがパリに届いた際に援助を企てようとすることに
(22) 疑いはない。この場合にロシア提督には二つの考えがあり，一つはフランスの援助の手段を断ち切ること，今ひとつはイタリアの
(23) 若干の地域にフランスの兵士が侵入することを防ぐことである。艦隊がこちらの方から出帆した際に，ネルソンに伝えられて，モレア半島水域に着くまでの間にネルソンから回答が
(24) 届く。もしネルソンがエジプトに至るルートを断ち切ることを約束すれば，「コルフ島」Körfes とその周辺の防備を固めることに専心し，ヴェネツィア分割の際にフランスの
(25) 手に渡った島々を（連合軍は）占領する。もしネルソンが「私の艦隊が損害を蒙った」と言えばそのときの必要にしたがって行動する。既述の島々
(26) の住民はフランス人を忌み嫌っていたが，攻撃の機会を失った。彼らから伝わってきた要求を今詳細に説明することは無駄なことである。その結果は艦隊（複数形）が出現したときのように
(27) 既述の（島々の）住民がフランス人を追放することは，私（ロシア使節）や（ロシア）提督の考えによれば疑いのないことである。この場合に艦隊（複数形）がその方面に向かえばすばらしいことと（イギリス・ロシア・オスマンの三国によって）考えられる。
(28) ナルダ Narda 方面の地域を占領しなければならないので陸上から兵士の糧食が必要となる。（イギリス，ネルソン）提督の側からもつまり（イギリス・ロシア・オスマンの三国の）既述の兵士は艦隊からも援助される。
(29) この場合に艦隊（複数形）がこの水域に到着したことを，モレア「総督」Vali がナルダ方面の地域に任命されるオスマン帝国の役人に警告し，陸海から

(30)　注意を払ってその場所は手に入れることができる。しかるにコルフ島の要塞は堅固であり，征服はやや困難ではあるが，（やがて）その解決方法も（ロシア使節によって）考えられ，

(31)　このようにしてフランスの危害は排除されてしまう」と（ロシア使節が）言った。

(32)　こちらの側（書記官長）は「この措置はすばらしい。しかるにさてわれわれの友人であるイギリス使節の「考えを表明せよ」と言った。既述のイギリス使節は「この考えを

(33)　（私は）認める。しかしイギリス提督がアレクサンドリア港方面に残した7隻の船舶がその方面においてどれほどとどまるかは（イギリス提督によって）知られていない。

(34)　（イギリス艦隊が）おそらくそれらの修理が必要となって一方に行くことを望むか，あるいは嵐のために分散する（にちがいない）。そのときフランスの援軍がアレクサンドリアに到着

(35)　する。ヴェネツィアの島々の占領がどれほど重要であろうとも，アレクサンドリアでの死闘はそれほどにもっとも必要である」と述べて，イギリス提督ネルソンから彼自身（イギリス使節）に届いた

(36)　手紙の内容をロシア使節に述べた。つまり「フランスからエジプトへの援助を断つためにアレクサンドリアを危険から救うことは必要となる。この場合両国の

(37)　艦隊は二手に分かれ，一方はアレクサンドリア方面に，他方はコルフ島方面に向かわねばならない」と言って，ロシア船舶の状態を

(38)　（イギリス使節が）ロシア提督に問いただした。つまり「ロシアの「フリゲート艦」（複数形）がアレクサンドリア港に停泊しているフランス船舶を砲撃することに役立たなければ数隻のイギリス船舶が

(39)　援助のためにアレクサンドリア方面に向かうことはもっとも重要である。と言うのはボナパルトの野心は援助が来るや否やイェルサレム Kuds-ı Şerif 方面に向かい，海上からも船舶を用意する

(40)　ことであり，（さらに）なんらかの援助が来ればむずかしくなるか

らである。ネルソンが私（イギリス使節）に宛てた書簡によれば数隻の「小型艦艇隊」が存在すれば港に停泊しているフランス船舶（複数形）sefinerler

(41) を砲撃することは可能となるようである。現在アレクサンドリアには4,000名のフランス兵士がいるので，陸上からも10,000名の兵士がいれば陸海から圧力を加えてアレクサンドリアは

(42) 解放される。この場合に10,000名の兵士が必要であることは明白であり，このようにしてアレクサンドリアと島々の占領について二つのことが

(43) 同時に考察される」と（イギリス提督ネルソンから届いた情報にもとずいてイギリス使節が）言った。

(44) こちらの側（書記官長）は過日我が友人のイギリス使節との交渉の際に「アレクサンドリア方面に数隻の「小型艦艇隊」が存在すれば，港の内部に停泊

(45) している（フランスの）船舶（複数形）gemilerを砲撃することは可能である。さらに数隻の小型のボートが存在すれば，用意することができる」と言った。それゆえこの「小型のボート」ufak kayıklarの

(46) すべてをアレクサンドリア方面に向かうイギリス司令官と連絡をとりあって送るために，Toprad Paşaya(?)・ロードス島・キプロス島方面にスルタンの命令が

(47) 伝えられた。このことを考慮して現在完全に用意されている10隻の「スループ」şalupa〔8〕に数隻の船舶（を補充してロードス島方面へ送られ

(48) 既述の司令官と連絡をとりあって必要に応じて用意される。オスマン帝国とロシア両国の艦隊（複数形）donanmalarが海峡を通過する際にネルソンに手紙を書いて

(49) エジプトにいたるルートを断つために付随する船舶（複数形）は十分かそうでないのか公式に尋ねた（書記官長がネルソンに）。ネルソ

ンは力を必要としていることを知らせば，

(50)　「オスマン帝国艦隊」donanma-yı hümâyûn 司令官とロシア提督が交渉して数隻の船舶をネルソンの方へ送り，もしアレクサンドリア方面にも「(イギリス) 船舶が送られるべし」と

(51)　(イギリス提督，ネルソンが) 言えば，「必要にしたがって（イギリス・ロシア・オスマンの三国は）行動する。アレクサンドリア方面はこうして強化され，アレクサンドリア港に停泊している（フランス）船舶に砲撃が企てられる」

(52)　と（書記官長は）言った。その際にロシア使節は「このようにしてさまざまな意見に同意する。現在私はロードス島やキプロス島および「シリア砂漠」Berrüşam 方面に停泊している艦隊の1隻の「フリゲート艦」を

(53)　巡航させるはずである」と私は（ロシア使節は）言った。イギリス使節はオスマン帝国は「この上ない努力」kemâl gayret ve himmeti をするのか「スループ」şalupa の件は

(54)　2日前の交渉において生じ，直ちに出現する。今日こちらに来たとき，オルタキョイ（イスタンブル）の前に投錨したのを

(55)　私は目撃した」と（イギリス使節は）言った。つまり

(56)　こちらの側（書記官長）は「オスマン帝国がいずれにしてもこの上ない努力をすることは明白である。今後完全な努力を行い，すばらしい成果が現れることが

(57)　期待されている（オスマン帝国によって)。現在は即時に戦争しなければならない時であり，できるだけ早く敵軍を破壊してしまわねばならないことに注意を払うことはもっとも重要である」旨の回答を

(58)　下した。その後，再度ロシア使節は「ロシア艦隊に一定数の軍隊が乗船しているので，ある地点に上陸することが必要となれば，

(59)　オスマン帝国艦隊に「速射砲」（複数形）sürʿat toplar[9] を搭載しなければならない。」と言った。そのために（書記官長が)「海軍工廠の長官」tersane emini」に尋ねたところ，「「オスマン帝国艦隊」に「速

射砲」（複数形）

（60）　がないこと」を（「海軍工廠の長官」が）述べたので，既述の使節（ロシア使節）は「ロシア艦隊には十分な砲兵がいるので砲兵は不要であるが，弾薬と弾薬

（61）　輸送車と10門の「速射砲」を調達することが必要である。さらにヴェネツィアの島々の攻撃に際して陸軍の兵士を上陸させねばならないが，ロシア

（62）　艦隊の乗船者はわずかであるので，若干のアルバニア兵をどこかに用意して（おき），必要なときに艦隊に乗船させ，上陸させるべき地点に（において）

（63）　上陸させること」を述べた。そのためにこちらの側（書記官長）は「既述の兵士がどの場所にとどまらねばならないか」を尋ねた際に，既述の使節（ロシア使節）は

（64）　「その沿岸（の様子）を十分に（私は）知らない。地図を見ていずれの方向からか船舶が接近するならば，その場所を私は伝える。しかし（われわれが）既述の島を攻撃し，兵士を

（65）　上陸させる前に，3ヵ国によってヴェネツィア人に対して宣言書（声明）を作成し，その中でフランス人はあなたがたにいろいろ弁解したが，われわれは

（66）　決して（あなたがたに）害を加えない。あなたがたをわれわれは援助するといって約束したことを書いて公表すること，こちらの側（オスマン側）に在住しているザンテ Zante の人，

（67）　ケファロニア Kefalonia の人で監禁されているもの以外はロシア提督のもとに亡命を嘆願しているので，船舶（複数形）に分乗してその地点において（双方の）仲介者となり

（68）　ヴェネツィア人を来させることは妥当である。元来ケファロニアにおいてヴェネツィア共和国の側の代表者で，革命の際に逃亡して

（69）　現在こちらの側にいる代表者はロシア側に行くことを考えており，ヴェネツィア人を扇動する理由を考えて，必要

(70)　ならば，既述の代表者もともに親しくなる」と言った。つまりイギリス使節は「この場合に，すなわちザンテの人やケファロニアの人が
(71)　乗船させられてその地点に連れてこられるように調停をすることは完全だ。ボナパルトがマルタ島で見つけた奴隷を手に入れて行う
(72)　処置と同じである。しかるにこの中には役立たない（有害な）者やフランス人に傾く者がいるので，その種の者を受け入れて
(73)　はならない」と言った。
(74)　その後艦隊（複数形）donanmalar の行動範囲が再度問題となって決定をくだすために，既述の交渉の要約を
(75)　こちらの側（書記官長）は言及した。その際に既述のロシア提督は発言して，「過日この問題の目的のためにビュックデレ Büyükdere で行われた
(76)　われわれの交渉にもとづいて二つの艦隊が「共同行動」beraber hareket をして，モレア水域に向けて出発する。その三分の二はヴェネツィア領のコルフ島とその周辺地域を巡航し，混成部隊の
(77)　三分の一はロードス島周辺を往来する。海峡を通過する以前にイギリス提督ネルソンに伝えてエジプトにいたる
(78)　ルートを遮断することを約束するかしないか相互に理解すること，既述の三分の一の艦隊が巡航しているとき敵の艦隊に
(79)　遭遇すれば攻撃し，もし敵軍に対して十分でなくともモレア方面にいる既述の三分の二の艦隊に知らせて
(80)　全艦隊が同時に攻撃をすることが適切である。このほかにも「オスマン帝国艦隊」の司令官が時と状況にしたがって行動するための許可
(81)　が（スルタンから）与えられねばならない。と言うのは必要とされる行動はこちらの側（オスマン政府）へ（書記官長によって）書かれ，情報の到着が遅延するならば，時はす早くすぎてしまうからである」と言った。つまり

(82)　こちらの側（書記官長）は「実際司令官の命令は決定的であらねばならない。だが，ロードス島に向かう既述の三分の一の

(83)　艦隊が敵の船舶（複数形）に遭遇した際に攻撃が十分でなければモレア側にいる三分の二の艦隊に伝える。それらもまた

(84)　出帆して合流するまでの時間を必要としていることは明白である。したがってそのようであるなら敵に対して十分でない場合に現在アレクサンドリアの側にいるイギリス船舶（複数形）に

(85)　伝えられて，それらとの合流の方が近いためにきわめて適切であるにちがいない。この場合既述の「小型艦艇隊」を数隻の船舶とともにアレクサンドリア方面へ送って，その方面にいる

(86)　７隻のイギリス船舶と合流したならば強力な艦隊となり，既述の望まれていたことが達成されてしまう」と言った。その際に既述の提督，つまりイギリス

(87)　提督ネルソンは「フランス艦隊に壊滅的敗北を与えた際にアレクサンドリアの状態を見た。既述の敗北のあと，ボナパルトはアレクサンドリアとその港湾を強化して，要塞

(88)　を建造し，おそらく大砲を設置しなければならない。この場合に大型の船舶は砲撃をしてそちらの方へ接近させないようにする」と言った。ロシア使節は「アレクサンドリア方面に数

(89)　隻の船舶とともに「小型艦艇隊」を送り，（ロシア）提督 amiral は『私は利点を見ることはできない』と言っている。というのはボナパルトがそのようにしてアレクサンドリア方面を強化し，とりわけ港湾内に停泊している

(90)　船舶（複数形）が危険を回避すべく戦術をたてることは予想されるからである。このようにして港湾に停泊している船舶（複数形）を砲撃することはできない。それ以外に，入港する（イギリス・オスマン連合）艦隊がもし破壊されれば，

(91)　ボナパルトは傲慢になり（横柄になり），エジプトとその周辺地域の住民の間でうわさ話がおこる。だが，その方面に艦隊は停泊してお

らず，港湾に停泊している船舶（複数形）が出帆することが
(92)　あっても危険はなく港の外で拿捕できる」と言った。つまりイギリス使節は「このケースを受諾せず，イギリス提督は「小型艦艇隊」の必要性を書いた。私（イギリス使節）の考えは
(93)　彼（ネルソン）の書状によるものである。既述の提督（ネルソン）は既述の敗北から16日後その方面においてとどまり，その住民やベドウィンと相互に連絡をとっていたので，その方面において役立つことを
(94)　知らなければ，（ネルソンは）そのようには書かなかったであろう。つまり海上で「小型艦艇隊」と陸上で10,000名の兵士がいれば，アレクサンドリアは征服される」と述べた。その際に
(95)　こちらの側（書記官長）は「「小型艦艇隊」だけで向かうことは困難である。大型船舶もともに行かなければならない。この場合にこれらがロードス島に到着した後，アレクサンドリア方面に停泊している
(96)　イギリス船舶（複数形）の司令官と連絡をとりあって，（イギリスの）司令官はアレクサンドリアを強化した。（イギリスの司令官は）「入港が不可能と言えば，「スループ」（複数形）がロードス島に，
(97)　停泊しており，船舶（複数形）がアレクサンドリア方面へ出帆してイギリス船舶とともに強力な艦隊となる。だが砂漠のベドウィンがアレクサンドリアに圧力をかけていることはネルソン（提督）
(98)　の書簡に書かれている。エジプトに近いトリポリから10,000名の兵士がアレクサンドリア方面に向かうように命ぜられたので，陸海から
(99)　アレクサンドリアが包囲され，港に停泊しているフランス船舶（複数形）が出帆しなければならないならば，拿捕される」と言った。つまりロシア使節は「既述の
(100)「小型艦艇隊」とともに向かう「フリゲート艦」（複数形）のすべてがロードス島に停泊して，司令官に「連絡用のボート」menzil

kayığı を送って情報を入手し，既述の艦隊が
(101) 必要となればアレクサンドリアへ向かうこと，不可能な場合にはロードス島にとどまることが妥当である」と述べた。そのときにイギリス使節は「司令官が「小型艦艇隊」を
(102) 要請したので，問いただすことは必要でなく時間を無駄に過ごさないで，できるだけ早く向かわねばならない」と述べた。したがってロシア使節は「アレクサンドリア水域において
(103) この季節，船舶は停泊できるのか，「小型艦艇隊」が入港するさいに「フリゲート艦（複数形）」は遠方から防衛できるのか」と（ロシア使節が港湾長に）尋ねた。それで「港湾長」liman reisi に
(104) 尋ねて日がたたないうちに，艦隊が行くならば，今ごろはナイル川の水かさが増す時期であり，港として役立つのでこの水域に船舶は停泊可能である。（沿岸から）最大20マイルの
(105) 沖合いに停泊し，「小型艦艇隊」を守ることはできない。と言うのは安全なときと同様に通例入港するならば，「フリゲート艦（複数形）」は（沿岸から）5マイル
(106) のところまで接近できる。（だが）現在入港することは困難である。海岸から15マイル付近に停泊すればひどい嵐がおきた場合
(107) 両側（両者，両陣営）にも行くことができないので，危険は火を見るより明らかとなり，船舶（複数形）は接近できない。その結果は現在その方面の季節であり（戦争ができる季節），1ヵ月後沖合いで
(108) も船舶は停泊できない。そこでロシア使節はこちら側（「港湾長」）に「「小型艦艇隊」と数隻の「フリゲート艦」は何日で行くことができるか」と尋ねた。その際に
(109) 「港湾長」は，「順風ならどこにも寄港せず8日間でロードス島に到着する」と知らせた。そのあと
(110) ロシア提督は「皇帝は私をオスマン帝国に仕えるように任命した。私は誠心誠意仕えたい。どこへ命ぜられようとも私は行く。
(111) 船舶を配備（分離）してアレクサンドリア方面に送ることを私は拒

まない。しかるに任務を遂行できるかどうかはっきりしないうちにある事件がおきれば，責任を
(112) 負わないために否定的なことを述べねばならない。敵以外に嵐のことも研究することは重要である。私は（ロシア提督）「小型艦艇隊」の脇に1隻の「フリゲート艦」と
(113) 1隻の「コルベット艦」korvet〔10〕を配備する。オスマン帝国の艦隊からも数隻の分遣隊の派遣が命じられれば送られる。しかるにある事態がおこればこの件に関して私（ロシア提督）が
(114)「意見を加えることは理解されず例外となるべし」と言った。その際にイギリス使節は「この件（問題）はオスマン帝国の考え次第である。私はアレクサンドリア方面に
(115)「小型艦艇隊」が向かうことを（イギリス提督）ネルソンの書簡に鑑みて（イギリス使節は）要求する。（イギリス・オスマン連合艦隊が）その方面に到着した際に司令官は用意できれば用意し，できなければアレクサンドリア港を封鎖
(116) するというメリットが生じる。もし嵐のためにその方面に「スループ」（複数形）が停泊できなければ，シリア砂漠方面に向かい逃れる」と言った。つまり
(117)「港湾長」から正式に情報が得られた際に，彼（「港湾長」）は「「スループ」（複数形）はシリア砂漠方面へ向かうことはできない。それらが投錨できる場所はベイルートである。投錨するよりも「スループ」（複数形）は
(118) ロードス島に向かい，司令官から情報を入手するために一隻のクルラングチ kırlangıç〔11〕が送られれば，24時間でアレクサンドリア水域に達する。沖あいにいる司令官の
(119)「旗艦」karağul kayığı を見つけて尋ね，戻る艦隊も必要ならばロードス島から出帆して（そちらに）向かわない場合にはロードス島において冬営する場所があるので
(120) その方面において停泊する」と（「港湾長」は）言った。したがって

迅速に正しい方針のために，今後イスタンブルから既述の司令官に一隻のクルラングチが送られ，戻るまで（には）艦隊もロードス島に

(121) 到着してその方面において情報が伝えられることは妥当とみなされた。その後

(122) こちらの側（書記官長）は「現在装備された「スループが10隻あり，ロードス島の県知事ハサン司令官の1隻の「フリゲート艦」がある。これ以外にロードス島で拿捕された

(123) フランスの郵便船の兵士はロードス島において監禁されており，ロードス島から兵士を調達して装備し，既述の「スループ」と合流させる。ロシア艦隊から

(124) （ネルソン）提督の言葉にもとづいてこちらの側に1隻の「フリゲート艦」と1隻の「コルベット艦」と，オスマン帝国の司令官からも1隻あるいは2隻の「フリゲート艦」が加わると15隻

(125) となり，アレクサンドリアに送られる。さらにオスマン帝国とロシア艦隊はコルフ島水域に向かい，海峡の出入に際しては（イギリス提督）ネルソンに

(126) 伝えられ，強化が要求されれば「オスマン帝国艦隊」の司令官と既述の提督（ネルソン）は，必要にしたがって船舶を派遣する。

(127) まず第一に「小型艦艇隊」がこの方面から行動する前に，1隻のクルラングチでもってアレクサンドリア方面にいるイギリスの司令官に伝えられ，戻るまで

(128)「小型艦艇隊」とともにいる「大型船舶」（複数形）büyük sefineler もロードス島に到着しクルラングチでもって回答が来た際に必要に応じて行動するという決定がなされ

(129) できるだけ早く艦隊に行動させねばならない」と言った。その際にロシア提督はこの言葉（件）をひとつずつ尋ねて「このようになるのか，そのようになるのかと

(130) 言って，私が理解しているようであるかの旨」を列挙した。こちら

の側は（書記官長は）「明らかにこのようである」と回答し，既述の提督（ロシア提督）は私の考えもこのようであると言った。つまり

(131) 既述のように決定が下された後，既述の提督（ロシア提督）は周辺を巡航して敵軍を発見した際に艦隊に伝えるため１～２隻の

(132) クルラングチを必要とする。われわれの側（ロシア提督）に情報が伝わったとき，いずれの方向へ向かうべきかがもっとも重要であるならば，そのように行動する。無駄に一日すごさせることを私（ロシア提督）は望まない。いずれかの方向で危険が

(133) さらに増せば，当該地にいることを私は（ロシア提督は）望む。私（ロシア提督）の目的はまず第一に「敵軍にわれわれから何かを奪わせないように，またわれわれと（ロシア提督）の関係を絶とうとさせないことが私の要望である」と（ロシア提督は）述べた。その際に

(134) こちらの側（書記官長）は「周囲から事件に関する情報を得るために12隻のクルラングチを用意して，そのうちの２隻は事前に送った。残りの船舶はこの問題のために利用されて，

(135) 事実上要求されていることは無駄に時間を過ごさずに任務を遂行することに注意を払うことである。誠意をもって行うことの結果は素晴らしいものであるという回答」をした。その後，

(136) ロシア使節は「この方面において艦隊（複数形）を差し向けることと用意をすることという確固たる決定に至った。海峡を通過した後，（イギリス提督）ネルソンから来る情報や問題の

(137) 必要に応じて（ロシア使節は）行動すること，敵軍の状況やそのときの必要にしたがって適用しなければならない」と言った。つまりこちらの側（書記官長）としては基本的に地中海へ

(138) 出た後に，遂行しなければならないことは３ヵ国の艦隊の司令官müdirlerが協議して検討することである。われわれの友人であるイギリス使節は

(139)「この問題（件）を（イギリス提督）ネルソンへ詳細に書いて知らせ

ねばならない」と言った。

(140) その後，イギリス使節は「艦隊（複数形）の合図を討議してオスマン帝国の艦隊やロシア艦隊の（相互の）合図を知らされ，ひそかに(イギリス提督）ネルソンへ

(141) 送らねばならない。と言うのは夜間に二つの艦隊が出会った際，相手が分からないので戦闘がおきるかもしれない」と言った。オスマン帝国の艦隊の

(142) 一組の合図を（イギリス提督）ネルソンへ伝え，他方一組の合図をロシア艦隊に送られること，またロシア艦隊の一組の合図をオスマン帝国の

(143) 艦隊に伝えられ，他方同じ一組の合図をまた（イギリス提督）ネルソンへ送られること，(イギリス提督）ネルソンはオスマン帝国の艦隊とロシア艦隊に一組の合図を

(144) 送ることによって，三つの艦隊の合図を相互に了解する。オスマン帝国の艦隊からロシア艦隊にある問題（件）のために合図を

(145) 送らねばならない際に，ロシアの合図でもって知らせ，ロシア艦隊からもオスマン帝国の艦隊に何かを伝えねばならない際に「オスマン帝国艦隊」の

(146) 合図で知らせること，イギリス艦隊に出会った際にこの慣例は有効となる。あらゆる艦隊の船舶の間で適切な

(147) 合図はやはり慣れた形で行われる。つまりオスマン帝国の艦隊の「船舶」（複数形）に司令官の船舶（旗艦）からの適切な合図は以前のように「オスマン帝国艦隊」の

(148) 合図でもって行われ，他の艦隊（複数形）においてもそのように実施される。他者の合図は単独の艦隊から他の艦隊へなされるように協議して決定

(149) されたからである。

(150) その後ロシア使節はロシア艦隊の通過に際して，イエディクレの沖あいにて戦闘態勢でかれらの間で訓令を出すことに許可を与えた。

(151)「オスマン宮廷」Saray-ı Hümâyûn（トプカプ）のどこかからオスマンの高官がロシア艦隊の演習を視察することが（スルタンによって）が妥当とされれば，喜んで御覧にいれることを示した後

(152) ロシア提督はロシア国家にいかように仕えようと，オスマン帝国にそのように仕える。クリミア方面から行動した後，随行している

(153)「ガリオン船」（複数形）kalyonlar[12]の1隻が修理の目的のために送り返され，将来再び現れた際には二つの白旗を掲揚し，2回3発ずつ

(154) 発砲する。このような合図は今日適切であると知られている。海峡において1隻の「ボート」kayık では不可能ならば，高い場所から旗を掲揚し，4発発砲し

(155) 10分の間に再度4発発砲して警告されることを（ロシア使節は）伝えた。その後

(156)（イギリス・ロシア両国）使節たちはアレクサンドリアやエジプト方面を救うとともにアルバニアの諸地域を防衛する目的のために陸上から，オスマン帝国が対抗措置を講じることに好意的である。

(157) どれほどのまたどんな種類の兵士が任命されたのかと彼らが（イギリス・ロシア両国使節が書記官長に）尋ねたので，後に「帳簿」defter が手渡されることを（イギリス・ロシア両国使節が書記官長に）述べた後，既述の提督（ネルソン）はアレクサンドリア方面の

(158) 港湾に停泊しているフランス船舶を砲撃するために1～2隻の船舶が向かわねばならないことを（ネルソン提督が）提示した。それゆえに「オスマン帝国海軍工廠の長官」に

(159) 尋ねて，今日の船舶（複数形）は正確に建造されているので近くまですべて送ることができるという回答をしたことをスルタン陛下は承知しており，

(160) 本勅令はスルタン陛下のものである。

訳注

〔1〕 オスマンの書記官長はアフメット＝アティフ＝エフェンディ，在職期間は1798年3月5日〜1799年4月14日である。Danismend, vol. 5, p. 352.

〔2〕 イギリス大使はSir Robert Listonである。Unat, p. 239.

〔3〕 ロシア大使はVasilij Stepanoviç Tomaraである。Unat, p. 248.

〔4〕 海軍工廠や船舶にかかわる収入・支出の帳簿を預かり船舶の建造・修理・売買の業務を監督する。あらゆる必要な物資の購入・倉庫に保管されている物資の帳簿をチェックする。海軍工廠にかかわるあらゆる収入・支出を直接・間接管理する。彼自身に固有な船舶と数隻のボートがあった。提督が出帆しているとき，彼の仕事を代行する。御前会議が開催されているとき，討議には参加しない。しかし同席して，彼に関係することが問題になった際に意見が求められる。あるいは彼自身に命令が与えられる。1805年にはこの官職は今後国庫から独立して海事に関する公庫を監督するために第三の財務長官となり，海軍省の名称とともに海軍工廠の財務長官となった。元パリ大使アリー＝パシャが起用された。1830年には廃止され，提督が引き継ぐことになった。海軍工廠の公庫の支出の十分の一はこの官職の俸給にあてられた。

Merkez ve Bahriye Teşkilatı, pp. 425–427; Pakalın, s.v. “Tersane Emini”.

〔5〕 Liman Kaptanıとも言われる。Patroona（海軍准将）やRiyale（海軍少将）の地位にあり，艦隊と軍事行動をした提督から選ばれる。港湾に停泊する船舶の防衛の任務があった。

Merkez ve Bahriye Teşkilatı, p. 428; Pakalın, s.v. “Liman Reisi”.

〔6〕 フリゲート艦。ガレー船（çektiri）の補助的な役割をになった。18世紀以降ガレオン船の時期において海軍の一部として使用された。規模により違いはあるが，30〜70門の砲を搭載し，乗組員は1,500名である。長さは34〜42メートルである。18世紀にガレオン船がガレー船（çektiri）に徐々にとって代わった時期に，フリゲート艦は一つの甲板を有する小型のガレオン船である。この船舶はいわゆるガレオン船より快速であった。三本のマストを有する帆船。

Pakalın, s.v. “Firkateyn”; *Osmanlı Tarih Ligatı*, s.v. “Firkateyn”; Ahmet, p. 93.

〔7〕 Hafif Donanmaとも呼ばれる。一般的には河川，水深の浅い海，湖で使用される小型の船舶から成る。オールと帆で移動する小型の艦隊に対して

使用される。小型艦艇隊。

Pakalın, s.v. “Ince Donanma”; *Osmanlı Tarih Lugatı*, s.v. “Ince Donanma”; Ahmet, p. 26; *Merkez ve Bahriye Teşkilatı*, pp. 455–465.

〔8〕 二本のマストを有する小型の帆船。長さは15～20.25メートル。12門の砲を搭載。乗組員は62人。Brig（二本のマストを有する快速帆船）より小さくAteş gemisi（焼き討ち船）より大きい。

Pakalın, s.v. “Şalope”; *Merkez ve Bahriye Teşkilatı*, p. 466.

〔9〕 1774年1月のムスタファ3世の命をうけて設置された砲兵軍団。フランスから派遣されたドゥ＝トット＝バロン＝フランソワ de Totto, Baron François（1733–97年）の監督の下で250名からなる砲兵が訓練をうけた。しかしムスタファ3世の死後，廃止されたが，1782年12月大宰相ハリル＝ハミト＝パシャのときに再度設置された。帰国していたBaron Obert do Tottはオスマン帝国に戻った。彼以外にもフランスの軍事専門家が招聘された。今回2,000名に増員された。1分間に8～10発が発射できた。

Pakalın, s.v. “Şurat Topu”; *Osmanlı Tarih Lugatı*, s.v. “Şurat Topuçular”.

イエニチェリの砲兵軍団以外に3,000名からなる砲兵軍団が1783～1784年に設置された。

Kapukulu Ocak II, pp. 67–68.

〔10〕 三本マストを有する帆船。長さは24.75～29.25メートル。乗組員は174名。20～30門の砲を搭載。

Ahmet, p. 93; *Osmanlı Tarih Lugatı*, s.v. “Korvet”; *Merkez ve Bahriye Teşkilatı*, p. 468.

〔11〕 小型艦艇隊のçekdir（オールと帆で動く船の総称）に属する船舶。常に艦隊に伴って連絡や偵察のために使用された。1790年の史料では，この種の船舶は100隻存在した。2～3人でオールをこぐ。

Pakalın, s.v. “Kırlangıç”; *Osmanlı Tarih Lugatı*, s.v. “Kırlangıç”; *Merkez ve Bahriye Teşkilatı*, p. 459; *Turcica*, vol. 7, pp. 243–245.

〔12〕 三本のマストを有する帆船の軍艦の最大のものである。竜骨は34～49メートル。二つの甲板がある場合には60～80門，三つの甲板がある場合には80～120門の砲をそれぞれ搭載している。乗組員は規模により400～1,000名とことなる。大きさは1,500～2,000トンである。

Ahmet, p. 92; *Osmanlı Tarih Lugatı*, s.v. “Kalyon”; Pakalın, s.v. “Kalyon”.

III　イスタンブル駐在ロシア使節とオスマンの書記官長との会談（1798年9月24日，9月27日）

1．原文

(1) اشبو بیك ایكیوز اون اوچ سنه سی ماه ربیع الآخرك اون ایدنجی بازار ایرتسی كونی عصمت بك افندی ورئیس الكتاب افندینك بیكوزده روسیه ایلچیسیله واقع اولان

(2) مكالمه لری مضبطه سیدر

(3) یوم مذكورده ایلچی مرسوم ایله محل مرقومده لدی الملاقات رسوم عادیه تأدیه ومجلس تخلیه اولندقدن صكره طرفین رخصتنامه لرینك آماده اولان صورتلری اصللریله

(4) بعد المقابله ایكی قطعه رخصتنامه همایون حضرت جهاندارییی افندی علی الترتیب بشقه بشقه قرائت ایدوب ختامندن صكره روسیه ایمپراطورینك

(5) ایلچی مرسومه اولان رخصتنامه سنی دخی روسیه باش ترجمانی قرائت ایله رخصتنامه همایون صورتلری بروطرفدن وروسیه رخصتنامه سنك فرانچه صورتی

(6) ایلچی مرسوم جانبندن فقط امضا ایله مبادله اولندی

(7) بعده ایلچی مرسوم ایكی قطعه فرانچه مقدمه صورتنی ابراز ایله برینی اصل اتفاقنامه مقدمه سی ودیگری شروط منفرده خفیه نك مقدمه سی مندرج اوله رق

(8) اولكی شرطیدر جمیع دول بیننده قاعده بودركه اصل اتفاقنامه ظاهر وجلی اوله رق جمله نك معلومی اولور وشروط منفرده مكتوم طوتیلوب فقط اتفاقه

(9) دخوله خواهشگر اولان دولتلره ابراز اولنور مثلا نمچه وپروسیه اشبو اتفاقه مشاركته طالب اولور ایسه انلره ارائه اولنه اوضح سائرلردن مكتوم اولور بناء

(10) بوتقدیرجه معاهده جدیده مقدمه سنده فرانچه كیفیتی ذكر اولنمسی اقتضا ایتمز دیه دك ذكر اولنان ایكی قطعه صورتی دیوان همایون ترجمانه اعطا ایلدیكنه

(11) اولمغی بشقه بشقه ترجمه لرینی افاده ایتمكله ذكر اولنان اتفاقنامه مقدمه سنده فرانچه ماده سی مذكور اولمیوب ماده مرقومه نك صراحة اولمزایسه دخی بروطرفدن جوابه ابتدار ایله بین الدولتین عقد اولنه جق اتفاق ابتدا معاهده

(12) تلمیحا ذكری مقتضای مصلحتدن عد واتخاذ اولنمش اولمق حسبیله مقدمه سنده مذكور اولمق اقتضا ایدر دینلكله ایلچی مرسوم مقصد اصلی دولتینك

(13) جدیده ایله منعقد اوله جغنه مبنی اتفاقك مبنی علیهی مقدمه سنده درجی لازم كلان عباره لرك معاهده جدیده

(14) جمله دشمنلرندن تحفظی ایله هر قنغی دشمن ظهور ایدر ایسه تعرضنی دفع ایتمك اولمغله شروط خفیه مقدمه سی علی الاطلاق عمومی اوله رق عقد اتفاق ایتمك اولمغله شروط خفیه مقدمه

(15) مقدمه سنده دخی ادخالی مناسب دكلدر زیرا روسیه ایمپراطورینك مرادی اتفاق فرانچه ماده سنه مخصوص اولمش اولور دیوكره یینه بروجانبدن مرام

(16) معاهده جدیده مقدمه سنده دخی درج اولنه جغی صورتده اتفاقك فرانچه ماده سنه انحصاری دكلدر لكن معاهده جدیده مقدمه سی دخی ساده اولمامق ایچون فرانسه كیفیتی اجمالا یاد اولنمق لازمدر بنابرین

(17) اتفاقك فرانچه ماده سنه انحصاری دكلدر برمقدمه تمه التمشیده ترجمه سی ایلچی بكه معلومی اولمیوب بعده شروط منفرده مقدمه سی ترجمه اوضح دخی

(18) طرفمزدن بعض عباره لر تصریح اولنه رق رسم اوزره برمقدمه تمه التمشی اولان مقدمه صورتنی ابراز ایله مفهومی تبیین ایتدرلدكده

(19) اقتضاسنه كوره توضیح وتفصیل اولنه رق تنظیم اولنور دینلدك مقدجه یعنی مقتضای رسم وعادتمیدر دیو سؤال ایلدیكنه بنا بزه

(20) ایلچی مرسوم اشبو مقدمه یه فرانسه ماده سنی درج وعلاوه برمصلحت مخصوصه یه مبنیدر ومرام اشبو اتفاقی فرانسه ماده سنه حصر ایتمك اولمیوب بونده بوله

(21) طرفدن دخی مقتضای قاعده اتفاقك مبنی علیهی مقدمه سنده مذكور اولمقدر اشبو مقدمه ده دخی فرانچه ماده سنك اجمالی ذكری برمقتضای مصلحت

(22) جاری ومرعی اوله جغی شروطك مزایاسندن دخی ظاهردر بوتقدیرجه زیرا معاهده جدیده معتاد اوزره طبع اوضح دولتلرك منظوری اولور

(23) لوزمه بنادر دینلدكده ایلچی مرسوم بوصورت قاعده یه مخالف اولور فرانسه ماده سی شروط منفرده مقدمه سنده وماده لرك

(24) مقدمه سی بووجهله اولدیغی صورتده بودخی شروط خفیه كبی مكتوم قالمق اقتضا ایدر فرانچه ذكر اولنمیه رق ایما صورتیله درج اولنه بیلور

(25) ایچنده مندرج اولدقدن صكره مقدمه جدیده یه علاوه سی لازم كلمز بونده بهرحال اولمق لازم كلور ایسه

(26) دینلكله

دخی
خفیه
اتفاق مذکورك فرانسه ماده سنه حصری منفهم اولمیوب عمومه شمولیچون مقدمه جدیده ده ماده مذکوره مندرج اولمکنی ایلچی مرسوم التزام ایدوب شروطی
مواد اتفاقدن معدود اولمق حسبیله فرانسه ماده سنك اتوه مندرج اولمسی کافی ایسه دخی ایلچی مرسومك ویردیکی اتفاقنامه صورتنه محرر وفقده بمله
مثللو ساده اولمامق ایچون فرانسه ماده سی اوروپانك احوال شورشی اشتمالی عباره سیله ایما طریقیله ادا اولنمنه ایلچی مرسوم ارضا وبو خصوص صلح
وفاقه دائر اولمغله مرام مباحثه اولمیوب مذاکره دردینه دك اولوجهله تصحیح اولندقدن صکره ایلچی مرسوم هر بر ماده یی بشقه بشقه برر کاغده
تحریر ایتمش اولمقدن ناشی اوتکی ماده نك فرقی صورتنی ابراز ایتمکله
بعض معاهده‌ده اوتکی ماده صورتنی ادائه و ترجمه سی افاده ایتدیلر کرچه
بو طرفدن دخی مقدمجه محو و اثبات و بعض عباره لری تبجیله قلمه آلنمش اولان حسبیله ادائه اخطار صورت مذکوره ده
قیاساً عقد اتفاق عباره سنك مقدمه ده بشقه اوتکی ماده ده دخی شرط اولنوب ذکری لوزمه دائر اولمق وکرك سائر بعض تصحیحات ادله سریله ایلچی مرسومه قبول
بین الدولتین نزاعی اتفاق فقره سی بنا سبقیله درج اولنمش اولدیغنه بناءً کرك بو فقره حفظ ایچون تعبیری محرر اولوب بو طرفدن
مرسومك ابراز ایلدیکی سالف الذکر ماده اولی صورتی ذیلنده دول سائره یی مفیداً طریقی صورتده دول و جماهیرك بعضیسی داخل
اسنادلدکدن صکره ایلچی مسیحم بو تعبیرله اولنمش اولدیغندن دخول اتفاقه دول و جماهیرك بعضیسی داخل اولمامغله آنلر
اشبو اتفاقه داخل اوله جق دول سائره دیو تصریح اولنمش ایسه بعض دوقه لر واردر که اتفاقه دخول مأمول اولمامغله مطلقا دول تعبیریله عمومی
اولوب ماعدا سی خارجده قالور مثلا آلمانیه ده براز برنجلر و سائر بعض دوقه لر اشبو اتفاقه دخول مأمول اولوب اسوجك اشبو اتفاقه دخولی
خارج اولور هم معاهده جدیده یی اسوج و دانیمارقه دولتلری اوقیوب فقط بو الوتفاد اراده دولتلره راجع اوله جغنه مبنی ضعیف الحال اولدیغی
اوله دق یازلدیغی صورتده اولرجی تعرضدن قورتلمش اولور قید مذکور ایچون بو تعبیرمعهم اولمغله جمله کبیر و صغیر دولتلر
محروم ایتمش اولورز دول سائره نك حفظی تعبیری مجرد شهرت و شان ایچوندر دیمکله بو طرفدن دخی بو تعبیر حمایه اعانت ایلمسی تکلیف
التزام حقوقی صکره تمالیه یی موجب اولور مثلا اسوج دولتك بر مصلحتی اولوب محافظه سی اقتضاسنه مبنی روسیه دولتنه اعانت زیاده اعانت
اولنمق لوزم کلور بو یله بو یله کیدرك آدی النمز برغائله اولور دینلدکده ایلچی مرسوم بو صورت ملحوظ دکلدر زیرا مشروطدر
جواب اوله ممالك اقتضا ایدن اجوبه مناسبه ایراد اولنه رق تعبیر مذکور کلیا طی ایله برکونه محذوری مستلزم اولمیان
اوله مز دیمش ایسه دخی بو مزاکره تحریرا تکرار تصحیح اولندیغندن بشقه نهایت ماده ده بالاشتراك اقتضا ایدن اسبابه تشبث
آسایش عامه نك استحصالی عباره سی علی الاطلاق تحریر ایله تکرار تصحیح اولنمش اولمق ملابسه سیله ایلچی مرسوم طرفندن اجراسی لوزم کلان ماده لر اشبو اتفاقنامه
ایدرلر عباره مبهمه سی دخی بو طرفدن منافی وجهله تصحیح اولنمش اولمق ملابسه سیله اقتضا ایدن اسباب تعبیری شوکا محمول که اشبو ماده درونده دولتین
شروطنده صراحةً مذکور اولان فسنه لردر مصرح اولمیانلرك ایفاسی لوزم کلز واقتضا ایدن اسباب تعبیری اولمغله مثلا دولت عثمانیه و روسیه دولتنه بعض
آسایش طرفینه دائر مواد ده خالصانه محابره برله کندو ملکلرندن هرکونه تعرضی دفع عباره سی اولمغله کندو ملکلرندن هرکونه تعرضی دفع و آسایش عامه نك
دشمن ظهور ایتسه بالمذاکره اقتضا ایدن اسباب تنظیم اولنور هم آسایش عامه ذکر اولندیغندن اشبو شروط اعلان اوله جق مواد اولمق جهتیله تمام وسیله شهرت
استحصالیچون بالاشتراك اقتضا ایدن اسبابه تشبث ایده لر دیو مسطور اولدقده بو خصوصده دخی بعض مباحثات جریانندن صکره بالاشتراك اقتضا ایدن
ودول سائره نك میل و استجلابنه باعث اوله جق بر تدبیردر دیمکله اسبابه تشبث ایده لر دیو تحریر اولنوب
اسبابه تشبث دیو حصر بولنمامق ایچون بالمذاکره لفظی دخی ضم ایله بالاشتراك و بالمذاکره اقتضا ایدن
نصدیقندن عبارت اولمغله فقط ابتداسنده مندرج اولان عهودك نصدیقندن عبارت
بعده ایکنجی ماده درمیان ایله مفهومی یاشوه منعقد مصالحه عهدنامه سی وانوه مندرج اولان عهودك
عهدنامه مذکورك انعقادی تاریخی اولان تاریخ دومینك اولنه تاریخ هجری دخی ضم اولنوب ایکنجی ماده یه الحاق اولنوب ویردیکی
صورتده تمامیت ممالکه ضمان مذکور اولوب مصر صراحةً مندرج اولمامغله اشبو اتفاق استیلای مصردن صکره اولمق جهتیله مصر مملکتی خارجده قالمامق
ایچون بو طرفدن قلمه آلنان ایکنجی ماده ده مصر درج و تذکیر و تمامیت ممالك استحصال اولنمجه باب مصالحه مسدود اولمسی تسطیر اولنمش یعنی
اولمقدن ناشی ایلچی مرسوم بو اتفاق طرفین مأمورلرینه موجب افتخار اوله جق ماده در شروطك سبك و عباره سی قاعده یه مغایر اولدیغی اقتضا ایتمز
صورتده باعث عجالت اولور دیکر ماده ده نظام مصلحتده مقدم مذاکره و مصالحه نك منعی مندرجدر هم بو ماده ده مصرك ذکری اقتضا ایتمز
تمامیت ممالك تعبیری کافیدر زیرا بر مملکت آخره فراغت اولنمیجه مالکنك ضبطندن چقمز بونقدیرجه ممالك لفظنه مصر داخلدر دیمکله
بو طرفدن بو صورتده مصر امر اعتباری اوله رق قولا داخل اوله یور ممالکه ضمان مندرج اولوب ضمانك وقت و تاریخی مصرح اولمامغله انعقاد
اتفاقدن اول اوله شامل اوله مز جوابلر ویرلدکده ایلچی مرسوم ضمان ممالك تمامیته ضمانی مشتمل اولوب دولتینك نه قدر ممالکی وار ایسه ضامن
اولمقدر هم شرط سائره ده جنك و صلحده معیت و دولتینك برینه ادنی ضرری یا خود ممالکنك نقصانی موجب اوله جق برنسنه قبول اولنمامسی
مسطوردر و دولت علیه نك ممالکنه نقصان ترتب ایتمامسنه ایمپراطور متعهددر کرك کندوسی وکرك متفقلری ایچون برکونه عوض قبول ایتمامك
شرطی دخی مصرحدر مطلوب اولور ایسه مصر ماده سنی شروط منفرده یه بشقه برشرط اوله رق ادخال ایدرلم دیمکله بروجه بالا دخی دیمش

بیان اولنمغی وجهله مراد اعتراض دکل دوستانه مذاکره دن اشبو ادعنجی ماده ده ممالکه ضمان خصوصی مشروط اولمغله صراحت اولمدیغجه اوله مز اشبو
اتفاقک عقدی فرانچه لونک مصره هجومنده مقدم اولسه ایلچی بک اولوقت تردد ایدوب هنوز مصره تعرض وقوعی مشکوک ایدی درج اولنمز دیه بیلور ایدی
الحالة هذه انعقاد اتفاق استیلای مصردن صکره اولمغله مصر ذکر اولنمدیغجه تمامیت ممالک تعبیری معناسز قالور والبته بونک علاوه سی الزمدر دینلوب
طرفیندن بونلره مماثل بعض مباحثه دن صکره مصر تذکیرینک لزومی قطعیه بیانیله ایلچی مرسوم الزام اولنمغله مصره تعرض وقوعندن مقدم زیر تملک
دولت علیه ده اولان ممالکه بلا استثنا روسیه دولتنک ضمانی ماده مرقومه ده ایضاح و بعض تأکیدات دخی ضم والحاق قلنوب ساعت بشدن اون بره
قدر اشبو ماده لر ضمننده جانبیندن لفظ و عباره یه و تنقیحاته دائر ابحاث طویله جریان ایتمکین جمله سنک تحریری تصدیعی موجب اولمغله احترازا
اجمال و بیان ایله اکتفا اولنمق کورلدیکی معلوم عالیلری بیورلدقده امر و فرمان من له الامر حضرتلرینکدر

ماه مذکورک اون ایکنجی پنجشنبه کونی بنده بکره عصمت بک افندی و رئیس الکتاب افندینک روسیه ایلچیسی مرسوم ایله واقع اولان دیکر مکالمه لری مضبطه سیدر

یوم مذکورده مجلس تخلیه اولندقده صکره اولکی مکالمه ده قرار بولان سالف الذکر اولکی ایکنجی اوچنجی ماده لرک تبییض اولنمش اولان مسوده لری
حرف بحرف مقابله اولنوب ترکیلری بر و طرفده و فرنکیلری ایلچی مرسوم جانبنده فقط امضا و مبادله و مقدمه نک فرنکی صورتنی ایلچی مرسوم اوقودقده
بر اثر کورمامش اولدیغندن امضای مکالمۀ آتیه یه تأخیر اولنوب بعده دردنجی ماده دومیان ایله مادۀ مذکوره دولتینک مقتضای مصلحتلری اوزره
دول سائره ایله دخی معاهده یه مختار اولملری و بو کونه معاهدات طرفینک ادنی ضررینی یاخود ممالکنه نقصان ترتبنی مستلزم اوله جق نسنه یه
وقتا من الاوقات شامل اولمامسی مضموننده عبارت اولدیغنه بنا محو و اثباته حاجت اولمیوب نقط وقتا من الاوقات شامل اولمیه عباره سنه
وجها من الوجوه تعبیری دخی ضم و مقتضای سبک اوزره بو فقره لر عباره نک اوائنه تحریر ایله او مقوله معاهدات وقتا من الاوقات و وجها من الوجوه
طرفینک ادنی ضررینی یاخود تمامیت ممالکه نقصان ترتبنی موجب نسنه یه قطعا شامل اولمامق اوزره تسطیر و اولوجهله ایلچی مرسومه دخی
قبول ایتدرلدکدن صکره
بشنجی ماده اولان دولتینک برینه یاخود ایکیسنه مضر بر کونه فعل و مقصد ظهورنده مقاصد خصمانه نک دفعی خصوصنه بذل ایره جکلری مساعی
کافی اوله مدیغی تقدیرده احد طرفین بری عسکر ایله یاخود دونمنا ایله آخره اعانه و متفقلرک مصلحت مشترکه لری و امن و سلامتلری ایجاب
ایده جکی وجه اوزره یا ابراز قوت قاهره ایدرک اشغال طریقیله یاخود نقدا امداد ایله معا حرکته مجبور اولمق شرطنک معناسی ایو جه
تفهیم اولنه مدیغی بیانیله تفصیله محتاج ایدوکی علی وجه الاستمزاج ایلچی مرسومه افاده اولندقده ایلچی مرسوم بو شرطده درت صورت وار در
برینجیسی بری عسکر ایله و یاخود ایکنجی صورت اوله رق دونمنا ایله اعانت اولمق و اوچنجیسی ابراز قوت قاهره ایله اشغال و دردنجیسی نقدا امداد
قلنمقدر مثلا بر محاربه ظهور ایدرکه دونمنا و عسکرک لزومی اولمیوب یوللی ایشه یرار یعنی روسیه دولتنه بر دشمن ظهور ایدرکه عسکر
یاخود دونمنا کوندرلمسی موقع جهتیله ممکن اوله مز اولوقت نقدا اعانه اولنور و اشغال طریقی دخی شودرکه فرضا نمچه دولت علیه حدودینه
هجومی وقوع بولسه روسیه دن عسکر جلبیله اول طرفه ارسالی ممکن اوله میه جغنه مبنی ویره جک عسکری نمچه حدودینه کوندروب دیو ددیمور
یعنی عسکر ادائه سیله اشغال ایله دینلور بو شرطک مقتضاسی بودر دیدکده بر و جانبدن اتفاقلر تدافعی اولمغله دولتینک برینه
بر طرفدن برکونه خصومت ظهورنده طرف آخردن اعانت اولنه جق خصومت ایکیسنه برده اولدیغی صورتده بالاشتراک دفعنه قیام اولنور
بو صورتده ابتدای شرطده دولتینک برینه یاخود ایکیسنه تعبیری بیمعنی اوله جغی ظاهردر جوابی ویرلدکده ایلچی مرسوم واقعا بویله در
لکن طرفینه خصومت ظهور ایدوب مثلا بر طرف مغلوب اولدرق متفقی طرفندن اغماض و ترک اولنمق اوله مز هم دولت علیه و روسیه دولتی
قوی الاقتدار اولملریله ایکیسنه برده بر دولت جانبندن تعرض و هجوم اوله مز اولسه اولسه جانبینه بشقه بشقه دشمن ظهور ایده بیلور
بو صورتده دخی متفقک مصلحتی ترک اولنمق اولمز دیدکده بو طرفدن دخی دولتینه بشقه بشقه دشمن ظهوری صورت دیکردر لکن

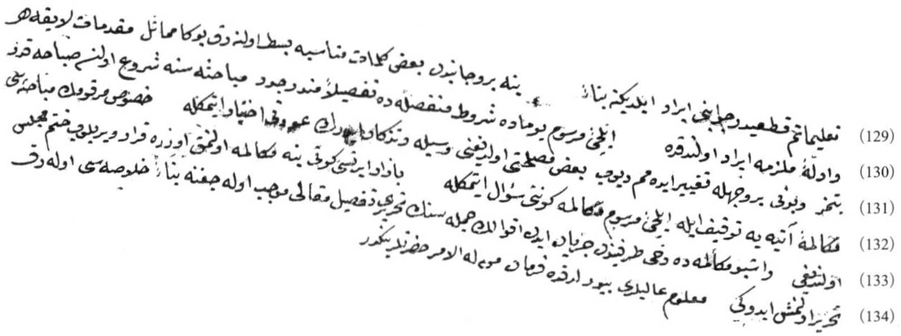

2. 転写

(1) İşbu bin iki yüz on üç senesi mah-ı Rebiʿü'l-ahir'in on üçüncü pâzârtesi günü ʿİsmet Bey Efendi ve reisü'l-küttâb efendi'nin Bebek'de Rusya elçisiyle vâkiʿ olan

(2) mükâlemeleri mażbaṭasıdır.

(3) Yevm-i meẕkûrde elçi-i mersûm ile maḥall-i merḳûmde lede'l-mülâḳāt rüsûm-ı ʿadiye te'diye ve meclis taḫliye olunduḳdan sonra ṭarafeyn ruḫṣatnâmelerinin âmâde olan ṣûretleri aṣıllarıyla

(4) baʿde'l-muḳābele iki ḳıṭʿa ruḫṣatnâme-i hümâyûn ḥażret cihândârîyi amedcı efendi ʿale'l-tertib başḳa başḳa ḳıra'at edüb hitâmından sonra Rusya imparatorunun

(5) elçi-i mersûme olan ruḫṣatnâmesini daḫi Rusya baş serkâtibi ḳıra'at ile ruḫṣatnâme-i hümâyûn ṣûretleri berü ṭaraftan Rusya ruḫṣatnâmesinin frengi ṣûreti

(6) elçi-i mersûm cânibinden faḳaṭ imzâ ile mübâdele olundu.

(7) Baʿdehu elçi-i mersûm iki ḳıṭʿa frengi muḳaddeme ṣûreti ibrâz ile birisi aṣıl ittifâḳnâme muḳaddemesi ve diğeri şürûṭ-ı münferide-i ḫafiyenin muḳaddemesi münderc olaraḳ

(8) evvelki şarṭıdır. Cemiʿ düvel beyninde ḳāʿide budur ki aṣıl ittifâḳnâme ẓâhir ü celî olaraḳ cümlenin maʿlûmu olur ve şürûṭ-ı münferide mektûm tutulub faḳaṭ ittifâḳa

(9) duḫûla ḫavâhişger olan devletlere ibrâz olunur. Meselâ Nemçe ve Prusya

işbu ittifâḳda müşârekete ṭâleb olur ise anlara irâe olunub sâirlerden mektûm olub

(10) bu taḳdirce muʿâhede-i celiye muḳaddemesinde Françe keyfiyeti ẕikr olunması iḳtiżâ etmez diyerek ẕikr olunan iki ḳıṭʿa ṣûreti divân-ı hümâyûn tercümânına iʿtâ eylediğine binâen

(11) ol daḫi başḳa başḳa tercümelerini ifâde etmekle ẕikr olunan ittifâḳnâme muḳaddemesinde Françe mâddesi meẕkûr olmayub mâdde-i merkûmenin ṣarâḥaten olmaz ise daḫi

(12) telmihen ẕikrı muḳteżâyı maṣlaḥatdan ʿadd ve ittiḫâż olunmuş olmaḳ ḥasebiyle berü ṭaraftan cevâba ibtidâr ile beyne'l-devleteyn ʿaḳd olunacaḳ ittifâḳ ibtidâ muʿâhede-i

(13) celiye ile münaʿkid olacağına mebni ittifâḳın mebni ʿaleyhi muḳaddemesinde meẕkûr olmaḳ iḳtiżâ eder denilmekle elçi-i mersûm maḳṣad-ı aṣlı devleteynin

(14) cümle düşmanlardan taḥaffuẓu ile her ḳangi düşman ẓuhûr eder ise taʿarrużunu defʿ etmek olmağla şürûṭ-ı ḫafiye muḳaddemesine derc lâzım gelen ʿibârelerin muʿâhede-i celiye

(15) muḳaddemesine daḫi idḫâli münâsib değildir. Zirâ Rusya imparâtorunun murâdı ʿale'l-ıtlâk ʿumûmi olaraḳ ʿaḳd-ı ittifâḳ etmek olmağla şürûṭ-ı ḫafiye muḳaddemesi

(16) muʿâhede-i celiye muḳaddemesine daḫi derc olunduğu ṣûretde ittifâḳ Françe mâddesine maḫṣûṣ olmuş olur dedikde yine berü cânibden merâm

(17) ittifâḳın Françe mâddesine inḫiṣârı değildir. Lâkin muʿâhede-i celiye muḳaddemesi daḫi sade olmamaḳ içün Fransa keyfiyeti icmâlen yâzılmaḳ lâzımdır. Binâberîn

(18) ṭarafımızdan baʿzı ʿibâreler taṣrîḥ olunaraḳ resim üzere bir muḳaddeme ḳaleme alınmışdı. Tercümesi elçi beyin maʿlûm olsun. Baʿdehu şürûṭ-ı munferide muḳaddemesi daḫî tercüme olunub

(19) iḳtiżâsına göre tavżîḥ ve tafsîl olunaraḳ tanẓîm olunur denilerek muḳaddemece ḳaleme alınmış olan muḳaddeme ṣûreti ibrâz ile mefhûmu tebeyyin etdirildikde

(20) elçi-i mersûm işbu muḳaddemeye Fransa mâddesini derc ve ilâve bir

maṣlaḥat-ı maḫṣûṣaya mı mebnidir. Yaʿni muḳuteżâyı resim ü ʿadet midir deyü sû'âl eylediğine binâen berü
(21) ṭarafdan daḫî muḳteżâyı ḳāʿide ittifâḳın mebni ʿaleyhi muḳaddemesinde meẕkûr olmaḳdır. Ve merâm işbu ittifâḳı Fransa mâddesine ḥaṣır etmek olmayub bundan böyle
(22) câri ü merʿi olacağı şürûṭ-ı meẓâyâsından daḫi ẓâhirdir. Bu taḳdîrce işbu muḳaddemede daḫi Françe mâddesinin icmâli ẕikri ber muḳteżâyı maṣlaḥat
(23) lâzımedendir denildikde elçi-i mersûm bu ṣûret-i ḳāʿideye muḥâlif olur. Zirâ muʿâhede-i celiye muʿtâd üzere tabʿ olunub devletlerin manẓûru olur
(24) muḳaddemesi bu vecihle olduğu ṣûretde bu daḫi şürûṭ-ı ḫafiye gibi mektûm ḳalmak iḳtizâ eder. Fransa mâddesi şürûṭ-ı münferide muḳaddemesinde ve mâddeleri
(25) içinde münderic olduḳdan sonra muḳaddeme-i celiyeye ʿilâvesi lâzım gelmez. Bunda beherḥâl olmaḳ lâzım gelir ise Françe ẕikr olunmayaraḳ imâ ṣûretle derc oluna bilinur.
(26) Demekle
(27) ittifâḳ-ı meẕkûrun Fransa mâddesine ḥaṣırı münfehim olmayub ʿumume şumulü içün muḳâddeme-i celiyede mâdde-i meẕkûre münderic olmamasını elçi-i mersûm iltizâm edüb şürûṭ-ı ḫafiye daḫî
(28) mevâd-ı ittifâḳdan maʿdûd olmaḳ ḥasebîyle Fransa mâddesinin ânda münderic olması kâfi ise daḫî elçi-i mersûmun verdiği ittifâḳnâme ṣûretinde muḥarrer muḳaddeme
(29) misillü sâde olmamaḳ içün Fransa mâddesi Avrupa'nın aḥvâl ṣûriş-i iştimâli ʿibâresiyle imâ ṭarîḳîyla edâ olunmasına elçi-i mersûm irżâ ve bû huṣûṣlar
(30) vifaḳa dâir olmağla merâm mübâḥase olmayub müẕâkeredir denilerek ol vechle taṣḥîḥ olunduḳdan sonra elçi-i mersûm her bir mâddeyi başḳa başḳa birer kâğıda
(31) taḥrîr etmiş olmaḳdan nâşi evvelki mâddenin frengi ṣûretini ibrâz etmekle
(32) berü ṭarafdan daḫi muḳaddemece mahv u iṡbât ve baʿzı ʿibâreleri tenḳîḥîyle ḳaleme alınmış olan evvelki mâdde ṣûreti irâe ve tercüması

ifâde etdirildikde ba'zı mu'âhedelere

(33) ḳıyasen 'aḳd-ı ittifâḳ 'ibâresinin muḳaddemeden başḳa evvelki mâddede daḫi şarṭ olaraḳ ẕikri lâzımeden olmaḳ ḥasebîyle irâe olunan ṣûret-i meẕkûrede

(34) beyne'l-devleteyn tedâfü'ü ittifâḳ fıḳrası münâsebetîyle derc olunmuş olduğuna binâen gerek bû fıḳra ve gerek sâir ba'zı taṣḥiḥât-ı edille serdiyle elçî-i mersûme ḳabûl

(35) etdirildekden sonra mersûmun ibrâz eylediği sâlifü'z-ẕikr mâdde-i evveli ṣûreti ẕeylinde düvel-i sâireyi ḥıfẓ içün ta'bîri muḥarrer olub berü ṭarafdan

(36) işbu ittifâḳa dâḫil olacaḳ düvel-i sâire deyü taṣrîḥ olunmuş olduğundan elçi-i mersûm bu ḳayıt ile muḳayyed olduğu ṣûretde düvel ve cemâhirin ba'zısı dâḫil

(37) olub mâ'adâsı ḫârîcde ḳalur. Meselâ Almanya'da birâz birincler ve sâir ba'zı dûkalar vardır ki ittifâḳa duḫûl etseler daḫî fâyda olmamağla anlar

(38) ḫârîç olur. Hem mu'âhede-i celiyeyi İsveç ve Danimarka devletleri okuyub İsveç'in işbu ittifâḳa duḫûlu me'mûl olmamağla muṭlaḳa düvel ta'bîr ile 'umûmi

(39) olaraḳ yazıldığı ṣûretde ol daḫi ta'arrużdan ḳorunulmuş olur. Ḳayıt-ı meẕkûr faḳaṭ kaviyyü'l-iḳtidâr olan devletlere racı' olacağına mebni za 'yifü'l-ḥâl olanları

(40) mahrûm etmiş oluruz. Düvel-i sâirenin ḥıfẓı ta'bîri mücerred şöhret ü şân içündir demekle berü ṭarafdan daḫi bu ta'bîr mühem olmağla cümle kebîr ü sagîr devletleri

(41) iltizâm çıḳub sonra gâileyi mûcib olur. Meselâ İsveç devletinin bir muṣalaḥatı olub muḥâfaẓası iḳtiżâsına mebni Rusya devletine İsveç'e i'ânet eylemesi teklîf

(42) olunmaḳ lazım gelür.Böyle böyle giderek ardı alınmaz bir gaile olur denildikde elçi-i mersûm bu ṣûret melhûz değildir.Zirâ meşrûṭdan ziyâde i'ânet

(43) olamaz demiş ise daḫi cevâb-ı evvele mümâsil iḳtiżâ eden ecvibe-i münâsibe irâd olunarak ta'bîr meẕkûr külliyen ṭay ile bir gûna maḥẕûru müstelzim olmıyan

(44) âsâyiş-i ʿâmmenin istihsâli ʿibâresi ʿale'l-ıṭlâḳ taḥrîr ile tekrâr taṣḥîḥ olunduğundan başḳa nihâyet mâddede bil'iştirâk iḳtiżâ eden esbâba teşebbüs̱

(45) edeler ʿibâre-i mübhemesi daḫi berü ṭarafdan menâsibi vecihle taṣḥîḥ olunmuş olmaḳ mülâbasesiyle elçi-i mersûm ṭarafından icrâsı lâzım gelen mâddeler işbu ittifâḳnâme

(46) şürûṭunda ṣarâḥaten meẕkûr olan nesnelerdir muṣarraḥ olmıyanların ifâsı lâzım gelmez ve iḳtiżâ eden esbâb taʿbîri şuna mebnîdir ki işbu mâdde derununda devleteyn

(47) âsâyiş ṭarafeyne dâir mevâdda ḫâliṣâne muḫâbere birle kendü mülklerinden her gûna taʿarružu defʿi ʿibâresi olmağla meselâ Devlet-i ʿAliye'ye ve Rusya devletine baʿzı

(48) düşmân ẓuhûr etse bi'l-müẕâkere iḳtiżâ eden esbâb tanẓîm olunur. Hem âsâyiş-i ʿâmme ẕikr olunduğundan kendü mülklerinden her gûna taʿarružu defʿ ve âsâyiş-i ʿâmmenin

(49) istiḥṣâl içün bil'iştirâk iḳtiżâ eden esbâba teşebbüs̱ edeler deyü mesṭur olduḳda işbu şürûṭ iʿlan olunacaḳ mevâd olmaḳ cihetiyle tamam vesile-i şöhret

(50) ve düvel-i sâirenin meyil ve isticlabına bâʿis olacaḳ bir tedbirdir demekle bu ḫuṣuṣda daḫi baʿzı mübâḥas̱ât cereyânından sonra bi'l-iştirâk iḳtiżâ eden

(51) esbâba teşebbüs̱ deyü ḥaṣır bulunmamaḳ içün bil'müẕâkere lafıẓı daḫi żam ile bil'iştirâk ve bil'müẕâkere iḳtiżâ eden esbâba teşebbüs̱ edeler deyü taḥrîr olundu.

(52) Baʿdehu ikinci mâdde dermeyân ile mefhûmu Yaş'da münʿakid muṣâlaḥa ʿahıdnâmesi ve ânda münderic olan ʿuhûdun taṣdîḳinden ʿibâret olmağla faḳaṭ ibtidâsında

(53) ʿahıdnâme-i meẕkûrun inʿikadı târîhi olan târîh-i Rûmî'nin evveline târîhi-i hicri daḫi żam olunub üçüncü mâddeye geçildikde mersûmun verdiği

(54) ṣûretde tamâmiyet-i memâlike żamân-ı meẕkûr olub Mıṣır ṣarâḥaten münderic olmamağla işbu ittifâḳ istilâyı Mıṣır'dan sonra olmaḳ cihetiyle

Mışır memleketi ḫârîçde ḳalmamaḳ

(55) içün berü ṭarafdan ḳaleme alınan üçüncü mâddede Mışır derc tez̠kîr ve tamâmiyet-i memâlik istiḥṣâl olmayınca bâb-ı muṣâlaḥa mesdud olması tasṭîr olunmuş

(56) olmaḳdan nâşi elçi-i mersûm bu ittifâḳ ṭarafeyen me'mûrlarına mûcib iftiḫâr olacaḳ mâddedir. Şürûṭun sebk ve ʿibâresi kāʿideye mugâyir olduğu

(57) ṣûretde bâʿis-i ḫacâlet olur. Diğer mâddede nizâm-ı maṣlaḥatdan muḳaddem mütâreke ve muṣâlaḥanın meniʿ mündericdir.Hem bu mâddede Mışır'ın z̠ikri iḳtiżâ etmez

(58) tamâmiyet-i memâlik taʿbîri kâfidir. Zirâ bir memleket âhara ferâgat olunmayınca mâlikinin żabıṭından çıḳmaz bu taḳdirce memâlik lafẓına Mışır dâḫildir demekle

(59) berü ṭarafdan bu ṣûretde Mışır emir-i iʿtibârı olaraḳ kavlen daḫl olayor memâlike żamân münderic olub żamânın vaḳit ve tarihi muṣarraḥ olmamağla iniʿḳād-ı

(60) ittifâḳdan evvele ṣâmil olamaz cevâbı verildikde elçi-i mersûm żamân memâlik-i tamâmiyete żamânı müştemil olub devleteynin ne ḳadar memâlik var ise zâmin

(61) olmakdır hem şürûṭ-ı sâirede cenk ü ṣulhda maʿiyet ve devleteynin birine edna żararı yâḫûd memâlikinin noḳṣânını mûcıb olacaḳ bir nesne ḳabûl olunmaması

(62) mesṭurdur. Ve Devlet-i ʿAliye'nin memâlikine noḳṣânı tertib etmemesine imparator müteahhiddir.Gerek kendüsü ve gerek müttefiḳler içün bir gûne ʿavz ḳabûl etmemek

(63) şürûṭ daḫi muṣarraḥdır. Maṭlup olur ise Mışır mâddesi şürûṭ-ı münferideye başḳa bir şarṭ olaraḳ idḫâl edelim demekle berü cânibinden daḫi demin

(64) beyân olunduğu vechle murâd iʿtirâz değil dostane müẕâkeredir.İşbu üçüncü mâddede memâlike żamân ḫuṣûṣu meşrûṭ olmağla ṣarâḥat olmadıkça olamaz.İşbu

(65) ittifâḳın ʿaḳdı Françalu'nun Mışır'a hücümundan muḳaddem olsa elçi bey ol vaḳit tereddüd edüb henüz Mışır'a taʿarruż vukûʿu meşkukdur derc olunmaz diyebilir idi.

(66) Elḥaletü hazihhi inʿiḳād-ı ittifâḳ isitilâyı Mışır'dan sonra olmağla Mışır ẕikr olunmadıkça tamâmiyet-i memâlik taʿbîri maʿnâsız kalur. Elbette bunun ʿilavesi elzemdir denilub

(67) ṭarafeynden bunlara mümâsil baʿzı mübâhisden sonra Mışır teẕkîrinin lüzumü kaṭʿice beyân ile elçi-i mersûm ilzâm olunmağla Mışır'a taʿarruż vukûʿundan muḳaddem ẕir temellük

(68) Devlet-i ʿAlıye'de olan memâlike bilâistis̱nâ Rusya devletinin żamânı mâdde-i merḳûmede iżâḥ ve baʿzı te'kidât daḫi żam ve ilḥâḳ kulunub sâʿat beşden on bire

(69) ḳadar işbu mâddeler żımnında cânibeynden lafıẓ ve ʿibâreye ve tenḳiḥâta dâir ebḥâs̱-ı ṭavile cereyân etmekin cümlesinin tahrîri taşdığı mûcib olmaḳdan iḥtirâẕen

(70) icmâlen beyân ile iktifâ evveli görüldüğü malʿûm ʿalîleri buyurulduḳda emir ve fermân men lehe'l-emr ḥażretlerinindır.

(1798.9.27)

(71) mâh-ı meẕkûrun on altıncı panc şambe günü yine Bebek'de ʿİsmet Bey Efendi reisü'l-küttâb efendinin Rusya elçisi mersûm ile vâkiʿ olan diğer mükâlemeleri mażbaṭasıdır.

(72) yevm-i meẕkûrda meclis taḫliye olunduḳdan sonra evvelki mükâlemede ḳarâr bulan sâlifü'z-ẕikr evvelki ikinci üçüncü mâddelerin tebyiż olunmuş olan şûretleri

(73) harf-be-harf muḳābele olunub türkileri berü ṭarafdan ve frengileri elçi-i mersûm cânibinden faḳaṭ imżâ ve mübâdele ve muḳaddemenin frengi şûretini elçi-i mersûm unutub

(74) berâber götürmemiş olduğundan imżâsı mükâleme-i atîyeye te'ḫîr olunub baʿdehu dördüncü mâdde dermeyân ile mâdde-i meẕkûrede devleteynin muḳtežâyı maşlaḥatları üzere

(75) düvel-i sâire ile daḫi muʿâhedeye muhtâr olmaları ve bu gune muʿâhedât ṭarafeynin edna żararını yâḫûd memâlikine noḳsân-ı terettübünü müstelzim olacaḳ nesneye

(76) vakten mine'l-evḳāt şâmil olmaması mazmûnundan ʿibâret olduğuna binâen mahv u is̱bâta hâcet olmayub faḳaṭ vakten mine'l-evḳāt şâmil

olmaya ʿibâresine

(77) vechen mineʾl-vücuh taʿbîri daḫi żam ve muḳteżayı sebk üzere bu fıḳralar ʿibârenin evveline taḥrîr ile o maḳûle muʿâhedat vakten mineʾl-evḳāt ve vechen mineʾl-vücuh

(78) ṭarafeynin ednâ-yı żararını yâḫûd tamâmiyet-i memâlike noḳsân-ı terettübünü mûcib nesneye katʿa şâmil olmamaḳ üzere tasṭîr ve ol vechile elçi-i mersuma

(79) ḳabûl etdirildikden sonra

(80) beşinci mâdde olan devleteynin birine yâhûd ikisine mużır bir gûne fiʿl ve maḳṣad ẓuhûrunda maḳāṣıd-ı ḫaṣmânenin defʿi ḫuṣûṣuna beẕl edecekleri mesâʿi

(81) kâfi olamadığı taḳdirde aḥad ṭarafeyn biri ʿasker ile yâḫûd donanma ile âhara iʿânete ve müttefiḳlerin maṣlaḥatı müşterekeleri ve emn ve selâmetleri icâb

(82) edeceği vech üzere ya ibrâz-ı kuvvet-i ḳāhire ederek işgâl ṭarîkile yâḫûd nakden ʿimdâd ile maʿan ḥarekete mecbûr olmaḳ şarṭının maʿanâsı eyüce

(83) tefehhüm olunamadığı beyânıyla tafṣîle muḥtâç idüğü ʿala vechüʾl-istimzâc elçi-i mersûme ifâde olundukda elçi-i mersûm bu şarṭda dört ṣûret vardır.

(84) Birisi berri ʿasker ile veyâḫûd ikinci ṣûret olaraḳ donanma ile iʿanet olunmaḳ ve üçüncüsü ibrâz-ı ḳuvvet-i ḳāhire ile işgâl ve dördüncüsü naḳden imdâd

(85) ḳılınmakdır. Meselâ bir muḥârebe ẓuhûr eder ki donanma ve ʿaskerin lüzumu olmayub bedeli işe yarar yaʿni Rusya devletine bir düşman ẓuhûr eder ki ʿasker

(86) yâḫûd donanma gönderilmesi mevḳiʿ cihetiyle mümnkün olamaz ol vaḳit naḳden iʿane olunur ve işgâl ṭarîki daḫi şudur ki farazâ ʿAcemʾin Devlet-i ʿAliye ḥudûduna

(87) hücûmu vuḳûʿ bulsa Rusyaʾdan ʿasker celb ile ol ṭarafa irsâli mümkün olamıyacağına mebni verecek ʿaskeri ʿAcem ḥudûduna gönderüb diversiyon

(88) yaʿni ʿasker irâesiyle işgâl ile denilür bu şarṭın muḳteżası budur dedikde

berü cânibiden ittifâḳımız tedâfüʿü olmağla devleteynin birine
(89) bir ṭarafdan bir gûne ḫuṣûmet ẓuhûrunda ṭaraf-ı âhardan iʿanet olunacaḳ ḫuṣûmet ikisine birden olduğu ṣûretde bil'iştirâk defʿine ḳıyâm olunur.
(90) Bu ṣûretde ibtidâyı şarṭda devleteynin birine yâḫûd ikisine taʿbîri bimaʿna olacağı żâhirdir cevâbı verilmekle elçi-i mersûm vâkıʿâ böyleder.
(91) Lâkin ṭarafeyne ḫuṣûmet ẓuhûr idüb meselâ bir ṭaraf mağlub olduḳda müttefiḳi ṭarafından iğmâz ve terk olunmaḳ olamaz. Hem Devlet-i ʿAliye ve Rusya devleti
(92) ḳaviyyü'l-iḳtidâr olmaları ile ikisine birden bir devlet cânibinden taʿarruż ve hücûm olamaz. Olsa olsa cânibeyne başḳa başḳa düşman ẓuhûr edebilür.
(93) Bu ṣûretde daḫi müttefiḳin maṣlaḥatı terk olunmaḳ olmaz dedikde berü ṭarafdan daḫi devleteyne başḳa başḳa düşman ẓuhûru ṣûret diğerdir. Lâkin
(94) devlet-i sâile ber olduğu hâlde maṣlahat müşterek olmağla devleteyn müttefikateyn bil'iştirâk defʿ-i sâile ibtidâr ederler. Bu taḳdîrce gâlibiyet ü mağlûbiyet
(95) yine ṭarafeyne râcʿidir denilmekle elçi-i mersûm bu şarṭı Devlet-i ʿAliye'ye gâyet nâfiʿ ʿadd ederim. Zirâ Rusya devleti bu es̱nâda taʿarrużdan
(96) maṣûn olub bir ṭaraf ile münâzaʿası olsa ya ticâret yâḫûd ḥudûd sebebiyle olur maʿahazâ Rusya'nın ticâreti kesîr olmayub ḥudûd nizaʿı daḫi
(97) Avurupa'nın iḫtilâli es̱nâda olamaz.Şarṭ-ı mez̲kûrun mefhumu ancaḳ Devlet-i ʿAliye'ye nâfiʿdir dedikde berü ṭarafdan muḳaddemce beşinci mâddenin
(98) âhar vechle ḳaleme alınan ṣûreti ibrâz ile bu bâbda ṭarafeynden delâil-i ʿadide serd ve beyân olundukdan sonra elçi-i mersûm ittifâḳımız tedâfüʿü olmağla murâd
(99) cânibeynin birine düşman ẓuhûrunda iʿaneti icrâ etmekdir.Bu mâdde ana şâmildir. İkisine birden taʿarruż vukûʿ bulur ise ol vaḳit devleteyn-i müttefiḳateyn
(100) şöyle ḍurmayub iḳtiżâsının icrâsına ḳıyâm olunur demekle berü cânibden ibtidâyı mâddede olan maḳṣad yerine sui-i ḳaṣd u maḳāṣıd-ı

(101) ḫaşmâne yerine ḥarekât-ı ḫaşmâne ve müttefiḳlerin maṣlaḥat müşterkesi yerine ṣarâḥat içün devleteyn müttefiḳiyetinin maṣlaḥat müşterekesi deyü tenḳîh ve baʿzı

(102) ʿibâreleri iḳtiżâyı hâle göre taḳdîm ve te'hîr olunduḳdan sonra yine kelama ibtidâr ile bu müẕâkere ve ittifâḳdan maḳṣûd devleteyn birbirini muḫâfaẓa

(103) etmek olmağla vakten mine'l-evḳāt suʿubeti mûcib olmıyacaḳ vechle taṣrîḥ lâzımadan olduğuna binâen ʿalâ farż-ı muḥâl devleteynin ikisine birden taʿarruż olunduḳda

(104) ol vaḳit tabiʿyetle ikisi daḫi muḥârebeye ḳıyâm edeceği ẓâhir ise daḫi bu şarṭa baʿzı te'kidât ʿilâvesi güzel olur denildikde elçi-i mersûm

(105) bu mâdde defiʿ-i mażarata ṭarafeynden ṣarf-ı mesâʿi ve yâḫûd iʿanet etmek şarṭdır âhar nesne ḳarışdırmak münâsib değildir. Devletimiden Rusya lisânı üzere

(106) gelen şürûṭ ṣûretıne bir kere taṭbîk etmek içün bu mâdde mükâleme-i atiyeye te'ḫîr olunsun demekle

(107) altıncı mâddeye geçlüb mâdde-i merḳûme iʿanet ve imdâdın vaḳitlerini mübeyyin olaraḳ ẕeylinde ve muʿâvenet-i mâliye iḫtiyâr olunur ise muṣalaḥa inʿiḳādına değin

(108) edâ oluna deyü mesṭûr olmaḳ ḥasebiyle bu ḫuṣûṣda daḫi iḳtiżâ eden ebḥâsa ibtidâr olunaraḳ sene besene muʿayyen taḳsîṭler ile edâ olunmaḳ üzere taḳsîṭe

(109) rabṭ ṣûretiyle taṣḥîḥ ve baʿdehu yedinci ve sekizinci mâddeler dermeyân ile elfâẓ ve ʿibaresinde bil-mübâḥaṡe baʿzı tenḳiḥât ile tanẓîm olunduḳdan sonra

(110) ẕikr olunan sekizinci mâdde ẕeylinde iʿta olunan imdâdlara baʿzan muʿîn olan ṭarafa bir gûna taʿarruż u hücûm vukûʿnda ṭaraf-ı diğer hıfẓan leh bu ʿahdın

(111) ḫâlişâne ifâsına mecbûr ola deyü mesṭur olduğundan baʿzan taʿarrużdan murâd ne idüğü su'âl olunduḳda Fransalu bu defʿa Rusya devletinin

(112) Devlet-i ʿAliye'ye iʿanetine baʿzan baʿde-i hitâmü'l-maslaha aḫẕ-ı intiḳāma ibtidâr eder yâḫûd buna mümâsil bir ḥâlet ẓuhûr eylelr ise ol vaḳit Devlet-i ʿAliye'nin

(113) daḫi Rusya devletine iʿanet etmesini te'kiddir. Avrupa'da her devletin ḳuvvet-i dâḫiliyesinden başḳa ḳuvvet-i ḫâriciyesi böyle muʿâhedeler ile

(114) ḥaṣıl olur ve üstad mükâlemesinde Alman hükümdârlarına ʿivaż verilmeğe saʿy olunması mücerred bundan aḳdem Fransa ʿaleyhine münʿakid olan ittifâḳda berâber

(115) olmalarına mebnidir. İn-şâ-allah bundan sonra İngşltere ve Nemçe devletleri daḫi işbu ittifâḳmıza dâḫil olduḳlarında Devlet-i ʿAliye gayri kendü raḥâtına bakub

(116) müsterihü'l-bâl olur dedi.

(117) Baʿdehu dokuzuncu mâdde dermeyân ile mâdde-i merḳûmenin ẕeylinde iʿaneten verilecek ʿaskerin müstaʿîn olan devlet ʿaskerinin maẓhar oldukları

(118) fevâide maẓhar olmaları taʿbiri münderic olduğundan işbu fevâid taʿbiri su'âl olunduḳda mersum bizim me'lûf olduğumuz biraz şey vardır ki Devlet-i ʿAliye'de

(119) muʿtâd değildir. Meselâ ʿaskeriden ḫasta olanlar içün ḳışlaḳda başḳaca bir köy taḫṣîṣiyle iḳāme olunur fevâidden murâd bunun gibi nesnelerdir demekle

(120) berü ṭaraftan fevâid meʿâni-i kesîreyi şâmildir.Taṣrîḥ iḳtiżâ eder. Bunun yerine mʿuâmelât müşifikane yazılsın denildikde

(121) elçi-i mersûm bu taʿbîr bizim ḳavâʿidmize münâfîdir. Zirâ Rusya devletinde ʿaskeri ṭaifesi ḥaḳḳlarında muʿâmelât-ı müşifikane yokdur. Muʿâmelât-ı şedîdâne

(122) vardır demekle baʿde'l-mübâḥase fevâid yerine esbâb-ı istrâḥat istiḥṣâli yazılıp berü ṭarafdan kelame ibtidâr ile bu mâddede iʿaneten

(123) verilen donanma ya ʿaskerin maʿâşları ʿaynen yâḫûd bedeli olaraḳ naḳden müstaʿîn olan devlet ṭarafından verilmesi derc olunmuş müstaʿîn olan devlet muʿîn olan

(124) devletin donanma yâḫûd ʿaskerini kendü mülkünde iʿmâl edeceğine binâen cânib-i müstaʿînden irâde olunacaḳ maʿaşları yaʿni zaḫîre ve emsâlinden olan

(125) levâzımları daḫi ʿaynen verilmek ṭaraf-ı muʿîn her vechle ahsen ve

esheldir. Zirâ bedeli verilmek lâzım gelse muʿîn olan devletin ademisi mülk-i
(126) aharda bulunmak cihetiyle tedârikinde envâʿ-ı şuʿûbete ve fiatında daḫi cevr ve eẕâya duçar olur ve hem mülke ve ḳāidemize muḫâlif şûretdir böyle
(127) olmaḳdan ise bilcümle şuʿûbetler ve maḥẕûrlar be-ṭaraf olmaḳ ve cânib-i muʿîne sühûleti icâb etmek içün bir nüẕl emîni taʿyinle münâsibi vechle
(128) tertib olunacaḳ defter mûcibince iḳtiżâ eden ẕaḫîre ve levâzım ʿaynen iʿtâ olunması iḳtiżâ eder denildikde evvel emirde elçi-i mersûm bu mâddede
(129) taʿlimâtım katʿîdir cevâbını irâd eylediğine binâen yine berü cânibden baʿzı kelimât-ı münâsibe basṭ olunarak buna mümâsil muḳaddemât-ı lâyıka
(130) ve edille-i mülẕeme irâd olunduḳda elçi-i mersûm bu mâdde şürûṭ-ı munfaṣılada tafṣîlan mündericdir. Mübâḥaṡesine şürûʿ olunsa ṣabaha ḳadar
(131) bitmez ve bunu bir vechle tagyîr edemem deyüb baʿzı maṣlaḥatı olduğunu vesile ve teẕkâr ederek ʿavdeti iḫtiyâr etmekle ḫuṣûṣu merkûmun mübâḥaṡesi
(132) mükâleme-i atiyeye tevḳif ile elçi-i mersûm mükâleme gününü suʾâl etmekle bâzârtesi günü yine mükâleme olunmaḳ üzere karâr verilüb ḫatm-ı meclis
(133) olunduğu ve işbu mükâlemede daḫi ṭarafeynden cereyan eden aḳvâlın cümlesinin taḥrîri tafṣîl-i maḳāli mûcib olacağına binâen ḫülâṣası olaraḳ
(134) taḥrîr olunmuş idüğü maʿlûm-ı ʿalîleri buyurulduḳda fermân men leheʾl-emr ḥażretlerinindir.

3. 和訳

(1) 1213年レビュルアヒル月13日（西暦1798年9月24日）月曜日イスメット＝ベイ＝エフェンディと書記官長がベベックにおいてロシア使節との間で行われた
(2) 交渉の報告である。

（3）　既述の日に既述の使節と既述の場所で交渉の際に，慣例の儀式が行われ，終わった後用意された両者の「信任状」ruḫṣatnâme の原本が

（4）　交換され，2 通のスルタン陛下の「信任状」ruḫṣatnâme を「書記官」amedcı efendi が引き続いて一字一句読み上げた後，ロシア皇帝

（5）　の既述（ロシア使節）の使節の信任状をロシアの首席書記官が読み，スルタンの信任状（の写し）はこちらの側が（書記官長が），ロシア（皇帝）のヨーロッパ式の信任状（の写し）は

（6）　既述の使節（ロシア使節）が署名し交換した。

（7）　その後，既述の使節（ロシア使節）は 2 通のヨーロッパ式の序文を提示した。ただし 1 通は同盟条約（原本）の序文が，いま 1 通は「別個の秘密条約の序文」şürûṭ-ı münferide-i ḫafiyenin が挿入されることが

（8）　第一の条件である。あらゆる国の間で慣例となっているのは以下のとおりである。同盟条約（の原本）は明らかにすべてが知るところであり，「別個の秘密条約」şürûṭ-ı münferide は秘密にされるが，同盟に

（9）　参加を望む諸国家には提示されること。たとえばオーストリアとプロイセンがこの同盟に参加を要求すれば，それらの国家に提示され，他の国々には秘密にされる。

（10）　この場合に「公開される条約」mu‘âhede-i celiye の序文においてフランスの状況を言及することは不要であると論じられた。既述の 2 通（の写し）はオスマン帝国御前会議付の通訳に手渡されたので，

（11）　彼は一字一句翻訳した。既述の同盟条約の序文にフランスの問題は言及されておらず，既述の問題が明らかでなければ，

（12）　示唆しなければならない問題とみなされてしまうために，こちらの側（書記官長）は回答して両国家間に締結される同盟はまず「公開される条約」

（13）　でもってむすばれるので，条約締結の理由が序文で言及されねばない。既述の使節（ロシア使節）は「両国家の本来の目的は，

(14)　すべての敵（の攻撃）から自衛してどのような敵が現れようと攻撃を排除することであり，そのために「秘密条約」şürûṭ-ı ḫafiye の序文に挿入しなければならない文言は「公開される条約」

(15)　の序文にも挿入する（ロシア使節が）ことは適切ではない」と考えた。「と言うのはロシア皇帝の目的は一般的に包括的な同盟を締結することにあるので，「秘密の諸条件（秘密条約）」şürûṭ-ı ḫafiye の序文は

(16)　「公開される条約」の序文にも挿入される場合には，（対仏ロシア＝オスマン）同盟（条約）はフランスの問題において特別なものとなってしまうからである」と（ロシア使節が）議論した。つまりこちらの側（書記官長）の目的は

(17)　（対仏ロシア＝オスマン）同盟（条約）がフランスの問題にかかわることではない。しかるに「公開される条約」の序文は簡潔ではないのでフランスの状況を要約しなければならない。それゆえに

(18)　われわれの側（書記官長）は「若干の文言を明らかにして，慣例にしたがって一つの序文を作成した。翻訳文を（ロシア）使節は理解するように。後に「別個の条約」（秘密条約）の序文も翻訳して

(19)　必要にしたがって明らかにし，詳細に説明し「調整」tanẓîm する」と論じた。以前作成された序文の写しを提示してその意味を（書記官長がロシア使節に）明らかにさせたところ，

(20)　既述の使節（ロシア使節）は「この序文にフランスの問題を挿入することは特別の問題のためなのか，つまり「慣例」resim ü ʿadet の必要のためか」と書記官長に尋ねた。そこで書記官長は

(21)　「慣例の必要上同盟（条約）の序文において既述されている。目的はこの同盟をフランスの問題に限定することではなく，今後

(22)　「有効となる」câri ü merʿi ことは，条約自体からも明白であること，この場合にこの序文にもフランスの問題を要約することは問題の求めるところに従って

(23)　必要である」と論じた。その際に既述の使節（ロシア使節）は「こ

のことは慣例に反する。と言うのは「公開される条約」は，慣例にしたがって行われ，諸国家が認める

(24)　序文はこのようである場合にこれも「秘密条約」のように秘密にしなければならないからであること，フランスの問題は「別個の条約(秘密条約)」の序文や諸条項の

(25)　なかに挿入された後，「公開される序文」muḳaddeme-i celiye に加える必要はないこと，この点においてともかく必要なら，フランスの問題は言及せずに暗示するようにして挿入することが可能であること」を

(26)　話した。つまり

(27)　（ロシア使節は）既述の（対仏ロシア＝オスマン）同盟をフランスの問題に限定するとは理解せず，すべてを含むために，「公開される序文」に既述の問題（フランスの問題）を挿入しないことに既述の使節（ロシア使節は）は責任を負う。「秘密条約」は

(28)　（対仏ロシア＝オスマン）同盟の諸条項とみなされるので，フランスの問題をその際に挿入することが十分ならば，既述の使節が提示した（対仏ロシア＝オスマン）同盟条約の写しに書かれた序文と全く

(29)　類似していないのでフランスの問題はヨーロッパの混乱した状態を含むという文章で示唆することによって既述の使節は満足した。この問題は

(30)　平和（講和）に関することなので，目的は「論争」mübâḥase しないで「交渉」müẕâkere することであると（書記官長は）言った。そのように修正した後，既述の使節は各条項を一つずつ紙に

(31)　書いてヨーロッパ式の第1条を提示した。

(32)　こちらの側（書記官長）は事前に「修正」mahv u iṣbât し，若干の文言を削除することで作成した第1条（の写し）を提示し（書記官長がロシア使節に）翻訳させたところ，若干の「諸条約」muʿâhedeler と

(33)　比較して（対仏ロシア＝オスマン）同盟締結という文言を序文以外

に第1条においても条件として言及しなければならないために（ロシアが）提示した既述の写しにおいて

(34)　両国家間で（対仏ロシア＝オスマン）防御同盟（条約）という言葉（文言）が（両国の交渉者によって）挿入された。この言葉（文言）とともに他の若干の「証拠の修正」を冷静に既述の使節（書記官長はロシア使節）に受諾

(35)　させた。その後，既述の（使節）は提示した既述の第1条の写しの追加において他の国々を守るためにという表現を使用した。こちらの側（書記官長）は

(36)　「この（対仏ロシア＝オスマン）同盟に参加する他の国々」との言葉を明らかにした。したがって既述の使節は「このように記載されている場合は諸国家や諸共和国の若干も含まれ，

(37)　その他は除外される。たとえばドイツにおいて多少の一等国や他の若干の公国は存在するが，これらが同盟に参加してもメリットにはならないのでそれらは

(38)　除外される。「公開される条約」をスウェーデンとデンマークが読んで，スウェーデンがこの同盟に参加することを（ロシア使節は）望まないので完全に諸国家という言葉で一般的に

(39)　記述される場合，それ（スウェーデン）も攻撃から守られる。しかし既述の記載，すなわち諸国家という記載は，強力な諸国にかかわるために，弱い状態にわれわれ（ロシア・オスマン）は

(40)　失望してしまっている。他の諸国家の保護者という表現では，「名声」söhret ü şân içündir だけである」と論じた。つまりこちらの（書記官長）側は，「この表現は重要であり，すべての大国や小国を

(41)　味方につけ，後に困難がおきる。たとえば「スウェーデン国家」İsveç devleti には一つの問題があり，（スウェーデンを）守らねばならないために「ロシア国家」Rusya devleti にスウェーデンを支援することが提案

(42)　されねばならない。このようにして徐々に「終わりのない困難」

ardı alınmaz bir gaile になること」を述べた。既述の使節はこのような場合は予測されないと語った。だが（ロシア使節は）規定されたより多くの支援をすることは,

(43) 不可能であると言ったなら,（書記官長は）最初の回答に同様な必要な「適切な回答」を与えたかもしれないからである。既述の表現（諸国家）を全く削除して決して有害とならない

(44) 公的な秩序を確保する文言を例外なしに（絶対的に）書いて再度「修正」taṣḥîḥ する以外に，最後の条項において必要な手段を「連帯で」bil’iştirâk 両国家は講じる。

(45) その曖昧な文言をこちらの側（書記官長）が適切に修正することを考慮に入れて，既述の使節は「実施が必要な諸条項はこの（対仏ロシア＝オスマン）同盟条約

(46) の諸条件（諸条項）において明らかに既述されたことである。明確でないことの実施は必要ではない。必要な理由を述べることは以下のためである。つまりこの条項において両国家は

(47) 秩序の面に関する諸条項において誠実な相互のやりとりをして，自身の「領土」mülk からあらゆる種類の攻撃を排除するということである。たとえばオスマン帝国 Devlet-i ‘Aliye と「ロシア国家」に

(48) 敵が現れれば,「協議して」bil’müẕâkere 必要な手段を「調整」tanẓîm する。「公共の秩序」（の維持が）âsâyiş-i amme 既述されたので自身の「領土」mülk に対するあらゆる種類の攻撃を排除し,「公共の秩序」を

(49) 確保するために「連帯で」必要となる手段を講じると書かいた（ロシア使節はこの条項において）。その際にこの条件が公表される諸条項となるために完全な名声の手段（口実）vesile-i şöhret と

(50) 他の諸国家が傾くことになる手段」を（ロシア使節が）述べた。つまりこの問題においても議論をした後,「連帯で」必要な

(51) 手段を講じるためにと言ってやり込められないために「協議して」という言葉を付け加えて「連帯して協議して」bil’iştirâk ve

bil'müẕâkere 必要な手段を講じるためにと（第1条において）書かれた。

(52)　後に第2条を議論（審議）してその意味（するところ）はヤシで締結された「講和条約」muṣâlaha ʻahıdnâmesi とそれに含まれた「諸条約の批准書」ʻuhûdun taṣdîki から成っている。しかるにその冒頭において

(53)　既述の「条約」ʻahıdnâme 締結の日付である「ルーミー暦」târîh-i Rûmî の前に「ヒジュラ暦」târîh-i hicri を追加して第3条に挿入することを既述（のロシア使節）が提示した

(54)　写し（条項）において「諸国土の保全」tamâmiyet-i memâlike とは既述の保証である。エジプトのことは明らかに書かれていないので，この（対仏ロシア＝オスマン）同盟条約はエジプト侵略後となる。よってエジプトの国土が除外されていない

(55)　ためにこちらの側（書記官長）は，作成する第3条においてエジプトを含むことを助言し，「諸国土の保全」が得られないとき，（対仏ロシア＝オスマン）条約締結の問題は棚上げにされることが（第3条において）書かれた。

(56)　そこで既述の使節は「この（対仏ロシア＝オスマン）同盟条約が両国の役人（複数形）me'mûrlar に誇りとなる諸条件の条項を調整する。その文言が慣例に反する

(57)　場合において恥となる。他の条項において講和交渉の調整以前に nizam-ı maṣlaḥatdan muḳaddem 休戦条約や講和条約を締結できないことが書かれている。この条項においてエジプトのことを言及する必要はない。

(58)　「諸国土の保全」と言う表現で十分である。と言うのは「ある国土」bir memleket という言葉が他者に対して認められないとき，「領土」mâlik の占領から出口のないこの場合に「諸国土」memâlik と言う言葉の中にはエジプトは含まれるからである」と言った。つまり

(59)　こちらの側（書記官長）は「この場合にエジプトは外見上言葉でか

かわりがある。「諸国土の保障」memâlike-i żamân という文言が挿入されて保証の時間と日にちは明らかではないので，（対仏ロシア＝オスマン）同盟条約締結

(60)　以前を含まない」という回答をした。その際に既述の使節は「「保障」は，「諸国土の保全」の「保障」を含み両国にどれほどの「諸国土」があろうとも「保障」zâmin は

(61)　ある。他の諸条件（諸条項）において戦争と平和（講和）の際に同胞や両国の一方にもっともわずかな損害（損失）edna żarar-ı あるいは「諸国土」の「喪失」noḳṣânını をおこすようなことはなにも受諾されないということが，

(62)　（第3条に）書かれている。「オスマン帝国の諸国土」の「喪失」の「調整」tertib をしないことを（ロシア）皇帝は約束している。彼自身および彼の諸同盟国のために決して要求を受諾しないことの

(63)　条件も明白である。要求されればエジプト問題は，「別個の諸条約」（秘密条約）に他の一つの条件（条項）として両国家は挿入したい」と（ロシア使節は）述べた。つまりこちらの側（書記官長）は「すぐに

(64)　知られるようにして，要望は反対をすることではなく，友好的な交渉を行うこと，この第3条において「諸国土」に「保障」の問題が規定されているので，明らかでない限り不可能であること，この

(65)　（対仏ロシア＝オスマン）同盟条約締結はフランス人がエジプトを攻撃する以前ならば（ロシア）使節はそのとき躊躇したがいまやエジプト攻撃の出来事が疑わしいことは挿入されない」と言うことができたであろう。

(66)　「現在，（対仏ロシア＝オスマン）条約締結はエジプト侵略後であるのでエジプトのことに言及しない限り「諸国土の保全」という言葉は無意味となり，たしかにこれを追加することは不可欠である」と（書記官長は）言った。

(67)　両者はこれらに類似した議論の後，エジプトのことを想起させる必

要性を決定的に知らせて既述の使節は議論によって沈黙させられたので，エジプトの攻撃の事件より以前に領有している

（68）　オスマン帝国における「諸国土」において例外なしに，「ロシア国家」の「保障」を既述の条項に（おいて）説明・「修正」te'kidât を「追加」żam u ilḥâḳ する。5時から11時

（69）　までこれらの諸条項の目的のために両者は「言葉や文言」lafıẓ ve ʻibâre を切り詰めることに関する「長たらしい議論」ebḥâs̱-ı ṭavil がもたらしたそれらすべてを書くことを確認してもらうことを避けて

（70）　要約して表明することで満足することが以前から考えられていたことはスルタンも承知のところである。勅令は命令を下す陛下のためにある。

（1798.9.27）

（71）　既述の月の16日木曜日再度ベベックにおいてイスメット＝ベイ＝エフェンディと書記官長がロシア使節との間で行った交渉の報告である。

（72）　既述の日に会議が解散された後，最初の交渉で決定された既述の第1条，第2条，第3条の公正な写しは

（73）　一字一句比較されて，トルコ式はこちらの側が，ヨーロッパ式は既述の使節が署名し交換した。序文のヨーロッパ式の写しを既述の使節（ロシア使節）は忘れて

（74）　持参しなかったので，署名は後の交渉まで延期された。その後，第4条を討議して既述の条項において両国の諸問題の必要とするところに従って

（75）　他の諸国家と「条約」muʻâhede を結ぶ。この種の「諸条約」muʻâhedât は両者の最小の損害あるいは「諸国土」の喪失となることがらが

（76）　「いつか含まない」vakten mine'l-evḳāt şamil olmaması という表現から成っている。このことで「修正」mahv u is̱bât は必要ないが，「いつか含まない」vakten mine'l- evḳāt şamil olmaya という文言にさらに

(77) 「どうしても」vechen mine'l-vücuh という表現を追加することが，「修正」sebk の必要性に従ってこの語句が文章の冒頭に置かれねばならない。その種の「諸条約」は「いつか」vakten mine'l-evḳāt や「どうしても」vechen mine'l-vücuh というような形で

(78) 両者の最小の損害 ṭarafeynin ednâ żararını をあるいは「諸国土の保全」の喪失が決して含まれないように書かれ，そのように既述の使節に

(79) 受諾させた。その後，

(80) 第5条において両国の一方あるいは両者に有害な一種の行動・目的がある場合に敵対的な諸目的を排除する努力が

(81) 十分でない場合に個々の両者の一方は兵士でもって，あるいは艦隊でもって他方に援助をすること，同盟国の問題は一致団結することや「安全」emn ve selâmet を必要とする

(82) こと，あるいは「圧倒的な力を示して」ibrâz kuvvet-i ḳāhire ederek 相手の（敵の）注意をひくやり方，あるいは「現金で」nakden 援助して「共同行動」を maʿan ḥareket しなければならないなどの条件の意味は十分に

(83) 理解されないと（書記官長からロシア使節に）表明して，詳細な説明が必要であることがあらゆる点からロシア使節に述べられた。既述の使節はこの条件には四つのケースがあると言及した。

(84) つまり一つは陸軍の兵士でもって，あるいは第二のケースとして艦隊でもって援助することである。第三は「圧倒的な軍事力を示して」相手の（敵の）注意をひくことである。第四は「現金で」もって援助

(85) することである。たとえば戦争がおき，艦隊や兵士の必要がなく艦隊や兵士が自身にとって十分である。すなわち「ロシア国家」にある敵が現れ，兵士

(86) あるいは艦隊の派遣は事態を考慮にいれて不可能である。そのとき「現金で」nakden 援助し，（相手の，敵の）注意をひく方法もまた以

下の通りである。たとえばペルシアがオスマン帝国との国境を
(87)　攻撃すればロシアから徴兵してその方面に送ることは不可能であるので，（ロシアが）提供すべき兵士をペルシア国境に送って，牽制する。
(88)　すなわち兵士の援助によって（相手の，敵の）注意をひくことが論じられた。この条件の必要性はこうであると論じられたところ，こちらの側（書記官長）は「われわれの同盟は防御（同盟）であるので両国の一方に
(89)　ある方向から一種の「敵対行動」ḫuṣûmet が生じた際に，他方から援助されること，「敵対行動」が両方に同時におきた場合には「連帯して」永久に撃退すること，
(90)　この場合に最初の条件において両国の一方にあるいは両方にという表現が無意味であることは明白である」ことを（書記官長からロシア使節に）回答したので，既述の使節は「事実はこのようであると言った。
(91)　しかるに両者に「敵対行動」がおき，たとえば一方が敗北した際に同盟国から見放されることはない。オスマン帝国もロシアもともに
(92)　「強力な国家」kaviyyü'l-iḳtidâr であるので，両方に同時に一つの（ある）国家から攻撃をうけることはない。結局両者に対して別々に敵が攻撃する。
(93)　この場合にも同盟国が必要（援助）としないということはありえありえない」と（ロシア使節が）述べたところ，こちらの側は（書記官長）「両国にひとつずつ（別々に）敵が出現するのは他の問題である。しかるに
(94)　攻撃をする国家が陸上からである場合には問題が共通のものであるので，両国家・両同盟国は「連帯して」攻撃を排除することに着手することを望む。この場合に勝利と敗北は
(95)　再度両者にかかわることである」と述べたところ，既述の使節は「この条件はオスマン帝国にとり非常に有用である。と言うのは

「ロシア国家」はこの時期に攻撃から
(96) 守られ，ある国と争えば，通商あるいは国境問題の原因なる。にもかかわらず，ロシア通商は大きくなく，国境紛争は
(97) ヨーロッパの革命中はおこりえないからである。既述の条件の意味は，オスマン帝国にとって役立つ」と（ロシア使節が）言ったところ，こちらの側（書記官長）は以前，第5条が
(98) 他のように（他の形態で）作成された写しを提示して，この問題（件）において両者から「多くの証拠（議論）」delâil-i ʻadide をひきつづき示し，明らかにした。その後，既述の使節は「われわれの同盟は防御的なものであり，目的は
(99) 両者の一方に敵が出現した際に援助を行うことであること，この条項はそのことを含み，両方に同時に攻撃がおきた際に，その時は両同盟国が
(100) そのようにじっとせず，必要なことを実施すること」を（既述の使節が）言った。つまりこちらの側（書記官長）は「第1条にある目的の代わりに「陰謀」sui-i ḳasd
(101)「敵対」maḳāsıd-ı ḫaṣmâne の代わりに「敵対行動」ḥarekât-ı ḫaṣmâne や「同盟諸国の問題は共通の問題とすること」müttefiḳlerin maṣlahat müşterekesi の代わりに明確にするために「両同盟国の問題は共通とすること」devleteyn müttefiḳiyetinin maṣlahat müşterekesi という旨切り詰める若干の
(102) 必要な言葉（語句）を状況にしたがって提示し延期した。その後再度話し始めてこの交渉・同盟の目的は両国の一方を守る
(103) ために，「いつか」vakten mine'l-evḳāt 困難を引き起こされないために明らかにしなければならない。たとえば不可能なことが不可避の場合，両国の両者に突然攻撃がなされた際に
(104) その時，当然両者は戦争に着手することが明白であれば，この条件に若干の「確証」te'kidât を追加することはすばらしい」と述べた。その際に既述の使節は，

(105)「この条項は有害を排除することに両者は努力すること，あるいは援助することが条件である他のことに干渉することは適切ではないこと，わが国家から届いたロシア語で書かれた

(106) 諸条件の写しを再度適用するためにこの条項は今後の交渉に持ち越されること」を言った。つまり

(107) 第6条に移り，既述の条項は「援助」i'anet ve imdâdの時を明らかにして補足として財政的援助が必要になれば講和条約が締結されるまで

(108) 支払うようにと書かれていた。この問題においても必要な「諸問題」ebḥâsaに着手して毎年「定まった分割払い金」muayyen taḳsîṭlerによって支払われるように分割支払いを

(109) まもることで「修正」taṣḥîḥした。その後第7条および第8条を討議して「言葉（複数形）」elfâẓ・語句において議論して若干の「削除」tenḳiḥâtをして「調整」tanẓîmをした後，

(110) 既述の第8条の補足において示された援助はときには援助する側に一種の「攻撃」ta'arruż u hücûmがおきた場合に「他方」ṭaraf diğerは「相手のために」この「条約」'ahdを

(111) 誠実に実施しなければならないことが（ロシアの提示した写しにおいて）書かれている。ときには（フランスからの）攻撃から守るための目的は何であるかと（書記官長がロシア使節に）尋ねた際に，ロシア使節は「フランス人は，このようなときは「ロシア国家」が

(112) オスマン帝国へ援助する。ときには講和条約締結の後，（フランス人が）復讐を企てるかあるいはこれに類似した状況がおきれば，そのときオスマン帝国が

(113)「ロシア国家」に援助をするにちがいない」と語っている。ヨーロッパにおいてあらゆる国家の「国内的力」ḳuvvet-i dâḫiliye以外に「外的力」ḳuvvet-i ḫâriciyeはそのような「条約」でもって

(114) 生じる。ロシア使節との交渉においてドイツの諸君主に若干のもの（援助のようなもの）が与えられることの目的はこれより以前に結ば

れた対仏同盟においてともに

(115) あるためである。願わくは今後イギリスとオーストリアの諸国家もこのわれわれの同盟に参加することになればオスマン帝国は

(116) 心が安らぐはずだと（ロシア使節は書記官長に）言った。

(117) その後，第9条を審議して既述の条項の補足において援助をする兵士（複数形）が援助を要請している国家の兵士となること

(118) のメリットとなるという表現が挿入されたので，この「メリットの表現」fevâid ta'biri を（書記官長がロシア使節に）尋ねた際に，（ロシア使節は）「われわれにはよくなれていることがらがあるが，オスマン帝国には

(119) 慣例はない。たとえば兵士のうち病気になった者のために冬営地にある多少の村落を割り当て，居住させるメリットとしての目的はこのようなことがらである。」述べた。つまり

(120) こちらの側は（書記官長）「「メリット」fevâid は多くの意味（複数形）を含むので明らかにしなければならないこと，この代わりに「muʿâmelât-ı müşefikane」丁重な措置（処理，扱い）が書かれるべきこと」を（書記官長が）述べた。その際に

(121) 既述の使節は「この表現はわれわれの慣例に反している。と言うのは「ロシア国家」の兵士たちに関して「丁重な扱い」はなく，「苛酷な扱い」muʿâmelât-ı şedîdâne が

(122) ある」と言った。そこで議論した後，「メリット」の fevâid 代わりに「休憩の機会を得ること」esbâb-ı istirâḥat istiḥṣâli と書かれた。こちらの側（書記官長）は切り出して，「この条項において援助として

(123) 送られる艦隊あるいは兵士の給与は「現物で」aynen かあるいは「相当額」bedel として「現金で」援助を要請している国家から支給されることが（書記官長によって）書かれた。援助を要請している国家は援助する

(124) 国家の艦隊あるいは兵士を「自身の領土において」kendü mülkünde

用意するために援助を要請している側から与えられる給与，すなわち「食料（糧食）」zaḫîre など

(125) 必要なものが「正しく」aynen 支給されることは援助するものの側にあらゆる点（方法）で最上 ahsen ve esheldir である。と言うのは「相当額」bedel が支給されねばならないならば，援助する国家の兵士が他の国にいれば，

(126) それだけの「用意」を tedârik することは「さまざまな困難」envâʿ-ı ṣuʿûbete とその「価格」fiat においても「不正と困惑」cevr ü eẓâ に悩まされるからである。われわれの「領土と慣例」mülke ve ḳāidemize に反する場合においてそのようである

(127) ためならば，あらゆる「困難と危険」ṣuʿûbeteler ve maḥẕûrlar を排除すること，援助するものの側にたやすさを必要とするために一名の「兵站総監」nüzl emini を任命して適切に

(128) 適用される「帳簿」defter の必要とするところにしたがって必要な「糧食」zaḫîre などが「正しく」支給されねばならない」と（書記官長が）論じた。その際にまず第一に既述の使節はこの条項において

(129) 私に与えられた訓令は決定的なものであると回答したので，こちらの側（書記官長）は（若干の）適切な説明をして，これに類似したふさわしい「諸原理」muḳaddemât と

(130)「議論で相手を沈黙させる証拠」edille-i mülẕeme を提示した。その際に，既述の使節（ロシア使節）は「この条項（件）は「別個の諸条件（秘密条約）」において詳細に挿入されると語った。議論は始まれば朝まで

(131) 終わらない。これを決して私は（ロシア使節）変更しない」と言って若干の問題があることに言及して交渉を終えて既述の問題の議論は

(132) 将来の交渉にまで保留にした。既述の使節は（次回の）交渉の日を尋ね，月曜日再度交渉する決定が下された。交渉が終わり

(133) この交渉において両者から出された意見のすべてが詳細に書かれ，

要約された

(134) ことはスルタンのご存知のところである。勅令は命令を下す陛下のためにある。

Ⅳ　イスタンブル駐在ロシア使節とオスマンの書記官長との会談（1798年10月1日，10月4日）

1．原文

اشبو بیك ایكیوز اون اوچ سنه سی ماه ربیع الاخرك یكرمنجی بازار ایرتسی كونی عصمت بك افندی ورئیس الكتاب افندینك بكده روسیه ایلچیسیله واقع اولان
مكالمه لری مضبطه سیدر

واوچنجیسی ابراز قوت ایله خصمی
شقوق اربعه مندرج اوله‌رق بریسی احد طرفین جانب آخره عسکر یاخود ایکی صورت اوله‌رق دونتما ایله امداد ایتمك
اشغال ویاخود دردنجی شقی اوله‌رق نقداً اعانت ایتمك اولدیغنده ایلچی مرسوم کلامه استناد ایدوب روسیه لسانده اولان شروط صورتنه دقت ایلدم
بشنجی ماده‌نك سبکی بویله اولمیوب فرانسز ترجمه‌سنده سهو اولنمش بنابرین اول محللر تصحیح اولندی دیه‌رك ماده مرقومه‌نك تصحیح اولنمش فقره
صورتنی ابراز ایله مآلی دولتین معاهدتین برینه یاخود ایکیسنه مضر برکونه فعل وسوء قصد ظهورنده حرکات خصمانه‌نك دفعی خصوصنه
بذل ایده جکلری مساعی کافی اوله‌مدیغی تقدیرده احد طرفین دولتین متفقتینك مصلحت مشترکه‌لری وامن وسلامتلری ایجاب ایده جکی وجه اوزره
معاً حرکت ایتمك یا دیورسیون ایلمك ایجون جانب آخره قوت بریه یا بحریه ایله امداده یاخود نقداً اعانته مجبور اوله دیو محرر اولدیغنه بناءً
بو طرفدن جوابنه مباشرت ایله بو ماده‌نك مجلس سابقه‌ده اولان تنقیحاتی ابقا واعانت خصوصی اوچ نوع اوله‌رق تصحیح اولنمش لکن ایلچی بکك
تصحیح ایلدیکی محللرده صراحت اولمیوب مقتضای عبارته کوره اعانتك اجراسی صریح دکل دینله‌رك معاً حرکت ایلمك یا دیورسیون ایتمك
فقره‌لری تصحیح ایله یا حرکته داخلتی مبهم‌در ویا دیورسیون طریقیله دیو تحریر اولنوجغیله ایضاح اولنوب قبول ایندرلدکدن صکره ابتدای ماده‌ده
دولتینك برینه یاخود ایکیسنه تعبیری اولدیغنده بونك مجلس سابقه‌ده‌خی مباحثه‌سی اولمشیدی دولتینك ایکیسنه دخی هجوم اولنمق صورتنده
ایلچی مرسوم ایکیسنه تعبیری مناسبدر زیرا علی فرض نجه لو دولت علیه‌یه
هم دفع صائل هم متفقه اعانت نصل اوله بیلور دیدکده
و روسیه دولتنه اعلان حرب ایتمك لازم کلسه دولت علیه‌نك نمچه لو ایله حدودی کثیر اولدیغنه بناءً هم حدودینی محافظه هم روسیه‌یه اعانت
ایده‌مز روسیه‌نك نمچه لو ایله حدودی قلیل اولمغله بمثل سکسان بیك عسکر ایله حدودینی محافظه ایدوب دولت علیه‌یه دخی اعانت ایده بیلور
یاخود الحالة هذه دولت علیه‌نك فرانسه لو ایله محاربه‌سی اثناده مثلا اسوج دخی روسیه‌یه اعلان حرب ایتسه وره دکرده اولان دونتماسنك
روسیه‌یه بو مصلحتده لزومی اولمامغله جانب دولت علیه‌یه کوندرمش اولدیغی دونتمانی اعاده ایتمز ایسه بو صورتده
بو طرفدن بو صورت
بویله دکلی شروطك اجراسی طرفینه راجع اولمغله دولت علیه‌نك دشمن ایله مشغولیتی اولوب آخره اعانت ایده‌میه جکی اثناده روسیه‌یه دخی
ایلچی مرسوم طرفین نظر هجوم اولندقده بر مقتضای
شروط احدهما آخره عسکر یا دونتما ایله امداد ایتسه طرف دیکردن دخی مقتضای عهد اوزره معین اولان جانبه بعینه اعانت اقتضا ایدر ایسه
دولتنه اعانت اقتضا ایدر ایسه اوله‌میه جغی ظاهردر بو صورتده نصل اولور دیدکده
حاصلی تحصیل وعبث اولور یعنی روسیه دولتنك دولت علیه‌یه دونتما ایله اعانتی اثناده روسیه دولتنه دخی دونتما ایله امداد لازم کلوب
غیریه
دولت علیه دونتما کوندرمش دینلسه بر طرفدن آلدیغنی‌نك عینی ویرلمش اوله جغنه مبنی نه اولمش اولور بو تقدیرجه اوله بر حالت وقوع
مصلحتك وایشك اقتضاسنه کوره حرکت اولنور دیدی
تنك
بعده بو طرفدن مکالمه سابقه‌ده قرار بولمیان طقوزنجی ماده در میان ایله اشبو طقوزنجی واوننجی ماده‌لرده مندرج اولان عسکر ودونتما تعیینا
عیناً اعطاسی متعین اولان دولت طرفنه وجوهله سهولت درکار ایدوکی کبی مجلسده ایلچی بکه اطرافیله افاده اولنمش اولدیغندن ایلچی بکك بعض مصلحتی
اولدیغندن وقت تنك ایدوکندن قرارینی بو مجلسه تأخیر ایلمشیدی روسیه امرالی دونتما ایله آستانه‌یه کلدکده درت آیلق تعیینات دفتری اعطا وبعده
ایلچی بك برسنه‌لك تعییناتی دفتری ارسالی ایتمش اولدیغی اشبو دفترلره نظر اولندقده محرر اولان اشیانك اکثری دونتمای همایونه ویریلدکده نسنه‌لر اولمغله حساب
ایندرلدکده یکسیاد ده وسائر بعض اشیاسی تعییناتده زیاده مقدار تحریر اولنمش دیو مفردات مناسبه ایله بیان اولنوب بالموازنه قیمتی اولنمش اولان دفتر اولنه وتفاوتلری
ایلچی مرسوم
واشیای مذکوره‌نك طرف دولت علیه‌دن المدیغنه کوره قیمتی وجه مناسبیله عرضه توطئه اولنمق اوزره افاده اولندقده
اتراك مقداری ویرلدیکی دفتر کلدیکی زمان معینده بحکم سفینه‌لرده موجود اولدیغنه کوره حساب اولنمیش صکره بر سفینه دخی کلوب نفرات زاید بولنوب
هم اعتبار اول دفتره اجمیعیه ترتیب سنویسی مبین اعانته مخصوص اولان سفائنك عددینه کوره امپراطوردن کلوب دولت علیه‌یه ویردیکم دفتره
وروسیه دولتنده هر نفره مقدار نسنه ویریلور انکلری دفتری کوندرمشیم باخصوص فالدیکه روسیه‌نك وسائر دولتلرك دونتمالرنده بر قاعده واردر
دولت علیه دونتماسنده دخی بویله میدر بلمم دونتما نفراتندن بریسی خسته اولورسه یاخود تکمیل استمیوب تعییناتی نقصان آلور ایسه بوده قصور حسابی
بیلی کندویه اعطا اولنور هم امرالك واوفیجیاللرك تعییناتی دائماً روسیه طرفندن دخی نقداً ویریلور وهر کمیه بر طبیب وایکی جراح بولنوب
علوجیلر دخی موجود اولمغله معنادر حتی بو دفعه اقتضا ایدن علوجیلری طرفمزدن اشترا اولنوب اعطا اولنوب ودونتماده کره جقدر نفراته
دائماً طوزلی ات ویریلور حاصلی بعضاً تعییناتك ایشه یرامیانلری ویرلمك وبعضاً وقتنده ویرلمامك صورتلری وقوعیله امراللک
منازعه‌سی وکیرو نقدیه اتمسی لزوم کلاملك ودیدی نمچه‌لی تقریبیله رعایانك شکایتنه بادی اولماغی ایجون بتون بو دفعه حساب اولنوب
بروجا سنده دونتمای همایونده خسته اولان
انقضا ایدن برلك مقداری شرط منفرده‌ده تحریر اولنمشدر تعلیمانم بویله‌در دیدکله فالدیکه ایلچی بکك ویردیکی دفتر بو صنجه اقتضا ایدن
ویاخود نقصان آرزه صکره بدلی اعطاسیله تکمیلی دولت علیه‌ده قاعده دکلدر والحالة هذه قیات ویریله‌رك تنبیه اولنوب ذخایر دخی برابر اجیله‌هم
ذخیره ترتیب وفرمانلری اصدار وتسریب اولنمقده اولدیغی بردن اینکادن برلی امینی تعیینه قالدی وطرف دولت علیه‌دن کرکی کبی اهتمام
وبعضاً قیات معتدله ایله اشترا اولنمقده‌در بو تقدیرجه رعایانك شکایتی موجب حالت یوقدر

اوله جقغنه بينى ذخيره نك ايشه يراميانى ويرلمك ووقتنده ويرلماملك صورتلرى قطعا وقوع بوليه جغى ظاهردر دينلدكده ايلچى مرسوم حساب مذكور دوسيه فياتى حسابى وكلديكى
ايتدكلرى حساب نه طرف فياتى اولديغى سؤال اولندقده روسيه ايله جك ... بوروسيه دياندنكى حبب
ودونمالى اقدكده كلشى اولديغنه بناءً فيات جاريه مقابله ... اشترا ايلدكده نه دن ... ايدوجراغى ويرمكله
حساب اولنمشدر ديمكله بروطرفدن دخى روسيه اميرالى ذخايرى ... ايلچى مرسوم البته ممالك محروسه دن ... اشترا
ايده جك ... ممالك محروسه دخى اله جق صعوبت بيشقه فياتنه نقدر تفاوت اوله جغى ملاحظه ... زياده منفعت
بروطرفدن بوصورتده واقع اوله جق صعوبت ... فيات جاريه اوزره ... جنسلرك ... ماعدا اجناس ... هر برنده نزد
ايده بم ديسه ... دولت عليه ده فيات جاريه ... واقع اوله جق صعوبت ... اعطا اولنور بركونه عسرت
ايچون ايكى اوچ قات بهاطلب ايدوب نقصانه ويرمز بوتقديرجه ... دولت عليه طرفندن فيات جاريه سيله ...
تفاوت ونسارت اوله جغى لدى المطالعه ظاهردر

واقع اولمز دينلدكده ايلچى مرسوم جواب بوله ميوب بوخصوصه حقكز وار واقعا بويله در لكن تعليماتم دخى قطعى اولمغله نه يابه يم
خلافنى حركت ايده مم ديمكله بنه بروجانبدن ايلچى بك روسيه دولتنك مرخصى اولمغله اصلا ايدن مواد تسهيل ايتمك لازم
ومرادمز مناقشه ومباحثه اولميوب مذاكره در اشبو تعييناتك عينا اعطاسنده روسيه دونماسى نفرات وضابطانه بركونه زحمت
واقع اولميوب وجوهله سهولت در كاردر ... ذخيره طرفدن طلب اولنمسه احتكار
فصلنه ديرميوب كتم ايدر ياخود ... دولت عليه يه مراجعته مجبور اولور ...
واشترا اولور بوتقديرجه ذخايرى اميرال آله يم ديسه ... دولت عليه ... تعيينات بيشوز كيسه يه بالغ اولمز دينلدكده
غيرى برشنه يى مفيد اولمز هر شى دخى معلوم اولسونكه دونمانك هماپونه ويريلان ... ايلچى مرسوم جانبدن ... مبالغ مرقومه دن
مطلوبيرى اولان مبالغك نه درجه كليتى اولديغى ضمنا تفهيم قلندقده ... نزل امينى تعيينى مذكور اولمغله بعض كسنه
صرف نظر ايله بوخصوص ايچون شرط منفرده ده مندرج اولان ماده ده نزل امينك تعيينى ... لوازم ضمننده
كتم اشيا ايدر ايسه نزل امينى اخراج ايدر ديمكله بروطرفدن ... دولت عليه دن مبايعه ذخايره ...
بعض ممالك ضابطانيله مخابره ... نزل امينى اخراج ايتمك لازم كلديكى صكره بوتكلفه
مخصوص نزل امينى اولمق بيشقه ... نزل امينى ... اعطا ايدر ... جوابى
نه حاجت ... زيرا دونمايه لازم اولان ذخايرك ... ايده بور
ديرلدكده ايلچى مرسوم بن بو ماده يى ... اقاده ايتديم ... دولت عليه ...
لكن تعليماتم قطعى اولمغله خلافنى حركت ايده مم بوتقديرجه دولتمه تحرير ايدوب ... لازم كلور ديه ...
جوابلر ويرلدى بو ماده نك بوندن صكره دولتين بيننده قطعى رابطه سى ويرلمك ...
اصرار ايلدكده

بروطرفدن سالف الذكر عسكر ودونما ماده لرينى شامل اولان طقوزنجى ... ايلچى قطعى اولديغى ... وعينا قيديله
باخذ بدلى اعطاسى مذكور اولمغله ... مستثنادر ... تعيينانى ... بيان
الكفايه تعليماتنك مساغى ... تعيينانى دخى واخذدر ... معين اولان ... اصل تعيينا
سالف الذكر بيشوز كيسه نك ... واقع اولان ... بيان
جمله سى بومقدار ايله اداره اولنور ... ايلچى مرسوم جواب بوله ميوب تعليماتم قطعى
اولدى ايلچى بك بنه ملاحظه ايلسون ... روسيه دونماسنك دخى كاشكى
اولديغى افاده ايتدم ... دولت عليه ده ... معتبر اولميوب اوروپا
بومقدار ومبلغ ايله اداره سى ممكن اوله ... زيرا بومصلحت ايله الى الابد اتحاد
دولتلرده اعتبارى زياده در ... خصوص مذكورك ايلچى مرسوم
ايده جكدركه بو ... تعليماتمه مخالف حركت دخى الممكن كلز ديمكله
ملاحظه سنه حواله سى ... اوله رق تفريق ... معلوم عاليلرى بيورلدقده زمان
ماده لرده واقع اولان انواع مباحثه ومجادله طويل الذيل اولمغله تصديع ... اولديغى
من له الامر حضرتلرينكدر

ایلچی مرسوم ایله واقع اولان دیکر مکالمه نك مضبطه سیدر

ماه مرقومك یکرمی اوچنجی پنجشنبه کونی بنه بکره ایلچی مرسوم ایله واقع اولان دیکر مکالمه نك مضبطه سیدر

ایلچی مرسوم بر وجه مشروح ارسال ایده جکی دفتری اشبو مکالمه دن مقدم ترجمانیله کوندروب مطالعه اولنمش ایسه ده بعض مفهوماتی تقریب و تصحیحه باعث تأخیر اولماغی ایچون ایلچینک بو بابده

لزومه ایله بولنمش خصوصی قرین نظام اوله میه جغی ترجمان بفوده قطعیه تفهیم اشبو مکالمه ده مجلس بعد التخلیه بر طرفدن عسکر دونما

اصرارده فراغتی فائق ایدوکی تنبیه اولنمش اولدیغندن بنفقه الوالی تکرار حاجت اولماغله همان او وقت اولماغی

تعییناتی تضمن اولان طقوزنجی وانجی ماده لر ایچون کتنکی مکالمه ده ایراد اولنان بعض کلمات ملزمه بسط اولندقده ایلچی مرسوم

ایچون تعیینات عیناً اعطا اولنمق امورنده قطع و تنظیمی مقتضای مصلحتدندر دینله دك بعض تغییر بر وجهله ممکن دکلدر عباره سنده اولدیغی کبی یا عیناً یا نقد

طقوزنجی واونجی ماده لر دینله بور طقوزنجی ماده برّی عسکر تعییناتی شامل دکلدر تعییر بر وجه ملاحظه اشبو طقوزنجی واونجی ماده لرده برّی عسکر

بر وجهابنده ایلچی بلك ملاحظه برسی نصل اولور

نقداً تعبیری ابقا اولنمق اقتضا ایدر دیمکله وبو ماده لر بر برینه مربوط اولماغله وبو مذکور اولان دیو بر له اختصار بولنور عیناً اتقضا ایدن ذخیره سی عیناً

ودونما تعیینات ایچون دخی یا عیناً یا بدلی دیو مذکور اولمغله بر له مستعین اولان دولتک ملکنده اعمال اولنه جق دکلی اقتضا ایدن ذخیره سی عیناً

ودیکری دخی اوبله اولمق اقتضا ایدر برّی عسکر ودونما مستعین اولان دولتک ملکنده اعمال اولنه جق دکلی ابتدا ایده حکم نکی ماده لرك ترتیبلرده

ایلچی مرسوم دونما تعییناتی خصوصی هنوز قطع اولنمدیغی جهتله بونی تغییر ایدرم فالدیکه روسیه عسکرینك طرف

اعطا اولنور دینلدکده

قراری لزومه دن اولمغله برّی عسکره دائر اولان طقوزنجی ماده یه افاده ایدر بودیم بر نقدی خصوصده قطعا تردد اولنمیوب تجویز اولنور دیمکله

دولت علیه ده جلب نه زمان اولور اولدیغی اتفاقده ملاحظه اولنسه نقد خصوصده نیك وبرینی اطرافیله ملاحظه لزومه دن اولوب الحالة هذه

مقتضای وقت نه ایدوکی سؤال اولندقده ایلچی مرسوم هر خصوصده نیك وبرینی اطرافیله و بعض محلده تسقط ایلدیکی صورتده

منفق اولدیغندن افاده سنك باشی اولماغله شلو فرانچه لو رعایای دولت علیه یی تحریك واضلال وبعض محلده تسقط ایلدیکی صورتده

رعایانك تألیف و استماله سی سائرلرندن زیاده اهم اوله جغنه بنی اولوقت جلبی اولنه جق روسیه عسکرینك تعییناتی نقدا کیوب دخی رعایا

بنقه جه انزعاج اولنمق سببیدر بو صورتده نقداً ویرلمسی دولت علیه یه نافع دکلیدر دیه دك اشبو ایکی ماده ده مذکور

اولدیغی وجهله عیناً یا بدلی تعبیری ابقا اولنمق لازمدر دیو بنه صوت اصرار اراءه ایدوب برو جانبدن دخی تکرار اتیان براهین قویه

اولدیغی بدلك ترکی وعیناً ویرلمسنده حصری ایچون اجوبه مسکته ایله طول ودراز مباحثه واقع اولمغله نهایت کار بدلك قبولی ممکن

اوله میه جغی ایلچی مرسومك مجزومی اولدقده بنم مقتضای مأموریتیم اوزره اکر تعییناتده بعضیسی عیناً ویرلمکده اصرار اولنور ایسه

اندی قبول ایدر بیلورم لکن دونمانك ماده اولان اونجیالل وسائر ضابطانك تعییناتی دائما بدلی اولوب اولنمق معتاددر بونلرعینی اولمز

بو صورتده انلرك تعییناتی وممالك محروسه ده بولنمیه طوزلی لحملر وکرك موم ودونما سفاینده بولنمغی قاعده اولان بعض اودون و

بدلاتی ویرلمسی ماعدا نفقاتی تعییناتی مانع دکل دولت علیه نك خاطرخواهی عیناً اعطا اولنمق وجهله تنظیم اولنسه ولاد بنده بو لتك

ایچون ایمپراطوره اعتذاره وسیله بوله بیلورمکه دولت علیه دونمانك مصارف قلیله ایله اداره اولنه بودرهم دونما عقد اتفاقم سزدن

مقدم آستانه یه کلمش اولدیغی لازمدر دولت علیه تعییناتی عیناً ویرله جك بیلور ایمش بنکارین خلافی نفقات تعییناتی عیناً

وبرلکه حصر اولنمق لازم کلدیکی دیه بیلورم بو بابده ایمپراطورده بکا عتاب کلور ایسه بو کلنورم لکن برّی عسکر ماده سنده تعییناتك

عیناً اعطاسیه حصری قطعا ممکن دکلدر دیمکله برو طرفدن بنه اجوبه لایقه ایله الزامه اقدام اولندقده مفید اولمیوب مرسوم

ذکر اولنان جزایره مضر اولدیغنه بنا برّی عسکر دولت علیه طرفنده مطلوب اولور ایسه کوندریله جك روسیه عسکرینك

دولت علیه یه کلدیکی وایجاب اولنه میه جغی جهتله طقوزنجی ماده ده اولان برّی عسکر تعییناتنك عیناً یاخود بدلا اعطاسی قیدنده

باشی اولدیغنده قید مذکور ابقا وایلچی مرسوم طرفندن دیرلدیکی صورتده ترجمه نشده عسکرك معاشی تحریر اولنمش ایسه ده معانی تعبیری

مطلقدر بو مقوله عسکر لوازمنه تعیینات تعبیر اولنور بدلیکن بوزدن دینله دك ایلچی اوضا ایله معاشی برینه تعیینات تحریر وعیناً

باخود نقدیجه تعیین اولنه جق قیات اوزره نقداً ویرلمسی عباره سنده تعیینی قیاسه انحصار اولنمق ایچون بالمذاکره تعیینی ضم ایله

چونکه تعبیر اولنه جق قیات دینلیدر تعیین قیات البته مذاکره ایله اولور دیو افاده اولنوب نقدیجه یا بالمذاکره تعیین اولنه جق

قیاتی دیو تبدیل ومقدم بالمباحثه تنظیم اولندیغی اوزره ذیل ماده ده اولان عسکرك لوازمی عباره مبهمه یی اسباب استراحت

استحصالی عباره سیله تصحیح اولندقده اشبو

مقدمجه محرر اولنمش اولان اونجی ماده قرائت ایله ایلچی مرسومك ویردیکی صورتده مستعین اولان دولت اعانهٔ کلان دونمایه

آستانه سعادته ورودی کوندرلمك بدء ابتدا ایدوب ذخیره ویرمسی محرر اوله جق انفاقنامه شروطنك مفهومی طرفینه شامل اولمق اقتضا ایدیکندن

بر وطرفدن کلومه ابتدا برله دونمانك آستانه سعادته ورودی دیو بر طرفه حصر اولنمش بر برمقتضای شروط اتفاق طرفینه

شمولی ایچون مستعین اولان دولتك بوغازینه ورودی دیو تصحیح ایدلك بو بابه اولمق اقتضا ایدر دینلدکده ایلچی مرسوم اعتراف ایدوب

واقعا وارددر لکن بونلر صکره انکلتره لو فرانچه لو ایله صلح اتمك لازم کلوب آقدکزده اولان روسیه دونمانك کفایت ایتمدیکی حالده دونما

دولت علیه‌نك قسطنطنیه‌یه داخل اولمیان دونانمایه تعیینات ویرلمز دیه بیلوردیمکله
دونانمایه تعیینات ویریله‌جك اولدیغی لوازمه مقتضی‌سنجه کوره
دولتی بحر بالطقده بر طاقم دونانما کوندررایسه دولت علیه‌ده مشروط اولان دونانمایه تعیینات ویریله‌جك اولوب
بر جانبدن دخی الحالة هذه طرف دولت علیه‌دن دونانمایه علاوه ایله تقویه‌سی
برمقتضای اتفاق زیاده دونانما ارسالی ایجاب ایلدکده تعیینات اعطاسنه مجبوریت لزوم کلیه‌جکی ظاهر ووقع صائل دشمن ضمننده
ایجاب ایلدکده البته روسیه دولتی مقتضای اتفاقی ایفا ایده‌جکی باهر در جوابی بعد الایراد بو ماده‌ده دونانمانك آستانه‌یه وروده کونندن ذخیره ویرلمسی
تحریر اولنمشیکن مقدما آمرال طرفندن ویریلن دفتره کوره دونانماده اوچ ایلق ذخیره موجود اولدیغندن طرف دولت علیه‌دن ویریله‌جك ذخیره کانون اولدن ابتدا
اعتبار ایله اعطا اولنه‌جغی ایلچی مرسوم جمیع دولده قاعده بودرکه دونانما وعسکر مستعمل اولان دولتك حدودینه داخل اولدیغی کبی
بسلنور آمرال دونانما ایله مقدم قره دکزده اولوب التی ایلق ذخیره‌سی ویرلمش اولدیغندن آستانه‌یه کلدکده اوچ ایلغی موجود اولمغله ورودی کوننده ذخیره طلب
واخذ ایلسه فروخت ایتمك لزوم کله‌جکنه مبنی کار ومنفعت قیدنده اولمیوب کانون اولدن اعتبار ایله طلب ایتمش اولدیغنده اولوجهله ترتیب اولنمش ایدوکی افاده اولندقده
ویرلکدر دیمکله یته بر جانبدن آمرال ذخیره‌یی کانون اولدن اعتبار ایله طلب ایتمش اولدیغی مقبوض سندی اعطا ایدرم دیو بیان وذخیره‌نك قاچ ایلق
ایلچی مرسوم معترف اوله‌رق شرطلو تغییری ممکن اوله‌مز لکن اوچ ایلق ذخیره‌یی المش کبی مقبوض سندی اعطا ایدرم دیو بیان ماده مذکوره‌ده دونانما مشترك وتمنك علیهنه اعمال اولنه‌جغی
مرسوم دوودو ایلق ویرلمسی افهام ایتدکدن صکره
اعطاسی لزوم کله‌جکی سؤال اولندقده اقتضا ایدن ذخایر بالمذاکره ترتیب
اقتضا ایدن ذخایر عینا یاخود بدلا اعطا اولنمسی محرر اولوب مقتضای قراده کوره بعضیسی عینا وبعضیسی بدلا ویریله‌جکنه بنا اقتضا ایدن ذخایر
فقره سنك اولنه تعیینات لفظی ضم وعینا وبدلا طی ایله مشترك وتمنك علیهنه اعمال اولنه‌جغی تعییناتلریجون اقتضا ایدن ذخایر بالمذاکره ترتیب
اولنه‌جغی وجهیله اعطا اولنمسی تصحیح وایلچی مرسوم ارضا اولنه‌رق تصحیح اولنوب مرسوملك بدله دائر ویردیکی دفترده نفرات تعییناتندن ماعدا اوفجیاللرك
بهرحال فقدا ویرلمسی لزوم کلان تعیینات بدللری وطوزلی لحم ولیمانه ویریله‌جك تازه لحم وموم وادویه بهالری ونقدیه مهمات ونفرات اوله‌رق
الیوز کیسه‌ده تجاوز بذل محرر اولمق حسبیله روسیه ایمپراطورینك دولت علیه‌یه کمال اعانت نیتنده ایدوکی ظاهر اولمغله ایلچی بیك دخی تعدیل
دنیشی تسهیل ایلمسی مأمولدر دینله‌رك بونلره مماثل مقدمات تمهیدیله بدل مذکورك کلی تنزیلنه سعی واهتمام وبو ماده‌لرده برمقتضای مصلحت
جریان ایدن کلمات مذاکره‌دن معدود اولدیغی افهام ایله بوخصوصده ابحاث کثیره واقوال وفیره کذران ایدوب تذکاری مخل ادب وموجب تصدیع
اوله‌رق بیانی معارضه ومجادله وتوعیله بالاخره درتیوز شوقدر کیسه‌یه تنزیل اولندقده بیك ایکیوز کیسه‌یه مقطوع عیننده ایلچی مرسوم قصر اولنمقده
اسکناوی ایما اوله‌رق تعدیلیجون ینه اقتضاسنه کوره براهین مناسبه بسطیله اقدام اولندقده ایلچی مرسوم بونده زیاده تعدیل وسعی‌ده
وکلدر اکر ویریلن دفتر امرال طرفندن منفعت ایچون ترتیب اولنمش ظن اولنور ایسه اویله اولمیوب بتربوغ‌ده روسیه ترسانه ضابطلرندن شو دونانما
دولت علیه صولرنده وعابادن کسنه‌یه غدر واقع اولمیه‌رق فیئات دابجیله ذخیره مبایعه اولنمق اوزره تمقدارفسنه ایله اداره اولنورده بو سؤال
واولدخی اقدکزه امدشد ایدن روسیه باذرکانلرینی جمع وانلر ایله مذاکره وفیئاتی دایجه تطبیق ایدرك بعد الحساب دوت بیك سکزیوز کیسه اقچه دنیرنغ
اعطا برله اول دفتر ایمپراطور طرفندن بکاتسییر واکر اسکناداری قبول اولنمز ایسه بعضا عینا وبعضا بدلا تنظیم ایله دیو تحریرا طلب عینی تعییناتدن
ماعدا بدلك نهایت بیك ایکیوز کیسه‌یه تنزیلنه رخصت ویرلمش اشته تعلیماتمی خالصانه بیان ایلدم بونده بر حبه تنقیصه اقدام یوقدرهم
اکر طوزلی اتك وسائرینك فیاتی سؤال وحساب اولنمق اولور ایسه ایلچی عظیم دولت بغنده بومثللو مصالح جسیمه مذاکره سنده ایمپراطورك کوندردیکی دفتره
عدم اعتماد ایله بوکونه سؤال یاقشمز دولت علیه بویله معامله نه زمان اولسه اداره ایدر ضبط اغلان فرانسه لو مالندن دخی اداره اولنه بیلور
دیمکله بروطرفدن دخی بز ایلچی بکدن اشیا فیاتی سؤال وحساب طلب ایتمدککه حتی بو افاده وارد اولسون هم اویله سؤال نادوا اولدیغی بلزوم کلز
مرام دوستانه مذاکره ایله ایشی تعدیل وتسهیل ایتمکدر هم فرانسه لونك ضبط اغلان مالی امانت قبیلندن اولدیغی ظاهردر دینله‌رك بونلره مماثل
بعض اجوبه ایراد اولنوب

بعده اشبو اونجی ماده‌ده دونانما سفینه‌لرینك ترمیمی لزوم کلدکده مستعمل اولان دولت لوازمی جاری اولان فیئات اوزره کندو ترسانه ومخزنلرندن ویره دیو مسطور اولنمق
اولمغله ویره برینه تأکیداچون آلیویره یازلیوب قبول ایتدیلرکدن بشقه مشروط اولان دونانماده سفینه یاخود نفرات اکسیلدکده تکمیلی دخی ماده‌یه درج
لازمه‌دن اولدیغنه بناء علاوه‌سیچون شرط مذکور قمله النوب بو ماده‌یه شویله بر تتمه لازم کلور دینله‌رك ایلچی مرسومه ارائه اولندقده
مرسوم روسیه ایمپراطوری اون ایکی جنك کمیسنه تعهد ایتمش اولمغله الینه تکمیل شانی ایچون مقتضای عهد وشرطی ایفا ایدوب دولت علیه طرفندن ایراد
اولنسه دخی بهرحال نقصانی تکمیل ایدر بو علاوه بو ماده‌یه درج اولندیغی صورتده عدم اعتماد اکلشیلور دیمکله بروطرفدن دخی بوندن
عدم اعتماد لزوم کلز دبط اغلان شرط داعما جاری اوله جغنه بناء اقتضا ایدن تأکیدات وتصریحاتك بهرحال درجی مقتضای مصلحتندر
دیو الزام اولنمغله ایلچی مرسوم بوصورتده بو ماده‌یه درج اولنه‌جق شروط منفرده‌ده اوله‌رق دونانما ماده‌سنه منافی وجهله علاوه اولنه بیلور قالدیکه
آمرالك آستانه‌یه ورودندن صکره ایکنجی قومندان ینه دونانما تجهیزیچون کیرو عودت ایتمش اولدیغی مقدم افاده اولنمشیدی قومندان مرسومك تجهیز ایده‌جکی
سفاین نقصان تکمیلی وتقویت ایچوندر حتی بوکا تقویت دونانماسی دیو اسم تخصیص قلنمشدر الحالة هذه اقدکزده اولان روسیه دونانماسنه تقویت اقتضا ایلدکده
دولت علیه‌دن برفسته مطلب اولنه‌رق بوندن دخی کلور دیدکدن صکره

بو طرفدن غنایم واشیانک معنالری اولوب برنجی ماده یه گلدکده مادهٔ مذکوره ده غنایم حرب واشیاء اخذ ایدن عسکر طرفنده قالمسی مبین اولمغله

عمومی اولوب هر نسنه یه شامل اولدیغندن ایضاحی لازمه دن اولمق حسبیله شو وجهله تصحیح اولندی دیو قلمه آلنان صورت ارائه و بالمباحثه غنایم

واشیانک مبهم قالماسنه ایلچی مرسوم ارضا ایله غنایم واشیا لفظلرینک معنای صریحی ادوات حربیه و آلات جنک وامتعه واموال عبارهسیله

ایضاح اولنمق اوزره محافظه اولنمق اولمغله جزایر مذکورهنک ایضاح اولنمسی بو مناسبتله و ندیلک جزایری مادهسی دخی درمیان ایله جزایر مذکوره ایچون مقدم اوچ صورت

اقتضا ایدن بدل ایله بحیا نیبی دولتنه اعطاسی نافع وهم بحیا نیبک بر وقتده مضرتی اولدیغندن بو صورتده روسیه و انکلتره دولتلری دخی محفوظ

اوله جقلری مأمول و بو جهتله جزایر مرقومه یه نیجه لو دخی مداخله ایده میه جکی ظاهر اولمقدن ناشی بحیا نیبی طرفنه اعطاسی ویاخود دوبره و نیلی

متللو تنظیم و یا بکلک ایله ادارهسی در خاطر اولمقدن ناشی بو طرفدن کلامه ابتدا ایله الحالة هذه فرانچه لو یدنده اولان و ندیک جزایرندن

چوقه اطه لری مانیه قرشوسنده اولمغله طرف دولت علیه دن ادارهسی و ادونولق ساحلنده واقع دورت عدد بلغه نک و انلره انضمامی

اولان ایا ماوره جزیره سنک انضمامی جهتیله ممالک دولت علیه یه الحاقی و ماعدا ذانطه و کفالونیه و قورفه متللو اطه لرک دوبره و نیلی

تنظیم یا بکلک ایله اداره یاخود جواردهده واقع ضعیف دولتلردن برینه اعطاسی شقلرندن تنقیحی مستحسن دیو علی وجه الاستمزاج افاده

اولنمقده ایلچی مرسوم ساحلده اولان اراضینک دولت علیه ممالکنه الحاقی لازم و برآن اقدم ضبطی اهمدر و چوقه اطه لری اهالیسی دخی

حاملیجه اطه سی نظامنی استرا ایدمشی قالدیکه ضعیف دولتلردن مراد دخی بحیا نیبی اولمق کرکدر اشبو شقوقک کله دولت علیه نک رأی و ارادهسنه

موقوف اولوب بونلره دائر بر کونه تعلیماتم اولمامغله صورت نظامنه مداخله ایدهمم لکن شونی تصدیق ایدرمکه ایمپراطور طرفنه وارد اولان

تحریراتی مقتضاسی اوزره بر طرفدن بر قادشی برآلمق نیتنده اولمیوب مطلوبی مجرد تحصیل آسایش عامه دن اشبو اتفاقنامه ده دولتینک محاربه

ومصالحه ده بر برینه کشف مرام ایتملری مشروط اولمغله دولت علیه نک جزایره دائر ارادهسی قلمه الندیغی بنزه بو دوغرو کوندریلور سریعاً جوابی وارد

اولور دیمکله بو طرفدن دخی روسیه ایمپراطورینک خلوص و صدق نیتی و ایلچی بکک خیرخواهلغی مجزوم اولدیغی بناءً بو بابده دولت علیه نک

احسن صورتی نه ایدوکی سؤال اولنیرسه دینلهرک جلب خاطری مستلزم بعض مقدمات بسط اولندقده ایلچی مرسوم بو خصوصده بر قاچ ملاحظه

وار زیرا اولا اطه لره ویریله جک نظام اهالیسنک رضاسی اولمق لازمدر ثانیاً دولت علیه یه تابع اوله رق بکلک وجهیله تنظیمی

یاخود سربست بر کوچک جمهور اولمسی ارادة اولنور ایسه دول متفقه نک ضمانی مقتضیدر زیرا صکره آخر بر دولته میل ایدرلر ایسه مضر اولدیغندن

ماعدا فرانچه لو طرفندن تعرض و تو قعه کمالک ایچون محافظه اولنمسی لازمدر ثالثاً اکر بحیا نیبه ویرلمسی مناسب کورلور ایسه اولوقت همان

بحیا نیبی طرفندن طلب اولنوب دولت علیه نک ضمانی دخی استنور بو خصوص اهم ماده اولمغله کوزلجه ملاحظه ایله فصل ارادة اولنور ایسه

قلمه الندیغی بنزه بو دوغرو ارسال اولنور دیمکله بو جانبده بو ماده بنم نزدمده یا مذاکره بشقه بر شرط اوله رق تحریر اولنوب اتفاقنامه یه

درجی مناسب اولمدیغی صورتده شرط خفیه ده ذکر و یاخود شروط خفیه نک اتفاقه دخول ایده جک دولتلره ابراز اولنمه جغنه مبنی آنده دخی

مذکور اولمیوب معاهدهٔ مخصوصه وضعی اولمق اوزره بشقه جه تنظیم اولنمق اقتضا ایدر دینلدکده ایلچی مرسوم بیان اولنان اوچ شقک هر بری

دولت علیه نک مصلحتنه موافق اولوب هر نه کوره دخی مستحسن و لکن بر کونه تعلیماتم اولمامغله شرطه ربط ایدهمم دیه رک طرف دولت علیه دن

نه کونه مناسب کورلور ایسه قلمه النوب برآن اقدم کوندرلمسی استصواب ایتدکدن صکره بنه بو طرفدن روسیه ایمپراطورینک نیتی معلوم اولوب

جزایر مذکوره نک تسخیرنده روسیه دولتی طرفندن اولان سعی و غیرت و دولت علیه یه اعانتی اقتضا سندن اولدیغی ظاهردر لکن انکلتره لو طرفندن

تسخیر اولنور ایسه فرانچه لو ایله بشقه جه محارب بولندیغندن قضیهٔ اعانت آنده جاری اوله مز بو صورتده فصل اولنوردی بو استکشاف حال

اولنمقده ایلچی مرسوم اشبو جزایر ماده سنده انکلتره لونک احترازی لزوم کلمیوب نیجه ایمپراطورلرندن وسوسه اولنور جزایر مذکوره نک الحالة هذه

بحیا نیبی قرالنه ویرلمسی نیجه ایمپراطوری دخی کندوسنک انشته سی اولمق جهتیله تصویب ایتمک کرکدر لکن بو خصوصک برآن اقدم تنظیمی تعجیل اولنمق

اقتضا ایدر زیرا نیجه لو ایله فرانسه بیننده محاربه عقدی ایدر ایسه اول امرده نیجه لو بو اطه لره تجاوز ایدر یاخود فرانسه لو نیجه لوی اطماع

ومصالحه لری تأکید ایچون بو اطه لری نیجه ایمپراطورینه عرض ایتمسی محتملدر دیمکله لو نیجه و شرط اوله رق قلمه النه جقی نایل کندو یه

اعطا ایله برآن اقدم بنزه بو دوغرو ارسال ایتمنه قرار ویرلدی

بعده اون ایکنجی ماده درمیان اولنوب مادهٔ مذکوره نیجه ایمپراطوری و انکلتره و پروسیا قراللرینک و سائر اشتراکه خواهشکر اوله جق دول سائره نک

اتفاقه دعوتنی متضمن اولمغله بو طرفدن کلامه ابتدا ایله بو ماده ده نیجه و انکلتره و پروسیه تصریح اولنوب ماعدالری دول سائره دیو ابهام اولنمش

اسوج دولتی طرفندن بو اتفاقده استثنا مأمول اولنه جغنه مبنی بعد الانعقاد سؤال اولنه جغی اشکار اولدیغنه بناءً اسوج دخی ذکر اولنمسه مناسب

اولور دینله رک لونیجه و جهله افاده اولندقده ایلچی مرسوم بو ماده ده اوچ دولتک صراحة مذکور اولمسی انکلتره لرک الیوم فرانسه لو ایله محاربه

اولمغله البته بو اتفاقه داخل اولور نیجه لو ایله دخی الحالة هذه روسیه دولتنک مذاکره سی درکار اولوب پروسیه دولتنک دخی الزامنه سعی

اولنمقده اولمغله بناءً علیه اشبو دول ثلثه نک تصریح اولنمشدر اسوجلو ایله بونلره دائر بر کونه مذاکره و مخابره واقع اولمامغله اسوج بو شرطله ادخال اولنمز

و تعلیماتم شو وجهله در که اکر دولت علیه نیجه لونک تذکیر اولنمسی استمزا ایسه اوجی دخی طی اولنوب جملهسی دول تعبیریله کچسون دینلمش اولمغله استرا کرکز

هیچ برینک تصریح ایتمیه لم قالدیکه غیریلری ذکر اولنمق لزوم کلسه بحیا نیبی و بو دکیزلری دخی تصریح اقتضا ایدرکه بحیا نیبک الیوم تدارکاتی

و بو دکیزلرک انکلتره یه اعانتی اولمیوب اسوجلو قطعاً تدارکاتی یوقدر دیمکله بو طرفدن مراد اسوجک التزام اولنمیوب مجرد اجرای مقتضای

مروت و دشمن علیهنه کسب قوت ایدر مناسب اولدیغی حالده ادخال اولنمیوب دول سائره تعبیرنده اسوج دخی داخل اولمغله کفایت ایدر قالدیکه

2．転写

（１）　İşbu bin iki yüz on üç senesi mâh-ı Rebiü'l-âḫirin yirminci pâzârtesi günü ʿİsmet Bey Efendi ve reisü'l-küttâb efendi'nin Bebek'de Rusya elçisiyle vâḳiʿ olan

(2) mükâlemeleri mażbaṭasıdır.

(3) Yevm-i mezkûrda elçi-i mersûm ile maḥall-i merkumda mülâḳāt birle meclis taḫliye olunduḳdan sonra mersûm şürûṭ-ı müzâkeresine ḳable'ş-şürûʿ Fransalu keyfiyetini dermeyân ile Mışır'a taʿarružlarında

(4) devletler hażm etmeyeceklerini Françalu mülâḥaẓa etmişlerdir. Ancaḳ ṣaḥîḥ niyyetleri biz Mışır'ı żabṭ etmeyiz, dostluğumuz bâḳîdir diyerek Devlet-i ʿAliye'yi iğfâl ve baʿżı

(5) müzâkerâta şürûʿ ile bir ṭarafdan Avrupa'ya erâcîf neşr ve Rusya'ya ve sâire işte Devlet-i ʿAliye ile şöyle müzâkere ediyoruz bizimle ittifâḳ ve üzerinize

(6) hücûm edeceklerdir deyü taḥrîk eyleyerek Rusya imparaṭoru daḫi tünd-meşreb olduğundan iğbirâr ile Eflaḳ ve Boğdan'a hücûm eyleyüp ol vaḳt Françalu daḫi Mışır'ı

(7) ve Mora ve Kandiye'yi Devlet-i ʿAliye'den ṭaleb ile bi'l-icbâr żabṭ etmek idi. Ḳaldı ki Rusya imparaṭoru Devlet-i ʿAliye'nin muṣliḥâne ṭavrını ve âsâyiş-i ʿâmmeye

(8) rağbetini müşâhede edüp bir ḳat daḫi tezâyüd ḫulûṣunu mûcib oldu. Zîrâ imparaṭor dâimâ âsâyişe rağbet ve muḥârebeden ictinâb eder. Muḥârebe meğer żarûrî

(9) îcâb eyleye ve eğer Fransalu Devlet-i ʿAliye'yi tağlîṭ ede idi ve Fransalu'yu iğfâl edeyorum deyü Devlet-i ʿAliye Fransa ile yine bir müddet muḫâbere

(10) ve müzâkereye şürûʿ eyleye idi, Devlet-i ʿAliye'nin bu ṭavrı velev caʿlî olsun beher ḥâl Avrupa'ya mużırr olacağına mebnî cümle Avrupa devletleri Devlet-i ʿAliye'ye

(11) düşman olacağında iştibâh olmadığından mâʿadâ Rusya devleti Devlet-i ʿAliye'ye hücûm edeceğinde şübhe yoğidi ve bu taḳrîb Rusya devleti Nemçe devletine

(12) iʿânet edemeyüb Françalu istediği gibi Nemçe'ye ve İtalya'ya daḫi râbıṭa verir idi. Bundan mâʿadâ İngiltere donanması Aḳdeniz'e gelse daḫi ol zamân

(13) vürûdu Fransa ʿaleyhine olmaḳdan başka Rusya devletiyle ittifâḳına mebnî Devlet-i ʿAliye'nin daḫi ʿaleyhine olmaḳ iḳtižâ eder idi. İşte Devlet-i

ʿAliye'nin

(14) ḥarekât-ı hakîmânesi yaʿni tîz ṭavr etmesi bu maḥâzîri vâḳiʿ olub bunların şimdi ẕikri lâzım değil ise daḫi el-ḥaletü hazihi müttefiḳ olduğumuza binâen serâir-i ḥâlin

(15) beyânı ve nîk ü bed aḥvâlin ifâdesinde be's olmamağla maḥremâne tebyîn olundu dedikde berü ṭarafdan daḫi Devlet-i ʿAliye-i ebediyü'd-devâmın öteden berü

(16) meslek-i müttefiḳaneye sülûk ve rağbeti maʿlûm-ı enâm ve Françalu miṡillü erbâb-ı fesâd ve ḥîleye firîfte olmayacağı meczûm-ı ḫavâṣ ve ʿavâmdır. Françalu

(17) Devlet-i ʿAliye ile Rusya devleti beynine bürûdet ilḳasına çoḳ saʿy etdiler. Lâkin Salṭanat-ı Seniye ṭarafından kelâmlarına ḥavâle-i semʿ-i iʿtibâr olunmayub ifsâdlarına

(18) maḥal bıragılmadı. Ḥattâ Françа maṣlaḥatgüzârı Ruffin'in Yediḳule'ye irsâlinden muḳaddemce Paris'den kendüye gelüb mefhûmunu ifâde eylediği kâgıdda eğer Devlet-i ʿAliye

(19) Françalu'ya iʿlân-ı ḥarb eder ise iki devlet imparaṭorunun maẓhar-ı hücûmu olur vâdîlerinde güyâ Rusya ve Nemçe imparaṭorunun Françalu'ya ṭarafdarlığını

(20) inhâ etmişler ise daḫi iṣgâ olunmadı. Ḳaldı ki Devlet-i ʿAliye'nin eṭvâr-ı hafiyesinden Rusya imparaṭorunun memnuniyeti miṡillü el-ḥaletü hazihi Salṭanat-ı Seniyeye

(21) ibrâz eylediği âṡâr-ı dostî ve ṣafvet-i nezd-i hümâyûn-ı ḥażret-i cihân-dârîde daḫi bâʿiṡ maḥẓûẓiyet olmuşdur cevâbı verildi.

(22) Baʿdehu maṣlaḥata şürûʿ ile evvelki mükâlemede müẕâkere ve mübâḥaṡe olunub berü canibden baʿżı gûne maḥv u iṡbâta mebnî elçi-i mersûmun Peterburg'dan Rusya lisânı üzere gelen

(23) şürûṭ ṣûretine taṭbîḳa te'ḫir etmiş olduğu şürûṭ-ı celîyenin beşinci mâddesinin tenḳîḥâtını ḳabûl edüb ibtidâ taḳdîm eylediği ittifâḳnâme ṣûretinde mâdde-i meẕkûrede

(24) şüḳuḳ-ı erbaʿa münderic olaraḳ birisi eḥad-ı ṭarafeyn cânib-i âḫara ʿasker yâḫud ikinci ṣûret olaraḳ donanma ile imdâd etmek ve üçüncüsü ibrâz-ı

ḳuvvet ile ḫaṣmı

(25) işgâl veyâḫud dördüncü şıḳḳı olaraḳ naḳden iʿânet eylemek olduğundan elçi-i mersûm kelâma ibtidâr edüb Rusya lisânında olan şürûṭ ṣûretine diḳḳat eyledim.

(26) Beşinci mâddenin sebki böyle olmayub Fransız tercümesinde sehv olunmuş. Binâ-berîn ol maḥalleri taṣḥîḥ olundu diyerek mâdde-i merḳumenin taṣḥîḥ olunmuş Frengî

(27) ṣûretini ibrâz ile me'âlî devleteyn-i muʿâhedeteynden birine yâḫud ikisine mużırr bir gûne fiʿil ve sûi-ḳaṣd ẓuhûrunda ḥarekât-ı ḫaṣmânenin defʿi ḫuṣûṣuna

(28) bezl edecekleri mesâʿî kâfî olamadığı taḳdîrde eḥad-ı ṭarafeyn-i devleteyn-i müttefiḳeytenin maṣlaḥat-ı müşterekeleri ve emn ü selâmetleri îcâb ideceği vech üzere

(29) maʿan ḥareket etmek ya diversion eylemek içün cânib-i âḫara ḳuvvet-i berriye ya baḥriye ile imdâda yâḫûd naḳden iʿânete mecbûr ola deyü muḥarrer olduğuna binâen

(30) berü ṭarafdan cevâba mubâşeret ile bu mâddenin meclis-i sâbıḳda olan tenḳîḥâtı ibḳa ve iʿânet ḫuṣûṣu üç nevʿ olaraḳ taṣḥîḥ olunmuş lâkin elçi bey'in

(31) taṣḥîḥ eylediği maḥallerde ṣarâḥat olmayub muḳteżâ-yı ʿibâreye göre iʿânetin icrâsı ṣarîḥ değil denilerek maʿan ḥareket eylemek ya diversion etmek

(32) fiḳraları taṣḥîḥ ile ya ḥareketde refaḳat ṣûreti veya diversion ṭarîḳiyle deyü taḥrîr ve ol vechile iżâḥ olunub ḳabûl etdirildikden sonra ibtidâ-yı mâddede

(33) devleteynin birine yâḫûd ikisine taʿbîri olduğundan bunun meclis-i sâbıḳda daḫi mubâḥaṣesi olmuşidi. Devleteynin ikisine daḫi hücûm olduğu ṣûretde

(34) hem defʿi ṣâil hem muttefiḳa iʿânet naṣıl olabilür denildikde elçi-i mersûm ikisine taʿbîri münâsibdir. Zîrâ ʿalâ faraż Nemçelü Devlet-i ʿAliye'ye

(35) ve Rusya devletine iʿlân-ı ḥarb etmek lâzım gelse Devlet-i ʿAliye'nin Nemçelü ile ḥudûdu keşîr olduğuna binâen hem ḥudûdunu muḥâfaẓa hem Rusya'ya iʿânet

(36) edemez. Rusya'nın Nemçelü ile ḥudûdu ḳalîl olmağla yetmiş seksen bin ʿasker ile ḥudûdunu muḥâfaẓa edüb Devlet-i ʿAliye daḫi iʿânet edebilür

(37) yâḫûd el-ḥaletü hazihi Devlet-i ʿAliye'nin Fransalu ile muḥârebesi es̱nâda mes̱elâ İsveç daḫi Rusya'ya iʿlân-ı ḥarb etse Ḳaradeniz'de olan donanmasının

(38) Rusya'ya bu maṣlaḥatda lüzûmu olmamağla cânib-i Devlet-i ʿAliye'ye göndermiş olduğu donanmasını iʿâde etmez demekle yine berü ṭarafdan bu ṣûret

(39) böyledir; lâkin şürûṭun icrâsı ṭarafeyne râciʿ olmağla Devlet-i ʿAliye'nin düşmân ile meşgûliyeti olub âḫara iʿânet edemeyeceği es̱nâda Rusya

(40) devletine iʿânet iḳtiżâ eder ise olamayacağı ẓâhirdir. Bu ṣûretde naṣıl olur denildikde, elçi-i mersûm ṭarafeyn-i maẓhar-ı hücûm olduḳda ber-muḳteżâ-yı

(41) şürûṭ aḥad-hümâ âḫara ʿasker ya donanmâ ile imdâd etse ṭaraf-ı diğerden daḫi muḳteżâ-yı ʿahd üzere muʿîn olan cânibe bi-ʿaynihi iʿânet iḳtiżâ eder ise

(42) ḥâṣılı taḥṣîl ve ʿabes̱ olur yaʿni Rusya devletinin Devlet-i ʿAliye'ye donanma ile iʿâneti es̱nâda Rusya devletine daḫi donanma ile imdâd lâzım gelüb

(43) Devlet-i ʿAliye donanma göndersün denilse bir ṭarafdan alınan nesnenin ʿaynı verilmiş olacağına mebnî ne olmuş olur. Bu taḳdîrce öyle bir ḥâlet vuḳuʿunda

(44) maṣlaḥatın ve işin iḳtiżâsına göre ḥareket olunur dedi.

(45) Baʿdehu berü ṭarafdan mükâleme-i sâbıḳada ḳarâr bulamayan dokuzuncu mâdde dermeyân ile işbu ḍoḳuzuncu ve onuncu mâddelerde münderic olan ʿasker ve donanma taʿyînâtının

(46) ʿaynen iʿṭâsında muʿîn olan devlet ṭarafina vücûhla sühûlet derkâr idüğü geçenki meclisde elçi bey'e eṭrâfıyla ifâde olunub ol gün elçi bey'in baʿżı maṣlaḥatı

(47) olduğundan ve vaḳt-i teng idüğünden ḳarârı bu meclise te'ḫîr olunmuşidi. Rusya amirali donanma ile Âsitâne'ye geldikde dört aylıḳ taʿyînât defteri iʿṭâ ve baʿdehu

(48) elçi bey bir senelik ta'yînât defteri irsali etmiş olub işbu defterlere naẓar olunduḳda muḥarrer olan eşyânın eks̱eri donanmâ-yı hümâyûna verilen nesneler olmağla ḥesâb

(49) etdirildikde peksimâdda ve sâir ba'żılarında tefâvüt ẓuhûr etmişdir ve bu muḳaddemât-ı münâsibe ile beyân olunaraḳ bi'l-muvâzene ḳaleme alınmış olan defter irâ'e ve tefâvütleri

(50) ve eşyâ-yı mez̲kûrenin ṭaraf-ı Devlet-i 'Aliye'den alındığına göre fiâtı vech-i münâsibiyle 'arzına tavṭiye olmaḳ üzere ifâde olunduḳda elçi-i mersûm

(51) amiralin muḳaddemâ verdiği defter geldiği zamân ma'iyetinde bulunan sefînelerde mevcûd olanlara göre ḥesâb olunmuşidi. Sonra bir sefîne daḫi gelüb neferât tezâyüd buldu.

(52) Hem i'tibâr ol deftere olmayub benim tertîb-i senevîsini mübeyyin i'ânete maḫṣûṣ olan sefâyinin 'adedine göre imparaṭordan gelüb Devlet-i 'Aliye'ye verdiğim defterdir.

(53) Rusya devletinde her nefere ne miḳdâr nesne virilür iken daḫi defterini göndereyim baksun. Ḳaldı ki Rusya'nun ve sâir devletlerin donanmalarında bir ḳā'ide vardır ki

(54) Devlet-i 'Aliye donanmasında daḫi böyle midir bilmem, donanma neferâtından birisi ḫasta olub yaḫud tekmîl istemeyüb ta'yînâtını noḳṣan alur ise ba'dehu ḳusûru ḥesâb ile

(55) bedeli kendüye i'ṭâ olunur, hem amiralin ve oficiyalların ta'yînâtı dâimâ Rusya ṭarafından daḫi naḳden virilür ve her gemide bir ṭabîb ve iki cerrâḥ bulunub

(56) 'ilâcları daḫi mevcûd olmaḳ mu'tâddır. Hattâ bu def'a iḳtiżâ eden 'ilâcları ṭarafımdan iştirâ olunub i'ṭâ olundu ve donanma denize çıḳdıḳda neferâta

(57) dâima ṭuzlu et verilür. Ḥâṣılı ba'żan ta'yînâtın işe yaramayanları verilmek ve ba'żan vaḳtinde verilmemek ṣûretleri vuḳu'uyla amiralin

(58) münâza'ası ve gerü redd etmesi lâzım gelmemek ve mîrî fîşi taḳrîbiyle re'âyânın şikâyetine bâdî olmamak içün Peterburg'da ḥesâb olunub

(59) iḳtiżâ eden bedelin miḳdârı şüruṭ-ı münferidede taḥrîr olunmuşdur. Ta'lîmâtım böyledir demekle berü cânibden donanma-yı hümâyûnda ḫasta

olan

(60) veyâḫud noḳṣan alana sonra bedel iʿṭâsıyla tekmîli Devlet-i ʿAliye'de kāʿide değildir. Ḳaldı ki elçi bey'in verdiği defter mûcebince iḳtiża eden

(61) ẕaḫîre tertîb ve fermânları ısdâr ve tesrîb olunub hemân bir dirayetkâr nüzül emîni taʿyînine ḳaldı ve el-ḥaletü hazihi fiât-ı mîriye memnûʿ olub ẕaḫâyir râyiciyle

(62) ve baʿżan fiât-ı muʿtedile ile iştirâ olunmaḳdadır. Bu taḳdîrce reʿâyânın şikâyetini mûcib ḥâlet yoḳdur ve ṭaraf-ı Devlet-i ʿAliye'den gereği gibi ihtimâm

(63) olunacağına mebnî ẕaḫîrenin işe yaramayanı verilmek ve vaḳtinde verilmemek ṣûretleri kaṭʿâ vuḳuʿ bulmayacağı ẓâhirdir denilerek Peterburg'da

(64) etdikleri ḥesâb ne ṭaraf fiâtı olduğu su'âl olunduḳda elçi-i mersûm ḥesâb-ı meẕkûr Rusya fiâtı ḥesâbı değildir, muḳaddem Rusya

(65) donanması Aḳdeniz'e gelmiş olduğuna binâen fiât-ı câriye ḳançılaryada muḳayyed olduğundan mâʿadâ Baḥr-ı Sefîd'de âmed-şüd eden Rusya tüccârından daḫi taṣḥîḥ ile

(66) ḥesâb olunmuşdur demekle berü ṭarafdan daḫi Rusya amirali ẕaḫâyiri iştirâ eyledikde nereden tedârik edecek Rusya diyârından mı celb

(67) edecek yoḳsa memâlik-i maḥrûseden mi alacaḳ su'âli lede'l-îrâd elçi-i mersûm elbetde memâlik-i maḥrûseden tedârik eder cevâbını vermekle

(68) berü ṭarafdan bu ṣûretde vâḳiʿ olacaḳ ṣuʿûbetden başḳa fiâtında ne ḳadar tefâvüt olacağı mülâḥaẓa olunsun ki amiral kendüsü iştirâ

(69) edeyim dese meṯelâ ṭaraf-ı Devlet-i ʿAliye'den fiât-ı câriyesi üzere dört beş paraya alınacaḳ nesneye bayağı âḫara fürûḫtu sebebiyle ziyâde menfaʿat

(70) içün iki üç ḳat bahâ ṭaleb edüb noḳṣânına vermez. Bu taḳdîrce tedârikinde vâḳiʿ olacaḳ ṣuʿûbetden mâʿadâ ecnâs-ı levâzımın her birinde ne derece

(71) tefâvüt ve ḫasâret olacağı lede'l-müṭâlaʿa ẓâhirdir. Devlet-i ʿAliye ṭarafından fiât-ı câriyesiyle alınub vaḳtiyle iʿṭâ olunur bir gûne ʿusret

(72) vâḳiʿ olmaz dendikde elçi-i mersûm cevâb bulamayub bu ḫuṣûṣda ḥakkınız var, vâḳıʿa böyledir, lâkin taʿlîmâtım daḫi kaṭʿî olmağla ne

yapayım

(73) ḫilâfı ḥareket edemem demekle yine berü cânibden elçi bey Rusya devletinin muraḫḫaṣı olmağla iḳtiżâ eden mevâddı teshîl etmek lâzıme-i hâldendir

(74) ve murâdımız münâḳaşa ve mübâḥaṡe olmayub müẕâkeredir. İşbu taʿyînâtın ʿaynen iʿṭâsında Rusya donanması neferât ve żâbiṭânına bir gûne zaḥmet

(75) vâḳiʿ olmayub vücûhla sühûlet derkârdır. Farażâ Midillü'de müteʿayyin bir kimesne yedinde revgan-ı zeyt bulunub amiral ṭarafından ṭaleb olunsa iḥtikâr

(76) ḳaṣdıyla vermeyüb ketm eder yaḫud râyicinin dört ḳat bahâsını ister ama Devlet-i ʿAliye ṭarafından ṭaleb olunduḳda ketm edemeyüb elbetde ẓâhire iḫraç

(77) ve iştirâ olunur bu taḳdirce ẕaḫâyiri amiral alayım dese beher ḥâl tedârik edemeyüb yine Devlet-i ʿAliye'ye mürâcaʿata mecbûr olur ifâte-i vaḳtden

(78) gayri bir nesneyi müfîd olmaz hem şu daḫi malʿûm olsun ki donanma-yı hümâyûna verilen taʿyînât beş yüz kîseye bâliğ olmaz denilerek

(79) maṭlûbları olan mebâliğin ne derece külliyeti olduğu żımnen tefhîm ḳılındıḳda elçi-i mersûm cevâbında mütereddid olaraḳ mebâliğ-i merḳûmeden

(80) ṣarf-ı naẓar ile bu ḫuṣûṣ içün şürûṭ-ı münferidede münderic olan mâddede ṭaraf-ı Devlet-i ʿAliye'den nüzül emîni taʿyîni meẕkûr olmağla baʿżı kimesne

(81) ketm-ı eşyâ eder ise nüzül emîni iḫrâç eder demekle berü ṭarafdan ol mâddede nüzül emîninin taʿyîni amiralin tedârik-i levâzım żımnında

(82) baʿżı memâlik żâbiṭânıyla muḫâberesi içün olmaḳ üzere taḥrîr olunmuş böyle me'mûriyet başḳa ṭaraf-ı Devlet-i ʿAliye'den mübayaʿa-ı ẕaḫâyire me'mûr olaraḳ

(83) maḫṣûṣ nüzül emîni olmaḳ başḳadır ve tedârik olunacaḳ eşyâyı amiral alamayub nüzül emîni iḫrâc etmek lâzım geldikden sonra bu tekellüfe

(84) ne ḥâcet amiral ḳaṭʿâ zaḥmet çekmeyerek taʿyîn olunacaḳ nüzül emîni vaḳtiyle tedârik ve ʿaynen iʿṭâ eder hiç ḳîl ü ḳāl ḳalmaz cevâbı

(85) verildikde elçi-i mersûm ben bu mâddeyi bir an akdem bitürmek isterim zîrâ donanmaya lâzım olan ẕaḫâyirin vaḳti taḳarrüb ediyor
(86) lâkin taʿlîmâtım kaṭʿî olmağla ḫilâfi ḥareket edemem bu taḳdîrce devletime taḥrîr edüb ben şöyle ifâde etdim. Ṭaraf-ı Devlet-i ʿAliye'den şöyle
(87) cevâblar verildi. Bu mâddenin bundan sonra devleteyn beyninde kaṭʿî râbıṭası verilmek lâzım gelür diyebilürüm. Şimdi kendü ṭarafımdan ḳarâr veremem deyü
(88) ıṣrâr eyledikde
(89) berü ṭarafdan sâlifü'z-ẕikr ʿasker ve donanma mâddelerini şâmil olan doḳuzuncu ve onuncu mâdde ḳırâ'at olunub işte mefhûmunda taʿyînâtın ʿaynen
(90) yâḫûd bedelen iʿṭâsı meẕkûr olmağla yalnız bedele münḥaṣır olmayub bu ṣûretde elçi bey'in taʿlîmâtı bedel içün kaṭʿî olmadığı ve ʿaynen ḳaydıyla
(91) iktifâya taʿlîmâtının mesâgı maẓmûn-ı mâddeden müstebândır. Ḳaldı ki demin lisâna almadıḳ, donanmâ-yı hümâyûn taʿyînâtı bahâsı olaraḳ beyân olunan
(92) sâlifü'z-ẕikr beş yüz kîsenin içinde ḳapudanlar ve başbuğ taʿyînâtı daḫi dâḫildir. Anların muʿayyen olan maʿâşlarından başḳa aṣıl taʿyînâtın
(93) cümlesi bu miḳdâr ile idâre olunur. Bunların teẕkîri lâzım değil lâkin vâḳiʿ olan ifâdeler müẕâkere ḳabîlinden olmağla muḳayese olunmaḳ içün beyân
(94) olundu. Elçi bey yine mülâḥaẓa eylesün maṣlaḥatı teshîl-i muḳteżâ-yı memûriyetdir denildikde elçi-i mersûm cevâb bulamayub taʿlîmâtım ḳaṭʿî
(95) olduğunu ifâde etdim göndereceğim defter bir kere daḫi müṭâlaʿa olunsun keyfiyet maʿlûm olur. Ḳaldı ki Rusya donanmasının daḫi kâşki
(96) bu miḳdâr meblâğ ile idâresi mümkün ola idi. Maṣârif-i külliyeyi mûcib olmaz idi. Devlet-i ʿAliye'de mellâh pek muʿteber olmayub Avrupa
(97) devletlerinde iʿtibârı ziyâdedir. Anın içün küllî maṣârif olur. Ben vüsʿumda olan teshîli icrâda ḳuṣûr etmem. Zîrâ bu maṣlaḥat ile ilâa'l-ebed iftiḫâr
(98) edeceğimdir ki bu ittifaḳın vuḳuʿu yoḳdur. Lâkin taʿlîmâtıma muḫâlif ḥareket daḫi elimden gelmez demekle ḫuṣûṣ-ı meẕkûrun elçi-i mersûmun
(99) mülâḥaẓasına ḥavâlesi ve aḫşam taḳarrübü ḥasebiyle ḳarâr-ı mâdde ṭarafeynden meclis-i âtîye te'ḫîr olunub mükâlemeye ḫitâm verildiği ve bu

(100) mâddelerde vâḳiʿ olan envâʿ mübâḥas̱e ve mücâdele ṭavîlü'z-ẕeyl olmağla taṣdîḳden iḥtirâzen ṭayy olunduğu maʿlûm-ı ʿâlîleri buyurulduḳda fermân
(101) menlehü'l-emr ḥażretlerinindir.
(102) Mâdde-i merkumun yirmi üçüncü panc şambe günü yine Bebek'de elçi-i mersûm ile vâḳiʿ olan diğer mükâlemenin mażbaṭasıdır.
(103) Elçî-i mersûm ber-vech-i meşrûḥ irsal edeceği defteri işbu mükâlemeden muḳaddem tercümânıyla gönderüb müṭâlaʿa olunduḳdan sonra baʿżı muḳaddemât-ı
(104) lâzıme ile yol ḫuṣûṣu ḳarîn-i niẓâm olamayacağı tercümân-ı mesfûre kaṭʿîce tefhîm ve maṣlaḥata bâʿis̱ te'ḫîr olmamaḳ içün elçisinin bu bâbda
(105) ıṣrârdan feragati me'mûl idüğü tebeyyün olunmuş olduğundan başḳa işbu mükâlemede meclis baʿde't-taḫliye berü ṭarafdan ʿasker ve donanma
(106) taʿyînâtını mutażammın olan ḍoḳuzuncu ve onuncu mâddeler içün geçenki mükâlemede îrâd olunan aḥvâli tekrâra ḥâcet olmamağla hemen imrâr-ı vaḳt olunmamaḳ
(107) içün taʿyînât ʿaynen iʿṭa olunmaḳ üzere kaṭʿ ve tanẓîmi muḳteżâ-yı maṣlaḥatdandır denilerek baʿżı kelimât-ı mülzime baṣt olunduḳda elçi-i mersûm
(108) ḍoḳuzuncu ve onuncu mâddeler deniliyor, ḍoḳuzuncu mâdde berrî ʿasker taʿyînâtını şâmildir tagyîri bir vechle mümkün degildir ʿibâresinde olduğu gibi ya ʿaynen yâḫûd
(109) nakden tagyîri ibḳā olunmaḳ iḳtiżâ eder demekle berü cânibden elçi bey mülâḥaẓa etsün işbu ḍoḳuzuncu ve onuncu mâddelerde berrî ʿasker
(110) ve donanma taʿyînâti içün ikisinde daḫi ya ʿaynen ya bedelen deyü meẕkûr olmağla bedele inḥiṣârı yoḳdur ve bu mâddeler birbirine merbûṭ olmağla birisi naṣıl olur ise
(111) diğeri daḫi öyle olmaḳ iḳtiżâ eder. Berrî ʿasker ve donanma müstaʿîn olan devletin mülkünde iʿmal olunacaḳ ve küllî iḳtiżâ eden ẕaḫîresi ʿaynen
(112) iʿṭâ olunur denildikde elçi-i mersûm donanma taʿyînâtı ḫuṣûṣu henüz kaṭʿ olunmadı bahs̱ine ibtidâr edeceğim lâkin mâddelerin tertîb üzere
(113) ḳarârı lâzımeden olmağla berrî ʿaskere dâir olan ḍoḳuzuncu mâddeyi ifâde ediyorum bunu tagyîr edemem. Ḳaldı ki Rusya ʿaskerinin ṭaraf-ı

（114） Devlet-i ʿAliye'den celbi ne zamân olur, ol vaḳtin iḳtiżâsı mülâḥaẓa olunsa naḳd ḫuṣûṣunda ḳaṭʿâ tereddüd olunmayub tecvîz olunur demekle

（115） muḳteżâ-yı vaḳit ne idüğü su'âl olunduḳda elçi-i mersûm her ḫuṣûṣun nîk ü bedini eṭrâfıyla mülâḥaẓa-ı lâzımeden olub el-ḥaletü hazihi

（116） müttefiḳ olduğumuzdan ifâdesinde be's olmamağla mes̱elâ Françalu reʿâyâ-yı Devlet-i ʿAliye'yi taḥrîk ve iżlâl ve baʿżı maḥallere tasalluṭ eylediği ṣûretde

（117） reʿâyânın te'lif ve istimâlesi sâir vaḳitlerden ziyâde ehemm olacağına mebnî ol vaḳit celb olunacaḳ Rusya ʿaskeri taʿyînâtı tedârik içün daḫi reʿâyâ

（118） başkaca izʿâc olunmaḳ münâsib midir. Bu ṣûretde naḳden verilmesi Devlet-i ʿAliye'ye nâfiʿ değil midir diyerek işbu iki mâddede mez̠kûr

（119） olduğu vechle ʿaynen ya bedelen taʿbîri ibḳā olunmaḳ lâzımdır deyü yine ṣûret-i ıṣrâr irâ'e edüb berü cânibden daḫi tekrâr ityân-ı berâhîn-i ḳaviye

（120） olunaraḳ bedelin terki ve ʿaynen verilmesine ḥaṣrı içün ecvibe-i müskite ile ṭûl u dırâz mübâḥaṣe vâḳiʿ olmağla nihâyet kâr bedelin ḳabûlü mümkün

（121） olamayacağı elçi-i mersûmun meczûmu olduḳda benim muḳteżâ-yı memuriyetim üzere eğer taʿyînâtdan baʿżıları ʿaynen verilmekde ıṣrâr olunur ise

（122） anları ḳabûl edebilürüm lâkin donanmada olan ofçiyallar ve sâir żâbiṭânın taʿyînâtı dâimâ bedelen idâre olunmaḳ muʿtâddır. Bunlar ʿaynı olamaz

（123） bu ṣûretde anların taʿyînâtı ve memâlik-i maḥrûsede bulunmayan ṭuzlu lahmın ve gerek mum ve donanma sefâininde bulunması ḳāʿide olan baʿżı edviyenin

（124） bedelleri verilüp mâʿadâ neferât taʿyînâtı mâniʿ değil, Devlet-i ʿAliye'nin ḫâṭır içün ʿaynen iʿṭâ olunmaḳ vechile tanẓîm olunabilir. Ben daḫi bunun

（125） içün imparaṭora iʿtiẕâra vesîle bulabilürüm ki Devlet-i ʿAliye donanması maṣârif-i ḳalîle ile idâre olunuyor. Hem donanmâ ʿaḳd-ı ittifâḳa şürûʿdan

（126） muḳaddem Âsitâne'ye gelüb Aḳdeniz'e mürûr etmekle Devlet-i ʿAliye taʿyînât ʿaynen verilecek bilür imiş. Binâ-berîn żarûrî neferât taʿyînâtı ʿaynen

（127） verilmeğe ḥaṣr olunmaḳ lâzım geldi diyebilirüm. Bu bâbda imparaṭordan

bana ʿitâb gelür ise yüklenirüm. Lâkin berrî ʿasker mâddesinde taʿyînâtın
(128) ʿaynen iʿṭâya ḥaṣrı ḳaṭʿâ mümkün değildir demekle berü ṭarafdan yine ecvibe-i lâyıḳa ile ilzâma iḳdâm olunduḳda müfid olmayub mersûm
(129) ẕikr olunan cevâbında musirr olduğuna binâen berrî ʿasker Devlet-i ʿAliye ṭarafindan maṭlûb olur ise gönderilecek olub Rusya ʿaskerinin
(130) Devlet-i ʿAliye'ye adem-i lüzûmu ve iʿmâl olunamayacağı ḥasebiyle ḍoḳuzuncu mâddede olan berrî ʿasker taʿyînâtının ʿaynen yâḫûd bedelen iʿṭâsı ḳaydında
(131) be's olmadığından ḳayd-ı meẕkûr ibḳā ve elçi-i mersûm ṭarafından verilen ṣûret-i tercümesinde ʿaskerin maʿâşı taḥrîr olunmuş olduğundan maʿâş taʿbîri
(132) muṭlaḳdır. Bu maḳûle ʿasker levâzımına taʿyînât taʿbîr olunur, bildiğimiz budur denilerek irżâ ile maʿâş yerine taʿyînât taḥrîr ve ʿaynen
(133) yâḫûd muḳaddemece taʿyîn olunacaḳ fiât üzere naḳden verilmesi ʿibâresinde taʿyîn-i fiâtda inḥiṣâr olmamaḳ içün bi'l-müẕâkere taʿbîri żamm ile
(134) çünki taʿyîn olunacaḳ fiât deniliyor, taʿyîn-i fiât elbetde müẕâkere ile olur deyü ifâde olunub muḳaddemce bi'l-müẕâkere taʿyîn olunacaḳ
(135) fiât deyü tasṭîr ve muḳaddem bi'l-mübâḥaṡe tanẓîm olunduğu üzere ẕeyl-i mâddede olan ʿaskerin fevâidi ʿibâre-i mübhemesi esbâb-ı istirâḥat
(136) istiḥṣâli ʿibâresiyle taṣḥîḥ olunduḳdan sonra
(137) muḳaddemce maḥv u iṡbât olunmuş olan onuncu mâdde ḳirâ'at ile elçi-i mersûmun verdiği ṣûretde müstaʿîn olan devlet iʿânetine gelen donanmaya
(138) Âsitâne-i Saʿâdete vürûdu gününden bed'en ederek ẕaḫîre vermesi muḥarrer olub ittifaḳnâme şürûṭunun mefhûmu ṭarafeyne şâmil olmaḳ iḳtiżâ eylediğinden
(139) berü ṭarafdan kelâma ibtidâr birle donanmanın Âsitâne-i Saʿâdete vürûdu deyü bir ṭarafa ḥaṣr olunmuş, biz ber-muḳteżâ-yı şürûṭ ittifâḳ-ı ṭarafeyne
(140) şümûl içün müstaʿîn olan devletin Ḫalicî Boğazı'na vürûdu deyü taṣḥîḥ eyledik, böyle olmaḳ iḳtiżâ eder denildikde elçi-i mersûm iʿtirâf edüb
(141) vâḳıʿâ vâriddir, lâkin bundan sonra İngilterelü Françalu ile ṣulḥ etmek lâzım gelüb Aḳdeniz'de olan Rusya donanması kifâyet etmediği ḥâlde

Rusya

(142) Devleti Baḫr-ı Balṭıḳ'dan bir ṭaḳım donanma gönderir ise Devlet-i ʿAliye Ḫalic-i Ḳonsṭanṭiniye'ye dâḫil olmayan donanmaya taʿyînât verilmez diyebilür demekle

(143) berü cânibden daḫi el-ḥaletü hazihi ṭaraf-ı Devlet-i ʿAliye'den meşrûṭ olan donanmaya taʿyînât verilecek olub lâzıme-i maṣlaḥata göre

(144) ber muḳteżâ-yı ittifâḳ ziyâde donanma irsâli îcâb eyledikde taʿyînât iʿṭâsına mecbûriyet lâzım gelmeyeceği ẓâhir ve defʿi sâil-i düşman żımnında donanmaya ʿilâve ile taḳviyesi

(145) îcâb eyledikde elbetde Rusya devleti muḳteżâ-yı ittifâḳı îfâ edeceği bâhirdir cevâbı baʿde'l-îrâd bu mâddede donanmanın Âsitâne'ye vürûdü gününden ẓaḥîre verilmesi

(146) taḥrîr olunmuş lâkin muḳaddemâ amiral ṭarafından verilen deftere göre donanmada üç aylıḳ ẓaḫîre mevcûd olduğundan ṭaraf-ı Devlet-i ʿAliye'den verilecek ẓaḫîre Kânûn-ı evvel ibtidâsından

(147) iʿtibâr ile iʿṭâ olunacaḳ idi denildikde elçi-i mersûm cemîʿ-i düvelde ḳāʿide budur ki donanma ve ʿasker müstaʿîn olan devletin ḥudûduna dâḫil olduğu gibi

(148) beslenür. Amiral donanma ile muḳaddem Ḳaradeniz'de olub altı aylıḳ ẓaḫîresi verilmiş olduğundan Âsitâne'ye geldikde üç aylığı mevcûd olmağla vürûdu gününden ẓaḫîre ṭaleb

(149) ve aḫz eylese fürûḫt etmek lâzım geleceğine mebnî kâr ve menfaʿat ḳaydında olmayub Kânûn-ı evvel'den iʿtibâr ile ṭaleb eyledi. Lâkin ḳāʿide-i vürûdu gününden iʿtibâr ile

(150) verilmekdir demekle yine berü cânibden Amiral ẓaḫîreyi Kânûn-ı evvel'den iʿtibâr ile ṭaleb etmiş olduğundan ol vechle tertîb olunmuş idüğü ifâde olunduḳda

(151) elçi-i mersûm muʿterif olaraḳ şarṭın tagyîri mümkün olamaz, lâkin üç aylıḳ ẓaḫîreyi almış gibi maḳbûż senedi iʿṭâ ederim deyü beyân ve ẓaḫîrenin kaçar aylıḳ

(152) iʿṭâsı lâzım geleceği su'âl olunduḳda mersûm dörder aylıḳ verilmesini ifhâm etdikden sonra mâdde-i meẕkûrede donanma müşterek düşmânın

ʿaleyhine iʿmâl olundukça

(153) iḳtiżâ eden ẕaḫâyiri ʿaynen yâḫûd bedelen iʿṭâ olunması muḥarrer olub muḳteżâ-yı ḳarâra göre baʿżısı ʿaynen ve baʿżısı bedelen verilecğine binâen iḳtiżâ eden ẕaḫâyir

(154) fiḳrasının evveline taʿyînât lafẓı żamm ve ʿaynen ve bedelen ṭayy ile müşterek düşmanın ʿaleyhine iʿmâl olunduḳça taʿyînâtlar içün iḳtiżâ eden ẕaḫâyir bi'l-müẕâkere tertîb

(155) olunacağı vechle iʿṭâ olunması taṣrîḥ ve elçi-i mersûm irżâ olunaraḳ taṣḥîḥ olunub mersûmun bedele dâir verdiği defterde neferât taʿyînâtından mâʿadâ ofçiyalların

(156) beher ḥâl naḳden verilmesi lâzım gelen taʿyînât bedelleri ve ṭuzlu laḥm ve limanda verilecek tâze laḥm ve mum ve edviye bahâları ve naḳliye-i mühimmât ve neferât olaraḳ bin

(157) altı yüz kîseden mütecâviz bedel muḥarrer olmaḳ ḥasebiyle Rusya imparaṭorunun Devlet-i ʿAliye'ye kemâl-i iʿânet niyetinde olduğu ẓâhir olmağla elçi bey'in daḫi taʿdîl

(158) ve işi teshîl eylemesi me'mûldür denilerek bunlara mümâs̱il muḳaddemât temhîdiyle bedel-i meẕkûrun küllî tenzîline saʿy ve ihtimâm ve bu mâddelerde ber-muḳteżâ-yı maṣlaḥat

(159) cereyan eden kelimât-ı müẕâkereden maʿdûd olduğu ifhâm ile bu huṣûṣda ebhâs-ı kesîre ve akvâl-ı vefîre güzerân idüb teẕkârı mahal-i edeb ve mûcib-i tasdîʿ

(160) olaraḳ bayâğı muʿâraża ve mücâdele vuḳuʿıyla bilâḫara dört yüz şu ḳadar kîsesi tenzîl olunduḳda bin iki yüz kîseye maḳṭuʿiyetinde elçi-i mersûm muṣirr olmaḳdan nâşî

(161) istiks̱ârı îmâ olunaraḳ taʿdîl içün yine iḳtiżâsına göre berâhîn-i münâsibe basṭıyla iḳdâm olunduḳda elçi-i mersûm bundan ziyâde taʿdîl vüs'umda

(162) değildir eğer verilen defter amiral ṭarafından menfaʿat içün tertîb olunmuş ẓan olunur ise öyle olmayub Peterburg'da Rusya tersâne żâbiṭinden şu donanma

(163) Devlet-i ʿAliye sularında reʿâyâdan kimesneye gadr vâḳiʿ olmayaraḳ fî'ât râyiciyle ẕaḫîre mübâyaʿa olunmaḳ üzere ne miḳdâr nesne ile idâre olunur

deyü su'âl

(164) ve ol daḫi Aḳdeniz'e âmed-şüd iden Rusya bâzergânlarını cem' ve anlar ile müẕâkere ve fî'âtını râyice taṭbîḳ ederek ba'de'l-ḥesâb dört bin sekiz yüz kîse aḳça defterini

(165) i'ṭâ birle ol defter imparaṭor ṭarafından bana tesyîr ve eğer istikşâr olunub ḳabûl olunmaz ise ba'ẓan 'aynen ve ba'ẓan bedelen tanẓîm ile deyü taḥrîr olunub 'aynı ta'yînâtdan

(166) mâ'adâ bedelin nihâyet bin iki yüz kîseye tenzîline ruḫṣat vermişdir. İşte ta'lîmâtımı ḫâlişâne beyân eyledim. Bundan bir ḥabbe tenḳîṣe iḳtidârım yoḳdur. Hem

(167) eğer ṭuzlu etin ve sâirinin fî'âtı su'âl ve ḥesâb olunmaḳ olur ise iki aẓîm devlet beyninde bu miṡillü meṣâliḥ-i cesîme müẕâkeresinde imparaṭorun gönderdiği deftere

(168) 'adem-i i'timâd ile bu gûne su'âl yaḳışmaz. Devlet-i 'Aliye böyle maṣârifi ne zaman olsa idâre eder. Żabṭ olunan Fransalu mâlından daḫi idâre olunabilür

(169) demekle berü ṭarafdan daḫi biz elçi bey'den eşyâ fî'âtını su'âl ve ḥesâb ṭaleb etmedik ki ḥattâ bu ifâde vârid olsun hem öyle su'âl nâ-revâ olduğunu bilmez değiliz.

(170) merâm-ı dostâne müẕâkere ile işi ta'dîl ve teshîl etmekdir. Hem Fransalu'nun żabṭ olunan mâlı emânet ḳabîlinden olduğu ẓâhirdir denilerek bunlara mümâṡil

(171) ba'żı ecvibe îrâd olundu.

(172) Ba'dehu işbu onuncu mâddede ve donanma sefînelerinin termîmi lâzım geldikde müsta'în olan devlet levâzımı cârî olan fî'ât üzere kendü tersâne ve maḫzenlerinden vîre deyü masṭûr

(173) olmağla vîre yerine te'kîd içün alıvîre yazılub ḳabûl etdirildiğinden başḳa meşrûṭ olan donanmadan sefîne yâḫûd neferât eksildikde tekmîli daḫi mâddeye derc olunmaḳ

(174) lâzımeden olduğuna binâen 'ilâvesi içün şürûṭ-ı meẕkûr ḳaleme alınıb bu mâddeye şöyle bir tetimme lâzım gelür denilerek elçi-i mersûma irâ'e olunduḳda

(175) mersûm Rusya imparatoru on iki ceng gemisine taʿahhüd etmiş olmağla eline tekmîl şânı içün muḳteżâ-yı ʿahd ve şarṭı ibḳā edüb Devlet-i ʿAliye ṭarafından îrâd

(176) olunmasa daḫi beher ḫâl noḳṣânını tekmîl eder bu ʿilâve bu mâddeye derc olunduğu ṣûretde ʿadem-i iʿtimâd anlaşılur demekle berü ṭarafdan daḫi bundan

(177) ʿadem-i iʿtimâd lâzım gelmez rabṭ olunan şürûṭ dâimâ cârî olacağına binâen iḳtiżâ eden te'kîdât ve taṣrîḥâtın beher ḥâl derci muḳteżâ-yı maṣlaḥatdandır

(178) deyü ilzâm olunmağla elçi-i mersûm bu ṣûretde bu mâddeye derc olunmayub şürûṭ-ı münferidede olan donanma mâddesine münâsibi vechle ʿilâve olunabilir. Ḳaldı ki

(179) amiralin Âsitâne'ye vürûdundan sonra ikinci ḳumandan yine donanma techiz içün geri ʿavdet etmiş olduğu muḳaddem ifâde olunmuşidi. Ḳumandan-ı mersûmun techîz edeceği

(180) sefâin noḳṣân tekmîli ve taḳviyet içündür. Ḥattâ buna taḳviyet donanması deyü isim taḫṣîṣ ḳılınmışdır. El-ḥaletü hazihi Aḳdeniz'de olan Rusya donanmasına taḳviyet iḳtiżâ eyledikde

(181) Devlet-i ʿAliye'den bir nesne maṭlûb olmayaraḳ bunlar daḫi gelür dedikden sonra

(182) on birinci mâddeye geçildikde mâdde-i meẕkûrede ganâim-i ḥarb ve eşyâ aḫz eden ʿasker ṭarafında ḳalması mübeyyin olmağla berü ṭarafdan ganâim ve eşyânın maʿnâları

(183) ʿumûmî olub her nesneye şâmil olduğundan iżâḥı lâzimeden olmaḳ ḥasebiyle şu vechle taṣḥîḥ olundu deyü ḳaleme alnan ṣûret irâ'e ve bil-mübâhaṣe ganâim

(184) ve eşyânın mübhem ḳalmamasına elçi-i mersûm irżâ ile ganâim ve eşyâ lafẓlarının maʿnâ-yı sarîḥi edevât-ı ḥarbiye ve âlât-ı ceng ve emtiʿa ve emvâl ʿibâresiyle

(185) iżâḥ olunub bu münâsebetle Venedik cezâyiri mâddesi daḫi dermeyân ile cezâyir-i meẕkûre içün muḳḳadem üç ṣûret mülâḥaẓa olunmuş olmağla cezâyir-i meẕkûrenin

(186) iktiżâ eden bedel ile Sicilyâteyn devletine iʿṭâsı nâfiʿ ve hem Sicilyâteyn'in bir vaḳitde mażarratı melḥûẓ olmadığından başḳa bu ṣuretden Rusya ve İngiltere devletleri daḫi maḥẓûẓ

(187) olacaḳları me'mûl ve bu cihetle cezâyir-i merḳûmeye Nemçelü daḫi müdâḫale edemeyeceği ẓâhir olmaḳdan nâşî Sicilyâteyn ṭarafina iʿṭâsı veyâḫud Dubrovnik

(188) mis̱illü tanẓîm veya beylik ile idâresi der-ḫâṭır olmaḳdan nâşî berü ṭarafdan kelâma ibtidar ile el-ḥâletü hâzihi Françalu yedinde olan Venedik cezâyirinden

(189) Çuḳa Aḍaları Manya ḳarşısında olmağla ṭaraf-ı Devlet-i ʿAliye'den idâresi ve Arnavudluḳ sâhilinde vâḳiʿ dört ʿaded palanḳanın ve anlara ittisâl (?)

(190) olan Ayamavra cezîresinin ittiṣâli cihetiyle memâlik-i Devlet-i ʿAliye'ye ilḥâḳı ve mâʿadâ Zanṭa ve Kefalonya ve Ḳorfa mis̱illü aḍaların Dubrovnik mis̱illü

(191) tanẓîm ya beylik ile idâre yaḫud civârda vâḳiʿ zaʿîf devletlerden birine iʿṭâsı şıḳlarından ḳangısı müstaḥsendir deyü ʿalâ vechi'l-istiḥrâc ifâde

(192) olunduḳda elçi-i mersûm sâḥilde olan arâżinin Devlet-i ʿAliye memâlikine ilḥâḳı elzem ve bir an aḳdem żabṭı ehemdir ve Çuḳa aḍaları ahalisi daḫi

(193) Çamlıca aḍası niẓâmını isterler imiş. Ḳaldı ki zaʿîf devletden murâd daḫi Sicilyateyn olmaḳ gerekdir. İşbu şuḳuḳ-ı s̱elâs̱e Devlet-i ʿAliye'nin re'y ve irâdesine

(194) mevḳuf olub bunlara dâir bir gûne taʿlîmâtım olmamağla ṣûret niẓâmına müdâḫale edemem lâkin şunu taṣdîḳ ederim ki imparaṭorun ṭarafima vârid olan

(195) taḥrîrâtı muḳteżâsı üzere bir ṭarafdan bir ḳarış yer almaḳ niyyetinde olmayub maṭlûbu mücerred taḥṣîl âsâyiş-i ʿâmmedir. İşbu ittifaḳnâmede devleteynin muḥârebe

(196) ve muṣâlaḥada birbirine keşf-i merâm eylemeleri meşrûṭ olmağla Devlet-i ʿAliye'nin işbu cezâyire dâir irâdesi ḳaleme alınub Petreburg'a gönderilür serîʿan cevâbı vârid

(197) olur demekle berü ṭarafdan daḫi Rusya imparaṭorunun ḫulûṣu ve ṣıdḳ niyyeti ve elçi bey'in ḫayırḫahlığı meczûm olduğuna binâen bu bâbda

Devlet-i 'Aliye'ye
(198) âḥsen ṣûret ne idüğü su'âl olundu denilerek celb-i ḫâṭırı müstelzim ba'żı
　　　　muḳaddemât basṭ olunduḳda elçi-i mersûm bu ḫuṣûṣda bir ḳaç mülâḥaża
(199) vardır. Evvelâ adalara verilecek niẓâm ahâlisinin marżîsi olmaḳ lâzımdır.
　　　　Ŝâniyen Devlet-i 'Aliye'ye tâbi' olaraḳ beylik vechiyle tanẓîmi
(200) yâḫûd serbest bir küçük cumhur olması irâde olunur ise Düvel-i
　　　　müttefiḳanın żamânı muḳteżîdir. Zîrâ sonra âḫar bir devlete meyl ederler
　　　　ise mużırr olduğundan
(201) mâ'adâ Françalu ṭarafından ta'arruż vuḳu'a gelmemek içün muḥâfaża
　　　　olunması elzemdir. Ŝâlişen eğer Sicilyateyn'e verilmesi münâsib görülür
　　　　ise ol vaḳit zamân
(202) Sicilyateyn ṭarafından ṭaleb olunub Devlet-i 'Aliye'nin żamânı daḫi
　　　　istenür. Bu ḫuṣûṣ mühim mâdde olmağla güzelce mülâḥaża ile naşıl irâde
　　　　olunur ise
(203) ḳaleme alınub Peterburg'a irsâl olunur demekle berü cânibden bu mâdde
　　　　beynimizde bi'l-müẓâkere başḳa bir şarṭ olaraḳ taḥrîr olunub ittifaḳnâmeye
(204) derci münâsib olmadığı ṣûretde şürûṭ-ı ḫafiyede ẕikr veyâḫud şürûṭ-ı
　　　　ḫafiyenin ittifâḳa duḫûl edecek devletlere ibrâz olunacağına mebnî anda
　　　　daḫi
(205) meẕkûr olmayararḳ mu'âhede-i maḫṣûṣa ve aḫfâ olmaḳ üzere başḳaca
　　　　tanẓîm olunmaḳ iḳtiżâ eder denildikde elçi-i mersûm beyân olunan üç
　　　　şıkkın her biri
(206) Devlet-i 'Aliye'nin maṣlaḥatına muvâfıḳ olub bana göre daḫi müstaḥsendir
　　　　lâkin bir gûne ta'lîmâtım olmamağla şarṭa rabṭ edemem diyerek ṭaraf-ı
　　　　Devlet-i 'Aliye'den
(207) ne gûne münâsib görülür ise ḳaleme alınub bir ân akdem gönderilmesini
　　　　istişvâb etdikden sonra yine berü ṭarafdan Rusya imparaṭorunun niyeti
　　　　ma'lûm olub
(208) cezâyir-i meẕkûrenin teşḫîrinde Rusya devleti ṭarafından olan sa'y ve
　　　　gayret Devlet-i 'Aliye'ye i'âneti iḳtiżâsından olduğu ẓâhirdir. Lâkin
　　　　İngilterelü ṭarafından
(209) teşḫîr olunur ise Françalu ile başḳaca muḥârib bulunduğundan ḳażiye

iʿânet anda cârî olamaz. Bu şûretde naşıl olur deyü istikşâf-ı ḥâl

(210) olunduḳda elçi-i mersûm işbu cezâyir mâddesinde İngilterelü'den iḥtirâz lâzım gelmeyüb Nemçe imparaṭorundan vesvese olunur. Cezâyir-i meẕkûrenin el-ḥaletü hazihi

(211) Siciliyâtyen ḳıralına verilmesini Nemçe imparaṭoru daḫi kendüsünün eniştesi olmaḳ cihetiyle taṣvîb etmek gerekdir. Lâkin bu ḫuṣûṣun bir an aḳdem tanẓîmi taʿcîl olunmaḳ

(212) iḳtiżâ eder. Zîrâ Nemçelü ile Fransa beyninde muḥârebe ʿavdet eder ise evvel emirde Nemçelü bu aḍalara tecâvüz eder yâḫûd Fransalu Nemçelü'yü iṭmâʿ

(213) ve muṣalaḥalarını te'kîd içün bu aḍaları Nemçe imparaṭoruna ʿarż etmesi muḥtemeldir demekle lâyıḥa ve şarṭ olaraḳ ḳaleme alınacaḳ ne ise kendüye

(214) iʿṭâ ile bir ân aḳdem Peterburg'a irsâl etmesine ḳarâr verildi.

(215) Baʿdehu on ikinci mâdde dermeyân olunub mâdde-i meẕkûre Nemçe imparaṭoru ve İngiltere ve Prusya ḳırallarının vesâir iştirâke ḫâhiş-ker olacaḳ düvel-i sâirenin

(216) ittifâḳa daʿvetini mutażammın olmağla berü ṭarafdan kelâma ibtidâr ile bu mâddede Nemçe ve İngiltere ve Prusya taṣrîḥ olunub mâʿadâsı düvel-i sâire deyü îmâ olunmuş

(217) İsveç devleti ṭarafindan bu ittifâḳda istiṡnâ me'mûl olunacağına mebnî ba ʿde'l-inʿiḳad su'âl olunacağı âşikâr olduğuna binâen İsvecç daḫi ẕikr olunsa münâsib

(218) olur denilerek lâyıḳı vechle ifâde olunduḳda elçi-i mersûm bu mâddede üç devletin ṣaraḥaten meẕkûr olması İngilterelü el-yevm Fransalu ile muḥârib

(219) olmağla elbetde bu ittifâḳa dâḫil olur. Nemçelü ile daḫi el-ḥaletü hazihi Rusya devletinin müẕâkeresi derkâr olub Prusya devletinin daḫi ilzâmına saʿy

(220) olunmaḳda olmağla binâ-berîn işbu düvel-i ṡelâṡe taṣrîḥ olunmuşdur. İsveçlü ile bunlara dâir bir gûne müẕâkere ve muḫâbere vâḳiʿ olmamağla İsveç bu şarṭa idḫâl olunamaz

(221) ve taʿlîmâtım şu vechledir ki eğer Devlet-i ʿAliye Nemçelü'nün teẕkîr olunmasını istemez ise üçü daḫi ṭayy olunub cümlesi düvel taʿbîriyle

geçilsün denilmiş olmağla ister iseniz

(222) hiç birini taṣrîḥ etmeyelim ḳaldı ki gayrileri ẕikr olunmaḳ lâzım gelse Sicilyâteyn ve Portekiz'i daḫi taṣrîḥ iḳtiża eder ki Sicilyâten'in el-yevm tedârikâtı

(223) ve Portekiz'in İngilterey'e iʿâneti olub İsveç'in ḳaṭʿan tedârikâtı yoḳdur demekle berü ṭarafdan murâd İsveç'i iltizâm olmayub mücerred icrâ-yı muḳteżâ-yı

(224) mürüvvet düşman aleyhine kesb-i ḳuvvetdir. Münâsib olmadığı ḥâlde idḫâl olunmayub düvel-i sâire taʿbîrinde İsveç daḫi dâḫil olmağla kifâyet eder ḳaldı ki

(225) Portekiz'in Devlet-i ʿAliye ile muʿâhedesi olmayub hem sâirleri daḫi tezkîr olunmaḳ lazım gelse çoğalur. Düvel-i sâire tabîri kâfidir denildikde

(226) elçi-i mersûm bundan murâd Nemçe ve Prusya ve İngiltere gibi ḳaviyyü'l-iḳtidâr olan düvel olub mâʿadâsı ḳavi değildir. Eğer İsveç'in daḫi daʿveti maṭlûb olur ise Rusya

(227) imparaṭorına ifâde olunub bundan sonra imparaṭor ṭarafından daʿvet olunur ve İsveç'in Frransa ile ne ḳadar irtibâṭı olsa Devlet-i ʿAliye'ye ve Rusya

(228) devletine mużırr olamaz. Mużırr olacaḳ el-yevm Âsitânae'de muḳîm İsveç elçisi Muraṭca olmağla aṣıl İsveçli olaraḳ bir elçi celbi lâzımedendir. Muraṭca'nın defʿi

(229) ne vechle olabilür denilür ise bu ḫuṣûṣ Devlet-i ʿAliye ṭarafından İsveç'e yazılmaḳ münâsib olmayub Peterburg'da olan İsveç elçisi muʿteber kimesne ise daḫi

(230) benim devletime yazub ol ṭarafda İsveç elçisine söylenmesi daḫi olamaz ve Beç'de Devlet-i ʿAliye sefîri ṭarafından söylense Beç'de İsveç'in elçisi olmayub

(231) mevcûd olan maṣlaḥatgüzârdur bu ṣûretde Berlin'de Devlet-i ʿAliye sefîri mevcûd olub ol cânibde olan İsveç elçisi daḫi muʿteber olmağla izn olur ise Âsitâne'de muḳîm

(232) Prusya elçisi ṭarafından Berlin'e yazılup Devlet-i ʿAliye sefîri daḫi ol cânibde olan İsveç elçisine söyler yaḫud İngiltere'de söylense daḫi olur

(233) dedi. Vâḳıʿa bu Muraṭca dedikleri ḫabîsin Fransalu'ya küllî meyli olub

sühûletle def'i lâzım bir kâfir olmağla idâre buyurulur ise ḥakîmâne def'î şûretine

(234) baḳılur.

(235) Baʿdehu on üçünçü mâddeye geçilüp bu daḫi ittifaḳın müddetini ḥâvî olmağla berü ṭarafdan müddet-i ittifâḳ Rusya devleti ṭarafından sekiz sene olmaḳ üzere

(236) taḫṣîṣ olunmuş Devlet-i ʿAliye cânibinden daḫi teberrüken bir ol ḳadar müddet żammı maṭlûb olmağla ṭarafeynin ḫulûṣ ve ṣafveti muḳteżâsı üzere on altı sene

(237) taḥrîri ensebdir denilerek iḳtiżâ eden muḳaddemât temhîd olunduḳda elçi-i mersum iẓhâr-ı beşâşet ederek Devlet-i ʿAliye'nin

(238) bu idâresi bâʿiṣ-i memnûniyetdir ve işbu ittifâḳ müddete münḥaṣır olmayub mü'ebbeddir. Lâkin resm ve ḳāʿide böyle olub Rusya devletinin düvel-i sâire ile

(239) her ne vaḳit ittifâḳı vâḳiʿ olduysa cümlesi sekiz senedir demekle berü ṭarafdan daḫi ḳāʿide böyle ise muṭlaḳā sekiz seneden ziyâde olmamaḳ üzere

(240) niẓâm-ı ḳaviye rabṭ olunmuş olmamaḳ gerek. On altı sene olmadığı şûretde ikisinin ortası olaraḳ on iki sene yazılsa hiç be's yoḳdur denildikde

(241) elçi-i mersûm bu ifâdeden Rusya imparaṭorunun memnûn olacağı ẓâhirdir lâkin muʿtad sekiz sene olub ve bu ḳāʿide Petro'nun niẓâmı olaraḳ

(242) ol vaḳitden berü düstûrü'l-ʿamel olmağla menâfî-i ḳāʿide-i ḥareket bir vechle mümkün değildir. Ḳaldı ki işbu ittifâḳ mü'ebbed(?) olacağına mebnî müddeti ḫitâmından evvel iḳtiżâ-yı vaḳte

(243) göre baʿżı şürûṭun tebdîliyle tecdîd olunur dedikden sonra

(244) taṣdiḳnâmelerin mübâdelesi müddetini mübeyyin olan on dördüncü mâdde ḳırâ'at ile iki buçuk ayda mübâdelesi taḥrîr olunmuş olduğundan berü ṭarafdan ḳırḳ beş gün

(245) îrâd olunduḳda elçi-i mersûm ḳırḳ beş günde Peterburg'dan taṣdîḳnâme gelemez, zîrâ taṣdîḳnâmenin tekellüflü yazılması ḳāʿideden olmağla

(246) faḳat yazılması on beş güne tevaḳḳuf eder demekle iki ay müddet taʿyîn olundu.

(247) Baʿdehu elçi-i mersûm yine kelâme ibtidâr ile Bükreş'de olan Françab konsolosunun kâğıdları aḫz olunmuş olub lâkin ḥurûf-ı mührde miftâḥını Bükreş'de olan

(248) Nemçe konsolosunun sırkâtibi Odine'ye iʿṭâ ile iḫfâ etmiş olduğu mesmûʿum olmağla Nemçe elçisine resmen ifâde ile ẕikr olunan miftâḥın celbi

(249) iḳtiżâ eder. Bundan mâʿadâ Hind ṭarafından Bağdad ve Ḥaleb câniblerine gelen Françab kâğıdlarının aḫz ve Dersaʿâdet'e irsâli lâzım gelenlere tenbîh ile evrâḳ-ı meẕkûre

(250) Dersaʿâdet'e celb ve tefahhümünde İngilterelü'ye dâir mevâd muḥarrer olacağı ẓâhir olmağla İngiltere elçisine teslîm olunsa maṣlaḥata ve muḳteżâ-yı vaḳt ve ḥâle göre

(251) ḫayli işe yarayacağı ẓâhirdir ve Galaṭa'da vâḳiʿ Venedik elçisi sarâyı bundan aḳdem Venedik muḳasemesinde gâh Françab elçisi ṭarafindan ve gâh Nemçe elçisi

(252) cânibinden żabṭ olunmaḳ üzere iddiʿâ olunmuş idüğü maʿlûm olub sarây-ı mezbûr bu defʿa ṭaraf-ı Devlet i ʿAliye'den żabṭ ile Nemçe elçisi ṭalebde ıṣrâr eder ise

(253) imtinân ile verilüb ṭaraf-ı Devlet-i ʿAliye'den ihdâ olunmuş olaraḳ vesîle-i ṭaṭyîb olur yaḫud ḥabs olunan Françalu'nun baʿżıları sarây-ı meẕkûrda iḳame

(254) olunur deyüb bunlar emṣâli biraz daḫi âfâḳî ṣıḥḥiyet ile meclise ḫitâm verilmiş olduğu ve bundan sonra ʿaḳd olunan diğer iki meclisin daḫi mażbaṭaları

(255) ḳaleme alınmaḳda olmağla ḥitâmında anlar daḫi maʿrûż-ı ḥużûr-ı sâmîleri ḳılınacağı maʿlûm-ı ʿâlîleri buyuruldukda fermân menlehü'l-emr ḥażretlerinindir.

3．和訳

（1） これはヒジュラ暦1213年レビュルアヒル月20日（西暦1798年10月1日）月曜日宰相イスメット＝ベイ＝エフェンディと書記官長〔1〕およびロシア使節〔2〕とのベベックにおける

（2） 会談の公式な報告書である。

（3） 既述の日に既述の使節と既述の場所で「交渉」mülâḳāt して，既述の「交渉の諸条件」şürûṭ-ı müẕâkeresine を「議論する前に」ḳable'ş-şüru,（ロシア使節は）「フランスに関する考えを話し始めた。（フランスの）エジプト侵略に際して

（4） 諸国家が考えもしないことをフランス（人）は画策した。しかるに（フランス（人）は）本当の目的は『われわれはエジプトを占領するつもりはなく，われわれ（とオスマン帝国と）の友好関係は永続的である』と（フランス人が）主張している。オスマン帝国 Devlet-i ʿAliye を欺き，

（5） おりにふれて交渉を始め，一方ではヨーロッパへ間違った噂を流し，ロシアや他の国々に『われわれはオスマン帝国と同盟を結ぶ交渉をしている。彼らは（ロシアや他の国々）あなた方を（オスマン帝国）

（6） 攻撃しようとしている』と言って（フランス人が）扇動している。ロシア皇帝は「激しい気性の持ち主」tünd-meşreb なので失望してワラキア・モルダビア方面へ攻撃し，そのときフランス（人）はエジプト・

（7） モレア半島・カンディエをオスマン帝国に要求して「無理矢理」bi'l-icbar（フランス人は）占領した。ロシア皇帝はオスマン帝国の「平和的な態度」muṣliḥâne ṭavrı や「公共の秩序」ʿasâyiş-i ʿâmme を

（8） 望んでいることを認め，さらに誠意の念を抱いている。と言うのは皇帝は常に秩序を求め，戦争を回避しようとしているからである。フランスのエジプト侵略は不可避であったかもしれない。

（9） フランスがオスマン帝国を誤った方向に導いたかもしれない。フラン

スを欺むくために，オスマン帝国はフランスと再度連絡をとりあい，

(10) 交渉を始めたかもしれない。オスマン帝国のこの態度が偽りであるなら，いずれにしてもヨーロッパにとって有害となるので，すべてのヨーロッパの諸国家はオスマン帝国に対して

(11) 敵となることに疑いはない。さらに「ロシア国家」Rusya devleti がオスマン帝国を攻撃することは間違いないことである。このようにして「ロシア国家」は「オーストリア国家」Nemçe devleti を

(12) 支援できず，そこでフランス（人）が望むように「オーストリア」Nemçe やイタリアと絆を結ぶことができるであろう。さらにイギリス艦隊が地中海に到来すれば，そのときの

(13) （イギリス艦隊の）到来は反フランス的であるばかりでなく，「ロシア国家」との同盟のために反オスマン帝国となるにちがいないであろうに。さてオスマン帝国の

(14) 「賢明な行動（複数形）」ḥarekât-ı hakîmâne すなわち「迅速な態度をとること」tîz ṭavr etmesi は，この「危険」を生むであろう。このことを今言及する必要性がないなら，現在われわれ（オスマン・ロシア）は同盟関係にあるので，「事態のさまざまな秘密のこと」serâir-i ḥâlin を

(15) 述べ，「善悪の問題」nîk ü bed aḥvâl に言及することは有害ではないので秘密に述べる」と（ロシア使節は）言った。その際にこちらの側は（書記官長は）「未来永劫のオスマン帝国は以前から

(16) 同盟国のような行動をとり，さらにそれを望んだことは「人類の知るところであり」maʿlûm-ı enâm フランス人と同様に陰謀にたけた人にだまされないとあらゆる人たちは決意している。フランス人は，

(17) オスマン帝国とロシアとの間に「冷ややかな関係」bürûdet を築くことに大いに努力した。だが，「オスマン政府」Salṭanat-ı Seniye の側はその（フランス人の）「言葉に注意を払わないで」ḥavâle-i semʿ-i iʿtibâr olunmaub その扇動は

(18) もはや必要とされない。さらにフランス「代理大使」maṣlaḥatgüzâr

ルフィン Ruffinn がイエディクレに送られる前にパリから自身（代理大使）へ送られた書簡のなかで，オスマン帝国が

(19) フランス人に「宣戦布告」iʿlân-ı ḥarb をすれば，両皇帝の攻撃の対象となると，あたかもロシア・オーストリア両皇帝がフランス（人）に味方することを

(20) 伝えたが，（オスマン帝国）は従わなかった。しかるにオスマン帝国の「秘密を遵守する態度」eṭvâr-ı hafiyye にロシア皇帝が気をよくしたことと同様に現在「オスマン政府」に

(21) （ロシア皇帝が）示した「世界を支配するスルタン陛下の前での友好と誠意のしるし」âṣâr-ı dostî ve ṣafvet-i nezd-i hümâyûn-ı ḥażret-i cihân-dârîde がもたらす喜びとなったとの回答」を（書記官長がロシア使節に）与えた。

(22) その後，問題に着手して以前の「交渉」mükâleme において「討議」müẕâkere ve mübâḥaṣe がなされ，こちらの側は多少の「修正」maḥv ve iṣbâta をした。そのことにより既述の使節は「ペテルブルクからロシア語で書かれた

(23) 諸条件の写しの適用を延期したことおよび「栄光ある諸条件」şürûṭ-ı celîle の第5条の簡略化」を受諾した。「最初に提示した同盟条約の写しにおける既述の条項にはつぎの

(24) 「四つの選択肢」şüḳuḳ-ı erbaʿa が含まれている。第一は両者の一方から他方へ兵士を，第二（として）は艦隊でもって援助すること，第三は「勢力を示す」こと ibrâz-ı ḳuvvet で敵を

(25) 多忙にすること，第四（として）は現金 nakden で支援すること」を既述の使節は述べた。ロシア語で書かれた諸条件の写しに私（書記官長）は注意を払った。

(26) 第5条の語句を正しく調整するということはそのようではなく，フランス語訳に誤りがあったのでそれゆえその「諸箇所」maḥaller を修正するとして既述の条項を修正したヨーロッパ式の

(27) 写しを（書記官長がロシア使節に）提示した。その内容は以下のとお

りである。つまり「両同盟国」deveteyn-i mu'âhedeteynden の一方あるいは両方に有害となる行動や陰謀が生じた場合，「敵対的なさまざまな行動」ḥarekât-ı ḫaṣmâne の排除を

(28)　(両同盟国が) 企てる努力が十分でない場合に，「両同盟国の一方」eḥad-ı ṭarafen-i devleteyn-i müttefiḳeytenin は,「共通の問題」maṣlaḥat-ı müşterekeleri つまり「平和と安全」emn ü selâmet の求めるところに従って

(29)　「共同行動をすること」ma'an ḥareket etmek か，あるいは「牽制行動をすること diversion eylemek」のために「他方へ」cânib-i âḫara「陸軍あるいは海軍」ḳuvvet-i berriye ya bahriye を送って援助するか，あるいは「現金で」nakden 援助しなければならない旨が書かれていた。そこで

(30)　こちらの側（書記官長）は回答を始め「この条項が以前の会議において企てたように簡潔な文章にして，援助の問題を三種類に修正したが，（ロシア）使節が

(31)　修正した「諸箇所」maḥaller において明確さはなく，「文言の求めるところに従って」muḳteżâ-yı 'ibâreye göre 援助の実施は明らかではない。「共同行動をすること」ma'an ḥareket eylemek あるいは「牽制行動をすること」diversion etmek

(32)　の文言を修正して「行動を共にする形態」ḥareketde refaḳat ṣûreti あるいは「牽制行動の方法」diversiyon tarîḳi」と書いた。そのように（書記記官長がロシア使節に）説明し受諾させたあと，条項の冒頭に

(33)　両国の一方あるいは双方にと表現されるので，このことは以前の会議においても議論が尽くされた。両国の双方に攻撃があった場合

(34)　攻撃を撃退し，かつ同盟国に援助がいかにしてなされるかが話題になった際に，既述の使節は，「双方にという表現は適切であると述べた。と言うのはこの場合にオーストリア人がオスマン帝国と

(35)　「ロシア国家」に，「宣戦布告」i'lân-ı ḥarb をしなければならないならば，オスマン帝国とオーストリアとの国境は長いので，（オスマ

ン帝国は）国境防衛のためにロシアに援助をしない
(36)　だろう。しかるに，ロシアとオーストリアとの国境は短いので70～80,000名の兵士で国境を防衛し，さらにオスマン帝国にも援助ができるだろう。
(37)　あるいは現在オスマン帝国がフランスと戦争中である折に，たとえばスウェーデンがロシアに「宣戦布告」をしても黒海艦隊は
(38)　ロシアにとってこの問題においても必要ではないのでオスマン帝国の側に送ってしまった艦隊を帰還させない」と言った。こちらの側（書記官長）は「このケースは
(39)　そのようである。しかるに，諸条件の実施は，両者にふりかかることであるので（たとえば）オスマン帝国が敵と交戦中で，他方に援助できない場合に「ロシア
(40)　国家」に支援しなければならないならば，それが不可能であることは明白である。この場合どうなのか」と（書記官長がロシア使節に）言ったところ，既述の使節は，「両者が（同時に）攻撃の対象となった際に，諸条件の求めるところに従って
(41)　一方に兵士あるいは艦隊でもって援助すれば，他方からも「条約の求めるところに従って」muḳteżâ-ı ʿahd援助をする側にまさしく同じような方法で援助をしなければならないならば，
(42)　その結果は無駄となる。すなわち「ロシア国家」が，オスマン帝国に艦隊でもって支援する際に（オスマン帝国から）「ロシア国家」にも艦隊でもって支援をしなければならない。
(43)　オスマン帝国が艦隊を派遣してほしいと要請されれば，一方から得られたものと同じものを与えることに問題はない。この場合にそのような事態が生じた際に，
(44)　「諸問題」maṣlaḥat ve iş の求めるところにしたがって（オスマン・ロシアによって）行動がなされる」と言った。
(45)　その後こちらの側（書記官長）は「以前の交渉で決定に至らなかった第９条を討議して，第９条および第10条に含まれている兵士と

艦隊の「糧食」ta'yînât が
(46)　正しく支給されることについて，援助する側にさまざまな形でたやすいことが明らかであることは過日の会談で（ロシア）使節に詳細に述べた。その日，（ロシア）使節には若干の問題が
(47)　あり，困難な時でもあったので，決定はこの会談まで引き延ばされてしまった。ロシア提督は艦隊を率いて「帝都イスタンブル」Âsitâne へ到来した際に 4 ヵ月分の「糧食」の「帳簿」defter を手渡した。その後
(48)　ロシア使節は一年間分の「糧食」の「帳簿」を（オスマン帝国へ）送った。これらの「帳簿」を照合したところ記載された「物資」eşyâ の大半は「オスマン帝国艦隊」donanma-yı hümâyûn に支給されるものである。これらを（書記官長が関係する役人に）計算
(49)　させたところビスケット peksimada や他のものに「開き」tefâvüt があることが分かった。故にこの適切な方法でもって知らされ，バランスをとって作成された「帳簿」を（ロシア使節が）提示し，その「開き」
(50)　と，既述の「物資」をオスマン帝国の側が取得することによれば，その「価格」fiât は，「適切な形で」vech-i münâsibiyle 具申するように」述べた。その際に既述の使節は
(51)　「（ロシア）提督がかつて提出した「帳簿」が届いたとき，それには·（ロシア提督率いる）船舶に積載されているものが計算されているが，後に一隻の船舶が到来し「兵士たち」neferât の増員が判明した。
(52)　しかし考慮すべきは，（ロシア提督が以前提出した）「帳簿」ではなく，私の（ロシア使節の）毎年の援助計画を明らかにする船舶の数に従って（ロシア）皇帝から届けられ，オスマン帝国に私（ロシア使節）が渡した「帳簿」である。
(53)　「ロシア国家」の（側）の各兵士にどれほどのものが支給されているのか，その「帳簿」を送付するので考慮していただきたい」と（ロシア使節が書記官長に）述べた。しかるにロシアや他の諸国家の

艦隊において一つの慣例がある。

(54)　オスマン帝国の艦隊にもそのようなものがあるのかどうか私（ロシア使節）は知らない。（たとえば）艦隊の「兵士たち」のうち一人が病気になるか，（そのような場合）あるいはすべてを要求しないで「糧食」に不足が生じたならば，のちに不足分を計算して

(55)　その「金額」bedel は（オスマン帝国から）（彼）自身（病気になったロシア兵士）に支払われる。（ロシア）提督や「将校たち」ofiçiyallar の「糧食」はつねにロシア側が「現金で」nakden 支払う。各船舶には一人の「内科医」ṭabîb と二人の「外科医」cerrâh が乗船し，

(56)　「医薬品」ʻilâçlar も備えておくことが慣例である。またこのたび必要となった「医薬品」は，私（ロシア使節）が購買して送った。（そのほかにも）艦隊が出帆する際に「兵士たち」に

(57)　つねに塩漬けにした肉が支給される。その結果時には食用に値しない糧食が支給され，また時にはしかるべき時に支給されないことが起きる。だが（ロシア）提督が

(58)　論争する必要がないために，ロシア国家の方式で，レアーヤー（ロシア兵士）に不満をおこさせないようにペテルブルクにおいて計算され，

(59)　必要な金額が「別の諸条件」（秘密条約）şüruṭ-ı münferide のなかで書かれた。私（ロシア使節）に与えられた訓令とはこのようである。しかしこちらの側（書記官長）は「「オスマン帝国艦隊」にいる病人や

(60)　あるいは不足を受け取った人に，後日「金額」を送って完了とすることはオスマン帝国の慣例にはない。しかるに（ロシア）使節が提示した「帳簿」の求めるところに従って，必要な

(61)　「穀物」ẕaḫîre を調達する勅令が発布され，直ちに聡明な「兵站総監」，nüzül emini が任命される。現在，「公定価格」fiât-ı mîriye は禁止され，「穀物」（複数形）ẕeḫâyir は「市場価格（流通価格）」râyic で，

(62)　ときには「適正価格」fiât-ı muʿtedil で購買されている。この場合にレアーヤー（ロシア兵士）が不満を抱く状態は存在しない。オスマン帝国は正しく注意を払う

(63)　ために食用にふさわしくない穀物を支給したり，しかるべき時に支給しないケースは決して起こらないことは明らかである」と述べた。「ペテルブルクにおいて

(64)　行われた計算はいずれの側の価格であるのか」と（書記官長が）尋ねたところ，既述の使節は「既述の計算はロシアの価格による計算ではない。以前にロシア

(65)　艦隊が地中海に到来したときに「流通価格（市場価格）」fiât-ı câriye が「領事館の首席記録係り」kançılarya のところに記録されており，さらに「地中海」Baḥr-ı Sefid を「往来する」amed-şüd ロシア商人から「調整」taṣḥîḥ して

(66)　計算した」と述べた。それでこちらの側（書記官長）は「ロシア提督が「穀物」を購買する際に，どこから「調達」tedârik するのか，「ロシアの領土」Rusya diyârı から調達するのか

(67)　さもなければ「オスマン帝国の諸国土」memâlik-i maḥrûse から入手するのか」と尋ねたところ，既述の使節は「たしかに「オスマン帝国の諸国土」から「調達」する」と答えた。

(68)　こちらの側（書記官長）は「この場合に生じる困難と，それ以外に価格面においてどれだけの「ひらき」があるかを考慮されるべし」と（ロシア使節に）述べた。（ロシア）提督彼自身が「私が

(69)　買う」と言えば，たとえばオスマン帝国の側から「流通価格（市場価格）」にもとづき4～5パラ（八分の一～十分の一クルシュ）で入手できるものを，よくあることだが他の（国籍の）人に売却するときには多くの「利益」menfaat を

(70)　得ようとして，2～3倍の価格（bahâ）を要求するので，（オスマンの商人は）その不足額は支払わないと答えた。（こちらの側，書記官長は）「この場合「調達」するときにおこる困難以外に「さまざまな

種類の糧食」ecnâs-ı levâzım がそれぞれどの程度
(71)　「ひらき・損失」tefâvüt ve ḫasâret が生じるか調査すれば明白である。オスマン帝国の側から「流通価格（市場価格）」で入手してしかるべきときに支給すれば決して困難は
(72)　おきないはずである」と述べた。その際に既述の使節は返答できず，「この問題において貴方は正しい。事実はそのようである。しかるに，私に与えられた訓令は決定的であり，一体私に何ができようか。(それゆえに)
(73)　（訓令に）反する行動をとることはできない」と言った。こちらの側は（書記官長），「(ロシア）使節は「ロシア国家」の「代表者」muraḫḫaṣ であるので必要な諸問題（諸条項）をたやすくすることは事態の必要のためであり，
(74)　われわれの願望は，「論争」münâḳaşa ve mübâḥaṣe することではなく，「交渉」müẕâkere することであると述べた。この「糧食」を「現物で」ʿaynen 送ることにおいて，ロシア艦隊の「兵士や将校」neferât ve żâbiṭân に対して，決して面倒（負担）は
(75)　なく，さまざまな方法でたやすくすること は明らかである。「レスボス島」Midillü の「著名な（傑出した）ある人物」müteʿayyin bir kimesne が（ロシア）提督から「オリーブ油」revgan-ı zeyt を要求されたと仮定しよう。「不正な利益」iḥtikâr を
(76)　得る目的で支給せず「隠匿」ketm するかあるいは「流通価格（市場価格)」rayic の4倍の「価格」を要求する。だがオスマン帝国の側から要請があれば「隠匿」できず，たしかに「穀物」を徴発して
(77)　売却する。この場合に「穀物」を（ロシア）提督が「私が買う」と言ったとしても，いずれにしても「調達」できず，オスマン帝国に照会しなければならず，時間を無為に過ごす
(78)　以外になにも役立たない。「オスマン帝国艦隊」に支給される「糧食」は25万クルシュにならないことを知るべし」と（書記官長がロシア使節に）語った。

(79)　(書記官長が既述の使節に)「要求されている金額がどの程度になるか」を暗黙のうちに聞いたところ，既述の使節は躊躇しながら答えて「(ロシア使節は) 既述の金額を

(80)　無視して，この問題のために「別個の諸条件」(秘密条約) に組み込まれる条項においてオスマン帝国の側は「兵站総監」を任命することが既述されている。ある人が

(81)　「物資を隠匿」ketm-i eşyâ すれば「兵站総監」が徴発する」と言った。つまりこちらの側 (書記官長) は「その条項において「兵站総監」を任命することは，(ロシア) 提督が「必要物資を調達」tedârik-i levâzım する目的で

(82)　「若干の諸国土」baʿzı memâlik の兵士と連絡するために書かれた。そのような公務以外にオスマン帝国の側は「穀物の買い付け」mübayaʿa-ı ẕaḫâyire を命ぜられた

(83)　「特別な兵站総監」maḫṣûṣ nüzül emîni であることとは別のものである。「調達」されるべき「物資」を (ロシア) 提督が入手できず，「兵站総監」が徴発しなければならなくなった後，この (ための) 努力が

(84)　どれほど必要だとしても (ロシア) 提督は決して困難はこうむらない。任命される「兵站総監」がしかるべきときに「調達」し，「現物で」送ることは決して無駄ではない」との回答をしたところ，

(85)　既述の使節は，「私はこの問題 (条項) をできるだけ早く解決することを望んでいる。と言うのは艦隊に必要な「穀物」ẕaḫâyir (zahire の複数形) を送るときが近づいているからである。

(86)　しかるに，私に与えられた訓令は決定的なので訓令に反する行動はできない。この場合に私 (ロシア使節) はわが国家 (ロシア) に書簡を書いて，この件を述べたところ，オスマン帝国はそのような

(87)　回答をよせた。その結果この問題 (条項) は今後，両国間で結ばれる決定的な絆とならねばならない，と私は述べることができる。また今私自身は決定を下すことはできない」と

(88)　主張したところ

(89)　こちらの側は（書記官長）既述の兵士や艦隊の問題（条項）を含んだ第９条と第10条を読みあげ，その条項において「糧食」が「現物で」

(90)　あるいは「現金で」bedelen 支給することが述べられている。「金額」は制限されず，この場合に（ロシア）使節に与えられた訓令は「金額」については決定的ではないこと，「現物で」記述することで

(91)　満足することに訓令の合法性があることは，条項の意味から明白である。しかるに今しがたわれわれは（それについて）話さなかった。「オスマン帝国艦隊」の「糧食」は，「金額」として明らかにされた

(92)　既述の25万クルシュのなかに提督（複数形）や司令官の「糧食」も含まれている。（彼らの知られている）「給与」maʿâşlar 以外の基本的な「糧食」の

(93)　すべてはこの「金額」miḳdâr で処理される。これらの助言は必要とはならないが，ここに見られる表現は「交渉」の対象となるので，比較されるために明らかに

(94)　された。「（ロシア）使節に対して再度考慮すべし。問題は任務の必要条件をたやすくすること」だと（書記官長が）述べたところ，既述の使節は答えることができず，「与えられた訓令は決定的である」と（ロシア使節は）

(95)　述べた。（ロシア使節は）「私が送る「帳簿」は，事態を把握するために再度考慮されるべし」と書記官長に言った。「しかるにロシア艦隊も

(96)　これほどの金額でまかなうことができたかもしれない。おびただしい「支出」（複数形）maṣârif を生むことはなかったかもしれない。オスマン帝国においては「水兵」mellah に対する尊敬の念はきわめて弱いが，ヨーロッパ

(97)　諸国家においては（水兵に対する）敬意は（オスマン帝国の場合よりも）強い。そのためにおびただしい「支出」（複数形）が生じる。私

はできる限りなんとかたやすくすることに努力を惜しまない。と言うのはこの「正しい方針」によって以下のことを永遠に誇りに思うからである。

(98) つまりこの同盟（対仏露土同盟）は以前成立しなかった。しかるに私は訓令に反した行動はできない」と（ロシア使節は）言った。つまり既述の問題は既述の使節の

(99) 考慮に任される。また夕方が近づいたために両者から条項の決定は「次会」meclis-i âtîye に延ばされ交渉は打ち切られることになった。この

(100) 条項において生じたさまざまな「議論」mübâḥase ve mücâdele はさらに長くなったので，受諾しないことは，朕の知るところである。勅令は

(101) 命令を下す者のためである。

(102) 既述の月23日木曜日，再度ベベックにおいて既述の使節との間で行われた他の交渉の報告である。

(103) 既述の使節は説明されたとおりに（ロシア使節が）送る「帳簿」がこの交渉以前に通訳を介して送付し読まれた。その後若干の必要なことがらを

(104) 追加して諸条項の問題が解決できないことを既述の通訳に明白に知らせた。この「問題」maṣlahaṭ が理由（原因）でさらに延期することのないように（ロシア）使節がこの問題（件）の

(105) 主張を取り下げることをロシア使節が期待したことは明白となった。（さらに）それ以外にこの交渉における会談が終了した後に，こちらの側（書記官長）は「兵士と艦隊の

(106)「糧食」を含んだ第９条と第10条について前回の交渉で提案された「諸条件」aḥvâl を繰り返す必要はない。ただちに時間だけが過ぎ去ることがない

(107) ように「糧食」を「現物で」支給するように調整することは「問題の必要に従って」muḳteżâ-yı maṣlaḥatdan いる」と述べて，相手を納

得させる言葉で説明したところ，その際に既述の使節は
(108)「第９条と第10条を述べ，第９条は「陸軍の兵士」berrî ʻasker の「糧食」を含んだ「修正」tagyîr は不可能であり，「現物で」あるいは
(109)「現金で」nakden と修正しなければならない」と語った。つまりこちらの側（書記官長）は「（ロシア）使節に以下のことを考えさせよ。すなわちこの第９条と第10条において「陸軍の兵士」
(110) と艦隊の「糧食」のために両者において「現物で」あるいは「現金で」bedelen と既述されているので，「現金で」だけでは書かれない。これらの条項は相互に関係しあっているので，一方がどのようであろうとも，
(111) 他方もそのようであらねばならない。「陸軍の兵士」と艦隊の支援を求める国家の「領土」mülk において用意され全体として必要な「糧食」を「現物で」
(112) 送る」と述べた。その際に既述の使節は「私は艦隊の「糧食」の問題はさらに切り詰めることができなかった。しかるに諸条項を調整して
(113) 決定することが必要であり，さらに「陸軍の兵士」に関する第９条に言及し，これを「修正」することは（私は，ロシア使節は）できない」と言った。しかるにロシア兵士を，
(114) オスマン帝国は何時要求するのか，そのときの必要性が考慮されるならば，「現金」nakd（による支援）の問題について決して躊躇することなく（ロシア使節によって）合法とされた。つまり
(115)「注意を払わねばならないのは何であるのか」と（書記官長が）尋ねたところ，既述の使節は「あらゆる問題の「良し悪し」nik ü bed について詳細に必要な見解を述べ，現在
(116) われわれは同盟を結んでいるのでその表現に害はない。たとえばフランス（人）がオスマン帝国のレアーヤー（非ムスリム）を扇動し，邪道に陥らせ，ある地域を強奪しようとする場合に，

(117) レアーヤー（非ムスリム）と和解し説得することは，その他の注意を払うこと以上にもっとも重要である。それゆえにそのとき召集されるロシア兵士の「糧食」を「調達」するためにも，レアーヤー(非ムスリム）が

(118) さらに苦しめられることは妥当であるのか。この場合に「現金で」支払うことはオスマン帝国にとって有用ではないのかと述べて，二つの条項において既述

(119) したように「現物で」あるいは「現金で」という言葉を使用することは必要である」と再度（ロシア使節が）主張した。こちらの側（書記官長）は「強力な証拠を提示

(120) して「価格の問題を放棄すること」bedelin terki や「現物で」支給することに限定するために相手を沈黙させるような回答」をした。(既述の使節は)「長々しい議論」ṭûl u dırâz mübâḥase をした結果，ついに「「利益を含んだ金額」kâr bedel は受諾でき

(121) ないこと」を決心した。その際に彼（ロシア使節）は「私の公務の必要とするところにしたがって，(オスマン帝国の側が）もし「糧食」の一部は「現物で」支給することを主張するならば,

(122) 私はそれらを受諾できる。しかるに艦隊の（ロシアの）将校や（ロシアの）他の兵士の「糧食」はつねに「現金で」処理されることが慣例である。これらは，同じではありえない。

(123) この場合に彼らの「糧食」と，「オスマン帝国の諸国土」にはない「塩漬けの肉」tuzlu lahm・蝋燭・「艦隊の船舶に」donanma sefâininde 常備されている若干の「医薬品」edviye などの

(124)「金額」bedel を支払い，残りの「兵士たち」の「糧食」は問題でなく，オスマン帝国の影響力のために「現物で」送るように調整することは可能である。私はこの

(125) ことについて（ロシア）皇帝に，オスマン帝国の艦隊は「わずかな出費」maṣârif-i ḳalîle で処理されていると謝罪の口実をみつけることができる。また（ロシア）艦隊は同盟条約締結

(126) 以前に「イスタンブル」ʻAsitane に到来し（両海峡を通過して）地中海へ航行したので，オスマン帝国は「糧食」が「現物で」支給されることをよく承知していたようだ。それゆえに不可欠な兵士たちの「糧食」が「現物で」

(127) 支給されることを受諾せねばならなかった」と私（ロシア使節）は言うことができる。「この問題（件）において（ロシア）皇帝が私（ロシア使節）を叱責すれば，私は引責する。しかるに「陸軍の兵士」に関する条項のなかで「糧食」が

(128)「現物で」支給されることに制限を加えることは決してできない」と（ロシア使節は）言った。つまりこちらの側（書記官長）は再度「適切な回答（複数形）」ecvibe-i lâyıḳa をして議論によって相手を沈黙させることに対して努力をしたところ役立たなかった。既述のことは（ロシア使節）

(129) 既述の回答のなか主張でしている。それゆえ（ロシア）「陸軍の兵士」は，オスマン帝国の側が要求すれば送られるべきである。ロシア兵士は

(130) オスマン帝国にとって「必要でなく」adem-i lüzûm，用意されえない場合には，第9条に見られる「陸軍の兵士」の「糧食」が「現物で」あるいは「現金で」支給されるとの記載には

(131) 問題はないので既述の記載を維持する。既述の使節の側が提出する翻訳の写しには「兵士の給与」ʻaskerin maʻâşı という言葉が使用されているので，「給与」と言う言葉は

(132) 絶対的である。この種の兵士の「必要物資」levâzım は「糧食」と（書記官長によって）呼ばれる。われわれが（書記官長が）知っているのはこのことであると言って（書記官長は），満足して「給与」のかわりに「糧食」と書き，「現物で」

(133) あるいは「前もって定められる価格」mukaddemece taʻyin olunacak fiât にもとづいて「現金で」支給されるという文言については，「価格の確定」taʻyin-i fiât において専売制をしかないために「協議して」

bil-müz̲âkere という言葉を（書記官長が）追加した。

(134) と言うのは「確定されるべき価格」は，たしかに議論して決められると（書記官長が）述べ，「前もって協議して（両者によって）確定されるべき価格」mukaddemece bil-müz̲âkere ta'yin olunacak fiât と

(135) 書く。つまり「(両者によって）前もって議論して調整されること」bil-mübahase tanẓîm olunduğu について，「追加条項」z̲eyl-i mâdde に見られる兵士にとっては「有利（有利な立場)」（複数形）fevaidi であるという「曖昧な表現」'ibâre-i mübhemse は，「(ロシア兵士の）休養の機会（複数形）を

(136) あてるという文言で正されたからである」と（書記官長は）言った。

(137) その後，以前に「修正された」maḥv u is̲bât 第10条を読んで，既述の使節が提示した写しにおいては支援を求める国家（オスマン帝国あるいはロシア）は援助にやって来る（オスマン帝国あるいはロシア）艦隊に

(138)「イスタンブル」Âsitane-i Sa'adete に入港した日から起算して「穀物」を支給することが書かれている。「同盟条約の諸条件」ittifâḳnâme şürûṭ の内容は両者（オスマン帝国・ロシア）を含まねばならないので

(139) こちらの側（書記官長）は（話しを切り出して）「(ロシア）艦隊が「イスタンブル」に入港したと一方の側のみに通告された。われわれは「諸条件の必要とするところにしたがって」ber-muḳteżâ-yı şürûṭ「両国の同盟」ittifâḳ-ı ṭarafeyn を

(140) 含むために，「支援を求める国家（オスマンの艦隊）が「金角湾」Ḫalicî Boğazı に到着したとわれわれは（書記官長）修正した。そのようであらねばならない」と（書記官長が）述べたところ，既述の使節は認めて，

(141)「このことはおそらく事実だろう。しかるに今後イギリスがフランスと講和を結ばねばならなくなり，地中海のロシア艦隊が十分でない場合に，「ロシア

（142）国家」が，「バルト海艦隊の一部」Bahr-ı Balṭık'dan bir taḳım donanma を派遣することになれば，オスマン帝国は「金角湾」Ḫalic-i Ḳonstanṭiniye に入港しない艦隊には「糧食」を支給できない」と（ロシア使節は）言うことができる。つまり

（143）こちらの側（書記官長）は「現在オスマン帝国の側から規定された艦隊に「糧食」を支給する。「事態の必要に応じて」lazime-i maṣlaḥat göre

（144）「同盟の必要とするところにしたがって」ber muḳteżâ-yı ittifâḳ 艦隊を（ロシアが）増派しなければない場合，「糧食」を（オスマン側が）支給する必要がないことは明らかである。「敵の攻撃を排除する」def'-i sâil-i düşman 目的で（艦隊を）増派して強化することが

（145）必要となった場合には，たしかに「ロシア国家」が「同盟の要求するところに従って」遂行することは明白であるという回答が（書記官長から）出された。その後，この条項においては（ロシア）艦隊が「イスタンブル」に到着したその日から「穀物」を支給することが

（146）追記された。しかるに以前に（ロシア）提督から提出された「帳簿」によれば，艦隊には3ヵ月分の「穀物」の備蓄があるので，オスマン帝国の側が支給すべき「穀物」は12月初めから

（147）「注意を払って」，i'tibâr ile 支給すべきである」と（書記官長が）言った。その際に既述の使節は，「「あらゆる国家」cemî'-i düvel において慣例はこのようである，つまり艦隊と兵士が支援を求めている国家の国境に入るや否や

（148）食料は支給されると（ロシア使節は）言った。（ロシア）提督は艦隊とともに以前黒海にあって，6ヵ月分の「穀物」が支給されたので，「イスタンブル」に到着した際に3ヵ月分（の「穀物」）の備蓄があるために，到着した日から「穀物」を要求し，

（149）受け取れば，売却しなければならない。そのために「利益」kâr u menfa'at は考慮せず，12月から「注意を払って」（ロシア提督は）要

求した。しかるに本来穀物は到着した日から起算するという慣例にもとづき

(150) 支給される」と言った。再度こちらの側（書記官長）は「(ロシア)提督が「穀物」を12月から「注意を払って」要求したので，そのように「調整」をした」と述べた。すると

(151) 既述の使節は「(事実を) 認めて，条件を「修正」tagyir することは不可能であるが，3ヵ月分の「穀物」を得るや否や「受領書」maḳbûż senedi を（私は）渡す」と知らせた。「「穀物」は何ヵ月分ずつ

(152) 支給せねばならないのか」と（書記官長が）尋ねたところ，既述の人物 mersûm（ロシア使節）は4ヵ月分ずつ支給することを説明した。その後既述の条項において艦隊が共通の敵に対抗する限り

(153) 必要な「穀物」(複数形) zahayir を「現物で」あるいは「現金で」支給することが書かれている。「その決定の求めるところにしたがって」muḳteża-yı karara göre 一部は「現物で」，一部は「現金で」支給するために，必要な「穀物」(複数形)

(154) の文言の冒頭に，「糧食」という言葉を（ロシア使節は）追加した。「現物で」や「現金で」という言葉を入れることで，共通の敵に対抗する限り「糧食（複数形)」taʿyînâtlar のために必要な「穀物」(複数形) は協議し「調整」tertîb を

(155) したうえで送られることが明らかとなった。既述の使節は満足して「調整」taṣḥîḥ し，既述の「金額」に関して（既述の使節が）提示した「帳簿」において「兵士（複数形）の「糧食」以外に将校 ofçiyallerin に対して

(156) いずれにしても「現金で」支払われねばならない「糧食の金額」taʿyînât bedelleri や「塩づけにした肉」tuzlu lahm や港湾で支給される「新鮮な肉」taze lahm，蝋燭，「さまざまな医薬品」edviye の「金額」，「弾薬および兵士」mühimmat ve neferât の輸送費として

(157) 80万クルシュ以上の「金額」が（ロシア使節によって）書かれてい

る。ロシア皇帝はオスマン帝国に最高の支援をしようとしていることは明白である。それゆに（ロシア）使節も「調整」taʿdîl し，
(158) 問題をたやすくすることが（ロシア使節によって）望まれると（書記官長は）言った。これらに類似した「諸原理」muḳaddemât を「調整」temhîd して既述の「金額」bedel を大幅に下げることに「努力すること」saʿy ve ihtimâm と，これらの条項において「問題の必要により」ber-muḳteżâ-yı maṣlaḥat
(159) 生じる「交渉の言葉」（複数形）kelimât-ı müẕâkere が重視（考慮）されることが（交渉中）説明された。その結果この件について多くの議論が生じ，
(160) 「論争」muʿâraża ve mücâdele がおきて，あとで20万クルシュほど値引きし，60万クルシュと定めたところ，既述の使節は豊かではないので
(161) それは高すぎると示唆し，「調整」するために再度，（ロシア使節は）必要にしたがって適切に説明する努力をした。その際に既述の使節は「私はこれ以上「調整」でき
(162) ない」と述べた。もし提出された「帳簿」が（ロシア）提督によって「利益」menfaʿat を得るために「調整」されたなら，それは正しくないと言った。ペテルブルクにおいてロシアの海軍工廠の将校はこの（ロシアの）艦隊が
(163) オスマン帝国の水域にいるレアーヤー（非ムスリム）の誰にも不正を働かず「市場価格」で「穀物」を購入するためにどれほどの金額が必要かと（ロシアの海軍工廠の将校は）質問した。
(164) 彼は（その将校）地中海を「往来する」âmed-şüd ロシア商人を集め，彼らと協議し，「市場価格」を適用し，計算した後240万クルシュと書いた「帳簿」を
(165) 渡した。（ロシア）皇帝から私に（ロシア使節）送られたその「帳簿」には，もし高すぎて受諾できないならば，ときには「現物で」ときには「現金で」（ロシアの海軍工廠の将校は）「調整」tanẓîm する旨が

書かれている。この同じ「糧食」

(166) のほかに「金額」も60万クルシュに下げることに（ロシア使節に）許可を与えた。私（ロシア使節）は訓令を誠実に知らせた。さらに「穀物」ḥabbe を減らす権限を私はもっていない。

(167) もし「塩づけの肉」tuzlu et などの「価格」が（ロシア使節によって書記官長に）問われ，計算されるなら「両強国」iki aẓîm devlet 間でこのような重要な問題を協議する際に，（ロシア）皇帝が送った「帳簿」を

(168)「信頼しないで」ʻadem-i iʻtimâd この種の質問をすることはふさわしくない。オスマン帝国はそのような出費（経費）はいつでもなんとかできる。獲得されたフランス人の所有物もなんとか処理できる。

(169) つまりこちらの側は（書記官長は）（ロシア）使節に「「物資」の「価格」を尋ね，計算を求めることはしなかった。このことを知らせるべし，それが適切でないことをわれわれは知らないわけではない。

(170) 友好的な目的は協議して問題を「調整し，容易にする」taʻdîl ve teshîl ことである。フランス人から獲得された所有物は安全に保管されるしろものであることは明白であると（書記官長が）言って，これらに類似した

(171) 若干の回答」を（書記官長がロシア使節に）与えた。

(172) それから第10条においては艦隊の船舶の修理が必要となった場合，支援を要請する国家が「必要物資」を「流通価格」cârî olan f'iât にもとづき自身の工廠や倉庫から「支給するように」vire deyü masṭûr と書かれている。

(173) 支給するようにのかわりに確認のために迅速に調達するようにと書かれており，（書記官長がロシア使節に）受諾させたこと以外に規定された艦隊の船舶あるいは兵士（複数形）に不足がおきた場合そのすべてを条項に挿入しなければ

(174) ならない。それゆえ追加のために既述の諸条件が書かれ，この条項にはそのような追加が必要であると（書記官長がロシア使節に）言っ

て，既述の使節に提示したところ，

(175) 既述のロシア皇帝は，12隻の戦艦の派遣を約束したので，至上の名誉のために「約束や条件の必要とするところに従って」muḳteżâ-yı ʻahd ve şarṭ（ロシア皇帝は）遂行した。オスマン帝国の側が提示し

(176) なければ，とにかくその不足を満たすこの追加をこの条項に（ロシア使節が）挿入することは，「信頼の欠如」と（ロシア使節によって）理解される。つまりこちらの側（オスマン側）は「これに対する

(177)「信頼の欠如」は不要でなければならないとする諸条件はつねに有効である。それゆえに必要な「確証と説明」te'kidat ve tasrihat をともかく挿入することが「諸問題の必要とする」muḳteżâ-yı maṣlaḥat ところである」と（書記官長が使節に）言って

(178) 議論によって沈黙させた。既述の使節は「この場合にはこの条項に挿入しないで，「別個の諸条件（秘密条約）」şürûṭ-ı münferide に見られる艦隊の条項に適切に追加できる」と（既述の使節が）言った。しかるに

(179)「(ロシア）提督が「イスタンブル」に到着した後で「副官」ikinci kumandan は艦隊の装備のために戻ったこと（が以前に述べられた），既述の副官が装備することは

(180) 船舶（複数形）sefâin の不足しているものを補い，完全なものにし強化するためであり，これには「強化された艦隊」taḳviyet donanması という名称があてられる。現在地中海にいるロシア艦隊に強化が必要になったときには

(181) オスマン帝国になにも要求しないで，これら（ロシア艦隊）はやって来る」と（既述の使節は）言った。その後で

(182) 第11条が議題になったときに，既述の条項において「戦利品」ganâim-i harb・「商品」（物資）は受け取る兵士の側のものとなることが述べられている。そこでこちらの側は「戦利品」ganâim・「商品」（物資）の意味は

(183) 一般的であって，あらゆるものを含んでいるので説明が必要である。それゆえにこのように修正した写しを提示し，議論して「戦利品」

(184) ・「商品」（物資）は不正確であるでことに既述の使節は満足して「「戦利品」・「商品」（物資）という言葉の明確な意味を「武器」edevat-ı harbiyye ve alat-ı ceng・「商品（所有物）」emti'a ve emvâl といった言葉（表現）で（書記官長・ロシア使節は）

(185) 説明した。これと関連してヴェネツィア領の島々に関する条項も議論して，既述の島々のために以前に三つのケースが考えられた。そこで既述の島々は

(186) 必要な「代価」bedel でもって「両シチリア王国」Sicilyateyn devleti に提供することは有用である。「両シチリア王国」Sicilyateyn はかつて有害になるとは予期されていなかった。さらにこのケースはイギリス・ロシア両国家も喜ぶ

(187) であろうことは期待される。このようにして既述の島々にオーストリアも干渉できないことは明白であるので，「「両シチリア王国」の側に提供するかあるいはラグーサ

(188) と同じような「支配」すなわち「ベイリック」beylik（オスマン帝国に従属した支配）を」（ロシア使節が交渉のなかで想起させた）。それゆえにこちらの側（書記官長）は切り出して，「現在フランスの支配下にあるヴェネツィアの島々のうち

(189) チュカ Çuka 諸島は，マンヤ Manya と向かいあっているので，オスマン帝国が支配すること，アルバニア沿岸に位置する四つの「要塞」palanka と「それらに隣接

(190) している」アヤマウラ Ayamavra 諸島は隣接しているので，「オスマン帝国の諸国土」に併合すること，さらにザンテ・ケファロニア・コルフなどの島々は，ラグーサのような

(191) 「支配」すなわち「ベイリック」によるか，あるいは付近の「弱小の諸国家」za'îf devletler の一国に与えるかの二者択一のいずれかを

選択することが適切である」と述べた。

（192）その際に既述の使節は「沿岸地帯は「オスマン帝国の諸国土」に併合することが不可欠であり，可能な限りはやく占領することが重要である。チュカ諸島の住民は

（193）チャムルジャÇamlıca島の「支配」をもとめたようである（と住民は言った）。だが，「弱小の諸国家」zaʻif devletlerの要求は「両シチリア王国」の領土となるにちがいない。この「三つの選択肢」şuḳuḳ-ı s̱elâs̱eは，オスマン帝国の見解・命令に

（194）依存している。これらに関して私に与えられた訓令はないので「支配の形態」に私は干渉しない」と言った。しかるに以下のことを私（ロシア使節）は確認する。つまりわが（ロシア）皇帝の側に届いた

（195）報告書の求めるところによると一方から混乱が広まることを求めないで，彼（ロシア皇帝）が望むのは「公共の秩序」を維持することである。この同盟条約のなかで両国が戦争や

（196）講和締結において相互の要望を知ることが規定されているので，（ただちに）オスマン帝国のこの島々に関する「命令（要望）」irâdeが作成されペテルブルクに送られて，迅速に回答が

（197）得られた。つまりこちらの側（書記官長）は，「ロシア皇帝の「誠実」hulusuと「誠意ある目的」ṣıdḳ niyyetiおよび（ロシア）使節の「好意」hayırhahlıkは決定的なのでこの件についてはオスマン帝国にとって

（198）最上の形態は何であるのかとロシア使節に尋ねた。影響力を及ぼすにちがいない若干の「原理」muḳaddemât」を」（書記官長が）詳細に語ったところ，既述の使節には「この問題に関して若干の考え

（199）がある。第一に島々に与えられる「支配」は，「島民の同意の意思表示」ahâlisinin marżîsiが必要である。第二に（島々は）オスマン帝国の「ベイリック」におかれるようにして「支配されること」，

（200）あるいは「独立した小規模な共和国」serbest bir küçük cumhurとなることが求められるが，一致した諸国家（同盟を結んだ諸国家）の

（間には）時間が必要である。と言うのは後で他の国に傾けば，有害となる

（201）上にさらにフランスの側から攻撃を受けないために防衛することが不可欠であるので。第三にもし「両シチリア王国」に与えることが適切とみなされれば，その場合「両シチリア王国」に併合されるための時間が

（202）「両シチリア王国」の側から求められ，オスマン帝国もその時間を要求する。この問題は重要な条項であるから，優れた考えでもっていかに命令されようとも

（203）成文化されペテルブルクに送られる」と言った。つまりこちらの側は（書記官長），「この条項はわれわれの間で協議して他の条件として書く。「同盟条約」ittifâḳnâme に

（204）挿入することが適切でない場合に「秘密の諸条件（秘密条約）」şürûṭ-ı hafiye のなかで言及するか，あるいは「秘密の諸条件（秘密条約）」を同盟に参加する諸国家に提示する。それゆえにそこ（「秘密の諸条件」（秘密条約））においては

（205）既述しないで，「特別な極秘の条約（極秘の条約）」muʿâhede-i maẖṣuṣa ve aẖfâ となるように別個に調整しなければならない」と述べたところ，既述の使節は「知らされた三者択一は，

（206）オスマン帝国の利害にふさわしく，私によればこのましいことである。しかるに決して私に与えられた訓令の範囲ではないので，条件として設定することはできないと言った。オスマン帝国の側は

（207）どのようなものが妥当と考えられようとも，成文化してできるだけ早く送ることに」同意した。その後，再度こちらの側は「ロシア皇帝の目的を知って，

（208）既述の島々の征服に際しては「ロシア国家」が努力して，オスマン帝国に対して支援しなければならないことは明らかである。しかるにイギリスによって（ヴェネツィアの島々が）

（209）征服されるならば，フランス人とほかの所で交戦中なので，（ロシ

アの）支援の問題はそのときにはおこりえない。この場合はどうするのか」と（書記官長が）「事態の調査」istikşâf-ı ḥâl

(210) を」（ロシア使節に）尋ねたところ，既述の使節は「この島々に関する条項において，イギリスから守ることは不要であるが，オーストリア皇帝には（ロシア使節が）不安を抱いている。既述の島々を現在

(211) 「両シチリア王国」の国王に与えられることはオーストリア皇帝〔3〕も「両シチリア王国」の国王〔4〕が彼自身の「叔父」enişteであるために認めねばならない。だが，この問題（件）の調整はできるだけ早く急が

(212) ねばならない。と言うのはオーストリアとフランスとの間でまた戦争がおきれば，まずオーストリアはこの島々を攻撃するかあるいはフランスはオーストリアを扇動し

(213) 講和条約を再度結ぶために，この島々をオーストリア皇帝に提供する可能性がある」と言ったからである。つまり「「覚書や条件」lâyıḥa ve şarṭとして成文化されることが何であれ，（私）自身（ロシア使節）に

(214) 渡されて，できるだけ早くペテルブルクへ送ることを」（ロシア使節は）決定した。

(215) その後第12条が討議され，既述の条項はオーストリア皇帝とイギリス・プロイセン両国王など，参加を望む他の諸国家を

(216) 同盟に参加させることを含んでいるので，それゆえこちらの側は（書記官長）「この条項においてオーストリア・イギリス・プロイセンを明示し，その他は「他の国々」düvel-i sâireと示唆した。

(217) 「スウェーデン国家」İsveç devletiがこの同盟に例外を望んでいることにもとづき，会議を開いた後，この件（問題）が質問されることは明白であり，スウェーデンが言及されるならば（その質問は）適切である」

(218) と言って，ほどよく表現した。その際に既述の使節は「この条項に

おいて3ヵ国が明確に言及されていることはイギリスが現在フランスと交戦中

(219) であり，たしかに（確実に）この同盟に含まれること，オーストリアと現在「ロシア国家」が交渉していることは明白であり，「プロイセン国家」Prusya devleti も議論により納得させるように努力

(220) している。ゆえに，この「3ヵ国」düvel-i s̲elâs̲e と明示されること，スウェーデンとこれらに関する「交渉」müẕâkere ve muḫâbere は決して行われていないので，スウェーデンはこの条件に挿入されないこと」を言った。

(221) 私に与えられた訓令は以下のとおりである。「もしオスマン帝国がオーストリアの助言を望まなければ，3ヵ国という3の字も削り，その表現を諸国家という言葉で受諾されたし」と言った。「れゆえあなたが（書記官長）望むならば

(222) そのいずれかを明らかにしないでおこう。しかるにその他のことが言及されねばならないとすれば，「両シチリア王国」とポルトガルも明らかにする必要がある。つまり「両シチリア王国」は現在準備しており，

(223) ポルトガルはイギリスへ支援し，スウェーデンは決して準備することはない」と言った。つまりこちらの側（書記官長）は，「私の要望はスウェーデンに好意を示さないで「寛大の求めるところにしたがって実施だけをして」mücerred icrâ-yı muḳteżâ-yı mürüvvet

(224) 敵に対して勢力を得ることである。適切でない場合は挿入せずとも，「他の国々」という言葉（表現）にはスウェーデンも含まれるので十分である。しかるに

(225) ポルトガルとオスマン帝国との間には条約は結ばれていない。その他の国々にも注意を喚起しなければならないとしたら，その数は増加する。「他の国々」という表現で十分である」と言ったところ

(226) 既述の使節は「自己のこれに関する要望は，オーストリア・プロイセン・イギリスなど「諸強国」ḳaviyyü'l-iḳtidâr olan düvel の参加で

あって，その他は強力ではない。もしスウェーデンが参加を望むならば，ロシア

(227) 皇帝に上奏し，それから（ロシア）皇帝が要請する。スウェーデンがフランスとの間にどれほどの絆をもっていようとも，オスマン帝国や「ロシア

(228) 国家」に有害とはなりえない。有害なのは現在「イスタンブル」Asitaneに駐在しているスウェーデン使節ムラジャMuratca[5]の存在であって，本来はスウェーデン人として一人の使節が派遣されねばならない。Muratcaの追放は

(229) いかようにして可能かと（ロシア使節が）言えば，この問題についてオスマン帝国の側がスウェーデンへ書簡を書くことは適切ではなく，ペテルブルク駐在のスウェーデン使節が尊敬される人物ならば,

(230) 私は（ロシア）国家（本国）に書簡を書く。従ってそちらにいる（ペテルブルクにいる）スウェーデン使節に語られることはありえない。ウィーン駐在のオスマン帝国の使節から語られるとしても，ウィーンにスウェーデン使節は常駐しておらず

(231) 駐在しているのは代理大使（公使）である。ベルリンにはオスマン帝国の使節が常駐しており，（ベルリン駐在の）スウェーデン使節は尊敬される人物なので，（パーディシャーによって）許可が下されれば「イスタンブル」常駐の

(232) プロイセン使節はベルリンに書簡を書く。オスマン帝国の使節もそちらの側にいる（ベルリン駐在の）スウェーデン使節に話すかあるいはイギリスに（駐在のスウェーデン使節に）話せば可能である」

(233) と言った。事実，ムラジャと呼ばれた人物は不正にもフランスに完全に傾き（フランス人を全く支持し），たやすく追放されなければならない異教徒であるから，なんとか命令が下されるなら賢明なやり方で彼は追放

(234) される。

(235) その後，第13条に審議は移り，これは同盟の期間を含んでいるので（書記官長は）「同時に同盟の期間は「ロシア国家」の側から8年となるように

(236) （交渉の過程のなかで）定められた。オスマン帝国の側からも吉兆とみなして若干の期間を追加（延長）することが望まれたので両者の「誠実」ḫulûṣ ve ṣafvet の求めるところにしたがって16年と

(237) 書くことがもっとも適切である」と言った。（そこで）必要な諸条項を「調整」temhid したところ，既述の使節は快諾して「オスマン帝国の

(238) この命令は喜びをもたらし，この同盟の期間は限定されず永久である。しかるに「慣例」resm ve ḳāʿide はそのようであって，「ロシア国家」が「他の諸国家」と

(239) いつなんどき同盟を結んだとしても，そのすべては8年である。」と言った。つまりこちらの側（書記官長）は「「慣例」ḳāʿide がそのようであれば，絶対に8年以上とならないように

(240) 拘束力のある法を制定してしまう必要はない。16年とならない場合には両者の中間として12年とすれば決して問題はない」と言ったところ

(241) 既述の使節は「この表現をロシア皇帝は喜ぶことは明白だが，慣例にしたがって8年となり，この「慣例」は，ピョートル大帝の「法」niẓâm として

(242) そのとき以来の「指導的な原理」düstûrü'l-ʿamel である。それゆえ「行動の慣例の諸利害は可能ではない。しかるにこの同盟は永久であるためにその期間の終了以前に，事態の必要とするところに

(243) したがって，諸条件を「修正」tebdî することによって更新される」と言った。その後

(244) 批准書の交換の時期にふれている第14条を読んで2ヵ月半以内に交換することが書かれていたので，こちらの側は45日を

(245) 提案したところ，既述の使節は「45日間ではペテルブルクから批

准書は届かない。と言うのは批准書は正式な手続きをへて作成されることが慣例であるので

(246)　作成には15日を要する」と述べ，その結果2ヵ月半と（交渉によって）さだめられた。

(247)　その後，既述の使節は再度述べて，「ブカレスト駐在のフランス領事の書簡を受け取ったが，（その書簡は）「封印され暗号の文字」huruf-ı mührde miftahı で書かれており，それをブカレスト駐在の

(248)　オーストリア領事の秘書オディネ Odine へ送った。秘密の内容は有効であるので（ロシア使節は）オーストリア使節に公言して既述の暗号の文字を（ロシア使節が）明らかに

(249)　しなければならないと述べた。さらにインド方面からバグダードやアレッポの側に届いたフランス語の書簡を受け取り，「イスタンブル」Der-sa'adet へ送らねばならないと警告を発して既述の書簡を

(250)　「イスタンブル」に送らせた。さらに内容にはイギリスに関することが書かれていることは明白なので，イギリス使節に手渡されれば，目的や「事態の必要とするところに」muḳteżâ-yı vaḳt ve ḥâl 従って

(251)　非常に役立つことは明らかである。ガラタに駐在しているヴェネツィア使節は「大使館」saray がこれより以前に，ヴェネツィア分割に際して時にはフランス使節の側から，時にはオーストリア使節の

(252)　側から占領されることが要求されたことはよく知られている。既述の「大使館」は，このたびオスマン帝国の側から奪って，オーストリア使節が強く要求すれば

(253)　好意をもって与えられる。オスマン帝国の側から贈り物が送られて，快適にする口実となるかあるいは監禁されたフランス人の一部を既述の「大使館」に滞在させる」

(254)　と（ロシア使節が）言って，これらと類似のことがやや無益な話で会議（交渉）が解散されてしまった。今後開かれる他の二つの会議

（交渉）の報告も

(255) 作成されるので，終わりにそれらもまた，「朕の面前に上奏」ma‘rûż-ı ḥużûr-ı sâmîleri されることは朕の知るところで勅令は命令を下す者のものである。

訳注

〔1〕 アフメット＝アティフ＝エフェンディ Ahmet Atıf Efendi（在職期間1798年3月5日～1799年4月14日）Danişmend, vol. 5, p. 352.

〔2〕 Vasili Tomara, Norman E. Saul, p. 66. Spuler, *Jahrbücher für Geschichte ost-Europas* I, p. 440.

〔3〕 オーストリア皇帝　フランツ2世　1768–1835年

〔4〕 両シチリア王　フェルディナンド1世　1751–1825年

〔5〕 ムラジャ＝ドーソンの経歴については，Kemal Beydilli, İgnatius Mouradgea D’Ohsson, Ailesi hakkında kayıtlar, ‹Nizam-ı Cedîd›e dâir Lâyihası ve Osmanlı İmparatorluğundaki Siyâsî Hayatı, *Tarıh Dergisi*, Prof. Dr. M. C. Şehâbeddin Tekindağ Hatıra Sayısı, 1984, pp. 247–314. を参照。

アルメニア系の外交官，歴史家。1740年7月31日にイスタンブルで生まれる。1763年イスタンブルのスウェーデン大使館の通訳官に，5年後の1768年に首席通訳官となる。1780年にスウェーデンの貴族に列せられる。1784～1792年，ヨーロッパを歴訪する。大半をフランスで過ごした。イスタンブルに戻ったころ帝都のフランス人の間ではフランス革命支持者と王党派が存在した。フランス大使の交代も行われた。ドーソンはジャコバン派（フランス革命支持者）を支持する態度をとった。1793年6月彼は，オスマン政府と接触し，ヨーロッパの政治情勢に関する情報を提示し，ポーランド分割が生み出す危険を指摘した。さらにスウェーデンに軍資金が支払われた際に，スウェーデン・ポーランド・デンマーク・フランスとオスマンとの間で大同盟が結成されること，この同盟はロシア・オーストリア・プロイセンに対抗できることを知らせた。同年8月8日に再度会談をもち，フランス共和政の承認と同盟結成について議論した。8月26日にも会談をもった。1796年末スウェーデン国王から大使に任ぜられ，オスマン政府もこれを追認した。セリム3世は1797年4月13日付けの親書で彼の大使職を認めた。彼は2年間大使職にあった。

〔4〕　両シチリア王　フェルディナンド3世　在位1759–1825年

〔3〕　オーストリア皇帝　フランツ2世　在位1792–1806年

地名表記

トルコ語表記	非トルコ語表記
Akdeniz	the Mediterranean
Akka	Acre
Arnavutluk	Albania
Aya-Mavra	Leukas, Santa Maura
Azak	Azov
Bahr-ı Muhit-i Atlası	the Atlantic Ocean
Bahr-ı Sefid	the Mediterranean
Bender	Tighin
Boğdan	Moldavia
Bucak	(southern) Bessarabia
Budin	Buda, Ofen
Bükreş	Bucureşti, Bucharest
Çanakkale Boğazı	the Dardanelles
Cebelüttarık	Gibraltar
Cezair-i-seba, Yedi ada	Ionian islands
Çuha-adası	Keythera, Cerigo
Eflak	Wallachia
Ebu-Khur, Ebubur	Aboukir
Eğri	Eger, Erlau
Erdel	Transylvania
Estergon	Estergom, Gran
Gürcistan	Georgia
Hayfa	Jaffa, Joppa
Hırsova	Harşova

トルコ語表記	非トルコ語表記
Hotin	Choczim
	Hwthyn, Choyim, Chotin, Chotczyn
	Cucino
İnebahtı	Lepanto
İsakçı	Isaccea
İskenderiye	Alexandria
Kahire	Caıro
Kalas	Galatz
Kanije	Kanizsa
Karadağ	Montenegro
Kartal	Kagul, Cahul
Kefe	Kaffa
Kerç	Kerch, Bosporo
Kırım	Crimea
Lehistan	Poland
Limni	Lemnos
Maçin	Macin
Midilli	Lesbos, Mitylene
Mısır	Egypt
Navarin	Navarino
Niğbolu	Nicopolis
Novigrad	Nógrád, Neugrad
Özü	Oczakov, Ocsakow
Özü (river)	Dnieper river
Podolya	Podolia
Sakız	Chios
Sebte Boğazı	Gibraltar
Silistre	Silistra

トルコ語表記	非トルコ語表記
Sina	Sinai
Siret river	Sereth river
Şumnu	Shumla, Shumen
Tripoliçe	Tripolizza
Tuna (river)	Danube river
Turla (river)	Dniester river
Urkapı (Orkapı)	Perekop
Uyvar	Újvár, Neuhausel
Vişegrad	Višegrad
Yanık	Györ, Raab
Yaş	Jassy
Yergöğü	Giurgiu
Zaklise	Zakynthos, Zante
Ziştov	Svištov

地　図

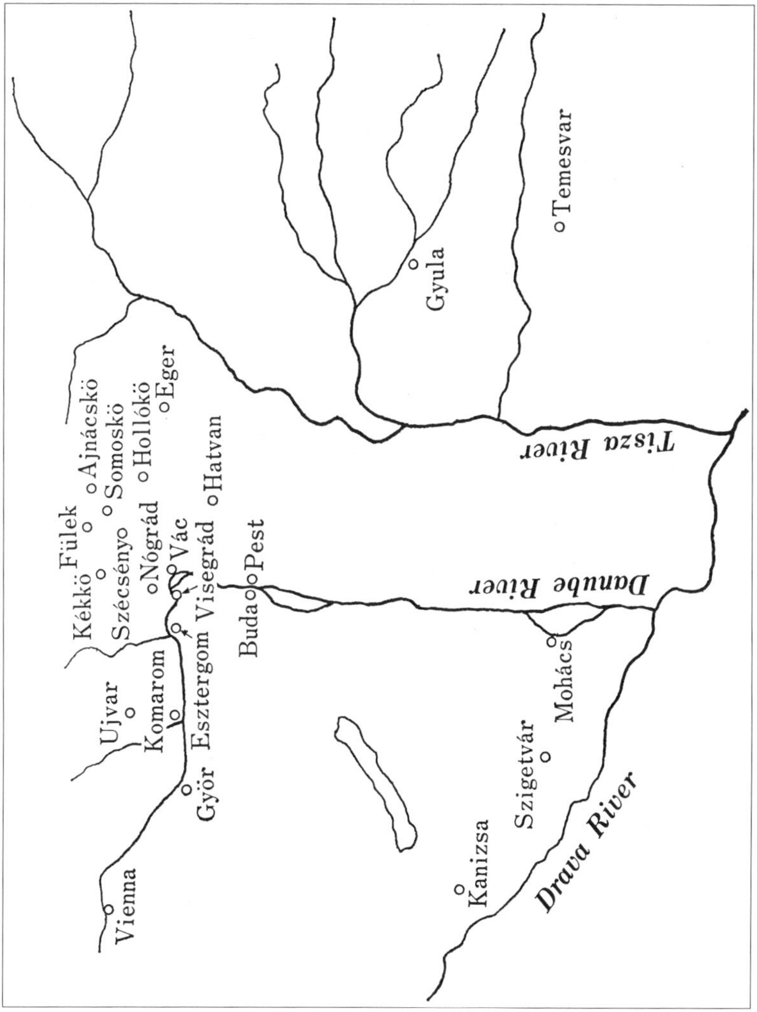

Temesvar
Gyula
Tisza River
Eger
Ajnácskö
Somoskö
Hollókö
Hatvan
Fülek
Kékkö
Szécsényo
Nógrád
Vác
Visegrád
Pest
Buda
Danube River
Esztergom
Komarom
Ujvar
Györ
Mohács
Szigetvár
Kanizsa
Drava River
Vienna

地図1　ハンガリー

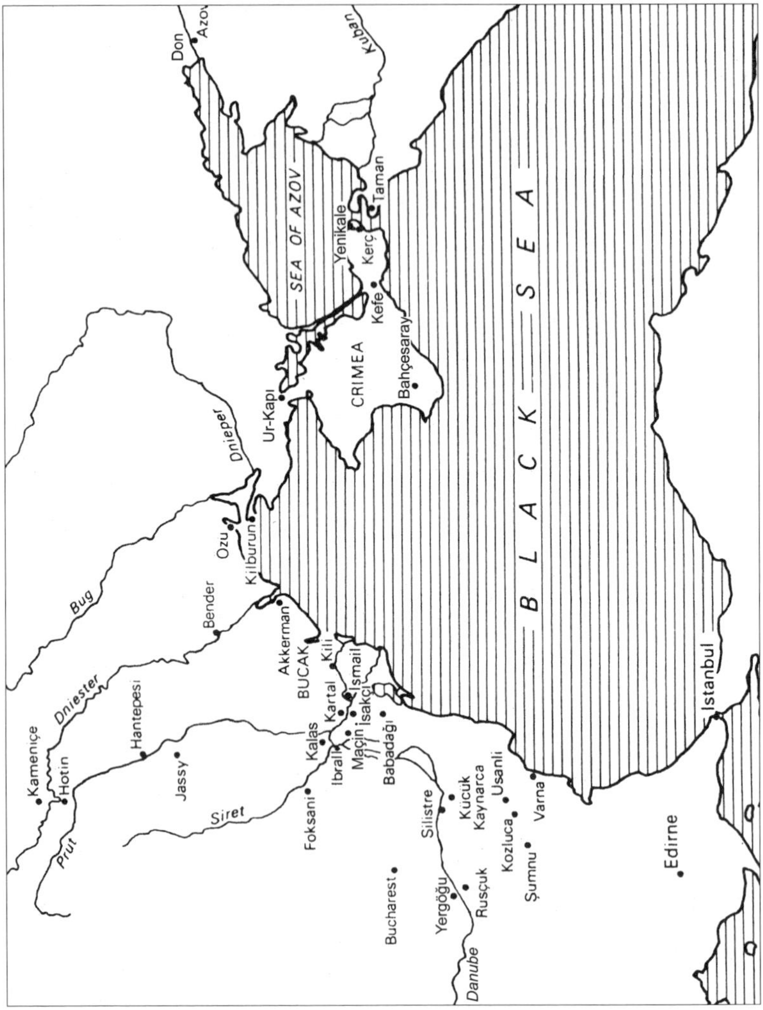
Don
Azov
Kuban
SEA OF AZOV
Taman
Yenikale
Kerç
Kefe
CRIMEA
Bahçesaray
Ur-Kapı
Dnieper
Ozu
Kılburun
Bug
Bender
Akkerman
BUCAK
Kili
Ismail
Kartal
Isakçi
Kalas
Ibrail
Maçin
Babadağı
Dniester
Hantepesi
Kameniçe
Hotin
Jassy
Siret
Prut
Foksani
Silistre
Küçük Kaynarca
Usanli
Varna
Kozluca
Şumnu
Bucharest
Yergöğu
Rusçuk
Danube
Istanbul
Edirne
BLACK SEA

地図2　黒海北岸地域

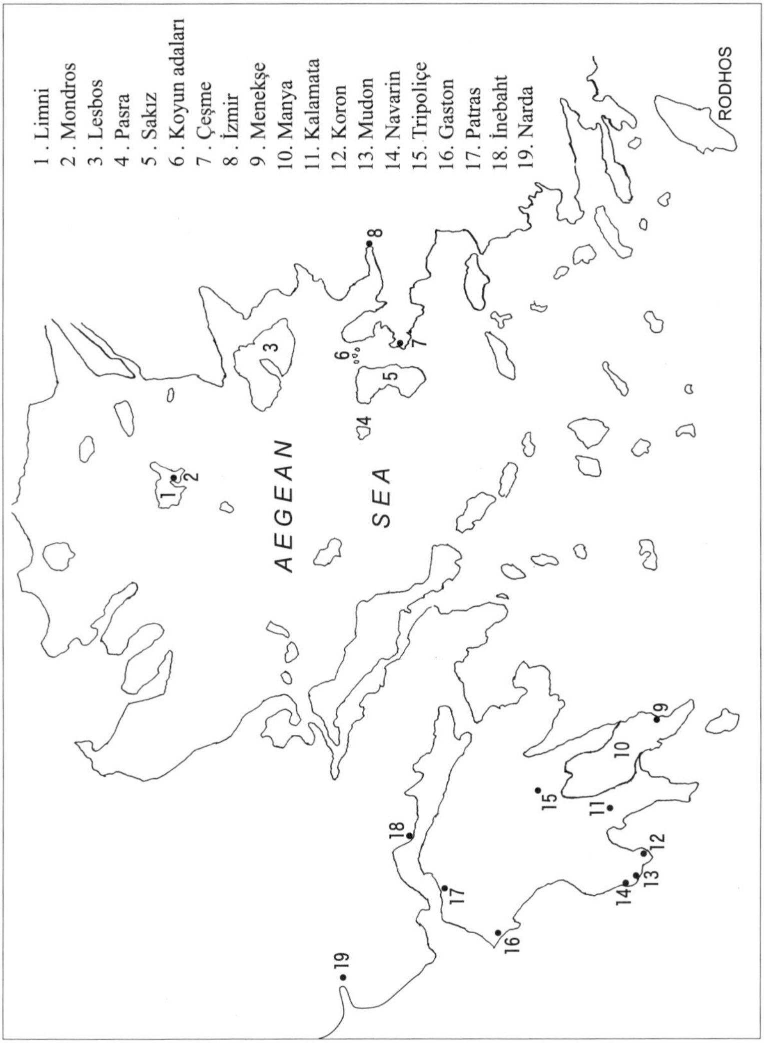

1 . Limni
2 . Mondros
3 . Lesbos
4 . Pasra
5 . Sakız
6 . Koyun adaları
7 . Çeşme
8 . İzmir
9 . Menekşe
10. Manya
11. Kalamata
12. Koron
13. Mudon
14. Navarin
15. Tripoliçe
16. Gaston
17. Patras
18. İnebaht
19. Narda
AEGEAN
SEA
RODHOS

地図3　エーゲ海沿岸地域

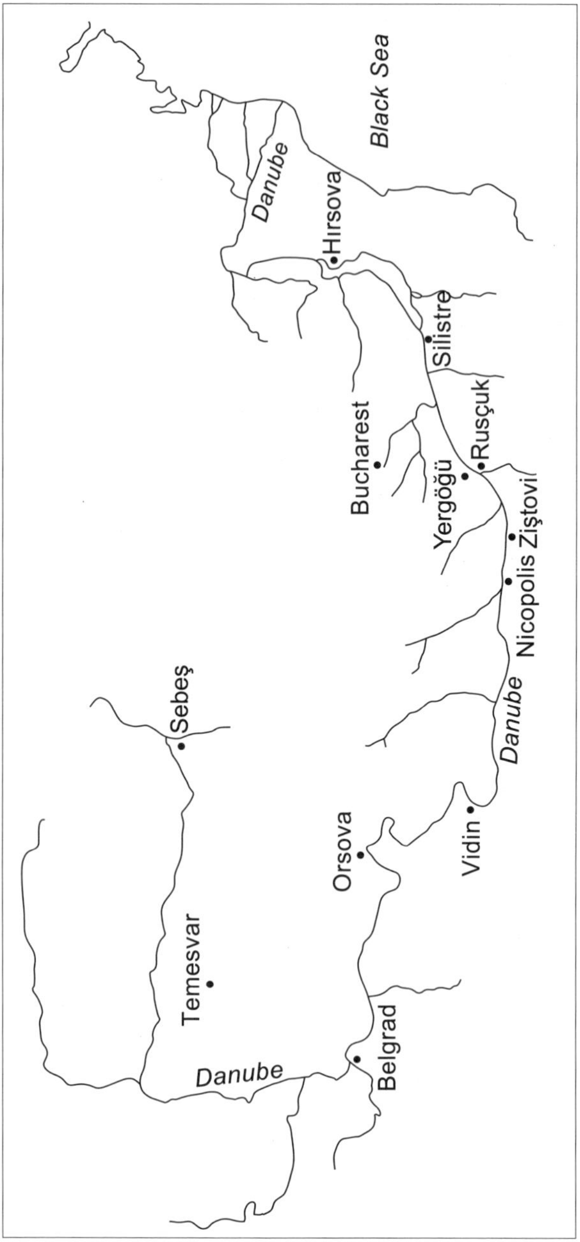

地図4　ドナウ川沿岸地域

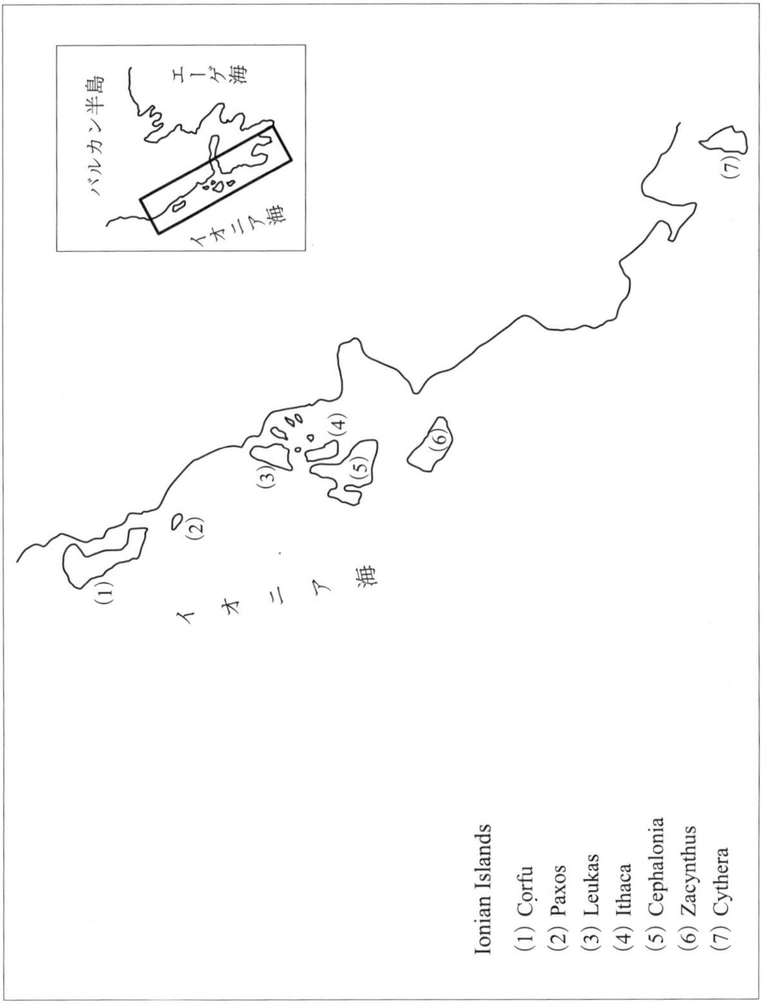

地図5　イオニア海拡大図

史料及び参考文献

Ⅰ．史料

⑴ オスマン語未刊行史料

トルコ共和国総理府文書館（Başvekalet Arşivi）所蔵，イスタンブル

DED　Düvel-i Ecnebiye Defterleri, 83/1

HH　Hatt-ı Hümâyûn, No. 7173, 13886A, 18934A, 15756.

NHD　Name-i Humâyûn Defterleri, vol. 8.

イスタンブル大学総合図書館所蔵

Enveri Trabzoni Sadullah Enveri, Târîh-i Enverî, No. T.5994, 5995.

⑵ イタリア語未刊行史料

Archivio di Stato [Venice] Senato III (Secreta), vol. 216, fos. 109–118.

⑶ オスマン語刊本史料（アラビア語書体）

Ahmed Cevdet Paşa, Târîh-i Cevdet, Tertib-i Cedid, 12 vols., İstanbul, 1891–1892.

Ahmed Resmi, *Hulasat ül-I'tibar*, İstanbul, 1869.

ʿÂsım Târîhi, İstanbul, n. d.

Fekete, L., *Türkische Schriften aus dem Archive des Palatins Nikolaus Esterházy: 1606–1645*, Budapest, 1932.

Mustafa Nuri Paşa, *Netaic'ül-vukûât*, 4 vols., İstanbul, 1877–79.

Öz, T., Yerköy Mükâlemelerinde Murahhaslar için gönderilen Büyüler, *Tarih Vesikalar*, 8 (1942), pp. 101–103.

Schaendlinger, A. C., *Die Schreiben Süleymāns des Prächtigen an Karl V., Ferdinand I. und Maximilian II. aus dem Haus-, Hof- und Staatsarchivc zu Wien*, Wien, 1983.

⑷　オスマン語刊本史料（ローマ字書体）

Aktepe, M., *Mehmed Emni Beyefendi'nin Rusya Sefareti ve Sefaretnamesi*, Ankara, 1974.

Berker, A., Mora İhtilali Tarihçesi veya Penah Ef. Mecmuası, *Tarih Vesikaları*, 7 (1942) pp. 63–80, 8 (1942) pp. 153–160, 9 (1942) pp. 228–240, 10 (1942) pp. 309–320, 11 (1943) pp. 385–400, 12 (1943) pp. 473–480.

Duran, T., Türk-Rus Münasetlerinin Başlaması, *Belgelerle Türk Tarih Dergisi*, 3 (1968) pp. 43–49, 4 (1968) pp. 39–44, 5 (1968) pp. 31–36, 6 (1968) pp. 40–43.

Duran, T., Türk-Rus Münasetleri, *Belgelerle Türk Tarih Dergisi*, 7 (1968) pp. 53–56, 8 (1968) pp. 42–46, 9 (1968) pp. 57–62, 10 (1968) pp. 39–42, 11 (1968) pp. 46–48, 12 (1968) pp. 52–56.

Ekrem, R., *Osmanlı Muahedeleri ve Kapitulasuyonlar 1300–1920 ve Lozan Muahedesi 24 Temmuz 1923*, İstanbul.

Erim, N., *Devketlerarası Hukuku ve siyasi tarih metinleri*, Ankara, 1953.

Karal, E. Z., *Selim III.'ün Hatt-ı Humâyûnları*, Ankara, 1946.

Menage, Seven Ottoman Documents from the regin of Mehmed II in Stern, S.M., ed., *Documents from Islamic Chanceries*, Oxford, 1965, pp. 81–118.

⑸　非オスマン語刊行史料

Anderson, M. S., *The Great Powers and Near East 1774–1923*, London, 1970.

Baron de Testa, *et al.*, ed., *Recueil des Traités de la Porte Ottomane avec les puissances étrangères*, 11 vols., Paris, 1864–1911.

Correspondance de Napoléon Ier, 32 vols., 1858–69, Paris, vol. 3.

Grewe, W. G., ed., *Sources Relating to the History of the Law of Nations*, vol. 2. Walter de Gruyter/Berlin/New York, 1988.

Hurewitz, J. C., ed., *The Middle East and North Africa in World Politics: A Documentary Analysis, vol. 1 European Expansion, 1535–1914*, Princeton N. J., 1956, New Haven and London, 1975[2].

Israel, F. L., ed., *Major Peace Treaties of Modern History, 1648–1967*, 4 vols., New York, 1967.

Itzkowitz N. and Mote M., tr., *Mubadele, An Ottoman-Russian Exchange of Ambassadors*, Chicago/London, 1970.

Kabrda, J., *Quelques firmans concernant les relations franco-turques lors de l'expédition de Bonaparte en Égypte*, Paris, 1947.

Martens, *Recueil des principaux traités de 1761 à 1801*, 7 vols., Göttingen, 1791–1801.

Martens[2], *Recueil de traités d'alliance, de paix, etc., de 1761 à 1808*, 8 vols., Göttingen, 1817–1835.

Noradounghian, G. E., ed., *Recueil d'actes internationaux de l'empire ottoman*, 4 vols., Paris, 1897–1903, Nendeln/Liechtenstein, 1978[2].

Parry, C., ed., *Consolidated Treaty Series*, vol. 45, London, 1969.

Polnoe sobranie zakonov rossiskov imperii, 134 vols., St. Peteruburg, 1869.

Treaties (Political and Territorial) between Russia and Turkey, 1774–1849, in Great Britain, House of Commons, Sessional Papers, 1854, vol. 72.

II. 参考文献

Abou-El-Haj, R. A., Ottoman Diplomacy at Karlowitz, *JAOS*, 87 (1967), pp. 498–512.

———, The Formal Closure of the Ottoman Frontier in Europe: 1699–1703, *JAOS*, 89 (1969), pp. 467–475.

———, Ottoman Attitudes towards Peace Making: the Karlowitz Case, *Der Islam*, 51 (1974), pp. 131–137.

Ahıshalı, R., *Osmanlı Devlet Teşkilatında Reisülküttablık*, İstanbul, 2001.

Ahmet, G., *Kadırgadan Kalyona Osmanlı da Yelken Mikyas-ı Sefain*, İstanbul, 2004.

Aksan, V. H., *An Ottoman Statesman in war & Peace Ahmed Resmi Efendi, 1700–1783*, Brill, 1995.

Alexander, J. T., *Catherine the Great, Life and Legend*, Oxford U.P., 1989.

Anderson, M. S., *The Eastern Question*, 1774–1923, London, 1906.

———, Great Britain and the Russian Fleet 1769–70, *Slavonic and East European Review*, 31 (1952), pp. 148–163.

———, *The Rise of Modern Diplomacy 1450–1919*, London/New York, 1993.

Anderson, R. C., *Naval Wars in the Levant, 1559–1853*, Liverpool, 1952.

Ayverdi, S., *Türk-Rus Münasebetleri ve Muharebeleri*, İstanbul, 1970.

Bacqué-Grammont, J.-L., S. Kuneralp et F. Hitzel, *Représentants permanents de la France en Turquie (1536–1991) et de la Turquie en France (1797–1991)*, İstanbul-Paris, 1991.

Başbakanlık Osmanlı Arşivi Katalogları Rehberi, edited by Binark, İ. et al., Ankara, 1995.

Bayerle, G., *Ottoman Diplomacy in Hungary, Letters from the Pashas of Buda 1590–93*, Bloomington, 1972.

———, Ottoman records in the Hungarian Archives, *Archivum Ottmanicum*, 4 (1972), pp. 5–22.

———, *Ottoman Tributes in Hungary, According to Sixteenth Century Tapu Registers of Novigrad*, The Hague-Paris, 1973.

———, Hungarian Narative Sources of Ottoman History, *Archivum Ottmanicum*, 9 (1977), pp. 5–26.

———, The Compromise at Zsitvatorok, in *Archivum Ottomanicum*, 6 (1980), pp. 5–53.

Beydilli, K., *1790 Osmanlı-Prusya İttifakı*, İstanbul, 1984.

Bilim, C., Tercüme odası, *Osmanlı Tarih Araştırma ve Uygulama Merkezi Dergisi*, 1 (1990), pp. 29–43.

Boppe, A., *L'Albanie et Napoléon, 1797–1814*, Paris, 1914.

Braudel, F., *La Méditerranée et le Monde méditerranéen à l'époque de Philippe II*, 1949.

Bucak, N. S., *Türk-Rus-İngiliz münasebetleri 1791–1941*, İstanbul, 1946.

The Cambridge History of Islam, vol. 1A, edited by P. M. Holt, Ann K. S. Lambton and B. Lewis, Cambridge U.P., 1970.

Cook, M. A., ed., *A History of the Ottoman Empire to 1730. Chapters from The Cambridge History of Islam and The New Cambridge Modern History*, Cambridge U.P., 1976.

Danişmend, İ. H., *İzahlı Osmanlı Tarihi Kronolojisi*, 5 vols., İstanbul, 1971.

Davison, R. H., Russian Skill and Turkish Imbecility:The Treaty of Kuchuk Kainardji Reconsidered, *Slavic Review*, 35/3 (1976), pp. 463–483.

———, The 'Dosografa' Church in the Treaty of Küçük Kaynarca. *BSOAS*. 42/1 (1979). pp. 46–52.

———, The Treaty of Kuchuk Kaynardia: A note on its Italian Text, *IHR*, 10/4(1988), p. 612, pp. 611–621.

De Groot, A. H., *The Ottoman Empire and the Dutch Republic*, Leiden/Istanbul, 1978.

D'Ohsson, I. M., *Tableau géneral de l'Empire ottoman*, 7 vols., Paris, 1788–1824.

Dorothy, V. M., *Europe and the Turk, A. Pattern of Alliances 1350–1700*, Liverpool U.P., 1954.

Driault, E., *La question d'orient*, Paris, 1898, 1921^{8}.

Druzhinina, E. I., *Kuchuk-Kainardzhiiskii mir 1774 goda: ego podgotovka i zakliuchenie*, Moscow, 1955.

Encyclopaedia Britanica, 23 vols., Chicago, 1970.

Epstein, M., *The Early History of the Levant Company*, London, 1908, New York, 1968^{2}.

Fisher, A. W., *The Crimean Tatars*, California, 1987.

———, *The Russian Annexation of the Crimea 1772–83*, Cambridge U.P., 1970.

Fisher, S. N., *The Middle East; A History*, New York, 1959, 1968^{2}.

Florinsky, M. T., *Russia: A History and an Interpretation*, 2 vols. New York, 1953, 1960^{2}, Vol. 1.

Gilbert M., *Imperial Russian History Atlas*, London/Henley, 1978.

Sir Hamilton, Gibb. and Harold Bowen, *Islamic Society and the West*, vol. 1, part 1, Oxford U.P., 1950, 1962².

Histoire de l'empire ottoman depuis son origine jusqu'à nos jours, translated by Hellert, J. J., Paris, 1835–39, Istanbul, 1993–2000².

Herbette, M., *Une ambassade turque sous la directoire*, Paris, 1902.

Holt, P. M. *et al.*, ed., *The Cambridge History of Islam*, vol. 1, Cambridge, 1970.

Hugh Seton-watson, *The Russia Empire, 1801–1917*, Oxford, 1967.

Hurewitz, J. C., Ottoman Diplomacy and the European State System, *MEJ*, 25 (1961), pp. 141–152.

———, The Europeanization of the Ottoman Diplomacy: The Conversion from Unilateralism to Reciprocity in the Nineteenth Century, *Belleten*, 25 (1961), pp. 455–466.

———, The Background of Russia's Claims to the Turkish Straits: A Reassessment, *Belleten*, 28/3 (1964) pp. 459–503.

Inalcık, H., *The Ottoman Empire, The Classical Age 1300–1600*, London, 1973.

Jelavich, B., *A Century of Russian Foreign Policy, 1814–1914*, Philadelphia, 1964.

———, *St. Petersburg and Moscow; Tsarist and Soviet Foreign Policy*, Bloomington, 1974.

Jorga, N., *Geschichte des osmanischen Reiches*, 5 vols., Gotha, 1908–1913, Frankfurt am Main, 1990².

Karal, E. Z., Yunan Adalarının Fransızlar tarafından işgali Osmanlı-Rus münasebatı 1797–1798, *Tarihi Semineri Dergisi*, 1 (1937), pp. 100–125.

———, *Fransa-Mısır ve Osmanlı İmparatorluğu (1797–1802)*, İstanbul, 1938.

Khadduri, M., *War and Peace in the Law of Islam*, Baltimore and London, 1955, 1979².

Knolles, R., *Generall Historie of the Turkes*, London, 1621.

Kołodziejczyk, D., *Ottoman-Polish diplomatic relations (15th–18th): An annotated editition of ahdnames and other documents*, Leiden, 2000.

Köse, O., *1774 Küçük Kaynarca Andlaşması, Ph, D. dissertion*, Ondokuz Mayıs University (Samusun, Turkey), 1997.

———, *1774 Küçük Kaynarca Andlaşması*, Ankara, 2006.

Kuran, E., Türkiyenin batılıllaşmasında Osmanlı daimi elçiliklerinin rolü, *VI. Türk Tarih Kongresi, Ankara, 20–26 Ekim 1961, Kongreye sunulan bildiriler*, Ankara, 1967. pp. 489–496.

———, *Avrupa 'da Osmanlı ikamet elçiliklerinin kuruluşu ve ilk elçilerin siyasi faaliyetleri 1793–1821*, Ankara, 1968.

Kurat, A. N., *Türkiye ve Rusya XVIII. Yuzyıl Sonoundan Kurtuluş Savaşına Kadar Türk-Rus İlişkileri, 1798–1919*, Ankara, 1970.

Kütükoğlu, M. S., *Osmanlı Belgelerinin Dili (Dioplomatik)*, İstanbul, 1994.

LeDonne, J. P., *The Russian Empire and the World 1700–1917*, Oxford, 1987.

Lewis, B., The Impact of the French Revolution on Turkey: Some Notes on the Transmission of Ideas, *Journal of World History*, 1 (1953), pp. 105–125.

———, *The Middle East and the West*, London, 1964.

———, *The Emergence of Modern Turkey*, Oxford U.P., 1961, 1966[2].

———, *The Muslim Discovery of Europe*, New York/London, 1982.

———, *The Political Language of Islam*, Chicago/London, 1988.

Marriot, J. A. R., *The Eastern Question: An historical study in european diplomacy*, Oxford, 1917, 1967[10].

McKay, D., & Scott, H. M, *The Rise of the Great Power*, vol. 1, London/New York, 1983, 1991[6].

Miliukov, P., Seignobos, C., and Eisenmann, L., *History of Russia*, tarns. Markmann, C. L., 3 vols., New York, 1968–69.

The Modern Encyclopedia of Russia and Soviet History, edited by George N. Rhyneand Joseph L. Wieczynski, Academic International Press, 1976.

Naff, T., Reform and the conduct of Ottoman diplomacy in the regin of Selim III 1789–1807, *JAOS*, 83 (1963), pp. 295–315.

———, Ottoman Diplomatic Relations with Europe in the Eighteenth Century: Patterns and Trends in *Studies in Eigeteenth Century Islamic History*, edited by Naff, T., and Owen, R., Southern Illinois U.P., 1977.

———, The Ottoman Empire and the European States System, in *The Expansion of International Society*, edited by H. Bull and A. Watson, Oxford, 1984, 1985[2].

Nagata, Y., *Muhsin-zade Mehmed Paşa ve Ayanlık Müessesesi*, Tokyo, 1976.

Nehring, K., *Adam Freiherrn zu Herbersteins Gesandschaftsreise nach Konstantinopel — Ein Beitrag zum Friden von Zsitvatorok (1606)*, München, 1983.

Neue Deutsche Biographie, edited by Menges, F. *et al*., Berlin, 1997, vol. 18.

The New Cambridge Modern History, vol. 9, edited by C. W. Crawley, Cambridge U.P., 1965, 1980[2].

Nolde, B., *La formation de l'empire russe*, 2 vols., Paris, 1952.

Odaka, H., Osmanlı Diplomasinin Batıllaşması, *Osmanlı*, vol. 1 (Siyaset) ed., Eren, G., Yeni Türkiye Yayınları (Ankara), 1999, pp. 676–680.

———, Küçük-Kaynarca Muahedesi Hakkında Bir Araştırma, *XIII. Türk Tarih Kongeresi, Ankara, 4–8 Ekim 1999, Kongreye Sunulan Bildiriller*, Türk Tarih Kurumu (Ankara), 2001, pp. 361–367.

Ottoman Diplomacy—Conventional or Unconventional? Edited by A. Nuri Yurdusev, New York, 2004.

Öz, T., Selim III.'ün Sırkâtibi tarafından tutulan Ruzname, *Tarih Vesika*, 13 (1944) pp. 26–35, 14 (1944) pp. 102–116, 15 (1944) pp. 183–199.

Pakalin, M. Z., *Osmanli Tarih Deyimleri ve Terimleri Sözlüğü*, 3 vols., İstanbul, 1971.

Pitcher, D. E., *An historical Geography of the Ottoman Empire*, Leiden, 1972.

Popovic, R. M., *Der Friede von Karlowitz*, Leipzig, 1893.

Puryear, *Napoleon and the Dardanelles*, Berkeley, 1951.

Redhouse, Sir. J. W., *A Turkish and English Lexicon*, Beirut, 1890, 1974[2].

Resimli Haritalı Mufassal Osmanlı Tarihi, edited by Cezar, M. *et al.*, 6 vols., İstanbul, 1959.

Riasanovsky, N. V., *A History of Russia*, New York, 1963, 1984[4].

Roider, K. A. Jr., *Austria's Eastern Question 1700–1790*, Princeton U.P., 1982.

Salahi, M., *Kāmûs-ı Osmânîye*, İstanbul, 1911.

Sâmî, S., *Kāmûs-ı Türkî*, İstanbul,1900.

Saul, N. E., *Russia and the Mediterranean, 1797–1807*, Chicago, 1970.

Schefer, C., *Mémoires sur L'ambassade de France en Turquie* 1525–1770, par François Emmanuel Guignard, 1735–1821, Comte de Saint-Priest, Ambassadeur de France en Constantinople, Paris, 1877, Amsterdam, 1974[2].

Schieder, Theodor, *Handbuch der europäischen Geschichte*, vol. 3, Stuttgart, 1971.

Shaw, S. J., *Between Old and New, The Ottoman Empire under Sultan Selim III 1789–1807*, Harvard U.P., 1971.

———, *History of the Ottoman Empire and Modern Turkey*, 2 vols., Cambridge U.P., 1977.

Sidney, H., *Russia: A History*, Philadelphia 1952.

Songül, Çolak, *Viyana'da Osmanlı Diplomasisi* (Zeülfikâr Paşa'nın Mükâleme Takrîri), Yeditepe Yayınevi, 2007.

Sorel, *L'Europe et la Revolution française*, Paris, 1897. Osnabrück, 1974, vol. 6.

Sorel, A., *La question d'orient au XVIIIe siècle*, Paris, 1878.

———, *The Eastern Question in the Eighteenth Century*, translated by Bramwell, F. C., London, 1898.

Sousa, N., *The Capitulatory Regime of Turkey*, Baltimore, 1933.

Soysal, İ., *Fransız İhtilali ve Türk-Fransız Diplomasi Münasebetleri (1789–1802)*, Ankara, 1964.

Spular, B., Die Europäische Diplomatie in Konstantinopel bis zum Frieden von Belgrad (1739), *Jahrbücher für Kultur und Geschichte der Slaven*, (1935), pp. 53–115, 171–222, 313–366.

———, Die Europäische Diplomatie in Konstantinopel bis zum Frieden von Belgrad (1739), *Jahrbücher für Geschichte Ost-Europas* 1 (1936), pp. 229–262, 383–440.

Stavrianos, L. S., *The Balkans since 1453*, New York, 1958, London, 2000.

Sugar, P. F., *Southeastern Europe under Ottoman Rule 1354–1804*, University of Washington Press, 1977.

Sumner, B. H., *Peter the great and the Ottoman Empire*, Oxford, 1949.

Taylor, A. J. P., *The Struggle for Mastery in Europe, 1848–1918*, Oxford, 1954, New York, 1971^2.

Türkiyede Halk Ağızından Söz Derleme Dergisi, vol. 1, İstanbul, 1939.

ТУРЕЦКО—РУССКИЙ СЛОВАРЪ, edited by Baskakov, A. N., et al., ed., Москва, 1977.

Uebersberger, H., *Russlands Orientpolitik in der letzen zwei Jahrhunderten*, vol. 1, Stuttgart, 1913.

Unat, F. R., Kırımın Osmanlı idaresinden çıktığı günlere ait bir vesika: Necati Efendi Sefaretname veya Sergüeştnamesi, III. *Türk Tarih Kongresi, Kongreye sunulan tebliğler*, 1948, Ankara, pp. 367–374.

———, *Osmanlı Sefirleri ve Sefaretnameleri*, Ankara, 1968.

Ungerman R., *Der Russisch-türkische Krieg 1768–1774*, Wien/Leipzig, 1906.

Uzunçarşılı, İ. H., Amedi Galib Efendinin Murahhaslığı ve Paris'ten gönderdiği şifreli mektuplar, *Belleten*, 1 (1937), pp. 357–410.

———, Cezayirli Gazi Hasan Paşa' ya dair, *Türkiyat Mecmuası*, 7–8 (1942), pp. 17–41.

———, *Osmanlı Devletinin Saray Teşkilatı*, Ankara, 1945.

———, *Osmanlı Devletinin Merkez ve Bahriye Teşkilatı*, Ankara, 1948.

———, On dokuzuncu asır başlarıa kadar Türk-İngiliz münasebatına dair vesikalar, *Belleten*, 13 (1949), pp. 573–650.

Wood, A. C., The English Embassy at Constantinople 1660–1762, *EHR*, vol. 40 (1940), p. 539.

Yalınçıkaya, M. A., Efendi as the chief secretary of Yusuf Aga Efendi, the first permanent Ottoman-Turkish ambassador to London (1793–1797), *OTAM*, 5 (1994), pp. 385–434.

Zinkeisen, J. W., *Geschichte des Osmanischen Reiches in Europe*, 8 vols., Gotha, 1840–1863.

岡本　明,『ナポレオン体制への道』ミネルヴァ書房，1999年。

尾高晋己訳，バーナード＝ルイス著,『ムスリムのヨーロッパ発見』(上)，春風社，2000年，267頁。

———，バーナード＝ルイス著,『ムスリムのヨーロッパ発見』(下)，春風社，2001年，154頁。

———,「1535年のカピチュレーションについて」，護　雅夫編『内陸アジア・西アジアの社会と文化』山川出版社，1983年，761–776頁。

———,「シトヴァトロク条約（1606年）について」『愛知学院大学文学部紀要』第15号（1986年)，145–123頁。

———,「キュチュク＝カイナルジャ条約（1774年）について」『愛知学院大学文学部紀要』第30号（2001年)，203–209頁。

———,「トルコ外交の西欧化」『西洋史学報』第28号（2001年)，51–62頁。

———,「キュチュク＝カイナルジャ条約（1774年）の第13条についての一考察」『史学研究』第232号（2001年)，53–65頁。

———,「イスタンブル駐在ロシア使節とトルコの書記官長との第一回会談について」『愛知学院大学文学部紀要』第32号（2002年)，115–127頁。

———,「露土戦争（1768～74年）について(1)」『人間文化』第17号（2002年)，57–78頁。

———,「ヤッシー条約（1792年）について」『西洋史学報』第30号（2003年)，63–74頁。

———,「イスタンブル駐在ロシア使節とトルコの書記官長との会談（1798年）について」『愛知学院大学文学部紀要』第34号（2004年)，155–186頁。

———,「キュチュク＝カイナルジャ条約（1774年）の第７条および第14条に見られるトルコ領内のキリスト教徒に対するロシアの保護権について」『西洋史学報』第31号（2004年），70–91頁。
———，「露土戦争（1768〜74年）について⑵」『人間文化』第19号（2004年），87–104頁。
———，「露土戦争（1778〜92年）について⑶」『人間文化』第20号（2005年），107–138頁。
———，「カンポ＝フォルミオの和約（1797年）以後における対露政策の変化」『西南アジア研究』第63号（2005年），68–90頁。
大畑篤四郎編『近代国際関係条約資料集』第2編，第1巻，龍渓書舎，1991年。

ヴェルナドスキー著，坂本是忠・香山陽坪共訳『ロシア史』上巻，東和社，1953年。
H・カレール＝ダンコース著，志賀亮一訳『エカテリーナ二世』上・下，藤原書店，2004年。
木村　崇・鈴木　董・篠野志郎・早坂眞里編『カフカース——二つの文明が交差する境界』彩流社，2006年。
先浜和美，「ジトヴァトロク条約とハンガリー貴族——オスマン帝国とハプスブルク帝国の1606年の和平条約」『アラブ・イスラム研究』第7号（2009年），47–62頁。
鈴木　董，「オスマン帝国とフランス革命」，田中治男・木村雅昭・鈴木董編『フランス革命と周辺国家』リブロポート，1992年，80–99頁。
———，『イスラムの家からバベルの塔へ』リブロポート，1993年。
———，「中東イスラム世界に於ける国際体系の伝統と西洋の衝撃」『国際政治』第69巻（1981），93–107頁。
———，「イスラム国際体系」，有賀貞・宇野重昭・木戸翁・山本吉宣・渡辺昭夫編『講座国際政治』1，国際政治の理論，東京大学出版会，1989年，81–111頁。
———，「イスラム帝国の交渉行動——オスマン帝国の場合」，木村汎編『国際交渉学——交渉行動様式の国際比較』頸草書房，1998年，214–232頁。
高松洋一，「ミュバート・S・キュテュクオール著『オスマン朝文書の言語（古文書学）』」『東洋学報』第79巻第1号（1997年），10–17頁。
中山治一，「カルロヴィッツ・イスタンブール諸条約の意義についての一考察」『愛知学院大学文学部紀要』第9号（1979年），1–14頁。

――――,「オットマン外交とヨーロッパ国家系」『愛知学院大学文学部紀要』第10号（1980年），119–128頁。
パムレーニ＝エルヴィン編，田代文雄・鹿島正裕訳『ハンガリー史』恒文社，1980年。
堀井　優,「16世紀前半のオスマン帝国とヴェネツィア――アフドナーメ分析を通じて」『史学雑誌』第103編，第1号（1994年），34–62頁。
松井真子,「オスマン帝国外交史研究の動向――「条約」文書の変容を手がかりに」『イスラーム世界』第63号（2004年），54–64頁。
黛　秋津,「ロシア・オスマン関係の中のワラキア・モルドヴァ公問題――18世紀後半から19世紀初頭まで」『史学雑誌』第113編，第3号（2004年），1–33頁。
宮崎英隆,「ロシアの黒海進出――露土戦争からクチュク・カイナルジ条約へ」『東海大学教養学部紀要』第17輯（1986年），175–192頁。
『講座岩波世界史』第14巻，1969年。
和田春樹・田中陽児・倉持俊一編『世界歴史体系　ロシア』第2巻，山川出版社，1994年。

あとがき

本書は平成18年に岡本明先生（広島大学）に提出した学位請求論文を修正・加筆したものである。当時筆者が広島大学大学院に進学したころ，日本は学園紛争であれていた。筆者はオスマン帝国の社会経済史（土地制度史）に関心を持っていた。現地を自分の目で見て来いと激励してくださった故三橋富士男先生，故紀藤信義先生の助言によりトルコへ留学することになった。

帰国後しばらくして愛知学院大学文学部歴史学科に奉職することができた。そのころ歴史学科にはヨーロッパ国際政治史の泰斗の故中山治一先生が在職されていた。先生はヨーロッパ国家系の発展からオスマン帝国の存在に深い関心を抱いておられ，欧米人の文献に見られるオスマン語の意味を機会があるごとによく質問された。今から思えば先生は伝統的な外交方式を採用したオスマン帝国と近代ヨーロッパ諸国家との国際関係史の推移を研究するようにと示唆されたようである。爾来ほぼ四分の一世紀の月日が過ぎた。この期間は筆者の人生にとって決して平穏とはいえなかった。先妻は長女出産後，夜鳴きに悩まされ，ついに脅迫神経症におかされた。言葉では表現しがたいが，世間並みの家庭生活を送ることができなかった。ありとあらゆる努力をし，彼女の精神状態がすこしよくなりかけた頃に癌を発病，秋に手術，翌春再発，夏に再入院，初秋に他界した。その頃筆者は教務主任の職にあり，きわめて多忙であった。その後家庭を正常な状態に戻すことにかなりの時間を要した。西洋史研究室の故植村雅彦先生，橋本龍幸先生をはじめとする歴史学科の諸先生の暖かい励ましのお蔭で難局を乗り切り，本書をなんとか上梓することができた。

本書を作成するに際して多くのかたがたから貴重な助言を賜った。とりわけ永田雄三先生，鈴木董氏，清水宏祐氏，近藤勝志氏，勝田茂氏，黛秋津氏，イルハン＝シャーヒン氏，オスマン＝キョセ氏には謝意を表する。

組版制作の点で㈱あるむの川角信夫氏には大変お世話になった。心からお礼を述べる。学生時代から現在に至るまでとかく弱気になりがちな筆者を常に暖かく叱咤激励してくださった橋本龍幸先生には重ね重ね謝意を表する。

経済不況のなか本書の出版を快諾していただいた溪水社の木村逸司氏に謝意を表する。

最後に家庭の再建に尽力し，校正の補助をしてくれた妻尚子にも礼を述べたい。

2010年 6 月

尾　髙　晋　己

Osmanlı Diplomasinin Avrupalılaşması

—Tek Taraflı Diplomasiden Karşılıklı Diplomasiye geçiş—

ODAKA, Hiroki

İçindekiler

Giriş

1. Osmanlı İmparatorluğu ve Avrupa Devletler Sistemi ······················ 3
2. İslamın dünya görüşü.··· 16
3. Osmanlı İmparatorluğu'nun diplomasi sistemi ve diplomasi prensipleri ·· 22

Birinci Bölüm Tek taraflı Diplomasi

Birinci Kısım Tek Taraflı Diplomasinin İlk Dönemi
—Zitvatoruk Ahdnamesi (1606)—································· 35
İkinci Kısım Tek Taraflı Diplomasinin İlk Dönemi—Birinci Osmanlı-Rus Savaşı (1768–74)— ··· 73
1. Savaşın gidişatı ve barış müzakereleri ································ 73
2. Küçük Kaynarca Ahdnamesi (1774) ile ilgili bilgiler·····················127
3. Küçük Kaynarca Ahdnamesi'nin icerigi ve önemli maddeleri···········141
4. Küçük Kaynarca Ahdnamesi'nin 13. maddesi ile ilgili yorumlar ·······147
5. Küçük Kaynarca Ahdnamesi'nin 7. ve 14 maddelerinde belirtilen Osmanlı İmparatorluğu'da bulunan hıristiyanlarla ilgili Rusya'ya verilen koruma yetkisi ile ilgili bilgiler·································163
Üçüncü Kısım Osmanlı ile Rusya arasındaki Ticaret ve Deniz Nakliyat Muahedesi (1783) ile bilgiler···187
Dörtüncü Kısım Tek taraflı diplomasinin sonraki dönemi
—İkinci Osmanlı-Rus Savaşı (1787–92)— ····························201
1. Savaşın gidişatı ve barış müzakereleri ································201
2. Yaş Ahdnamesi (1792) ··246

İkinci Bölüm Karşılıklı Diplomasiye Geçiş

Birinci Kısım Selim III.'ün diplomaside yaptığı reformlar···············259

İkinci Kısım Campo-Formio barışı (1797 Ekim) sonrası Rusya politikasındaki değişim ··· 283
Sonuç ··· 319

Kaynaklar

I. İstabul'da ikamet eden Rus elçisi ve reisü'l-küttâb ile müzakere (1797.12.4–5) ··· 327
II. İstabul'da ikamet eden Rus ve İngiltere elçileri ile reisü'l-küttâb ile müzakere (1798.9.10) ··· 353
III. İstabul'da ikamet eden Rus elçisi ve reisü'l-küttâb ile müzakere (1798.9.24,1798.9.27) ··· 388
IV. İstabul'da ikamet eden Rus elçisi ve reisü'l-küttâb ile müzakere (1798.10.1,1798.10.4) ··· 419

Bibliyografya ··· 487
Özet ··· 505

Özet

Benim kitabım; giriş, iki bölüm ve sonuç şeklinde sıralanmaktadır. Hurewıtz'e göre "Avrupa Devletler Sistemi" oluştuğu dönemde Avurupa dışındaki bölgelerde dört tane ananevi devlet sistemi vardı. Hurewıtz, 1453–1856 yılları arasındaki 400 yıllık süreci Avrupa ve Osmanlı İmparatorluğu'nun münasebetleri açısından dört döneme bölmektedir. Tek taraflı diplomasinin ilk dönemi (1453–1699), sonraki dönemi, karşılıklı diplomasiye geçiş (1793–1821) ve karşılıklı diplomasi dönemlerni sizlere girişte tanıttım. Türklerin yapmış oldukları araştırmalara göre tek taraflı diplomasi dönemi ile 18. yüzyıl dönemini karşılaştırıp Osmanlı İmparatorluğu'nun Avrupanın önemli ülkeleri ile yaptığı ahdname sayısına göre incelersek en göze batanın Rusya olduğunu görürüz. Girişte ayrıca islam'ın dünya görüşünü temel alan Osmanlı İmparatorluğu'nun diplomatik prensiplerinden en önemlisi "eşitsizlik prensibini" ele alıp, hükümdarnın unvanında ve diplomatik protokolda göze çarpan karakteristik özellikleri belirtmeye çalıştım. 18. yüzyıl sonlarındaki Osmanlı-Rus ilişkileri mihver olarak "eşitsizlik prensibi" gibi düşünceleri temel alan geleneksel Osmanlı diplomasisinin avrupalılaşma sürecini, barış müzakerelerinin ve ahdnamelerin şekli ve içerikleri bakımından açıklamaya çalıştım.

Birinci Bölüm Birinci Kısımda bugüne değin Osmanlı İmparatorluğu ve Avrupanın münasebetlerinin uluslararası geçmişindeki dönüm noktası olan Zitvatoruk Ahdnamesini (1606) ele aldım. Osmanlıca tarihi kaynaklara göre Avusturya'dan Osmanlı İmparatorluğu'ya gönderilen hediyelerin "pişkeş (peşkeş)" denilen kelimeyi kullanırken saygınlık ifadesinin bulunduğunu, ayrıca Avusturya hükümdarının unvanının "Viyana'nın kralı" anlamından "Avusturya hükümdarı (çasarı)" na degiştiğini somut bir şekilde ispatladım. Genel görüş kadar dramatik olmasa da Avusturya ile olan ilişkiler karşılıklı olarak Osmanlı İmparatorluğu'nun pozisyonunun zayıfladığını göstermeye çalıştım.

Ikinci kısım 1'de ise Birinci Osmanlı-Rus Harbi'nin (1768–1774) gidişatı ve

Fokşan ve Bükreş barış müzakerelerinin metotları üzerine gittim. Barış müzakerelerinde en çok tartışma yaratan konu Kırım Hanlığı'nın bağımsızlık sorunu olmuştur. Fakat Rus tarafının ustaca diplomatik becerileri sonucu Osmanlı tarafı bazı şartlar ile bu durumu kabul etmek zorunda kaldı. Osmanlı İmparatorluğu'nun avrupalı bağımsızlık fikrinin ne anlama geleceğini tam olarak kavrayamadığı konusunu belirtmeye çalıştım.

2'de ise Birinci Osmanlı-Rus Harbi'ni sona erdiren Küçük Kaynarca Ahdnamesi'nin maddelerini tanıtım. Her iki ülkenin de ahdnamede kullanılacak dil olarak kabul ettiği İtalyanca belgelerden bugüne değin sadece Martens'in kitabında bulunan kaynaklar dışında henüz bilinmemektedir. Ama kitabımda Davison'un araştırmalarına dayanarak İtalyan arşivinde saklı tutulan aynı döneme ait İtalyanca antlaşma metinlerinin en güvenilir kaynaklar olduğunu göstermeye çalıştım.

3'de ise Küçük Kaynarca Ahdnamesi'nin şekli ve içeriğinin önemli noktalarına değindim. Belgrad Ahdnamesi'ndeki (1739) Rusya'nın kabul senetinin tercümesinde olarak "tasdik" kelimesi ilk kez kullanıldığını görürüz. 18. yüzyıla kadar olan ahdnamelerde sultan tarafından, "ihsan oldu" veya "virildi" ibaresi kullanılmakta idi. Lâkin Küçük Kaynarca Ahdnamesi'nde "ahd ü misak ü tamamen tasdik ederiz ki" şeklindeki ifade kullanılmaktadır. Başka bir deyişle Küçük Kaynarca Ahdnamesi'nin içerik olarak modern anlamıyla karşılıklı, müşterek yapılan bir ahdname olduğunu ve bunun en önemli özelliği olduğunu belirtmeye çalıştım. Örnek verecek olursak, 11. maddede Ruslara karşılık Osmanlı tüccarlarının Ruslarla aynı ticari ayrıcalıklara sahip olduğunu açıkladım. Ayrıca 18. madde de Bog nehri (Aksu nehri, Kırım Hanlığı'nın batı sınırı) ve Özi nehirleri arasında kalan bölge Rusya'nın hakimiyetinde olduğunu açıklayıp, ülke sınırının bel irleniş şeklinde nehri kıstas olarak alınmasını hem günümüz hem de Avrupaî diplomasi şekli olarak benimsendiğini belirtmeye çalıştım.

4'de ise Küçük Kaynarca Ahdnamesi'nin 13. maddesini ele aldım. Bu maddede Rusya hükümdarının bundan böyle tüm Rusya toplumunun "padişah" ı olarak nitelenen unvanın kullanılması yazılmaktadır. Avrupanın uluslararası tarihinde Osmanlıca kaynaklara göz atarsak "padişah" olarak tanımlanan unvan yalnızca Osmanlı hükümdarı için kullanılmaktadır. Fakat Fransa ve Avusturya hükümdarlarından sonra Rusya hükümdarına bu unvan Osmanlıca kaynaklarda yer almaktadır. Rus hükümdarlarına başta "çar", Belgrad Ahdnamesi'nden sonra "imparator", Yaş Ahdnamesi'nde (1792) ise "padişah" denilmektedir. Bundan sonra "Avrupa Devletler Sistemi" ni oluşturan beş büyük ülke ile Birinci Osmanlı-Mısır Harbi (1831–33), İkinci Osmanlı-Mısır Harbi (1839–40) ve Kırım Harbi (1853–56) gibi savaşları sonuçlandıran Ahdnamelerde de "padişah" unvanının yaygın bir şekilde kullanıldığı görülmektedir.

5'de ise Küçük Kaynarca Ahdnamesi'nin 7. ve 14. maddelerine değinip, Osmanlı İmparatorluğu sınırları içindeki hıristiyanların haklarının korunmasının Rusya'ya verildiği gibi bir genel düşünce ile ilgili Osmanlıca, Rusça ve İtalyanca 3 dildeki Ahdname metinlerini ayrıntılarıyla incelersek eğer, Rusya'ya verilen bu koruma hakkının Osmanlı İmparatorluğu'da yaşayan tüm hıristiyanların değil de İstanbul'da yaptırılmasına izin verilen kilisenin korumasıyla sınırlı olduğunu ispat etmeye çalıştım.

Küçük Kaynarca Ahdnamesi'ne göre Osmanlı İmparatorluğu Rusya'ya Fransa ve Avusturya'dan sonra hıristiyanları koruma hakkını vermiştir. Ayrıca bu Ahdnamede Rusya hükümdarının unvanı olarak "padişah" kullanılmakta, İngiltere ve Fransa'ya verilen ticari ayrıcalıklar Rusya'ya da verilmiştir. Bunun gibi maddeler izafiyet olarak Osmanlı İmparatorluğu'nun pozisyonunu zayıflatacak, bir başka deyişle eşitsizlik prensibini çökertecek bir duruma soktuğunu belirtmeye çalıştım.

Üçüncü Kısımda Osmanlı ile Rusya arasındaki Ticaret ve Deniz Nakliyat-ı Muahedesi (1783) 'nin şekli ve içeriği açısından, Küçük Kaynarca Ahdnamesi'nin yapılmasından itibaren, Fransa aleyhine Osmanlı-Rus İttifak Ahdnamesinin (1799) imzalanmasına kadar olan dönemde Osmanlı dış politikasının avrupalılaşmasının ilk adımlarını gösteren diplomasi metni olduğunu belirtmeye çalıştım.

Dörtüncü Kısım 1'de ise İkinci Osmanlı-Rus Harbi'nin (1787–92) gidişatını ve barış görüşmelerini ele aldım. Osmanlı İmparatorluğu bir islam ülkesiydi ve hıristiyan ittifakının benimsediği konuları prensip olarak islami hukuk kabul etmezdi, ama bu seferki savaşta İsveç ve Prusya ile ittifak oldu. "Şeyhülislam" hadise dayanarak İttifakın yasallığını belirttiği konuyu, İttifak Ahdnamesinin içeriğinin karşılıklı olması Osmanlı diplomasinin avrupalılaşması çerçevesinden bakarsak önemli bir gelişme olduğunu belirtmeye çalıştım.

2'de ise Rusya ile imzalanan Yaş Ahdnamesi'ni Osmanlıca kaynaklara dayanarak sunmaya çalıştım. Osmanlı İmparatorluğu ve Rusya'nın Karadeniz'in kuzeybatı kıyılarına düşen sınırları Turla Nehri olarak belirlenmiştir. Bu olay yasal yönden bakarsak ülke egemenliği fikrinin oluşmasını göstermektedir. Buna Osmanlı diplomasisinin avrupalılaşmasındaki temel taşı da diyebiliriz. Ayrıca tasdik prosedurleri yani tasdik için gerekli süreç somut bir şekilde gösterilmekte, aynı zamanda "Sultan tarafından tasdik edilmiştir" diye belirtilen ifadelerin Yaş Ahdnamesine eklenmesi Belgrad Ahdnamesi'nden itibaren görülen bir olay olup modern uluslararası hukuki tasdik şekli olarak da ifade edilebilir. Ayrıca her iki ülke arasında karşılıklı verilen eşyalara "pişkeş" değilde "hediye" denilen kelime kullanıldığı belirtilmiştir. Bundan başka içeriğinin karşılıklı olması Osmanlı İmparatorluğu'nun geleneksel diplomasi prensiplerini çökertecegini belirttim.

İkinci bölüm Birinci Kısımda ise SelimIII.'ün (1798–1807) gerçekleştirdiği diplomatik reformları üzerinde durdum. 1793 yılında Selim ilk kez Avrupa'ya, ikamet eden elçi göndermeye teşebbüs etti. Bu teşebbüs tek taraflı diplomasiden karşılıklı diplomasiye gecişin dönüm noktası diyebiliriz. Ama finansal sıkıntılar yüzünden 1800 yılında prensip itibariyle Yunan tercümanı maslahatgüzar olarak değiştirilmesi yoluna gidildi, ayrıca Rusya gibi büyük bir ülkeye ise elçi atanmadı. Lakin İstanbul'da ikamet etmekte olan dış ülkeler elçilerinin tüm masrafları Osmanlı hükümetinin ödemesinin (tek taraflı diplomasinin olayı olarak düşünülmekte) bir bölümü duzeltildi.

İkinci Kısımda ise Campo-formio Barışından (1797 Ekim) sonraki Rusya ile yapılan politikalardaki değişiklik üzerine değindim. Osmanlı İmparatorluğu'nun geleneksel dış politikası Fransa'ya karşı barışçıl, Rusya'ya düşmanca bir tavır içindeydi. Fakat Campo-formio Barışı imzalandıktan sonra Fransa Osmanlı İmparatorluğu ile sınır komşusu oldu. Fransa'nın doğu akdenize doğru ilerlediği tehlikesini hisseden Rusya'nın hükümdarı Pavel I. aynı yılın sonunda İstanbul'da reisü'l-küttâb ve Rusya elçisi ile ilk konferansını yaptırıp Rusya hükümdarı olarak bugüne kadar olan düşmanca Osmanlı ilişkilerini değiştirip, daha barışçıl ve yakın bir politika izleyeceğini belirtti. Fakat Osmanlı İmparatorluğu henüz Fransa'nın bu tehlikeli etkisini hissedememişti. Ertesi yıl Toulon limanına sefer hazırlığı, ayrıca Malta Adası'nın alınması haberinin İstanbul'a gelmesi Osmanlı İmparatorluğu'yu müphem endişe haline soktu. Bu zamanlarda İstanbul'da Fransa aleyhine İttifak Ahdnamesi imzalanması için reisü'l-küttâb ve Rusya elçisi arasında birçok kez konferans yapıldı. 1798 Temmuzunda Bonaparte ordusu Mısır'a çıkıp her yeri ele geçirdiği haberinin İstanbul'a gelmesi üzerine Osmanlı tarafı Fransa'nın düşmanca yaklaşımını ilk kez hissetti diyebiliriz. Ayrıca Ebukhur körfezindeki savaşta Fransa'nın İngiliz donanmasına yenilmesi en önemli dönüm noktası oldu. Böylece geleneksel dış politika bırakılıp Fransa'ya savaş ilanı verildi. Bundan sonra Osmanlı İmparatorluğu Rusya ve İngiltere ile ortak ordu kurulması için çalışmaya başladı. İstanbul'da müzakerelere devam edilip Rusya ve Osmanlı İmparatorluğu arasındaki somut karşılıklı yardım problemleri de tartışıldı ve ertesi yılın Ocak 3'ünde Fransa aleyhine Rusya ile İttifak Ahdnamesi imzalandı.

Hurewitz 1961 yılında "Avrupa Devletler Sistemi" nin gelişimi açısından Osmanlı diplomasisinin avrupalılaşmasındaki araştırmaların mühim olduğunu gösterdi. O günden beri sadece Japonya'da degil, Türkiye, Avrupa ve Amerika'da Osmanlı diplomasi tarihi üzerine olan araştırmaların fazlaca olmadığını görmekteyiz. Bilhassa 18. yüzyılın sonlarında Rusya ile ilişkiler tarihinin araştırılması hem iç hem de dişta yok denecek durumdaydı. Bugüne kadar yapılan araştırmalar Osmanlı araştırmacı Kurat'ın "Türkiye ve Rusya" (genel tarih) ve Köse'nin "Küçük Kaynarca Ahdnamesi" (1997 doktora tezi) adlı eserlerden ibarettir. Köse'nin eserinin yaklaşık 400 sayfaya yakınının %30 kadarı savaşın gidişatı üzerine, kalan diğer coğunluğun ise 1774 yılından sonraki Kırım'daki Rusya ve Osmanlı İmparatorluğu mücadelesi, Rusya'nın Kırım'a girmesi ve ilhakı üzerine değinilmiştir. İlhaktan sonra Köse'ye göre Karadeniz'in kuzey kıyılarının büyük bölümünü elinde bulunduran Kırım Hanlığı'nın topraklarını kayıp etmesi çok büyük sorun olmuştur. Türk olması nedeniyle fazlaca Osmanlıca kaynak kullanması artı puan olarak görülse de esas eser olan Sorel'in araştırması, Davison'un makalesi ve diger avrupa kitaplarının hepsi Türkçe çevirisi kullanılmaktadır. Ayrıca Küçük Kaynarca Ahdnamesi ile ilgili sadece Osmanlıca kaynaklar kullanılmamıştır. Ben sadece Osmanlıca değil de avrupanın kaynaklarıyla kıyaslayıp karar verme yolunu tuttum.

Kitabımda, eşitsizlik prensibini temel alan geleneksel tek taraflı diplomasi bilhassa 18. yüzyılın sonlarında Rusya ile ilişkilerini mihver olarak karşılıklı diplomasiye geçişi, barış müzakereleri, ahdnamelerin şekli ve içeriği bakımından belirtmeye çalıştım. "Avrupa Devletler Sistemi"nin içerisine Hıristiyan olmayan ve Avrupa topraklarında bulunmayıp ilk kez girmeyi başaran devlet, bir islam ülkesi olan Osmanlı İmparatorluğu olduğunu düşünürsek, ayrıca geleneksel tek taraflı diplomasinin karakteristik özellikleri açıklanabilirse, hıristiyan özellikleri taşıyan "Avrupa Devletler Sistemi" nin değişminin bir ucu açıklıga kavuşacaktir diye düşünüyorum.

Rusya ilişkilerini mihver olarak "Osmanlı diplomasisinin avrupalılaşmasını" ele alırken zayıflığım yüzünden Rusça kitaplar, makaleler ve kaynakların çoğunluğunu kullanamadım. Sonrasına problem olarak kalmıştır.

Resmi, Vâsıf, Enverî, Cevdet, ʿÂsım gibi çağdaş Osmanlı tarihçilerinin eserlerinden yararlandım. Fakat gerçeklerin üzerine giderken zaman kaybedip bu tarihçilerin Osmanlı diplomasisinin değişimi hakkında ne hissettikleri ve bu hislerinin değişimine kadar irdeleyip bu kaynakları okuyamadım.

索　引

（人名，地名，事項）

ア

アースム＝エフェンディ　Asım Efendi　274
アイナルカワク協約　Aynalı-kavak tenkihnamesı　154, 201, 236, 237
アクサン　Aksan, H. V.　80, 114, 115
アゼルバイジャン　Azerbayjan　91
アゾフ　Azak　80
——海　Azak denizi　80, 92
——要塞　Azak kalesi　253
アッケルマン　Akkerman　85, 115, 211, 223, 234, 244, 248, 271
アティフ＝エフェンディ　Atıf Efendi　267, 272, 273, 276, 293, 296, 302, 304, 386, 476
アドリア海　87, 266, 287, 308, 309
アナトリア（アナドル）　22, 92, 218, 240, 271, 272, 301
アブキール湾（の戦い）Ebu-Khur　278, 295, 313
アブデュルハミト1世　Abdülhamıd I（在位1774〜89）　107
アブデュルレザク＝バヒル＝エフェンディ　Abdurrezzak Bahir Efendi　100, 236
アブドゥッラー＝ベリー＝エフェンディ　Abdullah Berrî Efendi　214, 241, 243
アフドナーメ　ahdname　9, 20, 27, 29, 141, 187–191, 194, 195, 197, 198, 237, 239, 244
アフメット1世　Ahmed I（在位1603〜17）　43
アマーン　amân　18, 20
アリー＝アジズ＝エフェンディ　Ali Aziz Efendi　271, 272
アルバニア　228, 287, 290, 321, 342, 468
アレクサンドリア　İskenderiye, Alexandria　90, 180, 267, 268, 279, 294, 296, 299, 300, 306, 309, 322, 371, 373–375, 378–382, 385

イ

イヴァズザーデ＝ハリル＝パシャ　İvaz Paşa-zâde Halil Paşa　83, 117
イエディクレ　Yedikule　75, 204, 268, 271, 279, 303, 304, 308, 384, 449
イエニカレ　Yenikale　92, 102–104, 110, 112, 143
イエニシェヒールリ＝オスマン＝エフェンディ　Yenişehirli Osman Efendi　96–99, 105
イエルギョギイ　Yergöğü　83, 93, 95, 98, 101, 107, 219, 223, 226
イェルサレム　Jerusalem, Ḳuds-ı Şerif　23, 59, 149, 167, 175, 176, 180, 181, 185, 373
イオニア海　266, 286, 305
イオニア諸島　Ionian Islands, Yedi Ada　280, 287, 288, 290, 293, 308–310, 321, 322
イギリス　6, 10, 27, 141, 151, 157, 162, 191, 209, 218, 284, 294, 305, 307, 311, 471, 472
——艦隊　230, 263, 278, 301, 303, 308, 309, 322, 371–373, 384, 448
——使節　322, 353, 371, 373–375, 377, 379–381, 383, 384, 475
——大使　10–12, 24, 184, 214, 218, 223, 260, 262, 263, 274, 278, 308, 386

――提督　371, 373–375, 377, 379, 381–384
イサクチュ İsakçı　79, 82–84, 226
イスタンブル　6, 94, 103, 105, 112, 129, 132, 181, 184, 188, 212, 213, 215, 218, 221, 223, 231–233, 260, 262, 268, 270, 272, 275, 286, 307, 312, 461–463, 473, 475
――条約　115, 150, 152, 160, 187, 253
イスマイル İsmail　85, 107, 206, 208, 211–213, 221, 226, 234, 243, 248, 263–265, 278
イスマイル＝フェルフ＝エフェンディ İsmail Ferruh Efendi　263
イスメット＝ベイ＝エフェンディ İsmet Bey Efendi　302, 304, 370, 403, 411, 447
イスラームの家 dâr-al-islâm　16–18, 20, 22, 30, 148, 319
イスラーム法 Şarî'a　9, 16, 17, 29, 66, 74, 77, 97, 143, 147, 148, 181, 214, 235, 241, 283, 304
イタリア　26, 27, 35–38, 51, 111, 127–134, 136, 137, 144–146, 148, 150, 157, 159, 160, 163, 171–174, 183–185, 187, 188, 262, 284, 286–288, 290, 291, 294, 305, 319, 341, 342, 345–347, 349, 352, 372, 448
――遠征（侵略）　25, 36, 284, 286, 321
イナルジク İnalcık, H.（1916～）　120, 190
イネバフト（レパント）İnebahtı　87
イブライル İbrail　82, 85, 106, 107, 206, 211, 221, 225, 228
イブラヒム＝アティフ＝エフェンディ İbrahim Atıf Efendi　267, 272, 273, 276
イブラヒム＝ムニブ＝エフェンディ İbrahim Munib Efendi　109, 129
インド洋　87

ウ

ヴァルナ Varna　106, 107, 221, 270
ウィーン　7, 36, 40, 41, 44, 94, 152, 156, 159, 210, 218, 222, 230, 267, 272–274, 276, 473
――条約　40, 45, 61
――の王　29, 42, 149
ヴィディン Vidin　93, 209, 211, 212, 218, 221, 309, 310, 349, 350, 352
ヴィルヌーヴ Villeneuve（1763～1806） 24, 153
ヴェズィール　37, 55, 56, 309
ヴェネツィア Venedik, Venice　9, 10, 29, 37, 86, 129–131, 133, 136, 137, 139, 144–146, 152, 159, 160, 183–185, 187, 191, 194, 198, 287–290, 293, 307, 310, 342, 345, 346, 351, 372, 373, 376, 377, 468, 470, 475
――使節　87, 129, 475
――総督　129
ヴェルニアック Verniac　285, 286, 297
ウシャコーフ Ushakov, Feodor　226, 308, 309
ウズンチャルシュル Uzunçarşılı, İ, H.（1889～1977）　238, 239
ウルカプ要塞 Urkapı kalesi　92, 253
ウレマー ulemâ　76, 77, 95, 98, 102, 207–209, 214, 273, 308
ウンゲルマン Ungermann　116, 124, 125, 135

エ

エーゲ海 Eğe denizi　36, 89, 90, 164, 176, 179, 261, 301, 483
エカテリーナ２世 Catherine II, Katarina II（在位1762～96）　73, 79, 86, 89, 155, 284, 290, 313, 321, 351
エゲル Eger　40, 42, 43, 53, 62, 63, 71
エジプト Mısır　20, 90, 95, 149, 156, 197, 202–204, 218, 263, 264, 266–268, 271, 273, 280, 286, 287, 294–306, 308, 309, 313, 316, 372–374, 377–379, 385, 409–411, 447
――遠征 Mısır Seferi　267, 288, 294–

296, 298, 300, 303
エステルゴム Estergom 39, 40, 50, 53, 63, 64, 71
エリム Erim, N. 128, 255
エル＝アリッシュ（協定）El-Ariş 264
エルズルム Erzurum 23, 80, 149, 225, 304
エルフィンストン Elfinston 86, 88, 89
エンヴェリー Sadullah Enverî Efendi（1739?～94） 8, 13, 109, 124

オ

オーストリア 10, 85, 93, 95, 157, 158, 162, 215, 218, 272, 284, 287, 294, 307, 311, 404, 471, 472
――継承戦争 30, 151
――使節 129, 153, 168, 169, 177, 178, 272, 475
オーストリア＝オスマン同盟 93, 94
オスマン外交のヨーロッパ化 Osmanlı Diplomasisinin Avrupalılaşması 1, 7, 8, 111, 113, 142, 148, 150, 155, 187, 197, 216, 235, 236, 254, 259, 323
オスマン商人 112, 142
オスマン人 4, 7–9, 20, 22, 26, 39, 41–43, 46, 53–56, 58, 63, 64, 85, 87, 88, 106, 107, 112, 128, 147, 168, 174, 214, 220, 223, 225, 265, 275, 277, 284, 285, 302, 314, 319–321
オスマン政府 112, 144, 162, 164–166, 170, 171, 232
オスマン帝国 3–7, 22–27, 78, 80, 86, 142, 147–149, 159, 162, 202, 206, 213, 215, 228, 233, 235, 248, 250, 252, 259, 261, 262, 270, 285, 299, 304
――艦隊 375, 377, 382, 384, 452, 453, 455, 457, 460
――の諸国土 Devlet-i ʻAliye memaliki, memalik-i Osmaniye, memalik-i mahruse 193–197, 410, 454, 460, 468, 469
オチャコフ Oczakov, Ochakov, Özü 104, 144, 205, 206, 208, 222, 223, 231–234, 244
オデッサ Odessa 234, 235, 244, 292
オブレスコフ Obreskov 74, 75, 94, 96, 97, 101–104, 110, 114, 130, 175, 176, 179
オランダ 6, 10, 24, 27, 29, 143, 151, 158, 187, 189, 190, 204, 206, 215, 220, 222, 223, 229, 284, 293, 302, 308, 319, 321
オルソヴァ Orsova 206, 219, 229, 232
オルロフ＝アレクセイ＝グリゴリエヴィッチ Orlov Aleksei Grigorievich 87
オルロフ＝グリゴリ＝グリゴリエヴィッチ Orlof Grigori Grigorievich 88

カ

海峡協定 156
外交革命 313
カイロ Kahire, Cairo 267, 295, 300, 322
カウニッツ Kaunitz（1711～97） 94
カッファ Kaffa 221
カトー＝カンブレジ条約 Taité du Cateau-Cambrésis 38
カドリ＝ベイ Kadri Bey 305, 309
カニジェ Kanije 38, 40, 42, 43, 52–54, 55–57, 62, 64, 71
カニング Canning（1770～1827） 12
カバルタイ Kabartay 74, 80, 224, 225
カピチュレーション capitulation 9, 13, 18, 27, 28, 31, 142, 143, 158, 180, 187, 265
カフカース Kafkas 74, 80, 91, 95, 102, 176, 202, 208, 213, 223–225, 234, 237
カプラン＝ギライ Kaplan Giray 84, 120
カラス 106, 107, 206, 208, 211, 226, 233, 234
ガラタ 107, 170, 173, 181, 475
ガリシア Galicia 206
カール５世 Karl V 11, 22, 23, 35, 149, 158, 159
カルタル Kartal 79, 84, 85, 92, 105, 117
カルパチア山脈 205–207, 211
カルロヴィッツ条約 Karlofça muahedesi 5, 6, 24, 29, 111, 112, 147, 158, 181, 190,

259, 319
カンディエ Kandiye 447
カンポ＝フォルミオの和約 Campo-formio Barışı 266, 283, 284, 286, 287, 289, 290, 292, 313, 321, 351, 352

キ

北アフリカ 36, 189, 234
キプロス Kıbris, Cyprus 297, 299, 374, 375
キュチュク＝カイナルジャ Küçük Kaynarca 13, 110, 112, 116, 126, 130, 168
——交渉 Küçük Kaynarca Barış 176, 319
——条約 Küçük Kaynarca Ahdnamesi 11, 12, 15, 73, 102, 110, 127, 134, 136, 141, 147, 155, 157, 163, 169, 170, 175, 177–179, 183, 188, 190, 197, 201, 203, 224, 232–234, 236, 320
キリ Kili 85, 206, 211, 226, 234, 248, 271, 283
ギリシア 36, 202, 228, 288
——計画 Greek Project, Greek Projesi 155, 201, 237
——正教 73, 74, 104, 163, 164, 166, 170–172, 174–179, 184, 185, 309
——正教会 26, 133, 163–167, 169, 174, 175, 178
キリスト教徒 320
金角湾 Halic-i Konstantiniye 184, 462, 463

ク

クノーベルスドルフ Knobelsdorf 216, 222
クバン Kuban 77, 80, 143–145, 247, 249, 253, 255
——河畔 143, 225
——川 Kuban 208, 225, 234, 235
クリミア戦争 Kırım Harbi 6, 156, 166, 171, 177–179, 184
クリミア半島 79, 90, 92, 202, 205, 292
クリム信任状 Kırım senedı 201, 237
クリム＝ハーン国 Kırım Hanlığı 73, 74, 77–79, 84, 90–92, 95, 97, 98, 101–105, 111, 112, 120, 145, 150, 155, 160, 177, 201–203, 206–209, 234–236, 239, 247, 249, 298, 320
グルジア Grücistan, Georgia 74, 77, 80, 101, 164, 176, 202, 204, 223, 224, 234, 244, 251
クルブルン Kılburun 104, 110, 144, 204, 205
クレタ島 Crete, Girid 289, 296, 297
クレベール Kléber（1753～1800） 264
グレンヴィル Grenville, William（1759～1834） 261–264, 278
クロアチア 36, 39, 62, 207
クロンシュタット 86

ケ

ケーラー Koehler 312
ケファロニア島 Kefalonia 287, 310
ケル＝アフメット＝パシャザーデ＝アリー＝パシャ Kel Ahmet Paşa-zâde Alî Paşa 82
ケルソン Kherson 202, 235
ケルチ Kerç 92, 102–104, 110, 112, 143

コ

紅海 87, 295
コーラン 20, 21, 241
小型艦艇隊 ince donanma 372, 374, 378–382, 387
コジャ＝ユスフ＝パシャ Koca Yusuf Paşa 203, 208, 209, 221, 227, 232
コズルジャ Kozluca 108, 109, 125
コチュベイ Victor Kochubei（1768～1834） 290, 292
コドリカ Codrika 265, 269, 279, 295
五百人会 266, 295, 298
コブルク Coburg 205, 209–211, 219, 221–223, 225, 226
コルフ島 Körfes 287, 289, 305, 306, 310,

372, 373, 377, 382
コンスタンティノープル　6, 9, 62, 115, 164, 166–171, 319

サ

サー＝シドニー＝スミス　Sir Sidney Smith（1764～1840）　87
最恵国待遇　97, 112, 142, 194, 195
サヴァ川　Sava, Save　205
サクズ　Sakız　89
サルディニア　156, 157, 189, 284, 293
サロニカ　Salonica, Selânik　316
(サンクト＝)ペテルブルク　Petersburg　87, 92, 94, 95, 120, 291, 341, 449, 453, 454, 465, 469–471, 473, 474
三国同盟　94, 204, 206, 219, 221, 230, 231, 233
ザンテ島　Zante　287, 310

シ

シェイヒュルイスラーム　Şeyhü'l-İslâm　235, 238, 241, 280, 304, 307, 308
ジェウデト　Ahmet Cecdet Paşa（1822～95）　8, 13, 128, 133, 134, 137, 239, 289
ジェザーイルリ＝パラブユク＝ガージー＝ハサン＝パシャ　Cezayirli Pala-bıyık Gazi Hasan Paşa　87, 203
ジェナーゼ＝ハサン＝パシャ　Cenâze Hasan Paşa　209
シゲトヴァール　Szigetvár　38
ジズヤ　19, 21, 101, 167
ジトヴァトロク条約　Zitvatoruk Ahdnamesi　29, 35, 40–47, 58, 65, 66, 111, 149, 158, 319
シノップ　Sinop　92
ジブラルタル　Sebte Boğazı　86, 295
シャーヒン＝ギライ　Şâhin Giray　92, 236
シュムヌ　Şumnu　94, 96, 99, 100, 104, 106–110
ショアズール　Choiseul（1709～88）　94, 113
常駐使節　6, 9, 10, 12, 151, 160, 259, 260, 265, 270–273, 276, 277, 319, 321
小ピット　Pitt（1759～1806）　227, 284, 318, 321
ジョージ3世　George III（在位1760～1820）　75, 76, 263
書記官長　6, 25, 100, 188, 210, 214, 231, 243, 260, 285, 300
シラーフダル＝ハムゼ＝マーヒル＝パシャ　Silâhdar-Hamze Mâhir Paşa　74
シラーフダル＝メフメット＝パシャ　Silahdar Mehmet Paşa　85, 92, 93
シリストレ　Silistre　106, 107, 126, 221, 223, 226
神聖ローマ皇帝　59, 60, 63, 69, 70, 158, 181

ス

ズィシュトヴ　Ziştov　206, 223, 224, 226–228, 230, 233, 235, 236, 243, 244, 275
スウェーデン　14, 75, 114, 137, 150, 152, 175, 189, 204–206, 209, 210, 214, 215, 221, 222, 224, 227, 235, 236, 239, 240, 241, 273, 283, 307, 308, 317, 320, 407, 451, 471–473, 476
――使節　273, 473
――と同盟　155, 210
スヴォーロフ　Suvorov（1730～1800）　108, 209, 210, 213, 226
スペイン（王）　23, 51, 151, 159, 189, 262, 268, 273, 284, 302, 308
スペンサー＝スミス　Spencer Smith　308
スレイマン大帝　Kanunî Sultan Süleyman（在位1520～66）　22, 23, 35, 42, 43, 115, 149, 158, 159

セ

セイッド＝アリー＝エフェンディ　Seyyid Alî Efendi　265, 274, 280, 291
セヴァストーポリ　Sevastopol　202, 203, 205, 226, 235, 308

ゼゲリン Zegelin 96
セリム＝ギライ 3 世 Selim Giray III（在位 1764〜1767, 1770〜1771） 92
セリム 3 世 Selim III（在位1789〜1807） 9, 13, 26, 207–210, 212–214, 216–219, 221, 222, 224, 225, 227, 230, 232, 233, 235, 259–261, 265, 270, 271, 274–277, 280, 285, 286, 293, 294, 299–301, 303, 304, 307, 309, 311, 312, 321, 322, 476
戦争の家 dâr-al-ḥarb 16–18, 20, 22, 148, 319
占有物保留の原則 uti possidetis, ʻalâ hâlihi 30, 319

ソ

総裁政府 Müdirin-i Hamse 265–269, 284, 286, 288, 289, 297, 299, 305, 347
双務主義外交 Karşılıklı Diplomasi 1, 6, 112, 246, 257, 259, 277, 321, 323
ソレル Sorel, A.（1842〜1906） 113, 114, 122, 164, 169, 170, 178, 179

タ

ダーダネルス海峡 90, 95, 299, 301, 304, 309, 310
第一次オスマン＝エジプト戦争 Birinci Osmanlı-Mısır Savaşı 156
第二次オスマン＝エジプト戦争 İkinci Osmanlı-Mısır Savaşı 156
第一次ロシア＝オスマン戦争 Birinci Osmanlı-Rus Savaşı 73, 319
第二次ロシア＝オスマン戦争 İkinci Osmanlı-Rus Savaşı 201, 320
大西洋 Bahr-ı Muhit-i Atlası 86
第二次イタリア戦争 35–38
対仏ロシア＝オスマン防御同盟条約 7, 197, 311
タタール Tatar, Tatarlar 23, 24, 51, 60, 78, 79, 91, 92, 103, 110, 115, 116, 120, 143–145, 153, 208
　クリム＝タタール Kırım Tatarları 24, 78, 79, 91, 103, 145, 153
　ノガイ＝タタール Nogay Tatarları 91, 120
ダニシメンド Danişmend, İ. H.（1892〜1967） 74, 113, 116, 117, 119, 238–241, 243, 255
タマン Taman 92, 249
ダルマティア Dalmçya 201, 229, 287, 288, 345
タルマン Talman 153
タレーラン Talleyrand（1754〜1838） 265–270, 274, 280, 289, 291, 294–298, 302, 303, 309, 312, 322, 352

チ

チェシメの英雄 208
チェシメの惨事 Çeşime 89, 90, 119
チェレビザーデ＝シェリフ＝ハサン＝パシャ Çelebi-zâde Şerif Hasan Paşa 217
地中海 Akdeniz 20, 22, 28, 36, 86, 87, 102–104, 112, 122, 141, 149, 188, 194, 201, 213, 222, 230, 234, 236, 263, 264, 286, 291, 292, 298, 301, 304, 305, 308, 313, 321, 371, 383, 448, 454, 461, 462, 465, 467
チャル çar 152, 153
チュニジア Tunus 16, 36, 250
チョルル＝アリー＝パシャ Çorlulu Alî Paşa 82

ツ

通訳 doragoman, tercüman 12, 25–27, 68, 100, 101, 109, 121, 130, 175, 184, 204, 231, 243, 260, 262, 265, 266, 269–271, 273, 275, 276, 279, 280, 285, 290, 292, 295, 316, 321, 341, 342, 404, 458, 476

テ

ディーツ von Diez 213, 214, 216, 271
デウレット＝ギライ Devlet Giray 81, 82, 84

デーヴィソン Davison, R.　129, 131–134, 138, 139, 160, 163, 171–176
デコルシェ Descorsches（1749〜1830） 267, 268, 288
テペデレンリ＝アリー＝パシャ Tepedelenli Alî Paşa（1744〜1822） 228, 233, 288
テメスヴァル Temesvar　205

ト

トゥーロン港 Toulon limanı　266, 292, 294, 296, 297, 313, 322
トゥグート Thugut（1736〜1818）　94, 96, 122, 129, 138, 168, 169, 177–179, 272, 346
ドーソン →ムラジャ＝ドーソン
ド＝トット De Tott, Baron（1730〜93） 90, 106, 107, 108
ドナウ川 Tuna　35, 37, 39–41, 48, 52, 56, 60, 66, 79, 81–85, 93–95, 101, 106–108, 116, 176, 203, 205–207, 211, 214, 217, 218, 221–223, 225, 226, 228, 229, 243, 484
ドニエストル川 Turla　79, 81–83, 85, 91, 115, 201, 204, 205, 211, 223, 231–235, 244, 247, 253, 256
ドニエプル川 Özü　80, 144, 201, 202
ドブロウニク（ラグーザ）Dubrovnik, Raguza　104
ドラクロア Doracroix　265
トラブゾン（トレビゾンド）Trabzon (Trebizond)　80, 224, 225
トランシルヴァニア Erdel, Transylvania 37–41, 45, 47, 49, 50, 53, 54, 58, 65, 68, 69, 206, 207, 221, 228
ドルジニナ Druzhinina, E. I.　129, 131, 135, 175

ナ

ナイル川　295, 380
七年戦争　151, 157, 161, 202
ナフ Naff, T.　9, 31, 112, 118, 194, 279
ナポレオン帝国 Naporeon İmparatorluğu 269, 270
ナルダ Narda　372

ニ

ニコポリス Nicopolis　218, 243
ニコライ＝レプニン Nikolai Repnin（1734〜1801）　110, 129
ニシュ Niş　211, 212

ネ

ネルソン Lord Nerson（1758〜1805）　278, 295, 303, 306, 307, 322, 371–375, 377–379, 381–385

ノ

ノラドゥンジアン Noradounghian　111, 133–136

ハ

パーヴェル１世 Pavel I（在位1796〜1801） 290, 291, 294, 313, 316, 318, 321, 351
パーディシャー pâdişâh　9, 23, 41, 42, 44, 45, 67, 70, 71, 77, 78, 97, 98, 104, 149, 150, 155–160, 192, 246, 252, 254, 304, 320, 473
パーニン Panin Petr Ivanovich（1718〜83） 84, 85
パザルジュク Pazarcık　93, 94, 106, 107
パスバンオール Pasbanoğlu（1758〜1807） 309, 349, 350
パッサロヴィッツ条約　29, 111, 190
バナート Banat　205, 206, 209
ババダウ Babadağı　81, 83–85, 93, 95, 106, 107
ハプスブルク（皇帝）　42, 43, 50–53, 55, 57, 66, 71
パリ　6, 7, 10, 162, 260, 265–271, 274, 276, 279, 291, 295–298, 302, 312, 322, 344, 346, 347, 349, 352, 372, 386, 449

——条約　5, 156, 157, 162, 280
バルカン半島　4, 28, 83, 152, 166, 202, 216, 218, 224, 287, 305, 308, 311, 312
バルタ　Balta　74, 75
バルト海　Bahr-ı Baltık　86, 87, 115, 150, 152, 209, 213, 222, 230, 463
ハンガリー　35, 37, 39, 158
——王　35, 36, 43, 46, 53, 54, 63
——王国　39
——人　50, 52–56, 64, 148
ハンテペスィ　Hantepesi　79, 82–84, 115
ハンマープルクシュタル　von Hammer-Purgstall（1774～1856）　87, 117–119, 122, 164, 178

ヒ

ビュックデレ　Büyükdere　304, 308, 377
ヒュレヴィッツ　Hurewitz, J. C.　3–6, 8, 9, 134–136, 147, 162, 171, 178, 246
ピョートル大帝　Büyük Petro（在位1682～1725）　14, 73, 84, 151, 152, 161, 184, 474

フ

ファナリオット　Phanariot　26
フェトヴァー　fetva　74, 76, 238, 304, 307, 349
フォクシャン　Fokşan　96, 112, 130, 168, 209, 210–212
——交渉　Fokşan Barış　97, 100, 101, 177, 179
フォントン　Fonton（1798年死去）　292
ブカレスト　Bükreş　84, 85, 93, 100–102, 110, 112, 130, 168, 203, 209, 211, 219, 221, 223, 475
——交渉　Bükreş Barış　107, 109, 110, 175, 176, 179
ブク川　Buğ, Aksu　82, 91, 144, 201, 204, 205, 223, 231, 232, 234, 244
ブコヴィナ　Bukovina　222, 228
ブジャク　Bucak　84, 143, 248
ブダ　Budin　36–39, 45, 48, 53, 56, 58, 59, 62, 63, 66, 68, 149
フトベ　hutbe　102
フランス　6, 25, 27, 141, 151, 157, 189, 191, 287
——（国）王　5, 41, 149, 156, 159, 161
——革命　Fransız İhtilali　14, 151, 155, 156, 161, 220, 228, 235, 260, 265, 283–285, 289, 293, 305, 314, 320, 352, 476
——使節　153, 180, 268, 269, 285, 286, 288, 297, 344–346, 475
フリードリヒ＝ヴィルヘルム２世　Friedrich Wilhelm II（在位1786～97）　219, 220, 230
フリゲート艦　firkateyn　86, 118, 261, 288, 371, 373, 375, 379–382, 386
プルート川　Prut　79, 82, 84, 246
プルート条約　Prut　80, 126
ブルガーコフ　Bulgakof (Bulgakov)　188
プレヴェザ　Preveze　36, 287, 310
プロイセン　93, 95, 151, 157, 162, 189, 209, 210, 218, 272, 294, 307, 311, 404, 471, 472
——王　156, 213, 214, 219, 220, 230, 231, 243, 271
——大使　213, 214, 222, 223, 271, 275
——との同盟　Osmanlı-Prusya ittifakı　213, 214, 231, 235, 236, 241, 320

ヘ

兵站総監　nüzül emini　115, 417, 453, 456
ベオグラード条約　Belgrad Ahdnamesi　15, 29, 80, 111, 116, 124, 141, 153, 187, 228, 229, 236
ベッサラビア　Bessarabia　166, 201, 233
ペテルブルク　→サンクト＝ペテルブルク
ベベック　Bebek　231, 260, 370, 403, 411, 447, 458
ベラート　berât　28, 180
ベルリン　7, 94, 218, 221, 222, 271, 276, 473

ベンデル Bender　77–79, 81–85, 113, 115–117, 211, 223, 226, 234, 244, 248, 271
片務主義外交 Tek Taraflı Diplomasi　1, 6, 26, 112, 147, 246, 259, 275, 277, 278, 321, 323
――前期 Tek Taraflı Diplomasi İlk Dönemi　35, 112, 163, 182
――後期 Tek Taraflı Diplomasi Sonraki Dönemi　73, 112, 201

ホ

ポーランド　10, 24, 29, 37, 38, 73–77, 79–81, 94, 121, 144, 151, 152, 160, 178, 213–215, 219, 220, 225, 243, 251, 284, 285, 476
――継承戦争　151
――分割　93–96, 160, 285, 476
ボスニア　36, 39, 40, 62, 85, 201, 205, 207, 211, 228
ボスフォラス海峡　184, 226, 240, 290, 304, 308, 312, 322
ポチョムキン Potemkin（1739～91）　155, 202–205, 210, 211, 213, 223, 225, 226, 233, 244
北方戦争　31, 150, 152
ホティン Hotin　77, 79, 81–83, 99, 117, 201, 205, 220, 226, 229, 238, 271
ポドリア Podolia　80
ボナパルト Bonaparte　25, 263, 264, 266–269, 271, 273, 279, 284, 286, 288–292, 294–296, 298, 299, 301, 303, 305, 307, 308, 313, 316, 321, 322, 342, 345–348, 352, 373, 377, 378
ポルトガル　189, 262, 263, 278, 472
ポロ＝レニエル Polo Renier　129, 130

マ

マフムト１世 Mahmud I（在位1730～54）153, 154
マフムト２世 Mahmud II（在位1808～39）147
マムルーク Mamuluk　203, 294–297, 299, 300, 306
マルセイユ　265, 297
マルタ島 Malta　267, 292, 294, 298, 303, 308, 313, 322, 377
マルテンス von Martens, G. F.（1756～1821）　128, 129, 131–133, 135, 136, 138
マンヤ Manya　86–88, 305, 344, 468

ミ

ミノルカ Minorca　87

ム

ムスタファ３世 Mustafa III（在位1757～74）　74, 76, 77, 82, 83, 95, 106, 107, 387
ムハディエ Muhadiye　205
ムフスィンザーデ＝メフメット＝パシャ Muhsın-zâde Mehmet Paşa　73, 78, 93, 132
ムラジャ Muratca　473
（ムラジャ＝）ドーソン D’Ohsson, I. M.（1740～1807）　175, 273, 473, 476

メ

メッカ Mecca　232, 242, 301
メデム将軍 Medem　80
メフメット＝カルガ Mehmet Kalga　208
メフメット＝サイド＝ガーリブ＝エフェンディ Ahmet Mehmet Galib Efendi　269, 279
メフメット＝サイド＝ハレト＝エフェンディ Mehmet Said Halet Efendi　269, 270, 276, 280
メフメット３世 Mehmed III（在位 1595～1603）　40, 43, 59
メフメット＝ラーシド＝エフェンディ Mehmet Râşid Efendi　31, 260, 290, 351

モ

モハッチの戦い　35

モルダビア　Buğdan　28, 29, 39–41, 74, 78, 79, 83, 84, 94, 95, 101, 104, 115, 164, 165, 168, 176, 201, 205, 207–210, 213, 228, 229, 232, 234, 243, 244, 246, 248, 251, 270, 447
モルドワンジュ＝アリー＝パシャ　Moldovancı alî Paşa　81–83, 117
モレア半島　Mora　86–89, 118, 119, 287–290, 296, 297, 305, 309, 342, 344, 372, 447

ヤ

ヤシ条約　Yaş Ahdnamesi　15, 155, 161, 234, 236, 245, 246, 283, 290, 312, 330
ヤルクチュザーデ＝メフメット＝エミン＝パシャ　Yağlıkçı-zâde Mehmet Emın Paşa　75

ユ

ユスフ＝アーガー＝エフェンディ　Yusuf Ağah Efendi（1744～1824）　260, 261, 279

ヨ

ヨーロッパ協調　Avrupa Uyumu, Concert of Europe　156, 162, 222, 228
ヨーロッパ国家系　Arupa Devletler Sistemi　3–5, 8, 162, 277, 320, 321
ヨーロッパの勢力均衡　muavezene-i Avrupa Avrupa muvazenesi　5, 44, 197, 286, 290, 293, 342
ヨゼフ２世　Joseph II（在位1765～90）　202, 206, 207, 217
ヨハネ騎士団　294, 316

ラ

ラーミ＝メフメット＝エフェンディ　Râmi Mehmet Efendi　25
ライヘンバッハ協約　Reichenbach Treaty　219, 221–223, 230, 232
ライン川　Ren　293, 345, 346, 352
ラウドン元帥　Loudon（1717～90）　213

リ

両シチリア王国　347, 468, 470–472

ル

ルイス　Lewis, B.（1916～）　11, 12, 26, 29, 147, 149, 159
ルスチュク　Rusçuk　83, 97, 98, 100, 101, 107, 206, 217–219, 221, 223, 225, 243
ルドルフ２世　Rudolf II（在位1576～1612）　59, 68, 158
ルフィン　Ruffin（1742～1824）　266, 268, 279, 280, 289, 295–300, 302, 303–305
ルミャーンツェフ　Rumiantsev（1725～96）　80, 84, 85, 94, 98–101, 105–110, 117, 126, 132, 213

レ

レオポルト２世　Leopold II（在位1790～92）　217, 218, 220
レスボス　Lesbos　89
レスミ　Ahmet Resmi Efendi（1700～83）　8, 77, 80, 85, 93, 96, 98, 100, 102–106, 109, 110, 113–116, 120, 122, 125, 126, 129, 132, 188

ロ

ロードス島　Rodos　294, 303, 309, 374, 375, 377–382
ローマ教皇　Papa　347
ロシア　10, 78, 85, 93, 95, 104, 141, 151, 157, 162, 215, 218, 294
　――艦隊　86–90, 95, 205, 221, 304, 309, 311, 371, 375, 376, 382, 384, 385, 455, 457, 462, 467
　――君主　131, 132, 134–136, 152, 153
　――商人　97, 112, 141–143, 175, 188, 191, 195, 196, 233, 454, 465
　――正教会　133, 174
　――提督　306, 370, 372, 373, 375–377,

380–383, 385, 452, 454, 463
——使節　94, 165–167, 170, 172, 173, 175, 290–292, 306, 307
——の諸国土　192–194, 197
ロシア＝オーストリア秘密条約（1783年）201
ロンドン　7, 10, 162, 260, 261, 264, 276, 278

ワ

ワースフ Ahmed Vâsıf Efendi（？～1806）8, 13, 85, 87, 98–100, 106, 114, 117–120, 122, 124, 125, 233
ワイマン将軍 Weiman　80
ワラキア Eflak　28–41, 83–85, 94, 95, 101, 164, 165, 168, 176, 201, 206–212, 218, 220–222, 226, 228, 229, 232, 244, 248, 251, 270, 447

著者　尾高　晋己（おだか　ひろき）

1945年　大阪市生まれ

1971年10月～1975年3月　トルコ共和国公費留学生としてアンカラ大学　言語・歴史・地理学部に留学

1976年　広島大学大学院文学研究科修士課程西洋史学専攻修了

博士（文学）

現　在　愛知学院大学文学部教授

著書　『トルコの村から』（共訳、社会思想社、1981）

『ムスリムのヨーロッパ発見』上・下（春風社、2000・2001）

オスマン外交のヨーロッパ化

――片務主義外交から双務主義外交への転換――

2010年8月20日　印　刷

2010年9月1日　発　行

著　者　尾　髙　晋　己

発行者　木　村　逸　司

発行所　㈱　溪　水　社

広島市中区小町1-4（〒730-0041）

電　話　082-246-7909／Fax　082-246-7876

メール　info@keisui.co.jp

落丁・乱丁はお取替します

ISBN978-4-86327-116-6　C3022